中国广播电视社会组织联合会学术研究系列丛书

加强国际传播能力建设 讲好中国故事

——第四届广西视听杯征文获奖作品集

国 家 广 播 电 视 总 局 国 际 合 作 司
中 国 广 播 电 视 社 会 组 织 联 合 会 　编
广 西 广 播 电 视 台

中国广播影视出版社

图书在版编目（CIP）数据

加强国际传播能力建设 讲好中国故事 ：第四届广西视听杯征文获奖作品集 / 国家广播电视总局国际合作司，中国广播电视社会组织联合会，广西广播电视台编. 北京 ：中国广播影视出版社，2024.7. -- （中国广播电视社会组织联合会学术研究系列丛书）. -- ISBN 978-7-5043-9245-9

Ⅰ. G229.2-53

中国国家版本馆CIP数据核字第2024ZG1845号

加强国际传播能力建设 讲好中国故事
——第四届广西视听杯征文获奖作品集

国家广播电视总局国际合作司
中国广播电视社会组织联合会 编
广 西 广 播 电 视 台

责任编辑　王　佳　夏妍琳
装帧设计　刘丽嫒
责任校对　张　哲

出版发行　中国广播影视出版社
电　话　010-86093580　010-86093583
社　址　北京市西城区真武庙二条9号
邮　编　100045
网　址　www.crtp.com.cn
电子信箱　crtp8@sina.com

经　销　全国各地新华书店
印　刷　涿州市殷润文化传播有限公司

开　本　787毫米×1092毫米　1/16
字　数　517(千)字
印　张　28.25
版　次　2024年7月第1版　2024年7月第1次印刷

书　号　ISBN 978-7-5043-9245-9
定　价　88.00元

出 版 说 明

　　由国家广播电视总局国际合作司、中国广播电视社会组织联合会、广西广播电视台联合举办，《中国广播电视学刊》编辑部具体承办的第四届广西视听杯"加强国际传播能力建设 讲好中国故事"主题征文活动于2024年1月圆满结束，总计来稿167篇。经初评、终评，评选出一等奖作品15篇、二等奖作品20篇、三等奖作品25篇，现将部分获奖作品结集出版。

《中国广播电视学刊》编辑部

服务大国外交 讲好中国故事
广电视听对外工作高质量发展取得新成效

闫成胜

2022年，党的二十大胜利召开，确立了以中国式现代化推进中华民族伟大复兴的宏伟蓝图。面对复杂严峻的国际形势，广电视听对外工作坚持以习近平新时代中国特色社会主义思想为指导，围绕迎接宣传贯彻党的二十大，坚决贯彻习近平总书记重要指示批示精神，认真落实党中央重大决策部署，守正创新，迎难而上，勇于担当，砥砺前行，以坚定昂扬的奋进姿态，创新开展对外交流合作，提升国际传播效能，为服务党和国家中心工作作出新的贡献。

一、深化内容形式创新，国际传播能力不断提升

（一）配合中国特色大国外交的开展，聚焦核心叙事，积极开展国际合作

第一，服务外交大局，成功举办第五届中非媒体合作论坛。习近平主席向论坛致贺信，充分肯定中非媒体合作论坛成立十年来发挥的积极作用，对中非媒体共同讲好新时代中非故事、传播全人类共同价值、推动构建人类命运共同体提出要求。黄坤明同志宣读贺信并作主旨演讲，中宣部、外交部、北京市政府、部分中央媒体领导和总局领导出席论坛，8位非方部长、国家台台长线上参会，13位非洲国家驻华大使线下出席。论坛秉持"真实亲诚"理念，以"新愿景 新发展 新合作"为主题，来自中国和42个非洲国家政府部门、主流媒体、

国际组织及企业的240余名代表，围绕视听发展政策、内容合作创作、高新技术应用、数字化融合发展进行专题探讨。论坛通过《共同宣言》，发布12项合作成果，举办中非媒体合作十年成果展、广电视听科技展和首届非洲视听节目展播，得到中外各界高度评价。

第二，配合元首外交，深化文明交流互鉴。配合习近平主席访问乌兹别克斯坦并出席上合组织会议，推动《创新中国》等一批精品节目在乌国家台等媒体黄金时段播出。配合习近平主席出席G20印尼峰会、APEC泰国峰会，分别举办"视听中国·优秀视听作品展播"和"中泰一家亲"视听交流活动，推动《我们这十年》《一湾一世界》等电视剧、纪录片在两国播出。配合习近平主席出席首届中阿峰会，举办"共享新视听 共创新未来——中阿合作主题周"，举行首届中阿短视频大赛颁奖典礼，在中东广播中心开设"电视中国剧场"，推动电视剧《山海情》《小欢喜》等在沙特、埃及、阿联酋等国播出。此外，庆祝中国与东帝汶建交20周年，在王毅同志和东帝汶外长共同见证下，与东议会事务和社会传媒部签署中国电视节目播出授权协议，推动《薪火相传：中国非物质文化遗产》《你所不知道的中国（第三季）》《围棋少年》等10部作品在东帝汶国家电视台播出。

第三，聚焦重点国别，深化双边交流合作。与俄罗斯通信和大众传媒部共同举办中俄人文合作委员会媒体合作分委会第十五次会议，两国媒体开展深入交流，确定6个方面40余个重点合作项目。举办2022中俄视听传播周，开展视听作品互译互播、青年歌会、短视频大赛、动画产业对话会等系列活动。指导中华广播影视交流协会与中美电视节组委会举办中美视听产业高峰论坛，围绕"中美视听产业的新平台、新思维与新合作"交流研讨，举办视听作品展映、沙龙活动等。举办"视听中国 走进欧洲"展播活动，推动《行进中的中国》《这十年》等20余部视听作品在法国、德国、英国等5个欧洲国家展播。协调向尼加拉瓜、多米尼加提供人才培训、节目版权、小额设备等服务，协调节目供厄立特里亚国家台播出。指导承办25期国际研修班，为30多个国家近400名媒体人员提供培训。

第四，打造机制品牌，丰富多边交流合作内涵。与柬埔寨新闻部、广西壮族自治区政府共同主办第四届中国—东盟视听周，300余名中国和东盟国家政府部门、驻华使领馆、媒体机构及企业代表参加，达成 10 项合作成果，推动 49 部视听作品在东盟国家播出，发布《中国—东盟视听国际传播十年发展报告》。举办中国与中亚国家广电视听合作研讨会暨节目互播活动，来自中亚五国主管部门、媒体机构、学术界等 16 家机构的 40 余名代表与会交流，在哈、吉、塔、乌等中亚四国播出《功勋：袁隆平的梦》《美猴王》《巨兵长城传》等近 20 部中国优秀视听节目。

第五，深耕国际组织，扩大国际影响力。出席第 59 届亚洲—太平洋广播联盟大会，成功当选亚广联副主席。积极参加亚广联评奖，《国家宝藏·展演季》《人世间》《人生第二次》等 8 个节目获亚广联节目奖，有关人士获亚广联"行业杰出贡献奖"，广电总局设计院"青岛东方影都影视产业园制作区"项目获"落实可持续发展目标工程奖"。组织优酷、腾讯等重点网络视听机构参加亚广联活动。深化与非洲广播联盟合作，共同举办重大活动，推进广电视听对非援助，支持非洲媒体事业发展。

（二）深入实施"视听中国"播映活动，传播中华优秀文化，塑造可信可爱可敬的中国形象

讲好中国故事，策划实施"全球发展 视听共享"播映活动，围绕"人类命运共同体""一带一路""全球发展倡议""中国这十年""北京冬奥"等主题，推动《大考》《功勋》《与非洲同行》《中国节气》等 280 部次节目在 100 多个国家和地区播出。加强渠道建设，在俄罗斯红线电视台、白俄罗斯国家电视台、乌兹别克斯坦国家电视总台、沙特中东广播中心新开 4 个"电视中国剧场"，推动《习近平治国方略》等 7 部俄语译配节目，《山海情》《三十而已》等 15 部阿语译配节目播出。截至 2022 年，剧场总数 62 个，覆盖 38 个国家和地区。在中国国际服务贸易交易会期间举办首届"电视中国剧场论坛"，积极动员行业有关力量，实现视听产品"走出去"质的提升和量的增加。强化工程引领，实施"中非中阿视听合作工程""中国当代作品翻译工程"，推动《超越》《乔家的儿女》《四季中国（第二季）》《锡兰王子东行记》等节目海外译制播出。实施"丝绸之路视听工程"，加大"一带一路"重点项目支持力度。推进视听节目媒资库建设，累计

存储 1053 部次 10537 小时节目，为 50 余家单位提供节目拷贝近 300 部次。

（三）贯彻新发展理念，强化新媒体传播，努力培育国际传播新动能

举办网络视听国际传播系列活动，开展 2022 国际短视频大赛和"美好生活 走进山东"品牌外宣活动，征集国内参赛作品 1500 余条、海外作品约 300 条。举办第三届中国—东盟友好合作短视频大赛，面向中国和东盟国家征集短视频 2 万余条，境内外播放量超过 1500 万次。举办第二届中阿短视频大赛，面向中阿青年征集短视频作品。筹建网络视听节目服务协会国际交流与传播工作委员会，充分调动行业积极性，凝聚各方主体合力。实施国际青年视听传播计划，吸引海外青年积极参与。加强广播电视技术服务对外交流合作，努力探索将技术产业等资源禀赋转化为国际传播竞争优势。举办澜湄国际广电视听技术交流活动，向湄公河流域国家推介中国广电视听技术、标准、设备，不断丰富双多边视听技术交流合作内涵。

（四）深入宣传贯彻"一国两制"方针，加强对港澳台传播，推动广电视听产业融合发展

庆祝香港回归 25 周年，举办"视听中国·香江故事"系列活动，推动《江山如此多娇》《流动的中国》《大儒朱熹》等 18 部内地节目在香港、澳门 5 家电视台展播，《无穷之路》《香港原味道》《出发 2022》等 9 部港澳节目在内地 5 家电视台播出。与港澳广电视听机构开展合作，推动电视剧《外交风云》《驭鲛记之与君初相识》《驭鲛记之恰似故人归》在港发行播出。推动"大湾区卫视""珠江之声"开播，筹建粤语节目传播中心、葡语译制中心，举办首届大湾区视听产业合作论坛，为大湾区视听产业融合发展搭建平台。支持广州台与香港电台联制联播《湾区全媒睇》，入选香港中小学视频教材，支持广州台与香港教育机构合办"湾区全媒学堂"活动，为增进香港青少年国家认同发挥积极作用。举办"第二届海峡两岸优秀影视作品云展览"，推动 217 部优秀纪录片、动画片在两岸和香港 93 家机构及海外社交媒体展播。举办"第十四届海峡论坛·海峡影视季"，举行两岸题材专题片和影视剧展播、第七届海峡两岸青年网络视听优秀作品展、两岸青年短

视频创作营等系列活动。举办"两岸广电视听业界交流座谈会"，支持福建打造两岸融合发展示范区，落实惠台政策措施，为台湾人士在内地工作提供便利。

（五）统筹发展与安全，落实意识形态工作责任制，全面加强涉外行业管理

做好境外在华落地卫星电视频道管理，深入开展非法卫星地面接收设施整治，排查、督促整改存在的问题，全年检查各类经营主体及居民小区27.81万个（次），整改取缔违规销售点950余处，收缴拆除置换非法卫星接收设施36.29万余套（件）。加强境外影视剧引进审批监看，全年审批引进剧51部744集。开展引进剧抽查监看，将付费频道播出引进剧纳入监看范围，全年违规播出率明显下降。加强境外演艺人员参与内地节目制作审核把关，严防"港独""台独"人员出镜，全年审批外国人士参与节目制作740余人次，港澳台地区人士近1400人次。

二、坚定文化自信自强，努力解决国际传播不平衡不充分问题

回顾过去一年，成绩得来殊为不易。在推动国际传播高质量发展的丰富实践中，积累了宝贵经验：我们强化党的创新理论武装，贯彻新发展理念，围绕用好国内国际两种资源两个市场，促进视听产业高质量发展，推动视听行业与视听产业加强国际交流。我们坚持守正创新，强弱项、补短板、固底板、扬优势，围绕解决国际传播不平衡不充分问题，探索构建现代广电国际传播体系，不断深化对国际传播规律特点的认识，推动理念创新，优化管理政策。我们全面贯彻总体国家安全观，落实意识形态工作责任制，坚持底线思维，提高斗争意识，增强斗争本领，落实安全生产要求，实现高质量发展和高水平安全良性互动。

当前，世界进入新的动荡变革期，地缘政治紧张与经济格局演变叠加。世界之变、时代之变、历史之变正以前所未有的方式展开，国际社会正经历罕见的多重风险挑战。党的二十大首次对增强中华文明传播力影响力进行全面系统论述，把国际传播工作提高到党和国家战略全局的高度。党中央的高度重视，为广电视听对外事业发展提供了重大历史机遇，也对我们提出了新的更高要求。对照新时代新任务新

要求，广电视听国际传播还存在薄弱环节：优质内容供给不足，国际竞争力有待提升；国际传播内生动力不足，积极性还需充分调动；涉外行业管理理念亟待创新。针对这些问题，我们将认真贯彻落实党中央战略部署，坚持问题导向和效果导向相统一，加强顶层设计，补齐短板弱项，提升传播效能。

三、在新时代新征程上展现新气象新作为，不断开创广电视听国际传播新局面

2023年是全面贯彻党的二十大精神开局之年。广电视听对外工作将坚持以习近平新时代中国特色社会主义思想为指导，深入学习宣传贯彻党的二十大精神，深刻领悟"两个确立"的决定性意义，增强"四个意识"，坚定"四个自信"，做到"两个维护"，奋力谱写广电视听国际传播高质量发展新篇章。

一是服务中国特色大国外交。围绕元首外交和重大主场外交举办配套活动，办好上合组织国家电视节暨技术展、第六届中阿广电合作论坛、中俄媒体分委会、中国—东盟视听周。建立中欧、上合组织视听交流机制。加强与国际组织合作，与亚广联等国际组织深化人员交流、节目交换、节目评奖合作。加强"人脉"涵养，实施国际青年视听传播计划，做好援外培训。

二是推动更多优秀节目走向世界。聚焦增强中华文明传播力影响力，开展"视听中国"全球播映活动，实施"中非中阿视听合作工程""中国当代作品翻译工程"，推动百部以上视听节目海外传播。围绕"一带一路"倡议提出十周年，深化"一带一路"主题传播，推动"丝绸之路视听工程"提质升级，开展节目展播和联合制作，举办反映十年成就短视频大赛。加强"电视中国剧场"建设，每年新开6—8个新剧场。加强中国联合展台建设，扩大品牌影响力。

三是强化新媒体国际传播。开展网络视听国际传播系列活动，举办网络视听国际传播论坛。办好"第三届国际短视频大赛"，"中国—东盟""中俄""中阿"短视频大赛。支持开设海外社交平台账号，完善账号布局，开展分众化精准化传播。指导网络视听国际交流与传播工作委员会发挥作用，推动建立视听机构"走出去"协调协作机制。

四是全面加强对港澳台工作。与港澳广电视听机构开展合作传播，

支持内地机构参加香港影视节展，扩大与澳广视葡语合作传播，办好大湾区视听产业论坛。胸怀"国之大者"，深化对台交流合作，丰富"海峡论坛·海峡影视季"内容形式，举办"视听中国·台湾故事"展播活动，支持福建探索海峡两岸融合发展新路。

五是强化涉外行业管理。维护意识形态安全，做好境外在华落地频道管理工作，统筹境外卫星电视管理和直播卫星高质量发展。加强引进剧内容把关，优化引进剧管理政策，提升节目质量，促进双向交流，加强境外演艺人员参与节目制作管理。

六是培育国际传播新优势。加强内容创作和译配推广，开展海外传播评优推优，打造合拍精品力作，促进视听产品出口，扩大国际传播优质内容供给。支持有关单位加强国际交流合作，推动技术、设备、标准参与国际竞争。加快推动部门规章修订工作，调整优化管理政策，激发经营主体活力，以高水平开放促进高质量发展。

为者常成，行者常至。新时代新征程，我们将以习近平新时代中国特色社会主义思想特别是习近平总书记关于加强和改进国际传播工作的重要讲话精神为指引，自信自强、守正创新，踔厉奋发、勇毅前行，以扎实作风、务实举措，不断开创广电视听国际传播新局面，为全面建设社会主义现代化国家、助力构建人类命运共同体作出更大贡献。

（作者系国家广播电视总局国际合作司原司长）

目 录

一 等 奖

二 等 奖

三　等　奖

一 等 奖

视听新媒体国际传播的发展态势、问题与建议

周继红

习近平总书记在十九届中央政治局第三十次集体学习时首次提出全面提升国际传播效能，在党的二十大报告对"增强中华文明传播力影响力"作出重要部署，要求"加强国际传播能力建设，全面提升国际传播效能，形成同我国综合国力和国际地位相匹配的国际话语权"。习近平总书记系列重要讲话精神为广播电视和视听新媒体国际传播高质量发展指明了方向、提供了根本遵循。

一、视听新媒体国际传播发展态势

近年来，随着移动互联网和社交媒体的迅速发展，我们突破了时间和空间上的局限性，国际和国内受众边界日益模糊，国际传播内涵与外延进一步拓展。新媒体凭借丰富的内容供给、便捷的传播方式、个性化的用户体验等优势，成为信息传播和文化消费的主渠道，也成为加强国际传播能力建设、讲好中国故事、传播好中国声音的重要抓手。

（一）国际视听新媒体发展态势

1. 全球视听流媒体业务快速增长，成为人们享受视听娱乐的主要途径

分析和咨询公司 Omdia 调查数据显示，2022 年网络视听订阅人数增加 1.71 亿，用户存量约 30 亿，超过传统付费电视订阅量总和。订阅服务年收入较 2017 年增长约 4 倍，成为继有线电视后的最大增长点和第二大收益渠道，与有线电视收益差距逐年缩小。调查机构 Noteworthy 公布的全球视听媒体调查还显示，全球 66% 的网民将视听内容作为第一大信息来源，预测到 2028 年全球视听新媒体市场总价值将达到 9322.9 亿美元。[①]

目前，美国超过 91% 的用户使用视听新媒体获取信息，成年人每天花在手机视频内容上的时间平均超过 50 分钟。[②] 我国视听新媒体用户数量也不断增

---

① Terry Stancheva, 24 Noteworthy Video Consumption Statistics（2023Edition），https://techjury.net/blog/video-consumption-statistics/.

② https://www.statista.com/topics/2725/mobile-video-in-the-united-states/#topicOverview.

多,《中国网络视听发展研究报告（2023）》显示，截至 2022 年年底，我国网络视听用户规模已达 10.4 亿，超过即时通信（10.38 亿），成为国内第一大互联网应用。

2. 美国最早开展视听新媒体国际传播，在国际传播全球化格局中占主导地位

美国视听新媒体起步早，也是最早开展视听新媒体国际传播的国家。2007 年，YouTube 在法国巴黎推出本地化平台 YouTube France News；2010 年，Netflix 在其第一个国际市场加拿大推出流媒体服务，这是美国视听新媒体国际传播的早期尝试。自 2011 年起，Netflix、YouTube 等相继实施全球化战略，到 2016 年已基本实现全球覆盖，在国际市场占据绝对优势。

美国视听新媒体凭借先发优势、话语优势和资本优势，多个平台长期居全球头部，如 YouTube、Netflix、Amazon Prime video、HBO-MAX、Disney+、Apple TV+。截至 2023 年 1 月，YouTube 用户数达 25 亿[1]、Netflix 付费会员数达 2.31 亿[2]，相关指标均列榜首。

美国在新媒体国际扩张中注重媒体、内容、运营和人才的本地化。在亚洲，Netflix 加大对韩剧和日本动漫的投资力度，大力实施本土化战略，如其与韩国合作的《黑暗荣耀》第二部上线仅 3 天就登顶 Netflix 全球收视榜首，3 天的全球收看总时长 1.2 亿小时[3]，成为继 2021 年《鱿鱼游戏》和 2022 年《非常律师禹英禑》之后又一爆款。YouTube 与印度宝莱坞合作，制播讽刺、模仿和喜剧等迎合当地受众需求的原创内容，覆盖约 85% 的印度网民。[4]

3. 全球视听新媒体竞争加剧，各国积极参与竞争

近年来，Disney、HBO、派拉蒙等美国传统影视巨头向视听新媒体转型，视听服务领域全球竞争进一步加剧。截至 2022 年 2 月，在美国、英国和欧盟主要市场的流媒体内容服务商超过 3000 个[5]，市场趋于饱和、渗透难度大，亚太新兴市场是视听新媒体平台竞争的重要战场，也是重要的用户和收入增长点。日本积极开拓海外动画市场。韩国为推动网络视听产品出海，给节目译制提供全额补助。印度提出"数字印度"倡议，积极拓展亚洲和中东地区市场。越南开始进军中韩和东南亚市场。俄罗斯、新加坡、马来西亚、泰国等也积极参与国际传播竞争。整体上，亚太地区积极发展网络视听产业，但平台影响力大都

---

① https://zhuanlan.zhihu.com/p/532747259.

② https://business.sohu.com/a/636227873_121401566.

③ https://baijiahao.baidu.com/s?id=1760569682657399447&wfr=spider&for=pc.

④ https://lmtw.com/mzw/content/detail/id/163939.

⑤ Conviva：《2021 流媒体内容发展报告》，https://www.conviva.com/zh/-2/state-of-streaming-content-discovery-2021/。

局限于本国或本地区，在国际舞台上声量不足，话语权薄弱，在国际市场上竞争力不足。

（二）我国视听新媒体国际传播发展态势

1. 视听新媒体平台出海初具规模，海外用户稳定增长

中国视听新媒体平台布局海外市场始于 2016 年，涉及长视频、短视频和音频平台等，覆盖海外手机、电脑、电视等多终端用户，海外销量稳步增长，成为内容出口的重要力量，产业规模和社会影响力不断提升。

2017 年，抖音、快手等率先进入国际市场，迅速跻身全球头部平台，成为国际传播力弯道超车的重要工具。TikTok 在美国和欧洲地区得到广泛认可，拥有巨大用户群体，目前全球月活用户数超过 16 亿，超过谷歌、Facebook、YouTube 等海外应用软件。Kwai 月活用户数超 1.8 亿，其中巴西月活用户数超 5000 万，并多次居该国应用总榜榜首，持续霸榜前三。2018—2019 年，腾讯视频、爱奇艺、芒果 TV 分别推出国际版 App，海外用户持续增长。目前，腾讯视频 WeTV、芒果 TV 海外用户规模分别约 1 亿、0.7 亿，月活用户分别约 2000 万、1300 万，海外用户规模呈稳定增长态势。优酷、华为视频等也相继崛起。2020 年，哔哩哔哩在东南亚地区上线独立 App，并在泰国和马来西亚发布当地语言版本。2021 年，捷成华视网聚与美国全国广播公司（NBC）推出互联网电视新媒体平台"聚宝"（Jubao），登陆美国康卡斯特流媒体平台。[①]

2. 传播主体从单一到多元，民营企业成为视听新媒体重要力量

中央和地方国际传播能力建设为视听新媒体国际传播注入强劲动力。国家广电总局近年来策划组织"视听中国"全球播映等重大活动，引导各地区、全行业各尽其责、各展所长，形成全方位走出去格局。国家广电总局和山东省人民政府共同开展网络视听国际传播系列活动，通过国际短视频大赛海选征集、国际传播短视频创作营等活动，深化对外传播交流。北京、上海、江苏、浙江、四川、重庆等地积极推动新媒体创新发展，拓展国际传播途径。

央视频、人民视频、芒果 TV、未来电视等"国家队"推进媒体深度融合、加快构建全媒体传播格局，国际传播能力建设取得成效。腾讯、爱奇艺、快手、抖音等民营企业成为当前中国视听新媒体国际传播的重要力量。此外，近年来还涌现出大量自媒体国际传播群体，如二咖、贝壳视频等 MCN 机构，李子柒和"滇西小哥"、"巴黎小郭郭"等出海网红，自发围绕中国悠久历史、中华优秀文化等，通过私语化叙事让全球受众感知中国形象。

3. 视听新媒体节目丰富多样，出海模式不断升级

视听新媒体平台向国际受众提供大量优质内容，如以《小别离》《琅琊榜》

[①] https://www.chinapavilion.com.cn/art_det/id/611.html.

为代表的都市言情、古装仙侠题材节目广受欢迎，在东南亚等地区形成相对固定的规模市场。扶贫题材电视剧《山海情》通过马得福等人物形象，讲述了对口帮扶、共同富裕的故事，向国际社会展现了中国智慧、中国道路。该剧已译制成英语、法语、阿拉伯语等20多个语种，在亚洲、非洲、欧洲、南美洲等50多个国家播出，受到各国观众喜爱。在蒙古国播出后，甚至有观众开始学习蘑菇种植。抗疫题材电视剧《在一起》被授予亚广联电视剧大奖，评委会给予高度评价，认为"在疫情形势下，它讲述的爱、勇敢、牺牲和人性光辉的故事，与每个人产生共鸣"。中外合拍的纪录片《行进中的中国》，聚焦中国制度、经济、科创、生态、民生五大主题，用世界语态讲中国故事，帮助海外观众更好地理解中国。国产动画片《天天成长记》《23号牛乃唐》等作品讲述家庭、成长、发展等全人类共同话题，取得国际传播实效。

近年来，视听节目出海模式升级，《三十而已》《以家人之名》《风味人间》等被海外翻拍，实现国产IP"走出去"；芒果TV与老挝等"一带一路"国家传媒机构开展合拍合制，促进中外文化交融。爱奇艺、腾讯等积极研发译配系统，实现了AI配音、国际声提取、音效制作等重点功能，大大提高配音效率、降低配音成本，助力更多节目更快走向海外。

4.深耕海外市场，本土化运营初见成效

出海平台积极实施本土化策略，通过实施战略合作与投资收购等方式，建立本土化团队，提供多语种字幕和本地语言译配服务，深耕海外市场。芒果TV上线印尼语、马来语等语种界面，字幕涵盖英语、越南语等18个语种；还与在非洲应用最多的国产手机"传音"达成合作。四达时代聘用大量当地员工，在主要运营国增设OTT团队深耕非洲市场。WeTV收购马来西亚视听新媒体平台Iflix，成为东南亚地区重要的传播渠道；未来电视与柬埔寨电信运营商合作，实现市场扩张。爱奇艺还将国际总部落户新加坡，在新加坡、泰国、马来西亚、北美等地区设立公司、办事处进行本土化运营，深入当地市场和用户，获取、生产更多适合海外当地市场的内容，推动国际业务向纵深发展。

二、当前新媒体国际传播存在的突出问题

（一）国际市场份额较低，整体实力有待提高

国际视听新媒体的竞争，是内容、产品、技术、渠道、人才、运营管理等多方面的综合竞争。目前，美国视听新媒体平台在国际市场拥有绝对优势，用户数、付费会员数等规模较大，相比之下，我国视听新媒体国际市场份额和出口规模较低、内容海外版权价格偏低、视听平台全球辐射弱，国际竞争力有待进一步提高。我国短视频出海平台在全球暂居优势地位，但老牌互联网巨头已相继推出短视频产品，加之部分国家本土化短视频平台快速兴起，视听新媒体

全球市场份额的争夺战日益激烈。

（二）面向海外市场的优质内容供给不足，国际竞争力有待提高

近年来，我国视听作品质量大幅提升，向国际社会提供了大量当代题材、现实题材的主旋律视听内容，中国视听作品温润心灵、向上向善的特质受到国际社会青睐，但专门面向国际受众的内容资源特别是优质内容仍有较大缺口，例如在国际市场受欢迎程度高、需求量大的古装剧、偶像剧等供给量相对不足，国际传播内生动力还不够，国际竞争力不强，一定程度导致国际用户增长乏力。

（三）发展不平衡不充分问题依然存在，开拓市场积极性有待进一步提高

各地视听新媒体产业发展不平衡，对国际传播的重视程度也有差距。一些地区提前布局，期待"弯道超车"；一些地区思路举措相对欠缺，发展动能有待增强。

海外市场拓展也存在发展不平衡不充分问题，在东南亚等东方文化根基比较深厚的区域传播得比较好，但在欧美等西方国家和中东地区的触达率仍有较大增量空间。此外，目前各视听新媒体平台在国际市场尚未达到收支平衡，需要持续资金投入。受制于资金、人才、运营经验不足等因素，出海平台对外合作力度不够，获取优质内容难度大，尚未将我国市场优势、技术优势、组织优势、人力资源优势等转化为国际传播优势。

（四）国际政治环境加剧海外拓展不确定性

近年来，国际局势风云变幻，大国之间博弈加剧，保护主义逆流涌动，一些国家和地区打着所谓"保护国家安全"的幌子，收紧对我视听新媒体的行业监管，对华滥贴标签、终止合作。这些都给我国视听新媒体国际传播带来严峻挑战。

三、加强我国视听新媒体国际传播能力建设的对策建议

针对以上问题，结合习近平总书记在中共中央政治局第三十次集体学习时的重要讲话以及党的二十大报告精神，提出如下对策建议。

一是充分认识视听新媒体国际传播重要性，构建全方位、多元化的视听新媒体国际传播体系。要贯彻落实习近平总书记关于加强和改进国际传播工作的重要讲话精神，深刻理解"加快构建中国话语和中国叙事体系""展示真实、立体、全面的中国"的内涵。强化海外市场调研，做精做细本土化研究，为平台个性化定制"受众喜爱＋主流价值"的传播策略，推动内容创作供给侧和传播渠道需求侧双向发力和有效协同，构建全方位、多元化的视听新媒体国际传播体系。

二是加大政策扶持力度，提高走出去的内生动力。为贯彻新发展理念，构建新发展格局，加强顶层设计，完善政策和资金扶持体系，2022年，商务部、

中宣部、广电总局等 27 个部门联合印发《关于推进对外文化贸易高质量发展的意见》(以下简称《意见》),鼓励数字文化平台国际化发展,鼓励广电视听优秀节目出口,扩大文化领域对外投资,提升文化贸易数字化水平,并在财政资金、金融、跨境结算、海关等方面提供支持和便利。下一步,我们要按照《意见》要求,明确任务、落实责任,完善和细化相关政策措施,确保各项举措及时落地见效,激发市场主体出海内生动力。

三是优化节目内容和传播策略,积极开展本土化运营。"好故事胜过一打大道理",好的内容更可以让国际传播事半功倍。要把握时代脉搏,坚定文化自信,加大优秀视听内容供给,打造更多反映中华优秀文化、人类共同价值的国际传播精品力作,提高网络视听出海平台的中国节目供给与占比,利用新媒体展现中国式现代化实践探索和发展成就。要不断改进传播的策略方式方法,加强对海外受众研究,了解海外受众需求,实现本土化传播、精准化传播;深入挖掘中华文明的精神标识和文化精髓,增强传播内容的趣味性和人情味,善于讲好普通人的故事,注重以小见大,激发共情共鸣。

四是统筹资源、创新模式,打造视听新媒体国际传播聚合体。坚持系统观念,加强多元协作,统筹各方资源,形成"政府推动、企业联动、社会参与"的"抱团出海"机制,充分发挥"中国联合展台""视听中国"等项目在信息共享、产品服务、版权贸易等方面的作用,统筹传统媒体与新媒体、长视频与短视频、硬件与软件等各类资源,探索建立视听新媒体平台和电商平台的合作模式,提升新媒体国际传播能力。

五是重视新媒体人才培养,建强新时代国际传播人才队伍。媒体竞争关键是人才竞争。加强国际能力建设,首先要优化人才结构,合理配置人才资源,培育具有全球视野、家国情怀、专业素养的人才队伍。要在"高素质、好把式、真功夫"上下功夫,在构建对外话语体系、提高传播艺术、增强话语创新能力上下功夫,在跨文化传播中提炼更多具有国际影响力的标识性概念,打造更多加速提升中国国际话语权的新"支点"。

路虽远行则将至,事虽难做则必成。我们要深入学习贯彻党的二十大精神,在习近平新时代中国特色社会主义思想指引下,把握新时代新机遇,加强视听新媒体国际传播工作,全面提升国际传播效能,讲好中国故事,传播好中国声音。

(作者系国家广播电视总局国际合作司一级巡视员)

构建基于全球传播生态的新时代中国国际传播体系

田　晓　胡正荣

2021年5月31日，习近平总书记在主持十九届中共中央政治局第三十次集体学习时的重要讲话中强调，当下我国的国际传播面临着新形势、新任务，"必须加强顶层设计和研究布局，构建具有鲜明中国特色的战略传播体系，着力提高国际传播影响力、中华文化感召力、中国形象亲和力、中国话语说服力、国际舆论引导力"①。由此可以看出，党中央不仅深刻认识到加强和改进国际传播已到了关键机遇期，更加认识到首要任务就是加强顶层设计和研究布局，构建新时代中国国际传播体系。

一、当前是构建新时代中国国际传播体系的重要时机

"国际传播"作为一个20世纪中叶由西方学者提出的概念，开始是在媒介功能主义社会学视角下，将"征服人心和思想"作为目的，在以广播技术为核心的大众传播语境下关注其功利性需求。②中国在日益走近世界舞台中心的过程中，也逐步加深对国际传播概念的理解，并在实践中通过国际传播与世界沟通、让世界了解。在中国共产党带领中国人民开启第二个百年征程之时，我们迎来了构建新时代中国国际传播体系的重要时机。

（一）从世界格局演变看

党的十九大以来，习近平总书记多次指出，"当前世界正经历百年未有之大变局"。这是对当下世界格局的深刻认识和总结。近些年，世界格局风起云涌，全球各地频繁出现"黑天鹅""灰犀牛"事件，新冠肺炎疫情更是加剧了世界格局变化的进程。以美国为首的传统强国由于自身经济、科技、军事等硬实力的衰减，开始奉行"自身优先"政策，逐渐失去了对世界的绝对影响力，

---

① 《习近平在中共中央政治局第三十次集体学习时强调 加强和改进国际传播工作 展示真实立体全面的中国》，《人民日报》2021年6月2日。

② [法]阿芒·马特拉：《传播的世界化》，朱振明译，中国传媒大学出版社，2007，第72页。

以美国等西方强国为中心的世界秩序正在发生改变。反观中国，经济持续发展，国际影响力日益提升，我们已不再是国际秩序的被动接受者，而正以史无前例的速度走近世界舞台的中央，致力担负世界和平建设者、全球发展贡献者、国际秩序维护者的职责和使命。同时，一大批新兴市场国家和发展中国家快速发展，越来越多的国家和国际组织在世界格局的演变中发挥重要作用。以上因素都导致国际权力关系发生了全球性转移与扩散，政治多极化深入发展，且"多极"之间的力量对比日趋平衡①，国际格局日趋均衡。这种时代变局虽然还未能根本性改变"西强我弱"的国际传播基本格局，但显然助推了"东升西降"的趋势，让中国有更好的机会改变在国际舆论场上话语被动的境地。正如习近平总书记指出的，在面对世界百年未有之大变局时，要"树立大历史观，从历史长河、时代大潮、全球风云中分析演变机理、探究历史规律，提出因应的战略策略，增强工作的系统性、预见性、创造性"②，中国在国际传播中也需要因时制宜，跳出对传统国际传播范式的认识和理解，建构全新的全球观和全新的中国观，进而建构新时代中国国际传播体系。

（二）从传播理论和传播业态发展看

传播理论起源于西方，中国的传播学研究一直未摆脱西方传播学的总体框架，在西方理论的巨大"阴影下"，本土传播议题或现象的理论阐释失去了应有的主体性和生命力。③但时代的变迁和技术的发展给了我们摆脱这一困境的最好机会，互动、自由、多维等特点在不断冲击和颠覆着旧有的传播学理论在新背景下的适用性。④之前习以为常的学术研究理论框架已经发生巨大改变，像议程设置理论、把关人理论、沉默的螺旋理论等随着新媒体的兴起，现在已经不能完全适用；像在传统媒体时代，传播者将不断提升系统化、专业化作为目标，试图以此吸引受众，但在信息爆炸的时代，却一再被连5个W要素都不全的快速自媒体信息抢走受众，⑤受众也"成长"为用户，变为传播者；像之前讨论研究问题都在全球化的大框架下进行，但现在已经出现了后全球化时代、后疫情时代等认知环境的新框架；像政治上的国家主义、民粹主义、民族主义等，经济上的工业时代4.0、数字经济等，这些认知框架都在发生根本性改变。

---

① 史志钦：《百年未有之大变局与中国身份的变迁》，《人民论坛·学术前沿》2019年第8期。

② 《习近平在党史学习教育动员大会上强调 学党史悟思想办实事开新局 以优异成绩迎接建党一百周年》，《人民日报》2021年2月21日。

③ 刘涛：《理论谱系与本土探索：新中国传播学理论研究70年（1949—2019）》，《新闻与传播研究》2019年第10期。

④ 韩雨峰：《新技术发展对传播学理论的颠覆与重塑》，《新闻文化建设》2020年12月下。

⑤ 姜飞：《从信息到讯息：网络社会多元安全感重组的传播视角》，《南京社会科学》2016年第8期。

这些将我们与西方传播学界拉到了同一起跑线，让我们有了突破西方理论框架的机会。而对传播业态，纵观全球新闻传播史，第一次工业革命以来，全球传播秩序具有鲜明的欧美中心主义色彩，由欧美等西方国家长期主宰。[①] 这是因为这些西方国家一直把持着影响和改变全球传播生态的传播技术。我们通过一段时间的追赶和创新，在 5G、AI、4K、8K、16K 等技术上已经逐渐赶超西方，走在了世界前列，一些中国互联网模式也开始输出海外，国际上有声音认为一些传播领域已经从过去的"Copy to China"到如今的"Copy from China"，这些新变化有利于我们在新业态下实现对西方的弯道超车。

（三）从中国国际传播基础看

基于中国国家综合国力的提升、国际传播经验的积累和深厚的文化传统，中国的国际传播已经取得了很大进展，特别是党的十八大以来，党中央高度重视国际传播，做了很多卓有成效的国际传播工作，国际传播格局已基本形成：以中央广播电视总台（包括 CGTN、CRI 等）、人民日报社、新华社、中国日报社、中国新闻社等传统媒体为主体的国际传播矩阵已初具雏形，记者站、分社、制作室遍及世界各地，在一些议题，特别是涉华新闻报道上的传播力、引导力、公信力已经可以与 CNN、BBC、美联社、RT 等国际一流媒体相抗衡，形成了具有国际影响力的媒体集群；不仅在 Facebook、Twitter、YouTube 等境外网络平台不断提升传播影响力，还开辟 TikTok、WeChat 等中国互联网平台新阵地，将互联网作为国际传播的主战场；在全球各地开设中国文化中心、孔子学院和孔子课堂等，走进世界知名高等院校、知名学府、研究机构，在政府、媒体、民间等各层面开展文明交流互鉴，推动中华文化"走出去"。由此可见，中国国际传播的网络已经遍布全球主要国家、区域和节点城市，中国的国家形象实现进一步提升、国际舆论环境得到进一步改善，中国已经积累了一定的国际传播经验，具备了进一步构建新时代中国国际传播体系的基础。

二、构建新时代中国国际传播体系面临的难点和挑战

虽然构建新时代中国国际传播体系已经具备上述很多有利条件，也处于关键机遇期，但想要真正构建符合全球传播生态、能够产生传播效果的新时代国际传播体系还面临很多难点和挑战。

（一）对全球传播生态的认识和理解不足

构建国际传播体系需要基于传播生态。像在 5G 等新兴信息传播技术将"物"纳入传播系统，以"万物互联"的模式重构传播生态，以一种不同于过往媒介的"新的尺度"开展传播活动，势必会对既有的媒介格局产生巨大冲

---

① 于国辉：《中国媒体正在推动全球新闻传播秩序变革》，《中国社会科学报》2017年5月17日。

击，[①]对国际传播体系的构建会产生颠覆性影响。这就要求在构建新时代中国国际传播体系的时候，要对全球传播生态有深入的认识和理解，但实际上这并不容易，现阶段对此也有所欠缺。传播生态随着社会的演进、技术的发展、媒介的更迭而日新月异，单在互联网时代，已经从可读不可写的 Web1.0，发展到可读可写的 Web2.0，再发展到现在谈论最多的可读可写可拥有的 Web3.0。技术的快速发展革新令整个传播生态发生巨大改变，但同时也带来了一定问题。由于新技术发展速度很快，传播界很难对因此产生变化的传播生态完全认识和理解。比如近两年被脸书、阿里、字节跳动等先后布局的元宇宙新技术到底能给未来传播生态造成什么影响至今仍很难认知，虽然很多人认识到其将推动数字技术与现实世界更加深入融合，促使显示社会生态与虚拟社会生态高度耦合。[②]但这种现实世界和虚拟世界的融合到底将如何改变现有社会格局的运行，进而产生什么样的传播生态，究竟是像有些人认为的会出现非中心化、去中心化时代，还是有新型的中心化时代以人们不认知、不理解的方式出现，仍然不能准确判断。这种对新传播生态演化路径的认识不足，是新时代中国国际传播体系构建的一大难点和挑战。

（二）缺少新时代中国国际传播理论的支撑

传播理论对于构建传播体系、指导传播实践的作用显而易见。如果学术研究跟不上，没有形成自己的传播理论体系，就很难有符合现实的国际观和传播观，就无法构建传播体系。特别是在新时代，中国如果想打破"西强东弱"的国际传播格局，突破西方既有理论框架，形成本土性思想成果至关重要。但可惜的是，目前，虽然我们已经有了大量的国际传播实践经验，我们的传播学理论也经过了几十年的发展历程，但无论是国际传播还是全球传播，理论框架、范式基本还都无法摆脱西方传播学的总体框架。从历史维度来看，中国传播研究的本土化实际上遵循的是"西方理论，中国经验"的二元框架。[③]我们没有基于中国这块土壤，把中国放在全球传播生态下提出自己有效的学科体系、学术体系、话语体系。有些学者提出了一些新理论概念、观点或模式，但是大多未能形成学术对话，也未能成功地在国际学术界引起反响。[④]像软实力、巧实力、锐实力等近年来讨论比较多的国际传播概念都还是由外国人提出的。甚至有些学者认为，从整体上看，中国的传播学界俨然成了国际传播理论的"世界遗产

① 李继东、项雨杉：《审视5G迷思：传播生态与范式变革》，《西南民族大学学报（人文社会科学版）》2022年第3期。

② 高金萍：《元宇宙与全球传播秩序的重构》，《学术界》2022年第2期。

③ 胡翼青：《传播研究本土化路径的迷失》，《现代传播》2011年第4期。

④ 刘涛：《理论谱系与本土探索：新中国传播学理论研究70年（1949—2019）》，《新闻与传播研究》2019年第10期。

保护组织"，中国传播学者成了传播理论在全球最大的遗产保护者，在各种平台上不停地讲说着别人的讲说。[①] 如果一直跟在西方后面，或者说一直基于西方设定的理论框架，就很难构建新的国际传播体系。哪怕有一些创新，也不会有多大新意，更不可能实现对西方的超越，这也是目前的一大挑战。目前，传播研究亟须中国化理论的突破和创新。

（三）对国际传播策略选择存在迷茫

总结之前中国国际传播的策略，不同学者有不同的认识和概括，但无论如何，删繁就简，从两个极端看，总有这么两大策略：第一，以我为主。从毛泽东同志提出"把地球管起来，让全世界都能听到我们的声音"[②]，到1999年全国对外宣传工作会议提出"向世界说明中国"的新外宣纲领，考虑的主要都是"我们要向世界讲我们想讲的"，但这自然就带来了一大问题，就是我们想讲的世界不想听、听不懂、没人听，甚至被拿来作为攻击的靶子。第二，迎合外部。随着对传播学的认识加深，中国国际传播逐渐树立了受众意识，也逐渐认识到中国人与外国人在政治、文化、价值观等诸多方面存在很大差异，这时，有的国际传播实践者开始走向另一个极端，考虑的主要是"我们要向世界讲世界想听的"，但时间一长就会认识到这样问题也很大，就是变成了"重外来外在评价、轻自身话语和叙事逻辑"[③]，传播数据好看了，但实际传播目的没有达到，并没有让世界了解中国、理解中国。从以上情况可以看出，当下中国国际传播处在一个窘境，内向过多容易形成内卷，而外向过多又容易失去自我，到底如何实现中国价值观的有效对外传播，在策略选择上还比较迷茫，这也是构建新时代中国国际传播体系的一个难点。

三、构建新时代中国国际传播体系的关键点

认识到当下是构建新时代中国国际传播体系的重要机遇期，梳理了面临的难点和挑战，最重要的就是找到构建新时代国际传播体系的关键点，以保证中国国际传播长时间精准有效，从而根本性改变"西强我弱"的全球传播格局。

（一）坚持基于全球传播生态

传播生态是生态学思想在传播学领域的运用。生态系统是生态学中的核心概念，指一定时间和空间内由生物群落及其环境组成的一个整体，这个整体内部各组成要素之间保持着相互联系、相互制约的关系，并具有任何系统所必然具有的自我调节功能。[④] 而传播生态自然也是一个有着多种要素相互联系、相

---

① 姜飞：《全球传播新生态呼唤国际传播新思想》，《新闻记者》2020年第10期。

② 《毛泽东新闻工作文选》，新华出版社，1983，第182页。

③ 张毓强、庞敏：《新时代中国国际传播：新基点、新逻辑与新路径》，《现代传播》2021年第7期。

④ 李博：《生态学》，高等教育出版社，2000，第197页。

互制约的系统,既包括媒介、渠道、对象等传播生态内部构成要素之间的关系,也包括与外部环境之间的关系。当下的全球传播因媒介技术、传播渠道、传播者、传播用户、传播产品等内部构成要素的快速演变,以及世界格局等外部环境的变化,在建构新时代中国国际传播体系时,就需要把全球传播生态的相关者都纳入进去,缺一不可。

（二）坚持系统性思维

除了基于全球传播生态系统相关者,还要用系统思维打造国际传播体系。这里的系统思维有两方面理解。一方面,国际传播是这个社会运行中的一个重要组成部分,构建国际传播体系是国家系统的一环,一定要与国家的战略价值、战略位置、战略目标、战略资源、战略安排和战略现实等具体要素高度关联,实现与其他战略系统相匹配,这样才能在资源和行为的协同性上得到保障。正如习近平总书记强调的,"下大气力加强国际传播能力建设,形成同我国综合国力和国际地位相匹配的国际话语权"[1]。另一方面,国际传播本身就是系统工程,包括的理念、主体、客体、内容、运行方式、渠道、人才队伍等诸多方面,都要以系统性思维考虑,进行系统性创新,这样才能整体推进新时代中国国际传播体系的建构。

（三）坚持以全球视野把握传播共通意义

正如前文所述,我国国际传播的策略选择上有迷茫之处。之所以有此情况,是因为由于历史和现实的种种因素影响,长久以来"中国特殊论"在人们的思想意识中有着根深蒂固的影响,无论是中国还是世界,无论是帝国时期,还是被殖民时代,抑或改革开放之后,这种心态都曾有着普遍性存在。[2] 这就导致我们在开展国际传播时,不自觉地将中国和世界割裂开来,也就产生了究竟是该"以我为主"还是"迎合外部"的迷茫。在新时代,中国已日益走近世界舞台的中央,并提出了"人类命运共同体"理念,这说明我们已经认识到中国不仅是"中国的中国",还是"世界的中国",中国的历史文化、价值观等都是世界文明、世界价值观的重要组成部分。具体到国际传播中,中国就应该放宽胸襟,坚持以全球视野,从根上挖掘传播内容共通的当代价值和世界意义,实现了从讲"我的故事"到讲"我们的故事"的转变。就像2022年北京冬奥会的开幕式,将中华优秀传统文化的精髓以简洁的方式标识出来,其中以"二十四节气"为主题的倒计时短片,表达了中国对人类环境、气候和文明

---

① 《习近平在中共中央政治局第三十次集体学习时强调 加强和改进国际传播工作 展示真实立体全面的中国》,《人民日报》2021年6月2日。

② 张毓强、庞敏:《新时代中国国际传播:新基点、新逻辑与新路径》,《现代传播》2021年第7期。

遗产的尊重，产生了良好的传播效果。只要依据这样的传播理念构建新时代中国国际传播体系，就能在全世界获得更大范围的理解和认同。

（四）坚持以精准传播策略提升传播效能

用户认知与行为改变是一切国际传播的落脚点，更是国际传播追求的效果。构建国际传播体系，在传播策略上必须坚持以用户为导向，努力实现精准传播。第一，注重分层传播。面对每个国家和社会的不同社会分层，应使用符合其特点的不同话语表达方式，从而实现国际传播话语构建的层级化，实现各取所需、有的放矢。第二，注重分类传播。国际传播主体及其叙事的分类化和多样化，有助于呈现出立体的中国故事，而国际传播手段与平台的多元化，则有助于实现畅通的渠道、有效的手段和合适的平台的有机融合。第三，注重分群传播。"一篇通稿打天下"的传播实践早已无法适应当下的国际传播格局，因此必须做到"一洲一策""一国一策"，乃至"一群一策"，以精准化的内容生产与投放，达到国际传播效果最大化的目的。

四、结语

在喜迎党的二十大、踏上奋进新征程之际，在全球传播生态发生重大变革的重要机遇期，我国国际传播站在了历史新起点上，构建与我国不断提升的大国地位和新时代国家发展需要相适应的国际传播体系，已经逐渐成为一项日益紧迫的战略任务。这无论是对业界还是学界都是很大的挑战，虽然仍然面临很多困难和挑战，在理论上、实践中存在一定差距，却时不我待。目前，亟须我们理顺思路、找准关键点。在外部，必须基于全球传播生态，将所有生态相关者纳入考量范围；在内部，必须坚持系统性思维，进行整体打造；同时在理念和策略上，突破固有条框，进行颠覆性创新，从而逐步完成新时代中国国际传播体系的构建。

（作者分别为：中央广播电视总台港澳台节目中心编辑，中国传媒大学传播研究院博士研究生；中国社会科学院新闻与传播研究所所长，中国社会科学院大学新闻传播学院院长、教授。本文系国家社科基金重大招标项目"加快国际传播能力建设的战略、流程、效果研究"的阶段性成果，项目编号：22ZDA088）

人类命运共同体视域下
国际传播新秩序建设策略探析

李　燕　王志明

习近平总书记 2015 年在全国党校工作会议上指出："落后就要挨打,贫穷就要挨饿,失语就要挨骂。形象地讲,长期以来,我们党带领人民就是要不断解决'挨打''挨饿''挨骂'这三大问题。"① 目前,我们成功解决了"挨打"和"挨饿"问题,但仍然面临"挨骂"问题。长期以来,国际舆论格局被西方主要媒体所主导,呈现"西强我弱"的态势。在以自由主义媒介理论(libertarian theory of the press)为根基的现行国际传播秩序中,"失语"和"挨骂"是发展中国家面临的普遍困境。国际社会亟须以新的具有生命力的概念引领重建国际传播秩序。十年前,面对世界百年未有之大变局,习近平总书记提出全球治理的中国方案——构建人类命运共同体。十年来,这一代表国际社会共同利益的理念得到广泛认同和支持,并在实践中取得丰硕成果,也为国际传播秩序的改革与重建指引了新方向。

一、虚伪的"新闻自由":国际传播秩序失衡的理论根源

中国共产党自成立以来始终非常注重国际传播。抗战期间,尚无自主对外传播能力的中国共产党与外国记者广交朋友,借助其向世界介绍自己的抗日主张和革命事业。其中,美国记者埃德加·斯诺(Edgar Snow)深入陕甘宁苏区采访写作而成的《红星照耀中国》(Red Star Over China)尤为著名。该书于 1937 年出版后引发世界轰动,国际社会开始认识中国共产党和中国革命。1944 年,新华社开办英文对外新闻业务。新中国成立前,新华社已经建立了四个境外分社,开启了独立参与国际新闻报道、自主发声的历程。

然而,西方发达资本主义国家凭借在政治、经济、军事、科技等领域的优

---

① 习近平:《论党的宣传思想工作》,中央文献出版社,2020,第159页。

势，控制着信息在国际社会间的生产和流动，国际传播秩序呈现出单向流通的严重不平衡、不合理状态。广大发展中国家不仅难以发出自己的声音，而且还面临国家信息主权受到干扰的风险。伴随着二战后世界殖民体系的瓦解，发展中国家改变不平等的旧传播秩序、建立平等的"新世界信息秩序"（new world information order）的呼声不断高涨。20 世纪七八十年代，发展中国家和发达国家在多个国际场所展开激烈论争。论争核心涉及国际传播秩序的理论根基，即如何看待信息的"自由流通"问题。[①]

发达国家高举"新闻自由"大旗，认为信息的流通应当是绝对自由的，不应受到任何人为干预。但是，在发展中国家信息生产和流通体系处于弱势地位的情况下，不加限制的"自由"只会让充斥西方文化和意识形态的信息产品长驱直入，侵占民族文化的生存空间，形成发达国家对发展中国家的新型殖民，因而受到广大发展中国家的反对。事实上，"新闻自由"只不过是发达国家推行媒介帝国主义的借口。从理论设计和实践发展来看，以"新闻自由"为核心的自由主义媒介理论本身就含有巨大缺陷，是虚伪的、不可能实现的。

自由主义媒介理论诞生于 17—18 世纪资产阶级革命时期，是西方新兴资产阶级在反对封建社会制度的斗争中逐渐形成的，具有鲜明的时代印记。其重要理论基础在于"观点的公开市场"和"自我修正过程"，主张媒介应该形成"观点的公开市场"，让真理去参加"自由而公开的斗争"。[②] 该理论假设人都是理性的，在斗争过程中，这种理性会让真理自我修正，最终战胜错误而保留下来。

进入 20 世纪后，随着垄断资本主义的发展，媒介的垄断程度越来越高，媒介资源越来越集中于少数人手中，作为自由主义媒介理论基石的"观点的公开市场"已不复存在。同时，媒介资本一味追求经济利益引发新闻"黄色化"，带来许多社会道德和文化方面的问题。在这一背景下，美国新闻自由委员会（The Commission on Freedom of the Press）在 20 世纪 40 年代提出了社会责任理论（social responsibility theory），主张对"新闻自由"加以限制，但仍然无法掩盖其本质——在资本主义私有制制度下，"出版自由仅仅是资产阶级的特权"[③]，而不能保障广大社会成员的利益。尤其是 20 世纪 70 年代后，信息重要性日趋增长与普通民众无法自由获取信息的矛盾越发突出。西方社会又出现了受众参与理论（audience engagement theory），强调一般民众的知晓权、传播权、媒介接近权等权利，主张媒介应该主要为受众而不是为媒介组织、广告

---

① 郭庆光：《传播学教程》，中国人民大学出版社，1999，第248页。

② 郭庆光：《传播学教程》，中国人民大学出版社，1999，第136～137页。

③ 《马克思恩格斯全集（第2卷）》，人民出版社，1957，第648页。

赞助商而存在。

由此可知，作为资产阶级革命武器的"新闻自由"理念仅是资本主义制度下媒介理论在某一发展阶段的产物，从来不是绝对正确的真理，而是伴随新闻实践的发展不断变化的。在国际传播领域，西方国家主张信息流通的绝对自由，只强调自由不提责任，只讲权利不谈义务，反对发展中国家对外来信息进行自主管理，实际上是以此为借口维持世界信息单向流通秩序，从而在广大发展中国家推行文化帝国主义。虚伪而不平等的自由，使得中国形象在国际社会中一直未能按照新闻专业主义原则客观呈现，要么是基于刻板印象的"傅满洲"，要么是出于意识形态偏见的"妖魔"。

正因为如此，发展中国家在 20 世纪 70 年代发起关于"新世界信息秩序"的论争，试图改变建立在虚伪的"新闻自由"理念之上的不平等国际传播秩序，但这场持续十余年的斗争随着 20 世纪 80 年代中期美国、英国相继退出联合国教科文组织这一斗争舞台而陷入低潮。进入互联网时代，"全球范围的信息结构不平衡依然如故，而愈加猛烈的媒体融合兼并浪潮以及强大的新媒体技术则不可避免地加深着双方的信息鸿沟"[①]。美国等发达国家对信息技术的高度垄断，使得信息生产和流通体系的不平衡态势更加严重，基于制网权等技术优势的"网络霸权"引发普遍担忧，成为影响世界和平发展的新威胁。

二、人类命运共同体：构建国际传播新秩序的指导方针

20 世纪 90 年代后，世界格局发生重大变化，关于"新世界信息秩序"的论争逐渐淡出了视野。但在不平等国际传播格局尚未根本性改变的情况下，论争的诉求和议题远未过时。回顾这段历史，亲历这场论争的芬兰传播学者卡拉·诺顿斯登（Kaarle Nordenstreng）认为，一个重要的教训是没有孕育出具有持久生命力的概念而导致论争失去动力。"经过清晰阐释的概念能够抵制意识形态的不稳定性，而如果某个概念过于肤浅，那么随着政治力量的衰落，这个概念也会随之消亡。"[②] 因此，一个具有丰富内涵、能够激发最广泛动力的概念对国际传播新秩序的构建至关重要。

现代科技的发展消解了时空距离，国际交往日益密切，全球化趋势不可阻挡，人类的命运联系也更加紧密。2013 年 3 月 23 日，习近平主席在莫斯科国际关系学院发表演讲时首次提出人类命运共同体理念。这一重要理念汲取了中华优秀传统文化的精髓，创造性地继承和发扬了马克思主义理论，不仅有助于各国在国际事务中合作共赢，而且能够引领国际传播新秩序的构建。

---

① 熊澄宇：《传播学十大经典解读》，《清华大学学报（哲学社会科学版）》2003年第5期。

② [芬]卡拉·诺顿斯登：《世界信息与传播新秩序的教训》，徐培喜译，《现代传播（中国传媒大学学报）》2013年第6期。

（一）在如何看待其他参与主体的价值观问题上，人类命运共同体理念主张相互尊重、平等相待

在当前的国际传播秩序中，以亚非拉为代表的发展中国家虽然实现了政治独立，但没能完全摆脱殖民体制的后遗症，在信息传播等方面依然被迫保持着对发达国家的依附关系，难以与之平等对话，甚至很多时候无法对话，只能忍受发达国家偏见式、扭曲式乃至污蔑式的自说自话。人类命运共同体理念继承了中国对外交往一贯的相互尊重、平等相待原则，主张国家无论大小、强弱、贫富一律平等，都有平等参与国际事务的权利。这种平等和尊重，不仅包括和平共处五项原则所倡导的互相尊重主权和领土完整、互不干涉内政，还包括尊重各国自主选择社会制度和发展道路的权利、尊重各国推动经济社会发展及改善人民生活的实践等多个方面。只有真正地尊重各国各文明差异，才能在国际交往中平等地对话，从而调停冲突、化解分歧、消除隔阂、增进理解、促进共识，推动国际秩序的可持续发展。

（二）在如何处理本土文明与其他文明关系的认识论方面，人类命运共同体理念倡导开放包容、互学互鉴

近代以来，西方话语体现出明显的"西方中心论"思维，认为西方文明是世界上最优秀的唯一正确的文明，把其他文明视作"黑暗的远方"，[①]并伴随着政治经济势力扩张对发展中国家实行文化侵略甚至精神殖民。而中国外交则吸收了中华文明"和合"文化的精神内核，提倡和而不同、兼收并蓄。从和平共处五项原则、"求同存异"方针到和谐世界理念，再到人类命运共同体理念，无一不反映着中国对本民族文化与其他文明关系开放包容的统一认识。习近平总书记在阐述人类命运共同体理念时多次强调多元文明相处需要和而不同的精神，因为"不同文明凝聚着不同民族的智慧和贡献，没有高低之别，更无优劣之分"[②]。同时，不同文明之间需要平等对话、多向交流。习近平总书记指出："交流互鉴是文明发展的本质要求。"[③]不同文明之间的自由交流，不仅能够消除隔阂、促进理解，还能相互借鉴、共同发展，孕育出更加先进的文化样态，永葆文明生命活力。从这个角度来看，人类命运共同体理念"保存了民族精神与文化特性作为参与世界交往及国际传播的动力源泉，同时也破除了'民族主义对国家或政治共同体的封闭性依赖'，从而为全球性政治议题的传播创造了无限空间"[④]。

---

① ［美］迈克尔·亨特：《意识形态与美国外交政策》，诸律元译，世界知识出版社，1999，第207页。

② 《习近平谈治国理政（第2卷）》，外文出版社，2017，第524页。

③ 《习近平谈治国理政（第3卷）》，外文出版社，2020，第469页。

④ 袁靖华：《中国的"新世界主义"："人类命运共同体"议题的国际传播》，《浙江社会科学》2017年第5期。

（三）在如何协调与其他国家利益的方法论方面，人类命运共同体理念强调合作共赢

以"西方中心论"为前提的自由主义媒介理论，推崇的是自我、本国而非他人、他国的自由与人权。基于此建立的世界秩序奉行弱肉强食的丛林法则，从而导致国际信息传播和文化交流的"零和博弈"效应。而以和为贵的中华传统文化则孕育出合作共赢的方法论哲学。中国革命和社会主义建设的巨大成就充分证明了这一方法论的正确性。人类命运共同体理念继承了这一精神财富，将国际社会所有参与主体视为伙伴而非敌人，主张用双赢、多赢、共赢的新理念替代我赢你输、赢者通吃的旧思维，通过发展相互信赖的伙伴关系和密切合作，实现参与主体的利益共赢，构建以合作共赢为核心的新型国际关系，从而维护世界和平、促进共同发展。当下，世界百年未有之大变局加速演变，不确定性和不稳定性因素更加突出，国际社会尤其需要团结合作精神。正如习近平总书记所言："世界是各国人民的世界，世界面临的困难和挑战需要各国人民同舟共济、携手应对，和平发展、合作共赢才是人间正道。"①

十年来，构建人类命运共同体理念凝聚起国际社会的广泛共识。2017年11月2日，中国关于构建人类命运共同体的理念写入联合国大会安全领域决议。截至2022年，人类命运共同体理念已连续六年写入联大一委有关决议。在国际传播领域，人类命运共同体理念在价值观、认识论、方法论方面都有着符合国际社会共同利益的清晰阐述，无疑具有诺顿斯登所指的生命力，必将引领构建一个公正合理的国际传播新秩序。

三、协同努力：重塑国际传播秩序的现实路径

打破现有不平衡的国际传播秩序，以人类命运共同体理念引领重建国际传播秩序，是一项复杂而艰巨的任务。中国媒体不仅要努力提高自身国际传播能力，还要同其他国家加强交流合作，结成传播命运共同体，共同向旧秩序发起冲击。

（一）完善对外传播规划体系，做好国际传播顶层设计

2009年，中央发布《2009—2020年我国重点媒体国际传播能力建设总体规划》，将中央主流媒体作为国际传播能力建设的重点方向。在此背景下，中央主流媒体加快了进军海外的步伐，中国新华新闻电视网（CNC）、中国国际电视台（CGTN）相继建成。2018年，中央电视台（中国国际电视台）、中央人民广播电台、中国国际广播电台合并建成中央广播电视总台（下称"总台"），通过媒体融合和资源整合进一步提高了国际传播能力。与此同时，互联网企业

---

① 习近平：《在纪念中国人民志愿军抗美援朝出国作战70周年大会上的讲话》，《人民日报》2020年10月24日。

在商业资本推动下表现出较强的跨文化传播能力，例如，TikTok（抖音海外版）、Kwai（快手国际版）等短视频平台在国外取得了不俗成绩。TikTok 的表现尤为出色，截至 2023 年 4 月，其全球活跃用户高达 10.92 亿。[①]但在逆全球化思潮下，世界范围内民族保护主义情绪加重，中国互联网企业在出海过程中面临更多困难和风险。因此，我们在做好主流媒体国际传播能力建设统筹的同时，还应将具有媒体属性的商业平台纳入国际传播规划。一方面通过政策引导和扶持，加强信息基础设施建设，优化产业结构布局，鼓励商业平台做大做强走出去，积极投身国际媒体竞争；另一方面要完善法律法规制度，加强媒体管理和发展指导，帮助出海媒体了解对象国的法律法规、文化习俗，以健全的对外传播管理制度为出海媒体保驾护航。此外，还要促进主流媒体和商业平台的融合与合作，优势互补提高整体传播效能。通过宏观层面的统筹协调，形成传统媒体和新兴媒体、主流媒体和商业平台各尽所能、互为补充、相互促进的战略格局，多层次多角度传播中国声音。

（二）提升海外传播能力，抢占国际舆论话语阵地

习近平总书记指出："阵地是意识形态工作的基本依托。"[②]他强调："我们的同志一定要增强阵地意识。宣传思想阵地，我们不去占领，人家就会去占领。"[③]要扭转"西强我弱"的传播格局，媒体机构必须迎难而上、主动出击，在国际舆论争夺战中攻城略地、站稳脚跟。一方面要积极推动媒体"走出去"，构筑国际传播的战斗堡垒。总台围绕"打造具有强大引领力、传播力、影响力的国际一流新型主流媒体"的目标，全力推进国际频道海外落地工作，不断扩大国际传播阵地。2022 年，总台国际频道全年新增有效覆盖 14 个国家和地区，目前已在 173 个国家和地区直接签约落地，通过 68 种语言传播，同时通过卫星信号覆盖全球所有国家和地区。2022 年，新增国际频道海外用户数 2.485 亿户，是总台成立以来新增海外用户数最多的一年。另一方面要提高话语能力，拼抢国际舆论引导高地。这要求媒体不仅要"讲好中国故事、发出中国声音、阐释中国特色"，还要关心共同体中其他主体的命运，积极参与国际事务报道，在世界重大事件报道中出现中国身影、发出中国声音、表明中国立场、提出中国方案，主动设置媒介议程，"完成从'向世界说明中国'（谈自己的事）到'向世界阐释世界'（谈世界的事）的转型"[④]，从而提高国际舆论

① TikTok Users, Stats, Data & Trends. https://datareportal.com/essential-tiktok-stats.

② 中共中央党史和文献研究院编《习近平关于社会主义文化建设论述摘编》，中央文献出版社，2017，第45页。

③ 中共中央党史和文献研究院编《习近平关于社会主义文化建设论述摘编》，中央文献出版社，2017，第30页。

④ 史安斌、钱晶晶：《习近平外宣思想初探》，《对外传播》2015年第11期。

引导力。近年来，总台通过 191 个海外站点，以切合海外受众心理的内容和语态在国际舆论场上积极发声，国际新闻全球首发率接近 15%，位列全球主要媒体第二。①2022 年，CGTN 各频道在海外收视效果持续向好，竞争力进一步增强；中文国际频道海外受众对频道总体满意率高达 95.9%，创近十年新高。经过多年努力，总台已跻身国际媒体一流梯队，有能力也有责任在国际传播秩序建设中发挥更大作用。

（三）密切国际媒体合作，构筑国际传播"统一战线"

团结其他国家媒体结成"统一战线"既是我们革命和社会主义建设的经验之谈，也是构建人类命运共同体的应有之义。只有团结起来，通过交流合作提高发展中国家的传播能力，在国际舆论场上形成"一呼百应"般的传播合力，才可能同发达国家相抗衡。近年来，总台不断创新"媒体外交"方式，有效扩大了朋友圈。一是建立媒体联盟。2016 年，中国国际电视总公司和中央电视台发起成立丝绸之路电视共同体，与丝路沿线国家媒体在联制联播、频道共建、融合传播、智库建设等领域进行合作，成员及伙伴目前已发展至 63 个国家和地区的 143 家机构。同年，央视国际视频通讯社（CCTV+）组建非洲视频媒体联盟，讲述中非合作共赢的故事，至 2022 年，成员涵盖 31 个非洲国家的 43 家主流广电媒体。二是举办媒体合作交流论坛。随着中国与东盟国家合作交流的深入，总台与广西壮族自治区人民政府共同打造"东盟伙伴"媒体合作论坛品牌，同东盟国家媒体联合制作节目，向全球受众展现真实、立体、全面的中国和东盟。类似的区域媒体合作机制还有"非洲伙伴""拉美伙伴""欧洲伙伴"等。总台还以北京冬奥会为契机，创办了全球媒体创新论坛，探讨构建人类命运共同体的媒体责任。此外，总台还积极配合重点热点事件开展媒体交流，如 2022 年中国阿根廷人文交流高端论坛、2023 年中俄媒体圆桌会议、2023 年中国—中亚媒体高端对话交流活动等。三是加强点对点深度合作。以元首外交为引领，总台同多国政府机构和主流媒体签署合作协议，在节目交换、素材共享、人员互访、经验交流、技术创新等方面开展务实合作。这些多样化的交流合作加深了国际媒体间的相互理解，能够有效地提升传播能力，推动国际传播"统一战线"的建立。

（四）加强文化交流互鉴，降低"文化折扣"影响力

国际传播实质上是一种跨文化传播，文化背景差异是最常见的传播障碍，容易造成文化产品不被其他地区受众认同或理解，形成"文化折扣"，②甚至可

---

① 《中央广播电视总台社会责任报告（2022 年度）》，http://news.cctv.cn/2023/05/31/ARTIBqcMeqibo IZF3hxVKyy5230531.shtml。

② Colin Hoskins, Rolf Mirus. Reasons for the U.S. Dominance of the International Trade in Television Programmes. Media, Culture and Society, 1988(10).

能引发误解、误判，从而影响国际传播的效果。要减少障碍、消除隔阂，就必须加强不同文明之间的交流对话，增进彼此了解，促进民心相通。作为信息时代最主要的文化产品提供者，媒体亦是文化交流的重要使者。中国媒体承担着传播中华优秀文化、推动中华文明与其他文明交流互鉴的重任。总台牢记使命，努力探索媒体推动文化交流的途径。除了通过高质量的文化产品向海外输出中华优秀文化、对国内介绍西方文化，总台还积极举办文化交流活动，让受众感受多元文化魅力。2023年6月，总台开展"东盟伙伴"看中国式现代化媒体行活动，组织来自东南亚8个国家、18家主流媒体的60余名记者赴广西柳州、钦州、北海、桂林等地，实地考察、亲身感知现代中国。端午节前夕，总台在日本、巴西、英国、俄罗斯、以色列等国举办了以"建设现代文明：中华文化新使命"为主题的文化沙龙，让海外受众现场体验包粽子、写书法、学剪纸、练武术等中国传统文化。此外，总台还携手相关部门举办了中国西班牙建交50周年主题活动"中西文化之旅"、中国影像节"一带一路"主题展映、"何以文明"全球巡展等文化活动。这些举措有效拉近了海外受众与中国的心理距离，增加了他们对中国的好感，不仅有利于不同文明交流互鉴，也有助于降低国际传播中的"文化折扣"影响力。

重建国际传播秩序是一项系统而庞杂的工程，面临各种困难和挑战，通往胜利的道路注定不会一帆风顺。习近平总书记说："道阻且长，行则将至；行而不辍，未来可期。"[1] 在人类命运共同体这一充满生命力的理念引领下，只要大家团结一心、不懈努力，公正合理的国际传播新秩序终将实现！

（作者单位：中央广播电视总台新闻中心）

---

① 《习近平谈治国理政（第4卷）》，外文出版社，2022，第429页。

遵循规律是全面提升国际传播效能的前提

——国际传播规律的核心要义

高永亮

习近平总书记在党的二十大报告中指出："加强国际传播能力建设，全面提升国际传播效能，形成同我国综合国力和国际地位相匹配的国际话语权。深化文明交流互鉴，推动中华文化更好走向世界。"[①]新时代以来，习近平对加强国际传播能力建设发表了一系列重要论述，除了强调加强国际传播能力建设的指导思想、重要意义和实践路径，他特别强调，"要加强国际传播的理论研究，掌握国际传播的规律"[②]。规律是支配万事万物运动且不以人的主观意志为转移、人类认识世界和改造世界必须遵循的客观法则。这是辩证唯物主义的基本观点。加强国际传播能力建设，全面提升国际传播效能，必须以深刻认识、准确把握、严格遵循、科学运用国际传播规律为前提。国际传播规律的核心要义主要包括以下五个方面。

一、内容品质：维护和确保新闻的真实性是永远颠扑不破的铁律

"新闻的本源是事实""根据事实描写事实""新闻必须完全真实"这些马克思主义新闻观的基本原理已经成为新闻理论与新闻实践的常识。维护和确保新闻的真实性是新闻实践的前提、基础和逻辑起点，丧失了真实性也就丧失了新闻实践的全部意义。维护和确保新闻的真实性是新闻实践永远颠扑不破的铁律，这一点如何强调都不过分。特别是在国际传播实践中，无论什么原因（故意还是过失）导致的新闻失实损害的都不仅是我国媒体在国际舆论场上的公信力，更是我国的国家形象、国际声誉、国际地位以及国际话语权。

---

① 习近平：《高举中国特色社会主义伟大旗帜 为全面建设社会主义现代化国家而团结奋斗——在中国共产党第二十次全国代表大会上的报告》，《人民日报》2022年10月26日。

② 《习近平谈治国理政（第4卷）》，外文出版社，2022，第318页。

习近平指出的"展示真实、立体、全面的中国"①，就是对国际传播中维护和确保新闻真实性这一规律的进一步阐发。新闻真实一般包括具体真实和总体真实两个方面的含义：具体真实指新闻报道中涉及的具体事实及其要素必须完全真实、准确、无误；总体真实指在具体真实的基础上，新闻报道要反映事物的本质、全貌及社会发展的主流、趋势和规律。新闻失实也相应地表现在具体失实和总体失实两个方面：具体失实指新闻报道中的具体事实及其要素失真；总体失实指新闻报道因过于突出某一领域某一方面内容，过于强调成就或问题而没有客观反映事物本质或社会发展主流、趋势和规律。这就要求国际传播要在确保新闻具体事实及其要素真实的基础上，不断丰富报道题材，全面反映我国经济、政治、文化、社会、生态文明等各领域发展变化，同时采取实事求是的态度，既报道我国经济社会发展取得的成就和经验，也不回避存在的问题和矛盾，这样才是"真实、立体、全面的中国"。国际传播要"努力塑造可信、可爱、可敬的中国形象"②，可信是可爱、可敬的前提和基础。只有真实的才是最可信的。只有在可信基础上建立起的国家形象才是可爱的、可敬的。不断展示真实立体全面的中国，努力塑造可信可爱可敬的中国形象是提升国际传播效能和国际话语权的重要实践基点。习近平指出："下大气力加强国际传播能力建设，形成同我国综合国力和国际地位相匹配的国际话语权，为我国改革发展稳定营造有利外部舆论环境，为推动构建人类命运共同体作出积极贡献。"③离开真实性，这一切都无从谈起。

二、实践机制："内外有别"与"内外一致"中坚持内宣外宣统筹协调辩证统一

中国共产党历来重视外宣工作。党在成立之初就通过共产国际的帮助或利用党在海外的组织开展对外宣传，如20世纪二三十年代在海外出版《少年》《赤光》《先锋报》《救国时报》等刊物。抗战爆发后，党成立国际宣传委员会，延安新华广播电台成立后开办日语广播节目，新华社于1944年9月1日正式开播英文广播。新中国成立后，我国逐步建立了以党委政府为主导的外宣工作格局。这种工作格局的基本机制是党委政府成立专门的外宣机构、部门或创办专门的外宣媒体（有的主流媒体内专设外宣部门）开展对外宣传。外宣与内宣在机构设置、人员安排、工作职能、宣传内容等方面相互分开、相对独立，甚至是相互区别、相互隔绝。这种外宣工作格局和机制因注重和强调外宣的特殊性而形成了"内外有别"的外宣工作思路。这种在特定历史条件和社会背景下发

① 《习近平谈治国理政（第4卷）》，外文出版社，2022，第316页。
② 《习近平谈治国理政（第4卷）》，外文出版社，2022，第317页。
③ 《习近平谈治国理政（第4卷）》，外文出版社，2022，第316页。

韧并在长期外宣实践中逐步形成和确立的外宣工作格局、机制和思路，对于在革命、建设、改革不同时期讲好中国故事、传播好中国声音发挥了重要积极作用。

随着互联网、移动互联网、大数据、人工智能等新技术的兴起和广泛应用，媒介环境、舆论格局、传播方式等发生前所未有的深刻变革。地球上任何一个角落发生的事情瞬间就可以传遍世界，精准抵达每一个人的手机终端。"人人都有麦克风"的时代强大的信息网络技术和病毒式传播方式使信息可以轻而易举地穿越国家与国家、区域与区域之间的地理边界。国际舆论场的声音很容易传到国内，国内报道同样也很容易传播到国际舆论场。国际新闻国内化、国内新闻国际化趋势越来越明显，外宣与内宣、国际传播与国内传播的界限越来越模糊，单纯的外宣或单纯的内宣显然已经不合时宜，"内外有别"的外宣工作思路及内外分开的外宣工作格局和机制必须适时进行调整。外宣与内宣在机构设置、人员安排、资源调配、工作流程及宣传报道主题选择等方面相互分开、相互区别、相互独立甚至相互隔绝的局面必须打破和改变。要"大力推动国际传播守正创新，理顺内宣外宣体制"①，"加快构建网上网下一体、内宣外宣联动的主流舆论格局"②，"要动员各方面一起做思想舆论工作，加强统筹协调，整合各类资源，推动内宣外宣一体发展，奏响交响乐、大合唱，把中国故事讲得愈来愈精彩，让中国声音愈来愈洪亮。"③ 国际传播不再是单纯的外宣，也不只是外宣部门和外宣媒体的工作。坚持"内外一致"中内宣外宣统筹协调、一体发展、辩证统一是新时代国际传播实践的必然路径。

三、传播主体：多元主体共同参与、立体式合力推进

由于国际传播的特殊性，各级党委政府对于开展国际传播具有明确和严格的相关规定，加上党委政府拥有丰富的内容、渠道、平台、技术等资源，以及较为雄厚和可持续的人力、物力、财力，我国的国际传播一直以党委政府为主导、以党委政府专门机构（或指定机构）及专门的外宣媒体为传播主体。这些主体在长期的国际传播实践中为讲好中国故事、传播好中国声音，积极引导国际舆论，形塑国家形象，形成国际话语权一直发挥着并将继续发挥举足轻重的作用。随着经济社会发展，新技术、新媒体、新业态、新阶层不断产生，这为更大范围、更多类型、更加多元的主体参与国际传播提供了条件和可能性。随着企事业单位、社会组织以及公民个人等国际交往的日益频繁，以及互联网

---

① 《习近平谈治国理政（第4卷）》，外文出版社，2022，第316页。

② 《习近平主持召开中央全面深化改革委员会第十四次会议强调 依靠改革应对变局开拓新局 扭住关键鼓励探索突出实效》，《人民日报》2020年7月1日。

③ 习近平：《论党的宣传思想工作》，中央文献出版社，2020，第122~123页。

传播对地理边界的跨越及脸书、推特、微博、微信、抖音、快手等社交媒体的全球化应用和普及，多元主体在国际舆论场发布信息和发表意见开展国际传播已经成为当前国际舆论格局中的重要特征。

国际传播主体构成的复杂性必然会导致传播内容在真实性、准确性、权威性及立场、观点上良莠不齐，积极、正面、理性与消极、负面、非理性的内容杂糅。如近年来国际舆论场中关于新冠肺炎疫情中针对中国的各种信息、"李子柒现象"及类似现象等，很多信息和观点都是来自多元传播主体并产生较大影响。因此，国际传播在原有党委政府外宣部门及专门开展外宣的主流媒体主导的基础上，必须积极鼓励引导支持有条件的企事业单位、社会组织、新媒体平台、民营机构、网络主播、网络 KOP 甚至是作为个体的每一个公民积极参与到讲好中国故事，传播好中国声音的实践中，充分发挥多元传播主体在国际传播中的积极作用。习近平指出："讲好中国故事，不仅中央的同志要讲，而且各级领导干部都要讲；不仅宣传部门要讲、媒体要讲，而且实际工作部门都要讲、各条战线都要讲。"[1] 要"构建起多主体、立体式的大外宣格局"[2]。2021 年，商务部、中宣部、税务总局、广电总局等 17 部门发布《关于支持国家文化出口基地高质量发展若干措施的通知》，鼓励有条件的企业建设覆盖全球的新媒体平台，助推优质文化内容"走出去"[3]。多元主体共同参与、立体式合力推进国际传播已经成为不可逆转的潮流。

四、形塑视角："他塑"与"自塑"有机结合相互补充相辅相成相得益彰

当前国际舆论格局一个基本特征是"西强我弱"。"西方主要媒体左右着世界舆论，我们往往有理说不出，或者说了传不开。"[4] "西强"就体现为一些西方国家或西方媒体在国际舆论场具有较强的甚至是支配性的话语权，其观点和意见对国际舆论具有强大影响力。因此，中国在国际舆论场上的国家形象在很大程度上是由"他塑"而非"自塑"的。一些西方国家和西方媒体基于对中国的意识形态偏见，加上它们拥有的支配性国际话语权，使得关于中国的负面舆论在国际舆论场上不绝于耳。这样的"他塑"显然损害了中国的国家形象，也不利于为改革发展稳定营造良好的外部舆论环境。对这样的"他塑"，我们显然要坚决果断予以回应，开展国际舆论斗争。因此，进一步加强

---

① 习近平：《论党的宣传思想工作》，中央文献出版社，2020，第122页。

② 《习近平谈治国理政（第4卷）》，外文出版社，2022，第316页。

③ 商务部官网，http://www.mofcom.gov.cn/article/zwgk/gkzcfb/202110/20211003211152.shtml。

④ 中共中央党史和文献研究院编《习近平关于总体国家安全观论述摘编》，中央文献出版社，2018，第105～106页。

和改进"自塑"是我国国际传播面临的重要任务。

我们要更好地基于中国道路、理论、制度、文化在国际舆论场上关于国内国际事务不断发出自己的声音，"增强中华文明传播力影响力。坚守中华文化立场，提炼展示中华文明的精神标识和文化精髓"①，不断形成同我国综合国力和国际地位相匹配的国际话语权。需要指出的是，加强和改进"自塑"并不是要全盘否定"他塑"。"自塑"与"他塑"并不是非此即彼的冲突和对立。无论是在历史上还是在现实中，一些"他塑"都在中国国际传播中发挥了重要积极作用。如安娜·路易斯·斯特朗、艾格尼丝·史沫特莱、埃德加·斯诺等外国记者在革命战争年代克服重重困难甚至冒着生命危险到中国采访并向世界报道真实的中国，他们的作品《千千万万中国人》《伟大的道路：朱德的生平和时代》《红星照耀中国》等成为外国记者向世界报道中国的典范并产生重要国际影响，成为世界新闻史经典之作。北京师范大学从2011年起组织"看中国"活动，连续十几年邀请世界各地高校学生到中国拍摄文化短片并组织展映，对加强中外青年人文交流、推动中华文化国际传播、让世界更好地了解中国发挥了重要作用。因此，要正确处理"他塑"与"自塑"的关系。一方面，要不断加强和改进在国际舆论场上的"自塑"，不断形成和提升自身国际话语权；另一方面，对"他塑"要及时、理性、真诚地予以回应（或肯定或否定，或赞成或反对，或褒奖或批评），对于有利于讲好中国故事、传播好中国声音，有利于展示真实立体全面的中国，有利于塑造可信可爱可敬的中国形象，有利于为改革发展稳定营造良好外部舆论环境，有利于推动构建人类命运共同体的"他塑"。要积极鼓励引导和支持，让"他塑"与"自塑"有机结合相互补充相辅相成相得益彰。

五、表达方式：立足本土与融通中外相统一

表达方式是传播效果得以实现的基础和手段。一方面，国际传播的表达方式要求立足本土，也就是在话语体系和叙事体系上立足中国特色社会主义经济、政治、文化、社会和生态文明。由于历史传统、发展道路、社会制度不同，我们与西方在话语体系和叙事体系上存在很多差异，如关于民主和市场经济，社会主义民主和资本主义民主、社会主义市场经济和资本主义市场经济在内涵和外延方面都存在很大不同甚至是根本性区别。因此，我们的国际传播表达方式决不能在西方话语体系和叙事体系中人云亦云、拾人牙慧，甚至舍己芸人，"要加快构建中国话语和中国叙事体系，用中国理论阐释中国实践，用中国实践升

---

① 习近平：《高举中国特色社会主义伟大旗帜 为全面建设社会主义现代化国家而团结奋斗——在中国共产党第二十次全国代表大会上的报告》，《人民日报》2022年10月26日。

华中国理论"①。另一方面,由于国际传播对象是与我们在文化传统、风俗习惯、宗教信仰、政治立场、价值观念等方面可能存在不同甚至是巨大差异的群体,因此国际传播的表达方式还要充分考虑能够尽可能让这些对象群体清晰、顺畅、准确地理解和接受,要避免自说自话、自娱自乐。

习近平指出:"打造融通中外的新概念、新范畴、新表述,更加充分、更加鲜明地展现中国故事及其背后的思想力量和精神力量。"②这里重点强调的"融通中外"是目前加强和改进我国国际传播表达方式提升国际传播能力的核心。新时代以来,我国在打造融通中外的新概念新范畴新表述方面进行了积极有益的探索和尝试。党的十八大报告提出"倡导人类命运共同体意识",之后,习近平在各种重要国际场合讲话中多次使用并深刻阐述"人类命运共同体"概念,不断呼吁和倡导"推动构建人类命运共同体",在国际社会引发积极反响和强烈共鸣。2017年2月10日,"构建人类命运共同体"写进了联合国社会发展委员会第55届会议决议。③此外,近年来我国国际传播实践中不断打造的"良治与劣治""全人类共同价值""一带一路""全过程人民民主""中国式现代化"等表达都是融通中外的有益尝试。国际传播的表达方式要在立足本土的基础上实现融通中外,将立足本土与融通中外辩证统一,既要恰如其分地表达和讲好中国故事,传播好中国声音,又要使我们的表达和讲述能够被国际舆论场和国际传播对象群体精准恰当地理解和接受。

六、结语

党的十八大以来,习近平总书记在关于新闻舆论工作一系列重要论述中多次直接提到"遵循新闻传播规律和新兴媒体发展规律"④"科学认识网络传播规律"⑤"运用网络传播规律"⑥"尊重新闻传播规律"⑦等。习近平对新闻舆论工作规律的强调充分体现出他关于新闻舆论工作重要论述中科学的世界观和方法论。新时代国际传播面临新的社会条件、媒介环境和舆论格局,全面提升国际传播效能必须以认识、把握、遵循和运用新时代国际传播基本规律为前提,在此基础上不断探索在内容、渠道、平台、机制等方面进行创新实践,才能不断推动提升国际传播效能。反之,如果无视、忽视甚至违背国际传播基本规律,片面

---

① 《习近平谈治国理政(第4卷)》,外文出版社,2022,第317页。

② 《习近平谈治国理政(第4卷)》,外文出版社,2022,第317页。

③ 新华通讯社课题组:《学习习近平关于新闻舆论的重要论述》,新华出版社,2022,第174页。

④ 《习近平主持召开中央全面深化改革领导小组第四次会议强调 共同为改革想招一起为改革发力 群策群力把各项改革工作抓到位》,《人民日报》2014年8月19日。

⑤ 习近平:《论党的宣传思想工作》,中央文献出版社,2020,第339页。

⑥ 《习近平谈治国理政》,外文出版社,2014,第198页。

⑦ 《习近平谈治国理政(第2卷)》,外文出版社,2017,第331页。

强调通过物质技术投入盲目追求传播覆盖面和影响力则是本末倒置，只能事倍功半甚至适得其反。

（作者系中国传媒大学国家传播创新研究中心副教授、媒体融合与传播国家重点实验室研究员，北京市习近平新时代中国特色社会主义思想研究中心中国传媒大学研究基地研究员。本文系国家社会科学基金重大项目"健全重大突发事件舆论引导机制与提升中国国际话语权研究"的阶段性成果，项目编号：20&ZD320）

关于当前国际舆论斗争观察视角
与强化路径的思考

李 宇

国际舆论斗争与国际政治斗争紧密相连。在中国全面建设社会主义现代化国家新征程上，国际舆论斗争和国际政治斗争都是必然要面对的挑战。为了营造有利于自身发展的国际舆论环境，中国必须大力加强国际舆论斗争综合能力建设，尤其要全面加强战略传播体系建设、多学科学理支撑体系建设和全民国际传播媒介素养建设，有效提升国际舆论斗争的实力、能力和效果。

一、当前国际舆论斗争中需要冷静看待的三个问题

近年来，西方国家持续加大对中国的舆论攻击力度，围绕所谓"香港问题""新冠肺炎疫情病毒溯源问题"等开展议程设置，为政治打压和战略遏制进行鼓噪、造势。基于国际政治格局演进和国际力量发展变化过程，国际舆论斗争具有必然性、长期性、复杂性的显著特征。对此，我们需要冷静看待以下三个问题。

（一）冷静看待西方民众对华态度

根据美国皮尤研究中心（Pew Research Center）等调查机构发布的报告，美国以及部分西方国家民众近年来对华负面态度有所攀升。且不说西方民意调查机构本身的政治操弄，西方民众态度根本就是西方政府刻意引导的结果，是西方政府基于国家利益和发展战略进行的策略性操作。从历史上看，即便在如今关系亲密的日美之间，当日本在 20 世纪 80 年代凭借经济实力对美国霸主地位构成了一定威胁时，美国随即对日本展开猛烈舆论攻击，导致美国民众对日本的态度一路下滑。1985 年，87% 的美国公众表示他们对日本的态度总体上是友好的；1990 年，这一数字下降到 67%；1993 年，只有 50% 的美国人表示喜欢日本，几乎三分之二的人说他们避免购买日本产品。[①]

---

① ［美］缪塞尔·亨廷顿：《文明的冲突与世界秩序的重建》，周琪等译，新华出版社，1999，第247页。

经过美国政府一番操作，日本人在美国民众心中的印象变成了"狡猾的""企图征服世界的""不能对其放松警惕"。① 虽然中美关系与美日关系存在巨大差别，但民众态度变化的背后原因则具有一定相似性。现在，美国基于"二元对立"和"零和博弈"思维，将中国视为战略竞争对手，其对中国的舆论攻击必然更不会手下留情，自然也要大做民众文章。简言之，西方调查机构发布的民意调查结果不过是西方政府和反华政客精心建构"拟态环境"的结果，是西方舆论攻击的惯用手段。

（二）冷静看待西方媒体对华报道

西方媒体宣称其秉承所谓"新闻专业主义"和新闻伦理，但这仅限于其国内事务报道。西方媒体在国内努力体现其所谓"专业"，在国际事务报道上则与政府合谋，成为舆论攻击的实施者。曾任日本驻美国公使的近藤诚一说："在华盛顿，日本往往很容易被卷入舆论战中，而且一旦舆论战开始，日本就立即陷入不利地位，常常惨遭失败。"② 他还强调："我们不应该忘记，美国媒体始终是美国政府舆论战的积极参与者。与其勇敢地挑战固有的思维定式，它们更青睐那些撰写投读者所好的有趣的报道。"③ 西方媒体在国际事务报道上之所以采取双重标准，一方面是所谓"政治正确"，另一方面则是基于市场利益考虑。换言之，西方媒体既要迎合政府外交政策，也要迎合受众惯性心理。在中美博弈的大背景下，中国与美国及其盟友之间的舆论斗争会成为常态，而西方媒体也会一如既往地热衷于攻击中国。

（三）冷静看待西方舆论话语逻辑

国际舆论斗争的关键在于话语和叙事逻辑。二战后，西方挑起了"冷战"，在舆论上构建起"自由世界"对决共产主义的话语框架；"冷战"结束后，美国政府又将战略遏制的目标转向中国，并在舆论上冠以"我们这一代的意识形态斗争"和"21世纪的伟大战争"之名。④ 费孝通先生2002年在《文化论中人与自然关系的再认识》一文中提到，"9·11"事件发生后，西方国家特别是受难国应当追寻事件发生的根源，进行深刻的反思，问一问这是不是西方文化发生了问题。⑤ 美国却以恐怖手段来反对恐怖主义，对阿富汗进行狂轰滥炸。以打击恐怖主义的名义发动的这场战争，20年间造成数万名无辜平民死亡。究其

---

① [日]近藤诚一：《日美舆论战》，刘莉生译，新华出版社，2007，第72~73页。

② [日]近藤诚一：《日美舆论战》，刘莉生译，新华出版社，2007，第136页。

③ [日]近藤诚一：《日美舆论战》，刘莉生译，新华出版社，2007，第168页。

④ [美]简·尼德文·皮特尔斯：《全球化与文化：全球混融（第2版）》，王瑜琨译，中国传媒大学出版社，2014，第145页。

⑤ 费孝通：《文化论中人与自然关系的再认识》，《群言》2002年第9期。

根本，正是因为西方文化近百年来一直处于强势地位，造成其社会中某些势力的自我膨胀，产生了殖民主义、种族主义、极端民族主义、文化沙文主义、单线进化论等形形色色的自我中心主义的思潮。[①]长期以来，西方以"自由""民主""平等"等价值观代表自居，然而肆虐全球的新冠肺炎疫情彻底撕掉了西方国家虚伪的"道德"面具。当然，我们不能小看西方在舆论斗争话语建构和叙事逻辑方面的经验与能力。相比之下，中国站在人类共同利益的高度，积极推动构建人类命运共同体，致力建设持久和平、普遍安全、共同繁荣、开放包容、清洁美丽的世界；在话语概念和叙事逻辑上亦是一以贯之，客观公正、平和真实。我们不必试图改变西方的舆论话语和叙事逻辑，那样会是"鸡同鸭讲"，我们所要做的，是积极打造融通中外的新概念、新范畴、新表述，主动应对和解构。

二、当前国际舆论斗争中需要着力强化的三个方面

基于国际舆论斗争的长期性，我们的国际传播能力建设需要进行相应布局，着力在以下三个方面加以强化。

（一）强化战略传播体系建设

国际传播是战略传播的有机组成部分，国际舆论斗争需要战略传播提供全流程和多维度的支撑。战略传播是指维护国家战略利益的传播，它从战略高度制订传播目标、选择传播对象、调用国家资源。[②]战略传播体系包括公共外交、公共事务、对外援助、情报、军事、高校、研究机构、智库、非政府组织和国际传播等，具有很强的综合性和复合性特征。需要说明的是，战略传播不是以"战略"为内容的传播，也不是国际传播的升级版。在国际舆论斗争中，战略传播体系对整体传播效果发挥着显著影响。西方国家在开展国际舆论斗争时，通常是在战略传播的整体谋划和运行框架下进行，具体包括几个步骤：第一步是研究机构、智库或非政府组织等政治色彩不强的主体散布言论、提供"事实"；第二步是国际传播媒体大肆报道，极力渲染和煽动；第三步是利益团体或活跃分子发动民众或公司、学校等相关机构，表达支持，制造声势，向政府施压；第四步是实现目标，例如，政府出台政策或采取行动等。至此，战略传播任务完成，国家战略利益得到维护，或战略目标得以实现。

目前，中国国际舆论斗争还是以国际传播媒体进行"反驳""揭批"等报道评论为主，步骤单一、手段有限，系统性不足、战略性不强。对此，我们必须强化战略传播体系建设，加强战略传播意识，通过流程设计和体系建设提升国际舆论斗争能力。

---

① 费孝通：《孔林片思：论文化自觉》，生活·读书·新知三联书店，2021，第208页。

② 毕研韬：《厘清战略传播十个基本问题》，《青年记者》2017年第2期。

（二）强化多学科学理支撑体系建设

国际舆论斗争融合了新闻传播、信息战、舆论战等多重属性，在学理层面也呈现出多学科特点，涉及新闻传播学、国际政治学、国际关系学、社会学、心理学、信息学、公共关系等。日本在日美舆论斗争最为激烈的阶段，除了利用媒体进行传播，也在其他领域积极采取措施。例如，为了寻求对策，持续在美国开展相关调查研究。日本驻美国大使馆从1992年开始，每年花费两个月时间，委托经验丰富的美国调查公司对美国人进行大规模的对日深层心理调查。采用小组意识倾向调查的方式，在美国6个城市分别组成5组由10人构成的焦点小组，让其彻底讨论日本，然后由同一个专家分析焦点小组的所有发言。[①]

近年来，中国从多个视角加强国际传播的理论研究，为开展国际传播工作提供学理支撑。在国际舆论斗争方面，学理支撑体系的建设才刚刚起步，还亟待加强。中国国际传播从业者和研究者以新闻传播、外语、国际政治、国际关系等学科背景为主，主要着力点还是传播模式、渠道设计、议题设置、话语框架、媒介内容、媒体外交和合作传播等方面。在国际舆论斗争形势日趋复杂的大背景下，单一学科不足以提供学理支撑，需多学科并举、多专业协同。学理支撑体系建设要从多学科、多维度和多层级推进，尤其要加强心理学、社会学、信息学和公共关系学等学科在国际舆论斗争领域的应用研究。

（三）强化全民国际传播媒介素养建设

随着国际传播全球化、数字化、网络化、移动化、智能化、社交化向纵深发展，国际舆论斗争的主体不再仅限于媒体机构或政府部门，而是呈现出全员化的趋势。在网络空间中，大众传播与人际传播的界限越来越模糊，个体有时候甚至比媒体更能够产生大的影响力。近年来，国际传播中涌现的一批活跃在国际社交媒体平台的"网红"即是例证。

个体是国际舆论斗争的新生力量，值得支持和培育，有计划、有系统地提升其媒介素养是当务之急。费孝通先生指出，现代化的发展速度很快，没有很好的素质，就无法适应现代化的发展要求。[②]他想强调的是，要注重提升全社会的人文素养，为大力发展经济提供底蕴和支撑。同理，为确保中国国际舆论斗争整体实力的稳步增长，也需要注重提升全社会的媒介素养。国际传播具有很强的专业性，包括外语能力、话语建构能力、跨文化交流能力等。为了做好国际舆论斗争，要重点提升青少年的国际传播媒介素养。他们是"数字原住民"（Digital Natives），在利用社交媒体开展国际传播方面具有天生优势，如果辅以国际传播媒介素养，则如虎添翼。另外，中国企业、机构外派员工也是国际

---

① [日]近藤诚一：《日美舆论战》，刘莉生译，新华出版社，2007，第176～177页。
② 费孝通：《孔林片思：论文化自觉》，生活·读书·新知三联书店，2021，第161页。

传播媒介素养提升的重点对象。随着中国企业在海外的发展规模不断壮大，外派员工数量显著增长，例如，中国石化 2021 年在海外工作的员工超 5000 人。外派员工在地理上具有国际传播、人际传播的前沿阵地优势。

随着中国日益走近世界舞台中央，每一个中国人都有机会接触外部世界，都有可能成为中国的代言人、中国形象的塑造者和中国利益的捍卫者。只有全民国际传播媒介素养得到提升，才能行稳致远。我们要认识到，全民国际传播媒介素养建设是一项基础性工作，也是一项长期性工程。

三、结语

当今世界正经历百年未有之大变局，世界多极化、经济全球化处于深刻变化之中。美国等西方国家基于"二元对立"思维和单极化发展战略，难以理性对待中国的崛起。可以预见，美国等西方国家对中国的舆论攻击将会长期存在，国际舆论斗争是我们一项长期而艰巨的任务。为此，要做好国际舆论斗争的顶层设计，强化战略传播体系建设；着力提升国际舆论斗争的学理性，强化多学科学理支撑体系建设；积极壮大国际舆论斗争的力量，强化全民国际传播媒介素养建设。

（作者系中央广播电视总台国际传播规划局评估处处长、高级编辑）

新形势下广播电视构建对外话语体系的战略路径

李　岚

面对日益走近世界舞台中央的中国，国际社会呈现出复杂的心态，特别是在"西强我弱"国际舆论格局尚未发生根本变化的背景下，使中国在国际话语权的塑造上遭遇不少阻碍。习近平总书记在中共中央政治局第三十次集体学习时强调，要深刻认识新形势下加强和改进国际传播工作的重要性和必要性，下大气力加强国际传播能力建设，形成同我国综合国力和国际地位相匹配的国际话语权。如何构建对外话语体系，提高传播艺术，取得更大的国际认同，是当前广播电视国际传播能力建设的重点所在。

话语在传播意识形态、营造身份认同、塑造社会关系、进行权力分配、引领行为方式等方面发挥着关键作用。在政治学、社会学、文化学和哲学里，话语是"一种调控权力统治的规则系统"①。法国哲学家米歇尔·福柯1970年在《话语的秩序》演讲中提出话语权力的概念，认为"话语即权力"。话语不仅是思维符号和交际工具，更是权力的载体，人们通过话语赋予自己权力。不同的权力所有者，都在试图搭建对自身最有利的知识结构。

话语体系是人们在一定社会语境中形成的思想理论体系和知识体系的外在形式，用以表达特定的思想立场和价值观念。"话语体系建设是国际传播的一条生命线，是国家对外表达的思想与知识体系的基础。"②"对外话语体系服务的主体目标是一国的国家利益，客体对象则是国内或在不同意识形态、社会制度和文化环境下的他国受众。"③在国际传播领域，西方国家借助其长期以来形成

---

① ［美］艾莉森·利·布朗：《福柯》，聂保平译，中华书局，2002，第38页。

② 段鹏、张倩：《后疫情时代我国国际传播话语体系建设的价值维度与路径重构》，《新闻界》2021年第3期。

③ 唐润华、曹波：《人类命运共同体视阈下中国对外话语体系的时代特征》，《现代传播》2019年第7期。

的资本优势、媒介优势、技术优势、制作优势和信息传播体系优势，垄断了全世界大部分新闻信息、电视节目的生产与制作，通过网络全方位、全时空、全天候地向全世界推行其价值理念和意识形态，进行思想文化渗透，形成一套霸权话语体系。按照文化话语研究的观点，人类多元文化的话语体系在矛盾的循环运动中走向更加文明的权力平衡。[①] 作为交际实践和一种文化体系，当代中国话语是处于西方大国霸权话语秩序中一支被压制但正在崛起的力量。[②] 对外话语体系是国家文化软实力、国际话语权的有机组成部分，国际传播把握住有效的话语策略，将有利于中国加快对外话语体系建设的步伐，为全球治理更好地贡献中国智慧。

近年来，中国广播电视和网络视听国际传播能力建设取得了较大进展，初步构建起多主体、立体式的视听媒体国际传播格局，传播实效和国际影响力不断提升，对构建中国对外话语体系发挥了重要作用。中国视听作品成为各国观众了解真实、立体、全面的中国的重要窗口，为提升中华文化软实力作出了积极贡献。我们也应看到，当前广播电视和网络视听国际传播面临新形势新任务新挑战。随着互联网、5G、人工智能等信息技术的加速应用，全球视听传播更加多样化、碎片化、移动化，国际传媒市场竞争激烈，对内容质量和渠道建设提出了更高要求。新冠肺炎疫情暴发以来，国际舆论环境更加复杂，构建对外话语体系的观念策略、方式手段都需要进一步改进和创新。战略路径是实现战略目标的路径选择，是战略方向和路线的发力点。广播电视和网络视听要以提高国际传播影响力、中华文化感召力、中国形象亲和力、中国话语说服力、国际舆论引导力为己任，以推进中国故事和中国声音的全球化表达、区域化表达、分众化表达，增强国际传播的亲和力和实效性为战略目标，把我们的制度优势、组织优势、人力优势充分转化为传播优势，在构建对外话语体系的实践中进一步解难题、开新局，在话语内容时代化、话语表达融通化、话语方式多元化、话语传播系统化四个方面实现战略突破和路径创新。

一、对外话语内容时代化，传播当代中国思想文化创新成果

马克思、恩格斯曾指出："一切划时代的体系的真正的内容都是由于产生这些体系的那个时期的需要而形成起来的。"[③] 时代性是话语体系的基本属性之一，对外话语内容要能准确反映时代发展的特征。时代化是中国对外话语生产创新的首要要求。话语内容的时代性要求话语主体必须保持与时俱进，要能够传播

① 施旭：《文化话语研究与中国实践》，《中国外语》2018年第6期。
② 施旭：《当代中国话语的文化研究范式》，《当代外语研究》2021年第2期。
③ [德]弗里德里希·恩格斯、[德]卡尔·马克思：《马克思恩格斯全集（第3卷）》，中共中央马克思恩格斯列宁斯大林著作编译局译，人民出版社，1960，第544页。

符合国家现实和国际社会需要的话语文本。当今中国日益走近世界舞台中央，中国模式受到世界关注，建立在中国文化和中国道路基础上的中国话语，为世界共同面临的发展和治理问题提供了新的思考。中国特色社会主义的伟大实践，为构建新时代对外传播话语内容提供了充足的语料库，关键在于从中提炼出中外共通的议题、具有标识性的话语成果，从而实现"议题同构"和"认同聚合"。

（一）以人类命运共同体理念建构"全球中国"新形象

牛津大学出版社 2020 年 1 月推出的美国乔治·华盛顿大学教授沈大伟（David Shambaugh）主编的论文集《中国与世界》（*China and the World*），全方位盘点了新冠肺炎疫情前中国与世界关系所经历的历史性变化。该书由沈大伟联合 15 名中国研究专家共同完成，代表了西方学者就国际关系与中国研究的发展趋势所做出的理论判断。该书提出，"尽管世界仍运转在不确定性轨道，但中国将作为塑造全球秩序的关键因素已毋庸置疑"，中国"的确为诸多国家带来切实利益，但也成为许多国家眼中的困扰"。[①]

"全球中国"（global China）成为近年来全球学术界关注的新兴议题，即从"全球研究"而非传统"区域（东亚）研究"的视角探讨中国的历史、现状和未来，回应"中国之世界"的新关系和新变局。"全球中国"意识强调中国是世界不可忽视的力量。"一带一路"倡议和"人类命运共同体"理念的推进将带来由中国引领的"新全球化"时代，我国对外传播在内容、渠道、技术等方面进入快速提升阶段，战略重点也转移到构建以"积极、主动参与全球治理的负责任大国"为特征的"全球中国"形象。[②]建构"全球中国"新形象，则是打造对外话语体系的目标方向。

在当下中国，人类命运共同体理念已经成为构建对外话语体系的理论基础和行动指南，也为对外话语体系的现实形态树立了典范。广播电视构建中国对外话语体系要以人类命运共同体理念作为重要指导思想，体现出人类命运共同体理念蕴含的时代性特征。一是反映中国特色社会主义理论的最新成果。向世界全面深入宣介习近平新时代中国特色社会主义思想，以建党百年为契机，加强对中国共产党的海外宣介，帮助国外民众认识到中国共产党真正为中国人民谋幸福而奋斗，了解中国共产党为什么能、马克思主义为什么行、中国特色社会主义为什么好。引导国际社会形成正确的"中共观""中国观"。二是围绕党和国家工作大局，阐释好中国梦的深刻内涵和世界意义，阐释好中国特色社会主义的制度优势，阐释好当代中国价值观念及其对人类文明的独特贡献，让世

① D. Shambaugh. *China and the world*. New York: Oxford University Press. 2020. pp.1–16.

② 史安斌、张耀钟：《新中国形象的再建构：70 年对外传播理论和实践的创新路径》，《全球传媒学刊》2019 年第 2 期。

界清楚准确地了解中国的政策方针和发展方向，让国际社会近距离感受中国社会发展取得的巨大成就。围绕抗疫、扶贫、发展等全球性议题，有效传播中国主张、中国智慧、中国方案。共通共享习近平总书记在政治经济民生领域提出的"全过程民主""绿色发展""低碳经济""开放型世界经济""精准扶贫"等话语，温情诠释"人类命运共同体"理念、"全人类共同价值"，充分阐释"同一个世界、同一个梦想"的共同愿望。有理有据回应攻击抹黑、污蔑，旗帜鲜明地亮明中国立场，阐明事实真相。善于讲述各种生动感人的事例，说明中国发展本身就是对世界的最大贡献、为解决人类问题贡献了智慧。

（二）以优秀视听作品传播中国当代价值观

中国特色社会主义道路是由中国独特的文化传统、独特的历史命运、独特的基本国情决定的，中华优秀传统文化蕴含的思想观念、人文精神、道德规范，不仅是我们中国人思想和精神的内核，对解决人类问题也有重要价值。建构具有时代性的对外话语体系，必须继承中国 5000 年蕴含民族特色和精神文化优势的博大精深的优秀传统文化，必须植根于凝聚着当今时代的精神和活力的社会主义先进文化，植根于反映当代 14 亿中国人民的精神家园的社会主义核心价值观和价值体系，植根于 40 多年改革开放以来取得的伟大成就。要使中华民族最基本的文化基因与当代文化相适应、与现代社会相协调，把跨越时空、超越国度、富有永恒魅力、具有当代价值的文化精神弘扬起来，把继承传统优秀文化又弘扬时代精神、立足本国又面向世界的当代中国文化创新成果传播出去。

作为国际传播的主力军主阵地，广播电视和网络视听积极向世界推介当代优秀作品，更好地推动当代中国价值观念走向世界。以视听中国播映工程为引领，随着丝绸之路影视桥工程——中国影视剧对象国本土化语言译配项目、中非影视合作创新提升工程和当代作品翻译工程的推进，视听节目凭借独特的美学价值、文化内涵、传播特点，为中国及各国观众带来丰富的视听体验，也为国际内容市场注入活力。中国视听作品成为越来越多世界人民更加全面认识中国社会、中国家庭和普通中国人，进而理解和支持中国的窗口，成为传播当代中国价值观的"铁盒里的大使"。这些当代题材的文化作品，对中国人的生存状态、所思所想进行集中体现。从《舌尖上的中国》到《我在故宫修文物》和《我们诞生在中国》，到《四个春天》，再到《棒！少年》，这些在海外受到欢迎的中国纪录片以普通人的生活、命运为表现中心，注重生活的动态过程呈现、审美氛围的营造、人文意识的表现及生活气息的展露。《在一起》《山海情》等主旋律剧和《小别离》《小欢喜》《三十而已》《都挺好》《欢乐颂》《以家人之名》等聚焦中国家庭生活的都市题材剧，这些聚焦中国人当代生活的现代剧在国际传播中呈现出良好的势头。其中，有的作品展现了中国现代化过程中的普通人在现代与传统之间的选择。现代性给当代中国人带来的问题，也是现代性给全人类带来的共同问题，这使得作品拥有了跨越民族差异、走向世界市场、触动人类心灵的内在文化内涵。也有的作品展示年轻人在都市生活中面临的问题，这在居于城市化发展程度较高地区的国际受众之间也有着极大的通约性。于是，当代中国就通过这些文化作品，与时下的国际受众进行着对话、互动。我们所做的，就是要把更多体现中华文化精髓、反映中国人审美追求、传播当代中国价值观念、符合世界进步潮流的优秀作品奉献给伟大的时代。

二、对外话语表达融通化，打造国际交流新叙事体系

习近平总书记强调，"要加快构建中国话语和中国叙事体系""打造融通中外的新概念、新范畴、新表述"。[①] 以"天下融通"为世界观，当代中国话语通常以整体视角、关联方式去发掘、认识和理解事物的整体、全面、联系的特性和特点，这更是看待事物、讨论问题、解决困难的一种话语策略。"融"是基于本土经验和问题意识，融合自身与全球优秀的知识成果展开研究，形成话语和叙事。"通"则是要求话语与叙事符合国内国际的双重认同逻辑。所有的话语和叙事要在中国故事这一话语和叙事的载体中更加充分、更加鲜明地传达中国精神和中国力量，"中国话语"是对国家和民族主体的概念性描述，是基于特定知识逻辑展开的对特定对象的界定。"中国叙事"则是在另外一个维度上对国际传播实践提出了更高的要求，即从知识生产层面以更为体系化的逻辑，将国家发展的现实特征、问题，说清楚、讲明白。因此，要做好人格化传播、精准传播、好感传播，全面提升传播效能，从话语表达上增强国际传播的亲和力和实效性。

（一）以信息与故事兼备、硬语态与柔语态平衡的编码方式创新话语表达

国际传播一定意义上是话语博弈的艺术，打造融通中外的新表述、新叙事就是要讲求传播艺术，即"传播的艺术性"，也就是讲述中国故事的策略、形式、路径、话语形态等问题。在当下百年未有之大变局的情况下，尤其是在中国和西方世界的沟通方面出现障碍的状态下，对外话语表达取得在情感上的互相感知和体谅，十分重要。习近平总书记针对生态文明提出"要像保护眼睛一样保护生态环境"，以及在抗疫过程中提出的"生命至上、人民至上"等话语，就很容易得到海外受众的情感共鸣，在国际社会引发强烈反响。我们需要把中国话语的人格化表达合理融入广播电视国际传播中，"解谜题、话趣事、启未

---

① 新华社：《习近平：加强和改进国际传播工作 展示真实立体全面的中国》，https://baijiahao.baidu.com/s?id=1701351690005252206&wfr=spider&for=pc。

知、引人戏"，将中国故事讲得合乎情理又引人入胜。[①] 以引人入胜的方式启人入"道"，以循循善诱的方式让人悟"道"。

一是在媒体报道方面实现信息与故事兼备。主流媒体采取信息模式的正统性和严肃性报道过多，一定程度上会影响国外民众对我国现实环境的感性认识，从而阻碍中国经验形成中国体验。在对国内经济、社会发展成绩等进行信息模式报道的同时，要采取故事模式对我国人民生活进行微观呈现。要根据西方人喜欢具体表述的特点，把复杂的问题简单化，抽象的问题具体化，注重采用讲故事的方法，用典型事例、典型人物、典型细节和典型语言说话，注重用具体、生动、形象、可感可亲可信、特色鲜明的事实说话。近年来，CGTN 等广播电视主流媒体在文化、经济甚至政治领域产生的国际传播的爆款产品，包括生态文明建设的案例、碳达峰碳中和的理念、实现控制碳排放的中国做法，都是在讲述这些做法背后的普通中国人的故事。这一系列有逻辑联系的中国叙事，围绕当前全球关心的气候变化问题，打造了多元化的文化认同。

二是在话语表达上寻求硬语态与柔语态平衡。近来有不少国内广播电视媒体采用硬语态的话语风格来分析我们所处的国际环境，这种偏硬的编码模式不仅会有损国内民众对其他国家和地区的理性认识，一定程度上也会导致国外民众对我国媒体国际传播内容的对抗式解读，影响了我国国际形象的塑造。要创新话语表达，在对外报道话语表达上寻求硬语态与柔语态的平衡，在可以柔化处理的新闻议题上选择"柔语态"进行报道，多谈具体、少谈抽象，多用真感情、少用空概念，跨越文化壁垒和隔膜，增强传播的亲和力和实效性，体现我国国际传播的鲜活生动、可爱可亲；在需要严肃报道的新闻中采用相对硬朗的话语风格，谦和而自信，包容而有立场，相互尊重，传递自身理念，做有效沟通，展示我们的文化自信和文化自强。通过通俗易懂、接地气的叙事风格和表达方式，既透彻解读在中国发生的事情，也客观评判中国以外发生的事情，在与国际话语的交互传导中形成具有中国特色的话语风格。

（二）以"区域—国家—群体"的本土化和分层传播，推进精准化叙事

考虑到国际舆论的层次性，对外话语传播需要有的放矢、精耕细作，注意区分具体对象的差异性，对受众用户予以细分，在话语类型及其抽象程度、情感类别、传播平台等方面予以细化，区分不同区域、国家、人群，推出更多影响力大、针对性强、贴近性好的对外传播精品节目。坚持本土化服务，依托自身技术、平台、人才等优势，为目标受众提供综合性、本土性的信息服务。坚持精准化叙事，选择恰当的时间、恰当的产品、恰当的形式推送给恰当的受众，由耳入心，提高中国话语说服力。

---

① 程曼丽：《讲好中国故事的角度与着力点》，《新闻战线》2015年第1期。

一是分区域传播。国与国之间由于地缘关系、社会文化传统的相近或者处于政治经济利益的需要而形成"对特定信息较为认同"的"传播区域"[①]。不同地区用户对中国节目的内容偏好有较大区别。剧集数据分析表明，亚太地区观众偏爱动作、古装、武侠和甜宠内容；中东地区观众对动作、都市和古装内容感兴趣；欧洲观众喜欢动作、惊悚、犯罪和科幻题材；泛俄地区观众偏爱喜剧、动作和悬疑片；拉美地区则喜欢悬疑、动作和古装内容。[②] 近年来中国电视剧国际传播正呈现一种趋势，即面向亚洲、非洲等市场时多进行本地化发行，而通过 YouTube、Netflix 等国际流媒体平台覆盖欧美市场。

"一带一路"沿线国家是对外话语区域性传播的优先选择。"一带一路"沿线国家通过参与"一带一路"的建设，实实在在地感受到构建人类命运共同体对本国民生改善、经济发展和国家的现代化发展的益处。这些后发展国家和地区有可能成为重塑世界经济的新版图和中华文化传播的新腹地。针对"一带一路"沿线国家，搭建与重点丝路国家广播电视和网络视听交流平台、举办大型媒体活动、开展内容创作译配和合作传播、加强节目覆盖落地等，深化与丝路国家的全方位合作，不断巩固长效合作机制，促进共同发展。

对非传播对中国增强国际话语权，扩大国际影响力是一个重要领域。针对非洲国家，实施精品内容译制、合作合拍扶持、非洲播映推广等计划，支持优秀中国广播电视节目包括农业节目译制并在非洲国家播出，支持合作创作、制作更多具有中非元素的影视节目，在非洲国家组织开展播映活动，增进中非友谊，沟通中非民心。

二是采取"一国一策"。对全球不同文化背景的受众，讲不同的中国故事。重视用目标国本土化的话语体系来讲述自己的故事，做到内容有趣、语言地道、风格适当、渠道通达。即要从粗放型的"一对多"的传播，提升到"一对一"的精准传播，从宽泛的对外宣传向精准的"一国一策"传播转型。在表达内容上要认真研究国外受众的特点和接受习惯，努力把握共同关注的热点、焦点、重点和特点问题，精心设置议题，积极回应关切，寻找共鸣点，将"我们想讲的""受众想听的"融合在一起。理想的国际传播应针对每个对象国开展深入的调查研究，研判全面事实，分析权威数据，制定具有适用性的国际传播方案，以"精准化"为目标。如对"一带一路"沿线国家和其他较为友好的发展中国家，可以尝试主动设置话题，将中国核心价值观具象化、故事化，介绍中国在经济、脱贫、生态等方面的发展成就和经验。做好形式和内容的转化。

---

① 庄鹏冲：《解读传播的全球化与区域化》，《声屏世界》2004年第8期。

② 华为视频对海外观众在华为视频内的观影画像分析数据，来源于2021年6月3日徐晓林在第九届中国网络视听大会"网络视听国际传播论坛"发表的题为《扬帆出海，聚力共赢》的演讲材料。

在做好分国别研究的基础上，根据各国广播电视节目的时长体量、观众的收听 /收视习惯、电台、电视台和新媒体平台的排播及上线规律等对待广播电视节目进行量体裁衣的形式调整，以更好地进入当地市场。其中，与本土制作机构、运营商、电台电视台、流媒体平台等的合作在精准转化中将发挥越来越大的作用。如中国国际电视总公司在将 70 集古装剧《海上牧云记》出口到意大利时，主动根据当地收视习惯进行调整，把 70 集的作品做成了季播版，最终在意大利主流公共电视台国家影视频道黄金时段播出，横跨 2020 年的圣诞节和 2021年的新年档，首轮平均收视达到 1.35%，同时段收视率比以往高出 35%。当前，广播电视对外话语以英语居多，实际上全球官方语言是英语的 75 个国家中只有 28 个国家不足 9 亿人把英语作为第一语言。这意味着在广播电视的国际传播中不仅需要强化英语表达和译配，更需要为更多国家人民提供更加符合本国语言认知和文化需要的译制甚至译配服务，特别是中国电视剧、纪录片、动画片等作品的多语种定向译配，以此提高各个国家对中国文化的理解和认同。

三是推进"一群一策"。随着社会社群化新模式的出现，对话语体系的架构提出了新的要求，需要根据不同的用户群进行"一群一策"、有针对性的传播。聚焦一个国家内部的社会分层，分众化表达，尽量采用目标受众喜闻乐见的内容和方式客观全面地呈现中国。一方面要采用大数据技术、人工智能等技术对海外目标人群进行用户画像，了解他们的基本属性、社会交往、行为偏好等整体特征，并进一步根据爱好、兴趣等进行分群分组，同时对传播内容进行分类，将合适的内容通过适合的渠道推送给有同样需求的人，努力实现准确匹配。另一方面，也要通过长期深入的海外田野研究，了解在不同圈层条件下，受众的价值理念、思维方式、话语风格以及对我国对外传播话语的评价，形成类型多样的受众数据库，及时反馈更新受众调查报告。相较于传统广播电视，网络音视频等新媒体内容产品更能够做到定向投放、分群推送，更能够做到根据前期产品投放效果和对象国目标人群的反馈进行随时调整节目定位、内容主题和表达方式，明晰对象群体，精准化传播。

三、对外话语方式多元化，实现传播力影响力有效提升

当前大数据、社交媒体、人工智能以及 5G 飞速发展，传播形式日益多样化、智能化，隐性传播、多主体传播、智能传播等都成为重要传播方式。一方面，新传播环境对构建中国对外话语体系提出了新的要求，传统的传播手段已经不能满足对外话语传播的现实需要，这就倒逼中国对外话语方式的多元化创新。另一方面，信息技术的发展和传播生态的变革，为中国加速提升国际传播效能进而在国际舆论竞争中实现"弯道超车"提供了机会。因此，广播电视和网络视听必须抓住技术发展带来的机遇，在表达手段上要用先进的国际传播技术和

手段进行快捷有效的传播。适应传媒业向数字化、网络化转型的形势，把传统媒体的内容优势和新兴媒体的传播优势有机结合起来，努力实现传播力、影响力的有效提升。

（一）大力输出优势影视内容产品，结合新兴媒体传播形成国际传播硬通货

电视剧是最具国际影响力和传播力的内容产品形态之一。电视剧是向世界讲好中国故事、传播好中国声音、推动中华文化"走出去"的重要载体，是中国"软实力"建设中的"硬通货"。当前，在 YouTube 等平台上，外国观众把"中国电视剧"统称为 Cdramas（中剧），中国电视剧已经形成一定的品牌雏形。数据显示，在各国的影视作品出口中，电视剧都有很高占比，如英剧占英国影视产品国际贸易额的 50%；而在中国，多年来电视剧占全国电视节目出口的比重达到 70%。国际传播效果好的电视剧，其故事表达具有中国特色，同时能够跨越文化、种族、宗教等各方面在理解层面带来的障碍。作为长期以来备受外国观众偏好的电视剧类型，古装剧（此处的古装剧为泛指，包括武侠剧、仙侠剧、戏说剧、历史剧等）继续保持较为强大的国际传播能力，并形成一定品牌和国际竞争力。如成功登陆阿根廷主流媒体的《琅琊榜》。中央广播电视总台旗下未来电视在 YouTube 上开设了 150 多个账号，英语、印尼语、俄语、西语、葡语等多种版本的《山海情》就在其不同账号发布，以服务不同国家和地区。数据显示，电视剧《以家人之名》在视频网站 Viki 平台上进入"美洲地区推荐剧集"名单，网评分达到 9.6；在 YouTube 平台的新加坡频道和越南频道，该剧进入"时下流行"视频推荐；在亚洲剧集评分网站 MyDrama List 上，该剧的评分达到 9.1，超过同类型 93% 的作品。

纪录片是最具文化品格和最具国际传播力的影视产品之一。纪录片是展现真实立体全面中国的重要媒介，是目前在海外最走俏的中国电视节目形态。中国故事、国际表达，全球题材、东方视角，成了中国纪录片与国际沟通最有效的途径。在构建对外话语体系上，纪录片大有作为。由于记录"真实"的特性，纪录片能够在不同文化背景的观众中形成共同体验。纪录片具有跨文化属性，在人类的所有艺术产品样式中，纪录片最容易沟通不同民族之间的心灵。纪录片作为一种独特的影像记录方式，又被称为"国家或民族的相册"，从议题设置到叙事视角，从话语形态到影像呈现，都可以反映出国家自身经济发展硬实力、文化软实力、话语权力资源以及国家社会的整体动态变化。国际传播语境下"融合"成为主旋律，纪录片主动寻求国际制播的深度合作达成不同价值体系的动态平衡。2016 年，由中国中央电视台和澳大利亚野熊公司联合制作的《改变世界的战争》在澳大利亚 Foxtel 历史频道播出，吸引了当地观众的广泛关注。近年来，中国五洲传播中心与世界知名纪录片频道以及"一带一路"沿线重要国家的主流媒体机构签订了战略合作计划，合办中国题材电视节目专栏，并与 Discovery 探索频道、美国国家地理频道开展深度合作，共建了《神奇的中国》《华彩中国》《丝路时间》三档有关中国题材的纪录片电视栏目。2021年以来，围绕中国共产党成立 100 周年主题，一批建党百年题材国际合拍纪录片在国际主流媒体播出。中国教育电视台等机构联合法国合拍的纪录片《重返红旗渠》，在新西兰 KORDIA 电视台《丝路时间》栏目播出；五洲传播中心、腾讯视频与美国探索频道联合制作的首部红色之路探险体验纪录片《勇敢者的征程》，在探索频道国际电视网播出，均取得较好的收视效果。

除传统播出渠道，还要进一步开拓 IPTV、流媒体平台、付费电视、互联网电视等新兴平台，以适应并引领全球视听消费视频化的趋势。同时，用好社交媒体、短视频平台等，提高对互联网用户的传播力和吸引力。数据显示，在YouTube 平台，电视剧《山海情》有 5% 的浏览量来自社交媒体平台的导流。长短视频的互动、导流已经成为显性发展趋势，这意味着影视产品的国际传播必须强化在地化的海报与片花宣发、国际社交媒体的引流、长短视频结合的立体化编排，形成不同平台的联合共振。此外，还需着力培养一批介绍、解说、评论中国视听作品的专业人士、社交达人、网络红人，通过面向国际观众的文艺评论助推中国视听产品在国际市场更深入、更广泛的传播。

近年来，腾讯、优酷、爱奇艺、芒果 TV 等海外版平台上线，带动海外观众对中国视听产品需求爆发式增长。但也应看到，我们的海外平台还处于起步阶段，市场规模、内容质量和国际影响力与国际知名媒体有较大差距，需进一步借鉴 Netflix、Disney 等开展本土化内容制作的成功经验，从创意、制作、营销、传播等各个环节积极引入国际合作，将中国故事、中国价值和国际流行的类型模式叙事手法有机融合，努力创作既有中国特色又与国际接轨的内容产品和类型品牌，与国外受众实现情感共鸣、价值共享，不断增强传播效果。

值得关注的是，随着中国网络视听产业在内容制作水准、产业格局、全球视野等领域的成长，以网络剧、网络综艺、网络纪录片和网络动画片为代表的网络视听节目已经"起航出海"，走出国门，成为向世界讲好中国故事的新载体。年轻的网络剧、网络电影的制作团队更加善于借用国际化表达，在创作中有意识地从题材、剪辑叙事逻辑、编播方式等方面注入国际化元素，使其更符合国外受众审美和观看习惯。中国网络视听内容将成为"联接中外、沟通世界"讲好中国故事的重要新生力量。

（二）传统媒体和新兴媒体优势互补、形成融合发展的海外传播格局

广播电视和网络视听在国际传播实践中不断提升融合生产传播能力，形成移动化、立体化传播矩阵。打造移动客户端品牌，大力发展移动直播，以移动融媒体直播、慢直播、微视频、视频博客、图文等多种形式，生动讲述中国故事，让海外受众更易于接受、理解和喜爱。注重各类新平台终端的建设，通过内容的可视化呈现，吸引国外受众特别是青年受众。

据统计，近些年在对外话语传播中，新媒体已成为主流方式。大多数民众选择了新媒体而非广播、报纸、杂志等传统媒体来了解中国。在互联网时代，信息传输已经跨越国家、民族、地域界限，任何一个中国境内电子媒体其实都是国际媒体。一方面，推动网络技术、人工智能、大数据、新媒体平台与传统媒体融合，中国正在打造以新华社、人民日报社、中央广播电视总台、中国日报社、中国国际出版集团等拥有全球网络布局的全渠道、多终端、融合式的国际传播机构，建构多层次、宽领域、全空间、跨平台的融合传播的话语体系。另一方面，依托强大的节目制作生产能力和便捷的融资渠道，腾讯视频、爱奇艺、芒果 TV 等各大网络视听新媒体平台均已开展国际传播业务，日益成为中国视听国际传播主力。如腾讯视频海外站 WeTV 平台汇聚了其平台上的剧集、综艺、动漫、纪录片等多种节目类型，较好地满足了海外用户对各种节目内容的观看需求，截至 2021 年年底，WeTV 海外用户规模超过 1000 万。目前，腾讯视频、爱奇艺、优酷、芒果 TV、哔哩哔哩（B 站）等 5 家视听新媒体平台在 YouTube 的总粉丝数超过 5600 万。①

借助互联网、移动互联网等新兴媒介传播方式，广播电视媒体积极开拓短视频、网络直播等新兴服务模式，拓宽走出去的渠道和方式，推进节目内容跨终端、跨渠道的海外多元传播和社交化运营。广播电视媒体拥有丰富的视频内容和强大的创作生产能力，是短视频国际传播的重要主体。2021 年，在 YouTube 订阅用户排名前 100 的短视频频道中，视频发布数量排名前 10 的中国机构有 8 个是广电主流媒体，共发布超过 36.6 万条视频。中国在短视频领域已经居于领先地位，快手在海外市场月活跃用户已超过 1.8 亿；抖音国际版 TikTok 月活跃用户突破 10 亿。②多语种网红"好感传播"将成为国际传播构建对外话语体系的重要突破口。JW Player 的数据显示，当前用户对直播内容的需求急剧增长，在新冠肺炎疫情的影响下，2020 年直播内容一度飙升了 400%。"网红"这个词更准确的说法是"Social Media Influencer"（社交媒体影响者）。构建对外话语体系，增强国际话语权，我们不仅要影响有影响力的人，还要影响容易被影响的人，即以互联网和社交媒体为主要媒介的青年和基层网民。他们对中国持有的固有成见较少，且对西方主流媒体的控制表现出一定的逆反心理。我们应当把握好新传播生态带来的新机遇，分析研究网络传播的规

---

① 作者根据深圳雅文信息传播有限公司和各视听新媒体平台数据分析整理。

② App Annie，《社交媒体应用的演变》，App Annie Intelligence, Jul, 2021。

律，利用好社交网站、移动终端等各种新型互联网应用，加紧在网络空间形成中国话语的优势。要以多语种网红工作室为抓手，完善网红工作室孵化机制，深入推进"好感传播"。发挥网红传播在头条工程、重大主题报道中的重要作用，加强重要地区重点语言网红评论员培养，细化分类、深耕内容，实现差异化发展。要利用当代广泛接受的、新颖的传播形式包装内容，通过中国地大物博的文化元素打造立体、全面、真实的中国形象；在积极融入国际主流社交媒体平台、联络当地传播机构的基础上，积极研发、推广来自中国的各类应用程序和传播品牌，牢牢抓住传播渠道的主动权，切实提高传播效率。

四、对外话语传播系统化，形成多层次立体化海外布局

对外话语体系建设涉及多个部门、多种机构，应从不同维度进行，以提升话语推广能力，形成多层次立体化海外布局。国际传播是一项具有高度系统性、多主体协同合作的国家战略传播工程，其传播主体日益呈现出多样性态势。我们需要用历史的、动态的眼光来分析国际传播主体。从传播的规模和效果来看，在政府的主导下，不同媒体、智库、企业等机构是国际传播的重要承担者。不同传播主体的传播形态、传播行为、传播能力和影响力存在一定的差异，各有其独特的优势。面对国际国内复杂局势，我们需要打出国际传播的组合拳，更好地实现综合性、全方位的传播效果。

2021 年 10 月 25 日，商务部、中宣部、税务总局、广电总局等 17 部门发布《关于支持国家文化出口基地高质量发展若干措施的通知》提到，支持基地加强与海外新媒体平台合作，积极拓展企业出海新通道，鼓励开办专属频道、专属栏目，利用点播分成、保底分成等方式拓展销售渠道。鼓励有条件的企业建设覆盖全球的新媒体平台，助推优质文化内容"走出去"。开放政策释放出利好信号，进一步推动多主体全面布局海外传播。

（一）建立强大的战略协调机制

习近平总书记指出，加强顶层设计和研究布局，构建具有鲜明中国特色的战略传播体系。要坚持统筹部署、细化实施，积极构建立体化国际舆论传播格局，全方位提高中国媒体在国际舆论场中的"控场能力"。

当前，参与国际传播的媒体机构数量多，从业人员总数庞大，其原本聚焦的媒介形态也不尽相同。因此，衡量一项国际传播工程是否真正有实效，一定要考察其是否具备同层级乃至跨层级的可复制性，如果对其进行量化实践，是否可以产生系统效应。

文化支配力从来不是自发生成的，而是一种强大的战略协调机制促成的，是从教育体系到媒体体系再到大众文化体系的一个庞大工程。这是对国家能力的考验，更是对政治智慧的考验。要创新体制机制，把我们的制度优势、组织

优势、人力优势转化为传播优势。国际传播下一阶段的发展亟须一种新型的"总体设计部"设计。它一方面确保体制优势向机制优势转化,两者协同运行;同时也将技术、人力、智慧与现实变化有机结合起来,形成可靠、有序、高效的系统动力机制,实现一体联动。

（二）由"国家主体"下沉到"地方主体"

党的十八大以来,中央部门牵头组建了外宣旗舰媒体,形成了"1+6+N"国际传播工作格局,建立了一系列多双边媒体高层对话机制,中央和地方媒体层面建立了许多对口交流机制等。纵观我国的国际传播格局,不难发现当前我国的国际传播仍由大型主流媒体担纲主角,其他部门的参与性则较低,这具体体现为我国国际传播领导职权的条块分割仍不明晰。要加强部门间和官民间传播合作、激发地方媒体的国际传播动能,布局智能全媒体国际传播战略体系。

中国国际形象不是一个单纯的概念,而是有着丰富的内涵,这些内涵包括多元立体的地方特色。不同地方各具特色的内容相加,共同组成了中国国际形象的重要一面。各地区各部门要发挥各自特色和优势开展工作,展示丰富多彩、生动立体的中国形象。这就要求,各地要加大对所属地方媒体建设国际传播平台的支持力度,鼓励和支持地方媒体在对外话语体系构建方面发力。

目前地方广播电视媒体的国际传播动能未被有效激发,如与8个国家接壤的新疆维吾尔自治区,其地理位置的特殊性,接壤地区的风俗文化和语言习惯与邻近国家近似,但具有语言和文化传播优势的新疆各级广电机构的国际传播动能并未得到较好的开发。而现实中,地方媒体因为深耕本地,往往对所在地的民情、特色有着更为深入的了解,因此,各地要善于调动所在地的资源,聚焦地方特性,充分发掘地方特色,把更为鲜活的内容传播出去,讲好每一个生动立体的"中国故事",构建多维度、立体化的对外传播格局。尤其是要引导边疆省区发挥友邻传播优势,构建中央与地方媒体优势互补协同发展的对外话语传播格局。

中央级媒体也可以考虑牵头联合地方媒体,组成对外传媒联盟,在搭建壮大自身渠道的同时,通过收购（或参股）西方主流媒体的形式参与国际传媒竞争,深化与海外华文媒体的合作,形成强有力的传播阵地。民营媒体尤其是世界级的互联网企业,在全球化战略中要进一步加强新媒体的建设、收购和整合工作。

新形势下广播电视构建对外话语体系任重道远。当今中国人民创造了经济快速发展和社会长期稳定两大奇迹,文化软实力大幅提升,国际社会希望解码中国的发展道路和成功秘诀，了解中国人民的生活变迁和心灵世界。[①] 广播电视和网络视听将切实履行构建融通中外的对外话语体系的责任使命，承百代之流，会当今之变，将最能代表中国变革和中国精神，更多彰显中国审美旨趣、当代中国价值观念、反映全人类共同价值追求的优秀作品传播出去，让更多中华文化形象为世界所认知，全面展示一个真实生动立体的中国。

（作者系福建师范大学传播学院教授。本文系国家社会科学基金重点项目"新时代中国国际传播实践问题与本土化理论创新研究"的阶段性成果，项目编号：19AXW005）

---

① 新华社：《习近平：在中国文联十一大、中国作协十大开幕式上的讲话》，http://www.gov.cn/xinwen/2021–12/14/content_5660780.htm。

广电媒体守正创新再出发 推动国际传播跃上新高度

罗自文

党的二十大是在全党全国各族人民迈上全面建设社会主义现代化国家新征程、向第二个百年奋斗目标进军的关键时刻召开的一次十分重要的大会，必将成为党和国家事业发展史上的、实现中华民族伟大复兴进程中的重要里程碑。在这次大会上，习近平总书记代表党中央所作的报告，深刻回答了新时代我们党在新征程上应该举什么旗、走什么路，以什么样的精神状态，朝着什么样的目标继续前进等重大理论和现实问题，是开启壮阔新征程、续写时代新篇章的政治宣言和行动指南。报告明确要求，未来五年是全面建设社会主义现代化国家开局起步的关键时期，一个主要任务是加强国际传播能力建设，全面提升国际传播效能，形成同我国综合国力和国际地位相匹配的国际话语权，让人民精神文化生活更加丰富，不断增强中华民族凝聚力和中华文化影响力。[①]

中国广播电视作为国际传播的主要实践者，不仅是中国故事的主要讲述者，而且是中国文化的积极传播者、中国影响的重要实现者，在推动国际传播、建构中国的大国形象方面发挥着极为重要的作用。在新时代的新征程上，广播电视要以党的二十大精神为指引，洞察当下国际传播的国内外形势，正确面对挑战，科学应对机遇，自信自强、守正创新，走"大外宣"整合传播路径，推动广电技术与艺术的深度融合，以短视频和播客为突破口，进一步讲好中国故事，传播好中国声音，为实现全面建设社会主义现代化国家、全面推进中华民族伟大复兴营造良好的大国形象和外部舆论环境。

一、加强和改进中国广电媒体国际传播工作的重要性和必要性

未来的 5 ~ 10 年，是国家在实现第一个百年奋斗目标之后、迈向第二个百年奋斗目标的关键时期。在这个新征程中，广电媒体对内要鼓劲，营造良好

---

① 习近平：《高举中国特色社会主义伟大旗帜 为全面建设社会主义现代化国家而团结奋斗——在中国共产党第二十次全国代表大会上的报告》，人民出版社，2022，第25页，第45页，第46页。

的发展氛围；对外要加强和改进国际传播工作，讲好中国故事，传播好中国声音，树立良好的中国形象，为中国式现代化营造良好的国际政治、经济、文化和科技环境。

（一）加强和改进国际传播工作是营造良好国际环境的需要

良好的国际环境有助于我国的经济社会发展。改革开放四十年是中国经济高速发展的四十年，也是中国国际环境总体较好的四十年。在此期间，中国的改革开放政策，吸引了大量的外资和外国人来到中国，中国也有大量的企业和人员走出国门，在共同的国际交往中，传达了中国人民谦虚、勤劳、奋发、向上的精神面貌，也向世人呈现了美丽中国和发展中国的壮丽画卷。良好的国际环境有利于包括中国广播电视在内的主流媒体"走出去"，以中国中央电视台和中国国际广播电台为代表的中国广电媒体纷纷在世界各地建立分台和记者站，把中国的画面和声音带到了五大洲、四大洋，促进了中国与世界的多边联系和相互了解，也在很大程度上营造了更好的国际环境。

党的二十大提出了中国式现代化的宏伟蓝图，吹响了进一步加快对外开放的号角，这对加强和改进广播电视的国际传播工作提出了更高要求。中国式现代化是人口规模巨大的现代化，是全体人民共同富裕的现代化，是物质文明和精神文明相协调的现代化，是人与自然和谐共生的现代化，是走和平发展道路的现代化。[①] 这些理念和目标需要广电媒体通过音视频的方式向世界宣告和传播，从而消除少数国家对中国"国强必称霸"的错误认知，树立中国和平发展的良好形象。中国现代化的目标从某种意义上是多年持之以恒的攻关，从现在起到2035 年，我国要从政治、经济、文化、科技等全方面获得长足发展，特别需要更好的国际环境，需要中国广播电视提升国际传播能力，塑造更好的中国国家形象。

（二）加强和改进国际传播工作是树立良好国家形象的需要

随着中国综合国力的提升，美西方国家开始防范、攻击中国的政治制度和经济、社会发展方式，西方媒体频频戴着有色眼镜报道中国，有部分媒体甚至故意抹黑中国。

加强和改进国际传播工作有助于树立良好的中国形象。随着中国电视"走出去"，中国的优秀电视剧不断在东南亚和非洲地区形成收视热潮，当地的人们通过电视剧不断了解中国人的生活、中国人的文化、中国的政治经济发展，萌发了进一步了解中国，和中国交朋友、共同发展的愿望，并通过实际行动得到了落实。我国需要进一步对外开放，推动"一带一路"高质量发展，构

---

① 习近平：《高举中国特色社会主义伟大旗帜 为全面建设社会主义现代化国家而团结奋斗——在中国共产党第二十次全国代表大会上的报告》，人民出版社，2022，第22～23页。

建"人类命运共同体",需要更多的中国广电媒体"走出去",通过切实有效的市场调查,了解国际传播对象国人们的收视需求和收视习惯,有针对性地选择传播内容、表现形式、传播渠道和传播方式,建构可信、可爱、可敬的中国形象。

(三)加强和改进国际传播工作是塑造国家软实力的需要

中国人民在中国共产党的领导下,坚持中国化、时代化的马克思主义,在新时代走中国特色社会主义道路,取得了举世瞩目的发展成就。2021年,我国全年国内生产总值超过114万亿元,人均GDP达到80976元,按年平均汇率折算达12551美元,超过世界人均GDP水平,[①]建立了完善的工业体系,在人工智能、量子通信、高速铁路等方面走到了世界前列,更重要的是实现了全民小康,在14亿人口中消除了绝对贫困,实现了几代人梦寐以求的宏大目标。

但是,在国际传播格局中,中国的发展地位与应有的大国形象还不匹配。为此,中国媒体特别是广播电视需要进行专门系统的研究,梳理既往的成绩与不足,有针对性地继承发扬、改进优化,通过"讲好中国故事,传播好中国声音",不断建构中国的对外传播话语体系,提升中国在国际传播体系中的地位和作用,为实现党的二十大树立的宏伟蓝图贡献中国广电媒体的智慧和力量。

二、我国广播电视国际传播的成就与不足

(一)中国广播电视在国际传播方面的成就和经验

首先,建立了覆盖全球的传播体系。中国国际广播电台使用65种语言向世界广播,是世界上播出语种最多的国际广播电台。[②]中国中央电视台依托中文国际频道、英语新闻频道、西班牙语国际频道、法语国际频道、阿拉伯语国际频道、俄语国际频道,通过卫星将"中国故事""中国声音"传送出去,并基本覆盖全球。中央电视台还建成了中央电视台国际视频发稿平台,每年发布的视频素材被全球70多个国家和地区的近2000家电视频道采用。可以这么认为,中国人走到哪里,中国广播电视的画面和声音就跟到哪里。

其次,探索了一些比较成功的传播方式。从最早的国内报道转译后向国外传播,到现在的外宣独立运行;从原来的中国人做外国人报道到外国人做国际传播;从单一主流媒体的大众传播发展到融媒体的整合传播,中国广播电视的国际传播思路和策略发生了比较大的变化。与此相对应的是,探索、建立了行之有效的国际传播模式,比如,借船出海策略、自己人效应、社交化传播等。

---

① 国家统计局:《中华人民共和国2021年国民经济和社会发展统计公报》,《中国统计》2022年第3期。

② 覃榕、覃信刚:《新中国70年广播的主要成就及经验》,《中国广播》2019年第2期。

其中，借船出海主要是指中国广电媒体的节目和内容借助其他国家的主流传统媒体、社交平台等，推动"中国故事""中国声音"走向海外，精准触达国际传播对象国家的目标受众。

第三，在一些热点事件和重大问题上发挥了积极的作用。在国际传播场域中，中国广电媒体从最初的不敢发声、不会发声到敢于发声、善于发声，走过了一个漫长的过程。特别是在党的十八大以来，中国国际广播电视砥砺前行，针对一些重大问题和热点问题，阐明了中国立场，表明了中国观点，树立了一个负责任的大国形象。2020年3月，云南一群亚洲象途经云南省普洱市、红河哈尼族彝族自治州、玉溪市、昆明市4个州市，一路长途跋涉、辗转反复，历经17个月，最终顺利返回栖息地，全程人象和平相处。中国广电媒体巧妙利用这种小而美、生动有趣的故事讲好了中国发展、环保和社会和谐的大故事，通过云南大象传播促进了世界对中国的了解，树立了良好的国家形象。

（二）中国广电媒体在国际传播方面的不足和教训

中国广电媒体虽然这些年在国际传播方面持续发力，在澄清西方媒体的扭曲报道，构建积极、正面的中国形象方面取得了一些成绩，积累了一些宝贵的经验。但是，包括广播电视在内的主流媒体在持续提升国际传播的传播力、影响力方面还有较大空间，与构建完整的中国话语体系，打造可信、可爱、可敬的国际形象的要求还有较大距离。

中国的广播电视虽然在世界各地都有落地，从覆盖面和入户率来说，也是世界上影响力最大的广播电视媒体。但是，由于受到落地渠道和推广经费的限制，目前还只能在各个国家的大城市落地，真正能够看到、听到的中国广电媒体还是十分有限。以美国为例，目前落地的频道和频率主要在东西海岸的诸如纽约、华盛顿、洛杉矶、旧金山等大城市，稍微小一些的诸如斯托克顿等城市就完全找不到中国广电媒体的身影。同时，由于中国广电媒体对外传播的内容有相当大一部分比例是国内传播的国际版，其效果往往不尽如人意。以纽约的时代广场为例，虽然有几块大屏幕一直播放来自中国的视频，但是，真正让美国人驻足观看的内容很少，真正能够进入美国人头脑的内容更少。

在中国广电媒体走出去的过程中，很多时候需要以商业推广的方式，才能进入国外的传播渠道，否则很难进入国外主流传播渠道。这种情况在西方发达国家更是如此，大多数电视节目在数量众多的旅游文化类频道中播出，播出时段绝大部分不在黄金时段。这些非主流频道、边缘时段的传播效果十分有限，长此以往，也容易给当地人形成一种边缘媒体、可信度不高的印象。从传播内容而言，中国广电的播出内容主要为旅游风光、饮食文化类内容，这些内容在最初播放时，能够给当地人耳目一新的感觉，但是，由于缺乏整体策划和长远规划，传播后劲乏力，中国广播电视传播内容的整体文化渗透力还不强。

三、我国广电媒体创新国际传播的策略与路径

党的二十大确定进一步对外开放，贯彻执行大国外交方针，致力于推动人类命运共同体的建设和发展。在新时代的国际形势下，中国广电媒体需要自信自强、守正创新，在对外传播策略上走"群众路线"，也就是整合各方面的力量走整合传播的路子；在具体策略上，要推动技术与艺术的融合升级，推动、创造广电融合传播的新格局；在视觉传播和社交媒体的双峰时代，以短视频为突破口，推动中国广电媒体国际传播跃上新高度。

（一）创新思维：构建新时代国际传播体系

广电媒体在国际传播的新征程上，特别需要自信自强，守正创新。坚持党的正确领导，是中国广电媒体自信自强的强大底气。守正创新就是新时代中国广电媒体在国际传播的新征程上不断推进理念和思维创新，准确把握国际大势，悟透国际传播规律，与时俱进，不断拓展对国际传播认识的广度和深度，构建与新时代相适应的国际传播体系。

首先，要从广电思维、媒体思维升级到视听思维和平台思维。传统的广播电视，无论是模拟信号还是数字信号，往往都是通过频道或者频率落地来实现对外传播。当下社交媒体时代，一方面传统广电媒体的收视（听）率大幅度下降，另一方面在东西竞争和对抗的背景下，作为中国主流媒体的频道和频率在西方国家落地难、落地后实现有效视听更难。对此，中国广电媒体需要视听思维和平台思维，将原有的频道和频率化整为零，分散为一个个视听节目，以短视频和播客的形式在各种网络平台和社交媒体上传播，这样有利于打破西方世界的封锁，也能有效融入跨文化的语境之中。

其次，要从宣传思维、传达思维升级到传播思维和交互思维。对外传播不是对内宣传的直接转译外播，国际传播也不是简单的用国际语言"我说你听"，而是针对不同文化语境下受众的跨文化交流，针对传播对象国家社交媒体的用户交互。实现跨文化的用户交互，需要在国际传播中走"群众路线"，整合广电媒体、驻外机构、跨国公司、留学访问人员、国际友人等一切可以动员和集结的力量，通过网络视音频建立广泛的传播，构建多元主体的立体对外传播体系。

最后，要从覆盖思维、收视思维升级到用户思维和数据思维。在模拟信号传播时代，覆盖就是传播，传播就是效果；收视率是衡量电视频道影响力的重要指标，也直接决定广告的招标价格。在移动互联网时代，无论是电视的观众还是广播的听众都大量流失，收视率也断崖式下降，如果广电媒体对外传播还坚持走覆盖和收视的老路，无异于"刻舟求剑""缘木求鱼"。基于移动互联网

和社交平台，要分析国际用户的需求，分析国际用户的使用数据，通过给国际用户画像的方式，把视听产品传播转化为数据服务，利用算法进行营销和推广，提升中国广电媒体对外宣传的传播力、引导力、影响力、公信力。

（二）融通技艺：提升新时代对外传播效果

在哈特看来，广播和电视不同于口语、表情，也不同于摄影和绘画，是一种机器媒介和基于技术的艺术。如果光有好的内容，而没有技术的依托，广播电视就会传不远、传不透、传不清、传不响。同样，没有好的技术，好的内容要么"养在深闺人未识"，要么"金埋沙砾光不见"。

首先，从艺术上更新视听叙事策略，讲好中国故事。党的二十大报告强调"加快构建中国话语和中国叙事体系，讲好中国故事、传播好中国声音，展现可信、可爱、可敬的中国形象"[1]。对国际传播而言，构建中国话语和中国叙事体系，核心在于探索适合互联网的叙事模式和叙事策略。无论是短视频、播客，还是网络电影、电视剧、综艺，都有其独特的艺术呈现和叙事模式。需要根据网生一代的海外用户的视听习惯和视听需求，探索更加灵活的体量、更加丰富的题材、更加年轻的语态、更加娱乐的风格，使每一个中国故事都能够呈现更好的传播样态，让中国文化不仅能进入海外用户的视野，更能潜移默化地渗入他们的心田。

其次，从技术上发挥中国创新优势，提升传播效率。随着中国科技创新的不断深入，我国在5G技术、大数据、人工智能等方面从追赶到领跑，占据了传播技术的前沿阵地。把握5G技术、大数据、人工智能等新技术新机遇，充分发挥中国传播科技的创新优势，赋能国际传播，进一步优化视音频产品的传播速度、传播质量，推动国际传播向更加智能化、更加精准化、更加个性化的方向发展，优化国际传播的传播方式、舆论生态和传播格局。广电媒体一方面要聚焦战略引领、强化技术创新、加快融合发展，另一方面也要深化跨界合作、遵循传播规律，充分集结、整合跨领域的资源力量，推动国际传播能力建设和人工智能发展协同共进，树立良好的中国形象。

最后，从理论上探析技艺深度融合，提升传播效果。媒体融合，从某种意义上说，也是科技与艺术的融合。对应5G、8K、大数据、云计算、人工智能等新的传播科技，既有适宜的表现对象，也有贴合的视听语言形态。广电媒体要针对传播移动化、碎片化、视频化的特点，通过传播理论创新和表达语言迭代，充分挖掘能够吸引、打动、黏住海外受众的中国文化、中国梦和中国风景，扎实推进"技术＋艺术"的融合传播实践，持续推出独具中国特色和世界水平

---

① 习近平：《高举中国特色社会主义伟大旗帜 为全面建设社会主义现代化国家而团结奋斗——在中国共产党第二十次全国代表大会上的报告》，人民出版社，2022，第46页。

的新媒体及全媒体产品，增强中国故事的说服力和传播效果。

（三）复调故事：彰显国际传播的中国元素

"讲好中国故事，传递中国声音"是对外传播的总方针，要求广电媒体一方面把中国故事传遍五湖四海，另一方面把中国立场、中国观点充分表达出来，既要向外介绍中国人民奔赴中国式现代化的奋斗历程，又要针对国际大势和国际大事发出中国声音，还要表达中国人民自己的关切和立场，全面推动"人类命运共同体"建设。

首先，从题材上讲述立体的中国故事。2021年5月31日，中共中央政治局就加强我国国际传播能力建设进行第三十次集体学习，习近平总书记发表重要讲话，强调要加强和改进国际传播工作，展示真实、立体、全面的中国。[①]展示立体的中国，需要有丰富的题材，既要介绍中国的美丽风景、传统文化、经济成就，也要介绍中国人的中国梦、致富路、环保情；需要表现不同的人物，既要有政治经济人物、体育演艺明星、科学技术人才，也要有普通的中国百姓、在中国生活的外国人、在外国生活的中国人；需要有不同的视角，既要有宏观、正面、"走出去"的报道，也要有微观、挫折、"请进来"的报道。

其次，从主题上体现全面的中国精神。在党的二十大报告中，"精神"一词共出现了42次，涵盖了方方面面的中国精神。"中国精神"是社会主义核心价值体系的精髓，是民族精神与时代精神的统一。实现中国式的现代化和中华民族的伟大复兴，必须弘扬中国精神。中国精神源远流长，贯穿中华民族五千年历史，特别是在中国的伟大复兴过程中迸发出来的民族集聚、动员感召的精神及其气象，是中国文化软实力的重要彰显。讲述中国故事，不是浅层叙事，也不是单线描述，而是通过故事展现中国立场、中国气派，宣传阐释中国梦、中国形象、中国价值观念、中国现行方针政策等。

最后，从立场上体现中国的大国担当。党的二十大报告指出，我们展现负责任大国担当，积极参与全球治理体系改革和建设，全面开展抗击新冠肺炎疫情国际合作，赢得广泛国际赞誉，我国国际影响力、感召力、塑造力显著提升。[②]体现中国的大国担当可以从讲好"小故事"开始，国家"一带一路"倡议和建设给中国广电媒体对外传播提供了丰富的题材，可以充分挖掘不同行业、不同领域参与沿线国家的经济发展和文化交流的"微案例""微典型"，彰显互联互通、合作共赢的负责任大国形象；展现中国的大国担当，也要着力"大

---

① 新华社：《习近平在中共中央政治局第三十次集体学习时强调 加强和改进国际传播工作 展示真实立体全面的中国》，《中国广播电视学刊》2021年第7期。

② 习近平：《高举中国特色社会主义伟大旗帜 为全面建设社会主义现代化国家而团结奋斗——在中国共产党第二十次全国代表大会上的报告》，人民出版社，2022，第13页。

故事"的传播,主动发声,重点推出展现中国立场、中国精神的宣传片、系列报道、典型报道,展现"东方文明大国形象""负责任大国形象""社会主义大国形象"。

(四)跨界融合:培养新时代国际传播人才

2016年2月19日,习近平总书记在党的新闻舆论工作座谈会上强调,媒体竞争关键是人才竞争,媒体优势核心是人才优势。[①]在百年未有之大变局下,面对错综复杂的国际形势,要提升中国广电媒体的国际传播能力,梳理负责任的大国形象,关键在于培养一支能打仗、打胜仗的国际传播队伍。

首先,跨学科培养新时代国际传播人才。一名合格的国际传播人才,既要懂外语、懂新闻传播,还要懂国际政治和国际关系,不是单一学科和单一专业的教育培训能够完成的。目前,我国对应于广电人才培养的本科专业是广播电视学,尽管大多数高校已经将这个专业优化为视听传播方向,但是依然不能胜任国际传播人才的要求。国家需要针对这一现状,制订跨学科的培养方案,设置国际传播的专业硕士和专业博士,针对外语毕业生强化新闻传播和国际政治、国际关系的理论和技能,培养高水平、复合型的国际传播人才。

其次,跨行业培养新时代国际传播人才。培养新时代国际传播人才的第二条路径是跨行业的人才再造。具体而言,就是各级广电媒体、驻外机构、海外企业共同构建国际传播人才的知识体系和能力结构,打造系列课程、教材和案例,进行交叉培养,完善跨行业、跨社会资源的人才培养体系,通过开展系统理论教学、实施国际传播调研项目、开展多维度的国际传播实践探索,有效培养复合型、高水平的国际视听传播人才。

最后,跨模式培养新时代国际传播人才。优秀的广电国际传播人才除了需要外语能力、视听制作技能、行业知识,还必须具备跨文化传播的能力和技巧。可采用"走出去"和"请进来"方式,与国外一流高校和培训机构建立长期的合作关系,或输送广电国际传播人才去国外进修深造,或引进高质量培训项目,在国内合作办学,培养一批懂得国际传播对象国的文化、受众视听习惯的高水平国际传播者。在跨模式培养中,要选择政治素质过硬的培养对象,和各个行业有潜质的佼佼者,要坚持党管人才的原则,以求培养一批对党的国际传播事业高度忠诚,同时熟悉视听传播规律,兼具开阔的国际视野和精深的专业素养的广电传播人才。

(作者系中国社会科学院大学新闻传播学院教授)

---

① 新华社:《新华社评论员:加强队伍建设 造就新闻人才——四论学习贯彻习近平总书记在党的新闻舆论工作座谈会上重要讲话精神》,《人事天地》2016年第3期。

跨文化传播视域下现实题材剧"出海热"探析

陆绍阳　　何雪聪

近年来，越来越多的国产现实题材剧"出海"，受到海外市场的认可。本质上而言，现实题材剧的"出海"是跨文化传播的过程。不同于古装、武侠和言情等类型的电视剧表现奇观景象，现实题材剧始终关注社会发展和时代故事，反映一个民族对自身发展、社会进步和世界关系的关切和反思，是跨文化交流中能有效讲述中国故事的视听文本。

跨文化传播尊重文化多样性，旨在达成不同文明和文化间的对话和交流。在跨文化传播的视域下，影视作品"走出去"对影视文本有较高要求，影视作品在跨文化传播中必须处理文化与传播的同构、我与他者的关系以及不同文化语境中的文化折扣等问题。同时，跨文化传播也并非文化本质主义的，从国际传播格局中的文化流动来看，跨文化传播背后是一套与传播秩序相适应的产业结构。在这一意义上，现实题材剧的跨文化传播是复杂和系统的传播工程。一方面，剧集本身的国际市场适应性是"出海"的基本条件，剧集的文化基因能否在不同文化语境中弥合差异并形成共鸣，直接影响传播效果。另一方面，影视作品的跨文化传播以产业为路径，影视作品从版权出售到落地播出，还存在着配译改版、宣传发行和平台投放等步骤，需要成熟的系统工程和产业链的支持。

一、现实题材叙事与跨文化语境的内在契合

在全球化的大背景下，跨文化传播不仅是不同文化寻求高效沟通的过程，也是语境化的传播话语实践。跨文化传播的语境是多义和复调的，不同文化的价值观差异构成跨文化传播的基本语境。与此同时，伴随着我国国际地位的提升，世界对我国本土文化和发展模式的关切和期待构成我国在跨文化传播中不可回避的命题。在这一语境下，现实题材剧在跨文化传播中有着天然优势，其叙事策略正回应了两种要求，既发现不同文化的共同性和契合点，降低文化折

扣和传播壁垒，又积极回应世界关切，通过共识议题和有效课题的探讨构建共同意义空间，在一定程度上实现了"去他者化"。

其一，不同文化价值观差异构成复调的传播语境，在多元文化语境中发掘共同点是跨文化传播的重要策略。

随着国产现实题材剧创作格局和艺术品质的不断提升，剧集不仅对人类共同情感、价值观有更为精准的把握，也兼具国际化叙事，通过叙事方式、美学和节奏的调整弥合了不同文化语境的差异。

生活化的叙事方式形成情感的共通。尽管现实题材剧以社会发展和时代进步为基本坐标，但往往采取贴近生活的叙事方式展现，使得剧集善于发掘普通人的生活状态，表现出对平凡生活和真实情感的关照，极易激发海外观众在生活和情感层面的共鸣。诸如，讲述婚姻生活的现实题材剧《媳妇的美好时代》在非洲播出时，毛豆豆婚姻生活中的喜怒哀乐就迅速引发了当地人的共鸣。CCTV 对坦桑尼亚观众的采访中，就有受访者明确表示了共情，"结婚了，要和公公或者婆婆住在一起，这可能会产生一些问题。当我看到豆豆这部电视剧的时候，我感到非常吃惊，别的国家原来也有这样的问题"。[①] 在关注家庭教育的电视剧《小别离》的蒙古国主创见面会上，观众反复提问的都是孩子的青春期和教育问题，[②] 可见教育、婚姻等生活问题是无国界的共识性话题。同时，关注生活状态的剧集也具备广泛的情感鼓舞力和启示性。自《三十而已》在韩国版 Netflix 播出以来，《三十而已》对女性人生和情感状态的演绎引发了韩国女性观众的共鸣，在韩国最大的门户网站之一 Duma 上："三十，可以暂时停止成长的年纪""30 岁左右，出错已经晚了"[③] 等韩国女性自发发表的论坛帖都展现了观剧后的共情与思考。其中，不少韩国观众提到"我在顾佳、钟晓芹和王漫妮这三个女人身上找到了自己"[④]。这也表明，尽管不同文化语境下的人在生活体验和情感感知方面存在或大或小的差异，但现实题材剧对生活的基本课题和情感的共同需求的挖掘是能引发共鸣和共情的。

积极向善的叙事美学达成价值观相通。不同文明有着截然不同的价值体系，奉行各异的价值观，对普适价值的挖掘在跨文化传播中格外重要。奋斗、独立、创新等都是具有普适性的价值观，我国现实题材剧成功"出海"并广受认可的原因之一，在于通过积极向善的叙事美学发掘本土故事背后具有共识性

---

① CCTV-13新闻频道《新闻直播间》，https://tv.cctv.com/2013/03/27/VIDE1364396639974137.shtml。

② 海清：《优秀的影视作品可以成为文化名片》，《人民日报》2022年5月19日。

③ 韩国门户网站Daum，https://brunch.co.kr/@ggotdul/49；https://brunch.co.kr/@wl1993/55。

④ 韩国门户网站Daum，https://brunch.co.kr/@wl1993/55。

的价值观内核，以更具国际认可度的方式传递中国声音。诸如,《鸡毛飞上天》展现了浙商勇于创新的精神,《欢乐颂》表达了女性独立的思想,《大江大河》讲述拼搏奋斗的故事，这些剧集通过对普适价值的挖掘达成不同文化的相互理解。以奋斗精神的相通为例，正如参与中国影视剧译制工作的蒙古国导演巴特其其格所说，"中国电视剧对友谊和人性都做了极好的诠释，激励青年人为美好生活奋斗。激励奋斗的题材在蒙古国青年中引起了共鸣，适合发展中的蒙古国"。[①]2016年,《北京青年》在蒙古国热播,《北京青年》借四位北京青年的青春故事传达出敢想敢为、积极奋斗的青年观。这一价值观是不同国家青年共同认可的，蒙古国观众也表示:《北京青年》让我相信，想要达到自己的理想和目标，只能通过自己不懈的努力和奋斗。"[②]不仅是《北京青年》,讲述脱贫攻坚故事的《山海情》上线 YouTube 后成为海外评论最多的剧集。尽管讲述的是本土故事，但《山海情》注重挖掘马得福等平凡人身上的闪光点与真善美，通过奋斗精神的感召力将脱贫攻坚故事讲给世界听。YouTube 上诸多海外观众在观看后被中国人民的奋斗精神感动，赞叹"这绝对是一个励志的故事，中国人的所作所为显示他们是那么有能力和努力的人"[③]。

日益成熟的叙事节奏增强代入感。故事具有民族和国家的底色，游刃有余的叙事节奏则能产生广泛的代入感。随着国产电视剧的类型化发展，我国现实题材剧积极将现实题材与类型化元素相结合，通过借鉴警匪侦破、青春偶像和都市情感等电视剧中的类型元素，打造具有戏剧张力和感染力现实题材剧类型。同时，我国现实题材剧品质不断提高，演员的实力演绎也使得海外观众能随着剧情的紧凑发展而深陷其中。《橙红年代》《猎狐》《扫黑风暴》等一批现实题材剧都表现出类型元素的叠加，叙事节奏张弛有度，情节的起承转合扣人心弦，符合全球市场的观看习惯，具有较强的代入感。在多语言视频网站 Viki 上,《橙红年代》《猎狐》等现实题材剧共被翻译为 13 国语言在全球播出，评分分别高达 9.2 和 9.1。在 Viki 上，两部剧的情节结构、叙事节奏和演员表演也广受好评，不少海外观众通过英语、菲律宾语、葡萄牙语等不同语言发表评论:"首先我要说故事情节写得很好，故事很有趣，我从不会觉得无聊或考虑跳过。""这部中国电视剧很精彩，演员演技达到了 1000 级，我从头到尾都沉浸其中。""这

---

① 人民网:《蒙古翻译员：翻译中国电视剧是一种享受》, https://oversea.huanqiu.com/article/9CaKrnKkNT4。

② 环球网:《热播电视剧——蒙古和埃及人了解现代中国的一扇窗口》, https://baijiahao.baidu.com/s?id=1639983359465345406&wfr=spider&for=pc。

③ YouTube Chinese Drama Head Quarter频道Mining Town23; https://youtu.be/N12ENp55GPs。

是一个情节驱动的高质剧集。"①

其二，我国综合实力的提升是展开跨文化叙事的现实语境，使中国发展模式具备世界意义，现实题材故事获得跨文化传播张力。

跨文化传播与国家发展不可避免产生同构，政治经济发展等社会现实语境决定了跨文化文本的可见度和有效类型。近年来，随着我国综合实力的不断增强，发展为世界第二大经济体，创造了一个举世瞩目的中国奇迹，中国发展模式具有独创性和启示性，吸引了世界的目光。现实题材剧讲述时代故事、社会发展和人民生活，展现了中国社会现实和发展模式，恰恰符合海外市场对中国的好奇和期待。

中国特色的叙事主题展现立体的中国。不同于其他类型电视剧，现实题材剧扎根于时代沃土，叙事主题指向时代故事和社会现状，向世界展现了真实、生动和立体的中国形象。从当下"出海"的现实题材剧来看，《温暖的味道》构建了乡村图景，《三十而已》《欢乐颂》呈现都市生活故事，《媳妇的美好时代》《小别离》展示家庭生活，《三叉戟》《青年医生》《超越》《安家》则全景式展现各行各业的风貌，这些现实题材剧的叙事主题覆盖社会的方方面面，用真诚的现实主义叙事展现我国特有的时代变迁、社会风貌和人民精神，回应了海外观众对中国的好奇与期待，展现出生动、真实的中国形象。例如，《三十而已》讲述了三位女性在上海的生活，其中不乏对上海都市景观以及生活的展现。在韩国网站 Duma 和 Naver 中就有众多观众表示"我点开它是因为上海的夜景很美""这是一个了解中国文化的机会，可以看乡村风光、顾佳的茶厂和漫妮回去的家乡""通过电视剧看漫妮的故乡、上海和中国文化更有趣"，韩国观众更是将这部剧称为"打破对中国偏见的剧"。② 由此可见，海外观众好奇并期待从现实题材剧中看到一个不一样的中国，剧中对都市发展、乡村风貌和传统文化的真实展现具备海外吸引力。

记录时代的叙事理念展现中国智慧。我国现实题材剧将记录时代进步、社会发展和人民关切作为创作前沿，这种记录和创作不是对社会表象的复刻和挪用，而是真正触及平凡生活背后的时代脉搏和共性议题，讲述社会的发展与阵痛，聚焦社会热点和焦点。剧中对世界普遍关切的问题和议题的积极展现一定程度实现了跨文化传播的"去他者化"，以潜移默化的方式与世界对话。同时，现实题材剧不仅展现共识性问题，又秉持文化自信向世界展示中国方案，形成

---

① Viki平台《橙红年代》《猎狐》评论区，https://www.viki.com/tv/36053c-age-of-legends；https://www.viki.com/tv/37104c-hunting。

② 韩国门户网站Daum和Naver，https://cafe.naver.com/bbbx/447595；https://cafe.naver.com/cdzm/364937；https://cafe.naver.com/cdzm/367974；https://cafe.naver.com/samwonmoms/794647。

文明间的智慧共享。诸如，《山海情》展现了我国扶贫攻坚的方式，《温暖的味道》提供了乡村振兴的方案，《鸡毛飞上天》讲述创业和经济发展过程，可以说现实题材剧不仅回应人类社会发展的普遍议题，也在无形之中提供了一套具有中国特色的应对方案。以讲述浙商故事的《鸡毛飞上天》为例，该剧已发行至俄罗斯、印尼、菲律宾等多个国家，反响热烈。其在印尼国家电视台播出后，印尼观众表示"这部电视剧展现了中国的过去与现在，让印尼观众了解到中国如何从一个一穷二白的国家发展成为现在的超级大国"①。作为第一部制成菲律宾语的现实题材剧，《鸡毛飞上天》在菲律宾播出后平均收视率达到15%，为剧集配音的演员斑比·达尔塔强调了这部剧的启示意义，"菲律宾多是爱情偶像剧占据主流，这次能有一个讲述中国人如何白手起家的商业故事，对菲律宾观众来讲是一个新鲜而具有教育意义的题材"。②这也说明，在一定程度上，我国现实题材剧的跨文化传播也向世界传递了中国智慧。

二、跨文化传播工程对现实题材剧的外力支持

现实题材剧的跨文化传播是一个复杂的、系统的传播工程，从优质内容生产到全球播出，涉及节目推介、配译改版、宣发投放等诸多环节。从现实题材剧的海外热播来看，我国已为现实题材剧的跨文化传播建立了系统的扶持体系，打通了从推介到投放的产业环节，助力现实题材剧的成功"出海"。

首先，拓宽交流渠道和方式，避免好作品"长在深山无人知"的状况。尽管国产现实题材剧中的精品力作在国内受到市场青睐，但如果没有宣传和助推，在跨文化传播中难以受到关注。近年来，我国也不断拓宽影视作品跨文化传播的渠道和方式，官方与民间齐发力，推动更多优秀影视作品在国际平台崭露头角。2019年以来，国家广播电视总局实施的大型国际传播活动"视听中国"，通过在国际知名影视节展设立"中国联合展台"、互办"视听传播周"等多种形式，③为优秀影视作品的国际交流提供平台。近两年来，随着国产现实题材剧创作水准的不断提高，"中国联合展台"也高度关注精品优质现实题材剧，推动《山海情》《功勋》《在一起》等一批现实题材剧在俄罗斯WCM线上展会、戛纳、新加坡等国际电视节展出。同时，作为市场主体，华策、柠萌、长信等影视公司也积极加入国产剧"出海"工程，探索电视剧"出海"之道，开启了国产剧"出海"由买卖转播权到翻拍权的新模式。其中，关注女性生活

① 参考消息：《亚洲文明新视野：中国电视剧印尼热播引发共鸣》，https://baijiahao.baidu.com/s?id=1633654574467610088&wfr=spider&for=pc。

② 浙江新闻：《〈鸡毛飞上天〉登陆菲国家电视台 向菲律宾讲述中国故事》，https://zj.zjol.com.cn/news/963698.html。

③ 人民网：《"视听中国"成果显著》，https://baijiahao.baidu.com/s?id=1726950146999558322&wfr=spider&for=pc。

的《三十而已》由韩国和越南购买翻拍权,进行本土化翻拍。随着电视剧"出海"的经验累积,优秀的现实题材剧"出海"也不再局限于后置的成品输出,而是在策划和拍摄阶段就做好准备。长信传媒的"南洋三部曲"《小娘惹》《南洋英雄泪》《南洋女儿情》剧集讲述华人在南洋的故事,同时发行于东南亚,不仅对标海外市场探索电视剧"出海"新形式,也促成跨文化IP系列的开发。

其次,建立跨文化配译工程,消解沟通障碍。不同文化在语言习惯和理解方式等方面有着较大差异,根植于我国社会文化和时代故事的现实题材剧在跨文化传播中必然存在一定的文化折扣。特别是对国产现实题材剧而言,如何在翻译中既保留中文台词的文化魅力,又能让海外观众迅速理解其中文化含义是关键。自2014年以来,中宣部组织实施的"中国当代作品翻译工程"为优秀的国产影视作品提供了高质量翻译和推介渠道。除此之外,与"一带一路"倡议和"南南合作"等国际合作相配合,我国不断推进"丝绸之路影视桥译制工程""中非视听共享""喀尔喀蒙古语译制项目"等重点项目,为丝绸之路沿线国家以及发展中国家的影视交流合作提供支持。专项译配工程不仅帮助国产剧"走出去"消除语言壁垒,也建立起国际影视交流的平台。例如,在"喀尔喀蒙古语译制项目"的支持下,《小别离》《生活启示录》等一批精品现实题材剧完成配译在蒙古热播。得益于广西电视台的影视剧东盟国家语言译制工程,《北京青年》等多部电视剧在东盟国家播出。

最后,完善跨文化宣发渠道,打通传播环节。当下我国现实题材剧的海外传播主要依托于海外视听平台的中国频道、各国电视台和国际流媒体平台。从官方平台建设来看,"视听中国"等国际传播活动分别在海外主流媒体和网络视听平台开办"电视中国剧场"和中国频道,[①] 为国产影视作品"走出去"提供放映终端。从影视公司的业务拓展来看,我国影视公司也积极与海外媒体展开合作,建立更完整的发行渠道。诸如华策的"全球传播宣发一张网"建设,"通过与Netflix、YouTube、Viki等海外新媒体合作,构建自主运营专区和'华剧场',实现了从一剧一谈、节展销售模式向全球一张网、平台式'出海'的跨越。"[②] 国内视频平台也积极向海外拓展,腾讯视频、爱奇艺等视频网站纷纷建立腾讯视频WeTV、爱奇艺iQIYI等平台,为剧集的海外播出提供渠道。

三、现实题材剧"出海"的优化策略

尽管我国现实题材剧"出海"初具规模,但在国际传播力和文化影响力方

---

① 人民网:《"视听中国"成果显著》,https://baijiahao.baidu.com/s?id=1726950146999558322&wfr=spider&for=pc。

② 人民资讯:《从"摆地摊"到"全球一张网",中国影视剧"出海"是这样一步步"升级"的》,https://baijiahao.baidu.com/s?id=1702086275795198002&wfr=spider&for=pc。

面还有待提升，现实题材剧的跨文化传播还需在传播理念、定制化内容和平台建设等方面进一步探索。

首先，转变"出海"理念，打造跨文化"中华潮流"。影视作品的跨文化传播不应仅是单一剧集的"出海"，还应具备持续的内容供应、文化沟通和形成潮流的能力。当下我国现实题材剧的跨文化传播还处于单一剧集热阶段，尚未形成成熟的、有规模的传播矩阵。《媳妇的美好时代》《三十而已》《小别离》等电视剧在非洲和亚洲热播，激发了海外观众对剧情和演员的讨论。单一剧集的热度是有限的，借力热播剧集的知名度，通过相似或系列剧集的联动，则能带动更多现实题材剧持续性"出海"，形成跨文化传播系列。例如，《三十而已》在韩国等国家热播，引发了韩国观众对同类型剧集的期待。正如韩国观众在Naver 上的帖子："我真的很喜欢看《三十而已》，请推荐一部类似的剧。"[①]《二十不惑》作为在内容和演员上与《三十而已》有联动的剧集，可以借此契机在韩国等国家播出，形成剧集的联动。随着《小别离》在蒙古国的热播，也引发蒙古国观众对教育问题的关注，《小欢喜》《小舍得》等一系列关注教育问题的现实题材剧可以借力"出海"，形成具有中国特色的电视剧系列和内容潮流。除此之外，跨文化传播并非一个悬置的理论视角，有着强烈的现实指向性，是促进不同文化交流和对话的积极力量。当下我国现实题材剧的跨文化传播多为单向度的，海外观众反馈、交流和讨论的渠道相对匮乏，尚未形成具有对话性的互惠场域。跨文化传播处理的是"自我"与"他者"在文化交流中的关系，传播中的反馈和双向流动格外重要。要实现去他者化和形成文化潮流，需要在传播中注重海外观众的反馈，强调传播的平等性与交互性。新媒体平台的交互性为现实题材剧的跨文化传播提供了交流和反馈的平台，要善用新媒体平台与海外观众进行对话和互动。在微博等国内社交媒体平台上，主创和演员通常在剧集播出时与观众互动，并通过直播等活动为剧集助力。尽管腾讯视频、爱奇艺等国内头部视频网站在 YouTube 和 Instagram 等国际新媒体平台注册账号并发布信息，但均不注重对海外评论的回复，也没有形成有组织性的线上宣传活动。这也导致剧集的海外宣传和互动不足。在跨文化传播中，影视公司、创作团队和视频平台也需建立与海外观众对话的意识，在国际媒体平台等开展宣传活动，在交流和互动中打造粉丝文化，通过海外粉丝的参与性生产实现本土文化与海外视角的融合，共同讲述具有影响力的中国故事。

其次，建立全球思维，实现跨文化精准传播。当下，我国电视剧的跨文化传播表现出地区性差异，古装历史剧在亚洲热播，贴近社会现实的电视剧在非

---

① 韩国门户网站Naver，https://cafe.naver.com/hotellife/1623807。

洲播出，有节奏感的悬疑犯罪剧"出海"欧美，[①]这一"出海"经验提示了不同地域的文化偏好和审美差异。然而，不同国家有着各异的视听习惯和偏好，电视剧作为文化产品，在跨文化传播中还需要针对不同国家细化传播方案，在电视剧生产和投放中建立全球思维，实现"千国千策"。一方面，现实题材剧的跨文化精准传播需要依靠海外市场调研和改版。亚太地区一直以来都是我国影视作品跨文化传播的重要市场，近年来，越来越多的影视作品出口到欧美和非洲市场。但由于缺乏相似的文化语境，部分现实题材剧在欧美和非洲的传播还存在一定的文化折扣。这就需要根据目标国进行市场调研。需要注意的是，跨文化传播不应是后置的成品输出，而应前置跨文化传播思维，在现实题材剧的策划阶段做好市场调研，找到本土和目标市场共性，才能实现对不同文化市场的精准分发。而成品剧集的"出海"需要进行改版。对剧集的改版仅依靠我国影视公司是不够的，还需与目标国家的影视公司强强联手，针对当地观众的观影特点和文化特性联合改版，才能真正降低文化折扣，带领中华文化走向世界。另一方面，针对不同地区的多语言精准配译十分必要。在 YouTube 等国际媒体平台上，国产现实题材剧往往只有英文译配版，评论区中"求菲律宾语版""求印语版""求葡萄牙语版"等诉求络绎不绝。这也提示了很多不同国家的海外观众渴望观看我国现实题材剧，却因没有配译而无法观看。同时，剧集配译也要符合市场需求，才能真正走进海外观众视野。如《媳妇的美好时代》在非洲的热播就离不开对剧集的本土化配译。不同于其他地区，非洲观众的文化水平差异较大，对字幕的理解程度有限，配音格外重要。《媳妇的美好时代》就邀请了非洲人熟知的明星完成两位主演的配音，大大增强了配音的亲切感，坦桑尼亚观众也表示"最重要的是，它讲述中国正在发生的变化，而且是通过我们的语言"[②]。

最后，搭建基础设施，提供跨文化平台支持。2021 年 8 月的在线调查显示"约有 76% 的全球受访者在过去两年内看过中国电视剧，43% 的人养成了定期在流媒体平台看中国电视剧的习惯"[③]，这也表明流媒体平台成为海外观众观看中国电视剧的重要渠道。平台是跨文化传播的基础设施，平台建设的不完善是我国跨文化传播格局不平衡的原因之一。在新技术语境下，新媒体平台是重要的传播渠道，我国现实题材剧的跨文化传播多依赖 Facebook、Instagram

① 陈傲雪：《国产剧对外传播内容偏好的区域性差异分析》，《新闻研究导刊》2020年第22期。

② 《〈媳妇的美好时代〉在坦桑尼亚热播》，http://www.cnr.cn/cs1/2013test/201304/t20130411_512341179.shtml。

③ 北京广播电视报社：《电视剧大量"出海"不怕外国人看不懂》，https://mp.weixin.qq.com/s/_Xh6tRhAmr XeJInFtI0Okw。

等社交媒体进行宣传造势，并在 YouTube、Viki 等平台开设的频道进行投放。而相较于这些社交和流媒体平台，我国还未有覆盖面高、影响力强的跨文化传播平台，剧集海外宣传的自主性不强。面向更广阔的全球受众进行传播，有必要打造国际性投放平台，为增强影视作品的影响力带来强有力的渠道和技术支持。除此之外，我国跨文化传播还需要继续培育非官方主体，推动平台建设向网络运营、内容供应和产业联动等方面深入。近年来，诸如四达时代等民营企业已经在对外传播中做出了亮眼的成绩，但不可忽视的是，这些平台的覆盖率和影响力还有待提升。

"文明交流互鉴是推动人类文明进步和世界和平发展的重要动力"[①]，现实题材剧"出海"在文化走出去中具有不可忽视的作用，把中国故事讲得更精彩。推动现实题材剧更有效的跨文化传播不仅需要在内容创作和传播思维方面不断创新，更需要跨文化传播工程的系统支持。

（作者分别为：北京大学新闻与传播学院教授；北京大学新闻与传播学院2021级博士研究生）

[①] 习近平：《文明交流互鉴是推动人类文明进步和世界和平发展的重要动力》，《求是》2019年第9期。

基于文化折扣的综艺节目对外传播叙事优化

彭宇灏

"讲好中国故事"是我国立足世界发展格局、媒体生态变革所提出的战略目标，更是塑造新时代中国的国家形象、传承中华文明的重要举措。综艺作为一种具有娱乐性、艺术性的节目形态，是海内外观众收视的重要选择，应当在海外传播中成为"讲好中国故事"的"拳头"产品，并将"讲好中国故事"作为综艺创新的动力、方向标和刻度盘。而实际上，综艺在跨文化传播中常会遇到由文化差异引发的文化壁垒，一定程度上降低了我国综艺节目的跨文化传播力，因此，我国综艺节目在"讲好中国故事"时必须加入文化语境考量，并以此为基础开展有意识的叙事优化。

一、重视文化语境与文化折扣

爱德华·霍尔（Edward Hall）在《超越文化》中根据信息由语境或编码表达的程度将文化分成了高语境传播和低语境传播。"高语境事物具有预先编排信息的特色，编排的信息处于接收者手里及背景中，仅有微小部分存在传递的信息中。低语境恰好相反，大部分信息必须处于传递的信息中，以便补充语境中的部分。"在霍尔看来，有着伟大而复杂文化的中国处于高语境的顶端，是东方文化的代表；而美国、加拿大、奥地利以及大部分北欧文化倾向于低语境。

高低语境反映在叙事方面则是高语境地区的人们在交流中重视"语境"而非"内容"，沟通较为含蓄和委婉，有着较多的"言外之意"，而同语境的人能够很快地读取到这其中的隐含信息，相对来说高语境中的故事表达更具韵味及美感。而低语境地区由于民族多样性及人群的高流动性，共同文化基础较少，因此交流并不依赖语境，大多数信息均通过外在的语言方式进行传达，因此低语境人群交流更加直接且准确，以减少交流双方产生推测和疑惑。

高低语境的交流差异会让文化产品在跨文化交流时遇到"文化折扣"

（Cultural Discount，或称为文化贴现），即"扎根于一种文化的特定的电视节目、电影、录像，在国内市场很具吸引力，因为国内市场的观众拥有相同的常识和生活方式；但在其他地方其吸引力就会减退，因为那儿的观众很难认同这种风格、价值观、信仰、历史、神话、社会制度、自然环境和行为模式"[①]。由此可见，"文化折扣"的出现是由文化结构的差异导致的。具体而言，文化结构的差异表现为霍夫斯泰德（Geert Hofstede）所阐述的"文化五维理论"——"个体/集体主义（成员只关心自己和家人或更倾向于强调自己属于某个群体）、不确定性规避（成员面对不熟悉的情形时产生危机感的强烈程度）、权利距离（成员对不公平权利分配的接受度）、男性/女性主义（社会更强调成功或更追求生活品质）、长期/短期取向（成员更注重节俭并坚持为将来做打算，或更注重活在当下）"[②]。因此相对而言，高文化折扣常发生在与意识形态、价值观念相关联的题材，而那些与价值观念关联性不强的题材则更容易穿透文化壁垒实现低损耗的跨文化传播。

二、基于文化折扣的题材叙事策略

（一）高文化折扣题材：打造易读文本

高文化折扣题材指政治、经济、历史等具有较强的"地方性"和意识形态属性的内容，这些题材对非本国的受众来说容易引发因认知差异而形成天然的抵抗。因此，在诠释这类题材时，要在主题定位、故事选择、叙事手法上找到国际受众的最大公约数，从而获得全球性的"可接受"。从迪士尼坚持的"让知识与人情融汇到作品中"，再到"达人秀"专注"平凡人的力量"[③]，这些具有高国际传播力的作品和创作思路都揭示了高文化折扣题材叙事的可行性和路径。

从符号表达上看，舞蹈、音乐、视觉等内容因为所指—能指上的不稳定性能够包容吸纳更多的内涵，而这些叙述形态在其他内容形态中也较难容纳，属于综艺形态的特长。此外，霍斯金斯（Colin Hoskins）也提到"电视节目或电影是用另外的语言制作的话，因为需要配音和打字幕，其吸引力也会减少"[④]，因此对以英语等外国语言为母语的观众来说，配音和字幕的二重转移既可能会降低原生文本中自带的幽默成分，降低娱乐效果，或误解了内容中自嘲的部分

---

① 考林·霍斯金斯等：《全球电视和电影：产业经济学导论》，刘丰海、张慧宇译，新华出版社，2004，第45页。

② 《文化"走出去"如何不"打折"》，http://www.yidianzixun.com/article/0KEJ4Mrb。

③ 本刊编辑部：《达人是怎样炼成的——解密〈中国达人秀〉制作团队成功秘笈》，《影视制作》2010年第10期。

④ 考林·霍斯金斯等：《全球电视和电影：产业经济学导论》，刘丰海、张慧宇译，新华出版社，2004，第45页。

而增大偏见；也容易因为语言表达习惯的差别而失去兴趣。因此，为了让我国综艺节目能够更顺畅地"走出去"，应尽量减少将信息量藏匿在冗长的聊天对话中，而应将故事、价值观通过表演、视觉等易读的方式进行讲述。

具体来看，综艺生成易读文本有以下几条路径：一是明确电视等视听媒体的传播特性，利用画面叙事，保证单个画面的信息量以及连接组合之后的综合意义，如每年央视春晚开场小片都尽量少用台词和字幕，仅通过画面组合传达出中国年的气氛和当代中国人的生活状态；同样在河南卫视"重阳奇妙游"尾声《追梦赤子心》中展现了中国老人的众生相，自然地传达出老有所养、老有所乐的社会风尚，将高折扣的社会治理问题柔化处理，相较于采访、故事讲述等语言描述，这样的表达方式更加直接生动。

二是利用歌曲、舞蹈、戏剧等表演形式对中国故事进行叙述。当美国"超级碗中场秀"以流行歌舞表演向世界输出其价值观、欧洲"欧歌赛"以短片＋歌曲表演展现不同国家的发展风貌时，我国作为歌舞大国，更应该重视"以歌舞演故事"的叙事传统，以感性的方式打造跨文化传播中的"硬通货"，在此基础上，新闻、纪录片等形式再通过理性阐释进行拓展则更能让海外受众接受并信服。具体来说，综艺节目可以通过高质量的歌舞节目来讲述中国故事，从对情节的强调转化为对情感、情绪的刻画，例如，2021年总台春晚节目中《灯火里的中国》以抒情性的歌词描绘了当代中国万家灯火的夜晚景象，现场也利用了XR技术打造出高楼大厦、灿烂烟花的情景，展现出当代中国和谐、创新的形象。再如河南卫视最早"出圈"的舞蹈《唐宫夜宴》以舞剧为载体，生动地展现了唐朝少女从准备、整理妆容到夜宴演奏的故事，并通过特效技术打造出满载着传统文化符号的视听空间，演员的体态、神情、舞蹈动作都具有表现力，很好地完成了表意功能。综艺还可以对海内外大众耳熟能详的歌曲进行新的阐释和表现，将人物故事等与歌曲相勾连，以才艺的方式展现人物的生活状态，如邀请童声合唱团、老年合唱团、民工街舞团等以独特的才艺刻画不同人群的形象。

三是调用已被验证有效的低折扣题材来充实节目选题，这些题材都可以和人物故事、社会故事以及表演形式相结合，例如，《你好生活》第二季打造了"山谷音乐会""海边音乐会"等，将自然风光、人物故事、音乐演唱等融为一体，打造出清新动人的风格，在YouTube上获得了过千万的点击量。

四是从海外视角来完成叙事。因天然的国籍优势和价值观的亲近，海外人士讲述的中国故事更能贴近国外受众的文化传统、思维习惯和话语方式，由此"成为有效的信息传递者和中国通，利用自身影响力促进中外文化交流"①。通过其

---

① 陈璐：《外国名人在中国开微博》，《中国文化报》2011年4月23日。

解读和阐释，尤其当其使用母语进行讲述时，海外受众自然会更信服其中传递出来的信息，从而大大降低文化折扣。

易读文本的打造需要综艺创作者从策划之初就要找准节目定位，如《中国民歌大会》以民歌说故事，因此在歌曲选择、包装编排上要突出表演的叙事性，以具体表演而非采访互动作为传播的"拳头"内容。再如《我是歌手》将人物故事与演唱歌曲深度结合，呈现出"用音乐说话"的气质，更容易让海外观众了解歌手们的故事。

（二）低文化折扣题材——展现多元、陌生化处理和聚焦顶尖

低文化折扣是指一个文化产品在进入国外市场时，受到不同社会文化价值、缺乏背景知识或者语言障碍等方面带来的冲击较小，损失的价值较少。[1] 有纪录片研究者通过研究 BBC、探索频道、国家地理等国际纪录片制作机构长盛不衰的纪录片题材提出"自然类、动物类、美食类、科技类是低文化折扣的题材"[2]。除此之外，我国历史文化悠久的形象在海外已深入人心，因此综合来看低文化折扣的题材还应包括我国的传统文化。综艺节目对这些题材的叙事策略应该是展现多元、聚焦顶尖和陌生化处理。

1. 展现多元

中国悠久的历史和广袤的地域让我国拥有多元丰富的美食、生态及文化资源，这些多元的资源背后也体现着多样的人情世故和中国故事，正如陈晓卿在谈到《舌尖》时说："这个片子不完全是美食纪录片，是通过美食这个窗口更多地看到中国人、人和食物的关系、人和社会的关系。"[3]

具体来说，"展现多元"表现为在单期内容中包容多的类型，形成"你方唱罢我登场"的文化景观。例如，国内综艺《人民的宝贝总决选》以竞赛的形式让店家登台推荐商品，让观众从近百万件商品中选择出自己心仪的"宝贝"，节目的日本剪辑版在日本最大的弹幕网站 NicoNico 上受到了日本网友的追捧，弹幕一度完全遮挡节目画面，让日本网友感叹"中国网购水平果然世界第一"。节目以商品为载体展现了当代中国的各个方面：如在美食单元，节目重点展示了柳州螺蛳粉、武汉热干面、富平柿饼、川渝火锅、温州鸭舌等地方美食及其典故；在时尚单元，节目展示了登上巴黎时装周的"脸基尼"和少女汉服；此外还展示了网红创意手工、我国自主研发的大疆无人机等创新技术，既展现

---

① Hoskins, Colin, and Rolf Mirus. "Reasons for the US Dominance of the International Trade in Television Programmes." Media, Culture & Society 10, 4 (October 1988): 499-515.

② 南言主编《影像中国：全球化语境下中国纪录片跨文化传播研究》，中国广播影视出版社，2020，第287页。

③ 范正伟：《舌尖上的中国何以走红》，《人民日报》2012年5月12日。

出我国人民的创造力,也让海外观众对中国文化、美食、科技等产生极大的兴趣,形成品牌效应。

2. 陌生化处理

陌生化处理原属于文学理论范畴。俄国形式主义代表人物什克洛夫斯基(Viktor Shklovsky)提出"艺术的手法是事物的'陌生化'(反常化)手法,是复杂化形成的手法,它增加了感受的难度和时延"[①]。后来"陌生化处理"在广告行业中延伸出新的内涵,即从"我"的全知全能视角转化为"他者视角"展开叙事。于综艺而言,低文化折扣题材由于在生活中十分常见而常在创作中被忽视,如将美食作为背景、道具,并不会对其进行深入讲述。而实际上这些内容在海外受众心中只是模糊的印象,需要更详细的故事内容以加深认识,因此综艺应该对这些题材进行陌生化的处理,如上文提到的《人民的宝贝总决选》采用"选秀"的外在形式激发出店家的表达欲和胜负欲,在讲述商品时也会采用各种各样的叙事手段以占据用户心智,带领观众重新认知不同的美食,这样围绕低文化折扣题材的陌生化叙事策略实际上强化了美食、科技、时尚的符号内涵和表现力。

3. 聚焦顶尖

正因为美食、科技、生态等内容是低文化折扣题材内容,各个国家和地区都会以此作为跨文化传播的发力点,因此我国综艺在处理这些内容时要展现国家级的顶尖力量,如《国家宝藏》就聚焦在各地博物馆的"镇馆之宝"、河南卫视"奇妙游"系列的领舞都是国家级院团的首席、《中国民歌大会》的选手大多是非遗传承人或不同演唱风格的顶尖歌者。聚焦顶级既能够保证节目内容的质量,使其在全球海量内容中具有竞争力,也能突破海外观众的现有认知,获得惊奇、惊喜、惊讶的快感,例如,湖南卫视《歌手》中谭晶演唱的《九儿》中就加入了唢呐演奏家陈力宝的演绎,歌曲片段在海外视频网站上获得了过百万的点击量,海外网友纷纷录制自己观看时的反应视频(Reaction)并主动了解歌曲背后的故事,反应视频中海外观众都被唢呐的音色和表演风格所震惊和折服,纷纷搜索唢呐的教学、独奏视频观看,大大推广了中国传统乐器。

集合顶尖力量也意味着综艺在叙事表达上要遵循着不同领域的专业规律,不盲目融合和改良,当前一些国风类的音乐节目为追求新潮盲目让传统乐器演奏家演绎流行歌曲或融合电子乐器,反而掩盖住了顶尖水平的光芒沦为"四不像",也失去了应有的跨文化感召力。

---

① [俄]什克洛夫斯基等:《俄国形式主义文论选》,方珊等译,生活·读书·新知三联书店,1989,第6页。

三、叙事话语的优化创新

再进一步聚焦，除了不同题材的表达侧重，综艺在讲述具体的故事时还应注重对话语建构路径的优化和创新，通过有效地讲述特定的故事来完成对价值观的"隐形书写"。

（一）议题人物化、人物故事化

议题（或议程）设置在李普曼（Walter Lippmann）的《舆论学》中就有提及，他认为"新闻媒介影响'我们头脑中的图像'"[①]，议题作为"被精心构建"的话题，实际上反映着党和国家的意识形态，以"显性"强调的方式影响大众思考和认知的方向，议题实际上是国家层面占据话语权的抓手，并通过议题的阐发将中国发展的价值、经验贡献纳入全球发展的大局，于是有学者认为"在一定意义上，议题就是话语，话语也就是议题"[②]。因此，综艺"讲好中国故事"的话语逻辑即利用各式各样的故事阐释好全球人关注的议题，并形成影响力和号召力。

需要解释的是，题材作为某一特定生活领域材料整体，需要经过提炼和有序的编排才能成为综艺中的具体故事，而议题则是选取、提炼并统领编排的价值思想，因此也常见不同的综艺节目在讲述相同题材的故事时呈现出不同的价值向度和话语质感，这是由于在讲述时选择不同的议题引发的差异。

一般而言，议题是宏观的、抽象的，这会导致其在展开过程中容易口号化和概念化，而通过将议题落脚为生动具体的人则能够很好地化解这一困境。这就需要综艺节目首先确立人物的主体观念，将人物作为议题的代言人和阐释者，而人的思想是社会实践中获得经验和认知的总和，其本质也是故事的总和，这就搭建出从议题到人物再到故事的话语逻辑进路，这个过程是"典型人物的典型故事"不断凝练和筛选的过程——通过选取最能够体现议题价值观内涵的典型人物个体或群像，将议题具象成实在的主体，并挖掘主体实践经历中最突出的行动，反映其行动的动机和结果。正如恩格斯所言"他们的动机不是来自琐碎的个人欲望，而正是来自他们所处的历史潮流"[③]，人物及其故事凝练着特定时代下的特定价值观，由于议题被简化成了人物及其背后的故事，深刻抽象的意识形态内容被转换成了具有亲近性且鲜活的文本。

（二）故事情境化、情境细节化

在确定了特定议题下的人物和故事后，综艺节目需要为故事打造特定的场

---

① 李普曼：《舆论学》，华夏出版社，1989，第15页。

② 杨安、张艳涛：《议题设置与中国话语建构》，《理论探索》2020年第6期。

③ 中国作家协会、中央编译局编《马克思恩格斯列宁斯大林论文艺》，作家出版社，2010，第112页。

景，即故事情境化。由于综艺的表达特性，被"综艺化"的故事理应突破单模态的话语表达而以复合形态共同叙事，但实际上依然还有大量节目仅依靠口语"述说"的方式来讲述故事，降低了综艺的叙事吸引力，情境化也是针对此所作的创新优化。

本文提及的情境更多指向故事成立所依赖的时空观、世界观等观念世界，这在真人秀中也常被指称为"规定情境"。在我国戏曲艺术中，尽管舞台会设置布景，但更多的场景是靠虚拟的程式化动作完成，于是会有"戏曲的布景是在演员身上"这一说法。因此，生发于此的综艺场景一方面应能够还原故事发生时的环境和人的心境，展现历史与自我瞬间交汇时的弧光，这实际上也是对人物心理动机的一种外化呈现。在实践中，这种情境化的表达方式可以表现为"剧式表达"——将人物的故事扩充为戏剧场景中的情节片段，"诗化表达"——通过打造诗般的意境和抒情韵味来实现多时空场景的假定性组接，"纪实表达"——通过真实记录的纪实片段、新闻片段等来突出事件的真实性……另一方面，场景应能作为叙事动力激发出新的故事，例如真人秀中的"规定情境"就是为节目提供动力层面和规则层面的叙事要素，规划出假定的叙事空间，推动故事稳步发展。而除了真人秀，一些竞演类节目常会规划出特定主题的叙事情境（如"亲情""友情"等），参演者需要调用自己过往的生活经验对此情境作出回应，也常会激发出极致的、平时难以表达的故事和情感。因此整体来看，情境化的处理实际上是为作为讲述主体的表演者和作为接受主体的观众同时提供了一个"可进入"（available）的故事场，使其能够摆脱社会生活所加载的理性思维和现实立场而进入创作者打造的感性空间。沉浸的深度则很大程度取决于情境的"颗粒度"[①]和真实程度，当前许多节目就因为故事情境设置时细节经不起推敲而让观众和参演者无法深度参与，从而失去了应有的影响力。强化细节意味着节目中的叙事情境从世界观、时空观、情感观到具体的舞台设计、服化道设计等每一处都能够完全地切合并支撑人物的塑造和故事的推进。以《典籍里的中国》为例，为了保证整个故事场景的真实质感，节目从参演演员的表演状态、遣词用句、服装造型层面到舞台场景对历史建筑风格的还原，再到音响层面音效音乐的使用等细节都十分考究，于是演员和观众都能快速进入每个典籍舞台所搭建的历史时空中。

（三）细节情感化、情感共享化

快乐、爱、梦想、友情、成长、真、善、美、智慧、亲情等是全人类所共享的价值观和情感，因此在讲述时可以通过强化对这些共享情感的阐述展现我

---

① 原为摄影术语，指感光底片经曝光洗印后，形成影像的银粒粗细程度，后指代为计划或事件细节的丰富程度。

国的人文情怀，拉近与海外受众的心理距离——这也是迪士尼一直以来坚持的创作方式。对综艺而言，突出情感意味着要有意识地淡化复杂的历史、政治、文化和社会背景，从具体的个体体验出发进行讲述。"个体体验是整个中国故事的文化软实力问题域中的焦点性要素，甚至就是其唯一的焦点"①。尤其在当前互联网"去中心化"的语境下，受众从文化心理、审美取向上都对直白的宏大叙事、集体叙事表现出一定的疏离和排斥。于是，落实到具体的节目叙事中，注重个体体验的个人话语方式表现一是从个人的角度切入历史，关注个人在历史进程中的身心活动，以现在时的讲述时态挖掘人在当下的认知、意志和情感，如《英雄儿女——纪念中国人民志愿军抗美援朝出国作战70周年文艺晚会》以"英雄"为主题，但整场晚会以菊花和强子夫妻的戏剧线为主轴，以书写夫妻二人的历史代表着当时出征英雄的故事。二是在话语表达中突出"我"的主体性，从第一视角主观地展开讲述，如《见字如面》中演员通过人物声音扮演朗读信件、日记等形式还原了写作人"我"写作时的心境，更具代入感。三是通过拟人的方式为山川万物"代言"，清代画家石涛的"代山川而立言"指向了我国朴素的"移情"观。而当大自然、动物等成为国际传播的"新宠"时，通过拟人的修辞方式能够充实自然符号所指的范畴，例如，被誉为"孔雀公主"的杨丽萍曾在总台春晚表演舞蹈《雀之灵》《两棵树》《梅》《岁寒三友》《雀之恋》等将大自然的原生态融入舞蹈，彰显出大自然的情感力量。

　　情感的传达不应只停留在宏观层面的思维和主题，更应该体现在故事与场景中的细微之处。实际上，综艺中的故事所聚焦的议题大多符合官方要求和创作主体的实践经验所共同达成的筛选标准，但落实到具体讲述中就会出现价值观偏离、人文性缺失等问题，例如，芒果TV曾借鉴海外综艺《粉雄救兵》制作《你怎么那么好看》，旨在帮助普通人自我提升并获得自信，但在具体的人物故事打造时为了凸显"提升"而对改变前的素人嘉宾进行矮化和标签化让大众深感冒犯，节目甚至被人民网点名批评，这是节目在叙事逻辑层面细节偏差所导致的，因为缺乏同理心和人文关怀，于是叙述重心从"素人被改造"变成"明星的体验"。而在细微之处落实人文关怀需要叙述者对议题和故事产生情感场的共振，能够以故事主人公的视角和立场去思考故事的话语编排，而非于第三视角理所应当地幻想和编排。这又回归到创作中的真实性原则，实际上无论是何种题材或类型的综艺故事，其中心都指向宽广的"现实主义"——即作者观察现象的本质有多深刻，越是对生活现象进行抽丝剥茧般地观察和分析，也就越能看到生活事件背后的多种因素，而将其尽可能地传达出来，就能突出人

---

① 王一川等：《中国故事的文化软实力》，江苏人民出版社，2016，第30页。

在其中的显性作用，从而肯定了人的尊严和情感。

四、结语

综艺应形成与新闻纪实类节目、电视剧、政论节目等不同的话语特点，充分利用"艺术无国界"的文化优势，既利用综合艺术形式将抽象、深奥的观念、概念具象化、个体化和审美化，满足人类对故事的热衷和对美好的追求，这需要打破经典叙事理论中对情节的极致追求，更多从时间呈现给人带来的故事感受和所唤起的情感记忆入手开展创作；同时应将视野拓展至中国源远流长的各式文艺话语模态，将戏曲、杂技、曲艺、说唱、舞蹈等方式纳入表达体系之中，不局限于特定流行形式，以此拓宽话语表达的向度。创作者在表达中也应充分尊重不同文艺表达形式的本体特征，用极致的艺术表现讲好中国故事。

（作者系浙江传媒学院电视艺术学院教师）

网络文娱"走出去"的特点及对国际传播的启示

郭　玮　徐　臻

近年来，在国家"双循环"格局的战略指引下，我国以网络文学、网络游戏、网络短视频为代表的网络文娱产业在海外市场的规模呈现不断增长趋势，同时也成为中华文化"走出去"的重要载体。分析网络文娱"走出去"过程中的发展特点，有助于启发国际传播取得更好的传播效果。

一、中国网络文娱打造了庞大的海外受众群

2021年10月发布的《中国网络文学国际传播发展报告》指出，中国网络文学共向海外传播作品1万余部，网站订阅和阅读App用户1亿多人次，覆盖世界大部分国家和地区，国际传播成效显著。近五年，中国自主研发游戏海外市场在用户下载量、使用时长和用户付费三个维度均保持较好增长，拓展到北美、南美、欧洲、东北亚、东南亚、中东等多个地区，2021年中国自主研发游戏在海外市场实际销售收入达180.13亿美元，同比增长16.59%。2017年TikTok登陆美国，标志着中国网络短视频开始"出海"，到2021年9月TikTok的海外月活用户已破10亿人次。TikTok在美国一家独大，拓展覆盖世界上150多个国家和地区，成为发展潜力巨大的媒介平台。

网络文学、网络游戏、网络短视频这三支生力军，遵循从国内市场到国际市场的发展路线，国内市场同质化竞争加剧和市场流量红利的消失，驱使企业主体选择延伸传播半径，拓展海外市场。中国网络文娱产业在国际市场上庞大的产业规模，覆盖了数以亿计的海外受众（读者、玩家、粉丝），使海外受众对中国的了解路径更加多元。如何讲好中国故事这一时代命题，网络文娱成功出海或许有所启发。

二、网络文娱"走出去"的发展特点

（一）跨文化传播的理解友好性

国际传播面对跨文化的受众，"理解友好"本质上是一种产品思维，即优

化用户体验。尤其是文化产品，降低理解成本，主动消除"水土不服"的文化屏障，是中国网络文娱产品在海外得以成功的前提和基础。

最直观的屏障是语言屏障。在 YouTube 收获千万粉丝的李子柒，短视频采用"美食默片"形式，网友不需要跨越语言壁垒就能完全理解创作者的意图，正因为这种没有文化折扣、直达内心的表达，无数网友被视频中的中国乡村田园深深吸引，同时满足他们对东方风情的他者想象和逃离现实的心理需求。

最普遍的屏障则是文化差异。通过讲"与世界共情"的故事，与海外读者产生情感共鸣，是中国网文海外"大行其道"的窍门。以影响力最大的海外翻译网站"武侠世界 Wuxiaworld"为例，网文故事以武侠、修仙题材为主，多讲述热血奋斗、友情义气、惩恶扬善等主题故事，这是全人类共有的精神通约主题，在价值观上架通了文化理解的桥梁。

国产游戏在英雄设置上会采用本土化策略，以契合落地国的"文化接口"。如多人在线战术竞技类游戏（MOBA）《无尽对决》（*Mobile Legends：Bang Bang*），2021 年全球月活跃用户过亿，东南亚地区达到了 7000 万。在进入印度尼西亚时，该游戏通过与当地漫画家合作推出了印尼神话人物——金刚神（Gatotkaca），在菲律宾推出的拉普拉普则是抵御殖民者入侵的民族英雄。这些契合当地文化背景的英雄，拉近了与受众的距离，玩家在玩游戏的同时通过"文化接口"也认识了游戏中的其他中国英雄。

（二）文化交流的强互动性

网络短视频具有"标签"特征，天然具备强社交性。短视频发布后，点赞、留言、转发、私信等功能构建了全新的"社区"，成为人们因相同的兴趣和话题聚在一起的社交场所，人们在短视频下自由发言，形成网络空间里的交流环境和社交场景。以影视短视频为例，创作者利用原片片段、配乐将影片内容与自身创意相融合，人们充满热情地进行剪辑配乐等再创作，在"社区"里热烈讨论剧情。韩国惊悚片《鱿鱼游戏》大火的时候，以"#squidgame"（鱿鱼游戏）为标签的短视频，在 TikTok 平台上获得了近 600 亿次观看。短视频下方的评论也会被关注，用户对精彩评论进行点赞和回复，评论、弹幕又成为二次传播的内容，作为素材被制成衍生短视频。

海外读者通过对中国网文外译作品的阅读、点击、跟帖、回帖、收藏、转载、投票以及会员阅读购买等一系列主动行为，强化了读者对网文作品的影响。以"Wuxiaworld"为例，海外网友对小说中的情节讨论热烈，在论坛交流中探讨小说中常常出现的"气""太极""三界"等术语，互称"Daoist"（道友）。该网站创新的"翻译—捐助—分享"机制，采取"连载＋众筹"的盈利模式，翻译者预设章节发起众筹，每筹到一定金额就更新章节，这类互动调动了读者追更的积极性，也活跃了读者群体的氛围，读者与译者之间、读者互相之间的互动更加活跃。

（三）传播对象的大众广泛性

布尔迪厄在《文化贵族》中指出，文化消费与社会分层相对应，高雅艺术对应精英阶层，而流行文化则对应普通大众。

对比艾瑞咨询发布于 2017 年、2021 年的《中国网络文学出海报告》，读者群画像发生了一些变化：从之前的以欧美地区读者为主发展到如今来自印度、菲律宾、印度尼西亚等欠发达国家和地区读者占八成，从以男性读者为主到女性读者占比大幅提升；但是年轻化、学生比例高、学历水平高等特点维持不变。2021 年的报告中，学生和家庭主妇占比高达 31.5%，可见网文出海的读者群是普通大众而并非精英阶层。首先，网文出海的翻译者（传播者）本就大都是华裔青年或汉语学习者而并非汉学家，本着自身对中国网文的兴趣进行翻译和传播；其次，由于网文击中的是普通大众的爽点、痛点和敏感点，大量海外读者受到中国网文娱乐性的吸引而成为粉丝。

作为海外极有影响力的短视频平台之一，TikTok35 岁以下年轻用户占比60% 左右，庞大的用户群体在短视频中分享时尚、展示自我、记录生活，短视频平台也成为大众狂欢的舞台。正如近年的诸多理论阐释所言，短视频基于低技术门槛的大众生产，其题材往往偏重于美食、穿搭、美景、歌舞表演等日常场景，呈现于碎片化观看等，可以说其传播主体、受众、传播内容、传播渠道和生产方式都是大众的。

三、网络文娱"走出去"对国际传播的启示

（一）网络文娱产业崛起带动文化输出是国际传播的有效路径

美国好莱坞电影、日本动漫、韩国电视剧，借助在全球广泛而持久的影响力，其生活方式、文化和价值观得到深度传播。从三个国家的历史经验看，文娱产业是提升文化影响力的重要方式之一。TikTok 上，中国传统文化相关的内容越来越受海外用户关注，如"汉服"（hanfu）话题下的短视频浏览量已突破 3 亿次。2020 年 9 月公测的《原神》是近年来国产游戏文化输出的成功案例，角色云堇的剧情 PV《神女劈观》由专业京剧演员演唱，在 YouTube 上播放量已超 500 万次，多次登上 Twitter 热搜。经济崛起后依靠更先进的技术、更大的消费市场、更强的资本支撑，然后以价值观形成文化输出，这条被反复证明的路径对我国具有启示意义。

（二）海外普通大众是国际传播的主要受众

互联网推动社交媒体兴起，"办公室小野"在 Facebook 上拥有近 500 万名粉丝；"滇西小哥"通过 YouTube 频道获得超过 690 万的订阅者；阿木爷爷的

榫卯木工玩具短视频在海外播放量达到 2 亿次。国际传播从民族国家的宏观叙事趋向于个体"人"的微观叙事，正日益走向微观化、个体化和个性化。未来的中国故事要面向的将是更广大的海外普通大众，找准恰当的文化接口，接近他们的文化需求，才能让他们愿意听；降低理解成本，减少甚至消除理解障碍，才能让他们听得懂；通过故事激发情感共鸣，才能让他们听得进，从而主动接触并接纳中国文化；以深层的中国文化底蕴赋予中国故事独特魅力，才能让他们喜欢听。

（三）文化融合思维是国际传播的底层逻辑

中国文化"走出去"，从接近到走进、从对接到认同，需要抱有全面多维的文化融合思维。《王者荣耀》的欧美版 *Arena of Valor：5v5 Arena Game*（AOV）和《绝地求生》的国际版 *PUBG Mobile* 都是腾讯公司于 2018 年发布的。这两款在国内大火的游戏出海后反响天差地别，其深层原因就在于前者以段位升级为核心玩法与欧美玩家自由平等为主导的价值观格格不入，后者以团队协作竞技为主导的核心玩法的则更符合欧美玩家的心态。面对文化认同更加多元、传播渠道更加丰富、传播环境更加复杂的情况，国际传播实践要以受众为中心，以到达为目的，丰富叙事手法，在跨文化语境中形成更加强大的吸引力和感染力。

（四）增强受众黏性是国际传播的落地打法

全球互联时代，社交属性成为网络文娱的基本配置。人们从信息匮乏跨入传播资源相对剩余的阶段，自由体验符合情趣爱好和价值观的文化产品和服务，并通过强互动性的社交网络逐步形成组织形态相对松散、话语体系各有不同的用户（读者、玩家、粉丝）圈层。Webnovel（起点中文）就十分注重社群运营，帮作者维护读者群，帮读者管理作者，形成正向循环；海外读者评论、追更、了解文化，甚至发布同人作品（如为网文绘制地图），真正融入了中国网文世界。

（五）"乐趣需求"和"游戏范式"是国际传播的新视角

物资短缺的历史时期，纯粹追求乐趣而没有产出的"游戏行为"，会被视为耽误生产的游手好闲。但当人类基本摆脱物资短缺的困境，人性中追逐乐趣、寻求愉悦感的需求将更多地进入生活各个方面。互联网发展到下半场，网络生产力出现盈余，基于互联网的大众传播呈现出注意力有限、传播资源饱和、受众主观选择多样化、主体中心从传者向受者转变等特点，传播领域进入盈余时代。"乐趣需求"成为传播的关键动机，成功出海的网文、游戏、短视频，表面上看是技术推动，更深层的决定性作用则是源自其满足了大众不断成长的主观性、个体性、多样性的"乐趣需求"。

"游戏"存在于所有人类文明中，是人与生俱来的基本诉求，席勒认为"正是游戏而且只有游戏才使人成为完全的人"。20世纪60年代美国学者斯蒂芬森就曾提出"大众传播之最妙者,当是允许阅者沉浸于主观性游戏之中者"。他强调,传播是一种体现受众高度自主性和主观性的"游戏",传播活动本身也能给人带来休闲与快乐。作为游戏的传播与主体本身的体验活动、娱乐乐趣相关联,是主观自发的。换言之,传播是游戏,满足受众的"乐趣需求",网络传播时代是"游戏人"的时代。正视这一变化,将是推动中国文化"走出去"并有效到达的新视角。

总之,网络文娱"走出去"还面临优质内容的持续供给、从文化接触到文化融入等诸多挑战。但网络文娱成功"出海",毕竟探索出文化输出的新模式,对政府及主流媒体或将带来启发,加快我国国际传播能力的建设。

（作者单位分别为：宁波开放大学；浙江卫视）

中央广播电视总台北京冬奥会国际传播影响力研究

魏 伟

北京冬奥会的成功举办让北京成为历史上首座"双奥之城"。习近平总书记高度重视 2022 北京冬奥会的筹办，他不仅多次强调举办北京冬奥会和冬残奥会同实现"两个一百年"奋斗目标高度契合，同时指出本届冬奥会是我国重要历史节点的重大标志性活动。2021 年 10 月 25 日和 2022 年 1 月 29 日，他在祝贺中央广播电视总台央视奥林匹克频道及其数字平台开播上线和总台首届全球媒体创新论坛开幕的致信中提及要为全世界奉献一届简约、安全、精彩的奥运盛会。在总书记殷切嘱托的鼓舞下，中央广播电视总台集全台之力，在与奥林匹克广播服务公司 OBS 和部分国内兄弟广播电视台的配合下，向全国人民乃至全世界奉献了一场精彩的视听盛宴。对照习近平总书记在中共中央政治局第三十次集体学习时的重要讲话中关于国际传播能力建设的要求，中央广播电视总台北京冬奥会的全媒体传播在提升中国体育国际传播"五力"方面取得了较为显著的效果。

一、中央广播电视总台的国际话语权得到全面提升

当代媒体的国际话语权与国际影响力有着密切联系。在中国体育国际传播影响力层面上，体育媒体的表现与国际话语权息息相关。[1] 在全球话语体系中，处在重大事件顶端的奥运会具有特殊重要的地位。尤其在进入新冠肺炎疫情时期的"后深度体育媒介化时代"[2]，国际重大媒体的地位透过在奥运会全球媒体体系中的地位可以得到清晰的认知。2019 年，国际奥委会主席巴赫宣布新华社与美联社、路透社、法新社一样成为国际奥委会认可的通讯社，这在一定程度上确认了新华社"国际四大通讯社"的地位。2022 年 2 月 15 日，巴赫主

---

① 魏伟：《提升中国体育国际传播"五力"的路径》，《成都体育学院学报》2022年第1期。

② 魏伟、尚希萌：《体育媒介化：从媒介体育到体育重大事件》，《上海体育学院学报》2021年第7期。

席授予中央广播电视总台台长慎海雄"国际奥委会主席奖"。在此之前，这个名为"进无止境"的主席奖只授予过联合国前秘书长潘基文、美国前国务卿亨利·基辛格和在连续三届奥运会中夺得 9 枚金牌的牙买加田径名将尤塞恩·博尔特。这次是"国际奥委会主席奖"首次颁发给媒体人，展现了国际奥委会对 2022 北京冬奥会报道的高度认可。值得注意的是，奥林匹克广播服务公司、国际奥委会新闻委员会和媒体运行部，以及国际奥委会最大的持权转播商美国 NBC 都没有获得过该奖项。因此，这是中国媒体人引以为傲的一份荣誉。进入 21 世纪以来，CCTV 先后介入夏季奥运会乒乓球、羽毛球、铁人三项和体操等项目的转播。在 2022 北京冬奥会上，中央广播电视总台的转播团队担任了单板 U 型场地、自由式 U 型场地、自由式空中技巧、自由式雪上技巧和单板平行大回转等项目的转播，还在兄弟电视台的支持下完成了同时进行的多场地冰壶比赛转播。在中国冰雪运动逐渐崛起之时，中国广电人也在全世界面前展示了冰雪赛事转播的雄厚实力。

回顾中国奥运电视转播的历史，从 1984 年洛杉矶奥运会时以较低的价格从亚广联购买转播权，在香港制作节目信号，到 1992 年巴塞罗那奥运会到现场制作，再到 2008 年北京奥运会开始直接从国际奥委会购买电视转播权，最后到 2021 年购买 2026—2032 周期奥运会全媒体转播权，中央广播电视总台的全媒体矩阵在过去三十多年时间里实现了多层次的跨越，超越了世界上绝大多数国家和地区的转播机构，成为国际奥委会重要的持权转播商。

媒体用于购买奥运转播权费用的提升，随之将为所在国家和地区代表团在比赛时间、场次等诸多方面带来"隐性"利益。美国 NBC 用于购买 2021—2032 周期奥运会全媒体转播权的费用高达 76.5 亿美元，这让美国体育代表团在夏季和冬季奥运会的不少优势项目的时间甚至规则中获得实际利益，[①] 国际奥委会在新冠肺炎疫情严重的情况下坚持举办 2020 东京奥运会（2021），也是考虑到无法承受来自 NBC 等媒体巨头的巨额赔偿。因此，体育媒介化是体育国际话语权争夺的核心议题。[②] 随着购买转播权费用的逐渐提升，中央广播电视总台不仅正在成为国际公认的另一艘"巨型航母"，而且相应地也为中国体育代表团赢得了"话语权"。从 2016 年里约奥运会开始，中国乒乓球队、羽毛球队和女子排球队的重要场次都被安排在总台"黄金时段"播出。2020 东京奥运会（2021）和 2022 北京冬奥会的开闭幕式和不少重要场次的转

---

① Neirotti, L.D., "Olympic Broadcast Rights", in Chatziefastathiou, D. (ed.), Routledge Handbook of the Olympic and Paralympic Games. London: Routledge, 2021, pp. 109–119.

② 魏伟：《提升体育国际话语权的媒介化、外交与软实力路径研究》，《北京体育大学学报》2022年第2期。

播中，中国观众欣赏到的画面有别于 BOB 提供的国际通用信号，能够更多地带来中国体育代表团的主观镜头画面。这是中央广播电视总台国际话语权提升的又一佐证。

二、中央广播电视总台的全媒体触达量和转播技术改变了奥运传播史

在界定重大事件的四个主要指标时，瑞士学者马丁·穆勒把媒体触达率作为极其重要的一项指标。在他看来，当代体育重大事件可以分为巨型事件、重大事件和主要事件三个层级。只有夏季奥运会属于巨型事件，世界杯足球赛、冬奥会、世博会等处在重大事件层级[①]。加拿大学者皮尔科·马库拉认为，冬奥会就是夏奥会的"表亲"，国际奥委会"打包"售卖奥运会转播权是为了"照顾"冬奥会。[②] 但是，2022 北京冬奥会很有可能会改写这一历史格局。根据中央广播电视总台公布的数据，包括总台央视、央广、国际电视台、国际广播电台和央视频在内的总台全媒体总触达数就高达 484.74 亿次[③]，不仅远远超出了 2014 索契冬奥会和 2018 平昌冬奥会的总和，甚至超过 2020 东京奥运会（2021）的全球总触达数（根据国际奥委会公布的数据，东京奥运会的全球电视观众为 30.5 亿人，数字视频全球点击量为 280 亿次）[④]。这个数据实际上深刻地改变了奥运传播史，让同一周期内冬奥会的关注度第一次超过参赛国家和地区数一倍以上的夏奥会。无论从国际奥委会还是转播商的视角来看，这都是一个令人鼓舞的重大突破。如果 2022 北京冬奥会最终公布的全球媒体触达数达到 650 亿次以上，那么它将超过国际足联 2018 俄罗斯世界杯，成为受到最多受众关注的体育重大事件和媒介事件而被载入人类发展史。

在历届奥运会上，转播新技术的运用被视为一项重要的媒介化指标。尽管由于 2020 东京奥运会推迟一年举行，一些原本应该在北京"首发"的转播技术被提前到 2021 年的东京。但 2022 北京冬奥会的转播技术依然取得了不少突破，在冬奥会历史上留下了许多重要的纪录和遗产。

在 2022 北京冬奥会期间，中央广播电视总台运用了奥林匹克转播服务公

---

① Müller M. "What makes an event a mega-event? definitions and sizes", Leisure Studies, vol. 34, no. 6, pp. 627–642.

② Markula P. "Twenty-two Olympic winters: the media and the (non-)making of the Games". in L, Wenner, & A. Billings(eds.). Sport, Media and Mega-events. London: Routledge, 2017, pp. 69–84.

③ 中央广播电视总台总经理室：《收视率过1%赛事达百余场！总台北京冬奥会收视创新高》，"中央广播电视总台总经理室"微信公众号，2022年2月21日。

④ International Olympic Committee. IOC Marketing Report Tokyo 2020. https://stillmed.olympics.com/media/Documents/International-Olympic-Committee/IOC-Marketing-And-Broadcasting/IOC-Marketing-report-Tokyo-2020.pdf [2021-12-08]. p. 29.

司提供的超高清高动态范围和 5.4.1 沉浸式音频原生制作格式，运用 OBS 提供的实时比赛数据，这一技术的运用让体育解说员和解说顾问能够及时掌握高山滑雪速降运动员达到的最高速度，花样滑冰、自由式滑雪和单板滑雪 U 型池比赛中运动员跳跃的高度数据，以及计算机视觉分析技术提供的包括速度、高度、长度和持续时间等更加精准的实时数据，为解说提供了丰富的数据资源，同时也通过字幕让"专业"受众能够更加深度地"沉浸"于冬奥会赛事转播中。冰壶、速度滑冰、短道速滑、花样滑冰、冰球、跳台滑雪、单板滑雪等多个项目的电视转播运用阿里云转播解决方案，以"多摄像机视频回放技术"为受众呈现更多独特的转播视角。北京冬奥会期间，北京市户外建起了 20 块 8K 户外超高清大屏，大屏幕上播出的总台转播画面"连运动员飘扬的头发丝都非常清晰，而且没有颗粒感"①。

中央广播电视总台在 2022 北京冬奥会期间通过"5G+4K/8K+AI"的组合技术，在冰雪项目转播中实现了多重创新。总台自主研发的俗称"猎豹"的 4K 轨道摄像机系统实时追踪运动员位置，提供了许多比赛重要时刻的细节。此外，总台还首次在冬奥会赛事转播中运用了相对比较成熟的鱼竿摄像机、锥桶摄像机等。在滑雪大跳台、花样滑冰等项目转播中，中央广播电视总台运用的"时间切片"系统逐帧抓取运动员的空中姿态，并在同一画面中呈现。这些技术虽然并非首次在冰雪项目的赛事转播中出现，但大面积地出现在冬奥会转播中还是第一次，让之前较少介入冬季项目收视的广大受众在收看北京冬奥会赛事的过程中"眼前一亮"。BOB 首席执行官伊阿尼斯·埃克萨科斯指出，2022 北京冬奥会在转播时长、技术、内容制作方面创下了很多纪录。其中，中央广播电视总台的努力功不可没。他提出，"中央广播电视总台是全球最具有前瞻性和能力最强的转播商，无论是技术创新、数字科技，还是 4K/8K 的转播技术应用，总台目前在全球范围内都处于领先地位"。来自国际同行的评价是对中央广播电视总台此次北京冬奥会转播技术能力的高度认可，也让总台 2022 北京冬奥会的转播技术在奥运转播史上留下了属于自己的一笔"遗产"。

三、中央广播电视总台的国际传播影响力和人文关怀达到预期

中央广播电视总台在 2022 北京冬奥会之前，就通过中国国际电视台 CGTN 频道的 Twitter、Meta（原 Facebook）和 YouTube 等海外社交媒体充分预热，传播与北京冬奥会相关的各种信息、理念和冬奥故事。② 在冬奥会期间，多个由 CGTN 制作的有关北京冬奥会相关节目的视频在 YouTube 上有 10 万 +

---

① 孙颖：《北京建20块8K户外超清高大屏 冰刀带起的冰花都看得清清楚楚》，《北京晚报》2022年2月11日。

② 网易传媒研究院：《2022北京冬奥会媒体角色研究报告》，第54～55页。

的点击量，还伴随相当大比例对 2022 北京冬奥会的正面评价。这些故事陈述是中国理念与国际价值的双重体现，是传统文化与现代科技的多重展示，是主动发声与借力传播的软硬结合，以融媒体传播与故事化讲述为特色，①充分展示了中央广播电视总台 2022 北京冬奥会国际传播的影响力。

在总台全媒体矩阵的 2022 北京冬奥会报道中，对复杂多变的国际政治与外交环境带来新的风险与挑战，始终处于核心地位。无论是在赛事直播，还是在新闻报道、专题节目中，总台的报道更加注重整体传播策略，改变以往"以我为主"的宣传策略，提供能够跨越民族、种族、性别和意识形态的叙事，倡导符号主体和价值的多元化。叙事方式的转变和软实力的提升不仅是对中华优秀传统文化的弘扬，也是对国际奥林匹克文化的丰富和延展。这些主题和元素在总台 2022 北京冬奥会的开闭幕式上都有较为深刻的呈现，2008 北京奥运会上"以我为主"的自我他者化的表达方式已经被 2022 北京冬奥会以"我们"为主语的"人类命运共同体"的话语方式所取代。②总台的呈现方式充分展示了这种变革，尤其对开闭幕式中的一些细节的呈现集中体现出这种叙事策略的调整，这是讲述"2022 北京冬奥故事"的核心要旨。

与此同时，总台在 2022 北京冬奥会的传播中摒弃了价值观和意识形态偏见的桎梏，展示了国际大台的气度。尽管面对少数西方国家所谓的"外交抵制"和部分西方媒体对中国代表团部分归化运动员的"污名化"，总台的全媒体矩阵仍然泰然自若，并没有在开闭幕式和比赛转播过程中的声画以及解说词中刻意渲染这种"东西方"对立情绪，也没有过度突出民族主义情结，而是尽力做到让体育、让奥运会与政治"脱钩"。在总台 2022 北京冬奥会转播中，受众既看到了中美两国运动员在男女混合双人冰壶比赛后的互赠礼物，看到了美国运动员考德威尔在中国自由式滑雪空中技巧运动员徐梦桃夺冠后情真意切的祝福，也在闭幕式短片中看到了俄罗斯奥委会运动员布罗夫与乌克兰运动员阿布拉缅科之间的惺惺相惜。这些场景的真实呈现既是对冬奥会"以运动员为核心"的理念的深刻实践，同时也观照了国际奥委会提出的"把体育作为在冲突领域推进和平、对话与和解"和奥运会"包容人类多元性"，突出地展现了中央广播电视总台在 2022 北京冬奥会国际传播中的包容度。

此外，中央广播电视总台在 2022 北京冬奥会期间不过度炒作金牌运动员，不冷落未获奖牌运动员。这样的传播方式较之以往也有提升，充分展示了国际大台的人文关怀。在塑造中国运动员的形象时，总台报道也一改过往报道以

① 杨凤娇、张贵徽：《北京冬奥会的国际社交媒体平台传播策略》，《对外传播》2022年第1期。

② 魏伟：《提升体育国际话语权的媒介化、外交与软实力路径研究》，《北京体育大学学报》2022年第2期。

英雄叙事为主的基调，塑造有血有肉、有个性的新时代青年形象，全方位展现 2022 北京冬奥会运动员可信、可爱、可敬的形象。总台在新闻采访、专题中对国内外年龄稍长、参加过多届冬奥会的运动员和单独代表某个国家和地区参加北京冬奥会运动员的偏爱同样体现了国际大台的人文关怀和国际主义情怀。

最后，在总台北京冬奥会的新闻报道中，对"三亿人上冰雪"的呈现成了一大亮点。祖国大地从南到北纷纷走上冰场雪地从事冰雪运动，成为总台 2022 北京冬奥会传播中贯穿始终的一条主线。这不仅是对国际奥委会、国际冰联和国际滑联等体育组织承诺的兑现，更是中国主办 2022 北京冬奥会最引人瞩目的历史贡献。

四、中央广播电视总台国际传播能力继续提升的方向

体育国际传播能力体现在体育国际传播影响力、中华体育文化感召力、中国体育形象亲和力、中国体育话语说服力和中国体育国际舆论引导力的全面提升。[①] 对照"五力"建设的要求，在 2022 北京冬奥会期间，中央广播电视总台的国际传播能力较之以往有较为显著的提升，但在中国体育话语说服力和中国体育国际舆论引导力两个层面还有提升空间。尤其是针对西方媒体有针对性地"抹黑"和"污名化"中国体育以及中国运动员等议题，总台未来还应该在"四个自信"的基础上积极予以回应，变被动为主动，从积极影响国际社交媒体上的受众开始，逐次影响国际奥委会和其他国际体育单项组织，进而才有可能影响到国际媒体尤其是西方媒体。

在 2022 北京冬奥会期间，笔者研究团队进行了多语种境外媒体报道的内容分析，研究结果发现，随着 2022 北京冬奥会的逐渐深入，除了德国媒体，包括美国、英国、澳大利亚、法国、意大利等国的主流媒体对冬奥会的报道都从开幕前一边倒的负面报道部分转向中性报道和一些正面报道。事实胜于雄辩，2022 北京冬奥会"绿色、共享、开放、廉洁"的理念事实上是通过各国和地区参赛运动员以及官员在国际社交媒体上的广泛传播得到认可。

与国内传播不同的是，国际传播注重内容和形式的双重区隔，讲究一国一议，极端时甚至一人一议。例如，同样一条新闻，在运用乌尔都语和僧伽罗语分别向巴基斯坦和斯里兰卡传播时，其传播的口径、方式和形态可能是完全不同的。报道谷爱凌在北京冬奥会上的表现，面对美国受众和德国受众可能就有两种截然不同的传播方式。因此，注重多语种报道和不同形态报道可能是中央广播电视总台在未来体育重大事件报道中需要努力的一个方向。

此外，通过知名媒体人和学者在国际社交媒体上的"发声"是另一种提升国际传播效果的渠道。从 2007 年起，在国际体育报道中，记者在自己的社交

---

① 魏伟：《提升中国体育国际传播"五力"的路径》，《成都体育学院学报》2022 年第 1 期。

媒体平台中率先发布信息已经成为"国际惯例"①。国际传播领域的名记者、名编辑、名主持人和专家学者在具有国际影响力的社交媒体持续有力地"发声"，甚至在某些场合和领域敢于向部分污名化的西方媒体"呛声"，可能是总台在未来体育重大事件报道中需要努力的又一方向。

　　总而言之，中央广播电视总台在 2022 北京冬奥会的全媒体和全方位报道取得了较为理想的国际传播效果，这是总台留给奥林匹克传播和国际体育传播的一份宝贵遗产，也是今后总台在体育重大事件报道的国际传播领域继续提升的一个起点。

【作者系北京外国语大学国际新闻与传播学院教授。本文系国家社科基金项目"中国体育文化符号的全球化传播"（项目编号：21BTY016）和北京市社科基金重点项目"危机情境下 2022 北京冬奥会的国际传播对策研究"（项目编号：20XCA003）的阶段性成果】

---

① 魏伟：《重访体育新闻学研究的基本特性》，《成都体育学院学报》2019年第1期。

着力"三化"打造共通空间

——基于云南广播电视台国际传播实践的思考

魏　红　李建文

　　2013 年秋，习近平主席先后提出建设丝绸之路经济带和 21 世纪海上丝绸之路重大倡议，将人类命运共同体理念推向世界。共建"一带一路"是超越种族、文化、意识形态、社会制度等界限的全球性伟大实践，在政策沟通、设施联通、贸易畅通、资金融通和民心相通"五通"中，最为任重道远的是实现民心相通。我国沿边省份具有得天独厚的地缘、族缘、亲缘、文缘、人缘优势，向"一带一路"沿线国家、地区乃至世界，展示真实、立体、全面的中国，沿边省份广播电视媒体应发挥独特优势和应有作用，增强对外话语的创造力、感召力、公信力，全面提升国际传播效能，成为区域性国际传播的"主力军"和"先锋队"。

　　云南面向"三亚"（南亚、东南亚、西亚），肩挑"两洋"（太平洋、印度洋），在中国对外交流历史上长期发挥着内陆门户的重要作用，"茶马古道""南方丝绸之路"等通道是中国与南亚、东南亚以及中亚、西亚地区商贸文化交往交流的重要通道。新中国成立后，云南对周边国家和地区的对外宣传纳入国家对外传播体系，云南人民广播电台先后开办了"对云南境外国民党军残部广播""对云南境外侨胞广播"节目，为祖国统一、边疆稳定作出了重要历史贡献。改革开放后，随着"走出去"战略的实施和推进，云南广播电视台（原云南人民广播电台、云南电视台）积极探索对周边国家和地区传播的路径，形成了点、线、面相结合的对外传播布局。

一、搭建海外"本土化"传播渠道平台：率先把中国标准规模化推广落地到周边国家

　　2001 年，国家开始实施广播影视"走出去工程"，以增强国际传播能力，向世界发出中国声音。立足国家战略，云南广播电视台所属云南无线数字电视文化传媒有限公司（以下简称"云数传媒"）开始扬帆出海。与中国接壤的老

挝是一个农业国，工业、服务业基础薄弱，电视信号技术当时还停留在模拟技术阶段，对数字电视需求强烈，但受技术、设备、资金等制约，难以满足当地民众的广播电视文化需求。2007年，云数传媒与老挝国家电视台合作，成立老挝数字电视有限公司，开始共同建设地面数字电视项目。2010年，采用中国DTMB地面数字电视技术标准，建立起覆盖老挝首都万象以及占巴色、琅勃拉邦、沙湾拿吉等重要省份的地面数字电视传播网络。目前，央视中文国际频道和英语新闻频道、云南广播电视台卫视频道和国际频道以及海南广播电视总台三沙卫视频道等在老挝当地实现了入户播出，为中国话语的国际传播建立起稳固渠道。

老挝地面数字电视项目首次将中国DTMB技术标准成功规模化推广运用到海外，是我国广播影视"走出去工程"的重要突破。云南广播电视台多次派人到老挝进行田野调查，了解并研究用户对节目的需求。到2019年6月，已累计发展用户超过14万户，收视人群超过70万人，约占老挝全国总人口的11%，走出了"标准上有输出、产业上有带动、外宣上有突破、政治上有影响、发展上可持续的'老挝模式'"[①]。2016年12月，云数传媒与老挝新闻文化旅游部签署老挝数字广播电视全国网项目建设工程协议，老挝成为首个采用中国技术标准建设全国广播电视覆盖网的国家。老挝地面数字电视项目成功后，2017年9月，云南广播电视台与柬埔寨王国新闻部签署《关于合作勘探、建设柬埔寨全国广播电视数字化项目的备忘录》，柬埔寨成为继老挝之后第二个选择使用中国DTMB地面数字电视技术标准，自主规模化建设全国数字广播电视网的国家。

目前，云数传媒面向南亚、东南亚DTMB国际传播覆盖项目已成为我国广播电视数字化、信息化、网络安全、文化安全和提升国际传播能力的重大工程，列入"国家文化出口重点项目目录"。在"一带一路"建设的重要窗口期，云南广播电视台积极与尼泊尔、孟加拉、斯里兰卡、缅甸、马来西亚等国相关机构合作，努力构建中国联通南亚、东南亚各国的国际传播网络，同时深挖现有优势，推动传统数字电视向互联网电视迭代升级，深化面向对象国的"本土化"服务。

二、与时俱进探索"精准化"传播路径：形成专业频率、频道、网站及社交媒体传播矩阵

1986年10月1日，云南人民广播电台国际频率开播，覆盖以越南河内、泰国曼谷为中心的7个南亚、东南亚国家，主要面向该地区华人华侨和越南语

---

① 杜忠锋、李伶俐：《云南传媒面向南亚东南亚国际传播战略研究》，云南人民出版社，2017，第195页。

听众。华人华侨是云南与南亚、东南亚国家开展经济文化交流合作的重要海外力量，"世界华侨华人总数约为 5000 万人，其中东南亚人数最多，占总数的 70%，是华侨华人最主要的分布区"①。云南人民广播电台国际频率节目采用汉语和越南语播出，开办三十多年来，始终体现出鲜明的共情传播特色，有着极强的亲和力和实效性，特别是新春联欢会等文艺节目深受当地民众喜爱。

从传播学理论上看，"要使用对象国的主流语言进行传播，因为受众对母语传播有天然的亲近性，母语传播容易唤起国外受众情感认同和强烈共鸣，更容易为国外受众所接受，影响的范围也更广泛"②。国际传播要跨越的不仅是国与国之间的有形边界，还要跨越意识的、文化的无形边界，借助对象国本土媒体、使用对象国语言进行"本土化"传播是对外传播最有效的方式。鉴于此，云南广播电视台国际频道自 2013 年 8 月 30 日开播以来，坚持使用对象国语言播出，是国内第一个使用老挝语在老挝落地播出的中国频道，也是国内第一个整频道落地泰国的省级电视台。在此之前，老挝受众习惯收看泰国的电视节目，现在这种状况大有改变。云南广播电视台国际频道在南亚、东南亚国家已形成一定影响力和传播力，特别是依托老挝国家电视台、柬埔寨国家电视台合作开办的 LDTV、CDTV-TVK 两个境外数字化电视频道，以对象国语言译制中国优秀影视剧、纪录片、动画片等，这些节目在当地深受欢迎。中国农业对外节目《中国农场》由云南广播电视台国际频道译制为五国语言，先后在老挝国家电视台、缅甸天网电视台（Skynet）、柬埔寨 CDTV、泰国 TCCTV 等主流电视媒体落地播出，得到对象国观众的认可和好评。

随着与湄公河流域各国合作的日益深化，中国致力于同湄公河国家一道把澜湄合作建设为"一带一路"倡议的重要平台。云南广播电视台国际频道呼号于 2019 年 9 月 6 日正式更名为云南澜湄国际卫视，这是中国首个以精准服务澜湄合作机制为定位的电视频道。更名后，澜湄国际卫视传播定位更精准，"同时，通过与对象国主流媒体合办栏目、节目，翻译大量中国优秀影视剧在对象国主流媒体播放，努力塑造可信、可爱、可敬的中国形象"③。

当前，国际传播进入以互联网为主要平台的融合传播新阶段，新媒体端已经成为国际传播的主战场。紧跟移动化、社交化、可视化的趋势，2016 年，云南广播电视台开办"缅甸语＋英语"全外文网站"吉祥网"。该网站的推出为云南广电海外社交媒体传播矩阵的构建和发展打下了基础。

---

① 黄妮亚：《发挥东南亚华侨华人优势 助推云南"一带一路"建设》，《中国统一战线》2015年第2期。

② 胡邦胜：《我国对外传播需实现四大战略转型》，《学习时报》2017年4月17日。

③ 和亚宁：《加强国际传播能力建设 着力提升六种能力》，《新闻战线》2021年第18期。

三、构建"多元化"国际传播合作机制："走出去"与"请进来"相结合

（一）跨国春晚：打造对外交流文化名片

春节是中华文化的代表性符号，春节晚会是代表中国国家形象和文化软实力的重要文化品牌，也是中华文化的集中展现。从 2013 年起，云南广播电视台开始与周边国家电视台合作，先后"走出去"到泰国、老挝、柬埔寨、缅甸、尼泊尔等国，经协商，决定在重要城市举办跨国春晚，成功进入对象国主流人群。这些国家的领导人观看了演出，大为赞赏，如柬埔寨首相洪森和夫人在观演过程中曾五次带头鼓掌。中华文化走出国门，在南亚、东南亚国家产生了广泛而深远的影响。

（二）合拍纪录片：以影像为媒介沟通对话

中华文化走向世界的过程，就是与不同文化对话和交流的过程。"纪录片具有先天的文化感召力，是构筑中外文化交流对话性语境的重要载体。"[①] 在国际传播中，纪录片是得到"他者"认同的最好载体之一。重视与周边国家开展纪录片领域的合作，深入周边国家去挖掘传统文化、生活习俗、风土人情等方面的"共通"故事，是云南广播电视台长期延续的优良传统。从澜湄六国共同拍摄制作的大型纪录片《同饮一江水》，到中缅共同开发、出品和发行的 4 集纪录片《睦邻·缅甸》，都充满着跨越政治、宗教、文化的人文关怀，充分体现了平等、尊重的传播理念。导演周卫平说，我们将镜头的位置摆放得很低，滴汗的工匠、赶牛的牧人、撒网的渔夫，低到你可以闻到这片土地的味道。《睦邻·缅甸》缅语版在缅甸国家电视台以《美丽缅甸》的片名播出，赢得了中缅观众的"共感共情"。

（三）多元合作：澜湄合作中展现媒体担当

20 世纪 90 年代以来，云南广播电视台与南亚、东南亚国家媒体开展了一系列卓有成效的合作，不断探索深化交流合作的新途径，推动合作向多层次、多元化发展。政府层面，1992 年 7 月，中国、老挝、缅甸、泰国、柬埔寨、越南六国边境地区文化艺术节在泰国清迈府首次举办，这一澜沧江—湄公河沿岸民间文化交流活动收到了很好的传播效果。2011 年，该活动升级为由云南省委省政府主办，一年一度固定在云南省西双版纳州举办，并更名为"澜沧江—湄公河流域国家文化艺术节"，由云南广播电视台承办。每年，中老缅泰柬越六国艺术家同台演出，展现澜沧江—湄公河流域文化艺术的独特魅力。2010 年 6 月，"中国·东南亚·南亚电视艺术周"在昆明首次举办，活动以电视艺术为载体，有力推动了南亚、东南亚区域电视产业合作向多层面、宽领域

---

① 刘志刚：《纪录片的文化价值与对外传播策略》，《对外传播》2019 年第 1 期。

发展。2020年，国家广播电视总局和云南省人民政府在澜湄合作机制框架下，与澜湄国家合作开创"澜湄电视周"活动品牌，打造国际区域性文化交流平台，促进澜湄国家广播电视和网络视听领域交流合作。民间层面，近年来交流交往更为频繁有效。比如，2019年，云南广播电视台策划"吉祥中国"新媒体传播活动，邀请14名缅甸社交媒体知名博主展开云南之行，"请进来"体验云南、感受云南，并通过互联网社交媒体介绍、展示七彩云南、美丽中国。该活动取得了"借船出海"的良好传播效果，图文视频总阅读量超过2000万次，互动量超过90万次。

四、经验启示：做好新时代国际传播需增强四种意识

"一带一路"建设向前推进，云南等沿边省份已经成为前沿阵地。经贸合作是基础，文化交流是关键，硬实力和软实力应该"两条腿"一起协调走。就当前实践来看，各沿边省份推进软实力"走出去"已经取得长足进展，话语权、影响力显著提升，但与设施联通、贸易畅通、资金融通等硬实力方面取得的成效相比，走得好、走得远的民意基础还远远不够。"习近平指出，传播力决定影响力，话语权决定主动权。落后就要挨打，贫穷就要挨饿，失语就要挨骂。现在，'挨骂'问题还没有得到根本解决。这其中原因是多方面的，国际传播能力不强是一个重要原因。"[1] 作为国家国际传播体系的重要组成部分，沿边省份广播电视媒体应发挥各自独特优势，为中国与周边国家和地区共同发展创造更多的沟通、交流和对话空间，推动周边命运共同体建设不断走向深入，成为对周边国家和地区国际传播的区域性重要力量。在传播实践中，需要进一步提升和增强对话意识、共通意识、精准意识、在地意识，以实现从"走出去"到"走进去"的转变。

（一）创新传播思维，增强对话意识

"在国际传播中，国家主体之间会因为处在话语体系中的不同位置，而拥有着不一样的话语权力。"[2] 固有的宣传思维是制约传播效果的最大障碍，"你听我说"的强烈单向灌输色彩抑或概念化、固化的说教，效果会适得其反，有可能加剧对象国民众所持有的中国媒体是官方宣传的刻板印象。"我们并非在权力竞技场中建立'话语霸权'，而是在建立'真理王国'中追求平等探讨的权力。"[3] 许多"一带一路"沿线国家的国力与中国国力相比呈现显著的不对称性，这种不对称带来的不安全感广泛存在于当地民众的心理层面。只有树立并不断提升对话意识，在平等互动的过程中减少大而空的宏观叙事，才能

① 中共中央宣传部编著《中国共产党宣传工作简史（下卷）》，人民出版社，2022，第637页。

② 朱戈：《新形势下提升中国国际传播能力路径》，《中国出版》2016年第8期。

③ 刘笑盈：《关于构建中国话语体系的思考》，《对外传播》2013年第6期。

增进理解和共识。

（二）淡化意识形态差异，增强共通意识

意识形态差异是导致"一带一路"倡议在一些国家和地区遭遇误读、曲解乃至不认同、不信任、不理解的重要原因。相比于意识形态，文化具有多元性、开放性、包容性优势，更容易被接受、被认可。新时代做好国际传播的关键，是要打通超越意识形态的文化共通空间，在促进情感交流、化解文化冲突的立场上，避免过度政治化的解读。习近平主席在 2022 年世界经济论坛视频会议的演讲中指出："不同国家、不同文明要在彼此尊重中共同发展、在求同存异中合作共赢。"① 云南与南亚、东南亚国家文化相通，形成了在族缘、语言、习俗方面相通或相近的澜沧江—湄公河文化圈，特别是 17 个跨境民族与周边国家民族长期保持着密切联系、民间往来。打好"文化牌"是国际传播中最鲜活、最生动的议题，是建立深层次信任感、认同感的决定性因素。

（三）从"一对多"到"一对一"传播，增强精准意识

从"内外有别"到"外外有别"再到"一国一策"，我国的国际传播理念已上升到"一对一"精准化传播阶段。如何向精准的"一国一策"传播转型？2021 年 5 月 31 日，习近平总书记在主持十九届中央政治局第三十次集体学习时强调："要采用贴近不同区域、不同国家、不同群体受众的精准传播方式，推进中国故事和中国声音的全球化表达、区域化表达、分众化表达，增强国际传播的亲和力和实效性。"② 有学者指出，国际传播"既要讲求区域协同，又要讲求国别差异；既要讲求长期谋划，又要讲求因时而动；既要讲求立场稳定，又要讲求策略灵活。应当努力做到因国而异、因时而异、因事而异，注重国际传播的分众化和适用性"③。"到什么山头，唱什么歌"，要解决"水土不服"问题，沿边省份广播电视媒体就应在认真研究每个国家受众特点、需求等基础上，有的放矢实施差异化策略，根据对象国受众的收视需求，制作播出相应的节目。

（四）从"走出去"到"走进去"，增强在地意识

"有效的国际传播应该是本土化传播，这是当今国际主流媒体开展传播的核心战略。"④ 对沿边省份广播电视媒体来说，借助对象国主流媒体、有影响力的新媒体"走进去"，是跨越各种障碍、差异和限制的最有效传播方式，打开了通向对象国文化的渠道。在"一带一路"建设大背景下，打造区域性国际传

① 习近平：《坚定信心 勇毅前行 共创后疫情时代美好世界——在2022年世界经济论坛视频会议的演讲》，《人民日报》2022年1月18日。

② 《习近平在中共中央政治局第三十次集体学习时强调 加强和改进国际传播工作 展示真实立体全面的中国》，《人民日报》2021年6月2日。

③ 胡正荣：《国际传播的三个关键：全媒体·一国一策·精准化》，《对外传播》2017年第8期。

④ 胡邦胜：《我国对外传播需实现四大战略转型》，《学习时报》2017年4月17日。

播媒体，既要在技术、内容、频道等方面加快实施"本土化"，提高落地率和达到率，更为重要的是加快推动与周边国家和地区在新闻报道、内容创作、媒体运营、人才培养等方面开展务实合作，增强媒体在对象国的本土竞争力，发挥区域性国际传播前沿阵地的重要作用。

【作者分别为：云南师范大学传媒学院院长、教授；云南广播电视台编辑。本文系国家社科基金项目"国家通用语言教育助推西南边境地区乡村振兴成效调查研究"（项目编号：22BMZ134）、云南省哲学社会科学规划重点课题"云南边疆民族地区青少年国家通用语言能力提升优化路径研究"（项目编号：ZD202110）和云南省国家通用语言文字推广基地2022年度项目"2022年国家语言文字推广基地建设专项"（项目编号：SJD2022-530114-02/1）的阶段性成果】

守圈·破圈·扩圈

——"国潮""国风"周边传播主流舆论格局机理分析

方启雄

以边为锋，由近驭远，潜移默化，这是当代著名学者陆地提出的全新传播学概念——"周边传播"理论的内涵及精髓。只要存在，必有周边。基于相邻的地缘、相连的血缘、相通的语言、相同的习俗、相近的文化、相互的认同感，"周边传播"联通国内传播和国际传播，信息源通过波晕实现全时空梯次的共鸣、共振、共感，价值观通过激荡实现思想文化领域的守圈、破圈、扩圈。

当代中国是"文明古国""东方大国"等多种形象的综合体。把贯彻落实人类命运共同体、共建"一带一路"等重大理念作为主线，坚定文化"自信""自觉"，扛牢中华优秀传统文化复兴大旗，河南广播电视台发挥主流媒体职责担当，贯彻落实省第十一次党代会提出的"办好中国节日系列节目品牌"要求，深度挖潜传统文化传承创新，从2021年的传统节日"奇妙游"系列节目，到2022年的虎虎生风"中国潮""新民乐国风夜""春分奇遇记"等系列产品，用中国美学引领驱动，讲好传统、传承、传播的过去性、当代性和未来性，同时运用周边传播理论的基本原理，以炽热的家国情怀，唯美现代的东方神韵，将中原好故事、中国好声音，融合传播于中西方之间，融会贯通于世界文化深蓝之中。

中原、中国、世界，找好公约数，找准共鸣点，既讲好"地方话"，又说好"普通话"。共情共振、以文化人，让传统文化"活"起来、"动"起来、"靓"起来，用四个"讲清楚"①大力推动优秀传统文化进行创造性转化、创新性发展，引领"国潮""国风"时尚。大音希声，为时代和人民放歌，大象无形，为民族和精神而舞，在实现"中国节日"进阶品牌2.0的同时，也致力于国家对外传播话语体系建设。

---

① 孙书文：《从"四个讲清楚"看对待中华传统文化的基本原则》，《理论学习》2017年第2期。

一、守圈：传统、传承、传播

（一）传统文化的守正是根、是魂

守正的哲学意义，就是要按照事物的本质和规律来办事，要坚守正道。中原地大物博、文化源远流长，从渑池仰韶、二里头夏都遗址到丝绸之路的崤函古道，一眼越千年；从老子、庄子到张仲景、杜甫等名人圣贤，纵横捭阖。世界文化看中国，中国文化看中原。中原文化以其强大的生命力，孕育、萌生、发展、繁荣并确立了中华文明的核心地位。围绕"溯源""寻根""铸魂"，来探寻"天人合一""道法自然"的根脉基础和文明史观，不断提升中原文化的引领性；围绕"三皇五帝""历法农耕"等人文始祖文化，来探寻中原文化在整个中华民族和华夏文明体系中的发端和母体地位，不断夯实其根源性；围绕《易经》《道德经》对中华民族性格和民族文化的心理影响，来探寻中原文化在元典思想和人文社科领域的脉络和烙印，不断丰富其原创性；围绕古今文化的传承、南北文化的碰撞、区域文化的交融，来探寻中原文化的兼收并蓄、合而成体，从多元并行向一体化发展，不断扩展其包容性；围绕河洛文化的开枝散叶，以及班超赴西域、玄奘取经书所踏觅出来的千年丝路，来探寻中原文化四海传播的壮丽画卷，不断拓展其开放性，中原文化已成为黄河文化、华夏文脉的重要载体和呈现窗口。"循法守正者见侮於世，奢溢僭差者谓之显荣"[①]。只有守其正，才能全其节，才能准确把握"一部河南史，半部中国史"的真正价值和内涵。

（二）传统文化的传承是本、是源

文化的传递与承接，是一个辩证的过程，既要坚定核心自信，又要批判继承，既要守正创新，又要交流互鉴，既坚持否定之否定规律，又能够实现生生不息，真正实现人类文明成果的去粗取精、去伪存真，此之谓"观乎人文，以化成天下"。坚持美学驱动，注重人文精神，中原传统文化精神谱像内涵和外延都极其丰富，不仅自成体系且绚烂多姿、熠熠生辉。"穷年忧黎元，叹息肠内热"，既讲仁爱，更重民本，"咬定青山不放松，立根原在破岩中"，既崇尚正义，更坚守诚信。都以苍生为己念，都以天下为己任，筑牢并培育了社会主义核心价值观的智慧理念、神韵气度、精神命脉。这是优秀中国传统文化的本，是源，成为中华民族最基础、最广泛、最深厚的做人底气和文化自信。从 2021 年开始，河南广播电视台创意策划的"中国节日"系列，就是把准了中原文化、黄河文化、中华文化传承的着力点、支撑点、关键点，通过"双创"，让中华文明所蕴含的思想观念、道德规范更加淋漓尽致地展现出来，所具有的美学精髓、人文关怀更好发挥出来，在传递中发扬，在继承中提升，赋予中原文化以鲜明的中国特色、中国风格、中国气派，通过周边传播屹立

---

① 出自司马迁《史记·礼书》。

于世、闻名于耳。

（三）传统文化的传播是脉、是流

"国潮"澎湃，"国风"扑面，但传播不仅是守正和传承。包括中原文化在内的很多传统文化，都有其永不褪色的价值所在，但如何做到"以古人之规矩，开自己之生面"，这是新传播语境下主流媒体所面临的重大政治任务和时代课题。"深入挖掘中华优秀传统蕴含的思想观念、人文精神、道德规范，结合时代要求继承创新精神，让中华文化展现出永久魅力和时代风采。"①习近平总书记关于传统文化传承发展的一系列观点、论述、指示、精神为宣传工作提供了"方法论"思考。"中国节日"系列正是按照这种理念，心存敬畏，抽丝剥茧，由表及里，由浅入深，深度挖潜传统文化长盛不衰的美学语码和价值密码，在创意、策划、生产、舞美、渲染等一系列全链条制播过程中推陈出新、扬弃继承，努力将传统优秀基因、文化密码与当代精神需求相适配、与现代社会相契合，开启了属于中国文化的"年"宇宙。这其中，《唐宫夜宴》、莲鹤方壶、《清明上河图》等不再是冰冷的历史文物，唐宫小妹、少林弟子、明堂歌女、纸扇书生、少林武僧等人物符号的全新互动，赋予了其全新的精神面貌和气质内涵，让传统文化"活"在当下。守住奋斗精神、家国情怀正能量"内核"，以全新的叙述逻辑和表达形式赋能传统文化，让受众特别是青年群众在提升感性认识的同时，不断提升理性认知，在实现价值传播的同时，更实现了从文化自信向文化自觉的转化。

二、破圈：过去性、当代性、未来性

（一）破圈是古今中外思想文化的碰撞交融

"圈"是一种隐性场。在近现代的世界文化潮流中，以西方审美为主导的现代艺术时常占据主场优势，占据"圈"的主要位置，以往的人们甚至崇尚《尤利西斯》以及温拿五虎的"刷啦啦啦啦"，去模仿卡夫卡、艾略特，去"等待戈多"，以能读懂乔伊斯和普鲁斯特为荣。很多孩子在幼儿园时期记住的更多是圣诞节而不是春节。我们不禁要反思，在过去的几十年甚至百年，此时此地的国人、文化、认知是否超越了彼时彼地的状况，是否能够打破世界一方独尊的力量，未来中国文化的发展该从哪里来，又该到哪里去。这也是以河南广播电视台为主导的"中国节日"系列从思想上所要解决的旨归所在。《唐宫夜宴》《龙门金刚》《五星出东方》《新民乐国风夜》《春分奇遇记》等原本很小众的舞蹈作品，通过"有法而无法"，穿梭于古今之间，融合于中西之境，成为品类逐渐泛化、认知逐渐宽泛的"破圈"之作。通过国内传播、周边传播、国际传播的信息对流，带动了国人、世人尤其是年轻受众审美情趣由西向东、由俗向雅、由下到上的腾发。中国传统古典美学的理念、精神伴随着国家的崛起、民族的振兴，又重

---

① 黎昕：《用中华优秀传统文化滋养社会主义核心价值观》，《光明日报》2018年7月12日。

新回归到世界舞台中央，带动实现文化自信和文化复兴。

（二）破圈是东方文明在世界潮流中的崛起

目前从演艺圈开始的所谓"破圈"现象，不是东风压倒西风，就是西风压倒东风。针对建立在西方古典知识体系基础之上的后现代艺术，中国传统文化和古典美学不是破坏已有的东西，而是要回到本有的东西，是"本有"和"应有"之意，即所谓的文以载道。运用中国美学悠久的历史和丰富的内容，"中国节日"系列节目对传统古典美学的开发应用，是元宇宙时代破圈时尚最为成功的方式，它所蕴含的高雅性和精致性，对美学密码的揭示，从世界美学史的意义来看，打破并引领了以西方文化和美学为代表的世界美学的进程，通过破圈交互，实现国潮美学的构建与世界美学的演进。"国潮"是"国"与"潮"的相加，用开放的眼光来看，不只是包括艺术、美学、文博等传统文化，还应包括中国当代的新兴文化，它与当下的潮流、主流价值观、核心价值观是融合的，具有鲜明的时代感和时尚感，不仅打破了中西文化的差异化比较，更突破了中华文化自身古今的分离性认知，还打破了现代艺术观念在书画和乐舞之间的界限，它是一个民族全新的审美风尚。"中国节日"系列节目以传统文化为载体，借助鲜明的当代文化符号，弘扬主流价值，寻求美学精神共鸣，形塑了"唐小妹""洛小天""金大刚""花小兰""包大仁"等一批颇具中原特色的当代 IP 形象，以历史的实物性、原真性、神圣性为基础，使其洋溢出具有现代性的精神形式，彰显出对青年群体强大的吸引力、感召力。

（三）破圈是人类美学认知的提升与升华

对"国潮""国风"的认知和传播，不能单单停留在"好看"的层面，无论科技多么发达，都要坚持内容和精神为本。不断突破现有的表层符号表象，注重传统文化价值质点和原创精粹的深度挖潜，关键是要实现以下几个方面的追求与突破：一是对艺术品质的追求，服装、化妆、道具的配置，高科技的加持，要与内容的理解和内涵的挖掘放到同等重要的位置，做到表里如一；二是对文化内涵的追求，人格的象征、品质的具象、精神的意蕴都要经得起品鉴与阐释，做到同频共振；三是对审美趣味的追求，共性价值的契合，个性特色的张扬，都能够在审美上实现一致和巧妙的融合，做到内外兼修；四是对素养提升的追求，美学标准的进步，美育水平的提高，思想境的拓展都要与新时代同频同调，做到无缝衔接。由此而带动"国潮""国风"未来在三个层级方面实现真正破圈：一是复古时尚、古色古香；二是科技助力、赋能升级；三是引领生活、提升认知。中国优秀传统文化复兴之路刚刚起步，对表层符号的追求，对科技的过度渲染，以及消费群众的小众化，导致"国潮""国风"从高端走向大众、从中国走向世界的路还很漫长，"中国节日"系列算是开了扇"窗"，以全新的叙述逻辑和表达形式赋能传统文化，深挖美学资源，解读文化密码，必将会引领和带动时代风尚实现自我超越，从"守圈"走向"破圈"。

三、扩圈：中原、中国、世界

（一）立足河南又走出中原

近者先到，邻者先得。周边传播的基本原理告诉我们，传播不能舍近求远"灯下黑"，核心不强，周边不彰，更不能影响深远。河南广播电视台立足中原文化、关照黄河文化、对表中华文化，从艺术关联的多样性、传播载体的多样性、5G技术应用的多样性、研究方法的多样性入手，持续推动"中国节日"系列从"破圈"走向"扩圈"。例如，从古典舞蹈向网络综艺扩圈，从艺术领域向生活领域扩圈，从年轻受众群体向青少年和中老年群体扩圈，从中原向全国、全球扩圈等。目标就是要以中华优秀传统文化的思想价值和中国古典美学精神为引领驱动，在推动文化复兴、坚定文化自信自觉的过程中，实现中华民族的文化寻根。不能让周边成为对外传播的"藩篱"，更不能让周边成为反制我们的前沿。《洛神水赋》《天地之中》《龙门金刚》《广寒宫》等系列节目立足河南，乐感、旋律、节奏、韵律、服装、音效、舞美、编剧刺破艺术苍穹，走出中原，通过周边传播，润物细无声，以文化共鸣和文化寻根为基点，以浪漫祝福、奋斗精神、家国情怀为内核传递正能量，它所带来的信息波动和传播效应，共同烘托和描绘了国人的"宇宙观"[①]，以超越国界的影响力，引发全球华人的精神共鸣、情感升华。

（二）引领国潮又突破国风

"要警惕对传统资源的滥用和随意挪用"。这是目前业界、学界对上升时期"国潮""国风"最善意的提醒。中国传统文化的挖潜与发展，不仅要从"供给侧"改革着眼，还要从"需求侧"改革入手，在审美、叙事、节目、包装上，都要不断释放传统文化的能动性和精神潜能——传承本身已包含了创新，文化艺术通过空间跨界、形式跨界、趣味跨界、受众跨界，在古与今、旧与新、传统与现代之间的穿梭与对应中探寻新的路径、履行新的实践，不断扩大传播峰值，实现"梦幻联动"。例如，舞蹈《从前慢》，以旗袍、江南女子、潺潺水乡等元素，用场景、情景沉浸式交融的方式演绎"提灯走桥去百病"的传统风俗，用一盏盏灯笼点亮人们心中元宵夜美好的愿景。情景串联《灯映万象》由元宵风俗猜灯谜，引出对灯的思索，灯火映照着孔夫子、戚继光、李大钊、邓稼先等先贤，讲述中国历史上具有代表性的文明之光、守护之光、科技之光、真理之光，进而充分释放出中华民族的文化自信，展示新时代中国坚定自豪的精神风貌。从爆款单品到掀起国潮之风，"中国节日"系列正引领新的时代文化浪潮，

---

① 郭齐勇：《天人合一的内涵与时代价值》，《人民日报》2022年6月20日。

以促进优秀传统文化的高质量传播为使命，激活中华文化生命力。

（三）文化无疆又超越自我

目前的"中国节日"系列已成为中国文艺领域的一个"现象级"事件，坚持中国古典美学引领、创意驱动、艺术点亮、科技赋能，以周边传播带动跨地域、破圈层、全媒体的传播链条已然形成。在河南，依托超亿级用户的大象新闻 App 平台为引领，形成引爆传播的"核心圈"；在全国，以人民日报社、新华社和《光明日报》《中国青年报》《工人日报》，以及中国新闻网等数十家央媒、全国媒体平台为依托，形成拓展传播的"紧密圈"；在全球，依托 ChinaDaily 官网、客户端、Meta、YouTube 平台、@China culture 等海内外主流媒体通道为助力，形成扩大传播的"协作圈"。从 2022 年春节开始，"中国节日"系列首次使用中英文对照，"核心圈""紧密圈""协作圈"同时发力，网上网下一体，内宣外宣联动。节目还通过中国驻美国、俄罗斯、马来西亚、印度、大阪、英国、越南、哥伦比亚、以色列等使领馆海外平台同步发布，为全球华人送上了一场弘扬中国精神、凝聚中国力量、充满中国趣味的视听盛宴。英国《泰晤士报》发表文章《超越：河南台从偶然到必然的凡人之路》，称河南台不断超越自我，重新定义晚会、综艺，正在将"中国节日"打造成中国传统文化产业的超级平台。一波波高质量的融合传播，一场场文化无疆的"中国潮"，一次次全方位的自我超越，这样的眼界和格局，就是要让中国文化走向世界。

四、结语

行走河南，读懂中国，圈粉世界。"中国节日"系列打开了中华文化对外传播的新窗口，引领了优秀传统文化传播的新风尚，赋予了河南文旅文创发展的新活力。周边传播是广义的信息传播学理论范畴，守圈、破圈、扩圈，引领"国潮""国风"，不仅有"术"，更要有"道"。深度挖潜传统文化的丰富内容和基因密码，把河南广播电视台打造成为"中国优秀文化传承创新中心"，要态度谦卑，继承批判，辩证认知，广泛应用，大胆创新，深刻认识和把握传承的规律、传播的规律、高质量发展的规律，不断探索完善文化产业化发展的新路径，努力擦亮"中国节日""中国节气""中国发明"等系列品牌，不断超越自我，以前瞻性、包容性和年轻化领跑传统文化全新"内容赛道"，源源不断赋予中原文化、黄河文化、中华文化全新的时代内涵，在传承、创新和发展中为河南文化强省建设贡献广电力量。

（作者系河南广播电视台党组副书记、总编辑）

个体叙事与国家形象传播

——以广西台与东盟合拍纪录片为例

蓝云剑

国家形象除了包含物质和制度层面的要素，也涉及精神要素和情感成分，其建构与传播不仅依赖客观存在，也诉诸主观判断和感性具象的载体。[①] 个体形象与国家形象可以看作部分与整体、要素与系统的关系，前者是后者的缩影和载体，也是后者的代言、具象和外化。

近二十年来，广西广播电视台积极与东盟国家媒体机构联合制播纪录片（下称"合拍纪录片"），在海内外取得良好传播效果。相比于其他媒介形式，纪录片的写实叙事能够提高受众对国家形象塑造的信任度。在合拍纪录片中，广西与东盟国家相通的人文传统和频繁的交流接触进一步降低了相互理解的门槛，有助于国家形象的顺利传播。本文以《光阴的故事》《家在绿水青山间》《方舟·东黑冠长臂猿》《南溪河畔》《陆海新通道》《充满希望的村庄》《中越友谊家庭纪事》《一个医院的战疫》等作品（共35集）为研究对象，探索合拍纪录片中人物形象与国家形象间的映射路径，归纳个体叙事对叙事共同体和国家形象传播的影响。

一、东盟合拍纪录片中的人物语言与国家叙事

语言不仅代表个体对特定社会群体的归属感，也象征差异化的政治立场与民族文化，因而对国家叙事产生影响。从个体角度而言，身份认同通常具有很强的叙事维度，自身认同使人们得以融入更大叙事的人生故事，或将个人生活与民族认同感相融合。从群体范畴而言，社会认同理论指出个体通过社会分类对自己的群体产生认同，并在社会比较和积极区分中产生内群体偏好和外群体偏见。[②]

---

① 杨琳、许秦：《从个体形象到国家形象：基于微观视角的国家形象传播研究》，《国际传播》2018年第5期。

② 周晓虹：《认同理论：社会学与心理学的分析路径》，《社会科学》2008年第4期。

（一）语言符号承载跨文化交流的身份认同

作为承载身份认同的载体，语言符号是落实到具体文化实践中的表现形式。尽管语言与国籍之间并没有绝对的对应关系，但是在合拍纪录片中，结合人物的出场情境基本可以发现语言和国籍之间的关联性。在纳入分析的纪录片中，使用中文者共计 238 人，占比 50.5%；使用泰语、越南语等东盟国家语言（包括英语）者共 217 人，占比 46.1%；在同一部纪录片中同时使用了中文和东盟国家语言的人物共 16 人，占比 3.4%。语言和国籍之间较为稳定的映射关系可以归因于国际合拍纪录片作为一种特殊的媒介形式所要求的个体身份认同。个体无法脱离社会生存，作为故事讲述者的人物要符合社会角色期待。合拍纪录片人物在不同场景下的语言符号十分考究，尤其体现在政府人员的语言表达中。

在中马合拍的纪录片《光阴的故事——切水不断》中，围绕时任马来西亚驻华大使扎伊努丁·叶海亚和马来西亚前国会上议院主席曾永森两个人物出现了三种语言表达。英语作为马来西亚的通用语言，适用于两人之间的对话交流。扎伊努丁大使在独白时使用马来语，突出自己作为马来西亚驻华大使对本国语言文化的尊重和归属。马来西亚前国会上议院主席曾永森在独立接受采访时又使用中文，曾参与中马建交的他通过语言形成与中国的认同表征。

（二）"他者"语言提升国家叙事可信度

除了承载身份认同，合拍纪录片中的语言符号还构建了一种"他者"视角，能够使中国价值以更加亲切、可信的姿态融入国际传播体系。国家形象具有多元传播主体，总体上可以分为"自塑"与"他塑"。海外受众对中国的刻板印象导致中国形象的"自塑"难以突破文化障碍，而"他塑"可以借用"外脑""外嘴"走出"自说自话"的困境，增添合拍纪录片国家叙事的合理性和可信度。[①]

《家在绿水青山间》系列深入泰国、老挝、柬埔寨，广泛采访当地的村民、商户、创业者等人物，借由其叙说完成中国国家形象的建构。片中广泛出现的东盟国家语言成为跨文化交流的象征符，不仅起到促进交流理解、强调文化多元包容性的作用，也表达了对东盟国家语言和文化的重视和尊重，通过增强东盟受众的归属感和认同感提升合拍纪录片的传播效果。

在中柬合拍的纪录片《家在绿水青山间——信任如树》中，被问及对"一带一路"倡议的理解，柬埔寨村民阿海说"中国有什么，我们未来就有什么"。言简意赅、通俗易懂的表达不仅消解了国家政策的宏大叙事，还提供了解读中国政策成就的"他者"客观视角，更容易被国际受众理解接受。不过，对人物语言在纪录片题材中分布的统计分析发现，政策类纪录片中仍以中文使用者居

---

① 张超义：《能源视阈下中国形象的建构与媒体呈现——基于新华社"全球能源互联网"报道的新闻图式研究》，《未来传播》2022年第4期。

多。要广泛宣介中国发展成就，除了关注我国自身的传播内循环，更要"借船出海"完成跨地域的区域外循环。

二、东盟合拍纪录片中的文化异质与意义共通

共同经验是沟通与传播的基础，当传者和受者各自存储的经验在共同心理感知范围内发生交叉时才能实现有效交流。人们更倾向于选择与自己观点和价值观相似而非相悖的信息，并加强原有的观点和态度。[①]不同文化所包含的差异化价值信仰、历史神话、社会规制和行为模式会导致影像产品在本土市场之外的吸引力减弱，进而造成文化折扣与解读偏移。[②]文化的异质性不可取代，因而在文化异质共存结构中完成国家叙事要注重柔性迂回，找到能够产生同质性的意义共通空间。对合拍纪录片来说，人物承载着文化与观念差异性背后的同质联结。

（一）生活形态的同质联结

在合拍纪录片中，来自不同国家的人物个体共享职业身份和日常生活形态，因而能够在叙事中营造亲近感和亲和力。已有研究指出，国际传播中媒介呈现的个体形象主要是国家领导人、业界名人、楷模典范等。[③]相比之下，合拍纪录片营造了更加"亲民"的叙事视角。本文参考陆学艺提出的以职业为基础的阶层划分，并根据合拍纪录片实际情况进行适当调整，最终划分出 10 类职业身份（见表 1）。尽管纪录片中国家管理人员出现的频率最高，但是社会中间阶层的普通群众是合拍纪录片中描绘的主要画像，同时弱势群体也得到了较为频繁的媒介呈现。在《中越友谊家庭纪事》《家在绿水青山间》等纪录片中，基于人物的婚恋家庭、离乡创业、个人奋斗、农耕收成等议题具有跨越国别的普适性，建立了意义共通的理解渠道。

表 1　合拍纪录片的人物职业身份

职业身份	示例	频率	百分比
国家与社会管理	老挝驻华大使	106	22.5%
医务人员	南溪山医院综合重症医学科医生	66	14.0%
科研／教育行业	中山大学生命科学院教授	53	11.3%
农业劳动者	达贡镇埃羌达村村民	50	10.6%
经理人员	越南 NCT 物流贸易股份公司经理	42	8.9%

① 黄文森、廖圣清：《同质的连接、异质的流动：社交网络新闻生产与扩散机制》，《新闻与传播研究》2021年第2期。

② 陆敏、陈燕：《国际传播中的文化共享、文化折扣与解读偏移——基于中国历史文化纪录片海外观众解读的分析》，《现代传播（中国传媒大学学报）》2022年第12期。

③ 孟湨湨、张举玺：《空间转向与符号流动：数字化公共外交与国家形象建构》，《当代传播》2023年第1期。

职业身份	示例	频率	百分比
专业技术人员	减贫项目驻柬埔寨中方专家	26	5.5%
商业服务人员	边贸商人	24	5.1%
体育/文艺工作者	体育运动学校国家级体操教练	23	4.9%
集团董事/企业主	宁夏德龙酒业有限公司董事长	18	3.8%
产业工人	货车司机	10	2.1%
未提及		53	11.3%
总计		471	100.0%

（二）行动路线的同质联结

人物的行动路线常作为合拍纪录片的叙事线索。《家在青山绿水间——更好的日子》中来自泰国、老挝和柬埔寨的三位主持人深入中国腹地，找寻中国脱贫攻坚的成功经验。2013年，习近平总书记在湘西土家族苗族自治州花垣县十八洞村首次提出"实事求是、因地制宜、分类指导、精准扶贫"的十六字方针。2018年，时任老挝人民革命党中央总书记、国家主席本扬特意来到十八洞村，实地探寻"精准扶贫"中国经验。①在纪录片中，老挝主持人阿迪萨·习达翁再次踏上两国总书记在十八洞村曾经走过的路，探访当地村民，寻求乡村振兴的成功之路。人物"重返现场"打破了文化异质性的壁垒，构成跨文化交流中的共同解释项，并建构人与特定空间的叙事逻辑。

（三）文化异质的正面效果

尽管文化异质性为国家形象传播设置了障碍，但是来自不同文化背景的内容也能够引发观众的好奇心理。对跨国合拍纪录片而言，以人物的视角呈现东盟国家多姿多彩的文化，为东盟国家建构自身文化自知与自觉提供了窗口，同时也增进了中国对东盟国家文化的了解，有助于在文化的差异性中寻找类同与共性。例如，《光阴的故事——切水不断》借由文化学者陈再政、舞台剧导演王潮歌、永大集团总经理巫光伦等人的视角多方位展现了马来西亚的峇峇娘惹文化，用通俗化文化编码方式降低了纪录片理解门槛，同时戏剧、服饰等普适内容也打造了意义共通的传播场景。

国家形象的树立并不是强调本土文化的异质性和优越性，更不是将中国文化作为一种高姿态消解其他国家的文化身份认同。费孝通先生提出"各美其美，美人之美，美美与共，天下大同"用以处理不同文化关系，合拍纪录片正是用美的眼光接纳并展示他国文化。将意义共享建立在尊重和理解的基础之上，彰

---

① 《大道向前·沿着总书记足迹丨十八洞村：春风千万重》，http://www.hunan.gov.cn/hnszf/hnyw/sy/hnyw1/202204/t20220411_22732764.html。

显着文化自信的内涵，也树立着中国兼容并包、海纳百川的国家形象。

三、东盟合拍纪录片中的共情传播与叙事共同体

情感是引发共鸣、获得良好国际传播效果的重要因素，也是产生认同、维系政治合法性的重要工具。[①] 在人物的微观层面上，共情是个人产生亲社会行为的基础；在国家的宏观层面上，共情传播则能够促进凝聚共识和团结民众。人们通过将个体生活经历整合并内化到不断发展的自我故事中，与影视或文学中的主人公和情节建立认同感和情感联系，在与"他者"的互动中形成不断调整和诠释的叙事认同。[②] 通过共情传播，人类共通的情感表达元素能够加强纪录片的国际化叙事效果，构建兼具符号象征意义和实质政治影响的叙事共同体。

（一）基于共同记忆的经典叙事脚本

对广西与东盟国家人民而言，共同历史记忆与持久情感联结是促进形成叙事共同体的关键元素和构建群体认同、形成"我群"的基础。[③] 讲故事要求呈现卷入人物的情节变化，完成从"陈述"到"叙述"的转变。在国家叙事中，人物故事是具体可感的意向符号和情节架构。合拍纪录片善于用人物故事建立与观众的情感认同。广西与东盟之间的地缘联系降低了双方人民跨越国别建立共情的难度，历史渊源也能够唤起两国人民的集体记忆。历史故事积淀的情感成为合拍纪录片的叙事母体和情节框架，为中国与东盟国家人民建立起经典叙事脚本。

《光阴的故事——中越情谊》讲述了在越南人民抗法战争和抗美战争间，越南在南宁、桂林两地开办越南学校的故事。纪录片邀请武世魁、朱越强等多位曾在越南学校就读和工作的师生追溯个人经历，越南学子与母校绵延半个多世纪的血肉相连之情令闻者感动不已。相仿，《南溪河畔》找到曾在广西南溪山医院工作的医护人员以及曾被这所医院救治的越南伤员。讲述者多为双鬓斑白的老人，面向镜头动情地诉说着南溪山医院在援越八年间收治越南伤病人员的动人过往。

（二）超越地缘关系的叙事共同体

共同的情感是消除个体差异、建构人类命运共同体、讲好中国故事的动力。[④] 叙事共同体的建立有助于打破"东方主义"障碍和西方中心主义的现状。

---

① 徐明华、李丹妮：《情感畛域的消解与融通："中国故事"跨文化传播的沟通介质和认同路径》，《现代传播（中国传媒大学学报）》2019年第3期。

② Marschall, Sabine. (2017). Migrants on Home Visits: Memory, Identity and a Shifting Sense of Self. International Journal of Tourism Research, 19(2):214–222.

③ 王强：《"春晚"的台湾叙事与两岸"叙事共同体"的建构》，《新闻与传播评论》2020年第1期。

④ 陈红梅：《描绘脱贫攻坚的时代画卷：中国扶贫题材纪录片的影像特色与价值表达》，《当代电视》2021年第4期。

在合拍纪录片中，脱贫攻坚和动物保护议题下的人物故事超越了区域共同关注，对历史前情依赖度低，有助于在更大范围下建立叙事共同体。例如，《方舟·东黑冠长臂猿》突破传统地缘关系，关注极度濒危物种保护的全球性议题。除了讲述东黑冠长臂猿绝地求生的生存现状，也集中呈现了韦绍干、马长勇、罗光忠、范朋飞等中越科学家和环境保护人士献身于动物保护事业的感人故事。

四、东盟合拍纪录片中的个体叙事与国家形象

在国家形象战略中，个体形象与国家形象相统一。[①] 个体叙事的碎片化与差异性能够在国家形象建构与传播中建立微观具体的细节内容，丰满立体又形象各异的人物作为一块块零散的拼图对国家形象进行重组。[②] 在合拍纪录片中，个体叙事与国家形象建构逻辑相通，宏观政策指导下呈现的人物形象隐喻国家形象，进而起到了细化并强化国家形象传播的作用。

（一）人物品格与国家形象的复合同构

相较于西方影视作品中的个人主义叙事和自我表达逻辑，东方文化传统更青睐于注重历史文化、强调社会关系、突出责任与合作互助的集体主义叙事。[③] 这样的叙事逻辑也体现在合拍纪录片的人物纪实中。通过着墨于不同领域的个体形象，纪录片塑造了搭建叙事共同体的人物群像。熙熙攘攘的个体形象作为彰显国家形象的具象化载体，人物品格实现了与国家形象的复合同构。总的来说，合拍纪录片中人物所隐喻的国家形象可以分为以下几类。

第一，多边合作的引领者。《陆海新通道》《一湾一世界》等纪录片记录了陆海新通道的缘起、发展与成果，以及中国与东盟和世界陆海相通、经贸往来的故事。其中选用的人物多为主营贸易、物流公司的集团董事、经理人员等，也不乏港口职工和边贸商人等形象，以个体话语呈现了中国引领多边合作的价值意义和卓越成就。

第二，脚踏实地的行动者。《充满希望的村庄》《明月何曾是两乡》《家在绿水青山间——更好的日子》等以全球减贫为主题的纪录片致力于宣介中国智慧与中国方案。前往东盟国家进行减贫援助的专家团队是这些纪录片中的重要角色。他们克服困难，因地制宜地向当地村民传授致富经验，使中国在老挝、柬埔寨和缅甸开启的东亚减贫示范合作项目圆满落地。

第三，全力以赴的奉献者。《方舟·东黑冠长臂猿》中动物保护人士所呈

---

① 刘艳房、王淑杰：《新时代中国国家形象战略面临的机遇、挑战与应对原则》，《社会科学家》2020年第10期。

② 谭宇菲、刘红梅：《个人视角下短视频拼图式传播对城市形象的构建》，《当代传播》2019年第1期。

③ 何利娜：《〈我和我的祖国〉：人民史观、集体叙事及文化认同》，《电影评介》2020年第11期。

现的奉献者形象隐含着中国强调生态可持续发展的理念和宗旨。《一个医院的战疫》《南溪河畔》的故事背景都设立在南溪山医院，无论是战争救援还是齐心抗疫，医护人员的奉献精神都通过亲历者的诉说得以清晰体现。

（二）"可信""可爱""可敬"中国形象的个体延展

2021年5月31日，习近平总书记就加强我国国际传播能力建设强调："要注意把握好基调，既开放自信也谦逊谦和，努力塑造可信、可爱、可敬的中国形象。"① 在合拍纪录片中，个体作为承载国家形象的对象具备符号意义和交换价值，以个体叙事建立起的共情和理解重塑了纪录片中的国家叙事逻辑。"可信""可爱""可敬"的中国形象之间的逻辑链条与内涵外延也表现在个体形象的构建中。

以纪录片建构国家形象，"可信"是叙事链条的出发点和叙事逻辑的第一顺位；"可爱"建立在"可信"的基础上，通过真实生动的叙事手法和能够引发共鸣的故事引导予以呈现；"可敬"源于中国源远流长的历史文明和现代化的伟大成就，也是"可信"与"可爱"的必然逻辑结果。② 在合拍纪录片中，外交官、使领馆人员等政府要员代表了国家公权力的声音，首先奠定了叙事基调，提升了叙事的权威性。在此基础上，医务人员、教育从业者、农业劳动者等多元社会身份增加了叙事共同体的坚实度和致密感，也构建了多方位立体的国家形象。最后，广泛纳入东盟国家面孔，以"他者"视角完成了合拍纪录片内容可信性的逻辑闭环。情感共鸣和共情传播是"可爱"国家形象的必要条件。从本文的研究结果来看，尽管纪录片中的情感元素较为饱和，但是青少年和老年人物的纳入不足。因此，如何讲出这些非主流群体的故事，引发更加广泛的受众认同，是合拍纪录片值得考虑的问题。

五、结语

国家形象建构存在"经验"和"体验"两种维度，③ 从社会、经济、文化等层面切入反映的是宏观的国家经验，而从人物切入则可以从中国和东盟人民的价值观、生活态度与行为模式中呈现微观的国家体验。要形成跨文化理解互动和情感共鸣，就要关注人类共通的感知元素和纯粹记忆，让"人"充当承载共同点的界面和载体。尽管合拍纪录片目前主要依托官方媒体渠道传播，但是其中对人物个体的塑造扭转了国家叙事的传统方式，形成对国家形象的积极映射与影响。

---

① 《习近平在中共中央政治局第三十次集体学习时强调 加强和改进国际传播工作 展示真实立体全面的中国》，《人民日报》2021年6月2日。

② 唐然、唐宁、居慧琳：《纪录片中国叙事逻辑重构策略》，《中国电视》2022年第12期。

③ 周晓虹：《中国经验与中国体验：理解社会变迁的双重视角》，《天津社会科学》2011年第6期。

不过，虽然个体叙事在反映国家形象的过程中具有不容忽视的优势，但是其零散性造成了与国家形象完整性的矛盾。如果国家形象过度依靠感性政治，就容易造成共情超限对政治性的侵蚀，从而存在国家形象娱乐化的风险。[①] 东盟合拍纪录片充分借助纪录片的媒介话语优势，将人物与国家背景紧密结合，使人物个体叙事与国家宏大叙事相得益彰。个体的出现并没有将政治因素弱化为故事冲突，也没有将国家政策和物质基础简化为个体的命运和遭遇。既发挥了个体叙事的长处，也规避了其中以偏概全以致丑化国家形象的风险。在省级媒体的政治站位和跨国合制的文化交融下，合拍纪录片为国家形象的建构拓展了新的视听空间和话语表达。

（作者系广西广播电视台影视综艺节目中心副主任、主任记者。本文系2019 年中宣部宣传思想文化青年英才自主选题项目"地缘优势纪录片创作与国家形象传播研究"的阶段性成果）

---

① 吴飞、龙强：《政治的幻象：时政新媒体的传播模式与困境》，《现代传播（中国传媒大学学报）》2017年第7期。

完善中国特色叙事体系 融合创新提升国际传播效能

——基于对181位越南青年的问卷调查

谭妍薇

习近平总书记对宣传思想文化工作作出重要指示指出，着力加强国际传播能力建设、促进文明交流互鉴。近年来，随着全球化发展，区域性国际传播的议题成为传播研究领域的重要命题之一。作为在特定区域内，以国家或民族为主体进行的跨国、跨民族、跨文化的信息和交流，它是一种带有明显区域特色的传播方式。东盟地区是中国对外传播的重点区域和优先方向，越南是中国在东盟第一大贸易伙伴地位，在中国与东盟的区域合作中具有重要的战略地位和作用。[①]2021年4月8日，东盟、中国和联合国开发计划署（UNDP）举行了以"加强青年在实现可持续发展目标中的作用"为主题的第5届三方可持续发展研讨会，会中强调了青年参与发展的重要作用。我们必须意识到，青年群体在文化跨域传播的重要性。

长期以来，"使用现代表现手法对中国文化进行国际阐述，让世界全面正确地了解中国文化，切实有效地推动中国文化的海外传播"[②]是中国文化传播的重要话题。我们关注国际传播需要结合历史经验和现实发展。越南作为中国文化国际传播的一个缩影，本研究围绕越南青年的中国文化传播现状与对策展开研究，选取越南青年作为研究对象。

一、研究方法

当下，随着跨国流动和跨文化接触的日益增加，越来越多的越南青年与中国文化频繁地互动。由于社会环境和历史因素等影响，越南青年群体文化接触

---

① 钱小岩：《越南出口"越战越勇"离不开产业链上的伙伴》，《第一财经日报》2022年4月27日。

② 藤依舒等：《"一带一路"相关国家青年对中国文化的认知调查与中国文化传播策略研究》，《中国青年研究》2017年第10期。

具有多样性和复杂性，在这一群体中也不乏存在对中国文化高度缺乏了解甚至持有负面印象。本研究选用问卷调查的方法进行数据收集和分析，并从传播渠道和文化态度两个层面进行具体阐释。

中国和越南山水相连、地缘相近、人文相亲，经贸人文交往密切，在东盟国家中具有一定典型示范性。因此，本次研究针对越南青年群体，选取 181 位越南的青年为研究对象，包括并不限于当地在校华裔学生与非华裔学生、当地非华裔青年群体、当地企业青年职员等，在几个不同地方进行问卷发放调查，抽取到一定水平的华裔与非华裔青年群体开展调查工作。本次参与问卷调查人数共 181 人，受调查者大多为"00 后"，占比 57%，其次为"90 后"，占比 39.3%；教育程度方面，本问卷受访者受教育程度普遍高于社会比例，79.6%的受访者接受的教育水平达到了大学本科及以上，其中 14.4% 接受了硕士以上教育。

二、调查结果：传播渠道与文化态度

从调查结果来看，65.2% 的受访者表示会使用 Facebook 等国际互联网媒体了解中国文化。有 33.1% 的受访者认为自己会通过 CNN、BBC 等欧美主流媒体了解中国文化。有 49.7% 的受访者表示自己会通过当地媒体了解中国文化，如越南电视台、越南快讯网等。对是否从中国媒介了解中国文化，有 55 位受访者表示自己曾通过中国的媒体了解中国文化，101 位受访者表示自己会通过腾讯视频国际版（WeTV）、爱奇艺国际版（iQIYI）等中国互联网的国际版了解中国文化。总的来说，所有媒体渠道都能够显著影响越南民众对中国文化的态度。

具体来说，对中国的流行文化，在路径上分为国际社交媒体与国内社交媒体两类接触，其中，国际社交媒体发挥着主要作用。在当前国际传播平台转向整体趋势影响下，基于互联网技术特别是移动互联网技术的社交媒体和平台型媒体成为国际传播的主要平台。但是，国际社交媒体在"刻画"中国文化形象时，往往倾向于发挥西方媒体的语言优势，习惯传播刻板的印象，存在中国国家形象模糊、信息传播不准确等问题。

三、中国文化向越南青年传播策略

习近平总书记在党的二十大报告中指出："加强国际传播能力建设，全面提升国际传播效能，形成同我国综合国力和国际地位相匹配的国际话语权。"[①]在推动中国文化向越南青年更好地传播方面，需要进一步提高中国文化在国际互联网媒体的传播效能，立足本土多视角完善中国特色叙事体系，以越南青年

---

① 习近平：《高举中国特色社会主义伟大旗帜 为全面建设社会主义现代化国家而团结奋斗——在中国共产党第二十次全国代表大会上的报告》，《人民日报》2022年10月26日。

群体的文化需求为基础，如何以独特的视角和叙事表达方式"讲好中国故事"，成为吸引越南青年群体进行文化接触的关键所在。

（一）"以人为本"，多视角讲好中国故事

随着新技术的发展和社交媒体的普及，个人已成为信息传播的重要源头和传播节点。通过讲述"人"的故事，分享真实的个人经历、观点和见解，能够更好地引发受众的情感共鸣，让"个人"成为中国故事的传播者和代言人，帮助国际社会更好地了解中国的文化、价值观和发展情况。

个体视角增加贴近性。在提升国际传播效能方面，采用个体视角进行叙事，可以使叙事内容更加鲜活、真实。通过个体视角讲述个人的成长故事、生活经历、人物形象等，不只是为了讲述个人的故事，更重要的是将个体融入国家发展、融入时代变化。而以个体为主体展开的叙事往往使故事更能引起共鸣和贴近人心，可以让国际受众更好地了解和感受中国人民的生活、情感和价值观，更加具有说服力和感染力，增加他们对中国的认同。

时空视角丰富内涵性。时空视角的叙事是指通过时间和空间的布局，将事件发展和地理背景相结合，以展示出中国特色和独特魅力的叙事方式。在国际传播中，时空视角的叙事具有重要的意义，在"时空"交换中，可以使受众更直观地了解中国的历史、文化和现实状况。同时，将中国的历史发展、文化传统和现代社会的变迁融入故事情节中，可以使中国形象更加鲜活。这种时空视角的叙事可以帮助国际受众更好地理解中国的历史文化底蕴，形成对中国的历史传承和发展变化的整体把握。因此，在国际传播能力的研究中，时空视角的叙事应被重视并加以推广应用。

社会文化视角体现多元性。社会文化视角强调社会问题和文化现象，通过深入挖掘社会和文化领域的热点话题和现象，传递中国社会的发展和变革。调查显示，越南青年多以国际互联网媒体为中心接触中国文化并进行互动。互联网上丰富的话题，成为他们了解中国的动力源之一。在叙事时，通过探讨中国社会的价值观、社会结构、文化习俗等，可以为国际受众提供一个多样化和丰富的理解中国的视角。这种社会文化视角的叙事可以促使国际受众更深入地了解中国社会面貌，理解中国人民的思维方式和生活方式。此外，社会文化视角的叙事也是非常重要的内容研究方向。通过探讨中国社会的价值观、社会结构、文化习俗等，可以为国际受众提供一个多样化和丰富的理解中国的视角。这种社会文化视角的叙事可以促使国际受众更深入地了解中国社会面貌，理解中国人民的思维方式和生活方式。但是，在社会文化视角的叙事中，需要注意：一是叙事要准确表达所要传达的信息和观点，不能夸大和虚构；二是叙事要客观、公正、客观地展现社会文化现象，不能片面和偏颇；三是叙事要注重与国际接

轨，与国际社会进行交流与对话，使中国的叙事在国际上更具影响力和含金量。通过社会文化视角的叙事，形成更具精准性、更具吸引力的国家受众传播内容，从而提升国际传播能力。

国际化视角凸显共通性。在跨文化传播中，如果仅以中国人的理念、兴趣爱好和思维习惯生产国际传播作品，国际受众很难理解，甚至不感兴趣，难以达到良好的传播效果。因此，要以国际化视角进行叙事突破中外文化差异和认知隔阂。首先，要善于在国际社会普遍关注的世界议题中，基于国际话语传递中国声音，表达中国观点，树立中国形象。和平、友爱、公平、正义、自由、民主等普适价值是人类共同的追求，这些价值与我国倡导的社会主义核心价值观有共通之处，在国际传播中可以立足普适价值，挖掘和弘扬中国传统文化和当代文化中"和"的基因以及一切有利于增进世界各国团结友善、共同发展，促进人的全面发展的真、善、美的精神元素，在共通性中体现中国智慧。其次，要站在促进整个人类文明现代化发展进程的高度，展现中国力量。以人工智能、新材料、新能源、数字经济为代表的新经济正成为新科技革命浪潮深刻影响人类的生活方式和文明形态，要善于贯穿文化的历史感和现代性，展示中国式现代化进程中，如：高铁、新能源汽车、智能手机等现代物质文明和绿色低碳生活方式对世界文明的贡献。再次，要在民族特色题材中展现中国的国际范。中西方文化的差异体现在服饰、音乐、舞蹈、时尚等方方面面，如果在传播我国特色民族文化的同时，注重选用和加入一些国际流行的时尚元素，达到中西方文化交相辉映，更能显出中国文化的国际范，也更容易被国外受众接受并认同。

尝试从"她"视角增强国际传播情感性。在国际传播中，女性相对男性更具亲和力、说服力和情感性，女性特有的外在魅力和个性在国际传播中更容易引起受众的共情和共鸣，对提升国际传播效能发挥意想不到的作用。因此，在跨文化传播中，还要探索从女性的视角设置话题，用知性、美丽、时尚的女性传播者形象抵消国际传播中因意识形态和文化差异带来的对抗性，更好地讲好中国故事，展示丰富的中国文化形象。

（二）着眼全球，加快构建现代化国际话语体系

新颖通俗易懂的叙事表达在构建现代化国际话语体系中具有重要意义。在国际传播中，叙事表达是一种重要的沟通方式，它能够帮助我们向国际社会传递中国声音、讲好中国故事。为了提高叙事表达的效果，我们需要从多个方面加以考虑。

创新叙事内容，传递国际共识。新颖的叙事内容可以吸引国际受众的注意力，提高传播效果。在构建新时代国际话语体系的过程中，我们可以通过研究命运共同体的叙事内容，传递中国对全球发展的理解和展望。中国国家主席

习近平提出的"人类命运共同体"理念强调了国际社会的相互依存和合作共赢，在国际传播中有着广泛的吸引力。通过深入、全面地讲述命运共同体的内涵和实践，我们可以挖掘出独特的叙事内容，提供新颖、有价值的信息，引起国际受众的共鸣。

活用叙事表达，增加国际认同。国际传播的受众群体非常广泛，他们来自不同的国家、不同的文化背景，对中国的了解程度有所不同。因此，在叙事表达中，我们要尽可能地使用通俗易懂的语言表达，避免使用过于专业或难以理解的术语。同时，我们可以借鉴一些通俗文化元素，在流行文化传播过程中，在内容层面上，突出中国特色，如流行音乐、影视剧、体育赛事等，将中国的叙事内容与受众所熟悉的文化元素有机结合。如：中国影视剧、综艺节目等文化产业是文化传播的另一重要途径，作为流行文化发展潮流下的生成物，在创作中高质量的叠加中国传统文化符号进行传播，在全球流行性的特色中呈现中国传统文化底色，以一种国际青年受众更能轻松接受的形式表达出来，展现更具国际性的中国吸引力。

（三）加快媒体生态系统建设，提升传播深度和广度

结合当前媒体融合大趋势，通过构建多元传播生态系统，以电视、广播、报纸、杂志、互联网和移动终端等各种媒介之间的互动和互补来拓宽传播渠道，增强传播效果。

打破媒介壁垒，构建跨媒体融合生态系统。在国际传播中，平面刊物、广播电视、互联网等多种媒体形式，具有各自的特点和优势。媒体融合是当前国际传播中的一个重要趋势，它将不同媒体形式和平台进行整合，打破不同媒体之间的壁垒，通过"你中有我""我中有你"的合作与互动，实现多媒体之间的无缝衔接和互补，形成多元化的传播生态系统。而构建跨媒体融合生态系统，则通过技术手段和内容创新，改变了传统媒体的形式和方式，为国际传播提供更多的可能性和机遇。总之，通过实现不同媒体之间的互联互通，充分利用互联网和多重传播平台的优势，加强媒体之间的协同合作，跨平台实现多元化传播。

在国际传播中，语言的表达方式非常重要。我们要采用新颖通俗易懂、简洁直观的表达方式，避免使用过于专业化或复杂的术语，以便更好地被国际受众理解和接受。为了提升国际传播效能，通过在不同平台和媒介上进行内容的创作和发布，扩大信息传播的"维度"和"经度"。在媒体融合背景下的国际传播中，可以通过更新、更活的表达，更多、更广的平台相互补充，实现信息的全面传播。例如，在传统媒体形式无法涉及的社交媒体平台上进行传播，可以更好地触达年青一代的受众群体。通过融合多种媒体形式，可以实现跨越时

空和地域的传播，增加信息的传播范围和广度。

推动"走出去"，创新平台合作，打造对东盟国际传播的新媒体路径。2018 年《全球数字报告》显示，东盟地区网民平均每天使用移动终端上网时间约为 3.6 小时，这一数据高于中国网民同期平均 3 小时的移动互联网使用时间。目前在东南亚市场，中国的工具、音视频直播、音视频编辑、图书类 App 数量占各自类型超过 50% 市场份额。在推进对东盟国际传播中，除了探索尝试与现有国家海外媒体平台、自有海外平台以及东盟国家媒体平台合作，还可以和中国已在东南亚扬帆出海的互联网企业，如腾讯视频、爱奇艺、哔哩哔哩、抖音等平台，[①] 合作推出中国影视作品翻译配音、中国与东盟重大体育赛事活动直播、动漫、歌曲翻唱、人文交流短视频等适合新媒体传播的国际传播产品，增加互动手段，全方位吸引受众参与传播。随着互联网和社交媒体的快速发展，传播不再是单向的信息传递，而是多方互动和交流的过程。媒体融合背景下的国家传播可以通过社交媒体平台等形式增加交流和互动，发挥平台优势，通过互动增加用户黏性、增强亲和力，促进不同文化之间的青年交融交流，加速国际传播真正触达对象国受众内心深处。

深化"引进来"，培育国际网红，借助国际意见领袖，传播中国形象。在传播效果的研究中，充分肯定了意见领袖对传播效果的影响作用。国际网红在国际网络传播中具有高关注度，他们因为更具有"身边人""身边事"的贴近性和真实性，有效减少了国际传播中的"有色眼镜"，让网友能看见和听见真实的中国。因此，要重视在中国和东盟国家培育有一定网络影响力的东盟人士，为他们创造提供近距离亲身观察中国的机会，借国际网红和意见领袖之口传播中国文化之美，引导他们聚焦中国发展的利他性故事，对外树立中国良好的国际形象。

（四）巧妙使用人工智能，达成"个性化"传播共情

人工智能（Artificial Intelligence，简称 AI）作为一项新兴技术，在当前信息技术互相交替"冲刷"的浪潮中，人工智能逐渐在互联网中真正实现"质变"，在国际传播中的应用已经展现出了巨大的潜力。在传播渠道方面，人工智能可以通过智能推荐算法和个性化推送技术，将信息和内容推送给目标受众。在内容生成方面，人工智能可以通过自然语言处理和文本生成技术，实现自动化的内容创作。人工智能可以根据用户的需求和指定的主题，自动生成符合要求的文章、新闻报道等内容，提高了内容创作的效率和速度。在"个性化"推送方面，随着互联网和社交媒体的兴起，传统的国际传播已经从单一的媒体传播转变为多元化的传播方式，人工智能可以通过数据分析和机器学习等技术，

---

① 王国宽：《电视媒体对东盟国家国际传播的路径选择》，《青年记者》2021年第22期。

对用户的行为和偏好进行分析，从而实现精准的推送和传播。这种个性化的传播方式可以更好地满足用户的需求，提升传播效果。通过人工智能的辅助，国际传播机构能够更好地了解不同国家和地区的信息需求，有针对性地筛选和推送相关内容，提升信息传播的效果。

四、结语

结合研究发现，对青年群体而言，国际互联网媒体在中国文化跨域传播的主要方式占据最高比例。在国际传播能力的提升过程中，媒体融合拓宽传播渠道具有重要意义。通过媒体融合拓宽传播渠道，可以实现信息的全方位传播、传播内容的多样性和针对性以及传播平台的互动和用户参与。而对媒体领域，从国际互联网媒体传播实践中吸取经验，探索青年群体喜闻乐见的传播模式和内容，也是卓有实践意义和预见性成效的举措。从而有效地促进中国文化在越南青年群体中深入传播，让中国文化的国际传播更有温度、有深度、有力量、有质量，为国际社会提供更加全面、立体、真实的中国视角。

（作者单位：广西广播电视台。本文系广西广播电视台"跨文化视野下中国文化在东盟青年中的传播研究"课题阶段性研究成果、2019年中宣部宣传思想文化青年英才自主选题项目）

二 等 奖

国际传播中如何增强报道亲和力和实效性

马海燕

2022年9月，习近平总书记致信祝贺中国新闻社建社70周年强调，希望中新社以建社70周年为新的起点，创新国际传播话语体系，加快融合发展，提高国际传播能力，增强报道亲和力和实效性。[①]

亲和力，说的是报道要贴近受众，生动可感，易懂不陌生；实效性，说的是报道要落地有声，能到达受众，产生实际效果。讲好中国故事，传播好中国声音，展示真实、立体、全面的中国，是加强我国国际传播能力建设的重要任务。如何完成好这一长期艰巨任务，最终要落实在报道上。报道越有亲和力和实效性，中国声音越有人听，国际传播能力越强。

一、为什么要强调报道的亲和力和实效性

（一）媒体转型升级的现实需要

当下强调报道的亲和力和实效性，是媒体品质提升、传播范围出圈的现实需求。媒体的影响力取决于吸引力，吸引力取决于感染力，感染力取决于实效性，实效性来源于亲和力。强调亲和力与实效性是媒体转型升级的现实需要。

新闻理论专家郑保卫教授将亲和力与影响力、公信力、竞争力一同视为党报改革发展的着力点。[②]亲和力是后三者的基础，先有亲和力，才有影响力，人们乐于接收有亲和力的报道，媒体才能在受众中产生影响力，进而才有整个媒体的公信力，媒体有了公信力才有竞争力。报道作为新闻媒体的核心要务，其亲和力的构建也应当成为破解新闻传播改革与发展的突破口。

在移动传播已经普及的当下，海量信息扑面而来，但没有亲和力的新闻报

---

①　《习近平致中国新闻社建社70周年的贺信》，http://www.xinhuanet.com/politics/leaders/2022–09/23/c_1129026210.htm。

②　郑保卫：《亲和力·影响力·公信力·竞争力——论党报改革发展的四个着力点》，《采写编》2011年第2期。

道即使强推到受众眼前，能不能点开细看、入脑入心，还是取决于受众心理接受程度。加上信息茧房和算法推送，让"谁写的谁看，写谁的谁看"有愈演愈烈之势。无论受众通过何种方式关注了何种信息，在各种 App、浏览器中推送的一定是同类信息。朋友圈里的点赞和转发，大部分是同一圈层或有着密切联系的人。从这个角度说，新闻要破圈比过去更不容易，每个人看到的转发，可能最终也没走出熟人圈。

"任何一条真正的新闻（谣言除外），最有生命力的象征就是'不胫而走'，引起人们的广泛注意。"[①] 繁杂的信息中，如何满足受众多元化与深层化信息需求，增强报道实效性，提升传播效果，是媒体竞争的着力点，也对新闻报道内容与模式提出新要求。有实效的报道，是人人都在谈论的报道，而不是只在传播者和受访者之间传阅的报道；有实效的报道，是能落地的报道，别家媒体自动转载，受众自动转发，希望让更多人知道；有实效的报道，是国际传播落地的最佳检验标准，是国外受众提起某个新闻机构的第一印象。

因此，亲和力与实效性密不可分，有因果关系。当今媒体正处于转型升级的关键时期，媒体融合是大势所趋，如何运用新技术手段，兼顾抢时效与报道品质、碎片化传播与报道深度、亲和力与端庄大气，是摆在主流媒体面前的重要课题。以外宣为主业的主流媒体更要在增强报道内在亲和力的业务研究和具体实效性的效果层面探究，找到适应传媒发展的新路径。

（二）提升新闻品质的客观需求

近年来，新技术手段在传媒场景中的运用日益多样，报道的耐读性和深刻性却没有相应提升，因此，提升报道亲和力与实效性是提升新闻品质的客观需要。亲和力不是卖萌与搞怪等网络化语言的运用，也不是迎合各种平台算法的标签、关键词，更不是耸人听闻的标题，而是要在报道上发掘与老百姓生产生活息息相关的"新闻点"。亲和力不是上传下达的照搬，而是要对重要政策、重大事件有较深层次的解读、评论和引导。对有品质的严肃新闻，哪怕思考深刻些，话语不那么活泼，文字不那么简短，只要内容翔实，说中了大家真正关心的，受众也会认为这是有亲和力的报道。

在人人都有麦克风、信息秒传全球的时候，新闻媒体通常不再有速度优势，更需要全方位提升新闻品质。有一种观点，在移动互联时代，时效性正在牺牲新闻品质。重要新闻刚一出现，数家媒体同时转发，拼的是手速。然而，转发不等于原创，照搬发布不是新闻报道。而在追求时效的过程中，很多悉心雕琢的报道，并没有产生应有的效果，或者实际效果与投入的精力不成比例。久而久之，记者编辑丧失了打磨稿件的兴趣，也让新闻品质面临下滑的危险。

---

① 刘建明：《现代新闻理论》，民族出版社，1999，第193页。

时政新闻很重要，亲和力也最难做到。不擅长用亲切朴实的语言方式表达严肃的报道内容，照本宣科、宣传说教明显，外交辞令和新闻语言边界模糊，工作简报和新闻发布不分，官方发布和报道发布日渐模式化等，从某种程度上消解了时政新闻整体的亲和力。对一些重要表态、政策发布，如果加上新闻背景解释、专家接地气的解读，与社会发展挂钩，就能让时政报道柔和一些。

经济新闻报道中的专业术语、名词及数字让缺乏专业背景的受众觉得晦涩难懂，大大减弱了报道的亲和力。但如果用通俗的比喻加以描述、用身边的经济事例加以佐证，把数字放到可比较的语境下，经济新闻就与人们的日常生活相挂钩，变得鲜活起来。

社会新闻的亲和力相对容易做到。无论在全球任何地方，人的情感都是相通的，有人情味与趣味性的社会新闻没有理解门槛，更容易赢得受众的青睐。这时候要注意的是不要对社会新闻贴标签，人为注入正能量意义，更不能媚俗。或夸大或拔高或贬低，都不利于社会新闻的共情和传播。

（三）国际传播破圈的迫切要求

主流外宣媒体要在国际传播中发挥引领作用，需要将亲和力和实效性置顶先行。一般来说，外国受众不在我们的微信朋友圈中，也不在我们的点赞之交里，即使有的关注了来自中国的信息，但他们不在中国的舆论生态里，理解这些信息有困难。要让我们的信息在国际上得到广泛转发，就必然要用有亲和力的报道与之建立联系。

如何把国外受众难以理解、不熟悉的东西，从他们更感兴趣、更能接受的角度，运用他们能理解的方式表达出来，是增强报道亲和力和实效性的根本。只有具有亲和力的新闻报道，才可能在第一时间吸引受众的眼球，得到受众的认可；只有得到受众认可的报道，才能切实发挥报道的实效性，让中国声音被更多人听到，让中国故事得到更好的讲述。

亲和力有助于国际传播破圈。亲和力不是逢迎，而是务必保证用国外受众听得懂的语言讲故事，"把'陈情'与'说理'结合起来，把'抽象'和'具象'结合起来，把'一体'和'多元'结合起来"[1]，既易懂又不缺乏深度，既平实又不缺乏权威，既通俗又不缺乏品位，兼顾文化背景不同的人的理解和感受。

在媒介竞争日趋激烈的时代，媒体的传播效果日趋重要。算法、区块链等技术让推送、阅读数、转发数、停留时长都变得可量化。在海外社交媒体上也是如此。西方对中国竖起高墙，给本就不易的国际传播带来了更大挑战，唯有客观讲述的立场、有说服力的数据、有人情味的故事，才能有破圈的希望。

---

[1] 陈陆军：《转型 创新 探索——中新社在新形势下的国际传播新作为》，《中国记者》2021年第7期。

对主流外宣媒体来说，要在国际传播中破圈，通过知华、友华人士到达对中国有兴趣的中间人士，报道的力量非常重要。报道用事实说话，有亲和力和实效性，才会有更多人关注。相反，如果只停留在熟人圈和朋友圈，国际传播就始终停留在一个瓶颈区。

二、亲和力和实效性不足的原因

（一）传者本位的惯性思维

无论是从新闻专业角度，还是从舆论引导角度，亲和力和实效性怎么强调都不为过。新闻传播领域存在亲和力和实效性不足的现象，首要原因应当是受"传者本位"思想影响，宣传、灌输的口吻以及说教味、模式化的语言削弱了报道的可接受性。

传者本位有客观原因，也有主观原因。记者容易见到"大人物"，参与"大事件"，拿到"大通稿"，久而久之就容易产生错位，习惯了居高临下的口吻，把一些场面话作为题眼，对采访对象空洞无物的"行家话""俗套话"，因其身份特殊，也有闻必录。值得注意的是，这些报道有时还打着独家解读、权威阐释、现场爆料的旗号，构成"点击即传播"。而报道可能并没有被认真看完听完，更没有得到受众发自内心的赞赏或认可，下次见到类似的标题就会迅速滑过，久而久之损害的还是媒体的招牌。

（二）平民视角的弱化

传者本位思想导致了以平民视角进行新闻操作的缺失。特别是对一些涉及政策、法律、科技、产业等门槛高的报道，尽管标题体现了贴近性，还是会出现一些具有较强专业特征的概念，有时虽然也做了一些解读，但由于不够深入，形成了"外行看不懂、内行不去看"的尴尬状态。放低身段、放平视角，是吸引受众主动获取报道信息的最佳选择。当然，平民视角最根本的是平等视角、平等心态，通过深入扎实的采访，结合自己的思考，运用平和的方式告知受众。

在互联网让全球变成地球村的今天，亲和力不单是物理距离的远近，也包含心灵上的沟通与契合，也就是新闻讲究的心理接近性。即使有些远方的受众，也可能因为同理心和情感、命运的相似，而产生心理、情感上的共鸣。比如讲好"中华民族共同体"这个政治概念，既要有专家阐释，更要有民族团结的故事。民族团结的故事不仅是个体概述，更要有打动人心的细节。如果缺少平民视角，就会沦为用专家观点去解释政治概念；而一旦有了平民视角，设法用讲故事、打比方的手法向文化背景完全不同的人解释这个概念，就会让报道生动起来。

（三）"西强东弱"的传播格局

"西强东弱"的传播格局不仅在国际传播中表现得明显，在国内舆论场，有些时候也有一定优势。部分受众对国内媒体不信任，对西方媒体则有权威、客观、平衡的印象。即便已证明西方媒体在很多事情上并不客观，但一些所谓了解一点西方媒体规律的人仍然很难改变印象，别有用心的人并不放弃在互联网上带节奏。这也从一个侧面说明"西强东弱"的传播格局仍未改变。

更不要说在国际舆论场上以英语为主的信息流中，西方各大媒体更是掌握了绝对主导权，比如在于受关注的各类国际事件中，西方的舆论声音几乎覆盖了它们想覆盖的所有人群。中国的声音想要被更多人听到，除了需要加强英语信息的传播，还要壮大中文信息的声势。事实证明，中国网民在互联网上用中文发声，形成一定规模，也容易被听到，尤其在重大热点问题上的发声更是被视作民意表达。

中国媒体无疑在中文信息上更具优势。使用中文的不仅有14亿多中国人，还有海外6000多万华侨、华人，以及其他国家越来越多的中文爱好者。我们一方面努力学习英文，在英语世界发声，另一方面也要用我们熟悉的语言，扩大互联网上的中文信息流。在这一点上，中国媒体可以更有作为。中国外宣媒体更了解本国语言，熟悉本国文化，如果再把讲故事的技巧提高一些，从内容到形式都更注重报道的亲和力，在中文信息世界的脱颖而出相比英语要容易。我们还可以联合全世界的华文媒体，用亲切朴实的报道语言、"两头适用"的报道策略和故事化的报道方法，向它们提供它们所需要的信息，增强新闻报道的贴近性，最终达到以文化人、民心相通的结果。

三、如何增强国际传播报道的亲和力和实效性

（一）传者本位向受众本位转变

传者本位向受众本位转变已经成为一个老生常谈的话题。在新闻传播活动中，受众是积极能动的行为主体，是新闻报道价值和意义的最终评判者。只有当新闻报道真正被受众选择性地接触、理解、记忆、反馈，才能实现新闻信息的有效传播。"在新闻亲和力的诸要素中，'以受众为本'的传播心态是最重要、最根本的。以受众为本，就是站在受众立场上，设身处地为受众着想，把受众满意不满意、高兴不高兴，作为新闻报道的立足点和出发点，最大限度地减少无用或无效信息。"[1]

使用与满足理论认为，受众的媒介接触活动是基于其特定的需求动机来"使用"媒介，从而使这些需求得到"满足"。[2]受众是新闻信息的接收者和媒介产品的消费者，是信息流的终端和大众传播得以存在的前提。如果受众没有从报道中得到满足，新闻传播的目的将会落空。

---

[1]　杨秀国：《新闻竞争的新态势——亲和力之争》，《采写编》2009年第6期。

[2]　郭庆光：《传播学教程》，中国人民大学出版社，2000，第180页。

互联网时代的国际传播中，受众本位的传播理念更为凸显。只有在生产和传播时就考虑国际传播对象的接收习惯和需求，才能让报道的姿态更低，语言表述更平和，才能产生更多有亲和力的报道。有亲和力的报道多了，受众愿意主动选择和接收信息，才能对媒体报道萌生亲切和信任感，关注所在媒体并进行互动，进而让刊播这些报道的媒体在受众中产生强大的吸引力和感染力。网民在互联网上的每一次转发和互动，是检验传播效果的直观呈现。通过传受双方的良性互动来实现与外国民众的交流与沟通，可以成为未来外宣媒体的努力方向。

（二）语言表达上多做翻译

翻译在国际传播中的作用有目共睹。每年全国两会记者会以及重要外事场合的翻译都受到高度关注，他们传达的不仅是重要声音，而且代表着一个国家的水平。在国际传播中，我们有很多很好的人文社会学科论文折戟在翻译中，仅靠直译，外国人读不懂。一些对外报道也是如此。翻译家沈苏儒认为，对外报道中"宁愿认为他们可能不了解，而不要认为他们不可能不了解"[1]。特色词汇叠加的文章在翻译中可能需要做大量转化，让对方听明白是第一步。

具体到新闻操作中，更要多做意译。不能用翻译软件去强翻政治概念、学术话语、专业术语，不能用模糊化、笼统化的词语去随意对应一些字面表达，而要用目标受众能听懂的语言深入浅出地解释报道内容。尤其是对名词术语的翻译，是意译还是直译，考验着国际传播从业者。一个广为流传的例子是，周恩来总理向外宾介绍"梁山伯与祝英台"时用"东方的罗密欧与朱丽叶"类比，既准确、简洁，又通俗、形象。

在长期的对外报道实践中，中新社形成了"官话民说、中话西说、长话短说、空话不说"的中新风格，这既是由触达工作对象的具体要求决定的，也是由尊重新闻规律决定的。某种程度上也是在做沟通内外的翻译，如何简洁、清晰地让不了解中国的受众对要表达的内容有直观认识并表示理解，这就是对外报道要做的事。

（三）传播内容上兼顾深度、广度和温度

在全媒体时代，新闻报道是否具有亲和力，决定着受众对新闻报道的选择权。中国新闻界有贴近实际、贴近生活、贴近群众的"三贴近"原则，也提出过"走基层、转作风、改文风"等要求，这些在国际传播中同样适用。只有更贴近国外读者实际需求，采用贴近读者的语言风格，才能使新闻报道更具吸引力。

增强报道的亲和力和实效性应该成为改进国际传播的竞争核心。这要求记

---

[1] 沈苏儒：《对外报道教程》，五洲传播出版社，2004，第101页。

者具有大局意识，把握好新闻事实的分量和分寸，把握内涵和本质，注重解读和转化，才能让故事真正服务于主题，而不是流于表面。

对外报道要增强亲和力和实效性，还要在传播内容上兼顾深度、广度和温度。国内的典型报道如何提炼出国外受众能共情的点，国内的权威声音传递出去时如何拓展深度解释，回应国外受众的关切，还要以一种温情的方式呈现，"小故事，大主题"的叙事风格更贴近国际传播亲和力的要求。

（四）传播方式上多做创新

增强报道亲和力，要求创新表达方式。在国际传播中更要如此，一旦受众觉得在听宣教，马上就会关闭接收渠道。当今新技术层出不穷，信息更新速度加快，社交媒体活跃，短视频盛行，如何让传统媒体的报道贴近新时代受众需求，让报道活起来并火起来，需要在传播方式上多做创新，既要面向互联网做好话语转换，又要面向新时代国际传播形势变化、海外新生代用户特征变化转换话语方式。

短视频风行的时代，平民主播的走红貌似让传播方式更多元，但真正有价值的报道仍然是稀缺产品。我们应该在西方的社交媒体上多一些介绍中国的"李子柒"，这些普通人从自己的角度讲故事，更容易引起西方观众的兴趣。在海外推广中更要注意碎片化、多渠道和多语种传播，通过适配不同平台整合拆分、融合包装等，有效提升内容到达和接受度，最终达到"传而乐受"的效果。

四、结语

对外报道的不断完善精进，需要一代代人不懈努力。增强报道亲和力和实效性应该成为每一个新闻从业者的不懈追求。虽然在完善精进的过程中会遇到这样或那样的困难，我们仍应当努力向前，做到心中有准则、笔下有分寸，万不可把困难当借口，让国际传播流于形式。

（作者系中国新闻社侨务新闻部副主任）

融媒时代黄河文化国际传播的内容建设与策略重点

申 阳

习近平总书记在党的二十大报告中对"推进文化自信自强，铸就社会主义文化新辉煌"作出专章部署，提出了"增强中华文明传播力影响力"的新目标，明确了坚守中华文化立场，提炼展示中华文明的精神标识和文化精髓，加快构建中国话语和中国叙事体系，讲好中国故事、传播好中国声音，展现可信、可爱、可敬的中国形象，推动中华文化更好走向世界的任务要求。[①] 这一重要论述为我们在新时代新征程上做好中华文化国际传播提供了根本遵循和行动指南。

文化传播是国际传播的重要范畴，其跨越国别、宗教、语言等藩篱，承载着宣介思想理念、展示国家形象、促进文明交流、增进文化认同等重要功能。黄河文化是中华优秀传统文化的典型代表和重要载体，是中华民族共同体发展进路和中国人民多元一体演进格局在自然地理形态上的实证呈现和集中展示，不仅积淀了中华民族独特的精神标识和文化精髓，更深刻体现了当代中国人的精神追求和价值取向。做好黄河文化国际传播，要树立大历史观，深刻认识和把握黄河文化在中华文明起源演进和中外文明交流互鉴中的重要意义，聚焦讲好"黄河故事"，深耕内容建设，加强融合创新，提升传播效能，促使各国受众透过黄河文化理解中华文明，读懂当代中国。

一、黄河文化国际传播的重要意义

发祥于江河之滨的中华民族创造了源远流长、博大精深的中华文明，素有文化自信的恢宏气度和兼收并蓄的博大胸怀。2019年9月，习近平总书记在黄河流域生态保护和高质量发展座谈会上指出，黄河文化是中华文明的重要组成部分，是中华民族的根和魂。[②]"根"，就是追根溯源。"中华文明"发祥于黄

---

① 习近平：《高举中国特色社会主义伟大旗帜 为全面建设社会主义现代化国家而团结奋斗——在中国共产党第二十次全国代表大会上的报告》，《人民日报》2022年10月26日。

② 习近平：《在黄河流域生态保护和高质量发展座谈会上的讲话》，《求是》2019年第20期。

河之滨，黄河流域曾经是"中国"的主体，哺育了中华民族大家庭，创造了丰厚的物质财富和精神财富。"魂"，意味着黄河文化凝聚着中华民族的文化根脉，是地域文化、河流文化、民族文化和国家文化的系统集成。做好黄河文化国际传播，是讲好中华文明故事、展示中国形象的应有之义，是弘扬全人类共同价值、建设人类文明新形态的必然要求。

一是推进文化自信自强的战略需要。人类文明是江河的"赠礼"，历史上几乎所有伟大的文明都孕育于江河两岸。[①] 黄河文化作为世界河流文化的一部分，既与幼发拉底河、底格里斯河、尼罗河、恒河、印度河等河流文化存在诸多共通性，又因中华民族不同于世界其他文明体的发展历程而形成独具中国特色、中国风格、中国气派的文化形态。保护、传承、弘扬黄河文化，加强对黄河文化当代价值和世界意义的提炼展示，推出满足人民期待、适宜海外传播的文化作品和公共产品，是传承中华文化基因，增强文化自信，凝聚精神力量，推进社会主义文化强国建设的战略要求。

二是增强中华文明传播力影响力的现实需要。中华文明自古就以开放包容闻名于世，在同其他文明的交流互鉴中不断焕发新的生命力，[②] 不断为人类文明进步贡献新增量。当下，世界之变、时代之变、历史之变正以前所未有的方式展开，国际社会更加希望解码中国之路、中国之治、中国之理。着眼中华文化走出去，创新话语内容、叙事方式和传播手段，讲好"黄河故事"，传播当代中国价值观念，以文明文化力量实现构建中国话语和叙事体系建构的破题破局，对提升国家文化软实力和中华文化影响力，推动构建人类命运共同体具有重要意义。

二、黄河文化国际传播的内容维度

讲故事是国际传播的最佳方式，讲好"黄河故事"是推进黄河文化国际传播的首要着力点。具体而言，就是讲好兼收并蓄、生生不息的中华民族故事，讲好人文化成、美美与共的中华文化故事，讲好自强不息、艰苦奋斗的中国精神故事，讲好人河相亲、城河相融的大河治理故事，以思想为主体、价值为灵魂、实践为源头、文化为底色、技术为驱动，构建多维一体、复调共鸣的黄河文化内容体系。

一是"临黄河而知中国"的历史维度。黄河西起青藏高原、东入渤海，既是横亘在中国大地上九曲十八弯的大写意，也是奔腾在中华文明中波澜壮阔的

---

① 邢虹、朱彦：《大江大河里的"文化密码"》，http://www.njdaily.cn/news/2022/0902/469251366 0945560209.html。

② 习近平：《把中国文明历史研究引向深入 增强历史自觉坚定文化自信》，《求是》2022年第14期。

大历史。在距今五千多年前仰韶文化时期的陕西临潼姜寨聚落遗址发现的一种内向式的聚落格局，代表了产生在黄河流域的"聚焦文化"，不同于源自古希腊的西方"散焦文化"①，反映出古代中国人追求统一的文化传统，深刻影响了古代中国大一统的政治制度、多元统一的文化体系和同心圆式的社会建构模式。黄河既是中华民族的母亲河，也是一条桀骜不驯的忧患河。一部艰辛的治黄史，浓缩出中华民族的苦难史、奋斗史、治国史。"开封城，城摞城""百里不见炊烟起，唯有黄沙扑空城""城郭坏沮，稽积漂流，百姓木栖，千里无庐"，讲的就是数千年来天灾人祸引发的黄河水患给两岸民众带来的深重灾难。从1946年中国共产党领导成立冀鲁豫解放区黄河水利委员会，到新中国成立七十多年来的艰辛探索和不懈斗争，黄河治理保护工作不断取得重大成就，创造了伏秋大汛岁岁安澜的奇迹，体现了"只有中国共产党能把黄河的事情办好"的核心地位、人民情怀和时代使命。

二是"滔滔黄河水，漫漫岁月长"的文化维度。中华民族五千多年文明史上，黄河流域有三千多年处于古代中国政治、经济、文化中心，分布有郑州、西安、洛阳、开封、安阳等古都，富集着大量历史遗产和文化景观。黄河也因此成为联通东西国土、沟通亚欧大陆的文化运河。黄河流域依托农耕文明诞育了河湟文化、河洛文化、河东文化、关中文化、齐鲁文化等传统文化，推动了语言、文学、艺术、天文、历法、建筑、服饰、饮食、习俗等跨文化交流融合，铸就了中华民族多元一体的根基和文化自信的根源。黄河文化不仅为中华民族生存发展提供了丰厚的精神滋养，而且为推动人类文明进步和世界历史发展贡献了文化力量。

三是"人间更有风涛险，翻说黄河是畏途"的精神维度。黄河的雄浑辽阔，深刻影响了中华民族前行的脚步与姿态。黄河的桀骜不驯，深刻塑造了中国人坚韧自强的智慧和勇气。黄河文化作为中华文明的主干文化，代表了中华文明的统一性和不可分割性，是激励中国人民争取民族独立和人民解放、维护国家统一和民族团结的精神支柱和情感纽带。"风在吼，马在叫，黄河在咆哮！黄河在咆哮！"的词曲传唱至今，华夏儿女与自然灾害、列强外侮抗争的伟大创造精神、奋斗精神、团结精神和梦想精神，是黄河文化的宝贵精神遗产，具有鉴往知来的时代价值。黄河流域孕育出的长征精神、延安精神、抗战精神、西柏坡精神、焦裕禄精神、"两弹一星"精神、载人航天精神、工匠精神、脱贫攻坚精神等伟大精神，共同构筑了中国共产党人的精神图谱，凝聚了实现中华民族伟大复兴的精神力量。

四是"黄河宁，天下平"的治理维度。黄河素来"善淤、善决、善徙"，

---

① 翁淮南：《黄河：中华民族的根和魂》，《炎黄春秋》2022年第3期。

历史上曾"三年两决口、百年一改道"。黄河治理是困扰中华民族几千年的重大难题，全球所有大江大河存在的问题几乎都能在黄河寻到踪迹，而黄河的泥沙、悬河、断流等问题又堪称世界之最。① 自古以来，华夏儿女观水、用水、治水，一方面探索利水利民的客观规律和治理经验，另一方面推动政治文明、经济文明、社会文明发展，在黄河流域铺展开雄汉盛唐的历史画卷，间接影响了古代中国南北方的发展和各民族聚居融合。"保护黄河是事关中华民族伟大复兴的千秋大计"。新中国成立后，党和国家始终高度重视黄河治理保护工作，确保大河两岸安澜。新时代将黄河流域生态保护和高质量发展作为重大国家战略，根据黄河流域各地区自然资源禀赋和经济发展条件创造性提出"宜水则水、宜山则山，宜粮则粮、宜农则农，宜工则工、宜商则商""以水定城、以水定地、以水定人、以水定产""解决九龙治水、分头管理问题"等政策创见，创新设计集中力量干大事的体制机制，形成"万里写入胸怀间""一江清水向东流"的大保护大治理合力，努力让黄河成为造福人民的幸福河。

"找准选题，讲好故事，拍出精品"是习近平总书记对视听文艺创作提出的明确要求。近年来，黄河文化在时代主题、中国故事、国际表达方面展现出越发强大的创造力、吸引力、感召力，广电视听融媒体传播逐渐打开新思路、形成新模式，为黄河文化内容体系建设进行了积极有益的探索。例如，由国家广电总局策划指导，北京广播电视台、河南广播电视台联合沿黄九省区制作的《黄河安澜》《黄河人家》纪录片，通过艺术化创作、技术性拍摄、数字化后期、沉浸式声画，将姿容万千的景观与鲜活灵动的个体、历史影像的"他述"与人物访谈的"自述"、宏大叙事的内涵与具象表达的质感有机统一于视听表达，生动讲述了党领导下黄河流域善治安澜故事、人民奋斗圆梦故事，在见人见事见情见景中传递民本、正义、和谐、大同的价值要素，让中国形象直抵人心。

文以化人，文以载道。令人印象深刻的 2022 北京冬奥会开幕式以"黄河之水天上来"奏响序章，通过融合创意、文化、传媒、技术等全现实、立体化图景呈现，充分调动观众视觉、听觉感官，成功构建了一套滴水成河、幻化成冰、五环破冰、团结合作的文化叙事，展示了中国人对母亲河的诗意想象和自然情怀，传递出兼容并蓄、和合共生的理念意涵，让世界看到、听到并惊叹这一"中国式浪漫"及其背后的文脉力量，堪称中华文化国际传播的生动范例。此外，"中国关键词""中国 3 分钟""头条工程"等国际传播融媒体品牌在国内国外、网上网下打开局面，《遇鉴文明》《唐宫夜宴》《最美中轴线》《非遗有新人》《柴米油盐之上》等国潮特色视听产品跨屏破圈，在时空流转、故事流传、声画流动、

---

① 《让黄河成为造福人民的幸福河》，https://baijiahao.baidu.com/s?id=1647514659284230005&wfr=spider&for=pc。

情感流连的内容输出中，彰显中国智慧、拉紧人文纽带，不断扩大中华文化的国际"朋友圈"。

三、推进黄河文化国际传播的施策重点

在全球传播格局变革和媒体深度融合发展的双重背景下，文化传播更加强调以人为本、融通中外、聚同化异、融合创新的原则。黄河文化国际传播是一项系统工程，不仅需要政策层面的顶层设计、谋篇布局，还应重视实践层面的规律探索、形象塑造、手段创新和力量动员，以期实现理论逻辑与实践逻辑的统一，内容生产与传播推介的适配，人文经典与技术创新的融合，专业引领与公众参与的协力。

一是坚持对外意识，聚焦黄河文化国际传播的实践效能。在理念层面上，以外国受众听得懂、好理解、易接受的方式传播中华文化，以文化人、争取认同，是国际传播界的广泛共识。在实践层面上，可感可亲的文化传播、共情共鸣的文化交流都离不开全面生动的对外话语传播。因此，黄河文化国际传播应坚持融通中外取向，通过优化表达把"我们想讲的"变成"受众想听的"、把"受众想听的"融进"我们想讲的"，善于将"河流与文明""水运与发展""治水与治国"的宏大叙事转化为一组精练具象的关键词、一段精巧生动的短视频、一部精彩丰富的纪录片、一套精致立体的口袋书，以有质地的话语、有内涵的叙事、有品质的翻译、有温度的传播将"黄河故事"讲准、讲新、讲好、讲透。

二是坚持品牌意识，打造黄河文化国际传播的标识符号。近年来，沿黄各地纷纷打造文化品牌和文化地标，开展文化传播和文旅体验项目，取得积极成效，为推进黄河文化国际传播提供良好基础。黄河文化构成丰富、形态多样，其国际传播需要面对和贴近不同国家、不同圈层的受众，应充分考虑受众群体所代表的多样化的政治取向、经济地位、文化认知、话语方式和信息需求，通过差异化的传播策略、精细化的传播内容、分众化的传播形式、多样化的传播渠道和本土化的市场营销，推动黄河文化国际传播品牌建设形成规模、提升效能。同时，还应注重品牌建设的功能性和创新性，避免出现内外不分、重复建设、同质竞争、效能抵消等问题。

三是坚持创新意识，力求黄河文化国际传播的最优效果。信息技术是影响新一轮媒体生态变革、重塑国际国内舆论格局的重要力量。从 Web2.0 到 Web3.0，大数据、人工智能、元宇宙等新技术正在改变媒体生产方式和传播方式，媒体融合日趋呈现出移动化、数字化、智能化、场景化特征，极大驱动了国际传播手段升级和形态演进。以中央广播电视总台、中国外文局为代表，广电视听产业正在布局形成"思想＋文化＋科技"融合传播、"5G+4K/8K+AI"创新驱动的全媒体传播体系，在领袖著作宣介、党的二十大系列报道、北京冬

奥会直播等重大项目中已有成功应用。具体到黄河文化传播,应创新利用超高清制播、机器写作、智能语音、智能翻译等前沿技术赋能内容生产供给和分发传播,实现优质内容多语种供给、多介质呈现、多媒体传播、多形态衍生、多渠道落地、多场景互动,更快更好地搭建"黄河故事"联通不同国家、民族、语言、文化的传播桥梁。

四是坚持协同意识,构建黄河文化国际传播的立体格局。当前,国际传播主体泛在化、全民化蓬勃发展,政府部门、专业机构、媒体、文化团体和普通民众等各类主体正在并将进一步成为黄河文化的受益者、再生产者和传播者。推进黄河文化国际传播,应坚持系统思维,加强中央媒体、国家智库等专业机构及社会组织同沿黄九省区的对接合作,建立致力于黄河文化国际传播的区域协作工程,集成各方优质资源,开展合作生产、合作传播、合作研究,推动外宣协作,拓宽交流渠道,促进人才培养,激发国内国际各类机构组织的传播活力,形成线上线下各种传播场域的话语和声,逐步构建多主体、多语种、全媒体、跨平台、广协作的黄河文化国际传播格局,让中华民族母亲河的故事传得更广、更深、更远。

(作者系中国外文局当代中国与世界研究院对外话语创新研究中心助理研究员,中国社会科学院大学政府管理学院硕士研究生)

国际音频市场与播客国际传播的机遇

宁　妍　马艳童　廖吉波

随着数字技术不断发展和移动互联网的普及，全球媒体格局正发生深刻变革，数字音频市场作为国际媒体市场的重要组成部分，近年来正在持续加速发展。与传统广播相比，以播客为代表的新兴音频传播因具有更加个性化、智能化的用户体验，已成为音频国际传播的主流，为我国相关媒体机构在音频领域的国际传播提供了新的机遇和挑战。

一、全球播客市场发展特点

近年来，音频与移动设备高度关联性、沉浸式体验、多任务处理功能等特有优势不断凸显，全球音频市场规模持续高速增长，并呈现出明显的特点。

（一）国际音频市场发展迅猛

专业数据分析平台 Statista 的统计显示，2023 年全球音频产业收益规模将达到近 980 亿美元，2027 年将超过千亿美元，受众规模将达 33 亿人次。[①] 到 2027 年，欧洲音频市场规模将达到 350 亿美元，受众规模将超过 5.4 亿。[②] 大视野公司（Grand View Research）关于播客市场发展趋势的分析报告显示，全球播客市场预计从 2023 年到 2030 年将以 27.6% 的复合年增长率增长，市场规模 2022 年达 185 亿美元，并有望在 2030 年超过 1300 亿美元。[③] 全球音频产业持续快速增长，市场潜力巨大，为音频国际传播提供了更广泛的受众和市场机会。

[①] Statista, Music, Radio & Podcasts – Worldwide，https://www.statista.com/outlook/amo/media/music–radio–podcasts/worldwide.

[②] Statista, Music, Radio & Podcasts – Europe，https://www.statista.com/outlook/amo/media/music–radio–podcasts/europe.

[③] GVR Report cover Podcasting Market Size, Share & Trends Analysis Report By Genre (News & Politics, Society & Culture, Comedy, Sports), By Format (Interviews, Panels, Solo), By Region, And Segment Forecasts, 2023–2030，https://www.grandviewresearch.com/industry–analysis/podcast–market.

（二）播客成为欧美主流收听方式

播客也称为订阅或点播广播，用户可在线收听，也可将文件下载到播放设备上收听。随着苹果播客、声田（Spotify）等订阅和流媒体服务的兴起，以及智能手机、智能音箱、车载终端等音频设备的普及，播客内容更容易被用户获取和传播。全球最大的播客专业数据库和搜索引擎 Listennotes 统计显示，全球播客栏目数量已由 2021 年的 200 万增长到目前的 300 多万。[①] 美国知名调研公司 Edison Research 每年发布的 Infinite Dial 报告被广泛认为是数字音频领域权威的年度报告之一，该机构发布的 2023 年度报告显示，2023 年美国 12 岁以上收听播客的人口比例为 64%，创历史新高。

（三）受众年轻化

全球播客市场受众以 Z 世代甚至更年轻受众为主，根据 Infinite Dial 2023 年度报告，美国在线音频和播客活跃受众群体中，12 岁至 34 岁的年轻受众为主要消费群体。[②] 另外一份全球知名市场研究机构 eMarketer 发布的调研数据也印证了美国收听在线音频行为在年轻群体中最为普遍。该报告显示，在 16 岁至 24 岁的人群中，91.1% 的人在 2022 年上半年收听了数字音频产品。而 2021 年这一比例仅为 84.1%，表明数字音频是年轻互联网用户文化结构中不可或缺的主线。[③]

（四）播客参与者多元，竞争激烈

除了 NPR、BBC、《纽约时报》等传统电台、报纸等媒体机构供应商，个人创作者、自媒体以及创业公司也在参与，大量资本进入了播客市场。他们注重个性化表达，具有较强的叙事和讲故事能力。路透新闻研究所 2023 年 1 月发布的报告《2023 年新闻、媒体和技术趋势与预测》调研了 53 个国家和地区的 303 名新闻机构高层人员，他们表示将投入更多资源在播客和数字音频（72%）以及邮件列表（Newletters 69%），这两个渠道已被证明在提高对新闻品牌的忠诚度方面是有效的。原因在于，面对社交媒体存在的各种不确定因素，多数媒体高管认为在播客节目和新闻简报等方面发力，是跟受众拉近距离的极佳方式。[④]

[①] Listen Notes, Podcast Stats: How many podcasts are there，https://www.listennotes.com/podcast-stats/.

[②] The infinite dial 2023，http://www.edisonresearch.com/wp-content/uploads/2023/03/Infinite-Dial-2023.pdf.

[③] Max Willens, A look at the US digital audio market in 2022: How big, who's listening, and what are they listening to，https://www.insiderintelligence.com/content/look-us-digital-audio-market-2022-how-big-who-s-listening-what-they-listening.

[④] Nic Newman, Journalism, media, and technology trends and predictions 2023，https://reutersinstitute.politics.ox.ac.uk/journalism-media-and-technology-trends-and-predictions-2023.

苹果、谷歌、亚马逊等科技巨头也是播客市场的重要组成部分，纷纷推出了自己的播客平台和应用程序，集纳了大量新闻、文化、娱乐、音乐、教育、有声读物等优质内容，方便用户接触和消费音频内容。社交媒体平台也已开始涉足播客领域，例如，推特空间（Twitter Spaces）具备语音社交功能，用户可以创建和加入语音聊天室，与其他用户进行语音交流。值得注意的是，美西方主要媒体播客业务起步早，媒体品牌影响大，迅速占领了播客市场。它们还制作大量中国相关播客内容，通过播客搜索引擎可找到 3000 多个以"China"命名的播客节目，其中大部分为国外创作者制作，有的内容极为主观、负面，播客成为新的媒体竞争和舆论斗争阵地。

二、我国主流媒体播客国际传播探索和效果

国际播客市场的发展也引起了国内媒体的注意，一些官方和商业媒体都在尝试播客产品，但大多以对内传播的中文产品为主。在国际传播方面，目前规模最大、影响最大、效果最好的就是 CGTN。中央广播电视总台成立后，原中国国际广播电台部分语种与 CGTN 整合，CGTN 成为集广播、电视和新媒体为一体的综合媒体。借助整合带来的强大的内容资源，音频业务也获得长足发展。近年来，CGTN 以播客为抓手，推进音频的海外传播，在苹果播客、声田、亚马逊等国际主流播客平台发布了英西法阿俄等不同语种近百档产品，包括新闻、评论、社会与文化、财经、艺术、音乐、教育和有声读物等丰富品类。根据全球最大的播客专业数据库和搜索引擎 Listennotes 统计，CGTN 超过十档产品综合排名位列全球 300 万档播客的前 10%，说明这些播客的传播效果已位居世界前列，超过大量西方媒体播客产品。苹果播客 2022 年度榜单评选中，CGTN 播客频道"China Plus"在中国内地、中国香港、越南市场荣获 2022 年度热门频道，和《纽约时报》《华盛顿邮报》《经济学人》以及 CNN《卫报》等并列，成为这些市场上最受用户欢迎的播客频道之一。

从 CGTN 音频传播实践看，其在播客领域取得较好效果，主要取决于以下方面。

一是了解海外用户，定位明确。播客具有很强的新媒体特征，产品垂直性强，市场细分程度高，需要对目标用户有清晰的认识。CGTN 音频团队有 80 年的海外传播历史和经验，长期跟踪目标受众和市场，对象意识强，对其播客产品制定了明确的受众定位。例如，全球排名前 1% 的播客《圆桌议事》瞄准海外 Z 世代用户，日常节目只选取年轻人关注的国内外社会文化热点和潮流话题，以中西视角进行讨论和观点碰撞，吸引了来自美国、英国、澳大利亚等主流英语国家的听众，在新西兰、爱尔兰、新加坡等多个市场社会与文化类播客榜单上名列前茅。2022 年，主持人赫扬作为中国唯一代表，被亚洲最大的行业论坛"亚

洲广播日"邀请分享播客经验，彰显了 CGTN 播客品牌的传播成效。2019 年推出的《解码孙子兵法》(*Decoding the Art of War*) 则是在分析西方受众对中国传统文化中的熟悉元素后推出的产品，迅速走红欧美，在声田美国、加拿大等市场最高排名前十。

二是注重节目质量，打造精品。CGTN 一直努力以国际一流的品质争取用户，获得口碑。2022 年，为响应习近平总书记"讲好中华文明故事""挖掘文物和文化遗产的多重价值，传播更多承载中华文化、中国精神的价值符号和文化产品"的号召，CGTN 音频团队与敦煌研究院合作，推出原创精品英文系列播客《我们为什么爱敦煌》(*Why We Love Dunhuang*)，由点及面、系统性地展示了敦煌千年的历史、文化、艺术和宗教价值。主创团队认真分析听众需求和海外艺术类播客特点，通过故事化叙事抓取受众注意力，把博大精深的敦煌文化、石窟艺术分解成一个个生动有趣的故事，如莫高窟里不仅能看到西方的十二星座，还能看到东西方神灵各显神通。播客使用了国外专业主播和制作团队，采用纪录片式的音频包装，给听众沉浸式的聆听体验。播客上线后在苹果播客多个市场获得推荐，在菲律宾、马来西亚、印尼、斯里兰卡、越南、卡塔尔等市场艺术类播客榜多次占据榜首，并在荷兰、爱尔兰、印度、日本、南非等多个市场上榜，在芬兰闯入前十。根据专业播客数据网站 Chartable 统计，该播客在全球艺术类播客流行榜中最高排名第四。

三是紧跟时事热点，传递中国声音。随着中国在国际舞台上的位置越来越重要，海外受众也越来越关注中国，希望听到中国声音。CGTN 推出了一系列不同形式的新闻评论产品，很好地满足用户信息需求。2020 年初，新冠肺炎疫情在全球蔓延，CGTN 第一时间推出播客《新冠病毒：走进真相》，每天向世界介绍中国抗疫进展、防疫措施及医疗救治和社区防控经验。该播客是全球首批推出的新冠主题播客之一，上线时间早于 NPR，更新频次超过 BBC 和 CNN，获得苹果播客、iHeartRadio 等多家全球主流平台推荐，iHeartRadio 编辑将其列为"七个获取新冠信息的播客之一"，另有业内人士将其列入全球十佳新冠播客。该播客有超过三分之一的听众来自 G7 国家，在 Facebook 平台，介绍该播客内容的相关帖文总阅览量达 800 万次。CGTN 最近整合全球报道资源，推出的《头条报道》(*The Top Story*)、《新闻地带》(*Deep Dive*)、《时事聊天室》(*Chat Lounge*) 等新闻时事类播客，第一时间报道和讨论全球新闻热点，邀请全球记者讲述新闻背后的故事，也呈现出快速增长趋势。

四是开展融合传播，提升品牌形象。CGTN 播客团队借助融媒体制作手段，将播客内容进行可视化加工，制作播客视频化产品，在社交和视频平台发布，触达更广泛的海外受众，提升播客品牌。如《我们为什么爱敦煌》同步推出的播客视频化产品观看量近 200 万人次，互动量达 75 万次。英国听友 Missdeermoon 说："关于古丝绸之路的故事很精彩，好听的停不下来。"此外，CGTN 音频团队还充分利用推特空间（Twitter Spaces）等音频直播平台，邀请嘉宾参与直播话题讨论，同时录制播客产品，从而实现播客生产过程与传播过程同步，放大传播效果，推特（Twitter）上大量国外的大 V 都参与了 CGTN 的音频讨论。

五是推进媒体和团队转型，新媒体成为第一落脚点。CGTN 音频团队从 2004 年播客出现之初就开始尝试将广播节目转化为播客，并在苹果等平台获得了一定用户。但随着播客行业不断发展，市场细分更深，广播产品越来越不适应播客平台传播。近年来，CGTN 音频团队积极转型，将播客等新媒体平台作为产品的第一落点，围绕播客进行产品策划和制作。通过转型，音频团队的新媒体传播意识和能力得到提升，更好地适应了新媒体传播要求。

三、音频对外传播的挑战和建议

应该说，国际播客市场蓬勃发展，为音频国际传播打开了新的局面，带来了新的机遇。与此同时，要取得好的传播效果，仍然面临诸多挑战，需要传播主体积极应对。

（一）音频对外传播面临的挑战

一是内容适应性难。在海外市场传播中国声音、中国立场和中国价值的内容产品有着跨文化传播的属性，因不同国家和地区的文化历史和价值观差异较大的客观因素，音频对外传播面临着适应当地文化和受众需求的挑战。因此需要针对不同受众进行适当的优化调整，以确保信息能够准确传达、精准投放。

二是竞争压力大。随着世界范围内音频传播的普及和发展，各种音频媒体之间的竞争越来越激烈，特别是在美欧等成熟的播客市场更是如此。国际主要媒体如 BBC、CNN、《纽约时报》、NPR 等，都在发力播客市场。除了利用第三方播客平台传播，它们还在打造自己的音频平台。如 BBC 整合其音频资源，将所有的声音媒体合并成一个名为 BBC Sounds 的概念，还推出了 BBC Sounds 客户端，为用户提供了一个集成的音频平台。NPR 也一直在打造其 NPR One 音频客户端，《纽约时报》也因其出色的播客表现，准备推出专门的音频客户端 "New York Times Audio"，目前正在邀请用户测试之中。

三是推广方式少。国际上主要播客平台均来自美西方，在各国市场都由对应的编辑团队根据产品与该市场的相关性和内容普适性等原则进行择优推荐。受地缘政治、意识形态和文化差异影响，各平台编辑团队对来自中国官方媒体的播客产品和内容持谨慎态度，中国播客产品较难登上海外市场重点推荐位置，对我们拓展用户，提高收听量有很大影响。

四是传播环境复杂。国际市场上音频产品的传播需要符合当地的法律和监管要求，而不同国家和地区的法律和监管环境差异很大，需要针对不同的市场和目标受众进行相应的调整。

（二）音频对外传播的建议和措施

为应对上述挑战，我国音频对外传播主体应主动研判，优化传播策略，打造专业传播队伍，更有效地把中国声音、中国立场传播到海外。

一是坚持内容为王，提高产品品质。长期以来，人们对音频产品存在的误区就是音频节目制作简单，门槛不高。在广播时代或许如此，但在播客时代，一个产品能在包括数百万个栏目的音频红海中脱颖而出，被用户注意并跟随，内容质量是关键和基础。音频国际传播主体要根据不同市场和目标受众开展节目制作，创作符合受众的优质播客产品。只有高质量内容才可能提高播客节目在海外市场的认可度和传播度。

二是研究市场和用户，制定合理策略。紧跟国际播客市场发展趋势，了解海外用户的需求和偏好，有助于中国媒体更好地适应市场，提高产品质量和竞争力。在 Edison Research 公布的 2022 年第二季度美国最受欢迎的播客类型中，喜剧再次成为大多数播客周活用户偏爱的类型，其它受欢迎的品类依次是新闻、社会与文化、真实犯罪、体育。[①] 根据 2021 年的下载量和对最受欢迎播客节目的观察，欧洲受众明显偏爱用各自语言推出的地区对象性内容。[②] 此外，各播客平台都会推出排行榜，这些有助于了解用户和市场偏好，有针对性地进行策划和生产。

三是紧跟新技术应用，提高生产效率。人工智能、大数据、云录制等新技术已经在播客制作中发挥了重要作用。节目远程录制和协作已经非常普遍，声音质量也在不断提升，借助这些先进技术可以有效提升音频制作的效率和音频产品的听感，同时实现个性化推广。挪威《晚邮报》最近使用人工智能技术复制了其节目主持人的声音用于播客生产，南非新闻媒体 News24 也将一位著名演员的声音运用到其新闻报道系统中。

四是加大资金人力投入，久久为功。播客作为音频传播方式，具有很强的专业性。人们收听播客的习惯与看短视频不同，听众通常会花费十几分钟甚至数十分钟来收听一期节目。因此一个播客要能吸引并留住用户，对产品的策划、

---

① Edisonresearch, Comedy tops the podcast genre chart in the u.s. for q2 2022, https://www.edisonresearch.com/comedy-tops-the-podcast-genre-chart-in-the-u-s-for-q2-2022/.

② Statista, Podcasting in selected markets in Europe-statistics & facts, https://www.statista.com/topics/9132/podcasting-in-selected-markets-in-europe/#topicOverview.

撰稿、主持、制作等各方面的要求都非常高，其专业门槛远高于人们的想象，制作难度也大于一个短视频产品。对外传播的播客产品主要以外语为主，又加大了播客的生产难度。因此需要持续投入，培养专业音频传播队伍，积累传播能力和品牌知名度，不断提升传播效果。

五是加强国际合作，拓宽传播渠道。积极与国际音频媒体建立合作关系，共同开展音频制作和传播，扩大国际影响力。在更多海外全球性和地区性的知名音频平台上建立自己的品牌账号，扩大传播渠道和受众范围，提高国际知名度。此外，加强资源和技术的交流，提升播客节目的品质和制作水平。

综上，音频国际传播主体应顺应新兴趋势，把握发展机遇，积极布局，迎接挑战，不断创新，提高原创力和制作水平，开发出更加优质、多样化、于我有利的音频产品，满足海外受众的多元需求，提升品牌知名度和市场影响力，通过音频产品展示"可信、可爱、可敬"的中国形象。

（作者分别为：中央广播电视总台 CGTN 音频节目部制作人、一级翻译；CGTN 主任编辑；CGTN 音频节目部主任）

论抗日战争时期中国共产党的国际宣传工作

罗 琴 王 婧

以史为鉴，可以知兴替。党的十八大以来，以习近平同志为核心的党中央把宣传思想工作摆在全局工作的重要位置，并强调"在长期实践中，我们党的宣传思想工作积累了十分丰富的经验。这些经验来之不易、弥足珍贵，是做好今后工作的重要遵循，一定要认真总结、长期坚持，并在实践中不断丰富和发展"①。抗日战争时期，中国共产党为重塑自身形象、争取国际社会的支持与援助，开展了丰富多样的国际宣传工作，留下了许多宝贵的经验。面对新形势新任务新要求，有针对性地对该时期中国共产党开展国际宣传工作的历史经验进行梳理总结，有利于我们进一步理解把握国际宣传工作的基本规律和科学原则，为推动新时代党的国际宣传工作创新发展提供有益借鉴。

一、抗日战争时期中国共产党国际宣传工作的历史背景

抗日战争时期，面对日本帝国主义的大肆侵略，国民党坚持实行片面抗战路线，并对中国共产党实行新闻封锁，歪曲宣传中国共产党为国为民的真实形象。在这种背景下，中国共产党意识到必须冲破重重困难，加强国际宣传，争取国际社会的支持与援助。

（一）国内背景

抗日战争时期，日本帝国主义铁蹄践踏中华大地，而以蒋介石为首的国民党却主张"攘外必先安内"的政策，对中国共产党实行新闻封锁和诬蔑宣传，采取消极抗日、积极反共的态度，企图破坏抗日民族统一战线。国难当头，为扭转局势，中国共产党必须加大国际宣传力度，以期推动抗战顺利进行。

第一，冲破国民党的新闻封锁。抗日战争时期，国民党严格把控新闻媒介，不仅出台相关条例对中国共产党宣传的共产主义等书籍进行严格封查，还布下封锁线禁止边区内外人民自由来往和外国记者前往参观。正如埃德加·斯诺所

---

① 《习近平谈治国理政（第1卷）》，外文出版社，2018，第155页。

述：红色中国"九年以来一直遭到铜墙铁壁一样严密的新闻封锁而与世隔绝"①。1941年，国民党对新四军进行突然袭击，致使7000多人牺牲，并扣押新四军军长叶挺。为防止"皖南事变"真相传出，国民党实行了新闻封锁，诬蔑新四军为"叛军"，称其抗令、不遵调遣等。面对国民党的层层阻拦，严防死守，加大国际宣传的力度便自然而然地成为中国共产党势在必行的重要任务。

第二，重塑中国共产党的政党形象。"党的形象和威望不仅直接关系党的命运，而且直接关系国家的命运、人民的命运、民族的命运。"②抗战初期，世界局势错综复杂，以英、美、法为首的许多西方国家对日本法西斯侵略中国呈模糊态度，日本趁机加速侵略，企图短时间内吞并中国。在民族危亡之际，国民党利用自身舆论优势对中共进行歪曲报道，污蔑中共"游而不击"，"破坏抗战、危害国家"，广散谣言称中共为"赤匪""土匪""共产共妻"等，致使国际社会不能客观真实地了解中共，对其产生误解和偏见，认为"中国抗战的主力军是国民党，将来反攻日军也主要地依靠国民党"③。因此，很多国际人士对中国共产党和延安产生好奇，想知道中国共产党人是不是一个个长着长胡须的野蛮人。为改变西方舆论偏见，重塑中国共产党在国际社会上的真实形象和地位，加强国际宣传不得不成为毛泽东等中国共产党人亟须解决的重大问题。

第三，巩固和发展抗日民族统一战线。通过长期的实践斗争，中国共产党认识到抗日民族统一战线是其发展壮大、以弱制强的唯一正确道路，并于"九一八"事变后开始酝酿，1937年9月正式形成。在反日本法西斯的过程中，从"卢沟桥事变"到武汉失守，国民党对日作战态度还算积极，但随着抗战的进行，国民党担心人民群众力量的壮大影响自身地位，于是坚持一党专政，实行片面抗战路线和采取消极防御的作战方针，导致在短短15个月的战略防御阶段，就沦陷了中国大半的土地。而中国共产党领导的敌后战场则采取全面抗战路线，取得了一个又一个的胜利。随着中国共产党在敌后战场的迅速发展及抗日根据地的不断扩大，国民党越发担心自身地位不保，便转变策略，积极反共。抗战进入战略相持阶段后，国民党便以各种借口发起了数次反共高潮。在民族危亡之际，中国共产党意识到当务之急是加大国际宣传力度，将抗日民族统一战线的主张宣传到祖国的四面八方和每一位华夏儿女心中，联合一切可团结力量，共同抵御日本法西斯。

---

① 范海龙：《全面抗战时期中国共产党宣传工作的国际视野及现实启示》，《江西社会科学》2021年第4期。

② 中共中央文献研究室：《毛泽东年谱（1893～1949）（修订本）（中册）》，中央文献出版社，2013，第535页。

③ 龙钰：《中国共产党形象塑造的百年历程与不懈追求》，《中州学刊》2022年第4期。

（二）国际背景

抗战爆发后，由于中日两国实力悬殊，日本帝国主义趁英、美、法等国对中日战争采取绥靖政策之机，对中国步步紧逼、加速侵略。中国共产党意识到在敌强我弱的情况下，要想打赢这场艰难的持久战，必须积极开展国际宣传工作，向世界揭发日本法西斯想先吞灭中国，再称霸世界的野心，阐明中国作为反法西斯战争东方主战场的重要性，争取国际社会的支持与援助。

第一，揭发日本法西斯侵华战争的实质。近代以来，中国屡遭外国侵略，尤其日本侵华最为惨重。1937年7月7日，日本以士兵丢失为由对宛平县城发起炮轰，事实上"卢沟桥事变"为日方蓄谋已久，其目的是用更大规模的军事行动来达到其野心。然而，日方竭力采取虚假宣传和新闻封锁，多次在宣传内容上美化自身，以混淆视听、掩盖罪行，企图误导民众狂热支持侵华战争。1937年7月11日，日本政府声称中方第二十九军在卢沟桥附近非法射击，造成日方人员大量伤亡，中方应当对其做出的非法排日、侮日行为进行赔礼道歉，而中方并无和平谈判之意，称此事变是中方蓄谋的武力抗日行为，日本仅仅是为了"维持北平的治安"才决定增加对华派兵。这在很大程度上影响了西方国家对中日战争局势的判断，影响了英美法等国的对华政策。而此时的中国在舆论宣传方面较为被动，正如1938年3月中共中央政治局会议所说，"抗战已经进行了八个月，但是，我们的国际宣传工作……都太薄弱了"[①]。为打开国际宣传局面，揭发日本法西斯侵华战争的实质，还原历史真相，中国共产党必须全力以赴加强国际宣传工作。

第二，阐明世界反法西斯战争东方主战场的重要性。抗战爆发之初，日本加紧侵华，鼓吹要"夺取满洲、朝鲜，吞并南方，尔后挫败美国，制服欧洲"[②]。基于此，中国政府曾不断呼吁美英等国，认为美英在远东拥有重要利益，又是《九国公约》的签署国，只要出面制止，就能避免中日战祸蔓延。然而，美国对中国的抗战持悲观态度，视中国抗战为简单的自卫战争，认为最多几个月，中国就要失败，并出于不想得罪日本的原因，在远东推行"避免介入"政策。为让美英等国知道日本不仅想侵略中国，还想称霸东亚和太平洋地区的野心，了解世界反法西斯战争东方主战场的重要性及中国抗战的真实情况，加强国际宣传工作不得不成为中国共产党迫在眉睫的重要任务。

第三，争取国际社会的支持与援助。抗战爆发时，日本已跻身资本主义强国，论经济、军事实力，日本都远强于中国，而抗日战争又是一场极其艰难的持久战，

---

① 双传学：《"胸怀天下"：全面抗战时期〈新华日报〉的对外宣传》，《传媒观察》2022年第1期。

② 吴光辉：《日本的中国形象》，人民出版社，2010，第91页。

想以弱胜强，就必须有充足的人力、物力和财力。显而易见，仅凭中国微弱落后的发展，且经过战争的消耗，中国"需要外援的配合"①。因此，中国共产党必须在独立自主、自力更生的同时，积极争取外援。另外，随着抗战的进行，帝国主义国家内部矛盾开始显现。在这种形势下，中国共产党以敏锐的洞察力注意到抗日战争"不仅是中国的事，东方的事，也是世界的事"②。这为中国共产党积极开展国际宣传争取援助成为必要和可能。

二、抗战时期中国共产党国际宣传工作的方式策略

长期的斗争实践让中国共产党意识到"打哑巴仗"是要吃大亏的。为加快抗战胜利的进程，早日实现民族独立，中国共产党人不怕困难、不畏牺牲，想尽千方百计开展国际宣传，成功冲破了国民党的新闻封锁，重塑了中国共产党在国际社会的正面形象，赢得了国际社会的支持与援助，推动了抗日战争的顺利进行。

（一）创建国际宣传机构

抗战爆发后，日军趁中国战事失利，造谣散播中国必将"失败"。为加强中方抗敌意志，加速日军溃败，中国共产党在开展军事斗争的同时，抓住一切机遇创建国际宣传机构，为与外界取得联系作出了重大贡献。

第一，创办发展新华通讯社，打破国际宣传封锁。1931年11月7日，红色中华通讯社正式成立。1937年1月，为适应抗日民族统一战线形势，中共中央决定将红色中华通讯社改为新华通讯社（简称新华社）。自成立以来，新华社始终把党和最广大人民群众的根本利益作为一切工作的出发点，尤其是在大难当头、民族危亡之际，全体新华人把大力宣传抗日民族统一战线，鼓舞全民族团结抗日作为自己的使命，广泛收集、抄送并及时播发国内外重要信息和我党抗日主张，充分发挥着党中央的"耳目喉舌"③作用，使党中央不出门便知天下事，为打破国民党的新闻封锁，揭露日寇的阴谋活动及其犯下的累累罪行发挥了重要作用。

第二，成立八路军香港办事处，创造国际宣传机遇。1937年12月南京沦陷后，武汉成为全国抗战的政治、军事、文化中心，华北及沿海一带的许多工厂和企业纷纷搬到武汉，大批无党派著名人士、抗日救亡领袖人物、知识分子等也纷纷集聚于此，为我们党开展国际宣传工作提供了千载难逢的机遇。1938年，由于日军对长江的封锁，香港成为对外贸易的主要出入口，中共中央长江

---

① 中华人民共和国外交部、中共中央文献研究室：《毛泽东外交文选》，中央文献出版社，1994，第20页。

② 中央档案馆：《中共中央文件选集（第11册）》，中共中央党校出版社，1991，第568页。

③ 《新华社集会纪念中国人民抗战胜利60周年》，《新华每日电讯》2005年8月27日。

局决定将香港确定为华侨运动及国际宣传的中心地区，在香港设立了不对外公开的八路军办事处，充分抓住国际宣传机遇，将八路军、新四军的战况及时宣传出去，为中国共产党赢得世界的支持和认可奠定了基础。

第三，组建中共中央南方局，培养国际宣传人才。1938年10月，武汉沦陷后，党中央决定设立南方局担负原长江局的使命，撤销长江局。1939年4月，为破除国民党在外交上的垄断，加强中共与国际社会之间的联系，开展国际统战工作，中共中央南方局决定增设对外宣传小组，在了解国际形势、英美对华政策以及各国在华人士的态度和动向的基础上，对其进行宣传，以扩大国际抗日统一战线。面对艰难的政治和社会环境，对外宣传小组始终坚持贯彻执行党的方针、政策，在提高中国共产党威望和影响的同时，凝聚了人心，造就了大批外交人才，为人民解放事业和中华民族的独立建立了不朽功绩。

（二）综合运用多种媒体和文学艺术形式

作为宣传工作中不可缺少的中间环节，宣传策略灵活多样，有"靠口说，靠传单布告，靠报纸书册，靠戏剧电影"等多种形式。抗日战争时期，尽管面临重重困难，中国共产党仍勇往直前，卓有成效地开展国际宣传工作，向国际社会传递自己的声音，并获得国际社会的援助和支持。

第一，运用报纸期刊，扩大宣传的受众面。报刊，一直是中国共产党国际宣传工作最锐利的武器，是中国共产党最重要的舆论阵地。对报刊的重要性，周恩来曾强调其"不亚于拿刀枪跟敌人斗争"[①]。"九一八"事变后，为扩大宣传的受众面，及时号召国内人民和海外侨胞团结起来支援抗战，共克时艰，中国共产党在国内和海外创办了许多声援抗日的报刊，旨在呼吁海内外中华同胞团结一致，共度国难。1935年，由吴玉章创办的《救国时报》，在宣传加强世界反法西斯阵线和建立抗日民族统一战线方面功高绩伟，深受国内外读者喜爱，曾有读者来信评价："贵报指导抗日救国方针，丝毫无差，读之不啻服了一剂兴奋汤一样提神了。"[②]此外，《新闻通讯》《华侨时报》《华侨商报》《世界日报》《解放》等报刊应抗战形势而生，在抗战期间不仅充当着"中国共产党的喉舌，也充当着全中国民族、人民的喉舌"[③]，为传播抗战精神、引领抗战方向和推动抗战顺利进行发挥着重要作用。

第二，运用广播电台，增强宣传的可信度。抗战初期，中国共产党主要通过使用报刊和通讯社开展国际宣传，虽为推动抗战发挥了重要作用，但很多重要新闻和评论因审查无法刊登，具有明显的传播局限性。另外，在国际宣传方

① 《周恩来选集（上）》，人民出版社，1980，第108页。
② 刘慧珍：《〈救国时报〉媒体公信力的构建》，《新闻爱好者》2012年第3期。
③ 李文：《陕甘宁边区新闻事业》，人民出版社，2017，第95页。

面，报刊的传播速度比较慢，而广播这一"新闻武器"不仅具有客观真实、覆盖面广、收听方便等优势，且不论远近，都能及时到达。1940 年 3 月，周恩来从莫斯科回延安时带回了一部共产国际援助的苏制广播发射机。[①] 同年年底，第一座广播电台——延安新华广播电台开始对外播音。该电台不仅播放国内外时事新闻，还播报名人领袖的重要文章、抗战演讲、音乐、戏曲等与抗日救亡有关的声音。开播之初，中共中央还特别开办了面向日本反战活动的日语广播，针对日军战后的虚假宣传予以反驳，以达到瓦解和加速日军投降的目的。除延安外，中共中央先后在昆明、重庆、南京等地创办了广播电台，在战火中不断将真理的声音和胜利的捷报传向四面八方，将"中华儿女拧成一股绳，同呼吸、共命运，形成了全民族团结一致、奋起抗日的大联合大团结局面"[②]，同时也加深了国际社会对中国共产党和中华民族的认识及了解，扩大了国际社会对中国的支持与援助，为中华民族的解放事业作出了重大贡献。

第三，运用文学艺术，提升宣传的形象化。"文""武"是革命战车的双轮，缺一不可。抗战时期，所有事物迅速流动、极度高涨，这就要求宣传工作必须简洁易懂。在农民文化水平低的现实情况和物资极为贫乏的条件下，充分利用老百姓喜闻乐见的文学、戏剧、漫画等艺术形式对其进行抗战动员，最节约成本和易受了解，"在抗战过程中，确能够担负起一部分伟大的宣传使命"[③]。基于这些情况，中国共产党高举"抗战文艺"大旗，在全面抗战序幕揭开后，漫画家们随即组建了"救亡漫画宣传队"，走上了以画笔为武器的抗战宣传道路，从城市到农村、从沿海到内地，"抗日的炮声到哪里……抗日漫画就出现在哪里"[④]。这些《抗战漫画》以讽刺、夸张的手法，一针见血地揭露了日军铁蹄肆意践踏中国的可耻罪行，宣传了中华儿女奋勇御战、保卫家园的英勇形象。抗日战争进入战略相持阶段后，中共中央又从戏剧方面入手，动员人民群众参与抗战，戏剧创作者的创作生动形象地反映出人民惨遭蹂躏、生活苦不堪言的社会现实，使群众在欣赏戏剧过程中情不自禁地"因娱乐而获慰藉，因慰藉而生感动，因感动而得解除灵魂上的孤寂"[⑤]。通过广泛的宣传，越来越多的老百姓对日军的残暴行为义愤填膺，意识到只有勠力同心与日本侵略者抗战到底，才能保护我们的家园、保卫自己的土地，有力地阻止了日本帝国主义想要快速灭

① 万京华：《新华社在延安》，《中国报业》2011 年第 17 期。

② 哈艳秋、张帆：《国共合作背景下抗战广播宣传的特点及其作用》，《现代传播（中国传媒大学学报）》2015 年第 11 期。

③ 高国梁：《创作"漫画之我见"》，《音乐与美术》1940 年第 10 期。

④ 毕克官：《抗日漫画》，《美术史论》1995 年第 3 期。

⑤ 陈明中：《戏剧与教育》，商务印书馆，1936，第 3 页。

亡中国的阴谋。

（三）借助国外友好人士及外媒力量

抗战期间，为向国际社会传递中共的声音，我们党确立了"宣传出去"和"争取过来"的根本任务，充分借助国外友好人士及外媒力量，使国际社会及时获悉中国共产党反法西斯战争的最新战况。

第一，联系驻华人员，打开国际宣传新局面。抗日战争是世界反法西斯战争的重要组成部分，全面抗战序幕拉开后，中国再次成为世界瞩目的焦点，越来越多的反法西斯国家派遣记者进驻中国。因此，国际社会对中国抗战的了解及态度也多源于和取决于这些外国记者和媒体报道的真实与否。为让国际社会真实全面地了解中国共产党亲民、抗日、民主的形象，中国共产党非常重视与外国驻华记者和国际友人的团结合作，经常主动联系和接触他们，为他们讲解中国共产党的抗日主张和政策。另外，还主动向各国驻华大使馆提供国民党对共产党实行新闻封锁及蓄意破坏抗日民族统一战线的相关材料，以此揭露国民党反共的真实面目。皖南事变后，为揭露国民党多次蓄谋挑起争端的事实和反共行径，周恩来曾亲赴苏联和英国驻华大使馆。在一系列论证和说服的作用下，外国驻华使节和记者对国共两党抗战的态度和表现有了进一步了解，并将真实情况向其所在国家政府反映。出于对自身利益的考量，各国政府纷纷改变了片面支持国民党抗日的态度，开始适当地支持中国共产党。

第二，广邀国际友人，架设国际宣传新桥梁。抗战期间，面对国民党的封锁及美国对华采取的"支蒋容共抗日"政策，中国共产党亟须邀请国际友人和外国记者到抗战根据地考察，以澄清事实真相，扩大自身影响。埃德加·斯诺是第一个到红区采访的西方记者。瓦窑堡会议后，以毛泽东为首的中共中央托宋庆龄寻找一位公平可靠的记者，"到陕北去实地考察边区的情况，了解中共的抗日主张"[①]。1936年6月，斯诺在宋庆龄和中共地下组织的帮助下来到了延安。1937年，斯诺所著的《红星照耀中国》在英国出版，该著作记述了斯诺在延安四个月内的所见所闻所感，在短时间内畅销全世界，引起全世界的轰动，后来被称为"关于中国苏维埃运动最可信的报道"[②]。继斯诺之后的十多年间，先后有美、英等国家的100多位国际友人来到延安。他们以客人的身份，将自己的所见所闻和采访所得真实客观地向世界报道宣传，使中国共产党领导军民抗战的真实情况及形象得到了纠正，卓有成效地推动了中国共产党的国际宣传工作。

---

① 尚明轩、唐宝林：《宋庆龄传》，西苑出版社，1990，第322页。

② Kenneth E. Shewmaker:Americans and Chinese Communists,1927-1945,Cornell University Press.1971,p56.

第三，主动走向海外，构建国际宣传新阵地。1938年3月，中共中央对如何开展国际宣传提出了具体建议，要求将日本在中国的所作所为及中国人民团结御侮的英勇形象摄制为生动形象的影片，同必要的书籍材料一起加紧送往欧美等西方国家，并迅速派遣由工、农、商、学、军各界组成的代表团前往欧美等西方国家宣传日军的残暴行为和中国的抗战情况，以争取其他国家对中国的同情和支持。在中共中央的指导下，一批又一批优秀的共产党员被派遣到海外，先后在新加坡、泰国、缅甸等地成立了中华民族解放先锋队组织。这些组织在海外积极宣传中国共产党的抗日政策和八路军新四军的战绩，呼吁海外侨胞团结一致抗日。另外，中共中央还借参加国际会议、在共产国际设立代表团等途径，及时向国际社会传递中国共产党的声音，报道中国共产党反法西斯战争的实际情况，争取到了海外各界友好人士的援助。

在抗日战争这一特殊时期，中国共产党一如既往地坚持自己的初心和使命，不怕困难、无畏牺牲，踏遍大江南北、世界各地，广邀国际友人，联系驻华人员，参加国际会议，创办国际宣传机构，运用报纸期刊、广播电台等形式，不断开辟国际宣传新阵地，为推动抗日战争胜利作出了重大贡献。

三、抗战时期中国共产党国际宣传工作的当代启示

抗日战争时期，中国共产党基于抗战需要，在复杂严峻的环境下开展了一系列国际宣传工作，不仅成功塑造了中国共产党亲民为民、艰苦奋斗、维护世界和平的正义形象，赢得了国际社会的支持与帮助，推动了抗日战争的顺利进行，同时对今后党和国家的国际宣传工作具有不可忽略的借鉴作用。

（一）始终坚持马克思主义对国际宣传工作的指导地位

自中国共产党成立以来，其宣传工作战略随时代变迁而变化，却一以贯之地将马克思主义作为立党立国的根本指导思想。正如习近平总书记所说："宣传思想工作的根本任务没有变，也不能变。"[1]他强调，"宣传思想工作就是要巩固马克思主义在意识形态领域的指导地位"[2]。因此，在开展国际宣传工作时，必须毫不动摇地坚持马克思主义的指导地位。

第一，掌握马克思主义方法论，增强国际宣传工作科学性。在庆祝中国共产党成立一百周年大会上，习近平总书记指出："中国共产党为什么能，中国特色社会主义为什么好，归根到底是因为马克思主义行！"[3]作为一种科学的世界观和方法论，马克思主义不断指导着无产阶级革命走向胜利，并随着人类社会

---

[1] 《习近平新闻舆论思想要论》，新华出版社，2017，第26页。

[2] 中共中央宣传部：《中国共产党宣传工作简史》，人民出版社，2022，第17页。

[3] 包美霞：《习近平关于意识形态重要论述的三维向度》，《江汉大学学报(社会科学版)》2022年第5期。

的发展而不断发展。国际宣传工作作为一门社会科学，自然离不开马克思主义的指导，也应当根据马克思主义的立场、观点、方法来开展。正如恩格斯所说："一个民族要想站在科学的最高峰，就一刻也不能没有理论思维。"[①] 抗日战争时期，中国共产党充分运用马克思主义的立场、观点、方法观察抗战局势，在国际宣传工作中始终从最广大人民群众的根本利益出发，将人民群众紧紧团结在党中央周围，建立并不断发展壮大抗日民族统一战线，引领抗日战争最终走向胜利。

站在新的历史方位，我们党面临更加严峻复杂的国内外环境，对国际宣传工作人才的要求也越来越高。为此，国际宣传工作人员必须不断提高自身政治素质和本领，继续运用马克思主义的立场、观点、方法观察世界局势，分析国际国内复杂问题，才能不断提升国际宣传工作的科学性，进一步增强国际宣传工作的针对性、实效性和说服力。

第二，筑牢马克思主义信仰根基，补足国际宣传精神之钙。人无思想不立，国无旗帜不行。"马克思主义是我们立党立国的根本指导思想，是我们党的灵魂和旗帜。"[②] 在我们国家建设、发展的每一阶段，马克思主义理论都发挥着重要指导作用。抗日战争时期，我们党高举抗战大旗，将马克思主义真理同中国实际相结合，形成了指导中国革命实践的理论、方针、政策。在马克思主义的指引下，中国共产党团结带领中国人民取得了一个又一个的伟大胜利，彻底打消了日本侵略者企图灭亡中国的野心，捍卫了民族尊严和领土完整。

党的十八大以来，以习近平总书记为核心的党中央围绕党的宣传思想工作发表了一系列重要论述，而其中筑牢马克思主义信仰根基贯穿始终，可见马克思主义信仰对新时代开展宣传工作具有重要意义。国际宣传工作作为宣传思想工作的重要组成部分，站在新的历史起点上，必须举旗定向，肩负起服务党和国家中心工作的职责，承担好党的理论和政策主张的重任。为此，必须在党员干部和人民群众中大力宣传马克思主义，"以马克思主义中国化的最新理论成果武装全党、教育人民、指导实践"[③]，从而激发起人民群众对马克思主义信仰的认同和坚定，筑牢新时代国际宣传工作的思想根基，不断推动党和国家事业发展进步。

第三，坚持马克思主义新闻观，加强国际宣传能力建设。马克思主义新闻观由马克思、恩格斯创立，是历史唯物主义科学世界观和辩证唯物主义在新闻

---

① 李毅、洪向华、黄相怀：《新时代十年意识形态建设的成就和经验》，《当代中国史研究》2022年第4期。

② 刘光远：《百年来中国共产党意识形态建设基本经验新探》，《江汉论坛》2022年第5期。

③ 陈静：《坚持理论创新是党百年奋斗的宝贵经验》，《奋斗》2022年第4期。

宣传工作方面的体现，并在中国共产党人领导中国革命伟大实践的过程中逐渐形成体系，上升为理论范畴。作为规范引领新闻传播事业的重要理论体系，马克思主义新闻观为中国共产党的新闻传播事业作出了重要贡献。抗日战争时期，在夹缝中生存的中国共产党充分将马克思主义的新闻原理运用于中国实际，展开了一系列突破围剿和反围剿的国际宣传工作，成功遏制了国民党想要迅速剿灭共产党的进程，赢得了中间势力和国际社会的认同与支持，为今后中国共产党继续探索适合中国国情的新闻传播理论奠定了坚实的实践基础。

在向第二个百年奋斗目标进军的新征程上，广大国际宣传工作人员必须把政治方向摆在第一位，牢牢坚持党性原则，坚持马克思主义新闻观，充分认识到学习马克思主义新闻观的紧迫性和重要性，正确理解党的宣传方针政策，加强马克思主义新闻观在宣传工作实践中的指导作用，不断提升宣传能力建设。

（二）始终坚持中国共产党对国际宣传工作的全面领导

党的十九大报告明确指出，党政军民学，东西南北中，党是领导一切的。党的宣传工作作为传播马克思主义思想的重要途径及改革开放和对外发展的重要组成部分，一刻也不能离开党的全面领导。因此，新形势下做好国际宣传工作，必须不折不扣地落实党的领导制度，始终坚持并不断加强党对国际宣传工作的全面领导。

第一，坚持对标看齐，把加强党的政治建设贯穿始终。党的政治建设作为党的根本性建设，决定着党的建设方向和效果，统领着党的其他各项建设。因此，在国际宣传工作中，必须以党的政治建设为统领，从讲政治高度谋划和推动国际宣传工作。抗日战争时期，为取得抗战胜利，以毛泽东为主要代表的中国共产党人义无反顾地担负起"政治领导责任"[①]，高度重视并持续推进政治建设，使党领导的抗日革命根据地得以巩固和发展，党的政治建设不断得到加强并走向成熟，党的其他各项工作也不断取得新的历史性成就，为党在抗日战争中发挥中流砥柱作用打下了坚实的政治根基。

进入新时代，世情、国情、党情不断发生新变化，因此，在国际宣传工作中必须毫不动摇地以党的政治建设为统领，牢牢把握正确政治方向，不断增强政治敏锐性和鉴别力，夯实政治根基。

第二，坚持作风引领，把面向基层和服务群众贯穿始终。习近平总书记指出："群众路线是我们党的生命线和根本工作路线。"[②]要将其贯彻到治国理政的全部活动之中，国际宣传工作也不例外，其根基力量源于群众，根本目的在于教育、引导和服务群众。因此，要想实现国际宣传工作的守正创新，就必

---

① 《毛泽东选集（第1卷）》，人民出版社，2006，第262页。

② 习近平：《在党的群众路线教育实践活动工作会议上的讲话》，《人民日报》2013年6月9日。

须把面向基层和服务群众贯穿始终，走好国际宣传工作的群众路线。中国共产党自成立以来就十分重视用群众工作的思维方法来推动宣传工作。抗日战争时期，处于水深火热之中的人民群众苦不堪言，为赢得革命胜利，引导中国走向光明，把人民群众从受剥削、受压迫的状态下解放出来，以毛泽东、周恩来等为代表的中共领导人树立全心全意为人民服务的观点，通过创办夜校、组织村剧团、开展冬学运动等向广大人民群众普及革命文化知识，成功唤醒了"工农千百万"，巩固和发展壮大了抗日民族统一战线，为抗日战争的胜利和新中国的建立奠定了重要基础。

新形势下，国际宣传工作的环境、方式等发生了翻天覆地的变化。为实现国际宣传工作的守正创新，推进国际宣传工作不断走向新的胜利，要继续坚持作风引领，把面向基层和服务群众贯穿始终，牢记以人民为中心的宗旨，做到心中始终装着群众、深深扎根群众和放手发动群众，回答好"为了谁""依靠谁""我是谁"的问题，以普通群众为切入点，用最朴实的语言和人民喜闻乐见的方式进行宣传，将党和政府的声音往群众心里走，把人民群众的心声反映好。

第三，坚持党管干部，把打造过硬干部人才队伍贯穿始终。党管干部原则是中国共产党在领导中国革命、建设和改革过程中形成的重要管理原则，是马克思主义政党在党建过程中的优势。党的十八大以来，以习近平总书记为核心的党中央高度重视党管干部和宣传思想工作队伍的建设，强调要"努力打造一支政治过硬、本领高强、求实创新、能打胜仗的宣传思想工作队伍"[①]。可见，党管干部、人才队伍建设是加强国际宣传工作的关键。抗日战争时期，党管干部原则在加强抗日根据地政权建设，争取中华民族抗日战争的伟大胜利中发挥了至关重要的作用。可以说，没有党管干部原则，就没有党对中国革命事业的坚强领导，就不会有抗日战争和新民主主义革命的胜利。

同样，站在新时代新征程的起点上，必须注重国际宣传工作队伍能力素质的提升，坚持党管干部，夯实好人才队伍建设这个最基础的保障。不断完善和健全选人用人机制，一如既往地高度重视干部和人才队伍建设，认真总结和回顾党在百年历程中选人用人的历史经验，与时俱进坚持马克思主义干部观和人才观。坚持党对选人用人的领导和正确的选拔任用原则，加强对干部的管理和监督，让其自觉努力与党中央保持高度一致，用先进的理论武装头脑，严格党内准则，做到知敬畏、存戒惧，练就干成事的"真本领"，推动国际宣传工作"苟日新，日日新，又日新"。

（三）始终坚持与时俱进推动党的国际宣传工作手段

在国际宣传工作过程中，如何才能讲好中国故事，让国内外民众真正听清

---

① 沈小平：《如何加强党对宣传思想工作的全面领导》，《党课参考》2018年第18期。

和听懂中国声音？除针对性地调整国际宣传内容，还必须讲究方式方法，在创新国际宣传手段上下功夫，与时俱进推动党的国际宣传工作手段。

第一，牢固树立服务大局意识，切实适应现实工作需要。"不谋全局者不足谋一隅"。在党的国际宣传工作中，强调牢固树立服务大局意识至关重要。对一名宣传工作者而言，大局意识强不强，有无大局观念，是一个很关键性的问题。抗日战争时期，中国共产党根据抗战形势的变化及自身的需要不断优化调整国际宣传工作的内容和手段，为抗战时期的国际宣传工作取得重大成效提供了重要保证。

新形势下，习近平总书记提出党的宣传思想工作要"举旗帜、聚民心、育新人、兴文化、展形象"[①]，并对如何推进国际宣传工作提出了具体要求。为此，现阶段党在国际宣传工作中要紧紧围绕这些任务和要求，从时代和整体的高度把握大局，准确地将中国故事讲给全世界人民听，并在今后的每一个阶段根据国内外形势不断调整自身策略，以适应现实需要。

第二，充分运用国内外宣传渠道，实现自身与他者发声结合。语言不仅是国与国之间进行文化交流的最大障碍，同时也是做好国际宣传工作亟须解决的重大问题。在国际宣传工作中，要想将宣传的内容转化为国外受众易于理解的语言，除使用国内渠道进行宣传外，还必须结合国外宣传渠道，实现自身与他者发声相结合，让国外民众听清和听懂中国声音。抗日战争时期，中国共产党主动派代表团前往国外宣传，积极邀请外国记者深入红军，将他们在苏区的所见所闻以他国受众习惯的接受方式表达出来，重塑了中国共产党在国际社会的形象和地位，为成功争取外援发挥了积极作用。

中国作为世界上最大的发展中国家，站在"两个一百年"奋斗目标历史交汇的关键节点，完成新形势下党的国际宣传工作任务，必须重视他国人民在语言文字、风俗习惯、生活方式、思维方法、价值观念、宗教信仰和政治态度等方面与我国人民不同，加强与西方媒体的合作，积极融入世界，以讲好中国故事，传播好中国声音，让更多的中国方案、中国主张、中国智慧成为全世界共同的愿景和追求。

第三，打造融通中外话语体系，努力提高国际话语权。"国际话语权，是国之重器。大国复兴，往往伴随着话语权的崛起。"[②]而想要提升国际话语权，关键在话语体系。一个国家的话语体系是否具有正义性、感召力，能否打动和改变人，在根本上决定了国际话语权及影响力的强弱。抗日战争时期，中国共

---

① 《习近平在全国宣传思想工作会议上强调 举旗帜聚民心育新人兴文化展形象 更好完成新形势下宣传思想工作使命任务》，《人民日报》2018年8月23日。

② 陈曙光：《论国际舞台上的话语权力逻辑》，《马克思主义与现实》2021年第1期。

产党利用报刊、文学艺术等多种通俗易懂的方式，高举抗日救国旗帜，逐渐构建起自身的统战话语体系，唤醒了中国人民的反抗意识，同时也为解放战争的胜利和新中国的成立奠定了基础，对新时代的统战工作具有重要意义。

马克思、恩格斯指出："一切划时代的体系的真正的内容，都是由于产生这些体系的那个时期的需要而形成起来的。"[①] 然而，在 21 世纪这个科学技术发展迅猛、国内外环境严峻的形势下，中国话语体系的构建仍落后于当代中国经济快速发展的态势。在全球化时代的今天，国际话语体系仍是"西强我弱"，如果没有一套系统、科学且具有中国特色的话语体系作为支撑，就没有话语感召力和国际影响力，就不能很好地引导国际社会全面深入地了解中国的努力及贡献。为此，必须努力构建融通中外的话语体系，花大功夫提升国际话语权，在概念、术语、范畴等多方面有所突破和创新，不断增强国际话语的创造力、感召力及公信力，以形成与我国经济发展相适应的国际话语权，助力实现富强民主文明和谐美丽的社会主义现代化强国。

（作者单位：重庆邮电大学马克思主义学院。本文系国家社会科学基金高校思想政治理论课研究专项项目"中国共产党国际宣传工作经验研究"的阶段性成果，项目编号：21VSZ015）

---

① 《马克思恩格斯全集（第3卷）》，人民出版社，1960，第544页。

国际奖广播剧作品的人类命运共同体理念认同

班　闯

近日，第60届"亚洲—太平洋广播电视联盟奖"（ABU Prizes，简称"亚广联奖"）面向全球广播电视机构开启了新一轮优秀作品征集，各国媒体都在加紧推选本国代表参与其中。

"广博以穷理，犹顺风而托焉，体不劳而致远矣。"唯有相互了解方能彼此借鉴。笔者身边不少广播剧从业者有着了解国外优秀作品的迫切需求，却苦于渠道的缺失，缺乏对国际奖项评选要求的把握和对各国创作理念与手法的认知。为了更真切地了解国际奖参评状况，拓展今后的节目制作及参赛思路，笔者先简要介绍2022年亚广联奖广播剧类参评情况及有代表性的作品。

一、参评情况及有代表性的作品

第59届亚广联奖广播剧类评选初评阶段分长剧和短剧两类：15分钟以下的作品为短剧；16～60分钟为长剧，单集广播剧或连续广播剧中的一集均可参评。2022年进入短剧类评选的作品共8部，分别来自全球6个国家及地区；长剧类12部，分别来自全球8个国家及地区。广播剧的终评是从初评入围的数件长剧及短剧作品中统一评定，最终获奖的作品《安妮的花海》来自长剧类作品。这也是近十年来首次有中国内地作品在广播剧类别获大奖。

经过评审过程的梳理分析，发现第59届亚广联奖广播剧类参评作品有以下特点。

（一）剧本题材广

参评短剧的8件作品中，架空历史1部，经典改编2部，现实题材5部。12部长剧作品也可简单划分为生态保护类2部、信仰相关类2部，以及假托寓言或现实生活阐发哲理类8部。尽管如此粗略划分标准并不严谨，但足见各国作品所涉及的题材十分宽泛，希望有益拓展国内从业者的选题视野。

笔者在与各国评委交流中充分感受到，无论剧作长短，新冠肺炎疫情下相似的经历、来源于真实生活的共同情绪、亚洲背景下文化底色的相似性，以及人类命运共同体下的文化融合与互补都让现实题材类的作品更易被接受。有了现实的依托，现实题材类作品在创作上成了有根之木，有源之水，内容选择上空间更大，制作上手段更多，戏剧冲突设计更为合理。

众多作品中，来自中国香港的长剧 *Always by Your Side*（《永远在你身边》）让笔者印象深刻。该剧讲述了发生在一个社区里的九个故事，其中有催人泪下的、有惊险刺激的、有鼓舞人心的。如选送的这一集说的是社区的租户们为争取店面能够续租，将当地文化特色与商业经营手段结合，向房东证明自身价值并得以续租的故事。剧中穿插讲述了男主人公的儿子因意外遭遇截肢，在家人的鼓励与关爱下重新振作的故事，而这个儿子的扮演者是 2020 年东京残奥会羽毛球男单铜牌获得者、香港轮椅羽毛球运动员——陈浩源，故事中儿子的遭遇正是根据他的真实经历改写的。奥运选手的加盟让人惊艳，普通人的故事及邻里亲情让人产生共鸣，这些亮点值得各国借鉴。

（二）演员演绎精

广播剧是声音的艺术，排除近些年一些完全不用演员、仅用音响效果及音乐展现剧情的新尝试外，演员的人声演绎是广播剧塑造人物形象、展现人物内心、推动剧情发展的重要手段。而随着新媒体的运作，日本"声优"概念在我国的广播剧行业"大行其道"，配音行业也逐渐有了良莠不齐的新变化，譬如对声音某方面特性，如"苏音""萝莉音"等的片面追求甚至影响了演员对戏剧的表现，也让一些演员对表演的认知有了偏差。参选第 59 届亚广联奖广播剧的这 20 部作品从听感上能够感受到对演员的选择与要求是全方位、高标准的，譬如来自伊朗的短剧 *Majnoon (Lover)*（《爱人》）中女演员的演绎就让笔者印象深刻。作为唯一女主角，其台词量占到全剧的 70%，大量的独白给演员带来巨大挑战的同时也给予了她充分的表演空间。虽然笔者对该剧所传递的某些理念并不认同，但该剧女主角在情绪控制、声音技巧、细节展现、特点塑造等方面均有不俗表现，确实做到了为作品加分。笔者曾做过多年播音主持工作，同时也是一名专业的配音演员，深谙这两个专业的不同，广播剧虽依托广播媒介，但对演员的台词功底有着严苛的专业要求，因此对演员的挑选也是制作出一部高质量广播剧的必要条件。

（三）节目创意足

广播剧的创意不仅在于故事本身，也涉及剧的结构、讲述方法、制作技巧、传播形式等方方面面的探索。尤其在新媒体传播赋予了广播剧新的活力后，唯有创新才能更好地生存已经成为广播剧从业者的共识。参选的 20 部作品中，像邀请奥运健儿参与演出、寻找纯素人少数民族儿童参与录制、营造虚构养老院讲述 20 世纪 60 年代故事、扮演两只鹅讲述寓言等创意都给人深刻的印象，而这些创意的应用超越了文化、种族、肤色、宗教、社会制度等界限被广泛接受。当下，广播剧市场受新媒体推动涌现了众多如小说剧、影视化广播剧等新创意、新品类，也让广播剧被更多年轻人接受。而如何将好创意与市场接轨、降低成本的同时扩大传播效果、鼓励原创的同时摒弃旧观念的羁绊、号召百花齐放的同时打造固有播放平台……都是创新的发力点。因此，创意，绝不仅只关注故事的本身。

（四）评选标准熟

笔者参与过中国新闻奖、中国广播电视大奖等国内传播行业顶级评选的组织工作，面对纷繁复杂且数量巨大的参选作品，推荐表中的作品描述就显得分外重要。如何将作品立意更好地传递给评委是作品是否"立得住"的关键因素之一。国际评选更是如此，一般来说，参选国际奖的作品需要提交的资料不多，仅限于原版音视频资料、英文脚本及作品推荐表，评审们还会收到组委会下发的评选标准，按照表格中列明的几个纬度为作品打分。如亚广联奖广播剧类的评选纬度就可以简单归纳为：主题、创意、结构、技术。参与国际奖项首先要明晰其评选标准，力争让作品目标明晰，有的放矢。尽管评委们都是按照统一的评审要求来打分，但排除技术与结构这些有相对客观尺度的标准，对主题与创意的理解更为主观。综合看来，国际评选中，人类共同命运主题下的宏观立意更易被不同国籍、不同文化的人接受。因此，推荐表中关于作品如何展现主题的精彩描述往往能够先发制人，主动引领评委理解探寻作品。譬如来自日本的长剧 *Two Worlds*（《两个世界》），在作品介绍中主动升华主题，提示评委："这些由日常声音组成的旋律反映了我们所处的时代及其变化，提醒人们不要在失去时才注意到珍贵的、日常的声音带来的鲜活回忆，要鼓起勇气为停滞不前的社会注入新鲜的活力。"文字中透出的积极进取会给评审者以感染，进而产生共鸣。

二、评审调研工作的新思考

对来自各国作品呈现特色的简短介绍迈出了文明互鉴的关键一步，在人类命运共同体理念下实现广播剧，乃至更多传媒产品的国际融合传播才是践行全球文明倡议的生动实践。近些年随着新媒体的兴起，无论是国内还是国外，广播剧这一艺术形式又焕发了新的生机与活力。虽然新媒体平台上流行的广播剧类型与参加国际奖作品类型有所不同，但"剧"的内核是相同的，它仍是基于剧本和各种声音元素的"表演"来呈现内容的。尽管不少专家与从业者仍对新媒体平台广播剧持保留态度，但不可否认的是新世代制作人的广播剧理念给传统媒体的"精品广播剧"理念带来了巨大的冲击，新媒体平台中的高质量"网剧"因其更符合年轻群体口味、粉丝黏性强，乃至售卖火爆的周边等高质量营销手段正在日渐侵吞传统广播剧的空间。笔者曾作为指导老师为一些广播剧制作人授课，发现参与者以30岁以下年轻人居多，思维活跃，观点新颖。也正因其年轻易于接受新事物的特质，才更易超越文明隔阂、文明冲突、文明优越，以世界文明多样性下的开放、包容、世界大同精神理念倡导和弘扬全人类共同价值。笔者通过"身入"第59届亚广联奖评审工作的调研，结合自身工作经历，经过"深入"思考，生发出了为广播剧产业的国际传播建国际奖交流平台、定国际奖中国标准、讲中国味道故事、育国际视野经营人才的发展感悟。

（一）建平台：自主设立具有国际知名度的广播剧奖项，提供全球文明公共产品

国际传播需要依托国际舞台，全球文明倡议需要在一个个细分领域探索实践，为国际社会推出公共产品。如能在国际传播方向设立一个以广播剧为突破口的专项国际奖，不仅能迅速占领这一小众市场，更能以此为基础践行全球文明倡议成果，探索讲好中国故事的路径。同时，奖项若给予新媒体作品足够空间，辅以国内新媒体平台创新成就等亮点，必然能够迅速在业界立足并引起关注。近年，国内有大量资金涌入新媒体广播剧产业，"网剧"更受追捧是不争的事实，虽不少新媒体作品都囿于分散于小公司、低投入、各自为战等状况，但其中不乏精品。与此同时，大多数的国内外奖项还仅限于传统媒体渠道报送，广播剧也仅为众多报送项目中的一个，难以起到引领潮流、带动产业的作用。随着各国新媒体声势的壮大，该类评奖正在面临"网剧"的冲击，而如奥斯卡等奖项早已允许新媒体平台参加评选。笔者认为，与其被动接受，不如主动出击、主动引导，依托广播剧这一领域，自主设立具国际知名度的广播剧专项奖，吸纳各国传统媒体及新媒体制作的高质量剧集，打造国际传媒产业新阵地及平台，树立新的国际知名品牌。同时，短视频成功的例子也启示我们需攥紧拳头、找好角度、有的放矢。纵观音频领域，广播剧，尤其是广播短剧，是最为符合短视频特点的产品，因此，提早布局，建设具有国际知名度的广播剧奖项才能不错过下一次"互联网红利"。

（二）定标准：学界研究成果加持可以让广播剧更具国际视角，探索文明进步的中国方案

广播剧是听觉的艺术，艺术类作品的好坏评定主观性都很强，制定一个通用的标准并不容易。但纵观各大奖项，评委的评选都有一定的指引，譬如伊朗广播节制定的标准为主题、原创性、技术、时效；亚广联评选广播剧类作品的标准为主题、创意、结构、技术。欧洲奖也大致如此，只是更为细化。如今，新媒体环境以及资本的介入等因素都会对广播剧标准的制定提出更高要求。目

前看，广播剧的新兴属性及小众属性，导致其整个编播流程还处于"半野生"状态，学界缺乏对其深入系统的研究，而业界的编剧、导演、演员、后期等也更多是凭借经验与热情去尝试制作"爆款"。有学术理论及实践调研支撑的优秀广播剧评定标准才能最大限度融合不同文化，才更经得起实践及现实检验，易于被国际社会广泛认同。人类命运共同体理念所揭示的人们对社会和人性的普遍关注、对创新与创意的共同追求、对听感与细节的相同体会，都支持我们制定出适配性更好、带有中国思想烙印的广播剧国际标准，而在这一标准下也必将诞生更多能够讲好中华优秀文化、中国发展故事、斩获更多国际奖项的优秀广播剧作品。

（三）做内容：确立中国故事的"独特味道"，树立人类命运共同体理念的国际认同和价值引领

因文化、信仰、国情等差异，各国广播剧都有着自己独特的味道。譬如伊朗，笔者关注了多年其参评亚广联奖的作品，手法上多以单一主角设定为主，大段台词呈现内心独白，配以牵动人心的剧情烘托逐渐高涨的情绪，常给人以强烈的情感刺激。在主题上，伊朗也常以战争、创伤、苦难等为背景，从单个人物的遭遇入手，影射时代、人性等宏大且共通的主题，很容易唤起人们的共鸣及同理心。再譬如日本作品，家庭及悬疑题材的讲述偏好、故事内涵的深度挖掘、人物细腻精准的刻画、剪辑的干净流畅都让它们的作品贴上了东方美学的标签。而梳理近八年来（2014—2021）亚广联奖广播剧类获奖作品时也发现，日本为该项目获奖大户（八年获奖 5 次），尤其是近三年（2019—2021），该类别大奖被日本 NHK 包揽。2022 年的广播剧评选，日本作品 *Two Worlds*（《两个世界》）也排名第二，荣获广播剧特别推荐作品。

此外，精神层面的追求也对各国作品有深刻的影响。譬如，伊朗作品中经常透露出的坚定、不屈的信仰的味道，以及日本作品中的"禅味"都很说明问题。而之所以称为"独特味道"，是因这些内容都并非赤裸裸地呈现，它们浸润在了剧本的字里行间，通过演员激扬婉转的演绎让人逐渐感悟。而这种"顿悟"的感受在让听者有成就感、更易接受的同时，也使得作品有一种"高级感"，类似手法值得我们借鉴。

近些年，中国送出参与国际评选的作品偏好自然保护题材、民族特色题材以及儿童题材，初期效果明显，但近几届评选已显现出新鲜感、吸引力在丧失的倾向，因此我们更要借鉴各国在题材选择上的多样性，拓展思路，找到更好的角度，全方位地讲述中国故事以及发展成就，找好中国故事的"独特味道"深耕细作，树立人类命运共同体理念的国际认同和价值引领。譬如第 59 届获奖的作品《安妮的花海》讲述了世界各国普遍存在的代际沟通问题，借助这一

问题使各国评委生发同理心，使乡村振兴成就的讲述更易被接受。而纵观参选第 59 届亚广联奖的 20 部广播剧作品，多样的选题、大胆的创新、纯熟的技法都让人思路顿开。将类似国际奖项引入并介绍给国内从业者熟知显得万分重要。

（四）育人才：培育经营人才，让文明与发展相辅相成

全球文明倡议、全球发展倡议、全球安全倡议是构建人类命运共同体的基石，深刻理解文明与发展的相辅相成、相互促进，自然会激发出对产业经营的无穷创意。以广播剧产业为例，笔者就职于传统广电媒体，从多年的广播剧参与经历中发现，大量传统媒体的广播剧是为了评奖或某些特定重大主题而策划制作，能以市场为目标，以创收为目的开发广播剧资源的传统媒体凤毛麟角，而广播剧生产后的市场经营更是乏善可陈，文化产品与市场的脱节没能激发彼此的化学反应。反观新媒体，各大平台在认可了广播剧的市场价值后便开启了运营模式的探索，如会员、付费、众筹、打赏等。同时，新媒体平台还联合有粉丝基础的声音工作室等尝试制作综艺节目、见面会、网络直播、广播剧剧本杀、周边售卖等多种方式探寻广播剧与市场的契合点，此模式的代表为猫耳 FM、729 声工厂等。笔者曾深度参与该类声音工作室的早期项目，回溯其发展历程不难发现，其成长在很大程度上是市场倒逼的结果。它们抓住了新媒体广播剧兴起初期的机遇，与"大厂"共同摸索出了一条版权分成—制作宣发—活动周边的循环盈利路径，并在此过程中逐渐培养出了一批有经营头脑，适合新媒体生态的编剧、配音、制作、宣发人才。

三、结语

广播剧市场尤其是新媒体广播剧市场目前一片繁荣，这样的市场热度自然也会吸引更多人才、创意、资金的涌入。市场与文化产品的彼此促进成就了产业的发展。据此，传统媒体更应抓住机遇，善用自身优势，着重培育经营人才，以产业眼光看待和经营广播剧市场，在借鉴新媒体平台营销手段提升流量的同时，结合自身优势，形成广播剧产业精品化与市场化并重，经济效益与社会效益双赢的良性循环。

（作者系中央广播电视总台主任编辑，第 59 届亚广联奖评委）

中国电视剧国际传播进入合作出海新阶段

周　菁

电视剧（含网络剧）是具有巨大国际传播力和影响力的内容产品形态，也是讲好中国故事、传播好中国声音、推动中华文化"走出去"的重要载体。这十年，中国电视剧国际传播规模由小到大、传播渠道平台由少到多、传播方式由单一到多元、出海主体由各自为战到合作协同，电视剧传播效果和国际影响力日益增强，为促进中外民心相通发挥了重要作用。

一、电视剧国际传播从自发出海走向合作"出海"新阶段

这十年，中国电视剧国际传播呈现出明显的阶段性特征。

自发"出海"阶段（2012—2013）。这一阶段，随着中国电视剧快速发展，剧集质量快速提升，中国电视剧在海外的传播力、影响力日益提高，越来越多的电视剧制作机构、发行机构加强电视剧出海。电视剧制作机构、发行机构、播出渠道平台之间处于松散合作阶段，电视剧走出去规模不大。这一阶段共出口电视剧 569 部次，2.6 万多集。

规模化"出海"阶段（2014—2017）。这一阶段，电视剧国际传播渠道加快建设，中国电视剧实现了规模化出海、常态化海外播出。2014 年，"电视中国剧场"首次在柬埔寨推出，行业主管部门以"一带一路"沿线国家为重点，深入实施"一国一策"，海外播出渠道建设不断推进，国际传播资源加速整合。这一阶段，我国共出口电视剧 1755 部次，9.5 万余集。

产业链"出海"阶段（2018—2022）。这一阶段，腾讯视频、爱奇艺、芒果 TV 等网络视听媒体平台出海，电视剧出海走向产业链合作、本土化平台化运营新阶段，实现从"走出去"向"播得好"的跨越，重大主题剧集国际传播取得重大突破，中国电视剧海外影响力不断增强。这一阶段共出口电视剧 2689 部次，10 万多集。

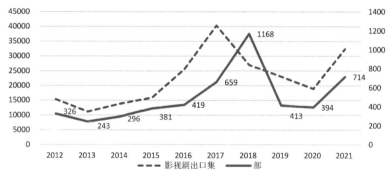

图 1　2012—2021 年中国电视剧出口部集数统计
数据来源：国家广电总局发展研究中心。

图 2　2012—2021 年中国电视剧出口总额（单位：万美元）
数据来源：国家广电总局发展研究中心。

二、电视剧国际传播呈快速发展态势

这十年，电视剧"走出去"呈现多层次多形态合作、多渠道传播、多平台运作、多主体参与态势，其中民营机构包括影视制作企业、发行企业、视听新媒体平台，成为主力军，从单向销售转向合拍合作，传播方式也从版权销售发展到模式出口，传播渠道不断扩展，电视剧国际传播发展迅速、辐射广泛、影响深远。

（一）电视剧国际传播规模持续扩大 ①

十年间，全国累计出口电视剧 5013 部次，22 万多集，出口时长超过 24 万小时。出口量增长明显。由 2012 年的 326 部次，15329 集，增长到 2021 年的 714 部次，32431 集。总体上，十年来电视剧平均年出口 500 部次，2008—2011 年平均每年出口 217 部次。

电视剧出口额从 2012 年的 496.76 万美元，增长到 2021 年的 5746.45 万美元，年均增长率约为 31.10%。电视剧成中国节目出口重要支柱，十年出口额合计 4.48 亿美元，约占中国电视节目出口总额的 66.03%。

十年来，行业主管部门和市场主体不断深耕"一带一路"沿线国家、巩固亚非主流地位、开拓拉美市场、稳固周边友邻、提升对欧美影响力，将中国电

---

① 本部分数据除非特别注明，均根据国家广播电视总局统计数据整理。

视剧传播到五大洲，200多个国家。亚洲主市场地位进一步巩固，出口亚洲的收入约占电视剧出口总额的83.94%。

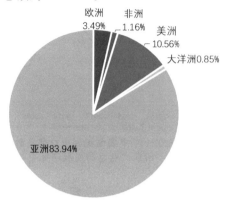

图3 2012—2021年中国电视剧五大洲出口额占比情况
注：此处亚洲数据包含电视剧发行到中国港澳台的收入，占比约为32.01%。
数据来源：国家广电总局发展研究中心。

东南亚是中国电视剧第一大国际市场。这十年，电视剧出口到东南亚总额为7322.8万美元，占中国电视剧出口总额的17.49%；出口量为1080部，占中国电视剧出口总量的18.54%。一方面，亚洲文化圈对中国文化接纳程度高，另一方面，伴随着中国—东盟文化交流的深入，东盟市场对中国电视剧需求不断提升，加之各类制作机构和网络视听平台以东南亚作为出海第一站，这推动了电视剧在亚洲传播的加速。

电视剧出口欧美收入增加，但占比呈走低趋势。十年间，电视剧出口欧洲累计1425.27万美元，年均增长率约为4.37%；出口美洲收入累计4314.06万美元，年均增长率约为18.24%。尤其是欧洲市场，占比逐年降低，从2012年占比12.20%到2021年占比1.57%，降低了10.63个百分点。

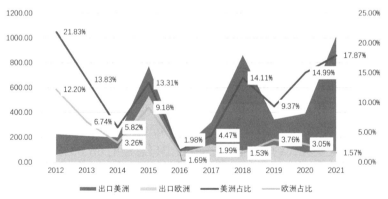

图4 2012—2021年中国电视剧出口美洲和欧洲金额以及占出口总额比重对比
数据来源：国家广电总局发展研究中心。

相对欧洲市场，美洲市场有 Netflix、YouTube、Disney 等较大的国际性视听服务机构，尤其是最近两年，这些机构对中国电视剧的需求呈现稳步增长态势，这在一定程度上保证了电视剧在美洲市场的出口。

（二）电视剧国际传播效果不断增强

这十年，中国电视剧出海题材更加丰富，重大题材剧集国际传播获得突破，当代剧占据市场份额逐渐增加，出海剧集题材从古装拓展到青春、现实、奇幻、悬疑、谍战、职场等，更加多元化。

行业聚焦"一带一路"、人类命运共同体等主题主线，译配并在海外播出了一大批优秀电视剧，实现了重大题材电视剧国际传播新的突破。尤其是2020年以来，一大批反映中国共产党和中国人民奋斗历程的剧集"扬帆出海"，通过精品译配登陆海外"电视中国剧场"。截至2022年8月，《山海情》已经被翻译成英、法、俄、西、葡等17种语言在全球多个国家和地区播出，其所传递的中国人民摆脱贫困、追求美好生活的决心与行动，收获海外观众高度认同。抗疫题材剧《在一起》也被译制为多国语言，在蒙古国、肯尼亚、巴基斯坦、阿尔巴尼亚、缅甸、伊朗、哈萨克斯坦等国家电视台以及北美、荷兰等地新媒体平台播出，展示了中国人民团结抗疫的决心与历程。

当代剧出海比重不断提升，我国文化传播进一步脱离了古装、功夫等具象符号，向世界传达的中国价值内涵更加丰富。依据2022年对国内34家主要电视剧出口企业[①]的不完全统计显示，这些机构十年间出口到东南亚的980部电

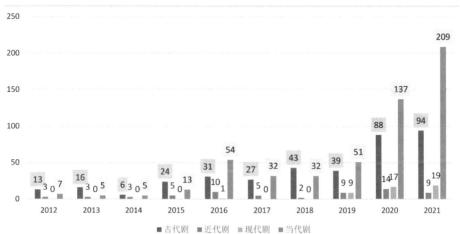

图 5　2012—2021 年中国部分机构出口东南亚电视剧年代情况（单位：部）
数据来源：国家广电总局发展研究中心。

---

① 这34家企业包括华策影视、柠檬影业等国内主要电视剧制作机构，世纪优优、雅文传媒等发行机构，也包括爱优腾芒咪咕等主要视频网站。根据不完全统计，十年间，这些企业出口东南亚电视剧占中国出口该地区剧集总部数的90.74%，具有一定的代表性。

视剧中，当代剧有 514 部，占比 52.45%。尤其是 2019 年之后，当代剧海外发行量稳步提升，特别是 2020—2021 年，这些机构出口东南亚剧集中有 346 部是当代剧，占比接近 70%。

反映中国人民当下生活的现代题材剧在海外受欢迎，爱情、奇幻、悬疑等海外流行主题的剧集爆款频出，在海外收获观众点赞。有展示普通人家的家长里短、喜怒哀乐的《什刹海》《以家人之名》，有描写中国教育现状的《小别离》《小欢喜》《都挺好》，有展示新时代中国年轻人的奋斗拼搏的《创业时代》《大江大河》，有以女性为主角的都市题材剧《三十而已》《欢乐颂》等，成为海外了解当代中国的重要窗口。《白夜追凶》《隐秘的角落》《沉默的真相》《开端》等悬疑剧在剧情架构上与国际流行影视题材契合，一经出口就得到了海外主流平台的高度关注。

古装剧近两年出口比例虽然有所降低，但在海外销售价格和收视表现上都优于其他剧集，仍然是海外最具影响力和竞争力的中国电视剧。据不完全统计，2021 年海外收入排名前十位的电视剧中，有 9 部是古装剧。34 家主要出口企业的统计显示，十年间这些企业在东南亚地区就发行了 353 部古装剧，占中国向东南亚发行剧集总数的 36.02%。《赘婿》《庆余年》《梦华录》《沉香如屑》《苍兰诀》等一批优秀古装剧，在欧美和东南亚地区频频掀起观剧热潮。爱奇艺自制的《风起洛阳》在亚洲影视社群平台评分 9.3，在国际平台上线当天登上泰国推特热搜榜榜首。[①]

（三）电视剧国际传播渠道日益丰富

十年来，中国电视剧更加注重国际传播实效建设，从着力推动"走出去"向全方位"播出去"进发，并以"播得好"把脉剧集海外市场。以往，将节目发行到海外电视台或者视频平台，上传到 YouTube 进行分账合作，是电视剧出海的重要渠道。如今，国际合作渠道和自有新媒体平台出海彻底转变了电视剧国际传播中过度依赖海外电视频道、视频平台的状况。各机构加强与海外本土平台合作，建立覆盖广泛的海外播出网络；中国视听新媒体机构出海，搭载大量优质电视剧走出国门，走出去的自主性、程序化进一步加强，电视剧出海渠道更加顺畅。

海外主流媒体仍然是电视剧国际传播的第一渠道。自从 2014 年"电视中国剧场"开播以来，我国已在全球 38 个国家开通 62 个剧场，实现常态化播出。浙江华策、四达时代、中阿卫视、尚斯国际等一批民营企业争相在海外电视媒体开设"华剧场""功夫频道""美食剧场"等频道，推广中国影视节目。

---

① 王兆楠：《爱奇艺：打造国际流媒体平台，助力提升中国文化软实力》，http://www.carfte.cn/hyfc/2022/09/22/105216505.html。

依托自有国际版流媒体平台、硬件商或网络供应商，搭建"内容＋平台＋终端＋网络"电视剧融合国际传播新模式。2018—2019 年，国内主要长视频平台腾讯视频、爱奇艺、芒果 TV 等开启海外平台建设，并将东南亚作为国际版上线第一站。截至 2022 年 8 月，芒果 TV 国际 App 海外业务服务覆盖全球超过 195 个国家和地区，支持 18 种语言字幕切换。[①] 腾讯视频 WeTV 已覆盖110 多个国家和地区，在部分东南亚国家已经成为排名前三的国际流媒体平台。[②] 爱奇艺海外版已覆盖 191 个国家和地区，月访问用户超过 3000 万人次。据统计,平台已向全球 200 多个国家和地区发行电视剧等影视内容超过 7000 集，2022 年 3 月将迷雾剧场的部分剧集和多个原创悬疑剧用来开拓拉美和西班牙新市场。[③] 此外，版权方越来越加强与华为、TCL、传音等多家国内外智能终端设备生产商以及国内外网络运营商的合作，搭载终端设备，打包网络服务，融合使得出海之路越走越宽。

（四）电视剧国际传播方式不断创新

中国电视剧在海外从"四处叫卖"到播出即被买断版权，从销售播映权到合作合拍，再到模式销售实现海外本土化翻拍，电视剧国际传播方式不断创新。

随着中国出海新媒体平台影响力的逐步加强，中国电视剧传播呈现海内外同步化特点。多部电视剧全球同步上线，剧集在海内外的影响力持续放大。优质的剧集也越来越受到新媒体平台的关注，2020 年以来越来越多的爆款剧如《小敏家》《开端》《人世间》《苍兰诀》在国内播出阶段就被 Netflix、Disney 等平台买断海外版权。

部分电视剧模式出口，尤其是现实题材剧集在海外授权翻拍，这些剧集成为电视剧走进海外本土文化圈的典范。2021 年现实题材剧《以家人之名》，不仅传播到 100 多个国家，还以 IP 翻拍方式授权给土耳其、泰国和韩国。《三十而已》《虎爸猫妈》等剧集相继登陆全球百余国家和地区，上线多个海外平台，同时还向海外实现了模式输出，在韩国、越南、日本多国开展本土翻拍。

（五）电视剧国际传播主体走向合作协同

这十年，电视剧实现了规模化出海，制作机构、播出机构、发行机构互动增强，传播主体海外"本土化"发展迅速，抱团合作不断创新，海内外携手传播中国影视产品的"朋友圈"越来越大。

民营企业增长态势明显，引领作用更加凸显。2021 年，17 家影视内容年

---

① 每日经济新闻：芒果TV国际App平台已覆盖全球195个国家和地区。

② 数据来源：国家广电总局发展研究中心关于电视剧在东盟发行的统计数据。

③ 王兆楠：《爱奇艺：打造国际流媒体平台，助力提升中国文化软实力》，中国联合展台，http://www.carfte.cn/hyfc/2022/09/22/105216505.html。

出口额超过 100 万美元的重点企业中，有 13 家民营企业，这些企业出口额占到 17 家企业出口额的 80% 以上。① 其中，以华策影视为代表的制作机构，以深圳雅文传播、世纪优优和捷成华视网聚等为代表的版权运营机构，以芒果TV、爱奇艺为代表的网络视听平台表现尤为突出。部分民营制作机构专门建立了国际业务部门，针对不同国家精准发行。

行业主管部门注重生产制作阶段国际传播"基因"的挖掘，鼓励电视剧译制配音工作，并实施了一系列配套工程推动。在"中国当代作品翻译工程""中非影视合作创新提升工程""喀尔喀蒙古语译配项目"等重点工程引领下，多部中国优秀电视剧在 100 多个国家落地播出，部分剧集屡创当地收视纪录。例如古装剧《海上牧云记》在意大利国家影视频道黄金时段播出时，首轮平均收视比平时提高了 35%。依据蒙古国 MAXIMA 收视调查公司数据显示，2014 年中国电视剧在蒙古的市场份额为 6.8%，2019 年已经达到 23.1%，超过当地其他引进剧集稳居首位。② 古巴国家电视台播出了西语配音版电视剧《温州一家人》，古巴广电委的官方数据显示，收视率达到了 38%，位居古巴收视前列。③

行业积极对接海外节展，抱团发展、规模化走出去力度不断加大。国家广电总局牵头的"中国联合展台"在线平台加强海外展映，推进内容全球发行。自 2019 年推出以来，已经入驻 264 家国内知名企业，展销国内视听节目 1035 部，对接境外企业 4000 多家，与 40 余个国际化节展对接合作，累计向 100 多个国家和地区的 251 个机构推广优质节目超 3 万小时，助力版权交易 7000 多次。根据统计，每年联合展台促成中国视听内容出口额占全年出口额的 40% 左右。④

三、结语

十年来，中国电视剧国际传播体系日益成熟，国际传播势头良好。但是出海不等于出圈，走出去只是第一步，立得住才是硬道理。目前，中国电视剧国际贸易体量较小，贸易逆差仍存在，国际市场开拓还有诸多障碍，在欧美的影响力亟待提升等。未来，随着电视剧高质量发展，产业链国际竞争力不断增强，中国电视剧在国际市场的份额和影响力将快速提升。下一步，可以从多个方面推动电视剧海外传播提质增效。

---

① 根据国家广播电视总局国际司统计资料整理。

② 根据国家广播电视总局国际司统计资料整理。

③ 黄田园：《讲好中国故事 做好对外宣传》，《中国广播电视全媒体发展报告2021》，中国广播影视出版社，2021，第221～228页。

④ 数据来源：中国联合展台。

一要以产业链运营为抓手,从剧集创作阶段开始,就与发行机构、译制机构、播出平台和本土机构等合作,形成合力,提高传播效果。

二要坚持内容为王,创新内容合作机制,加强国际合拍,携手海外"朋友圈"讲好中国故事、讲好世界故事,让电视剧成为构建人类命运共同体的重要载体。

三要把握国际传播移动化、社交化、无界化趋势,生产制作适应新技术、新平台、新消费的剧集,将电视剧创作和国际传播的资源和力量向网络视听主渠道主平台倾斜。

四要进一步落实"一国一策"传播策略,加强内容、渠道、平台等产业链资源、国内外资源、行业内外资源整合,提升国际传播实力。

（作者单位：国家广播电视总局发展研究中心）

历史寻踪与时代创新：中国式现代化视域下现实题材电视剧的对外传播探析

孟　雪　　张国涛

当前，我们身处百年未有之大变局，政治、经济、科技、媒介等发展为中国走向世界提供了机遇，也带来了挑战。习近平主席在中国共产党第二十次全国代表大会上提出，"要加强国际传播能力建设，全面提升国际传播效能，形成同我国综合国力和国际地位相匹配的国际话语权。深化文明交流互鉴，推动中华文化更好走向世界"。但目前的国际传播研究与实践主要聚焦在新闻、传媒领域，对影视的对外传播尤其是电视剧的对外传播研究较少。

电视剧尤其是现实题材电视剧是对外传播过程中最能反映现代式中国的载体，其不仅记录了现代人的日常生活，还见证了我国的社会变迁与国家发展，可以春风化雨、润物无声地起到对外宣传我国国家形象和风俗民情的作用。对现实题材电视剧的对外传播展开针对性研究是当前讲好中国现代化故事、增强中国国家形象亲和力、感染力、感召力的重要一环。通过对现实题材电视剧对外传播的历史、现状、特征、创新进行探析，能挖掘其在对外传播过程中积攒的经验与隐藏的问题，从而更好地指导现实题材电视剧的生产、创作与传播，用更精准化、国际化的方式向世界人民展现现代式中国，让可爱、可信、可敬的中国形象真正抵达海外受众的内心。

一、历史寻踪：现实题材电视剧的对外传播演进

电视剧从宣传品到作品再到产品，[①] 一直承担着一定的话语功能，尤其是1980 年中日合拍片《望乡之星》的走出国门标志着我国电视剧在完成自身沟通官方和民间舆论的内部桥梁功能之外，首次开始承担起对外宣传中国国家形象和传播我国风俗民情的作用。纵观电视剧"走出去"的四十多年，现实

---

① 胡智锋、周建新：《从"宣传品"、"作品"到"产品"——中国电视50年节目创新的三个发展阶段》，《现代传播》2008年第4期。

题材电视剧在我国文化对外传播过程中起到了积极的作用，无论是在我国电视剧"出海"的低谷期还是高峰期，都持续输出着优秀作品，为世界观众打开了一扇认识当下中国、了解当代中国的窗口，展现着不同时期中国人的日常生活、精神风貌与社会风尚。根据国家政策、社会环境与传播语境的变化，可将现实题材电视剧的对外传播划分为大外宣期、商业化期、低谷期、上升期与高峰期。

（一）1980—1999年：现实题材电视剧对外传播的"大外宣"期

1978年的改革开放为我国各项事业都注入了新的活力，电视剧行业同样如此，1979年中央广播事业局提出"大办电视剧"的方针，推动了电视剧在海内外的生产与传播。在此背景下，我国第一部中外合拍片《望乡之星》应运而生，拉开了我国电视剧对外传播的大幕。但此时，我国电视剧的对外传播意识还较为薄弱，鲜有主动输出海外的案例，合拍是当时中国电视剧走出国门的主要形式。这一时期也正是中美建交、中日恢复邦交的蜜月期，因此从纪录片到电视剧，诞生了许多经典的合拍作品，现实题材电视剧作品《大地之子》正是诞生于这一时期。1985年，由张弘富敏夫妇编、导的电视剧《穷街》播出，并在1987年斩获日本札幌第三届世界电视节纪念奖，这部现实题材的单本剧成为第一部在海外电视节展获奖的作品。此后的北京国际电视周等节展也为中国电视剧的"走出去"开辟了更多元的渠道。

1992年中央提出"电视大外宣"，鼓励电视剧出海，标志着我国电视剧出口意识开始萌芽，我国的电视剧对外传播主体、渠道也渐渐增多起来，通过1993年、1994年的"中国电视周"及"中国电视节目外销联合体（中国国际电视总公司的前身）"，现实题材电视剧《渴望》《北京人在纽约》等走出国门。值得一提的是，越南自1997年购买《北京人在纽约》后，"几乎购买了中央电视台出品的所有电视剧"[①]。这一时期，现实题材电视剧的对外传播进路与电视剧整体的"出海"步调基本一致，对外传播的意识不断增强，但主要还是以合拍、赠送为主，商业贸易的形式为辅，相较于经济效益，此时国家更看重电视剧对外"宣传"的社会效益。电视剧的传播范围覆盖了日本、韩国、越南、泰国、美国、英国等国家，但主要还是以东亚及东南亚国家为主。

（二）2000—2003年：现实题材电视剧对外传播的商业化期

时间来到21世纪，我国对外传播的意识不断增强，传播的主体也逐渐由政府主导、国有企业"独挑大梁"发展到了国有与民营企业百花齐放的阶段。随着民营资本大量涌入电视剧行业，我国电视剧对外传播的商业化趋势也开始

---

① 吴涛、任煜、王江蓬：《现实题材电视剧国际传播的历程、现状及创新路径》，《中国电视》2022年第10期。

抬头，经济效益与社会效益并重是这一时期的主要特点。2001 年中国加入世界贸易组织，标志着我国与世界市场的全面接轨，中国社会的各大领域都被全面激活。同年，国家广播电影电视总局召开全国广播影视"走出去工程"会议，几乎是同一时期，我国广电行业的"制播分离"改革也逐渐深入，大量优秀的电视剧生产、发行企业成立，推动了我国电视剧的对外贸易与对外传播。《空镜子》《大雪无痕》《粉红女郎》《誓言无声》《白领公寓》等现实题材电视剧走出国门。这一时期，我国出口的电视剧明显增多，其售价也在逐渐上升，但在题材上，海外市场对现实题材电视剧的需求弱于传统的武侠片、古装片，仍需进一步的开拓与培养。

（三）2004—2007 年：**现实题材电视剧对外传播的低谷期**

在中国电视剧对外传播工作刚取得一定进展之时，一场"韩流"席卷了中国在内的众多亚洲国家，湖南卫视播出的《大长今》，央视八套海外剧场播出的《人鱼小姐》等韩剧在我国引发了多轮收视狂潮。韩剧不仅在我国大受欢迎，也占据了东南亚等原本大陆剧的大半市场，我国在电视剧的进出口上逆差严重。在电视剧出口遇冷的时期，我国依靠"以进代出"[①]的方式，将《八路军》《长征》《百年小平》《大清徽商》等电视剧推向国际市场。现实题材电视剧的对外传播也同整个市场一起进入了低谷。

然而这一时期《人鱼小姐》《看了又看》《澡堂老板家的男人们》等韩剧的热播也让人们意识到了电视剧尤其是现实题材电视剧在文化传播上的巨大影响力，电视剧呈现出的韩餐、韩国服饰、韩国文化都深深影响了当时的大批中国观众。政府机构、学术界也开始关注韩国在文化产业政策制定、影视创作、对外传播上的举措。2005 年，国家广播电影电视总局副总局长胡占凡在 2005 年全国电视剧题材规划会上表示："中央领导同志对韩剧《冬日恋歌》在日本引起轰动一事作了重要批示，并指示我们也应总结相关经验，发挥文化产品在对外交往中应有的作用。"[②] 因此，在题材规划会上，国家广播电影电视总局指明了 2005 年的两项重要工作：一是发挥电视剧在文化外交工作中的作用，二是进一步加强对主旋律、现实题材电视剧的创作引导和扶持力度，宣布了 9 项扶持现实题材电视剧的措施。可见此阶段国家对对外传播工作、对现实题材电视剧创作与传播工作的重视。

（四）2008—2011 年：**现实题材电视剧对外传播的上升期**

2008 年，北京奥运会的举办增强了我国的文化自信和文化实力，再加

---

① 中国广播电视年鉴编辑委员会：《中国广播电视年鉴2007》，中国广播年鉴社，2007，第334页。

② 胡占凡：《在2005年全国电视剧题材规划会上的讲话》，《中国电视》2005年第4期。

上《关于金融支持文化出口的指导意见》《关于扶持培育广播影视出口重点企业、重点项目的合作协议》①等政策在资金、制度上对电视剧出口的支持，我国电视剧的对外传播工作逐渐走出低谷。也正是在这一时期，华策影视、慈文传媒、克顿影视、新丽传媒等传媒公司纷纷成立海外发行部，进军海外市场。更值得一提的是，此时的电视剧市场上还出现了许多第三方海外发行公司，这些公司虽然体量不大、成立时间不久，却向世界输出了许多优秀的电视剧剧目。

随着我国文化实力、文化声量的增强，展现当代中国的现实题材电视剧也逐渐在海外市场崭露头角，《士兵突击》《马文的战争》《媳妇的美好时代》3部现实题材电视剧作品在2008—2010年连续获得东京国际电视节海外电视剧特别奖（或称最佳海外电视剧奖）。尽管这一时期我国无论是现实题材电视剧还是历史题材电视剧都呈现出对外传播的上升势头，但总的进出口贸易额仍处于逆差状态。

（五）2012年至今：现实题材电视剧对外传播的高峰期

2012年中国特色社会主义进入新时代，我国的文化对外传播工作也进入了新阶段。随着习近平主席"一带一路"构想的提出，以及国家一系列对外传播扶持项目与政策的出台，我国的电视剧对外传播迎来了快速发展的十年，尤其是现实题材电视剧进入了对外传播的高峰期。2012年开始，原国家新闻出版广电总局先后实施了"中非影视合作工程"（又名"1052工程"）、"中国当代作品翻译工程"、"丝绸之路影视桥工程"（又名"一带一路"影视工程）等影视交流合作项目为电视剧的出口提供了巨大支持。精准的翻译推动了我国现实题材电视剧在非洲地区的广泛传播，《媳妇的美好时代》《金太郎的幸福生活》《咱们结婚吧》《杜拉拉升职记》等多部现实题材电视剧作品在非洲引发强烈反响。

在互联网的助推下，多种类型的现实题材电视剧作品也成功深入欧美市场，2017年，悬疑推理剧《白夜追凶》被Netflix购入，此后《小敏家》《开端》《人世间》等现实题材电视剧在国内播出阶段就被Netflix、Disney等平台购入海外版权。而在进出口额的表现上，2015年我国电视剧总计出口381部，出口额达3.77亿元，达到了历年来的最高值，同时也是电视剧对外贸易首次产生顺差。②十年间，电视剧累计出口5013部次，22万多集，出口时长超过24万小时，出口额合计4.48亿美元，约占中国节目出口总额的

---

① 谢振达：《对电视剧出口政策演进的研究》，《新闻传播》2013年第11期。

② 刘思远：《中国电视剧对外贸易发展分析》，《智富时代》2017年第4期。

66.03%。电视剧成为中国节目出口重要支柱。[①]

此外，我国的第十九次、二十次全国代表大会也多次强调要"讲好中国故事"，做好国际传播，向世界展现"真实、立体、全面""可爱、可信、可敬"的中国，而现实题材电视剧正是展示鲜活、生动的当代中国的最佳载体。随着媒介融合的深入发展、我国电视剧的高质量生产和国家政策的扶持与推动，现实题材电视剧作品已经成为我国国际传播过程中主要的题材类型之一。

二、现状扫描：现实题材电视剧的对外传播机制

经过多年的对外传播实践，我国现实题材电视剧的对外传播已经基本步入正轨，形成了较为独特的制作、传播与发行机制，尤其是在互联网的推动下，出现了许多新兴的传播主体、传播渠道、传播平台与传播现象，值得我们进行有针对性的研究。

（一）现实题材电视剧的对外传播主体

目前我国现实题材电视剧的对外传播主体除了传统的政府机构、影视制作公司海外发行部、第三方发行机构，还出现了依托于网络媒介而诞生的中国视听新媒体出海平台。这些传播主体通过不同的渠道、形式将我国的现实题材电视剧作品推向了全球。其中，第三方发行机构和中国视听新媒体出海平台之所以被列入传播主体之中，是因为其在对外传播过程中不仅扮演着渠道、平台的角色推动着我国电视剧的出海，还参与了大量电视剧的投资、拍摄与中外合拍等工作。

如第三方发行机构世纪优优深耕海外市场多年，不仅成功发行了《冰糖炖雪梨》《开端》《如果蜗牛有爱情》等多部现实题材电视剧作品，还尝试国际合拍，与泰国主流电视台合作，投资制作了《我叫布萨芭》《漂亮的她》《重启恋的世界》3 部 S 级泰剧。[②]我国的腾讯、爱奇艺、优酷、芒果 TV 等视频平台也相继推出国际版，实现了平台出海，成为近些年"中国电视剧国际传播重要生力军"，这些新媒体平台出海后不仅将我国优秀的电视剧作品推向了国际市场，还通过平台数据的梳理与分析进行了有针对性的自制、合拍与投资，实现了更加精准化、本土化的国际传播。

（二）现实题材电视剧的对外传播渠道

在对外传播主体的推动下，媒介融合时代我国形成了发行公司、我国海外自有频道、视听新媒体出海平台、OTT TV 和手机等硬件平台、电视节展与海

---

① 国家广播电视总局发展研究中心课题组：《中国电视剧国际传播迈向合作出海新阶段》，https://mp.weixin.qq.com/s/HjfQW3Jbqx_h7YKmep4PvA。

② 李福德：《世纪优优：开展多元深度合作，夯实国际传播坚实基础》，https://mp.weixin.qq.com/s/6JWMupRyJ3QwcvvwlmJYNg。

外互联网平台组成的对外传播矩阵。海外自有频道是我国电视剧对外传播的传统渠道之一，这些频道的开设一方面需要企业自身强大的资金、技术支持，另一方面也需要政府的支持。目前较为知名的频道有四达时代的自办频道，中视国际传媒有限公司运营的长城平台，中国国际电视总公司的"Hi-Indo！"系列，华策集团的"全球华语联播体"等，《媳妇的美好时代》《平凡的世界》《奋斗》《咱们结婚吧》等现实题材电视剧作品就是通过四达时代的数字信号在非洲进行展播的。

此外，OTT TV 和手机等硬件平台也成了近些年推动我国电视剧对外传播不容小觑的力量。如华为手机的华为公有云存储了超 10 万个小时的视频，覆盖了全球 180 多个国家。除了我国自主打造的平台、渠道与节展，海外互联网平台在媒介融合的当下也异军突起，成为当前我国电视剧尤其是现实题材电视剧对外传播的重要渠道。我国许多影视制作、发行机构在 YouTube、Viki 等国际互联网平台开设了大量的频道与专区，提供多种语言服务，成为欧美地区、阿拉伯地区观众收看中国电视剧的主要途径。[①] 海外互联网平台的出现，很好地压缩了电视剧发行过程中的时间差，让我国大部分的电视剧作品能够在第一时间同步海外。这些平台、频道、节展为现实题材电视剧的走出去拓宽了道路，也更好地帮助了优秀作品的海外落地与生根。

（三）现实题材电视剧的对外传播形式

随着对外传播工作的不断深入发展，我国现实题材电视剧的对外传播形式也发生了较大的变化，即从简单的合拍、赠送、播映权销售、海外机构自主购入发展到了翻拍、投资入股海外影视制作公司（平台）、IP 输出等。尤其是现实题材剧集在海外授权翻拍，成为电视剧走进海外本土文化圈的典范。多部剧集以 IP 翻拍的形式授权给土耳其、日本、韩国以及东南亚泰国、越南等国家。[②] 除了电视剧作品的翻拍，许多现实题材电视剧的剧本也出口到了海外，如《致我们单纯的小美好》《以家人之名》等，无论是翻拍还是 IP 输出，都从侧面反映出海外市场对中国影视文化作品的认同。

在对外传播过程中，许多影视制作公司通过投资、入股海外影视制作公司（平台）的方式更深入地参与到了电视剧的国际传播工作中，如搜狐入股韩国娱乐传媒公司 KeyEast、华策影视入股《太阳的后裔》制作方韩国 N.E.W. 公司、华人文化入股美国好莱坞的想象娱乐（Imagine Entertainment）等。可以看出，

① 朱新梅、周菁、周述雅：《中国好剧全球传播》，http://paper.people.com.cn/rmrbhwb/html/2022-11/18/node_871.htm。

② 国家广播电视总局发展研究中心课题组：《中国电视剧国际传播迈向合作出海新阶段》，https://mp.weixin.qq.com/s/HjfQW3Jbqx_h7YKmep4PvA。

无论是制作公司还是发行机构都在积极布局海外市场，这为我国现实题材电视剧的走出去带来更多可能性。

三、重新锚定：现实题材电视剧的对外传播新特征

（一）互联网正在成为现实题材电视剧对外传播主阵地

美国西北大学李奇·高登教授以新闻业为例，提出了"媒介融合"的五大类型，分别是所有权融合、策略性融合、结构性融合、信息采集融合和新闻表达融合。[①] 体现在电视剧的制作与播出方面则具体表现为电视剧内容的一次采集、多渠道分发，视频网站、短视频平台、直播平台的出现为传统的电视剧内容提供了更多元的分享渠道。在媒介融合时代，中国电视剧在海外的分发渠道也变得更加多元，除了传统的数字信号、电视频道，我国的 WeTV、iQIYI、海外的 Netflix、YouTube、VIKI、Dramafever 等互联网视听平台正在成为我国电视剧国际传播的主渠道。[②] 相较于传统的媒体平台，新媒体平台对优质影视内容的需求量更大、传播能力也更强，这一点无论是在国内还是在海外都是如此，这是当前现实题材电视剧在海外传播再次发力的契机。

国家广电总局发展研究中心发布的《中国电视剧国际传播报告（2022）》显示，在网络平台 YouTube 上，每集平均播放量超过 100 万次的 85 部中国电视剧中，青春偶像剧占 52%；总播放量超过 2 亿次的 10 部剧中，有 7 部是青春偶像剧。[③]《三十而已》《欢乐颂》《都挺好》等都市剧也在 YouTube 收获了百万次以上的平均播放量。此外，新媒体渠道有着异于传统电视台的分发逻辑、分账逻辑和传播规律，通过用户订阅、广告分账等形式也增加了电视剧发行方的收入，像第三方发行机构世纪优优在 YouTube 有超 3000 万个用户，每年分账就可超 500 万元，且网络平台的内容一次采集就可做到多渠道分发、永久性在线，每年发行方都可凭借账号播出的内容进行分账，如此一来，无论是剧集制作方、发行方还是平台方都会重视互联网这一强大的传播渠道。

（二）媒介融合时代现实题材电视剧广受海外市场欢迎

在 2020 年度、2021 年度国家广播电视总局评审的优秀海外传播作品中，10 部入选电视剧中有 7 部是现实题材，[④] 这与现实题材电视剧的质量提升、媒

① 转引自丁柏铨：《媒介融合：概念、动因及利弊》，《南京社会科学》2011年第11期。

② 朱新梅、姜慧、丁琪：《2021年中国视听节目内容国际传播与渠道平台发展情况》，《声屏世界》2022年第2期。

③ 朱新梅、周菁、周述雅：《中国好剧全球传播》，http://paper.people.com.cn/rmrbhwb/html/2022-11/18/node_871.htm。

④ 任姗姗：《优秀现实题材电视剧扬帆"出海"》，https://m.gmw.cn/baijia/2022-05/19/35746637.html。

介融合时代受众审美偏好的转变等密切相关。伴随着我国综合国力的增强，越来越多的国际友人想要了解"真实、全面、立体"的中国，而展现当代中国形象的现实题材电视剧正符合这一需求，加之近些年国家对现实题材创作的大力扶持，使得现实题材电视剧的数量、质量都有了大幅度的提升。这些推广到国际市场的优秀现实题材电视剧作品打破了海外受众对中国、对中国影视的刻板印象，让更多国家、区域的观众看到，中国不仅有好看的古装剧、武侠片，中国形象也不只是古老的、功夫的。

近些年，无论是线上网络平台还是线下电视平台，我国电视剧的受众群体都在不断扩大，通过我国电视剧在各个平台、渠道、区域的播放情况来看，《三十而已》《理想之城》《以家人之名》《我在他乡挺好的》《大江大河》《山海情》等反映性别主题、行业主题、情感主题和社会议题的现实题材电视剧受到了海外市场的欢迎。现实题材电视剧《三十而已》不仅在海外电视频道收获较好收视，还得到韩国、日本、越南、泰国等国影视机构的青睐，纷纷购入翻拍权。可见，"平民视角、国家叙事、国际表达"的现实题材电视剧受到了越来越多海外受众的关注与喜爱。

（三）现实题材电视剧的对外传播以亚洲地区为主

有数据显示，2012—2021年，中国电视剧出口份额中83.94%的收入来自亚洲（含中国港澳台地区），在五大洲的200多个国家和地区中，欧美占比持续降低，仅有14.05%（其中欧洲占比3.49%，美洲占比10.56%）。[①] 这与现实题材电视剧的传播情况基本一致，无论是播映权还是翻拍权的销售，亚洲地区都是现实题材电视剧的主要购买方，这与政府对这些地区文化传播的大力扶持不无关系。不论是"一带一路"战略还是中国东盟电视周、中国—东盟优秀视听节目展播，相较于欧美地区，我国对亚洲、非洲等地区在对外传播上的投入更大，资金、翻译与节展上的支持切实推动了现实题材电视剧在这些地区的深入传播。

除此之外，亚洲地区受众在文化背景、审美偏好上也与我国更加接近，是更容易被打开的一部分市场，尤其是东南亚地区，其与我国早已建立了悠久的文化互动关系，是我国从对外传播初期就开始培育的市场。而分析欧美流行的电视剧作品不难发现，其在主题选择、叙事节奏和价值传达方面都与我国的电视剧作品有较大差异，尤其是反映当下、反映现实生活的现实题材电视剧，更是如此。文化背景的差异、审美偏好的差异都让我国电视剧在欧美市场表现的不尽如人意。如何通过更加国际化的故事、更加有效的传播手段将我国的现实

---

① 国家广播电视总局发展研究中心课题组：《中国电视剧国际传播迈向合作出海新阶段》，https://mp.weixin.qq.com/s/HjfQW3Jbqx_h7YKmep4PvA。

题材电视剧作品成功输入欧美，增进我们与欧美国家、地区间的文化交流、文明互鉴是今后我们对外传播研究与实践应当重点关注的问题。

四、时代创新：现实题材电视剧的对外传播新探索

（一）造船出海：现实题材电视剧对外传播的新路径

"造船出海"是我国电视剧国际传播的传统手段，但近几年，随着新兴媒介的发展，电视剧的"造船出海"路径也发生了较大的变化。"中国联合展台"在线展映平台、腾讯视频 WeTV 等自建视听新媒体出海平台、华为等硬件企业打造的插件与云存储平台、Sinow "内容＋智能终端＋本地网"的协同出海平台，都通过"互联网＋"的形式让中国的国际传播之船驶向了更远、更广阔的目的地。相较于传统的线下节展、数字信号、电视频道，这些依托于互联网络的平台在内容选择与投放上拥有了更大的自主权，平台与内容的协同出海也让中国产业、中国影视能够相互借力，打造更具影响力的中国品牌，最为重要的是，我国自主建设的线上出海平台能够掌握用户收看的相关数据，通过对大数据的分析与估算，可进一步指导我国电视剧内容的生产、发行与推广，形成良性的对外传播循环。

如 Sinow 是未来电视公司面向海外市场推出的一款视频类应用软件，有安卓、IOS 两大版本，可适配几乎所有智能手机和 65% 的海外智能电视操作系统，截至 2022 年 5 月，Sinow 应用已经拥有了超 100 万的海外用户。相较于其他视频平台，Sinow 应用的特点就在于其内容的聚合性，除了拥有未来电视自有版权的内容，应用还集合了中央广播电视总台、国内多家电视台及地方特色频道的内容，如现实题材电视剧《什刹海》《理想照耀中国》《心跳源计划》《激荡》都是从该平台输向马来西亚、沙特阿拉伯、南非等国的。

（二）借船出海：现实题材电视剧对外传播的新载体

进入欧美主流市场较为困难，是当前我国对外传播面临的共性问题。过去，通过"借船出海"，我国优质的电视内容可以在欧美的电视频道播出，但总体来说，规模较小，且多集中于欧美电视的华人频道或亚洲专区，进入欧美主流频道主流时段的可能性较小。而当前，通过国际互联网这一新兴的出海载体，我国的电视剧内容可以较为容易地输向欧美、阿拉伯等地区，而这些正是我国电视剧出口份额占比较低的地区。如此一来，优秀的现实题材电视剧作品可以借国际知名互联网平台增加受众覆盖面、提升 C drama（中国电视剧）的声量，进而为欧美等地区市场的培育打下基础。

海外本土新媒体平台也是我国现实题材电视剧"借船出海"的重要新载体，2020 年，WeTV 收购了东南亚本地领先的流媒体平台 iflix，并成功成为东南亚最具影响力的流媒体平台之一。在越南，一些本土视频网站中上线的中国电

视剧占比高达 50% 以上，[①]利用海外受众熟悉的本土平台进行电视剧的推送与播映，拉近了剧集与本土受众的空间、情感与心理距离，更容易让中国电视剧走进海外受众的日常生活。这些国际互联网平台、海外本土新媒体平台一方面为现实题材电视剧提供了虚拟的交易空间与抵达海外受众的渠道，另一方面也实现了各大发行方与平台方的降本增效。

（三）技术助航：现实题材电视剧对外传播的消费新体验

媒介融合时代，新媒体平台带来的不仅是传播介质、传播技术的改变，更是传播思维与观念的转变，对当下的海内外受众来说，电视剧的观看已经由单一的被动接受变为体验式的观看。[②]在这样的语境下各大出海平台都在优化展播技术，努力为购买方、用户方带来更好的消费体验。如在实时翻译技术上，爱奇艺国际版通过 AI+5G 技术实现了多语言字幕的超低延迟实时翻译，腾讯视频国际版也通过 AI 等技术让平台上的华语内容能快速获得更多语言的字幕和配音覆盖。精准、同步、智能的翻译服务，可以降低现实题材电视剧对外传播时可能面临的文化折扣，将剧中的文化元素和价值观念更好地传达出来，减少文化交流过程中的障碍。

2020 年的"中国联合展台"还运用 VR 技术实现了世界采购商的云上观展，参会者通过点击"中国联合展台"的图片链接就可以进入联合展台搭建的线上虚拟展厅，自由选择企业，点击海报了解更多作品、交易信息，实现沉浸式观展。AI、VR、云存储、大数据等技术的应用可以有效地降低文化折扣、增强收视体验、吸引更多受众，是未来我国优化国际传播方法、提升国际传播效能的重要手段。当然，就目前的发展而言，对外传播方面技术与渠道、平台、影视内容的结合还处于起步阶段，未来还有更多更好的交互方式需要我们继续去探索、发现。

五、结语

四十多年来，我国现实题材电视剧的对外传播已经基本步入正轨，形成了较为完善的制作、传播与发行机制，尤其是在互联网的推动下，出现了"造船出海""借船出海""技术助航"等诸多新探索，成为我国影视"出海"的主要类型之一。但总体来看，我国电视剧的国际传播仍处于贸易逆差的状态，在对外传播上还存在许多问题，如商业主体的主动出海意识不强，缺少精准调研与定制化生产、对外传播区域分布不均、译制服务有所欠缺等，如何从根本上解

① 朱新梅、周菁、周述雅：《中国好剧全球传播》，http://paper.people.com.cn/rmrbhwb/html/2022–11/18/node_871.htm。

② 何晓燕、刘珊伶：《从走出去到扩开去：新媒体时代中国电视剧海外传播的路径思考》，《艺术评论》2022年5期。

决这些难题，将是未来我国现实题材电视剧对外传播研究与实践的重点工作。只有打通现实题材电视剧与国际主流市场的联系，拉近现实题材电视剧与海外受众的空间、心理距离，才能真正地将现代化的中国故事传递进海外受众的内心，精准高效地实现中国式现代化形象在世界范围内的影像建构。

【作者分别为：北京化工大学艺术与设计系讲师；中国传媒大学传媒艺术与文化研究中心执行主任、研究员，国家社科基金重大项目首席专家。本文系国家社科基金重大招标项目"文化强国进程中中国影视高质量创新发展研究"（项目编号：21ZDA079）的阶段性研究成果】

虚拟数字人出演网络微短剧国际化传播策略

胡 筱 薛 莲 周 隽

2021 年 10 月 31 日，国内"现象级"虚拟数字人网红柳夜熙横空出世，截至 2022 年 3 月 14 日，"柳夜熙"账号在抖音 App 的第一部作品获得了 360.5 万的点赞量、14.5 万的留言量、27.9 万的转发量以及 20.1 万的收藏量。与其他虚拟偶像在首次亮相时，通过外在形象、唱跳才艺、写真代言等强调自身人设符号的方式有所不同，柳夜熙在初次登场时选择了有完整剧情的网络微短剧。在剧中她突出自己"美妆""捉妖"等特殊身份，引入了元宇宙的概念与画面，实现了"出道即巅峰"。

2020 年 8 月，国家广电总局在"重点网络影视剧信息备案系统"增加了网络微短剧快速登记备案模块，并规定网络微短剧的时长在 10 分钟以内。[①] 至此，"网络微短剧"成为网络平台中微剧与短剧的正式名称。本文将"柳夜熙"作为虚拟数字人出演网络微短剧"现象级"的分界点，通过对在其之前与之后出现的虚拟数字演员的外在形象、人格化特点，以及参与网络微短剧的故事情节、题材与叙事方式特点等方面进行研究，尝试提出本土文化的国际化传播策略。

一、虚拟数字人出演网络微短剧现状

本文将目前市场上出现的虚拟数字人大致分为演艺型虚拟数字人和职业型虚拟数字人两种类别。从 2021 年中国传媒大学发布的《2021 中国虚拟数字人影响力指数报告》中可以看出，在当下最具代表性的虚拟数字人中，柳夜熙的传播影响力、创新力和社会力 / 公共价值等方面均居于首位，而柳夜熙则是典型的表演型虚拟数字人。

（一）虚拟数字人出演网络微短剧发展历程

麦克卢汉认为"媒介即信息"，"任何媒介或者技术的'讯息'都是由它引

---

① 《纳入广电监管6个月，微短剧如今咋样了？》，https://baijiahao.baidu.com/s?id=169277172001 7094159&wfr=spider&for=pc。

入的人间事物的尺度变化、速度变化和模式变化"①。换言之，所谓媒介实际意味着联结个体与外部世界的"信息中介"或"联结者"。从这个角度出发，虽然虚拟数字人是一种新兴事物，但仍可以将其理解为传播过程中关系联结的承载者。在当下的网络微短剧的创作过程中，虚拟数字人的出现为本土文化的国际传播提供了新的方式与准则。

1. 萌芽期（2019—2020）

早期的演艺型虚拟数字人，出演的都是不具备完整故事情节、场景单一的"段子"，在内容上还没有体现出虚拟数字人演员与真实人类出演网络微短剧的差异性。例如 2020 年 8 月在 B 站上线网络微短剧的"外来人员 WL.S"（以下简称"外来人员"），是一个以年轻女性为用户画像的三人男团，主打"唱跳俱佳"的路线。他们的网络微短剧都是日常生活中的幽默片段，不具备完整故事情节。而在 2020 年 12 月开始在抖音出演网络微短剧的"虚拟鹤追"，是一个以"95 后"与"00 后"为用户画像的虚拟偶像。她在抖音和 B 站的个人简介中强调自己是演员。创作者对她的定位是：用颜值吸引受众的虚拟数字人演艺明星。

2. 发展期（2021 年至今）

演艺型虚拟数字人在出演的网络微短剧时，有了更明确与更具备不可替代性的人设，故事情节也更富有逻辑性与完整性。例如，柳夜熙账号中的剧集内容就具有连续性。单元剧中并没有将故事完整讲述完成，而是留下了悬念，吸引观众继续观看。和柳夜熙同属一家 MCN 机构的另一名虚拟数字人犹卡塔娜，也是"表演型"虚拟数字人。当犹卡塔娜的脸部特效建模被很多网友诟病后，该账号在三个月后才播出第二集的更新预告，并在预告中专门告示创作团队换了特效组。由此可见，除了剧情，网友对"表演型"虚拟数字人的形象要求较高。相较于二维形式的虚拟数字人，受众对三维形式的虚拟数字人的外在要求也更为严苛。而国内拥有虚拟数字人 up 主最多的 B 站，其虚拟数字人菜菜子，则采用了虚拟现实并进的发展模式。她是演员蔡明的二维数字孪生，也是唯一一个身兼虚拟主播，并"暴露"了中之人的网络微短剧虚拟数字人演员。

表 1 虚拟数字人出演网络微短剧现状

虚拟数字人演员	平台	粉丝量（总共）	人物设定	网络微短剧类型
柳夜熙	抖音 B 站	8911000+	会捉妖的虚拟美妆达人	单元剧 连续剧

① [加拿大]马歇尔·麦克卢汉：《理解媒介：论人的延伸》，何道宽译，译林出版社，2019，第27页。

虚拟数字人演员	平台	粉丝量（总共）	人物设定	网络微短剧类型
犹卡塔娜	抖音 B 站	438600+	生命不止，战斗无界的格斗高手	单元剧
鹤追	抖音 B 站 快手	254000+	面容与身材姣好的专业演员	情节片段
外来人员	抖音 快手 B 站	1230560+	唱跳俱佳、才貌双全的偶像男团	情节片段
菜菜子	B 站	580000+	演员蔡明的数字孪生，帮助充满苦恼的人们	系列剧

（数据统计均截至 2022 年 4 月）

（二）虚拟数字人出演网络微短剧特色

虚拟数字人出演的微短剧，目前数量较少的是连续剧。只有柳夜熙在 2022 年 3 月 15 日上线的剧集结尾处有了连续呈现剧情的情节，其余的虚拟数字人所演出的网络微短剧几乎都是一集一个（段）故事或情节，每集之间的剧情没有关联。本文根据虚拟数字人出演的剧集类型分为了单元剧型、情节片段型和二次元动画片型。

1. 单元剧型

大部分的网络微短剧都是以单元剧的形式出现的。单元剧偏重于一集讲述一个完整的故事。柳夜熙的身份设定在一出场就是"会捉妖的美妆达人"，目前，在柳夜熙的账号中所更新的网络微短剧，标题都遵从中国传统古诗词的韵律。柳夜熙本身的形象也设计成身着红色古装、头顶古人发髻的虚拟数字人，这是虚拟数字人中为数不多的古人形象。这些剧情都有大量非现实主义的情节，且"最终的反派"一直没出场，不断地为情节增添着悬念。正因为其"虚拟数字人"的身份，柳夜熙技能的玄幻性便更具有说服力。同时打抱不平、伸张正义、穿越时空、降妖除魔等人设，都是仙侠玄幻剧中的"侠女"技能与故事的特色元素。

2. 情节片段型

情节片段型网络微短剧中，故事的讲述基本不具备完整"5W"的情节片段。例如符合传统审美的虚拟数字人鹤追，她所出演剧情内容的特点是内容表层化与冲突强烈化。剧中她用"完美的能力"三秒到五秒解决矛盾快速吸引用户的注意力，使用虚拟身份自圆其说，让剧情的发展更有说服力。而外来人员的网络微短剧大部分在营造幽默搞笑的氛围，剧中的情节片段都在展现生活和工作日常。这些片段被数字人的语气和夸张的动作制造出喜剧效果，又因为虚拟数字人无可挑剔的外表，会让受众感觉到"又帅又幽默"的人物设定。剧中的各种情节由真人出演可能只有 7 分的"笑点"，被虚拟数字人演绎，就成了 9 分。

3.二次元动画片型

二次元动画片型是虚拟数字人的常见表现形式，也是网络微短剧中故事的基本讲述方式。例如虚拟数字人菜菜子就是以二维形象出现在 B 站上的虚拟数字人。在该账号上线的网络微短剧动画片中，菜菜子饰演了一位初入职场修炼的新人，在剧情中以"反转"情节到达喜剧效果。菜菜子在 B 站上的成功表明，"喜剧"是虚拟数字人出演网络微短剧的讨喜捷径。

二、虚拟数字人出演网络微短剧国际化传播策略

中国的和平崛起需要进一步转化为中国话语的崛起和良好中国形象的塑造。[①] 短视频的国际化传播中的李子柒与滇西小哥，都是靠着传播中国传统美食与生活文化在 YouTube 上收获了百万到千万的"国际粉丝"的本土博主。本土文化在国际上的成功传播为短视频制作提供了参考，也为虚拟数字人的网络微短剧国际化传播提供了宝贵经验。目前中国的虚拟数字人出演的微短剧，还较少在国际社交网站上进行营销。但要向全球年轻人更好地塑造中国形象，虚拟数字人不失为一个捷径。用虚拟偶像在国际舞台上进行中国故事与中国文化的构建与传播，可以从人物形象、题材选择和叙事方式三方面入手。

（一）人物形象的传播策略

虚拟数字人本质上只是一些数字信息数据，但在传播过程中因被赋予了"人形化"外形，而诱使我们将其看作可能的同类并且"不自觉地将某种人性特点投射到它的身上"[②]。因此，与真人相比，虚拟的人物形象在国际传播中具有国际化和现代化的优势。美国著名文学批评家 J. 希利斯·米勒（J.Hillis Miller）认为："我们关于人物的概念塑造着我们对叙事的理解、同时也受到这种理解之影响的复杂方式。"[③] 其中人物的概念，包括衣着、语言、身份和形象等方面。

"媒介用拟像符号取代实在之物，创造出一个庞大的虚拟世界"[④]，当虚拟与现实之间的界限逐渐模糊之际，虚拟偶像更容易对个体产生影响。在元宇

---

① 郇昌鹏、管新潮：《中国形象研究的话语与翻译转向——基于信息贡献度与文献计量的知识图谱分析(1994—2021)》，《外语电化教学》2022年第1期。

② 王峰：《人工智能形象与成为"我们"的他者》，《上海大学学报（社会科学版）》2020年第4期。[挪威]雅各布·卢特：《小说与电影的叙事》，徐强译，北京大学出版社，2011，第11～79页。

③ 喻国明、耿晓梦：《试论人工智能时代虚拟偶像的技术赋能与拟象解构》，《上海交通大学学报（哲学社会科学版）》2020年第1期。

④ 杜骏飞：《数字交往论（1）：一种面向未来的传播学》，《新闻界》2021年第12期。

宙的世界中，个体的主体性让步于幻想。基于信息的数字交往，因对行动的拟真和替代，具有了直接的实践性。[①] 媒介不仅是信息传播的工具，有时甚至是信息本身。从传统意义上来说，虚拟数字人承担的只是输入程序的拟态演绎，但在虚拟世界中，它实际也在传播着其与生俱来的个性、文化、理念与潮流。在国际化传播过程中，真人往往由于长相国籍、性别、私生活等原因而备受争议。从这个角度来看，虚拟数字人在真实世界中实体的缺失，反倒成了优势。

美国的 Lil Miquela 是目前全球最具影响力的虚拟数字人。她没有特别的才艺，属于网红型虚拟数字人。小麦色皮肤、雀斑、齐刘海、嘴唇塌、鼻梁、大牙缝等相貌特征，几乎具备了时尚大牌喜爱的所有个性元素。来自日本的 Imma，发型是粉色的 bobo 头（齐刘海短发），大眼睛白皮肤高鼻梁，很符合亚洲人对"美女"的定义。同时粉色的头发和微圆的脸型又具备"非传统"的审美个性。值得注意的是，包括韩国的 Rozy、Lucy、女团 Eternity 等在内的虚拟数字人，几乎都是女性形象。她们通过真人实拍照片合成、CG 脸部建模 3D 合成或 AI 脸部数据分析等技术，使脸部建模具有自己国家的审美个性与全球的审美共性。

柳夜熙则具有典型中国文化审美特征。创造者把她设计成了双眼皮大眼睛，一双上挑的凤眼，略带金色的亚裔肤色，传统的服装与发型，无一不彰显着中国女性的古典美。但她的气质与气场带着"酷"与英气，也展现着代表现代中国女性的智慧与力量，更是传统审美与现代审美的结合。

"美"并不是衡量虚拟数字人形象的唯一标准，雀斑、塌鼻梁、圆脸等并不符合我们传统认知意义上的美女虚拟数字人，反而有其不可替代的特色。先从拥有中国个性美女的外观入手，再分析全球虚拟数字人的受众群体（Z 世代甚至"10 后"）的审美共性：发型与穿衣打扮有自己的态度，但又不会过于剑走偏锋；体现自己国家的年轻人个性，同时又能和世界年轻人共融，是我国虚拟数字人，或者说出演网络微短剧的虚拟数字人可以参考的形象设计标准。

（二）题材选择的传播策略

随着元宇宙的深入发展，国际传播中更应注意国家形象在"数字社会中的构建和传播，以及有必要改变传统的线性传播模式，进行多主体、多元主体的软传播，注重传播方式和策略的多样性"[②]。在国际传播中，不断出现的新

---

① 夏翠娟、铁钟、黄薇：《元宇宙中的数字记忆："虚拟数字人"的数字记忆概念模型及其应用场景》，《图书馆论坛》，https://kns.cnki.net/kcms/detail/44.1306.g2.20220311.1518.002.html。

② 郇昌鹏、管新潮：《中国形象研究的话语与翻译转向——基于信息贡献度与文献计量的知识图谱分析(1994—2021)》，《外语电化教学》2022年第1期。

生代与国家形象的传播之间产生了矛盾。在快餐文化、电子游戏的冲击下，国家历史文化的厚重感越来越难以让年青一代产生认同。而虚拟数字人的出现，为国际传播中群体与内容的选择上提供了更多可能性。

1. 群体选择

元宇宙的去中心化特色，使得个体在虚拟世界中身份认同的实现成为关键。虚拟数字人的记忆模型有助于"个体的身份认同和经济价值体系的建构"，以及能够为"群体身份认同及其社会和文化价值体系构建提供参考框架和计算框架"[①]。与真人相比，在国际传播过程中虚拟数字人所面向的群体更加广泛。虚拟数字人因其"数字化"特征，能够适用于各种传播载体以满足不同国家群体的认同需求；同时也因其"虚拟化"特征，能够容纳并接受不同国家群体的价值观投射。虚拟数字人不会衰老、身材走样，更不会在道德甚至法律层面"翻车"，因此，当受众开始接受虚拟数字人的形象与"人设"时，就基本奠定了一段较长期稳定的"粉丝与偶像"关系。人设与形象的稳定，有利于群体选择的广泛性。

2. 内容选择

虚拟数字人与生俱来的数字化特性，使其能够更好地与数字化技术相结合，并灵活地应用于不同传播内容的创作中。尽管绿幕背景、抠像技术、视频软件等工具的不断升级，在一定程度上缓解了真人与虚拟场景的融合，但在传播过程中总会因为拍摄与制作的分离，导致叙事的不连贯与违和感。虚拟数字人却可以根据不同的题材、内容，及时调整自身天赋和技能等方面，将故事的讲述更加完整化。

网络微短剧属于影视文艺作品，纵观在全球受到关注的知名影视文艺作品，如电影《阿凡达》和《复仇者联盟4：终局之战》等影片，在题材中都有一个共性——歌颂民族英雄。主人公都是以巨大的自我牺牲为代价，拯救了群体的英雄，其在青少年中有着不容忽视的影响力。可见，英雄主义是亘古不变的国际热门题材，年轻人需要英雄成为他们的榜样。除此之外，时尚、游戏、宠物、运动等也都是世界青年感兴趣的题材，容易引发共情。因为在创作与传播的过程中，共情既是创作者的目的，也是促成传播的重要条件。[②]例如，虚拟数字人 Lil Miquela 在 Instagram 上发布了三张抱着狗的照片时，获得了四万多个赞；菜菜子在《菜菜子职场大作战》里的香菇朋友，作为一种陪伴型"宠物"，令菜菜子的人设更加丰满可爱。

---

① 林琦桁：《主流媒体短视频共情传播的创新路径研究——以小央视频为例》，《出版广角》2022年第6期。

② 杜骏飞：《网络新闻学》，中国广播电视出版社，2001，第246～248页。

（三）叙事方式的传播策略

由区块链、算法和 VR 等技术所构成的元宇宙世界中，叙事正逐渐脱离原有的框架逻辑。不仅是时间和空间都拥有着多样性，连作为主体的人都具有重叠的可能性。只要愿意，虚拟世界可以"满足受众对时间向度上的无限跨越的渴望"[1]。在线性、可编辑性、数字拟真以及沉浸式体验等，都在不断地冲击着虚拟与现实之间的关联，迫使信息以一种非常态的方式进行传播。因互联网而生的网络微短剧无法用连续剧或短视频等概念来理解，因为它不再是单纯的故事讲述，而是成为复杂的信息交流活动。

无论是欧美国家还是日韩，一直都有十分钟以内的连续剧，即 Miniseries（迷你剧）。一些迷你剧受欢迎的原因在于剧情的悬疑性与反转性，以及喜剧效果和超现实情节。这种情节元素和国内受欢迎的网络微短剧元素高度重合，并且和虚拟数字人出演的网络微短剧也有较大的结合空间：非现实性、强反转与喜剧。国内的网络微短剧，尤其是虚拟数字人出演的网络微短剧，如果无法拉开和真人出演的网络微短剧内容的差异化，那么除了形象的新颖性和"不塌房"的优势以外，虚拟数字人出演网络微短剧就不具备更高维度的意义了。

网络微短剧目前在宣发、题材、剧情、演员和商业化等方面还存在着诸多问题，由虚拟数字人出演的网络微短剧同样也面临着这样的问题。并且因为演员的特殊性，让其在表演上受到了较大的限制：比如技术上对中之人表情与动作捕捉得不够精确，或者是不能用各种表演的技巧、理论来要求虚拟数字人的"演技"。即便现阶段的粉丝对虚拟数字人出演网络微短剧的审美宽容度较高，但随着越来越多如"柳夜熙"般精品化虚拟数字人出演的网络微短剧的发展，粉丝的审美要求会越来越高，粗糙的建模、不精准的表情与动作、粗制滥造的"段子式"剧情，终会被淘汰。

1. 剧情多样性

目前的网络微短剧剧情大部分局限在爱情的剧情中，然后在爱情的基础上加入喜剧、悬疑或魔幻。虚拟数字人参与的网络微短剧虽然涉及爱情的剧情不多，但是剧情目前也没有发展出多样性，大部分还是与生活和职场相关的喜剧。在进行国际化传播时，由于文化差异，单一喜剧的效果未必会达到预期。

虚拟数字人并非真实存在的个体，也没有真实的性格，可以"根据官方给定的性格特征来构想"性格，[2]因而有着创造"非现实"剧情的优势，但目前也

---

① 李镓、陈飞扬：《网络虚拟偶像及其粉丝群体的网络互动研究——以虚拟歌姬"洛天依"为个案》，《中国青年研究》2018年第6期。

② 《腾讯在线视频短剧"瓦舍三部曲"开机　传统文化的年轻态表达》，https://baijiahao.baidu.com/s?id=1713568716184802630&wfr=spider&for=pc。

有着讲好"现实性"剧情的劣势。如何让虚拟数字人讲好脚踏实地地将中国故事、"非现实"的元素与"现实"相结合，并非做不到。比如柳夜熙的剧集中，因为加入了"元宇宙"的概念实现了亲人与从事医生、消防员、警察等职业的子女的"云团圆"，让故事有了温情的结尾。对人性的美好追求和对社会的积极融入，能够与中国本土文化的融合，使网络微短剧在"国际化"传播中更能发挥效果。

2. 叙事元素多样性

"单一喜剧"在国际化传播中有较大难度，那么虚拟数字人出演的网络微短剧，就要最大限度发挥主角的超现实身份、拥有多种技能与形象完美的优势，在剧情的设置上发挥想象力，同时结合全世界年轻人都热衷的悬疑和反转剧情。在剧情的现实元素中，学习李子柒和滇西小哥在制作美食中加入中国传统的节气文化等方式，融入中国非遗文化（比如皮影、戏剧、剪纸等艺术），糅合在剧中。虚拟数字人在传播内容的叙事过程中，可以极大程度地结合本土舞蹈、美术、音乐等多种传统艺术元素，起到丰富与传播本土文化的作用。

比如腾讯在线视频出品的网络微短剧《瓦舍三部曲》，分别以傀儡戏、相扑、古彩戏法等作为剧情推动的核心点，旨在弘扬中华传统文化，彰显民间文化魅力。[①]虚拟数字人出演的网络微短剧完全可以有这些题材的加入，再加入喜剧的底色，用年轻人喜闻乐见的故事叙述方式，让世界看到无论古代还是现代，不常见的特色中国文化。"中国故事"除了中国传统文化，还有我们的现代文化。比如中国的电竞行业、短视频行业的飞速发展，以及我们的现代饮食文化，都是值得放入剧本中并值得书写的一笔。结合具有本土文化元素的叙事方式，虚拟数字人"能够在主流意识形态的归置下发挥社会价值，成为中国现实语境下传统文化的传播使者，体现了虚拟偶像产业对中国社会思想观念的遵从"[②]。

3. 叙事方式游戏化

游戏化叙事的最大优点在于以个体为中心。闯关、揭秘、剧本杀、密室逃脱等剧情就是标准的"游戏化"元素。建构主义认为，人类的学习过程就是新知识与既有知识搭建桥梁的过程，其中环境起到了十分重要的作用。在虚拟世界所搭建的仿真环境中，叙事开始发生变化。以个体为中心的游戏化叙事，使得信息的传播变得不再生硬，同时也因个体的操作互动而显得更加趣味与生动。不同主体在参与过程中的不同选择，往往会形成不同的故事内容。在这一过程

---

① 刘键：《融媒体时代下虚拟偶像与电视综艺节目的多元化结合》，《中国电视》2021年第1期。

② 曾仕龙：《虚拟的偶像——"古墓奇兵"萝拉对市场营销业的启示》，《南开管理评论》2000年第5期。

中，单一的角色扮演已经无法满足受众对内容变化的互动需求。而虚拟数字人有着较强适应性，可以及时根据情节的变化而进行调整，进而将网络微短剧的故事讲述推向更具沉浸感与临场性的游戏化叙事。

受众跟随主角一起沉浸在剧情中体验游戏，既是叙事的最大创意点也是网络微短剧制作过程中的难点。真人演员的复杂经历与真实生活往往会影响叙事的正常表述，虚拟数字人的虚构性与实体感却能很好地联结受众完成游戏叙事中独特的第一人称的陈述方式。这种叙事方式的好处在于能够给受众带来成就感、梦幻化和超现实化的特殊体会。十分钟以内一集的网络微短剧就更适用于游戏化叙事方式。一集一个关卡，虚拟数字人利用自己的超现实身份与特殊技能进行闯关、跨越时空、意念揭秘等"主角光环"推动剧情，"超现实性"的身份让观众提前就预知一定会"赢"的结局，关键就在于怎么去赢——赢的过程就是大家玩游戏的过程。且游戏化的叙事，更注重体验感，也就是受众的沉浸感，让大家把自己代入其中。

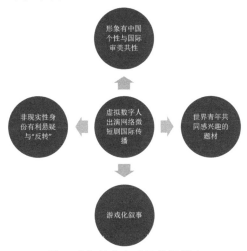

图 1 虚拟数字人国际传播策略

三、结语

虚拟数字人是现今大热的元宇宙概念的组成部分，也成了近几年很多公司与市场研究研发的对象。不同的是，目前元宇宙概念远大于实质，而虚拟数字人从 20 世纪 80 年代开始就有了雏形，只是发展到现阶段有了更多元的形象和更先进的 NLP，因此才衍生出了出演网络微短剧的可能性。

中国的短视频"出海"的成功案例，令虚拟数字人网络微短剧的国际传播成为可能。与真人相比，虚拟数字人在人物形象、题材选择以及叙事方式上都有着不可替代的优势。中国故事的国际化传播也开始拥有了除乡村振兴、田园生活女性以外更现代化、国际化、科技化、多元化的可能性。用充满文化自信的审美打造出代表中国形象的虚拟数字人、选取世界青年共同感兴趣的题材、撰写出拥有强反转的悬疑剧或喜剧剧情、加入中国传统或现代文化的亮点元素、采用游戏化的方式叙事，都是虚拟数字人出演网络微短剧国际化传播的重要策略。

（作者分别为：上海视觉艺术学院副教授；南京大学博士研究生；南京艺术学院教授。本文系 2021 年度教育部人文社会科学研究一般项目"文化强国视阈下长三角影视文化发展研究"的阶段性成果，项目编号：21YJC760116）

跨文化传播中的一种共情生成模式

——以系列纪录短片《相遇在中国》为例

唐润华　　叶元琪

一、引言：跨文化传播中共情如何生成

越来越多的实践和研究表明，在跨文化传播过程中，要想最大限度地减少文化折扣，提升传播效果，传播者需要巧妙地培养和运用共情，力求传播的信息内容获得来自不同文化背景的受众——"他者"——的同向解读与情感共鸣，进而引发"他者"的行动反馈。[①] 然而，在跨文化传播的特殊环境中，影响共情产生的因素更为复杂，共情的激发与运动过程也更为微妙。因此，掌握跨文化共情的作用机制，进而探究跨文化共情的生成模式，显得尤为重要。

一般而言，共情的产生及作用大多沿着"情感—认知—行为"的路径演进，有学者将其概括为情绪感染、观点采择和共情关注三个阶段。情绪感染是个体在面对他人处境时所形成的情绪唤醒与类似的情绪体验，是无意识的心理过程。观点采择则包含了更多的认知成分，指个体能够站在他人角度感受其情绪变化与心理过程。而共情关注属于有意识的情感成分，指帮助他人的情感状态或处境，并将自身产生的情感外投指向他人的心理过程，因此共情关注是"他者指向"的。[②] 应当注意，共情并非一个单向的传播过程，其中也包含共情反馈与共情互动环节，即在传播过程中主体向客体发出具有共情意愿的信号，客体在解码后做出共情反馈，主体接收反馈信息后与客体进行共情互动，由此才能够形成一个完整的共情传播过程。[③]

[①]　秦小青：《"一带一路"背景下疫情常态化时期的跨文化共情传播》，《南京工程学院学报（社会科学版）》2021年第4期。

[②]　曾向红、陈科睿：《国际反恐话语双重标准的形成基础与机制研究》，《社会科学》2017年第9期。

[③]　钟新、蒋贤成、王雅墨：《国家形象的跨文化共情传播：北京冬奥会国际传播策略及效果分析》，《新闻与写作》2022年第5期。

共情在产生与作用过程中也受到众多因素的影响，主要包括接近性、社会情境等，这些因素相互作用，对共情过程施加影响，从而产生相应的共情行为。[①]一是接近性，不仅指地理位置上的接近，还指思想观点的相近。人们更容易和与自己地理位置相近、经历与观点相似的人共情，并且这种接近性越高，就越容易产生共情。二是社会情境，不仅指传播环境，还包括共情对象的社会身份、情境中所包含的事件的因果关系等。由于情境的不同，个体产生的共情反应也不同。因此，共情在产生和作用过程中会受到接近性、社会情境等因素的影响。

由此可见，虽然共情通常沿着"情感—认知—行为"路径演进，但由于受到其他因素的影响，其生成模式可能是多种多样的。一种共情生成模式的形成，不但与跨文化传播的具体环境有关，也与传播内容和目的密切相连，还会受到传播者思维与行为方式的制约。从另一个角度看，传播者如果能了解并重视受众的特殊背景和所处环境的特性，能准确预判受众对传播内容的认知与反应，然后据此调整传播理念和方式，就有可能开创出一种共情生成模式，使跨文化传播效果得到提升。新媒体系列纪录短片《相遇在中国》（*Encounters in China*）就是一个例证。

《相遇在中国》是 2020 年由五洲传播中心和英国子午线影业联合出品的35 集微纪录片。与其他从单一角度讲述中国故事的纪录片不同，《相遇在中国》每集以中外两个人物的交往为核心，讲述他们因共同爱好或目标而相识相知的故事，不仅呈现了不同国家人民之间的真挚情谊，而且向世界展示了"可信、可爱、可敬的中国形象"。该系列纪录短片通过学习强国、央视频、YouTube（优兔）、Facebook 等十多家国内外互联网平台联合推出，全球播放总量超过2300 万次；同时，通过美国主流媒体 USA Today（《今日美国》）网络平台上线，覆盖超过 2.5 亿美国受众。[②]《相遇在中国》的故事题材丰富多彩，涉及众多领域；主人公来自不同国家，拥有不同职业。这种题材内容及人物背景的丰富性和复杂性固然增加了跨文化共情传播的难度，但该片的创作者从中找到了一种共情生成模式，让不同文化背景的人们在相遇中激发共情的动力，并通过相遇增进相知，然后在相知的基础上达成共识、实现相通。本文从跨文化传播的视角切入，分析《相遇在中国》是如何借助"相遇—相知—相通"的模式激发不同背景的人们之间的文化共情，并将这种共情传递给受众，从而提升传播效果的，以期提供一个可资借鉴的跨文化共情传播案例。

[①] 江凌：《情感结构视域下文化共情的生成因素与共情能力提升策略》，《中原文化研究》2022年第4期。

[②] 《〈相遇在中国〉获评国家广电总局2020年第四季度优秀网络视听作品》，http://www.cicc.org.cn/html/2021/dtzx_0416/6567.html。

二、相遇：共情的动力来源

跨文化传播面临的最大难题是文化差异，这种差异存在于社会生活的方方面面，其表征从外在的文化符号到内含的文化意蕴，几乎无处不在，形成了形形色色不同程度的文化折扣，影响了不同国家、民族、群体之间的交流效果。人类进行跨文化交流的天然需求以及进行这种交流必然遇到的文化差异及文化折扣，凸显了共情的重要性和必要性，成为共情产生的动力。从这个角度看，两个不同文化背景的个体或群体的相遇，从一开始就为共情的产生提供了需求，这种需求会随着彼此交流的进程而愈显重要和迫切。同时，相遇又为共情的产生提供了条件和可能性，因为共情产生于不同文化背景的个体或群体的交流中，并且随着交流的深入而逐渐成熟。也就是说，相遇从必要性和可能性两个方面为共情的产生提供了动力。这一点在《相遇在中国》中得到了印证。

（一）相遇产生文化碰撞，启动共情需求

跨文化传播通常涉及不同文化在全球现实与虚拟空间中的变迁、扩散。不同国家有其独特的历史文化背景，这些文化蕴藏在该国国民的人生观、价值观等各方面。因此，当两个文化背景不同的个体相遇时，两种文化之间可能会产生碰撞，进而形成对异质文化的抵触和误解，这种抵触与误解即霍斯金斯（Colin Hoskins）提出的文化折扣。[①]虽然霍斯金斯说的文化折扣主要是针对文化产品的国际流通，但文化折扣也存在于人与人之间的文化交际中。在不同文化交际中出现的文化折扣大致可以分为三类。一是因文化差异而造成的"折扣"，即不同文化个体在交际过程中对异质文化的理解有明显的偏差；二是因既有经验而造成的"折扣"，即个体基于已有经验，将异质文化信息纳入自身认知结构的过程中，由于文化背景等因素的不同，对异质文化信息产生误读或曲解；三是因思维逻辑差异而造成的"折扣"，即用不同的思维逻辑去理解异质文化，可能产生文化折扣。

《相遇在中国》清晰记录了中外人物相遇后，不同文化之间碰撞所带来的文化折扣现象。但这种文化折扣是双向的。一方面，外国人会因缺乏对中国文化的了解，认为中国文化与本国文化不可比较。例如，第5集《当英国古堡遇到中国园林》中，英国文化遗产专家克里斯不了解中国园林文化，认为霍华德城堡与拙政园不可比较。另一方面，不同文化背景的个体会因既有经验而忽略、误读，甚至抵触异质文化。例如，第8集《陶艺师的"洋徒弟"》中，美国学生德顺为了向陶瓷行家江星达表示感谢想支付一些金钱，但江星达选择让他教自己英语口语以表谢意。由此可见，两种感谢方式正体现出不同文化背景个体

① [加]考林·霍斯金斯等：《全球电视和电影：产业经济学导论》，刘丰海等译，新华出版社，2004，第45～47页。

既有经验的不同。此外，中国人也会因与外国社会文化背景和思维逻辑的不同，无法认同他国的文化习俗。例如，第16集《我家有个"洋女婿"》中，中国父亲霍庆宝认为外国人和中国人的文化与习惯不同，坚决不同意自己女儿和美国人杰夫结婚。而这正是因社会风俗不同造成文化折扣最显著的案例。

当不同文化背景的个体相遇而产生文化折扣时，二者在情绪与观点方面是处于对抗状态的，若二者要想进一步交流，就会为共情的产生提供一定的需求。这种对共情的需求，一方面体现为自身千方百计地去理解他人，另一方面表现为希望对方能对自己的情绪作出相应的反馈。例如，《我家有个"洋女婿"》中，霍庆宝去纽约看望女儿和杰夫，在暴风雪之后出去铲雪而意外受伤，杰夫照顾岳父，让他感受到家的温暖，在此期间二人的感情融入在一起，文化折扣也渐渐消失。从情感上联结异质文化个体，满足其共情需求，能够达到理解彼此文化、化解文化折扣的目的。

（二）相遇提供共在空间，创造共情情境

要使不同文化背景的个体形成共情就需要一个相同或相似的环境，即情境。情境是在特定的时空场域中所表现出来的整体状况和环境，能够影响或决定个体的情感、认识及判断。从传播内容来看，共情需要靠情感催生；从传播方式来看，不同个体处于身体共在的情境更容易激发共情。虽然互联网等媒介能够为共情传播创造条件，但共情的产生始终需要一个身体共在的场合，这种身体共在会使情感相互传染，[①]从而促进共情的形成。而相遇则使这种身体共在成为现实，不同国家的人因相遇而处于相同的情境中，相互交流了解，有助于激发共情的产生。

《相遇在中国》记录了多对中外人物在现实生活中相遇，经过交流相处，进而产生情感共鸣的故事。例如，第4集《中国舞者世界梦》中，法国音乐剧导演安妮与中国舞者叶明一起工作，叶明为了让安妮更好地了解中国，带她品尝中国小吃、教她做中餐，安妮在此过程中更加了解中国文化。相遇为这种同吃、同住、同行的身体共在场景创造了条件，而这种身体共在的情境有助于寻找彼此的共通之处，进而相互理解，从而为共情奠定情感基础。

与此同时，这种身体共在的场景也为中外人物提供了充足的交流时间，二者可以经常进行深层交流，进而消除文化隔阂，增进彼此的相互认同。例如，第11集《中英民间"外交家"》中，英国大伦敦管理局工作人员裴德由于要策划文化活动前往中国，开会时遇到了伦敦发展促进署大中华区首席代表赵冰冰，经过较长时间的相处，两人因工作关系变成了朋友。在相处过程中，裴德深入了解了中国文化，赵冰冰也对未来的规划有了思考。正因为相遇创造的身体共

---

① 赵建国：《论共情传播》，《现代传播》2021年第6期。

在的情境为个体之间的交流提供了更多时间，二者才能加深对彼此的了解，进而找到不同文化之间共通的意义空间。

三、相知：共情的激活要素

传播活动所承载的内容主要分为情感信息和认知信息，其中，情感信息对应共情，认知信息对应共识。[①]但并不意味着，共情中只有情感信息的存在，相反，认知信息在整个共情过程中起到了重要的激活作用。一般来说，共情传播分为情绪共情、认知共情和行为共情三个组成部分，但无论是情绪共情、认知共情，还是行为共情，其形成的前提都是对"他者"或"他种文化"的认知，只有当认知行为发生后，个体才能对总体状况进行评估，从而产生相应的情感反应或行为反应。[②]这种认知活动种类纷繁，在该纪录片中主要体现为对人、对事物以及对文化的认知。

（一）对人的认知：增进相互了解和信任

人类具有相同的情感，在跨文化传播遭遇困境时，这些超越文化的共通情感能够帮助我们与异质文化的"他者"感同身受，[③]但这种感同身受是基于对"他者"的认知而产生的。只有先了解"他者"的经历或观点，才有可能产生一定的认知，进而结合自身的经历去感同身受，从而进一步增进对彼此的了解与信任。由这种认知所产生的对彼此的了解与信任，也为共情的产生创造了情感基础。

《相遇在中国》记录了多对中外人物因相知而相互理解并成为朋友的故事。例如，第20集《土耳其翻译官的"中国父亲"》中，导师张强为缓解土耳其学生巴哈在中国学习的紧张情绪，让她融入自己的生活。在这种家庭生活中，巴哈发现了家庭的意义不仅是血缘关系，更是人与人之间的爱。正如马斯洛需求层次理论（Maslow's Hierarchy of Needs）提出的，人具有生理、安全、社交、尊重以及自我实现的需要，个体先满足较低层次的需求，才能进一步满足较高层次的需求。但应当注意，社交、尊重和自我实现这三种较高层次的需求，往往需要先对他人产生认知，进而进行情感互动来获得满足，这种以认知为基础的情感互动所形成的共情能够带来更多精神上的满足。

（二）对事物的认知：发现共同兴趣和关切

在共情传播的过程中，起初人们更愿意接收情绪信息，由于受到信息性质的影响，这一时期形成的共情以情绪共情为主，但其中可能存在干扰认知的因

---

① 赵建国：《论共情传播》，《现代传播》2021年第6期。

② 钟新、蒋贤成、王雅墨：《国家形象的跨文化共情传播：北京冬奥会国际传播策略及效果分析》，《新闻与写作》2022年第5期。

③ 李成家、彭祝斌：《论跨文化共情传播——基于国际互助抗疫的探索》，《现代传播》2021年第5期。

素。在多次信息接收后，人们会对接收的信息进行理性筛选，此时情感共情效能逐渐消失，认知共情的理性过程开始主导共情传播。[①] 不同文化背景的个体在认知同一事物时，会经历从情绪认知到理性认知的过程。其中，在初期的情绪认知阶段，必然会出现认同和抵抗两种态度。

《相遇在中国》记录了"情绪认同—理性认知"与"情绪抵抗—理性认知"两种不同的认知过程。例如，第 12 集《探索古代中国的同行者》就表现出由情绪抵抗到理性认知的过程。澳洲学者托尼亚与中国青年研究员孙周勇的研究方向和兴趣不同，一开始托尼亚对孙周勇的研究方向十分抵触。但通过实地考察，托尼亚逐渐理解并对孙周勇的研究产生了兴趣，为二人后续的合作奠定了基础。这种由情绪抵抗到理性认知的变化，正是因为对同一事物的认知发生了改变。而第 24 集《黑暗里的那束"光"》则表现出从情绪认同到理性认知的过程。英国牛津大学医生柯林与中国医生濮鸣亮相遇后发现彼此都对视力研究感兴趣，于是二人合作寻找治疗弱视的方法。这种由情绪认同发展到理性认知的过程，在一定程度上会促使两人为同一目标不断努力。由此可见，无论是情绪认同还是情绪抵抗，最后对事物的理性认知有利于彼此对共同事物进行深入了解，找到共同的兴趣与关切，进而产生共情。

（三）对文化的认知：寻求共同价值

在跨文化传播的语境中，文化认同分为两种。一种是传统的文化认同，即主体对自身文化身份的确认和表达；另一种是跨文化认同，即超越主体文化身份，欣赏和接受异文化。[②] 两个文化背景不同的个体相遇也意味着两种文化的相遇，个体接触异质文化时可能会出现理解和抵触两种态度。毫无疑问，个体对异质文化的接受态度能够表明个体之间已经形成跨文化认同；而起初的抵触情绪在一定程度上也会随着交流的深入发生转变，逐渐接受和认同异质文化，最终实现跨文化认同。

《相遇在中国》讲述了异质文化个体欣赏、接受并认同中华文化的故事，表现出跨文化认同。例如，第 6 集《情定茶乡》中，美国人类学家布莱恩与中国云南姑娘苏玉宙因茶而识，两人在共同探索中国布朗族丰富多彩的茶文化的过程中相知相爱。布莱恩超越了自身民族国家的文化身份，接受并认同中国的茶文化，与中国妻子找到了共同的价值目标。尽管不同文化之间存在差异，主体的文化身份也存在区别，但文化身份的协商始终是一个流动的过程，当交流双方找到共通之处时，对异质文化的态度也就从尊重发展到理解与认同。文化

---

① 易魁、王玉琦、许俊：《危机事件中互联网"圈子"用户的共情传播机制研究——基于情感共情和认知共情双过程探索》，《江西师范大学学报（哲学社会科学版）》2021年第3期。

② 程颖：《中国元素与文化认同研究》，安徽大学硕士学位论文，2013。

认同是最深层次的认同，具有复杂多元的机理。不同文化个体之间的交流有利于增进对彼此文化的了解，进而找到其中的共同价值，形成文化与价值观认同。

四、相通：共情的作用机制

通常来说，共情的作用机制经历情绪感染、观点采择和共情关注三个阶段。贯穿其中的核心要素是不同主体之间的相通——无论是情感、认知，还是行为，主体间都必须达成某种共识，共情才有可能形成和实现。在《相遇在中国》中，虽然每集的人物身份、故事主题和情节发展不同，但仍可以看到共情的作用是沿着情感共鸣、理性共识、行为共力三个环节渐次推进的。在不同文化交流的过程中，共情在这三个环节中所发挥的作用也存在差异。

（一）情感共鸣：化解文化隔阂和刻板印象

不同文化交流的过程中可能会产生文化隔阂，因此，要用情感共鸣来减少这种折损传播效果的现象。情感共鸣通常产生于个体面对他人处于与自己相似经历的情境中，相似的经历能够使个体回想起彼时的情感，进而感同身受，最终实现情感共鸣。这种共通的情感可以作为与他人交流的介质，打破人与人之间的围墙，寻求不同文化之间的共通之处，融通群体之间的隔阂，从而避免导致共情传播的失效。[①]

《相遇在中国》记录了多对中外人物因为文化差异而无法正常交流，但因找到共通之处，文化隔阂得以化解的故事。例如，第26集《这个骑友不一般》中，加拿大人基思和中国山地车自由骑手丁再刚在语言交流方面有很大的障碍，但两人对山地车运动共同的热爱使其克服了语言障碍，最终打造了一个山地车公园。语言差异是横亘在众多中国人与外国人之间的障碍，而对某一事物所怀有的共通情感能够让二者跨越语言障碍，朝着同一方向迈进。与此同时，这种情感共鸣在一定程度上能够化解外国人对中国的刻板印象。从《相遇在中国》可以看到，部分外国人认为中国仍处于落后时期，但来华后才发现中国的快速发展；也有部分外国人因为好奇来到中国，与中国人民交流交往，从而加深或改变了自己对中国原有的印象。无论是在化解文化隔阂、减少文化折扣，还是消除刻板印象方面，不同文化个体之间所形成的共通情感能够通过自身的情感本能来驱动认知，进而改变或加深已有认知，从而化解文化隔阂与刻板印象。

（二）理性共识：实现认知上的理解与接纳

共情作用的第二个环节观点采择中包含认知理性的部分，强调个体通过调用自身具有的经验与知识，对第一环节所接收的情绪信息进行判断与加工，最终达成认知共情。而认知共情中就包含理性元素。这种基于理性所形成的共情

---

① 崔维维：《国家形象的共情传播及其引发机制》，《哈尔滨工业大学学报（社会科学版）》2022年第1期。

更具稳定性，更容易达成理性共识，使不同文化个体在认知与观点上实现相互理解与接纳，甚至实现文化间的融合。

《相遇在中国》中有大量中外文化、技术等方面相互借鉴与融合的故事，这些文化融合的发生都是以双方达成理性共识为前提的。例如，第15集《杖头木偶出海记》中，美国人斯蒂夫对木偶拥有浓厚的兴趣，在中国遇到木偶剧场的戴荣华，二人经过交流后达成合作，将中国与美国的木偶艺术进行融合。不同个体在对同一事物具有情感的基础上，通过深入交流形成共情，进而达成合作。深入了解的过程蕴含着个体对信息的筛选活动，而最后达成合作这一理性判断的结果也是在对事物共情的观照之下所形成的。这种由共情所达成的理性共识，在不同文化交流中起到了助推作用，有利于中外文化融合共生，既实现"你中有我，我中有你"，又能保留各自文化的独特性。

（三）行为共力：形成共同的行动目标或方向

共情传播有两条路径。一条是基于生理驱动性的，通过情感唤起调动生理反应，实现人内传播并调节认知；另一条是基于社会建构性的，通过情感唤醒激发分享欲望，从而带动社会行为。[①]一般来说，共情首先带来情感上的认同，进而引起认知和行为的改变。应当注意，情感、认知与行为之间是相互影响的，没有固定不变的顺序，可以随着情境和因素的变化而变化。但是，无论是以怎样的顺序相互影响、何种因素发生变化，最终形成情感共鸣、理性共识和行为共力的结果是不会改变的。

《相遇在中国》记录了多对中外人物从情感共通到认知协同再到行为共力的故事。例如，第27集《"新"心相印》中，美国心脏外科医生理查德和中国心脏外科医生刘锦纷在上海相遇，两人做了中国首例动脉换位手术，都希望成功的手术经验能够帮助有先天性心脏病的孩子和年轻的家庭。由于对同一事物的关注与喜爱，不同文化个体找到彼此情感的联结点，自然会激发对该事物的交流欲望，在这种深入交流的过程中，两人会协调彼此的认知，进而朝着同一个行动目标努力。共情所带来的情感共鸣导致的行为共力，有助于促进中外在多个方面的国际合作，更有助于促进人类向着同一个大目标——构建人类命运共同体——迈进。

五、结语

情感是人类在多元文化交流语境下难以忽视的重要因素，而共情也成为人类实现跨文化交流活动的天然路径。[②]这一点在《相遇在中国》中得到了印证。

----

① 马龙、李虹：《论共情在"转文化传播"中的作用机制》，《现代传播》2022年第2期。

② 徐明华、李丹妮：《情感畛域的消解与融通："中国故事"跨文化传播的沟通介质和认同路径》，《现代传播》2019年第3期。

该系列纪录短片以独特的视角讲述了 35 对中外人物交往的故事，从交往过程中发掘出一种在跨文化传播中存在的新的共情生成模式，即"相遇—相知—相通"。这一模式跳脱出以往的"情感—认知—行为"模式，为共情的实现探索出一条新颖的路径。《相遇在中国》在激活共情的过程中，一方面注重影片人物之间产生共情的过程，真实呈现二者从相遇到相知再到相通的过程，建构了一个完整的叙事结构；另一方面注重影片与观众产生共情的过程，通过完整呈现主人公的经历与故事，让观众从中寻找到与自身相似的情感或经历，进而实现情感共鸣。《相遇在中国》可以给各种形式的跨文化传播一些共同的启示：在共情路径的指引下，通过营造各种可以坦诚交流的空间，提供各种相互认知的机会，寻求一种更具包容性的共通意义，来自不同文化背景的主体能够形成更加广泛的共识，由此可在跨文化实践中彰显主体间性与文化间性。[①]

（作者分别为：大连外国语大学特聘教授；大连外国语大学新闻与传播学院硕士研究生。本文系国家社科基金重大项目"一带一路背景下中国价值观的国际传播研究"的阶段性成果，项目编号：17ZDA285）

---

① 周翔、付迎红：《中国影像故事的"叙事—共情—跨文化"互动机制模型——基于对"一带一路"题材纪录片的分析》，《现代传播》2022年第6期。

数字拓局：央视科技类节目的
出海策略与国家形象建构

闫广祺

数字技术的革新与媒介传播的多模态融合为中国文化的对外传播带来了新契机，并成为中国式现代化发展历程中国际传播话语样态的形塑革新力。中央广播电视总台科技类节目是以科技为主题，以科普、报道、纪录等形式，通过电视媒介向公众传播科技信息和知识的电视节目类型。总台的融媒传播范式为中国科技产业的对外传播提供了新思路。央视借助 TikTok、YouTube 等域外自媒体平台进行海外传播，科技类节目《创新中国说》《智敬中国》《透视新科技》《超级工程》《解码科技史》等不断涌现并"出海"拓局，内容涵盖工程技术、生物医学、区域治理、跨域互联等方面，在尊重不同文化差异性与共通性的同时，实现中国故事的跨区域、跨文化传播，彰显出党和国家的良好国际形象。

一、出海理路：以数字文化建构中国式现代化国家形象

"推动中国科技成果出海，建构科技中国国际形象"是中国对外传播话语体系构筑的价值旨归，也是弥合自塑与他塑之间形象鸿沟、信息鸿沟、情感鸿沟、认知鸿沟的重要方式。国际话语传播体系的建构与权力分布高度联系，话语权的角力实质也是各文明体系的碰撞与国家、地区间经济的竞逐。在全媒体国际传播格局下，数字技术的发展让传播场域不再局限于广播电视、报刊等媒体，融媒体传播矩阵不断升级，传播样式、内容更为广泛。

央视从 20 世纪 90 年代末开始出现科技类节目，如《走近科学》《探索发现》《科技之光》等，这些节目从最初的纯知识传播逐渐转型为融合娱乐、教育和信息的综合体，并以更加开放、包容、多元和年轻化的方式打造成具有国际竞争力的数字节目品牌，适应了中国式现代化建设中的新形势、新需求和新目标。2017 年，央视科技类节目《机智过人》作为世界全新节目样态代表在

当年秋季戛纳电视节上亮相，一举取得 2017—2018 年 The Wit 模式库所有节目海外同行搜索量第一的成绩。2018 年秋季戛纳电视节上，央视科技类节目《加油向未来》更是掀起传播热潮。

近年来，央视科技类节目《创新中国说》《典赞·科普中国》《下一站，火星》《超级装备》《KUA！酷啊未来——中国科技创新之夜》通过网、端、屏、微等十余种媒介载体展示"科技改变生活"，并通过央媒、地方媒体与国际平台相结合的方式，实现了媒介地域的跨越与媒介形态的破壁融合。其传播话语随着时代变迁也发生了转型和变革，从单纯的科技知识传播，转向对科技、文化、社会等多方面的综合解读，更加注重与观众的互动，以及反映对中国式现代化问题的认知、评价和表达。2023 年，人工智能技术迎来新一轮的爆发期。央视推出《智造中国》等一系列科技类节目，深度挖掘中国制造业的新场景、新模式、新业态和相关前沿科技，展现出科技工作者昂扬的精神面貌。从纪录片到大型融媒体直播，再到行业指数发布，这些作品在进一步强化中央广播电视总台舆论引导能力的同时，也对我国制造业供给侧结构性改革、打造制造业竞争新优势、实现智造强国起到了积极的助推作用。

另外，中央广播电视总台建设海外视听新媒体平台，在境外落地中国频道，加强国际互联网平台合作，促使海外传播矩阵搭建更加完备。CGTN 积极借助国际社交媒体平台 Twitter、Facebook、YouTube 等为全球受众提供准确、及时的信息资讯和丰富的视听服务，促进中国与世界沟通了解。其还搭建先进技术与产业发展融合平台，融合人工智能领域"政产学研融"资源，借助国际舆论场域与传播阵地，以智能技术赋能创新话语叙事表述，展示人工智能迎接未来生活的风范，为数字中国国家形象建构助力。这些对外传播活动培育了央视科技类节目参与国际合作和竞争的新优势，使其在海外形成一种多维度、多层次、多样化的传播模式。

二、话语革新：科技自强与国家形象共联的实践路径
（一）叙事延伸：书写中国科技故事的话语范本

习近平总书记强调："加快构建中国话语和中国叙事体系，讲好中国故事、传播好中国声音，向世界展现可信、可爱、可敬的中国形象。"[1] 国际传播工作围绕着国内、国际两个大局，这就要求所述故事既要蕴藏中国本土"元话语"中的精神与思想，又要在叙事逻辑方面符合世界共通性。为了消弭认知偏差、刻板印象与情感失真问题，解构西方话语体系对中国的"他塑"，就要讲好中国现代化故事，制订并开展中国国家话语权与国家形象的故事化传播战略，"自

① 习近平：《高举中国特色社会主义伟大旗帜 为全面建设社会主义现代化国家而团结奋斗——在中国共产党第二十次全国代表大会上的报告》，《人民日报》2022年10月26日。

塑"起传统中国、现代中国与全球中国的国际形象。

2023年8月26日，央视科技类节目《创新中国说》以科技创新的"四个面向"和科研体制改革为主线，邀请15位科技领域顶尖人才作为主讲人，讲述中国各领域的创新突破、前沿发展和重大意义的故事，传播追求真理、勇攀高峰的科学精神，展现新时代科技自立自强的成就和中国科技创新人才昂扬向上的风貌。著名肝胆外科专家董家鸿院士讲述影响世界的"精准外科"理念；"小麦院士"许为钢分享潜心育种四十年、实现种业科技自立自强的历程；陈晔光院士讲述为实现器官再生、移植而进行的"类器官"研究；雒建斌院士带来攻克摩擦领域世界难题、实现"超滑"故事。在科技类IP《智敬中国》第三集"云上村庄"中，讲述从"脱贫攻坚"跨越到乡村振兴的广东省连樟村的故事。诠释地方特色与智能新科技结合的意义，探索出特色振兴、区域发展的个性化新路。

作为一个正在进行现代化建设的国家，我国媒介话语经历多次转型和变革以适应现代化进程中的新挑战、新机遇和新任务。新时代以来，央视试图在对外传播实践中"打造融通中外的新概念、新范畴、新表述"[①]，以智能技术赋能创新话语叙事表述，以更加开放、包容、多元和年轻化的方式，向世界讲好中国式现代化故事，实现国际话语叙事再转向。

（二）数字革新：虚拟仿真技术优化海外舆论场

创新数字文化业态是适应时代的需要，是文化产业创新的集中体现。人机交互与数字孪生技术的发展打破了现实与虚拟的物理界限，影像空间也从真实维度渐入虚拟化阶段，并为中国科技成果与中华文化的"出海"带来新契机。随着政策的落地和科技的革新，央视科技类节目也经历了从传统到现代的转变，采用VR、AR、XR、区块链、5G、云计算、裸眼3D、沉浸式空间投影等新技术应用传播科技知识。在数字时代，新的视听形式为全球观众提供了可参与、可互动、可知可感的多元空间。可见深化视听交流合作，创新机制打造平台，是丰富华语视听内容和国际传播渠道的必然趋势。

央视科技类节目《创新中国说》以"技术+思想+艺术"理念，运用前沿虚拟技术，带领观众上天入海、探幽索微，从科技的神奇与美丽中感悟国家之进、创新之力。全XR场景沉浸式虚拟世界，让人们穿梭于4亿公里之外的无垠空间与未来世界的科幻空间之间，去探寻人类智慧的奇点。节目还原了一段来自宇宙深处的声音：FAST科研团队基于脉冲星电波波形创作的声波音乐，这是属于全人类的"天籁"。

全球化语境实现了信息互通，新一代信息媒介的快速发展已成为推动经济

---

① 《习近平谈治国理政（第四卷）》，北京外文出版社，2022，第317页。

增长新的重要引擎。2023 年 3 月 26 日，央视推出科普活动盛事《典赞·2022科普中国》，以"科普托起强国梦，十年砥砺铸辉煌"为主题，展示党的十八大以来的重大科普成果，虚拟主持人现身节目现场，通过"内容＋科技"融合创新带来破次元互动，真实主持人与数字人跨越历史展开时空对话，在虚拟与现实、科技与传统的碰撞中迸发中国人民的奋斗活力。

（三）渠道拓展：建设平等沟通数字平台与品牌

为提升中国媒体在国际舆论引导中的传播能级和声量，中央广播电视总台深入探索传播新模式，以报、端、网、微、屏等十余种媒介载体搭建起中国同世界各国、各地区的沟通交流平台，构建基于传统媒体、新媒体、自媒体等多种渠道融合产生的对外传播"全媒体矩阵"。

CGTN 于 2016 年年底成立以来，共开办 1 个视频通讯社和新媒体集群、3个海外分台、6 个电视频道，以俄、阿、英、西、法 5 个外语频道覆盖全球五大语言地区观众，并于 Google play、亚马逊等 4 个平台上线，同时入驻 Facebook、Twitter、YouTube、Instagram 等 10 个国内外社交媒体平台，承担着宣传国家科技政策、引导公众科学素养、塑造国家形象等重要职能。以 Facebook 和 Twitter 为例，CGTN 除主账户，还开设了 CGTN 法国、CGTN 美国、CGTN 非洲等多个子账户，形成了庞大的社交媒体传播矩阵，CGTN 移动新闻网、新闻客户端和社交账户在日常的传播和发布的过程中相互推介、互为照应。

2022 年 10 月 9 日，CGTN 节目《新时代进行时》走进光谷，近距离了解光纤预制棒和光纤的生产过程，感受中国企业如何加强技术研发攻关，掌握具有自主知识产权的核心技术，实现科技自立自强。CGTN 电视频道及其新媒体和官网等平台向全球直播。此外，节目还通过《湖北日报》、荆楚网《极目新闻》、武汉电视台等媒体客户端、微信视频号、抖音官方号等同步直播，中国光谷融媒体全平台也同步转播。国际舆论场瞬息万变，CGTN 作为国际社会认识中国、了解中国的重要窗口，在讲好中国故事、传播好中国声音的同时，也牢牢抓住机遇，通过对一次又一次国际热点时事的跟踪报道，不断加强自身国际传播能力建设，扩大中国科技品牌的全球影响力。

（四）文化呈现：延展"文化—科技"全球传播共情场

中华文明的呈现是国家形象重要的"自塑"手段。习近平总书记指出："要讲清楚中国是什么样的文明和什么样的国家，讲清楚中国人的宇宙观、天下观、社会观、道德观，展现中华文明的悠久历史和人文底蕴，促使世界读懂中国、读懂中国人民、读懂中国共产党、读懂中华民族。"[①] 在全面推进中华民族伟大

---

① 《习近平主持中共中央政治局第三十九次集体学习并发表重要讲话》，https://www.gov.cn/xinwen/2022-05/28/content_5692807.htm?eqid=8a4526140002fcde000000066469c217。

复兴进程中，中国科技能力与数字思维逐渐融入国际传播话语体系，在世界人民的共情场域中促进中国同世界各国、各地区交流，也为中国文化的复兴带来了契机。"国之交在于民相亲"，讲好中国故事能够有效强化海外民众对中国的情感。①《下一站，火星》在人类探索外太空的大视野下，以"天问一号"的飞行历程为线索，系统梳理中国首次火星探测任务的缘起、历程和目标，在硬核知识表达之余，不忘人文观照，带给观众更宏大时空维度上的思考。

数字化叙事手段以多模态形式对国际传播文本进行再塑，央视科技类节目在展现中国科技实力的同时，将视觉态、听觉态的数字视听语言融入国际传播的共情实践中，填补了国际传播中的文化鸿沟。②虚拟现实技术在展示中华文化魅力之时，以极具美学意义的多模态化内容破除了由政治、经济构成的现实壁垒，并借助智能数字化叙事手段延展出国际传播共情场域，提升中华文化国际传播的现场感和立体感。

三、形塑升维：数字技术与创新型国家的形象特征

（一）现代化与人民性：讲好中国科技人文故事，实现传播"去主体化"

中国国家宗旨及党政理念始终以人民为中心，科技是媒介与工具，以"人"为核心的原则始终不能动摇，在科技展示与文化交流中显映国人对奋斗、仁义、创新、和谐等精神内核的追求，在故事中感受国人精神，能够令国外观众了解真实的中国。"现代化的本质是人的现代化。"③在科普科技知识与贡献中国成果中应展现出"国"与"民"的共同进步，以"人民性"话语诠释国人智慧与大国精神。

中国对外传播多有浓厚的官方色彩，中西文化的差异性让跨文化传播语境中的国外受众容易产生"对抗性解读"，进而陷入自我消解的状态。中国处于与世界互嵌的传播语境中，以"共识性话语"实践对外传播就显得极为重要。中西方民众的文化背景、思维方式迥异，西方人对传统的政治舆论与宣传有着较强的抵触情绪，因此，科技品牌的建设要下沉到民间，借助海外华人媒体、西方权威媒体等以"润物细无声"的方式客观地进行中国声音的传播与国家形象的建构。譬如，《超级装备》第二季聚焦中国医疗、能源、交通、基建、救援五大领域的 18 个尖端装备，将冰冷繁复的工业流程变成有温度、人性化的奇迹诞生过程，书写了国产超级装备所凝聚的科技力量。在微观人性和宏大叙事中找寻平衡，用多元视角解构抽象科学理念，有温度、民做主的中国国际形

---

① 李宇：《讲好中国故事的策略创新：柔性叙事与软性传播》，《对外传播》2023年第7期。

② 刘涛、刘倩欣：《新文本 新语言 新生态 "讲好中国故事"的数字叙事体系构建》，《新闻与写作》2022年第10期。

③ 中共中央文献研究室编《十八大以来重要文献选编：上》，中央文献出版社，2014，第594页。

象借此向外传播。

在逆全球化传播规律的背景下，中国迎来了更大的挑战，中央广播电视总台从"传播主体"转变为"讲好中国的科技故事，以科技讲好中国故事"的平台搭建者，更应秉持文化自信的价值理念，以人民的利益为本，以开放包容、锐意进取、交流沟通、平等自主的价值与文化理念，通过新媒体来传达交流与合作的初衷，进而提升中国文化在国际舆论场中的影响力与感召力。

（二）开放性与探索性：表明对外交流互通意愿，拓宽国际传播新渠道

国家形象建构是实现对外传播战略目标的重要手段。科技作为国际共有文化为国家间的沟通对话提供了平台，无论何种国家文化，其最深层的文化传播动力都在于获得国家尊重与安全。在国际传播中，科技类节目将抽象的科学理论知识转化为便于民众理解的数据图谱，以鲜活的形式满足了不同国家、地区的受众需求，走出文化中心主义与民族中心主义的"偏狭"，在共建人类命运共同体的过程中，弥合了国家间的文化鸿沟。

科技类 IP《智敬中国》是中国首款集纪录片、访谈录、云讲堂直播、行业资讯、中国智慧产业发展大会等节目与活动在内的智能科技类综合栏目。其围绕交通、能源、农业、工业等领域的智能化、数字化转型等话题，以"智能机器人产业的智变与未来"为主题，以人文视角洞察中国智能产业发展的新图景，展现各行各业直面革新拥抱变化的决心，聚焦中国产业数字化、智能化转型成果，对诸多科技创新进行实景呈现。用更加开放、包容、多元和年轻的方式，在尊重不同文化之间的差异性与共通性的同时实现中国故事的跨区域、跨文化传播，彰显党和国家的良好国际形象，表明中国对外交流互通的意愿。

（三）生态性与联动性：顺应绿色协同发展潮流，架构多模态立体传播网

人类命运共同体话语映射出人类文明发展的普遍安全之路，是内蕴共同建设、共同享有之意的中国话语。[①]中国式现代化是人口规模巨大的现代化，是全体人民共同富裕的现代化，是物质文明和精神文明相协调的现代化，是人与自然和谐共生的现代化，是走和平发展道路的现代化。[②]国际传播话语的破圈建构并非仅依靠对国家治理的历史内涵与国家先进制度的传播，也不仅是对中华优秀传统文化中经典思想的展示，同样也需要与时俱进地传递中国式现代化发展经验等先进理论思想。

央视科技类节目《创新中国说》面向经济主战场，选取小麦育种、人工智

---

① 蔡文成、牟琛：《"人类命运共同体"话语的传播困境及突围策略》，《河海大学学报（哲学社会科学版）》2022年第4期。

② 李玉举、肖新建、邓永波：《从物质文明和精神文明相协调看中国式现代化》，《红旗文稿》2023年第1期。

能、雪域天路的三个案例，讲述中国科学家把论文写在祖国大地的故事。面向世界科技前沿，中国科学家在制造业、深海探测、数字技术等领域探索，为人类科技事业的进步贡献中国智慧。科技类IP《智敬中国》通过乡村建设的科技化、生态化转型，讲述链式互联科技网的发展产物——中国乡村产业的变化。在智慧茶厂，原始经验的低产量炒茶加工依靠科技实现智能化揉捻生产，传统的制茶业趋向系统化、产业化发展。传统乡村现如今依靠数字赋能转变为智能乡村，曾经那批"逃离故乡"的青年人渐渐意识到家乡变化，转而"重返乡土"，为乡村振兴注入新鲜血液，农业生产基础被夯实，乡村发展新动能被培育，乡村振兴以"人"为本，贡献"新"智慧。

四、结语

科技革命带来的信息全球互联、区域网格化互通使人类社会信息传播转变为全球流通新格局。中国式现代化作为中国智慧、中国方案、中国力量，契合中国国情，源于人民实践，内蕴着"绿色共赢""互惠共利""和平发展""人类命运共同体"等思想理念。央视应时而作，向智能数字化借势，主动探索有关"人机交互式智能化叙事"，以国家核心媒体力量聚焦中国智慧科技前沿领域新动向，以海内外合作共享传播打造全媒体传播矩阵，讲好数字技术赋能的中国故事，为中国式现代化话语叙事国际传播转向提供新的可行方案。

【作者系南京师范大学文学院博士研究生。本文系江苏省社会科学重点项目"中国当代电影主流意识形态建构研究（1979—2018）"的阶段性成果，项目编号：19YSA002】

仪式·意义·认同：北京冬奥会开幕式
与中国形象塑造

薛文婷　张　麟　胡　华

习近平总书记在中共中央政治局第三十次集体学习时强调："讲好中国故事，传播好中国声音，展示真实、立体、全面的中国，是加强我国国际传播能力建设的重要任务。"所谓国家形象，是一国自塑形象和他塑形象的总和，表现为国内外民众对该国直接或间接接触后形成的总体认知和评价，积极正面的国家形象可起到对内增强民族文化自信心和国家身份自豪感、对外询唤更广泛文化认同的关键作用。[①] 奥运会、冬奥会、世界杯等以体育赛事为载体的全球性媒介事件，是举办国塑造国家形象的绝佳契机。其中，奥运会开幕式作为国际体育赛事的重头戏，被称为"全球社会中最重要的公民仪式"[②]，更是举办国展示民族文化、彰显国家气质、塑造国家形象的重要平台。在关于奥运会开幕式与国家形象塑造的既有研究中，常以"传播的仪式观""媒介事件""媒介仪式"等理论为视角，虽然观点并不一致，但多承认媒介可以凭借自身拥有的符号资源搭建"仪式空间"或"阈限"，通过符号建构意义，促使人们投入仪式，从而构建共同认同，形成情感铼接，促成态度改变，完成社会整合。[③] 由此，本文从仪式、意义和认同三个维度入手，就北京冬奥会开幕式对中国形象塑造的作用和机理进行探究。

一、北京冬奥会开幕式与中国形象的仪式空间建构

媒介事件是对事件的仪式化呈现，其"既能征服空间也能征服时间"[④]，并

---

① 范红、周鑫慈：《奥运会对国家形象的建构逻辑与整合策略——对北京2022年冬奥会国际传播的新思考》，《对外传播》2021年第11期。

② Limin Liang. Crafting Resonance in a Sports Media Event: The Olympic Games as a Transnational Social Drama. Journalism Studies, Vol.20, No.3, 2019. p.401.

③ 罗坤瑾、许嘉馨：《国际性共同媒介仪式：体育精神与国家形象的建构》，《现代传播（中国传媒大学学报）》2022年第1期。

④ [法]丹尼尔·戴扬、[美]伊莱休·卡茨：《媒介事件：历史的现场直播》，麻争旗译，北京广播学院出版社，2000，第17页。

提供一个"仪式空间"让观众参与其中。[①] 北京冬奥会开幕式直播这一媒介事件不仅在媒体直播层面呈现出仪式化特征，其呈现的事件也具有鲜明的仪式性特征。正是基于这种双重的仪式感，北京冬奥会开幕式直播为中国形象塑造构建了理想的"仪式空间"。

（一）北京冬奥会开幕式的仪式性特征

北京冬奥会开幕式的仪式性特征，首先，体现为遵循和践行国际奥委会制定的程序和礼仪。为展现和传播奥林匹克的传统与人文主义原则，国际奥委会为冬奥会开幕式设置了一些必需的元素，如举办国国家元首和国际奥委会主席入场，升举办国国旗奏举办国国歌，运动员入场式，放飞和平鸽，奥组委主席讲话，国际奥委会主席讲话，举办国国家元首宣布开幕，升奥林匹克会旗奏奥林匹克会歌，运动员、裁判员、教练员宣誓，点燃主火炬等，以及配套的既定程序与礼仪，如根据《奥林匹克宪章》每个代表团都需要穿着正式的官方制服，必须以法语、英语和举办国语言三种语言宣布入场等。国际奥委会还规定开幕式必须融入举办国的特色与文化。这些元素、程序和礼仪不但富有仪式感，也为举办国形象提供了展示机会和空间。

其次，北京冬奥会开幕式的仪式性特征也隐藏于北京冬奥组委等部门的策划、筹备、组织、运行和正式举行等环节，体现在由张艺谋担任总导演的开幕式工作团队将自己的艺术理念与国家意志和国际奥委会有关要求相结合的努力上。2018年，北京冬奥组委派观察员赴平昌观摩考察冬奥会和冬残奥会开闭幕式；自开闭幕式工作部2019年成立到2021年3月，北京冬奥会和冬残奥会开闭幕式的四场演出创意方案基本确定；2021年3月至10月，进行设计工作，细化落实创意方案；2021年10月开始，开幕式所有演职人员进驻鸟巢进行实地演练；2022年2月4日夜晚，一场以"简约、安全、精彩"为原则，以"人类命运共同体"为理念的开幕式精彩绝伦地呈现在全世界观众面前。

（二）北京冬奥会开幕式的仪式化呈现

提前预热是北京冬奥会开幕式仪式化呈现的重要组成部分。媒介事件都是"经过提前策划、宣布和广告宣传的"，意义在于给媒体和观众一些"预测和准备的时间"，从而产生一个"积极的期待期"。[②] 2022年1月7日，中央广播电视总台、新华社率先发布了"张艺谋担任北京冬奥会和冬残奥会开闭幕式总导演"的消息，国内外媒体迅速跟进报道，"北京冬奥开幕式有哪些看点和亮点""张艺谋说冬奥开幕式点火炬将是创意比拼""北京冬奥会开幕式剧透"

---

① 张兵娟：《电视媒介事件与仪式传播》，《当代传播》2010年第5期。

② [法]丹尼尔·戴扬、[美]伊莱休·卡茨：《媒介事件：历史的现场直播》，麻争旗译，北京广播学院出版社，2000，第7页。

等话题迅速冲上微博热搜，在海外社交媒体平台也掀起讨论。通过多媒体融合传播、接力性持续报道、故事化叙事方式，世界各地民众的注意力被逐渐凝聚到北京冬奥会开幕式。承担国际公用信号制作重任的奥林匹克转播服务公司（OBS，主转播商）于2021年7月接手国际广播中心（IBC），并不断与开幕式工作团队就电视转播进行沟通。按照奥运会组织惯例，开幕式工作团队向OBS、全球各地持权转播商和媒体记者开放了第五次彩排，并提供开幕式媒体指南，以便媒体提前了解开幕式的流程、场景以及核心特点、创意理念等，帮助他们更好地向全球观众呈现北京冬奥会开幕式，呈现中国国家形象。

"节日性"收视是仪式化呈现的核心要义。媒介事件具有干扰性、垄断性、直播性和远地点地性等特征。[①] 开幕式期间，24家持权转播商（包含奥林匹克频道）及其授权转播机构大都中断日常播出流程，形成了对开幕式的"垄断性"直播，实现了"北京拥抱世界""世界瞩目北京"[②]的文化奇观：在中国大陆，经持权转播商中央广播电视总台授权，除总台综合频道、新闻频道、体育频道、奥林匹克频道、4K/8K超高清频道以及央视网、央视频、央视新闻、央视体育新媒体端、中国之声、环球资讯广播频率进行直播外，全国多个省级卫视频道（不含其新媒体平台）、澳门特别行政区以及北京冬奥纪实频道、上海五星体育频道、广东体育频道、咪咕同步转播了总台直播信号；腾讯、快手进行了视频回放。在海外，美国全国广播公司NBC、加拿大广播公司CBC、日本广播公司NHK、欧洲体育Eurosport等进行了直播。据统计，北京冬奥会开幕式在国内外的传播数据均创新高，仅中国大陆地区观看人数就有3.16亿人，与平昌冬奥会开幕式的全球观看人数大体相当，全球收看人数更是高达5亿人。[③] 如此规模的"垄断性"直播和"节日性"收视，为中国形象的塑造与传播提供了平台和机遇。

二、北京冬奥会开幕式与中国形象的意义空间生产

英国学者维克托·特纳指出，在仪式的阈限阶段，文化会被还原成"可被识别的成分或因素"，继而把它们以"奇特的形式和形状"，以"有意义的方式"再次组合。[④] 戴扬和卡茨认为，媒介事件是一个巨大的象征符号系统，事件的

---

① [法]丹尼尔·戴扬、[美]伊莱休·卡茨：《媒介事件：历史的现场直播》，麻争旗译，北京广播学院出版社，2000，第11页。

② 新华社：《第二十四届冬季奥林匹克运动会隆重开幕 习近平出席开幕式并宣布本届冬奥会开幕》，http://www.gov.cn/xinwen/2022-02/05/content_5672037.htm。

③ 《5亿观众收看北京冬奥会开幕式国际奥委会：开幕式收视率超过往届》，https://baijiahao.baidu.com/s?id=1724991554818367727&wfr=spider&for=pc。

④ [英]维克多·特纳：《象征之林：恩登布人仪式散论》，赵玉燕、欧阳敏、徐洪峰译，商务印书馆，2006，第105页。

生产还与电视艺术、新闻艺术及叙事艺术有关，并可以使人"深入认识电视生产的审美品质"。① 作为仪式性媒介事件，北京冬奥会开幕式运用多种象征符号将国家形象具象化，并通过艺术化叙事和科技赋能，在奉献一场视觉奇观的同时，打造了中国形象的共通意义空间。

（一）中国形象的符号化呈现

作为仪式中保留仪式行为属性的最小单元和仪式语境结构的基本单元，象征符号可以"使不能直接被感觉到的信仰、观念、价值、情感和精神气质变得可见、可听、可触摸"②。具体而言，象征符号可分为物化、行为、感觉、自然、社会等主要类型，③它们在北京冬奥会开幕式对中国形象的塑造中发挥了重要作用：物化象征符号，指各种人工制造的、可触摸的物质形态，蕴含着丰富的历史文化意涵。如中国门、中国窗、中国结、迎客松、虎头鞋服等中国文化元素，以及内嵌各参赛国家（地区）名称的雪花、入场式中的多首世界名曲等跨文化元素，展现出兼容开放的中国形象。行为象征符号，指规范化或非规范化的行为举动，可以体现一个国家的精神风貌。譬如，在影像冰球反复撞击下冰雪五环从冰立方中破冰而出的"破冰"行为，由中外年轻人共同完成的"致敬人民"的行为表演等，象征着和平、友好、可亲的中国形象；"微火"主火炬嵌入雪花台，清晰有力地传播了绿色中国、负责任中国的形象；56个民族代表共同传递国旗，以及新疆运动员迪妮格尔担任主火炬手的行动，传达了民族团结、人人平等的中国形象。感觉象征符号，指色彩、数字、图案、音乐、谚语、文字等语言和非语言信息传递方式，往往带有更深层的理解含义。如滑雪轨迹上展示出的"更快、更高、更强、更团结"的奥林匹克格言，由中国结幻化成的"一起向未来"的主题口号等，将奥林匹克理想与人类命运共同体理念共同传达给世界。自然象征符号，包含各类自然物体和现象。如利用"二十四节气"元素完成倒计时表演，将自然景观与时间观念、文化传统相结合，巧妙地融通了绿色、人文的中国形象。社会象征符号，表征着多种社会结构和社会关系。北京冬奥会开幕式参演人员多为普通民众，如儿童小号手吹奏《我和我的祖国》，来自河北阜平山区的44个孩子用希腊语唱响奥林匹克会歌，孩子们手持和平鸽道具与脚下的晶莹雪花嬉戏互动，以及《未来的冠军》短片中蹒跚于冰雪之上的萌娃等，展现出真实、可爱的中国形象。种种结合了中国文化和

① [法]丹尼尔·戴扬、[美]伊莱休·卡茨：《媒介事件：历史的现场直播》，麻争旗译，北京广播学院出版社，2000，第18~19页。

② [英]维克多·特纳：《象征之林：恩登布人仪式散论》，赵玉燕、欧阳敏、徐洪峰译，商务印书馆，2006，第48页。

③ 瞿明安：《象征人类学视野中象征的构成要素》，《贵州社会科学》2013年第8期。

奥林匹克理念的象征符号，共同表征了"世界大同、天下一家"这一具有"支配性象征符号"意味的开幕式理念，也实现了多元立体中国形象的符号化呈现。

（二）中国形象的艺术化表达

在微观、多样的象征符号之上，秉持人类命运共同体的理念，北京冬奥会通过"一朵雪花"的叙事主线和艺术化表达，实现了对分散元素的有机整合，创造了与世界对话的共通意义空间，展现了独特的浪漫中国、艺术中国形象。首先，"陌生化"是艺术经常采用的一种表现手法，目的在于建立一种不同于日常的崭新经验，从而有可能以一种超越现实的方式去把握现实。[①]北京冬奥会开幕式在视觉设计上凸显了对"冰雪"这一日常元素的"陌生化"呈现，与2008年北京奥运会中的"跑道"相似，整个冬奥会开幕式中"雪花"贯穿始终：从倒计时短片、引导牌、演员服装，到和平鸽表演、主题歌演唱背景，再到主火炬的点燃，最终将各不相同的小雪花汇聚成一朵璀璨夺目的大雪花，"一朵雪花"由此构成了全场仪式的叙事主线。其次，开幕式通过对"互文性"和"隐喻"的运用，也可以促进观众对"世界大同，天下一家"的理解。"一朵雪花"的故事既可以追溯至唐诗名句"燕山雪花大如席"，也可以接合西方谚语"世界上没有两片一样的雪花"，正如雪花各不相同却组成美丽冬天一样，隐喻了世界各国也可以"各美其美，美美与共"，共建五彩斑斓的地球家园。此外，《冰雪五环》的艺术叙事尤其让观众叹为观止——冰蓝色的墨滴从天而降，幻化为奔流不息的黄河大川，既有中国诗词"黄河之水天下来"的博大气韵，亦有中国水墨画的写意风格；巨幅 LED 高清显示屏构成的巨型光影地屏营造出晶莹剔透的"冰面"视效，根据节目内容变幻莫测，流光溢彩。上述艺术表现手法，共同营造了"洁白、浪漫、纯净、唯美"的美学风格，有助于古老与现代并存的"浪漫中国""唯美中国"形象在潜移默化中被观众喜爱、认可和接受。

（三）中国形象的科技化赋能

在媒介仪式中打造共通的意义空间，不仅需要文化内容上的"软实力"，也需要媒介技术上的"硬实力"。北京冬奥会开幕式直播并非简单的现场再现，而是由几十台摄像机对现场时空进行全方位呈现，配合裸眼 3D、人工智能、虚拟仿真、动作捕捉、实时渲染、5G、AR/VR、4K/8K、云转播等技术，通过开幕式工作团队、OBS 和持权转播商的密切合作形成的全球性冬奥景观。比如，在舞美方面，巨大 LED 屏幕群（地屏、冰瀑、冰立方、南北看台屏等）凭借超高清显示技术，配合裸眼 3D、动态捕捉等技术，为开幕式营造了一个充满科技感、沉浸感的梦幻舞台。其中，地屏上的雪花如影随形般实时"追随"孩子们奔跑这一艺术效果，是通过"基于人工智能技术的影像识别跟踪"和"基

① 张德兴：《二十世纪西方美学经典文本》，复旦大学出版社，2000，第224～225页。

于交互引擎技术的实时渲染呈现"两个核心技术实现的。在直播技术方面,借助 AR 增强现实技术呈现的从空中飘落的片片虚拟雪花和地屏上的雪花交相辉映,美轮美奂。在视频技术方面,北京冬奥会开幕式的国际公用信号除了以 4K 标准提供给所有转播商,还首次使用 8K 技术实时直播,营造出身临其境的真实感和沉浸感。在传播渠道方面,借助网络平台与移动客户端展开多位一体、及时互动的开幕式直播,让观众足不出户就可以了解资讯、表达情绪、交流观点、参与互动,拓展了开幕式的受众群体,提升了开幕式的传播力和影响力。诸多高新技术的应用不仅为开幕式创意的有效落实保驾护航,也向世人展现出"科技中国""智慧中国""创意中国"的现代化形象。

三、北京冬奥会开幕式与中国形象的认同空间塑造

媒介事件意味着观众承担"仪式参与"的角色并"使媒介事件产生相应效果",如"引起具有重大意义的态度改变""提供'机械的团结'的时刻""影响其所在的社会的国际形象""编辑、再编辑集体记忆"等,[①]并由此塑造一种"认同的空间"[②]。据此,北京冬奥会开幕式直播这一全球性、仪式性媒介事件,不但可以通过引发共情共识在短期内塑造中国形象,还可以通过形成集体记忆和文化认同对中国形象的建构和传播产生长期影响。

(一)中国形象的共情共识

仪式不仅在认知层面上对人们界定政治现实产生影响,而且在情感上也具有重要影响力。[③]全球性媒介事件的"非中介化"特征让当事国得以直接接触全球观众,并通过共情传播触发观众共鸣,激发的同感体验甚至可以"分享另一个国家的内部感情"[④]。基于共情提供的情感支撑,国家形象更容易成为一种认知共识,即获得国际社会诸多行为体的认可和接受。[⑤]

在国际形势波谲云诡的大环境中,北京冬奥会开幕式借助广播、电视、网络等媒介所搭建的仪式空间,多元象征符号所创造的共通意义空间,在国家形象层面获得了积极的情感共鸣和认知共识。开幕式期间,央视频"黄金赛事"账号的直播观众共计 1707.8 万人次,点赞量高达 27.2 万次,观众还自发形成了"祝福祖国""为奥运健儿加油""期待冬奥会"等评论队形。微博平台上不

---

① [法]丹尼尔·戴扬、[美]伊莱休·卡茨:《媒介事件:历史的现场直播》,麻争旗译,北京广播学院出版社,2000,第17页、第223~251页。

② 张兵娟:《电视媒介事件与仪式传播》,《当代传播》2010年第5期。

③ [美]大卫·科泽:《仪式、政治与权力》,王海洲译,江苏人民出版社,2015,第117页。

④ [法]丹尼尔·戴扬、[美]伊莱休·卡茨:《媒介事件:历史的现场直播》,麻争旗译,北京广播学院出版社,2000,第249~251页。

⑤ 张昆、张铁云:《"共识"与"共识的程度":国家形象认知的别种维度》,《现代传播(中国传媒大学学报)》2019年第6期。

断有开幕式话题冲上热搜,如"冬奥开幕审美真的绝了""我们与中国红同在""五星红旗和冰雪五环同框了""普通的中国人手手相传国旗"等,有观众在微博留言称"每一刻都很深刻很感动,特别是国歌响起的那一幕,眼泪止不住地流,很骄傲自己是个中国人"。新华社撰文称,冬奥开幕式意味着"中华文明与奥林匹克运动再度携手,奏响全人类团结、和平、友谊的华美乐章"。① 《人民日报》指出,"当中国之美与五环之美相拥,世界看到了一场创意无限、美不胜收的开幕式,也看到了一个生机勃发、自信从容的中国"。② 海外媒体和观众也热议北京冬奥会开幕式。英国路透社指出,北京冬奥会向世界展现了一个更加繁荣、强大和自信的中国。今日俄罗斯(RT)报道称,中国以一场引人入胜的开幕式令世界炫目,展现了中国日益增强的信心和影响力。③ 海外社交媒体上,有 Facebook 用户称赞这是一次"非常有创意而且有思想的仪式";Twitter用户表示"这真是一部杰作!太棒了,中国和北京"。可见,北京冬奥会开幕式在凝聚国人国家认同的同时,一定程度上也在世界范围内营造了和谐、友好、团结的情感空间,形成了对"可信、可爱、可敬"且自信、文明、开放、负责任的中国形象的共识。

(二)中国形象的文化认同

塑造并传播中国形象,不但要借助媒介事件让全球观众在短期内形成共情共识,更要将其转化为一种长久的文化认同和集体记忆,使该媒介事件成为中国形象传播的又一"电子纪念碑"。而仪式通过集中展现集体生活的范式价值,有助于将个体的观念及其社会关系融入共同体之中,其长期的文化传播效果会促成集体文化公共空间的形成。④ 可见,实现北京冬奥会所塑造的中国形象的长久文化认同效果,需要一种兼具世界意义和中国智慧的宏观理念作为引领,而"人类命运共同体"作为一种界定中国与世界关系的基础性价值理念,正是本次开幕式的核心理念和价值取向。较之于 2008 年北京奥运会开幕式,北京冬奥会开幕式实现了叙事视角由"我"(中国)向"我们"(世界),从"讲历史"到"向未来"的转换:通过"展现中国对世界和平的追求和向往""展现奥运会的理念和精神——更快、更高、更强和更团结""展现冬奥会口号'一

① 新华社:《第二十四届冬季奥林匹克运动会隆重开幕 习近平出席开幕式并宣布本届冬奥会开幕》,http://www.gov.cn/xinwen/2022-02/05/content_5672037.htm。

② 薛原:《当中国之美与五环之美相拥(冬奥观澜)》,《人民日报》2022年2月5日。

③ 《外媒:北京冬奥会开幕式彰显中国大国担当》,https://cn.chinadaily.com.cn/a/202202/06/WS61ff227fa3107be497a053d5.html。

④ 魏殿林:《自媒体时代仪式传播的后现代转型——体育盛会的"媒介事件"解析》,《中国广播电视学刊》2015年第5期。

起向未来'的目标和心情",突出了全人类共有的精神和理念,^①有利于更加清晰地讲好人类命运共同体理念,讲好中国故事。澳大利亚广播公司(ABC)刊文称,北京冬奥会开幕式的编舞和现场视觉效果令人惊叹,但更令人印象深刻的是将"世界一家"的思想贯穿始终,促使人们去关注和思考奥运会如何让人们团结在一起,这也正是奥林匹克运动的使命。^②

从长期效果看,人类命运共同体理念的融入,有助于我国媒体在生产冬奥会开幕式相关内容,或应对国际污名化舆论时拥有更系统的应对思路,提高北京冬奥故事的感召力;也有利于全球受众形成更加相近的集体记忆,进而在文化高度上形塑其对中国形象的认同感。

(作者单位:北京体育大学新闻与传播学院。本文系国家体育总局决策咨询研究项目"体育融媒发展研究"的阶段性成果,项目编号:2021-C-4)

---

① 《北京冬奥会开幕式:三大主题突出人类命运共同体》,https://baijiahao.baidu.com/s?id=1723843868401149546&wfr=spider&for=pc。

② 《外媒:北京冬奥会开幕式彰显中国大国担当》,https://cn.chinadaily.com.cn/a/202202/06/WS61ff227fa3107be497a053d5.html。

重大体育赛事中的解说叙事对国家形象建构价值研究

——以总台解说东京奥运会、北京冬奥会为例

牛嘉琪　　王东林

"国家形象通常被认为是一种实力形象，具有凝聚力、吸引力和号召力，是国家一笔雄厚的无形资产。"① 国家形象对提升民族自豪感、振奋民族精神具有强大力量。大众传播时代，现代奥运会不仅是全球化的大型体育竞技赛事，同样也是展现国家形象、国家综合实力、国家媒体传播影响力的重要场域。"从媒介角度辨析，将奥运会看作一种高度符号化意义上的媒介系统。"② 体育解说员扮演该媒介系统中的信息传播角色。基于全球视野考察，我国体育解说是以我国传统电视主流媒体作为传播主体，面向国内外四海观众，对奥运赛事进行实时报道评论的媒介传播活动，是媒体从赛事报道、评论角度出发对外宣传、展现、树立中国国家形象的重要途径，解说员采用何种立场、视角、话语都与我国国家形象在世界媒体平台上的建构息息相关。

一、价值体现：体育解说建构国家形象的创新叙事表征

随着当下媒介日趋多元化、开放化、透明化，休育解说的传播功能也有了进一步的完善。除了具备赛事说明、新闻报道、专业评论等服务受众、服务赛事功能，还发挥着建构国家形象的重要作用。近年来体育解说不断推陈出新，探索叙事语言的多元化表达，从东京奥运会到北京冬奥会，体育解说叙事从精神、文化、个体三个不同层面体现其新的媒介传播价值。以此实现对国家形象的建构，以下分而述之。

（一）精神层面：建构有勇气、有责任、有担当的大国形象

体育解说员从微观景象中挖掘精神主旨，在叙事中运用特定的修辞语法，

---

① 管文虎：《国家形象论》，电子科技大学出版社，1999，第3页。

② 张毓强、庞敏：《现代奥运会国际传播价值的再审视》，《武汉体育学院学报》2022年第1期。

以小见大丰富内涵。具体表现为从个人精神—集体精神—民族精神的升华过程，不断达到精神层次的攀升，升华符号背后的意义，以个人阅历投射民族影像，将个人作为民族集体的缩影，折射出坚韧顽强、勇于拼搏、敢闯敢拼、无畏失败的中华人民群像，建构有勇气、有责任、有担当的社会主义大国形象。

譬如在东京奥运会女子铅球项目中，巩立姣获得了金牌成为世界冠军，中央广播电视总台（以下简称"总台"）解说员说："巩立姣拿到了2021年东京奥运会的女子铅球的金牌，一投定乾坤，没有什么比梦想更值得坚持，这五年的坚持没有白费……对运动员来讲坚持有多么的不易，她自己也说过，不怕经历失败，可怕的是失败后爬不起来，但是今天巩立姣不光爬起来了，还站上了奥运会的巅峰！"解说中呈现出三个层次的语义递进。第一阶段是引导，通过解说员所说"这五年的坚持"，使观众联想到巩立姣在里约奥运会中抱憾位居第四的过往经历并产生情感倾向；第二阶段是共鸣，解说员站在观众情感视角对过去五年里她不懈的坚持致以敬意，与那些感同身受的观众遥相呼应，在"一投定乾坤"中，彻底宣泄出观众心中慷慨激昂的情绪；第三阶段是联系，解说员以巩立姣为象征符号，更进一步地将这种坚持不懈的拼搏精神与运动员集体形象联系在一起，"不怕经历失败，可怕的是失败后爬不起来"激发了观众对运动员群体的集体记忆与角色认同；第四阶段是升华，以奥运会巅峰作为巩立姣圆梦的终点升华精神主旨，将奥林匹克精神与中国体育精神杂糅、凝练，突出了不怕失败，敢于拼搏的民族精神。体育解说叙事话语基于精神层面展现出了新时代中国体育精神内涵，形塑国际视域下的中国国家形象。

（二）文化层面：建构底蕴深厚、文化自信的大国形象

"立象以尽意"是中华古典传统文化中的美学观点，意谓以具体可感的形象传达深刻的思想，注重具象形态和朦胧意蕴的兼顾表达。在体育解说的叙事话语中可表现为"诗意化"的写意语境。

在东京奥运会女子赛艇四人双桨比赛中，总台解说员说："从上方俯瞰，此刻似乎少了一些在比赛当中的这种竞争感，少了一些压迫感，而多了一些一棹逍遥天地中的这种潇洒。中国队的这条艇，这四位姑娘划得非常的轻盈。"在展现赛事外在之美时，以诗意的语言赋予其独具一格的内在意境之美。这与我国传统道家文化所倡导的"大音希声，大象无形"是同样的道理。

北京冬奥会开幕式上，解说员的叙事话语中也用到了许多意象符号。如在形容场上巨大的雪花造型时，解说员引用了李白《北风行》中的"燕山雪花大如席"进行表意，北京北依燕山山脉，恰合诗句中的"燕山"景象，总台解说借用这句极具浪漫主义色彩的诗句结合现代奥林匹克，打造了极具诗意浪漫色彩意象符号的意境场域，引导观众在其中领悟独特的"韵外之致"，这与中国传统文化中"言有尽而意无穷"的艺术内涵是一致的。诗词中李白用雄奇的想象将雪花夸张地比喻为席子，然而在媒体技术步入现代化的今天，冬奥会以现代化技术将想象照进现实，体育解说通过写意的重构，使观众沉浸于技术欣赏与艺术感受共同作用下的意境符号世界之中，同时极大提升了本国人民的文化自信意识，也向世界传递了中华民族强大的文化感召力。

在北京冬奥会男子单板滑雪大跳台比赛上，中国选手苏翊鸣刷新了历史，拿下了中国单板滑雪大跳台的金牌，总台解说形容道："他把首钢大跳台化作自己的'林海雪原'，气冲霄汉。"这里借鉴了革命现代京剧《智取威虎山》的著名唱段"穿林海跨雪原，气冲霄汉"，另外，苏翊鸣在其9岁时曾经出演电影《智取威虎山》中"小栓子"一角，这段解说既是对其过往经历的遥相呼应，也是对他出色表现的高度褒奖，将形容"杨子荣"般坚韧勇敢、大无畏精神的经典唱段用以指代这位创造历史纪录的奥运冠军，一语双关地将"冠军"与"英雄"意象符号相关联，升华"冠军"符号的内在意义，引导观众对其身份产生认同，串联身份与其意象的相通之处，使精神内涵得以体现。

体育解说立足于我国优秀传统文化，充分挖掘赛事素材的艺术性意蕴，将其与现代叙事相结合，以写意为核心组构话语，从深厚的文化底蕴之中彰显东方独有的意境之美，发挥强烈的艺术吸引力与感染力，树立文化自信意识，建构中国底蕴深厚、文化自信的大国形象。

（三）个人层面：建构"可信、可爱、可敬"的大国形象

据2022年微博发布的《体育明星微博年度报告》中数据显示，微博平台上体育运动员累计粉丝增量已达2.31亿，运动员相关话题先后5865次登上热搜，相关博文总互动量达2.1亿次。在新的媒介环境下运动员被受众们赋予了"偶像般"的角色期待，逐渐成为媒体"顶流"。2021年东京奥运会、2022年北京冬奥会后，杨倩、马龙、杨舒予、武大靖、谷爱凌等运动员迅速走红并成为具有持续媒体热度的体育明星符号标识。体育明星符号在媒体的渲染下被赋予了诸多意义。大众媒体通过议题设置的宏大叙事赋予了体育明星更多的象征和符号意义，[①]体育明星逐渐与其自身角色符号融为一体，成为承载某种特殊精神信念、力量源泉的英雄符号和偶像符号，体育解说通过挖掘优秀体育运动员身份下"英雄"与"偶像"符号的内在意义，扩大其符号价值的影响力，打造社会新一代体育明星形象。

1. 打造"英雄"符号

解说员从"英雄"视角搜集素材，包括运动员训练背景、冠军养成之路、

---

① 黄启龙、邓星华：《"体育明星"符号资本的生成逻辑与累积路径》，《体育学刊》2019年第1期。

挫折与挑战等建构个人微观叙事话语，将体育运动与国家荣誉、地位、精神等符号相关联，打造"英雄"人物符号。

譬如总台在解说东京奥运会男子67公斤级举重冠军谌利军时说："谌利军今天出色的表现圆梦奥运金牌，一扫2016年里约奥运会的遗憾，在整个奥运周期非常的不容易，特别是在临近开赛之前，2020年的10月份还遭遇了右手臂的大手术……所有的经历都成就了此时此刻的谌利军，也是'胜利军'！"五年前的里约奥运会，作为中国举重"新星"的谌利军在比赛中受伤不得不宣布退赛。为了当年势在必得的金牌，他坚持五年再战奥运，终于在今天如愿。解说员从运动员背景切入，通过描述他从里约奥运会遗憾到如今铩羽而归这一"英雄"养成之路，衬托这枚金牌背后的不易，以姓名谐音"胜利军"树立其"英雄"符号，强化英雄特征。解说员将谌利军的成功归结于他自强不息、顽强拼搏的精神以及绝处逢生、永争第一的勇气，以打造谌利军"英雄"形象投射中华儿女集体群像，以此建构国家形象。

2. 打造"偶像"符号

解说员树立运动员个体"偶像"形象，从"粉丝"角度出发建构宏观叙事话语达成传受间情感共鸣。这种方式既赋予了体育明星"偶像"图腾，同时形象符号背后的积极象征意义能够引导积极的粉丝拥趸行为，并产生良好的明星效应。通过"用梗""造梗"建立"偶像"与粉丝联系。如马龙、许昕、樊振东在东京奥运会乒乓男团决赛夺得金牌后总台解说员说："中国乒乓球为什么长盛不衰？看着台上的龙、蟒、胖，答案呼之欲出，一代又一代的传承！从东京再到巴黎，从里约我们再回溯到东京，三剑客的时代，现在走到了龙蟒胖的时代。"通过使用"龙""蟒""胖"此类球迷间的"外号梗"拉近"偶像"与粉丝间距离，强化粉丝联系，进而从"传承"的宏观叙事角度升华明星符号背后的价值意义，以"低开高走"的叙事体系使"偶像"获得"社会神圣的赋予"[①]。

在某种层面上，通过打造具有社会优良风尚引导力的"具象化"体育新星符号，形塑"Z世代"等年轻群体，使"追星"成为当代青年的一种自我赋值形式，形成良好社会舆论氛围，同时代表国家在国际上形成巨大影响力，从而实现建构我国"可信、可爱、可敬"的大国形象。

二、价值张力：体育解说建构国家形象的传播效果

媒介叙事视角下的中国国家形象建构，上有宏观层面的官方叙事，下有微观层面的个体叙事，媒体公共叙事职责在于助推三方形成"官方宣传、民众响应、媒体呼应"的联动机制，在通过媒体叙事建构国家形象过程中产生更

---

① 张小争、郑旭、何佳：《明星引爆传媒娱乐经济》，华夏出版社，2005，第47页。

好的传播效果。体育解说在叙事中以中华传统文化为源头、以人文精神为基本，既是帮助官方宣传中华优秀传统文化与人类命运共同体观念的有力导向工具，也是帮助民众树立文化自信意识、形成人类团结统一思想的重要途径。体育解说在"上""下"协调的互促机制中形塑体育解说叙事话语。从"文化""人文"两个层面优化叙事传播效果，助力国家形象建构。

（一）以文化为源：体育解说叙事的内发与外铄

体育解说叙事话语通过与我国传统文化深入融合，在大型赛事对外交流与传播中起到了良好的催化作用。体育在反映一个社会的结构特征的同时构成了这个社会本身，并通过文化形塑的方式，成为我们所赖以生存的社会世界的一部分。体育就其本质而言，是人类社会生活的重要组成部分，渗透人类历史文明发展的方方面面。体育解说以文化塑造体育，优化体育的传播效果。体育解说员作为媒介传播者，始终审时度势地思考如何借助文化优势有效设置传播议题，达到对内、对外两种层面的双向提升。对内以传统文化组构话语逻辑、润色解说话语，提升体育解说艺术魅力，将其作为唤醒受众对中国诗词文化自信意识的有力工具；对外阐释和弘扬我国优秀思想价值观念，建设中外人民共同认知的体育交流平台，进一步实现文化交流互促，将我国体育事业"推出"国门走向世界。

1. 文化内发：为体育赛事传播增力、增色、增情

（1）运用修辞语法为传播增力

体育解说作为叙述主体在解说中采用一定的逻辑方法建构话语体系，主要体现在解说员所运用的语法规则和逻辑策略上，并以中国传统文化元素为话语传播效果增力。例如，在东京奥运会男子百米半决赛中总台解说员聚焦苏炳添的一段评论："后面尽管美国选手和意大利选手在追他，但是他仍然第一个冲过了终点线！9秒83！第三次进入了奥运会的百米半决赛，苏炳添终于成了，功不唐捐，玉汝于成！苏炳添创造了历史！"在语法上解说员采用了"尽管……但是……"的让步条件句，意在以西方国家选手与中国选手形成对比，彰显了苏炳添取得小组赛第一的民族自豪感；同时采用了层层递进的修辞手法，"功不唐捐，玉汝于成"既突出表达了苏炳添作为老将三次征战奥运赛场的不易，也是对他为中国田径事业作出突出贡献的极大肯定与致敬，通过对成语的运用更加形象地展示了苏炳添刷新亚洲纪录的不易与艰辛，突出了努力终有所报的体育竞技内涵，达到为传播效果增添魅力的目的。

（2）"中国式"浪漫为传播增色

通过恰当运用中华传统文化元素，能够为体育解说话语增添浪漫的艺术色彩。这种"中国式浪漫"是引发受众强烈共鸣、激发强烈民族自豪感的独特表

达方式，这种表达方式往往包含独特的符号元素并具有极强的象征意义，这份浪漫与情愫具有民族性与时代性，充满中国气韵与东方色彩。在东京奥运会女子气步枪决赛中"金牌获得者，来自中国的杨倩！年仅 20 岁的杨倩经历了预赛 20 发子弹的淬火，决赛 24 发子弹的巨大挑战，终于站在了最高的领奖台上，穿上这身白色的领奖服。年轻的杨倩，完成了自己豪华的成人礼。除却君身三重雪，天下谁人配白衣！"传统与现代文化的碰撞，为体育解说传播增添了美的意境。

（3）抒发内蕴为传播增情

万般技巧不如真情实感，一场令人记忆深刻的精彩赛事，往往伴随着解说员动情的艺术表达，中华文化古诗词的运用能够强化体育解说的情感抒发。解说话语中的情感内蕴包含对运动员的赞美与期许、对竞技规则的尊重与敬畏、对体育精神的崇拜与信仰，而将这种情感投射于国家层面，便形成了全民族荣辱与共的伟大家国情怀。在东京奥运会女子双人十米跳台决赛中，解说员说："陈芋汐和张家齐'一跳定乾坤'，在这场最大年龄差超过 20 岁的竞赛当中，'雏凤清于老凤声'，今天我们终于把命运抓在了自己手中！"解说员以"年龄差"为切入点强调了两位"00 后"小将的超强实力，不需要华丽的溢美之词，借用李商隐古诗中的名句，向观众勾勒了陈芋汐与张家齐虽稚气未脱但低调内敛、脚踏实地的形象轮廓。将丰富的情感发于中而形于外的升华至家国记忆中，给予了青年运动员的极度肯定和赞美，以及对"后辈应继传星火，不负先贤望白头"的美好期待。

2. 文化外铄：设置议题推动体育赛事"走出去"

奥运会本身即为一场跨越地域、种族和语言的跨文化传播，作为面向全球人民的体育盛典，具有典型的参与性和共享性，而处于参与与共享状态的人们因来自不同国家、接触不同地域文化而各具差异化，在这场盛会中，他们共同沉浸于媒体所营造的具有特殊意义指向的符号化场域之中。我国作为文化大国，需要给国际社会提供一个理解世界的传播选项，让国际受众愿意将中国媒体的传播作为理解世界的一个基本选项。[1]解说员以奥运会作为国际文化交流平台，在设置议题时必须考虑如何将具有本民族基因的文化符号与国际文化共融共享，借助适当的话语载体并恰当利用其指向性吸引并感染受众，考虑文化背景异同下的议题设置，助推中国体育对外传播。奥运会总台体育解说从内容着手，从具有文化相似性的主题层面进行内容挖掘，寻找共通价值，寻找全球人民文化需求的"最大公约数"，以解说艺术为"媒"设置议题，达成国内外

---

[1] 孙振虎、欧阳赵岚：《观念认同与文化交流：北京冬奥会对外传播的新思路》，《对外传播》2021年第11期。

人民共同认知。

北京冬奥会日本花滑选手羽生结弦在挑战历史级难度的"阿克赛尔四周跳"中遗憾摔倒两次，最终卫冕第四。赛后第一时间，解说员陈滢不吝褒奖之词，对这位敢于挑战、不惧失败的运动员赞美道："天意终究难参，假若登顶成憾，与君共添青史几传，成败也当笑看！"荡气回肠的诗意解说，将羽生结弦无惧挑战、笑看成败的竞技精神鲜活镌刻，塑造了羽生结弦绝不只为了拿金牌而放弃挑战的孤傲勇士形象，刻画了羽生结弦"樱花绽放式的决绝"，颇有中华传统文化中将士将生死置之度外的慷慨气概。这段极具中华文化写意色彩的解说不仅是对羽生结弦顽强挑战与不懈追求精神的赞美，同时也以这种精神完美地诠释了更快、更强、更高的奥运精神。在国际体系中，国家是一个有身份和利益的行动体，需要在国际舞台上，与他国互动，从而在他国受众中建立国家形象的观念。[①]解说员"以文会友"，将羽生结弦的人物符号作为议题设置中的主角，借助解说话语建构起世界人民对"美"的共同欣赏与认同，使体育赛事成为世界人民友好相处的符号。

体育不分国界、艺术不分民族，这是解说员不分国籍地对拥有努力、实力与美的对象加以赞美的高洁教养，也是对中国包容、开放、多元形象的最好诠释。

（二）以人文为基：体育解说叙事的"平行"与"递进"

从世界角度观之，当今世界正面临新冠肺炎疫情危机、金融经济危机、恐怖主义危机等多重影响，国际环境日趋复杂。在促进国际社会和平发展过程中，奥林匹克运动会占据重要一隅。奥运会为全世界运动员提供了一片"去政治化"的和平净土，同时也是各个国家睦邻友好、休戚与共的"极乐世界"，以强大的凝聚力与向心力团结起全世界热爱体育的芸芸大众，发起共同追求和平美好的呼吁。当人们沉浸并享受奥运会所营造的"短暂的狂欢"空间时也使人们意识到，只有形成团结统一的人类共同体才能实现国际社会长期和平美好的现实愿景。正如学者所说，"体育可以促进平等，并成为促进多样性价值的平台"[②]，体育解说之于体育，是借助体育赛事将"更团结"意识深植人心的播种者，是维护社会价值归正的正义者，是以开阔的思维与视野促进体育"具象化"传播的推动者。体育解说员代表中国媒体形象向世界传达中国声音时，始终秉持奥林匹克主义的普适原则，坚决拥护"人文奥运"理念实现，关怀人的生存、发展、自由和解放，不断推动构建"人类共同体"意识形态建构与发展。

---

① 潘孝贵：《新时代竞技体育构建强国形象的路径与策略》，《江西社会科学》，2019年第12期。

② "Sport and the sustainable development goals", Office on Sport for Development and Peace, 2004.

1. 与"更团结"号召平行：增进人类共同体意识

当下复杂的国际环境为奥运会的举办增添了更为浓重的历史底色，经过国际奥委会第 138 次全会投票表决，奥林匹克格言自此变为"更快、更高、更强、更团结"①。"更团结"号召的提出，既是对当前世界日趋复杂的国际社会环境的考量，也是人类面临共识危机下对走出疫情、消灭歧视、拥护和平的美好期望。"更团结"理念不仅见于奥运会从面向世界的宏观层面所发出的精神号召，也见于赛事解说从微观层面诠释"更团结"内涵的心灵共鸣。而这种微观诠释所蕴含的意义更为深刻，体育解说员作为国家公共媒体传播者，每一次表态与发声都带有政治象征意味。从某种意义上讲，体育解说是国家立场的微观投射与缩影。譬如在东京奥运会田径男子 800 米小组赛上，来自难民代表团的奇恩杰克在出发后发生了一次碰撞而摔倒，又立马起身追赶，坚持跑完全程的他在抵达终点后掩面哭泣。总台解说道："对他来讲可能能够来到奥运会的舞台上并不是一件很容易的事情……成绩在这一瞬间显得并不是那么重要，重要的是能够享受奥林匹克带给每一个人的力量和信念的支持。"体育解说叙事话语围绕"更团结"的主旨而展开，将关注点放在了这位特殊的、无国籍代表的选手身上，以温情的语言抹平了赛场上"成王败寇"的残酷竞争，弱化了"成绩"符码背后暗含的国家间竞争的意涵，维护了难民代表团选手的尊严并给予了巨大的支持与鼓励。难民代表团是奥运会中特殊的运动员群体，该群体的有效组织正是对"更团结"口号的最佳诠释。难民群体对自我身份认同、国际社会认同显得尤为困难，体育解说员站在国际人道主义立场，代表我国公共媒体向世界媒体平台传递中国声音，推动国际社会对弱势群体形成广泛关注、理解与支持，号召国际人民团结一心互帮互助，促进难民运动员的群体认同，宣扬并倡导难民代表团自强不息、顽强拼搏的奥林匹克精神，使其深刻感染并影响每一位受众。也许奥运会无法消弭世界各国间普遍存在的歧视与偏见，但体育解说在奥林匹克精神的使命召唤与国家伦理意识原则的指引下，始终将"更团结"理念作为微观叙事主旨，实践于奥林匹克之中，以推动构建"人类共同体"国际意识形态付出了不懈努力。

2. 媒体舆情管理的递进：督进社会价值归正

"相互理解和彼此认同是奥林匹克精神发展的动力源泉"②，然而奥运奖牌榜的背后仍暗含国家间的竞争意味，在国家利益的驱使下体育政治化现象不断加剧。奥运会基于血缘、地缘差异的国家间与民族间的隔阂无法消弭，这种族群

① 李艳：《从"更快、更高、更强"到"更快、更高、更强、更团结"：奥林匹克精神内涵的本质与升腾》，《体育与科学》2021年第5期。

② 刘元国、黄滨、刘彬：《奥林匹克精神的理性思考》，《沈阳体育学院学报》2013年第6期。

的群体性偏见认知难以根治。奥运会作为全球性媒介事件，是国际社会舆论的集散中心，也是塑造中国国家形象，提升中国国际话语权的绝佳平台。"在信息化时代、全球化时代，舆论引导能力亦即国家传播力。"[①]从公共媒体角度出发，媒体是舆论引导的关键角色。特别是当前新冠肺炎疫情下的国际舆论环境严峻，体育解说员作为公共媒体人，要充分认识到舆论的重大意义和战略价值，革新舆论引导观念，找准自身履职定位，做好舆情管理，树立正确社会价值观念，不断优化社会舆论场域，达到舆论价值归正，以舆论赢得国缘，指引全球民众共筑"世界同心圆"。在奥运赛事的舆情管控上，受众由于个体情绪性、未知性等因素易对既定的舆论背景和舆论客体存在认知偏差，因此会产生受众与舆论客体间的矛盾激化，体育解说叙事话语的价值归正带有一定的倾向性与指向性，并以此实现价值指引和舆情管理，充分考虑客体人物、事件的相关背景，关注不同客体的属性差异十分必要。

如在东京奥运会乒乓球赛事中，日本选手水谷隼与伊藤美诚战胜中国队夺得混双冠军，而这份"殊荣"因部分国内网友激愤的"民族主义情结"、捕风捉影的猜忌歪曲而迅速在网络发酵，一时之间两位日本选手夺冠遭到了中国网友"群嘲"。在随后的乒乓球女子单打铜牌战中，伊藤美诚战胜新加坡选手获得季军，总台解说员说："正是因为她的不断努力，激励着我们不断进步。"在面向社会舆论一边倒的情况下，体育解说员承担起了舆论监督和引导的重要媒体职责，切实关注舆论焦点，综合官方、媒体、个体三方立场意见，以中肯态度与大局意识引导舆论，同时以包容大度的大国姿态诠释着奥林匹克的精神内涵，积极地向世界展示了中国"以人为本"的价值取向和国家立场。这是以我国社会主义核心价值观、国际公共体育外交理念为标杆的价值归正，展现的是体育解说员所代表的主流媒体肩负传播国家主流意识形态、引导积极社会话语舆论的使命担当。

三、价值延续：体育"解说 +"优化传播路径

（一）"解说 + 故事化"：强化赛事传播议程设置

奥运会赛事作为形象客体，仅通过报道式画面传播不能带给受众强烈情感认同，体育解说需要寻找合适切入点作为情感载体实现情感共建，助推国家形象建构。

1. 讲好"赛场"故事

赛场故事作为集多种精神符号、情感符号于一体的内容要素，体育解说将其作为情感纽带，构建起与人民群众之间的情感空间，在人们关注赛事时，通

---

① 郑保卫：《传媒话语权与影响力：新时期舆论引导能力的提升》，湖南人民出版社，2018，第43页。

过赛场故事将观众带入情感域限之内，产生情感认同，感受体育人文精神与内涵，真正实现体育赛事的"下沉"传播，在传递精神文化价值、促进情感共建、塑造国家形象方面发挥着重要的作用。

奥运会在媒介传播过程中具有丰富的文化符号和情感符号，体育解说员的任务是帮助形象客体与接受主体达到传播内容的有效贯通，使观众真切地感受到体育精神的强大感染与共鸣。奥运赛事中的许多瞬间都可以成为体育解说内容素材，譬如在东京奥运会女子4×200米接力决赛后，我国运动员张雨霏给了日本运动员池江璃花子一个拥抱，这个拥抱背后体现的是运动员的惺惺相惜。2019年池江璃花子被诊断出白血病，张雨霏鼓励池江璃花子能够继续坚持下去，这个拥抱超越了国界、超越了体育本身，既是对对手的尊重与鼓励，也是对体育精神的敬畏和信仰。体育解说员应主动挖掘、聚焦具有丰富感染力的赛场故事，形成基于人民大众认知和体验的多元话语，讲好赛事呈现与媒体参与协同、体育竞技与人类情感相互增进的赛场故事。体育是国际通用语言，情感是人类相通的心理感受。在面向全球的奥运传播中，将体育与情感有机结合为媒体对外传播话语赋能，是增进各国媒体在公共领域开放、平等、友好交流的绝佳路径。充分利用体育解说的传播主体身份优势，强化赛事议程设置，用情用力为世界人民讲好赛场故事，向世界展现中国体育文化、体育价值观。

2. 讲好"文化遗产"故事

我国"文化遗产"是体育解说建构我国国家形象战略的重要组成部分，是我国文化产业对外传播的重要品牌形象。体育解说可将我国"文化遗产"品牌形象融入叙事主体当中，通过主动设置议题，开展全球营销策略，强化中国作为文化大国的世界影响力。

如北京冬奥会就是一次极佳的向世界宣传我国幅员辽阔、物产丰富、山河秀美的东方大国形象的绝佳契机，此次冬奥会的张家口赛区向世界展示了一座中国"塞外小城"的别样风采，张家口自古为军事重镇，是现存长城最多的地区，素有"长城博物馆"的美称，北京携手张家口获得了2022北京冬奥会的赛事举办权，透过冬奥会也让全世界人民了解了这座城市的悠久历史。尤其是作为东道主国家，我国媒体有义务向世界人民展示并宣传我国优秀历史文化遗产，体育解说员应将优秀文化遗产进行包装、升级，打造强势IP，将奥运会作为国际推广和营销平台，在解说叙事中主动设置议题面向国际推广和营销我国优秀"文体旅"资源，完成我国文化大国形象建构。

（二）"解说+IP化"：优化品牌持续影响力

奥运会视域下，体育解说的国家形象建构需要主流媒体立足话语"高地"把握话语权，发挥积极媒体导向，引领价值观导向。然而当下互联网+传播视域下，传播生态发生了巨大变革，新媒体传播分散了电视传播权重，电视作为奥运赛事主要传播渠道遭到重创，体育解说传播在一定程度上受制于此。解说员若想创新突围，寻找新的价值高地，拓宽体育赛事传播视野，重新建构职业形象要素并在媒体竞争中占据优势，体育解说员的 IP 化转型是其主要创新路径。解说员 IP 的核心要素由优质赛事解说内容、解说员个性风格共同组构，与解说员艺术性表现紧密勾连。第一，体育解说员的 IP 化转型重点在于树立自身"品牌"特色，深耕某一专业或领域并做好垂直领域内容细分，深入挖掘该领域相关独有价值，扩大解说思想认识格局，敢于结合网络新媒体中兴起的流行文化，打造年轻态传播样式，持续输出个性化内容，以个人 IP 形象成为该领域资深"品牌代言人"。第二，体育解说员 IP 化转型重点在于拓宽传播矩阵，媒体传播渠道不断增多，体育解说员可通过积极参与体育新闻、体育赛事、体育明星、体育周边等体育垂直领域热门话题讨论提升个人曝光量，同时借助个人社交 App、公众号、微博等个人媒体账号打造"小屏引流"矩阵，与大屏赛事传播遥相呼应，在大小屏联动传播矩阵中提升受众关注度与自身辨识度、激发受众分享并获得流量。

（三）"解说＋感官化"：现代化媒介技术赋能对外传播

随着媒介技术的不断革新，奥运会俨然已成为新兴媒介技术的赛场，各种新兴媒介技术竞相在此亮相。东京奥运会、北京冬奥会，东道主国家在整个赛季过程中都展示出了各自国家的新型前沿传播技术，奥运会作为媒介最重要的盛会之一，始终走在"感官技术"的最前沿，5G、VR、全息投影等新技术成为国际讨论的热点词语。赛事的观赏性与专业性展现依靠"感官技术"的强有力支撑，通过高新技术加持从而延伸受众视觉与听觉的纵横。然而随着媒介技术革新，将受众服务仅限定于视听层面的感官满足是远远不够的。作为奥运会媒介传播主体，解说员的感官化服务是基于技术式"感官征服"[1]之上的人性化感官服务，体育解说职责在于结合"感官技术"并赋予其人性化，形成"感官化"解说服务体系。通过"解说＋感官化"的创新传播样态向各国展现中国赛事报道的新型内驱力量，打造有色彩、有温度的体育媒体形象，建构国家形象。

首先，解说需要结合"感官技术"为受众提供"沉浸式"观赛体验。所谓"沉浸式"即为一种虚拟的视听幻觉体验，解说员尤其是奥运赛事中一些冷门、小众项目，受众仅通过解说员讲解理解晦涩，解说话语仅从听觉的单一维度营造"虚拟空间"的单一侧面，而虚拟现实技术利用技术生产模型、虚拟物等能

---

[1] 付丽：《感官征服："单向度"视角中网络媒介的文化功能》，《自然辩证法研究》2005年第9期。

够从视觉多维角度帮助解说建构立体虚拟呈现，充分利用现代新媒体技术为解说赋能。如咪咕视频创新研发的"数智分身"技术，使虚拟的谷爱凌形象"做客"演播室并为运动员助威，这种创新"跨次元"的"人智联动"技术为解说员传播样态提供了思路。在体育赛事解说模式创新中可以运用全息投影、AR、XR等新媒体技术，将解说员"模拟影像分身"置于赛场，通过3D模拟影像"具身"参与赛事，在进行小众赛事项目讲解、运动员动作技巧细致分析、场景介绍等方面更为直观，并与演播室解说互成掎角之势，丰富解说员的角色样态和互动模式，"模拟影像"的设置还为解说提供了更加充分、及时、细致、全面的赛事信息，同时以突破物理次元壁的新型传播样态，实现从幕后解说员到"记者型解说员"的身份转场，打造出立体化、增强现实感的沉浸式观赛体验。

其次，解说需要实现技术化与人性化的"情景"交融。技术是一种"冰冷"的呈现，媒介技术不断逼近现实从而满足受众主体的感官需求，同时受众也需要媒介提供更多创生层面的人性化情感内容。体育解说员需要去弥补技术中所缺失的人性化特征要素，实现人类所特有的同理心、人文关怀、道义德行不断与技术所设置的虚拟情景相融合，使"人性"吻合技术接口，产生"感官征服"。如在北京冬奥会短道速滑男子1000米比赛中，通过猎豹超高速4K轨道摄像机捕捉到了这样感人至深的一幕：武大靖在和任子威交替领滑中感知自身体力不支，于是轻轻触碰任子威的手示意其先走，并在后方帮他挡住身后的对手。高清技术的确填补了视觉空档，然而技术仅是机械地呈现现实画面，解说员应基于技术呈现放大画面中的情感细节。在技术以画面呈现刺激受众视听感官时，体育解说员通过话语唤起情感共鸣，放大赛事画面的传播效果，赋予其价值内涵超越视觉层面意义，最终实现受众对画面与情感的双重感官共建。

如今，奥运会转播已实现"注意力经济"向"影响力经济"的转变，[①] 随着未来媒介技术的日新月异，体育解说仍要持续深耕"感官化"领域，扩大体育赛事、竞技运动的影响力，为奥运会传播提供内驱，从更为现代化、优质化的赛事呈现彰显国家大众传媒优势，建构并完善国家形象。

四、结语

本研究着重讨论了我国体育解说在近两年奥运会赛事中通过叙事话语建构中国国家形象的价值体现、价值张力及其价值延续。我国体育解说叙事话语在一定程度上助力国家形象的建构，然而也存在局限性。一是研究所提及的体育解说叙事语料仅作为个例出现，并非各类赛事解说都对其素材的意义、内涵等

---

① 吕韶钧、裴孝成：《冬奥会项目发展的基本规律及项目改革研究》，《冰雪运动》2015年第2期。

进行翔实的挖掘分析，也就是说，体育解说视角下通过解说叙事建构国家形象，因其辐射面狭窄导致后劲不足，且没有充分展现赛事评论的深度、广度、高度和新度；二是体育解说在对外建构国家形象过程中其传播内容未能充分满足国外受众诉求，归因于体育解说对外传播影响力不足，同时受制于传播渠道等因素；三是未做出基于新媒体语境下体育解说叙事话语在奥运会国际传播中建构国家形象的应对性调整策略。在未来体育解说员如何提升赛事报道评论力度和国际传播影响力，并做到持续有力地"发声"、精准指向地对外传播以及借助新媒体因势利导地助力传播，对当下志在建构国家形象的中国体育解说员而言，既是挑战也是机遇。

（作者单位：武汉体育学院新闻传播学院）

国际传播中数字依附的媒介契机

——基于中国文化在老挝青年中的跨文化传播考察

杨 华

中老关系本着"长期稳定、睦邻友好、彼此信赖、全面合作"的原则不断深入发展使其达到新高度。在机构机制层面，老挝中国文化中心的建立和中老文化交流协定的签署为双方文化交流与合作奠定了基础。在社会发展层面，老挝在政治经济稳定发展之外，尤其强调文化的发展，文化古城、历史建筑等丰富的特色文化资源成为老挝文化发展的重要资源。在群体力量上，华侨华人这一民间力量在促进中老文化交流中发挥着重要的作用，这一群体通过商业合作和教育助推的方式成为中老文化交流的重要力量。此外，中老命运共同体是党的十八大以来习近平总书记提出的第一个双边层面的具有战略意义的命运共同体。在这一背景下，结合老挝的机构机制、社会发展、群体力量三个部分，开展数字媒介时代基于中国文化在老挝青年中的跨文化传播研究，在国际传播研究中具有重要价值。

一、老挝青年主要使用的社交媒体

老挝青年主要使用的社交媒体多为国际通行的社交媒体，如 Twitter、Facebook 等。除了老挝的信息以外，平常当地青年人关注较多的国家是泰国和韩国。"我个人的社交媒体（推送）这些国家的信息比较多，关注的渠道都是从 Facebook，Twitter，YouTube"（阿丽萨，女，老挝族，22 岁）。"我接触到国际信息都是从社交媒体上关注到的，Facebook，YouTube 这些"（Sky，男，老挝族，20 岁）。"我在老挝这边的常用的社交平台，比如 Facebook、YouTube、Instagram、TikTok 等。"（王国清，男，老挝汉族，30 岁）。

在这些国际社交媒体上，老挝青年主要接受的是欧美文化或信息，以及大量来自泰国的信息。"我平时接收老挝的比较多，因为我关注我们自己本土的社会新闻，经济，教育，生活成本，接下来就是泰国……影视类的，我比较喜欢感兴趣英国还有美国的，因为它们做得很好，表达得也很好"（张秀芳，女，老挝族，23岁）。"我早上醒来打开 Facebook 主页上就没有看到中国的新闻了，还有泰国的新闻，因为我也没有去关注中国的官方平台（传播中国信息），我也不清楚在 Facebook 上有没有中国官方新闻的平台"（Pam，男，老挝族，24岁）。

在 Facebook、Twitter 上，老挝青年可以了解到发生在世界上、发生在中国的重大事件。阿丽萨（女，老挝族，22岁）在访谈中谈道："最近接触到比较多的是中国发生的重大事件（新闻），如中国近期的坠机事件（3月21日中国东方航空 MU5735 坠机事故）。"以阿丽萨举例，大多数像她一样的老挝青年，都在小学等阶段接触过部分中国文化较为浅显的内容，现在则在 Facebook 上被动地接收外界的信息和新闻，从而接触到中国文化。阿丽萨说："（我之前就是）在课文里了解到中国的方方面面的事情，没有去了解现实的中国""现在老挝年轻人都用社交媒体，比如 TikTok，YouTube，Facebook，然后收看到不同平台的新闻""老挝这边传播外来的信息不太多"。

正因为老挝青年对社交媒体存在着较强的媒介依赖，他们会有意识地主动接触这些媒介所提供的内容来满足自己的信息需求，最终这类媒介对老挝青年所产生的作用也会进一步增强。在 Facebook、Twitter 等国际社交媒体上的热搜（trend）等固有功能也在潜移默化塑造着老挝青年的阅读和收看习惯。例如，老挝青年大多数情况下不会主动地去搜索信息，而是通过热搜和动态收看最近发生的时事新闻。"热搜的地方比如中国坠机事件，就会在热搜那里显示很长时间，一两个星期，我们就按时间看这些新闻，过后就是下一个话题是什么，我们就关注哪些内容，比如欧洲的旅游等。最近关注的信息最多的是泰国。"（Jimmy，男，老挝族，26岁）"（我在社交媒体上）大部分关注商业，还有时政，但是要看实际情况，哪个话题是在热搜就看哪些内容的信息。最近关注的信息最多的是泰国，泰国话题比较多。"（Tina，女，老挝族，24岁）很显然，社交媒体的推荐机制较好满足了老挝青年对信息的需求，也在一定程度上决定了老挝青年的媒体接触取向。

二、老挝的互联网数字依附现象

老挝青年在国际社交媒体上较多观看的是泰文、老挝语的信息内容，偶尔会收看部分英文的媒体新闻和帖子。"平时在 Facebook 上看到关于中国的信息都是泰文翻译的……中国的话，我不懂中文只能用英语去查找所有外国的资料。（外国信息里）我接收最多的是泰国……中国近期的坠机事件，还有战争这些新闻是近期在社交媒体关注最火的信息了。"（Jimmy，男，老挝族，26岁）由于语言的相似性以及泰语新闻相对老挝新闻更加优质，泰语的媒体信息在老挝青年的媒体消费中占据很大的一部分。"但是（我）大部分关注的是泰国的时政还有经济。因为语言，泰国的语言和老挝的相似度有 70% ~ 80%，很容易明白（泰语的帖子和新闻）。"（潘佩林，女，老挝族，23 岁）很多老挝青年反映，无论是新闻媒体还是 Facebook 等社交平台，老挝语的信息都太少了而且质量堪忧，他们只能选择阅读泰语转录的新闻。"（我希望）新闻能有更多（关于中国）的（老挝语）文章，语言上可以多点老挝语的内容。"（Sky，男，老挝族，20 岁）"我关注比较多的是泰国这边，因为泰国的新闻比老挝快（效率好）。"（吴天乐，男，老挝族，25 岁）这意味着在媒介依附之下，易接近的信息渠道和高质量的信息内容，同样会干预到国际传播对象国的媒介信息接受程度。

不少老挝受访者表示，自己很多有关中国的信息都是专门从泰国查找的，老挝本地或者网络上老挝语内容的中国信息非常少。"有关中国的信息（我）都是从泰国那边了解到的，看到的内容也是泰文。现在我在读中文专业，所以有时候老师让我去找中国资料，我就要去查，但是查的资料都是泰文，（偶尔）也有中文，但是我还需要来翻译。查找中国资料的渠道不只有 Facebook，还有 Twitter 等。"（Pam，男，老挝族，24 岁）

老挝语的媒体信息在社交媒体上相对较少，而且质量不高，无法满足老挝青年的信息需求。由于泰国信息质量较高、覆盖面广，加上泰国的语言和老挝语相近、老挝人理解难度较低，老挝青年倾向于从泰国了解自己想要的信息。哪怕是寻找中国相关的信息，他们也大量寻求泰国版本、泰语的中国信息、中国报道。这也促使老挝的互联网和社交媒体严重依附于泰国的互联网，产生了显著的数字依附现象。中文对老挝青年来说理解困难、存在语言阻碍。"泰国传播的内容很丰富很多，有很多思考的内容，而老挝在 Facebook 等平台上的文章 / 内容很少，老挝青年都不怎么发表文章，觉得知道一些基础就行，没有去找一些新鲜的话题以自己的观点来创作。"（Pam，男，老挝族，24 岁）"泰国，不管是文化，或者语言、习俗等都跟老挝特别相近，所以关注（泰国）的信息会更容易明白。"（张坤塞，男，老挝族，20 岁）

同时，老挝语和老挝本地的媒体信息匮乏。"根据老挝的教育部（政府部门）规定，不允许老挝青年在网络上乱写乱发布一些敏感或者不属实的文章、话题（不允许人民随意发布自己的观点），如果要发布的话需要通过教育部门检查才能传播到网上。"（Katai，女，老挝族，24 岁）"老挝传播内容还不开放，还很保守，所以很难在老挝内网查找资料。"（Larnoy，女，老挝族，24 岁）由于老挝严格的审查制度，老挝本地创造的媒体信息也较为简陋、单一。在新闻采编上，老挝的新闻采编只有简讯，老挝青年需要从泰国、CRI（中国国际广播电台）等其他外国媒体才能看到详细的报道。"老挝本地新闻也不是很发达，很多报道只有时间地点这些基础信息。"（虹艳，女，老挝族，24岁）最终，老挝青年养成了阅读泰语信息、从泰国这边寻找自己需要信息的习惯。

对普通的老挝青年来说，在 Facebook、Twitter 等社交媒体上，接收泰国信息已经是他们日常生活的常态。"（我）关注泰国的信息比较多，关注的内容是电视剧、音乐，还有篮球比赛，这些都是在 YouTube、Facebook 上关注。"（阿张，男，华裔，20岁）"（我主要在社交媒体）关注泰国时政新闻，还有电视剧、音乐内容，还有美食，也是挺方便接触的。"（陈伟，男，老挝族，19岁）"（我在社交媒体上）大部分是关注泰国的比较多，关注音乐，还有搞笑的电影。"（张坤塞，男，老挝族，20岁）

很显然，在老挝的媒介传播过程中存在显著数字依附现象，同时在中国的文化传播层面，老挝本地青年需要借助泰国的互联网和媒体才能了解外部包括中国的信息。在 Facebook 等媒体上，老挝语的信息也较少，老挝青年常常需要搜索英文或者泰文的内容，来获取需要的信息。

三、接触中国文化的语言和媒介障碍

老挝与中国、越南、泰国、缅甸等国家接壤，是东南亚唯一一个内陆国家，也是世界上最不发达和最贫穷的国家之一。国家经济主要以农业为主，工业、互联网等均不发达。这极大地影响了老挝对中国文化的接收。在20世纪90年代初，外国人还不被允许自由地环游老挝各地。近十几年来，老挝政府大力发展经济，改善基础设施，对媒体信息有所管控。种种政治、经济、文化因素都影响着老挝对外来文化包括中国文化的接受和认知。

近年中国娱乐文化，如电视剧、综艺，在 YouTube 上传播流行。老挝青年虽然想观看，但寻找不到老挝语的字幕翻译，他们会观看泰语版本的翻译，借助泰语字幕来观看。"YouTube 上很多（中国综艺）配的是泰国字幕。老挝跟泰国文化相近，老挝电视剧产业不发达，从小接触外国电视剧，看外国的文化作品。老挝青年全部会泰语。"（虹艳，女，老挝族，24岁）

由于泰国充当了老挝和中国之间的中介，部分中国流行文化产品也顺利传播到了老挝。"中国电视剧在老挝年轻人中还是很受欢迎的，很多老挝青年正在追一些中国明星，王一博、肖战那种一线明星。现在的老挝青年对中国明星特别感兴趣。"（冰立，男，老挝族，22岁）只要认真在互联网上搜索信息，找到中国的文化产品并不是一件困难的事情，只是必须借助泰语或者英文作为媒介中介。"（老挝青年现在接受中国文化）都挺方便的，但找的语言是泰文或者英语而不是老挝语。"（Anusai，男，老挝族，22岁）

在了解中文信息时，老挝青年面临语言障碍和信息障碍。偶尔，老挝青年

也能在 Facebook 上看到一些中文的信息，但存在语言上的困难。关于中文新闻，老挝语的翻译也很少，并且不是所有新闻或者翻译软件都能翻译成老挝语。"（很多时候）不是我不想关注中国信息，而是因为我的语言（中文）不是很好。在想去接收中国文化信息的时候，这就是我们的困难。"（张秀芳，女，老挝族，23 岁）"（身边的）老挝青年（语言上的问题）就没有太多的去关注中国文化。"（吴天乐，男，老挝族，25 岁）

也有中国媒体传播的直接到达案例，CRI（China Radio International）被老挝青年们特意提及了。"（这个媒体）我是在 Facebook 上关注到的，在 Facebook 上会有专门发布中国新闻的平台（CRI FM93）。它是专门传播中国的新闻，最近中国发生了什么事情，它们把内容都翻译成老挝语。"（潘佩林，女，老挝族，23 岁）虽然并非所有的老挝受访者都表示听过或者关注过 CRI 老挝万象分台（CRI FM93），但对关注的人来说，这是了解中国信息的绝佳渠道，是为数不多的能在老挝传播中国新闻的中国官方媒体。"CRI 会特别详细的报道，有很多细节，说得比较清楚，并有官方评论，图片也丰富。CRI 中的中国人使用老挝语报道（也有一些问题）：一些意思会表达不明白，词语使用有误。比较容易听出来，不过不太影响，能听明白的。"（虹艳，女，老挝族，24 岁）

少部分老挝青年，在 Facebook 等国际媒体上接触了优质的中国文化产品，选择下载专门的中国社交媒体，如抖音、微博获得更好的文化体验。"我一开始是在 Facebook 上看到旅游短视频（Vlog），感觉很美，后来就去下载了抖音想关注原视频的创造者，刷来刷去就看到了一些网红推荐一些东西，而且也想学习中文，同时也学习到了一些新的词语。"（潘佩林，女，老挝族，23 岁）

除此之外，老挝很多地方的互联网基础设施仍然较为落后，导致老挝青年无法顺利地接收到外界的信息。"在老挝网络（新媒体传播）还不够发达，除了城市里，离城市比较远的地方同样不能接收到一些外来文化信息的传播。"（张秀芳，女，老挝族，23 岁）"（接触中国文化的主要阻碍是）关于网络媒体这些，中国有一些软件或者网站是不让老挝访问的，所以在一些情况下我们想查资料想了解一些信息时会困难，有时就要开 VPN 才能用。"（吴天乐，男，老挝族，25 岁）

在访谈中，我们发现，老挝对中国文化的了解局限于老挝华裔对中国文化的传承，他们保留了部分的中国习俗和对中国传统文化的了解，然而在流行文化和新近发生的中国时事方面，其他老挝青年难以通过老挝本地有效的互联网渠道了解中国文化。由于老挝本地经济落后、发展缓慢，老挝青年大多数关注中国的经济发展状况和改革开放历程，希望能够从中国的发展中学习到优秀经验、推动老挝的经济社会进步。

四、中国媒体对老传播契机及策略

从老挝传媒业发展现状分析，相比其他国家而言，由于当地条件的限制，老挝电视业起步较晚，1983年12月老挝国家电视台才正式成立，这也是老挝国内第一家电视台。一方面目前老挝的电视信号触达率达到80%，不过可接收到的节目内容被大量境外数字电视频道占有，其中美国电视频道和泰国电视频道所占的比重较大，美国和泰国的电视节目收视率较高，这从前文老挝青年访谈内容中可以得到印证。另一方面随着互联网的发展，老挝的传统媒体也不可避免地受到来自新媒体的巨大挑战。尽管老挝全国只有43%的地区能够接入互联网，但是老挝新媒体的发展势头十分强劲。在此背景下，中国媒体对老挝的传播应当充分利用人才和技术优势，在相互融合、相互合作中，更好地服务中老命运共同体建设。

（一）充分发挥技术优势，共建老挝国家级数字媒体

社交平台的"去中心化"信息采集分发特性正在逐渐分散西方传统媒体的话语权，更多发展中国家的普通人正在成为信息生产和传播的中心。在此过程中，以新华社、中国日报社、中央广播电视总台等为代表的中国媒体可以发挥在数字媒体建设上的技术优势，帮助老挝建立自己的国家数字媒体中心，将中国立足自身国情探索形成的"中国经验"传递给老挝同行，以减轻其对外的数字媒介依附程度，进而走上独立自主的发展之路。

（二）加强对老数字渠道建设，搭建中国海外融媒矩阵

中国媒体要重点加强对老数字渠道信息投送能力的建设，必须在"讲好中国故事"上下大力气做文章。可以在老挝及其媒介依附国家，如泰国，搭建海外融媒矩阵和内容多平台分发用户管理体系，根据不同媒介平台个性化特点及风格进行有针对性和实效性的开发拓展，例如，在社交平台开设特色垂类账号，发布文化、旅游、美食等优质内容，主动去了解熟悉老挝受众的新媒体互动习惯与语态风格，建立根据不同社交媒体属性的定制化、多样化的传播内容，让丰富多彩的中国故事能够满足老挝受众对知识、信息和娱乐的不同需求。

（三）聚焦"Z世代"群体，加大中老数字内容共创力度

"Z世代"群体出生就与网络信息时代无缝对接，深受数字信息技术、即时通信设备、智能手机产品等影响，中国各级各类媒体可以与老挝的媒体、院校、地方政府开展数字内容创作的合作。在原来采编互访、联制联播等合作方式的基础上，以双边数字内容共创的方式，在新闻专题、译制剧、纪录片、短视频创作方面实现资源整合、信息共享，不断满足两国人民对数字内容的需求。中

老双边一起合讲共赏澜湄故事，营造睦邻友好的中老双边关系，更好地服务于国际区域稳定发展。

（作者系南宁职业技术学院传媒学院副院长、主任记者）

国际传播服务浙江"重要窗口"和"共同富裕示范区"建设的思考

黄　未

当前，国际传播主动权、话语权的争夺日益激烈，斗争的复杂性、艰巨性日渐突出。习近平总书记在 2021 年中央政治局第三十次集体学习时提出，"要深刻认识新形势下加强和改进国际传播工作的重要性和必要性，下大力气加强国际传播能力建设，形成同我国综合国力和国际地位相匹配的国际话语权，为我国改革发展稳定营造有利外部舆论环境，为推动构建人类命运共同体作出积极的贡献"①。因此，作为对外开放前沿浙江的国际传播工作者，要忠实践行"八八战略"，坚决做到"两个维护"，心怀"国之大者"，遵循党中央和省委的战略布局，找准工作切入点和着力点，勇担使命，守正创新，讲好中国故事，唱响中国声音，传播新时代正能量，在提升自身国际传播综合能力的同时，为浙江正在全力开展的"重要窗口"和"共同富裕示范区"建设不断加大服务供给力度，才能真正有所为、有所位。

一、国际传播服务浙江"重要窗口"和"共同富裕示范区"建设的时代背景

（一）浙江"重要窗口"和"共同富裕示范区"建设的提出

2020 年 3 月底习近平总书记赋予浙江省"努力成为新时代全面展示中国特色社会主义制度优越性的重要窗口"新定位新使命，2021 年 6 月 10 日中共中央、国务院发布《关于支持浙江高质量发展建设共同富裕示范区的意见》，既是缘于对浙江省作为中国革命红船起航地、改革开放先行地、习近平新时代中国特色社会主义思想重要萌发地的认识，缘于对浙江省以往全面发展的肯定，缘于对浙江省未来迈上新台阶的期望，更是基于对国际国内百年变局和世纪疫

---

① 《习近平在中共中央政治局第三十次集体学习时强调 加强和改进国际传播工作 展示真实立体全面的中国》，《人民日报》2021年6月2日。

情交织、宏观形势严峻复杂的准确判断。从国际环境看，随着中国社会经济的高效崛起和综合实力的显著提高，中国日益广泛地参与到国际事务中，世界影响力持续扩展，既成为一些国家的榜样和借鉴，也引起了一些国家对中国发展模式、社会制度的质疑、敌视和攻击。中国需要在全世界面前展示中国特色社会主义制度在经济建设、依法治国、人民生活、生态保护、社会事业和公共服务等方面的伟大成就和制度优势，展示负责任大国的中国温度，为国内外可持续高质量发展提供可借鉴、可研究的省域范例。

（二）"重要窗口"和"共同富裕示范区"建设中的改革开放与文化建设内核

改革开放是中国繁荣富强的基石，只有进一步深化改革开放、进一步实现高质量发展才能推动制度优势的深度发挥和共同富裕的真正实现。浙江省作为改革开放的"弄潮儿"，只有"手把红旗向潮立"，把开放的大门打得更大更宽，才能成为令人信服的"重要窗口"和"共同富裕示范区"。浙江的文化是开放的文化，浙江儿女为生存、为发展，走遍了世界千山万水，从欧美都市到非洲乡村，从中东沙漠到南美小镇，浙江的乡音到处在流淌，浙江的商品到处在销售。所以，笔者理解的"重要窗口"和"共同富裕示范区"不仅在经济发展格局上是开放的国内国际双循环，而且在文化建设上必须实施更大范围、更宽领域、更深层次的对外开放与双向交流，提升高质量发展的效率与水平。

从上述时代背景出发，加强国际传播能力建设应该成为"重要窗口"和"共同富裕示范区"建设的题中之义和有机部分，成为服从大局、服务大事的重要工具和基础实力，成为实现宏伟蓝图、落实阶段目标的能量来源和引擎助力。

二、国际传播服务浙江"重要窗口"和"共同富裕示范区"建设的内在机理

传播国际化是世界传播业发展的四大趋势之一，[①]与开放型经济、社会、军事、民生发展融合互促，与全球化竞争格局演变相伴相生的特征越来越凸显，越来越受到各国政府、资本和机构的重视，呈现出蓬勃发展的生命力。2017年至2021年，受新媒体及新闻认知度、获取渠道多元化等冲击，美国、日本等位列主要电视传播度前十国电视收视率呈线性下降，电视新闻传播影响力指数年均下降0.4个百分点，国内电视机构兼并案数量下降四成，而国家间融媒新闻传播影响力指数年均增长0.13个百分点，国际传播机构兼并案数量上升二成，国际资本流入量不降反升。[②]究其根本，笔者认为是以下内在机理发挥了巨大作用。

---

① 国际电视业发展趋势是企业大型化、传播国际化、技术数字化和传输网络化以及频道专业化，参见王鄂生、王倩《近代国际电视业的发展趋势》，《群文天地》2010年第8期。

② Rich Davis C.，"Study and live 2021"，New Society，2022.1.

（一）国际传播是形象展示的有效机制

国际传播素来能够有效引领舆论导向。20世纪90年代美国与日本发生贸易摩擦时，美国人利用其强大的国际电视传播操作能力，迅速抹黑日本产业形象，不仅在美国国内引起公众对日本友好态度比率下降20个百分点，促使三分之二的消费者减少对日本产品的购买，[①] 也使欧洲、南美等国电视受众对日本友好态度比率快速下降，对日本产品购买欲望持续下降。

（二）国际传播是文化建设的必要支撑

先进的地域文化从来不是孤立的，必然是各种文化交流融合的结果，是各种信息传播影响沉淀的产物，是各种思想交锋冲突的异化，国际传播恰恰可以跨越时空界限，用声讯和视频架起文化交流、信息交替、思想交锋的桥梁。国际传播工作在文化建设上能够发挥特殊的作用，首先促进了文化的兼容并蓄，客观上为浙江文化的进步提供了服务；其次通过对国际文化的宣介，在一定程度上提升了民众的文化鉴赏力和文化知识面，有利于精神文化层面的共同富裕，最后国际传播为文化产品出口、浙江文化扩大涉外影响力提供了传播途径，建立了一条有效的纽带。

（三）国际传播是对外开放的重要力量

国际形象的改善、文化影响的增强，随之而来的必然是对开放经济特别是贸易的极大促进。美国的影视产品出口不仅每年直接创造数百亿美元的收入，而且提高了美国时尚文化影响的广度和深度，对美国贸易的推动效果非常显著且长久。同样，日本动漫产品、韩国电视剧产品的传播除带来自身巨额外汇收入外，也在很大程度上带动和刺激了日本、韩国其他工业品、服务贸易和农林产品的营销。浙江是中国沿海出口增长率最高的省份，也是贸易顺差最大的省份，国际贸易对浙江"重要窗口"和"共同富裕示范区"建设的重要性不言而喻，发挥国际传播的特殊作用应当尽早提上议事日程。

（四）国际传播是舆论斗争的核心抓手

当前百年未有大变局下，霸权主义、强权政治、"冷战"思维、阵营对抗等沉渣泛起，国际舆论斗争日趋激烈，已经影响到政治、经济、社会生活等各个方面。例如，近年来美国对外援助署操纵国际传播和互联网自媒体等工具，设定话语、诱导民意，对中国在缅甸投资援建项目在环境生态等方面进行道德质疑，破坏中国投资建设进程，破坏中缅几十年努力达成的胞波关系。在台湾问题、南海问题及其他一些重大的问题上，欧美利用手中的国际传播工具影响并压制中国的事件不断增多，国际传播已经成为各方舆论斗争的主要阵

---

① 吕华：《全球化背景下中华文化融媒体国际传播的挑战与对策》，《中国广播电视学刊》2022年第5期。

地之一。浙江要代表中国展现制度优势，综合国际传播能力建设显然是不可缺少的。

（五）国际传播是产业升级的高效引擎

2015 年笔者曾有幸作为国际艾美奖纪录片环节的评委，与国外国际传播方面的专家一起交流探讨国际传播产业化发展问题，大家认为随着传播技术手段与传播理念的革新，国际传播的产业价值将会逐步显现出来，国际传播产业化的时代即将到来。事实证明，近几年在各国政府和资本的合力推动下，国际传播作为高端服务产业的属性被充分挖掘，产业资本与金融资本争相参与其中，近三年每年全球产业资本流入在 1400 亿美元以上，2020 年全球娱乐和媒体行业收入为 2 万亿美元，在疫情造成各个行业增长明显放缓甚至下行萎缩的情况下，2021 年收入同比增长 6.5%，预计 2020 年至 2025 年的五年期年均复合增长率可望达到 5.0%，成为全球经济灰色基调中的一抹亮丽的产业风景。[①] 浙江省是中国传媒产业相对发达的省份，但国际融媒传播产业尚未形成，仍是一块潜力巨大的处女地。

三、国际传播服务浙江"重要窗口"和"共同富裕示范区"建设的基本路径建议

（一）强化顶层设计，准确认识国际传播的重要战略地位

一个国家的"重要窗口"，需要一个强有力的国际传播体系来发声、展示形象，来发展文化交流、开展对外舆论阵地建设，"共同富裕示范区"需要一个具有社会治理创新意义的国际传播制度性安排，保障民众获得正确、准确、明确的全球化信息供给。

近年来，浙江的国际传播平台建设打造与"重要窗口""共同富裕示范区"相匹配的复合型"出海"通道。作为省级国际传播主体的浙江广播电视集团海外中心（国际频道）以"浙江之窗"展现"中国之治"，坚持"浙江特色、大台站位、全国视野、全球眼光"的标准，秉持"多参与、多发声、多展形象"的原则，构建国际频道、英语传播窗口、海外新媒体系列账号、"重要窗口"国际传播联盟"四位一体"布局，做强国际传播内容矩阵，拓展对外传播新渠道，努力讲好中国故事，传播好中国声音，打造具有全球影响力的融媒平台，取得积极成效，所创制的文化精品获得了国内国际大奖，得到了海内外观众的广泛认可，传播影响力再创新高。

成绩固然可喜，发展也称快速，但现有国际传播能力与"重要窗口""共同富裕示范区"建设所需的海外发声渠道需求相比较还任重道远，特别是在网

---

① 国家广播电视总局发展研究中心课题组：《全球影视文化产业发展趋势简析》，https://mp.weixin.qq.com/s/59EyJr-giNXQruMcAXwr1A。

络建设、渠道拓宽、人才队伍、资源集聚、产业开拓等方面还存在很大的发展空间。这需要国际传播工作者奋发图强、积极有为，并从政治上、战略上重新审视浙江国际传播工作，按照习近平总书记提出的高标准、按照"重要窗口""共同富裕示范区"的大需求来科学筹划现代化国际传播发展布局。

习近平同志在浙江工作时，将青山绿水看作金山银山，推动了浙江生态环境建设的健康持续发展，在建设"重要窗口""共同富裕示范区"新的历史征程中，宣传领域要落实习近平总书记关于国际传播工作的重要指示，构建有"浙江之窗"特色的国际传播生态圈，使其成为"服务大局、服从大事"的重要抓手，可持续发展的高效引擎。

（二）整合多种资源，积极打造区域性国际融媒传播中心

浙江是经济大省、文化大省、侨务大省，也是传媒强省、开放强省，现在又担负着"重要窗口"和"共同富裕示范区"的神圣使命，有条件也有必要将浙江打造成为区域性国际融媒传播中心，成为落实习近平总书记重要讲话精神的国际传播基地、成为具有国际化融媒传播能力的重要宣传窗口。

区域性国际融媒传播中心是在国际传播与传媒产业发展过程中逐步形成的区域性、中心化国际传播发声基地，信息与数据交流、选择与宣发平台，重大项目策划、生产、发布与重大活动策源地，国际传播产业要素资源集聚与交易核心市场。区域化国际融媒传播中心生态化联动建设，通过技术链、产业链和价值链的搭建和完善，已经成为国际传播培育行业竞争优势、构筑技术领先优势的重要方法。目前，全球国际融媒传播区域性中心有纽约、伦敦、东京等核心城市，也有苏黎世、约堡、圣保罗等次中心城市，依托这些区域国际融媒传播中心建立起来的国际传播机构累计拥有超过80%的全球市场份额。这些地区和机构占据了全球国际传播的话语权和影响力，成为全球传播与舆论导向的风向标。

打造区域性国际融媒传播中心，促进国际传播人才、技术、资本等资源要素集聚，提升浙江省在全球国际传播市场的竞争力、话语权，形成浙江省宣传领域的又一战略高地和特色招牌，将更好地完成习总书记要求的"采用贴近不同区域、不同国家、不同群体受众的精准传播方式，推进中国故事和中国声音的全球化表达、区域化表达、分众化表达，增强国际传播的亲和力和实效性"[①]。

在浙江建设国际融媒传播区域性中心，要发挥浙江固有的开放优势、文化优势、经济优势、多媒体优势、社会治理优势和"数字浙江"先发优势，创新管理机制和发展模式，合理安排配套政策，支持、鼓励省级国际融媒传播主体

① 《习近平在中共中央政治局第三十次集体学习时强调 加强和改进国际传播工作 展示真实立体全面的中国》，《人民日报》2021年6月2日。

先行先试、做大做强，吸引国际优质传播主体和项目、活动落户集聚，加强基础数据收集和分析工作，充分借鉴国际传播先进技术和经验，增强传播创新能力，提升风险管理水平，逐步形成具有浙江特色、窗口优势和符合共同富裕愿景的国际融媒传播核心竞争力和行业发展高地，数字化赋能服务体系。

（三）推进科技创新，运用数字化手段优化国际融媒传播赋能方式

数字经济正在成为重组全球要素资源、重塑全球经济结构、改变全球竞争格局的关键力量，互联网、大数据、云计算、人工智能、区块链、AI 音频视频修复技术等已经和正在深刻改变传播的发展动能、载输成本和传播效率，重新定义传播主体组织模式、产业链条、发展边界和时空限制，也在很大程度上进一步提升了国际传播资源的储存厚度、挖掘难度、膨胀速度和竞争力度，既是巨大机会也是严峻挑战。2003 年，习近平同志在浙江工作时就明确提出建设"数字浙江"的全新概念，浙江国际频道近几年不断加大数字化转型探索，强化数字技术与国际传播文化的叠加与技术迭代，推出短频、线下互动、大小屏同步、数字化传播场景等沉浸式、体验式新型国际传播试验，如 2019 年启动的《良渚》等中华文化纪录片全球展播推广、2020 年推出的"美丽浙江"国际短视频大赛、2021 年度浙江省建党百年国际传播重点节目《100 年外国人眼中的中国浙江记忆》、2022 年"诗画江南、活力浙江"国际传播融媒系列活动等，打造数字文化金名片，引起国内外热烈反响，传播受众人数不断创新高，影响面日趋扩大。我们感到，要为"重要窗口""共同富裕示范区"服务，就必须牢固树立数字化赋能的意识，采取全要素数字化手段改革，提高国际融媒传播能力。

首先，围绕文化输出，加快"造船出海"，扩展传播网络。智能化网络建设是数字化国际电视传播的基础性工作，要充分发挥和利用浙江在海外侨民人数众多、分布广泛的特点，充分发挥浙江信息开发与数据技术集群较发达的产业优势，与外事、侨务等涉外部门及数字技术部门密切合作，加强数据资源收集、整理、利用与开发，以现代信息网络为载体，开展即时信息载送技术融合应用，加强赋能落地、扩网工作。

其次，围绕开放需要，加深"经媒融合"，助力对外经贸。数字化、网络化、智能化在国际电视传播领域的有效应用为传媒数据传播要素与传统生产贸易输出要素的深度融合提供了技术可能，使得"商品走出去，传播跟出去；商人跑全球，传播到全球"成为现实，国际传播对国际经贸的全方位、全链条互助互惠互利发展具有了广阔空间，国际融媒传播对促进经济发展的放大、叠加、倍增效能显现出来。

最后，围绕共同富裕，加强"内外协同"，促进信息普惠。数字化传播时代是信息传播飞速发展和新型传播主体层出不穷的时代，既扩展了民众获得多元化信息传播的可能性，使其成为传播的重要参与者，也给国际传播的正当性、正确性和安全性带来了严峻的考验，提升国际传播治理体系和治理能力现代化水平成为当务之急。作为国际传播的头部机构，国有国际传播主体应当坚定地担负起应有的责任，加强普惠性、基础性能力建设，实现核心技术、关键渠道、战略资源、重大信息的安全传播，做到既要把声音传出去，也要把正确的、准确的声音带进来，让浙江民众安坐家中，就能清楚准确地获取全球信息与舆情。

（四）坚持正确导向，构建防范化解国际传播风险的长效机制

建立有效的国际传播风险隔离与防范机制，确保浙江的国际传播始终按党的需要、人民的需要进行，使"重要窗口"和"共同富裕示范区"的宣传工作让党放心、让人民放心。

（作者单位：浙江广播电视集团海外中心）

五个计划单列市城市形象国际传播的
差异化比较及提升路径

孙海苗

持续到 2022 年年底的"滨海宁波 扬帆世界"2022 大型融媒传播行动，目前已触达上亿人群，取得了较好的传播效果，获联合国秘书长特使、驻外总领事点赞。这项由宁波市委宣传部主办，宁波广电集团等承办的外宣系列活动，以海洋为纽带，链接 15 座世界著名滨海城市及历史文化名城，影响深远。

硬实力让城市强大，软实力则让城市伟大。如果说，GDP 是评价一个城市的硬实力指标，那么，软实力则是一个城市知名度和影响力的辨识度，也是经济发展的助推器，社会和谐的黏合剂。[①]那些世界上软实力强的城市，大多辨识度高，个性突出，在城市品牌、城市形象等方面具有鲜明的特质标识。作为五个计划单列市之一的宁波市提出建设现代化滨海大都市的发展目标，就要全面展示出更富魅力、更具亲和力、更有吸引力的国际形象，不断提升在全球舞台上的显示度、辨识度，展现现代化滨海大都市的世界影响力。

一、计划单列市国际传播各有千秋，提升城市形象尚有较大空间

2022 年 4 月 13 日，参考消息报社首次发布《中国城市对外交往影响力分析报告（2022）》。[②]该报告选取 9 个国家中心城市和 5 个计划单列市共计 14 个城市作为研究对象，对其对外交往影响力进行评估，其中上海和北京为第一梯队，广州和成都为第二梯队。宁波、大连、郑州 3 个城市属于第四梯队。这一梯队城市均为区域政治、经济中心，在对外交往上具有一定特色，但或是缺少经济开放和对外展示方面的综合发力，或是城市经济开放度没有转化为扩大对外交往的驱动力，具有较大提升空间。第三梯队包括深圳、重庆、武汉、西安、

---

① 林映梅：《提升城市文化软实力的路径探讨》，《消费导刊》2014年第5期。

② 《首次发布！事关这14座城市……》，http://www.cankaoxiaoxi.com/zhiku/2022/0413/2475822.shtml。

厦门、青岛、天津 7 个城市，各具特色，成为对外交往影响力较强的城市。

依据参考消息报社发布的 2020 年度、2021 年度《中国城市海外影响力分析报告》和参考智库从 2021 年 8 月起逐月发布的《中国百城海外传播力月度分析报告》，深圳的排位比较稳定，经常处于第一梯队第四位或第五位，位居北京、上海、广州之后，宁波、厦门、大连、青岛相对靠后，居于第二梯队，位置或前或后在不断变化，青岛、宁波、厦门偶尔也有跌到第三梯队的时候。[1]

人民日报海外网数据研究中心也曾经发布《2020 中国百强城市海外传播影响力指数报告》(第一季度)。[2] 报告以 2019 年中国 GDP 排名前 100 的城市为研究对象，分析中国百强城市在 2020 年第一季度的海外传播概况。分析认为，深圳、厦门、青岛、宁波、大连均位于第二梯队。北京、武汉、上海、西安、成都、广州、南京、杭州为第一梯队。

据各计划单列市统计部门公布的数据，2022 年上半年由于受新冠肺炎疫情等因素影响，深圳实现 GDP15016 亿元，名义增速为 4.83%，增速有所放缓，这一数字在 5 个城市中是最低的。宁波实现 GDP7260 亿元，名义增速为 9.33%，领跑 5 个计划单列市。青岛实现经济总量 7070 亿元，名义增速 8.12%，大连 GDP 为 3905 亿元，名义增速 7.51%，厦门的经济总量为 3663 亿元，名义增速为 7.76%。[3]

深圳在全国 GDP 排名前十的城市中海外影响力位居前列，在计划单列市中更是遥遥领先。深圳是海外新闻资讯类网站的重头报道对象，高科技特色成为深圳在国际传播中的"城市名片"。[4]5 个计划单列市 2022 年上半年的成绩单也进一步表明，与深圳这个国家标杆、科技城市相比，虽然同为港口城市，在国际传播能力方面还存在不少短板，尤其是在海外媒体关注的高科技技术、供应链、国际经贸属性、国际性会议、体育赛事等方面有着不少提升空间。比如宁波，从城市国际传播力来看，对外交往影响力还处于同类城市中的低位，与其经济总量不成比例，也不符合世界第一大港的地位。

城市软实力是国家软实力的重要组成部分，城市美誉度、影响力在经济"硬实力"和文化"软实力"之间存在一定的"落差"，还有很大提升空间，需要进一步在改进传播策略、提升传播内容、拓宽传播渠道、提高传播效果等

① 参考消息网：参考智库系列文章，http://zhiku.cankaoxiaoxi.com。

② 《2020中国百强城市海外传播影响力指数报告发布 青岛位列第二梯队》，https://www.sohu.com/a/430176317_120214181。

③ 《五大计划单列市上半年成绩单，宁波领跑5市，深圳增速放缓》，https://baijiahao.baidu.com/s?id=1741513621334192732&wfr=spider&for=pc。

④ 腾讯网：《2020最新中国城市海外影响力排行榜出炉》，2020-11-17.https://new.qq.com/rain/a/20201117A0F37300。

方面进行系统谋划，把特色优势转化成话语优势，实现差异化传播，提高自身辨识度，增强品牌美誉度，不断提升城市软实力。

二、加强城市国际传播的提升路径

（一）应用系统观念，构建全市"一盘棋"格局

要具备全球视野，对标一流城市，把握国际传播规律。5个计划单列市要找准城市定位，对各自的城市国际传播进行整体策划和战略规划，厘清概念、标准和实现路径。通过策划、组织、实施、发布等一系列行为，整合各部门力量，系统讲好城市故事、中国故事，开展融合传播，形成良好的氛围和格局，形成全市方方面面的大合奏，整体塑造城市品牌形象，提升国际知名度。尤其要避免各自为政，防止各唱各的调。如今，一些地方通过成立国际传播机构或海外传播中心，打造国际传播新名片的做法，值得学习和倡导。

（二）依托特色活动，扩大城市知名度和影响力

要结合国际性大型展会、体育赛事、经贸活动等，广泛开展城市形象国际传播。在北京冬奥会开幕式上，3分钟的深圳元素表演，呈现了"冬奥＋时尚＋科技"的创新理念，海外媒体纷纷点赞，时尚、科技、活力的深圳城市形象借助北京冬奥会再一次被推向世界舞台。[①] 这对其他城市加强国际传播不无启发。如在文旅产业融合发展过程中，要认真研究世界文化IP和本地特色文化之间的关系，植入国际和传统文化元素，打造世界一流旅游目的地。在会展经济发展上，要对接全球知名会展企业，吸引更多高能级的国际会议落户，进一步提升城市美誉度和影响力。以宁波为例，新时期中国女排的成长史得益于宁波这座海纳百川有容乃大的城市，要讲好北仑与中国女排的故事、讲好宁波与中国女排的故事，开门办体育，增强吸引力。纪念宁波建城1200年活动，通过努力挖掘宁波地域文化，讲好宁波故事，传播宁波精神，产生了广泛影响，值得总结并发扬光大。要继续利用好、打造好"宁波帮"这张独特的名片，办好世界"宁波帮，帮宁波"发展大会，助力宁波发展，提升城市形象。继续办好中国中东欧国家博览会暨国际消费品博览会、海丝之路（中国·宁波）文化旅游博览会等涉外展会，进一步讲好宁波故事、中国故事。

（三）借助国际媒体，营造传播矩阵

城市国际传播要把握移动化、社交化、可视化的趋势，根据中外文化的不同特点，策划推出符合海外受众审美和认知需求的文化传播产品，提升跨文化传播吸引力与亲和力，扩大国际传播的覆盖面和触达率。做好"借力""助力"文章，加强与国际主流媒体的交流合作，提高城市形象国际传播策划能力，提

---

① 《深圳元素亮相冬奥开幕式，海外媒体点赞》，https://baijiahao.baidu.com/s?id=1723979768275314731&wfr=spider&for=pc。

升传播能力。做好借船出海、借梯登高文章，加强与央媒、外媒的联系、合作，通过邀请国际知名媒体、知名人物、网红人物等，开展相关系列采访报道并发布在海外媒体和自媒体。同时，融合海外 Facebook、Twitter、YouTube、Instagram 等四大社交媒体平台，建立国际化、专业化、差异化的外语传播矩阵，拓宽各类渠道，打通国内外媒体平台，打好国际传播组合拳，努力改变传播格局，扩大传播覆盖面，为城市形象宣传加分。

（四）注重新技术应用，更多关注年轻人群体

不断更新新技术的运用，也更新传播渠道、传播内容和传播样态，提升传播效果。青年人是充满希望的一代，也是开放、包容、活力、创新的"代言人"。以"Z世代"（1995—2009 年出生的一代人）为代表的青少年群体伴随互联网一同发展，是网络空间中的第一批"原住民"。作为网络新闻、网络视频、网络音乐、网络游戏的主要用户群体，熟稔社交媒体的"Z世代"不容小觑。城市国际传播要按照青年特点，聚焦青年需求，丰富交流内容，不断创新传播方式，开展精准传播，从入耳入眼到入脑入心，推进中国故事和中国声音的全球化、区域化、分众化，展现中国形象亲和力，塑造可信、可爱、可敬的城市形象。

（五）改变话语方式，塑造亲和力

2021 年持续数月的云南野象"旅行团"，也火到了国外，吸引了众多国际媒体的镜头。外国民众对一路"象"北的围观和反应，共鸣共情产生的融通效果，给了我们某种启示："展示真实、立体、全面的中国"，不仅需要宏大叙事，同样需要轻盈的观察视角、生动多元的话语方式，需要利用好各种场景化、生活化、人文化元素。[①] 城市形象的国际传播，要善于用文字、用文学、用图片、用音乐、用文化、用美食、用动漫、用影视手段等，采用差异化传播策略，展现城市的个性和魅力，同时延长文化产业链，积极探索打造具有国际影响力、竞争力的文化品牌，通过文化和创意为城市品牌赋能，借助文化品牌讲好城市故事、中国故事。例如，利用地方主流媒体开设外（英）语专版、专栏节目的做法，就是一个开展文化交流、扩大影响的有效载体。目前，有着巨大影响力的短视频，不管形式如何，只要为我所用、对我有用即可。讲好城市故事，讲好中国故事，既要精准施策，改变话语方式，主动设置议题，坚持不懈，持续推进，更要用事实说服人、用形象打动人、用情感感染人、用道理影响人，提升传播效果。

（六）培养一支高素质的国际传播人才队伍

人才是决定性的因素，国际传播更是如此，需要有一批既了解中西文化，

---

① 逯海涛：《一路"象"北的国际传播价值》，《浙江日报》2021年6月9日。

又懂国际传播的复合型人才作支撑。要积极打造一支业务精湛、素质全面、作风优良，能与国际接轨的对外传播队伍，通过媒体交流、人员培训、经验分享、学术研讨等多种形式，加强与各国媒体的合作，让中国故事、中国声音更好地在海外传播。作为计划单列市的地方主流媒体，在加强国际传播上责无旁贷，要主动担当，有所作为，不断在提升城市形象全球传播力、影响力上谱写新篇章。

（七）重视对国际传播效果的评估

在城市发展格局上，5个计划单列市都有自己的城市形象主题口号，如，"海上花园，温馨厦门""浪漫之都，中国大连""书藏古今，港通天下——中国宁波"，深圳是"每天给你带来新的希望"，青岛则是"心随帆动，驶向成功"，可谓个性鲜明又有辨识度。关键是要把讲好城市故事作为传播城市品牌、讲好中国故事的具体举措，创新传播方式和内容，突出各自优势，传递城市核心价值。比如，宁波提出未来要打造"六个之都"，即全球智造创新之都、国际开放枢纽之都、东方滨海时尚之都、全国文明典范之都、城乡幸福共富之都、一流智慧善治之都。要围绕这"六个之都"建设，展现现代化滨海大都市的风采。同时，要注重对国际传播效果的评估，以传播效果为导向，深化"好感传播"，扩大城市影响力和美誉度，提升国际舆论场的话语权。要改变以往那种只重传播、轻反馈、轻评估的做法，根据评估结果，及时修改、调整传播策略和方式方法，创新全球叙事能力，努力让国际传播能够取得最佳的效果、更好的结果，增强城市软实力的国际影响力。

三、结语

在传播中塑造城市形象，在塑造中提升城市品质，城市形象的国际传播也需要转型升级，不断创新国际传播话语体系，提高国际传播能力，增强报道亲和力和实效性，展现可信、可爱、可敬的中国形象。作为国家计划单列市和重要的国际港口城市，深圳、宁波等5个计划单列市富有特色又各有千秋，在提升城市形象、扩大世界影响力上还有很大的空间和作为。我们要系统谋划，全面统筹，创新传播方式，拓展传播内容，深化融媒传播，提升传播效果，全方位、多维度、广渠道地讲好讲美讲信城市故事、中国故事，不断提升城市知名度、美誉度和影响力。

（作者单位：余姚市融媒体中心）

全球化背景下民间外交的媒体实践

李 华

从狭义角度上看，民间外交是区别于官方外交的一种国际交往形式。如果翻译成英文，即人民对人民的外交（People to People Diplomacy）。但从广义角度，民间外交的定义和涵盖范围则更大，通常来说民间的组织、机构和个人通过开展政治、经济、文化、科技等方面的对外交往，以展示国家魅力，塑造国家形象，促进国家交流，维护国家利益为目的的活动都可以称为"民间外交"。民间外交在特定历史时期发挥了巨大作用，对国家的总体外交起着促进和推动作用。习近平总书记强调："人民友好是促进世界和平与发展的基础力量，是实现合作共赢的基本前提。"① 随着中国的综合国力与影响力的持续增长，中国与世界的联系也愈加紧密。中国的民间外交进入了一个新时代。

一、媒体在推动民间外交中的作用

在信息化高度发展的今天，媒体具有天然的传播优势和融合优势，在搭建中国人民和世界各国人民之间和平友好桥梁，增进各国人民之间理解和信任，助力民间外交发展方面起到了至关重要的作用。国际社会通过传播媒介认识和了解中国，中国的国际形象也通过受众基数更大、传播方式更自由更亲近的民间外交方式得以建立和巩固。中国公共外交概念的首倡者赵启正提出，我们的公共外交就是向世界介绍中国，介绍中国的文化历史、风土人情以及治国政策，让世界更加理解中国。

1.展示全面、真实、立体的中国

国家的形象与其在国际上的影响力相关，正面形象可以增强一个国家的对外吸引力和国际话语权。由于国际上某些带有偏见的报道，导致许多人对中国不够了解甚至误解。这些仅靠官方外交去消除显然不够，还需要民间外交发挥

---

① 习近平：《在中国国际友好大会暨中国人民对外友好协会成立60周年纪念活动上的讲话》，《中国青年报》2014年5月16日。

灵活性强、渠道多、覆盖面广的特点，通过不同的交流活动，尤其是通过媒体对国外民众进行引导，在国际上塑造更具亲和力，更令人信服，更客观公正的国家形象。讲好中国故事、传递好中国声音就是塑造中国正面形象，提升国际话语权的绝佳途径。

回顾历史，媒体在塑造中国形象，传播中国声音的发展道路上早有佳话。1936年秋，美国记者埃德加·斯诺通过宋庆龄的安排，抵达陕甘宁红色根据地。由于当时国内局势严峻，且红色根据地身处中国西北腹地，外界尤其是西方世界对陕甘宁根据地以及在根据地上奋斗的中国共产党几乎是一无所知。1936年6月到11月，斯诺对根据地的红军领袖们进行了多次深入采访。回到北平之后，斯诺将他在陕甘宁根据地掌握的信息写成了一系列的通讯报道，在西方主流报刊上发表，这些报道在当时的国际社会引起了巨大的轰动。西方世界的人们第一次通过斯诺的新闻报道，了解到了中国有这样一片红色沃土，在这片土地上有这样一群名叫中国共产党的人，他们为了中国的独立自主，为了中国人民能够收获美好的未来，在做着不懈的抗争和努力。

1937年10月，埃德加·斯诺将这些报道汇编成了一本书——《红星照耀中国》(Red Star Over China)。正是在这本书的影响下，包括白求恩在内的众多有志青年和国际友人来到了延安，为中国共产党的发展作出了卓越的贡献。正如斯诺在《红星照耀中国》的序言中所提到的，尽管这本书是自己撰写完成的，但是书中的故事则是来自一个个鲜活的中国革命青年，他们的所思所想、所作所为正是"当下"之中国，"当下"之中国人民。

2. 促进各国民众的交流与了解

了解一个国家的最好方式就是从了解这个国家的文化开始。近年来，中国对外开放的步伐越来越快，与世界各国的交流也越来越多。世界想要更多地了解中国人民的思想、行为方式，以及产生这些方式的生活背景。也有更多的中国人渴望走出去，与世界发生更紧密的联系。而媒体把中国与世界联结了起来，既传播中华文明，也吸收世界文明。一方面，媒体可以及时、准确、高效地向外讲述当代中国的故事；另一方面，媒体也通过讲述世界的故事，扩大了国人看向外部的眼界。

纪实类作品具有追求真实的属性，在民间外交传播中更容易被海外观众接受，因此成为外界了解中国的重要渠道。近年来，西方主流媒体频道制作了一系列中国题材的纪录片作品：《美丽中国》《中国新年：全球最大盛典》等，这些作品一方面让西方世界的观众了解中国，但另一方面也带有非常显著的西方话语色彩。

在这样的背景下，由海南省外事办公室指导，海南卫视首创推出的中国首档驻华大使生活纪实节目《大使家宴》立足海南自贸港国际传播语境,用纪实手法生动展现了驻华大使的外交生活,在真实的交流中让观众感受国民间的心心相印,在友谊的传承中窥见世界各国的多彩生活。驻华大使与受邀嘉宾围坐一桌,品鉴本国特色美食,了解菜品背后的特殊寓意;创意碰撞,探索两国美食文化的多样融合。节目中,美食背后的文化故事以及餐桌上欢畅的交流映照的是国家间友好往来的历史。这部用受众乐于接受的话题、易于理解的方式制作的纪实作品,借助国际平台开展海外传播,有效地扩展了所能触达的传播领域,增强了传播效果和文化影响力,也在文化层面上实现了民间外交的媒体功能。

3. 助推经济活动中的民间交流

在民间外交的发展过程中,文化交流与经贸发展是齐头并进、相互促进的。文化交流能起到加强各国间互联互通,促进民心相通的作用,并为实现经济上互利共赢提供坚实的思想和心理基石。事实表明,经济活动中的民众交流,助推了中华文化在西方的传播,西方在看待中国发展的道路时也变得逐渐客观。

海南卫视制作的《全球国货之光》立足于中国,以合作共赢为重要支点,搭建民间交流的传播平台,助力海南自贸港建设。节目聚焦"一带一路"沿线国家,以"国货好物"为媒,"大使带货"为介,在"购消娱"之中深化体验,构筑了各国文化交流的新平台,创立了"媒体+外事"的新模式,促进了外交友好交流。节目采用丰富的表现形式,展现"一带一路"沿线国家的合作案例,透过各国国货品鉴世界文化精髓,助推各国好物走近中国消费者。经过近两年的培育打造,《全球国货之光》已成为民间外交的一张响亮名片,成为中国对外经贸合作及文化交流的新平台。节目开播以来,已有 33 位驻华使节参与了节目录制,节目合作电商企业 300 余家,直播带货累计价值 5000 多万元。

二、媒体促进民间外交的途径

民间外交如何更具有说服力,更能打动人心,很大程度上依赖于媒体的跨文化传播方式。在新的时代背景下,媒体要及时调整自身的功能定位和职责任务,尤其在传播中华文化、弘扬中国文明,促进中外民间交流合作等方面,需要探索更有效的传播方式和途径。

1. "请进来"和"走出去"相结合

在对外民间交往中,不仅要了解自己的文化,还要了解对方的文化,这样交流起来才会没有障碍,才会更有情感的共鸣和升华。"请进来"主要是立足国内,通过展现我们国家自身经济、社会、人文等方面的卓越成就,吸引外国民众前来本国旅游、考察、交流和学习。"走出去"就是走出国门,探访异国风情,既把中华文明传播出去,也注重吸收外国文化精华。

2012年，适逢中国"俄罗斯旅游年"举办，海南卫视参与制作的《你好，俄罗斯》系列节目是中国"俄罗斯旅游年"的国家级文化项目，包括海南卫视、北京电视台、《参考消息》、环球资讯广播等在内的20多家媒体共同组成融媒体采访团，在为期一个半月的时间里，约100位中国记者沿着十条不同的线路前往俄罗斯采访报道。他们分别走访了莫斯科、圣彼得堡等20多座俄罗斯城市，行程达30多万公里，拍摄采访了俄罗斯独特的自然风光、悠久的人文历史，其中有不少地方鲜有中国游客前往。这项大型媒体文化活动，是增进中俄睦邻友好、推动两国民间交流的有益探索。《你好，俄罗斯》系列节目通过海南卫视以及多家主流媒体平台播出后，让中国观众浸入式地感受俄罗斯文化，也让中俄两国的传统友谊在两国人民的心灵沟通和人文交往中得到升华。

2. 深刻性与生动性相结合

民间外交最大的特点是它的柔韧性、丰富性及亲和性，良好的交流方式能使交流内容更加深入，交流效果更加明显。看似严肃的话题，通过艺术的形式或是经济的形式展开，更能增强交流的生动性和吸引力。

海南卫视的王牌节目《全球国货之光》在自贸港的背景下，把共建"一带一路"倡议的宏大主题融汇在民族风情表演、民族文化展示和大使直播带货的形式中。节目邀请"一带一路"沿线国家驻华使节代言本国的特色国货精品，讲述国家间友好往来、共同构建人类命运共同体的动人故事。舞台上，各国大使们不仅推介本国的美食美景和好物，还化身多才多艺的文化使者，吟诗作画、载歌载舞，展示自己国家的文化艺术之美。南美的激情、拉美的魅力、加勒比的浪漫、非洲的奇幻等各种异域风情，让人目不暇接。异域风光在大使们的生动讲述中变得立体而丰富。同时，《全球国货之光》把各国货品推介和中外文化交流自然衔接，讲述各国与中国友好交往的故事，赋予了节目与众不同的文化气质，深深吸引了场内外的观众。节目开播以来，直播间观看人数达5000多万人次，微博阅读量6500万人次，节目还以英语、西班牙语、葡萄牙语、马来语等多语种向亚非拉等地区约300家媒体发稿，预估潜在受众到达量约1.2亿人次。

3. 能动性和主动性相结合

民间交流需要借助重大活动或事件来提升传播效果。社会大众对民间交流活动的关注度处于一个"低度平衡"的状况，需要通过重大活动或事件推动形成一个持续、稳定的关注态势。因此，民间交流要想进一步扩大影响力、提升交流效果，就要抓住重大活动或事件所带来的机遇，进行全方位、多层次、高效率的传播，媒体要具备敏感性、发挥能动性，及时关注热点、主动策划选题，为推动民间交流创造更有利的条件。

2021 年，在国家强有力的疫情防控措施下，海南迎来了一个新的机遇——首届中国国际消费品博览会（下称"消博会"）。海南卫视根据自身的频道定位，以"与世界交个朋友"为主题，主动策划了消博会特别节目。节目特邀消博会唯一主宾国瑞士驻华大使与瑞士驻华商务参赞进行专访，在他们的带领下参观瑞士国家馆，体验消博会订制产品。此外，作为"全球好物推荐官"的主持人与网红的旅游达人作为特别体验官体验全球精品，打卡各大品牌"首发、首秀、首展"活动，与来自世界各地的海外友人深度交流与采访，对外国使馆及展商的专访在节目中展现出海南的国际范儿，节目拍摄的同时，特别体验官还同步开启直播带领粉丝云游消博会，分享来自全球的品质生活方式，直播热度达到540 万。

三、媒体助力民间外交的新趋势

中国经济社会的持续发展，极大地拓展了民间外交的交际领域。随着对外民间交往的内容和形式不断呈现出新的时代特征，媒体在其中发挥的作用也出现了多元化、社会化和网络化的趋势。

1. 传播领域多元化

官方外交主要围绕政治领域进行，民间外交却因为有更多企业、组织和个人的参与，其活动的领域扩展到更多的社会范围，包括文化、艺术、健康、教育等活动。这些在传统外交范畴里关注度不高的议题，渐渐被纳入民间外交的视野，也为媒体传播提供了更广阔的空间。

2022 年新年伊始，由海南卫视执行的"2022 海南岛春季国际艺术展"应海南自贸港建设的大背景而生，集海洋文化的开放气质、年青一代的时尚气质、贴近公众的生活气质于一身，在世界与海南、大众和艺术之间架起桥梁。在三个月的时间里，艺术节为观众呈现了 12 场高水平的国内外艺术展。其中有关注大自然生态物种为主题的《秘境生灵——四国摄影师镜头中的野性世界》、英国 AI 互动影像作品展《五季》、以未来科技为主题的《未来触角·感官激活计划》、东欧稚拙艺术展·全国巡展《寻喵启事》等。主题涵盖国内大家、国际人文、未来科技、亲子互动等多个方面。

全球化背景下，民间外交的终极使命就是构建人类命运共同体。多元文化的交流与互动，使得来自不同地域国家的文化个体更具有生命的活力与张力，同时伴随着文化个体的生长与交融，国与国之间才能实现真正的民心相通，在对彼此的文化观照中更加清晰地认识自己、丰富自己，收获越来越多的文化认同感。

2. 传播内容社会化

随着社会化媒体的快速发展，信息的生产和传播方式有了巨大的改变，社交平台扮演着越来越重要的角色。社会化媒体的内容生产和传播者由过去的专业机构扩展到社会层面的人，更多的人通过微博、微信和短视频、直播平台这些社会化的传播渠道发布和接收信息。媒体的社会化为民间外交的开展提供了更好的机遇，更多的人可以参与到对外民间交往中，交流的内容更加广泛，交流的途径也更加便捷。

3. 传播方式网络化

随着互联网技术的发展，尤其是 5G 技术的出现，媒体民间外交的交往形式不断创新，日渐显现出网络化的特征。新媒体的诞生为民间外交中的文化输出带来了全新的革命，也日渐成为民间外交的竞技场。民间外交主体不仅通过线下的各种交流活动来增进彼此理解和信任，更借助网络和多边平台来推动对外民间交往。

海南卫视《大使家宴》节目创新开展了以融媒体传播为导向的节目制播模式，通过"所有格"纪实拍摄与表现的方式，探索对外文化交流类节目与受众的链接，发掘跨语言、跨文化传播中的相通点与共通处，为对外传播过程中的"民心相通"创造了更多可能性。在电视大屏幕播出之外，该节目还在海南广电国内媒体矩阵、海南国际传播中心海外媒体矩阵、国内社交媒体平台腾讯视频、快手 App 等渠道同步播出。同时，依托《大使家宴》节目，衍生出《大使朋友圈》《大使菜谱》《大使日记》等多种碎片化的新媒体产品，在多个新媒体客户端推出。节目播出两期，微博 # 大使家宴 # 话题总曝光量就超 2346.4 万，总宣传片单条视频播放量达 40 万次。

综上所述，民间外交在新时代迎来了历史性的发展机遇，媒体在其中发挥的作用将更加突出，舞台也将更加广阔，这就需要媒体不断与时俱进，学习创新，以外界能听懂、能听进、能听信的方式传播中国声音，讲好中国故事，对外展示一个真实生动而又积极正面的中国形象，推动民间对外友好交往迈上高质量发展的新台阶。

（作者系海南卫视频道总监）

中国文化在东盟青年中的传播现状与传播趋势

文虹任

东盟国家均为与中国关系较为密切的友好邻邦。1991年，中国与东盟建立对话关系，三十多年间，中国—东盟关系发展到全面战略伙伴关系，经历了从量变到质变、从"黄金时代"到"钻石时代"的过程，双方已形成全方位、多层次、宽领域的合作格局，面向东盟国家的周边文化传播战略意义凸显。

国家主席习近平在致2022年世界青年发展论坛的贺信中提到："青年代表希望，青年创造明天。中国始终把青年看作推动社会发展的有生力量，鼓励青年在参与推动构建人类命运共同体的实践中展现青春活力。"青年群体是促进国家发展最具潜力的人群，也是跨文化传播过程中极富创造力和活力的群体，其对外来文化的认同与接受，会影响国家间文化交往的走向，因此是我国国际传播工作应当重点关注的对象之一。为此，笔者围绕东盟青年接收中国文化的媒介趋势展开研究，在2022年3月到6月，访问了94位来自马来西亚、泰国、老挝与越南的东盟青年，并对中国文化在东南亚国家的传播渠道、受众态度与建议进行分层次梳理，为提升中国对外文化传播效果提供借鉴。

一、东盟青年接受中国文化的媒介路径：国际社交媒体与中国媒体

东盟青年对中国文化的了解和认知渠道分为国际社交媒体和中国媒体，形成了两种媒介传播并行的路径，产生了不同的媒介接触体验，催生出不同层级的文化认知。

（一）国际社交媒体：东盟青年接触中国文化的中介载体

国际社交媒体是东盟青年接触中国文化的中介载体，在中国文化向东南亚传播的过程中，具有重要的认知促进作用。Facebook、Instagram、Twitter、WhatsApp、YouTube等国际社交媒体和视频平台是东盟青年使用率最高的网络媒体，也是他们认知中国文化的第一层级媒介路径。例如，受访者周宇宣表示："我在六年级就开始接触Facebook。2018年才接触到微博。"受访者

虹艳表示："我身边的大部分朋友都是先通过一些国际社交媒体来接触中国文化，再到中国媒体上去搜索、了解的。"因此，分析并利用好各类外国社交媒体平台的传播特性，加大在这些平台上传播中国文化的力度，有针对性地提升内容输出能力是极为重要的。例如，东盟青年一般通过 WhatsApp 给朋友和家人留言、发送信息。因此，可以在 WhatsApp 上增加有关中国文化的日常生活信息（如中医养生、扎染服饰等）。再如，东盟青年在 Twitter 和 Facebook 上主要关注时事新闻，可以在这些平台上增加文化简讯以及图文新闻的发布比例，扩大中国文化类新闻的传播触达率和覆盖面。对于 Instagram、YouTube 以及 Netflix 这三个平台，更多东盟青年喜欢观看网红和朋友的照片、视频以及流行的电视剧和综艺节目，因此，可以在这类平台上"投放"更多的影视内容，特别是能表现中国文化精髓的视听作品，同时还可以在作品当中设置中国社交媒体的链接，为受众提供更多接近中国文化的渠道。因"渠道"制宜的传播方法和内容优化可以增进东盟青年对中国文化的了解，更好地构建关于中国文化的第一印象。

（二）中国社交媒体：中国文化传播流转中的社交融入

大部分东盟青年群体都是在国际社交媒体建立起对中国文化的初步认知之后，通过中国社交媒体来进一步认知中国文化，从而形成了第二层级的媒介路径。在 WeChat（微信）、小红书、微博、抖音、TikTok 等中国社交媒体和视听媒体中，中国流行文化是吸引东盟青年关注的一种重要的内容类型。例如，受访者莉迪亚因为观看《流星花园》而关注了一个中国偶像，然后特意下载了微博，观看偶像的动态。中国的大众文化（如电视剧、综艺节目等）因其文化上与周边国家有着许多共同点，因此可以作为文化传播的载体，达到吸引关注的目的。然后，再在大众文化中融入具有更多中国文化特色的内容，利用娱乐元素来传递中国的主流价值观，从而更好地帮助东盟青年群体理解和吸收中国文化。

另外，东盟青年即便在使用中国社交媒体后，也往往会选择在国际社交媒体上分享关于中国的信息。这种文化传播路径能够为东盟青年提供更为多元的认知视角，也能够强化更为动态的文化关系联结。但不可否认的是，国际社交媒体是东盟青年日常使用的平台，而他们使用中国社交媒体主要是出于特定的兴趣，更多的是以一种"观看"的方式来使用中国社交媒体。可见，中国社交媒体在东盟青年群体中仍然没有实现广泛的网络效应，需要进一步促进东盟青年进行评论、转发、互动，这样才能让更多的目标受众接触到中国文化。

二、中国制造：东盟青年认知中国文化的物质性载体

中国文化的国际传播往往更侧重语言传播，但"中国制造"作为一种非语

言的传播媒介和物质性载体，在文化传播中具有重要的角色。东盟是中国的第一大贸易伙伴，在 2022 年第一季度，中国与东盟进出口额达 1.35 万亿元。中国与东盟双边贸易保持良好态势，为中国制造的扩散以及中国—东盟的文化交往提供了扎实的物质保障。"中国制造"的跨文化交往主要体现在国家形象的"自塑"与"他塑"和文化交往的中介作用这两个方面。

（一）中国制造融入国家形象认知的"自塑"与"他塑"

随着东盟国家网络购物行业的发展，Lazada、Taobao（淘宝）等应用软件的市场不断扩大，为东盟青年接触中国文化提供了更多的契机。中国制造通过网络购物平台实现"出海"，能够满足东盟青年群体的生活、娱乐需求，并能让这一群体对中国制造产生良好印象，影响其对中国形象的认知。

在这种情况下，东盟群体对中国形象的认知，是在中国制造"自塑"和东盟青年群体"他塑"的双向作用下完成的。"自塑"即中国制造依托自身的产品质量、文化特色而塑造的国家形象，"他塑"即受众通过人际传播、组织传播等途径而形成的对中国国家形象的认知。以国产美妆产品"花西子"为例，花西子以"东方彩妆，以花养妆"作为品牌理念，近年来将产品打入 Instagram、YouTube 等国际社交媒体平台，通过发布"中国"类话题标签、添加青花瓷背景音乐等"中国风"宣传视频，以及与当地垂直度高、粉丝黏性强的尾部及腰部网络博主（如马来西亚女孩 Merrie 等）合作等方式，迅速在东盟青年群体中建立市场。这是"花西子"这一中国制造"自塑"形象的过程。"他塑"则更多体现在使用产品的用户认知当中。随着中国制造不断融入东盟青年的生活，青年通过使用产品产生良好体验，会影响他们对中国国家形象的认知。同时，这些东盟青年以及当地的网红博主、媒体，也会通过大众传播、人际传播和网络传播的方式进行传播，进一步扩大受众群体。例如，受访者周宇宣通过良好的购买体验，改变了此前对中国制造低廉、劣质的刻板印象，并向亲友推荐。以中国制造为基础，通过非语言的物质性产品进行国家形象的建构，是在"自塑"形象的基础上，进一步通过"他塑"来强化文化符号的意义，从而让受众对产品的良好体验延伸到对国家形象的认知。

（二）直播带货的跨国联动促进中国文化的人际传播

围绕"中国制造"开展经贸活动，能够通过东盟青年中的人际传播促进中国文化的渗透。例如，网红直播跨境电商"高能 E 蓓子""夏叔厨房""苏芩"等中国网红，能够与东盟网红进行行业交流、直播连麦、电商活动等联播合作，让更多的东盟青年通过东盟网红的视角认知中国文化，从而减少因文化差异而造成的传播障碍。正如受访者林子好提到，当他看到自己喜欢的东盟网红带货中国制造的时候，会对产品产生信赖感，同时也想通过本土的网红来了解更多与产品相关的文化内容。再如，受访者吴天乐表示，东盟青年群体对中国文化的认知基础薄弱，与中国有过密切接触的本国人是他们了解中国文化的重要渠道。这种意见领袖是中国文化向东盟传播的关键枢纽，能够带动更多的青年群体进行二次传播，把中国文化内容在亲友中扩散。

此外，由于中国制造在东盟青年群体中积累了良好的口碑，有些东盟青年还主动在淘宝、阿里巴巴等平台参与中国产品的销售。这种商业交流活动也能够带来文化传播的效果。正如受访者宋婉表示："在使用网络购物软件与中国商人交易时，使用中文会拉近彼此的距离，带来很多便利。"可见，商贸活动还能够激发东盟青年对汉语的学习热情。中国制造这一具象的中介不仅能够促进中国文化下沉到普通东盟青年群体当中，也能够夯实中国文化在东盟地区的传播基础，实现良好的传播触达效果。

三、华人青年中国海外文化活动的传播参与

华人青年作为中国文化活动主要的传播者、参与者，是促进中国文化在东盟国家传播的重要群体。但海外的中国文化活动依然存在形式单一、内容创新不足等问题，如何更好地将中国的文化特色融入全球语境，成为中国海外文化活动发展亟须破解的难题。从文化意义与现实逻辑出发，"集体记忆"的传承和创新以及文化活动的在地化与大众化，成为回应上述思考的两个必要维度。

（一）"集体记忆"：中国文化活动传播的传承和创新

文化活动是中国文化传播的重要载体和形式。东盟华人青年在参与中国文化活动的过程中，不仅通过代际传播增强了对母国文化的认同，同时也吸引了非华人青年对中国传统文化的关注。大多数东盟国家都存在大量的华人群体，因此中国许多的传统习俗和惯例都在一定范围内保留了下来，诸如庙会、春节庆祝、端午节吃粽子等，构成了东盟华人的"集体记忆"。但这种集体记忆会随着社会环境的变化而变化。例如，一些巡礼、归祖等传统仪式在新的社会环境要求下被简化，或者被替换为"回家打卡"的主题活动，并由此出现网页游戏、直播、快闪等创新参与形式。因此，东盟青年群体对中国文化活动的集体记忆，并不是对传统场景的再现，而是一种基于当下社会环境的再建构。新的社会环境要求他们对记忆中的事件进行传承和创新，这种文化活动传播的独特逻辑是以社交逻辑带动文化逻辑，从而促进中国文化传播的传承和创新。

正如受访者林家宏所述，马来西亚槟城每年都会举办新春文化庙会，其中有大量与中国文化相关的活动，例如，书法、制作泥塑等。庙会集中性地展示了中国传统文化的风采。特定的文化活动作为中国文化的载体和教育新一代青年的工具，向东盟青年展示了中国传统文化的魅力，唤起华人移民血脉里的文化记忆。东盟华人青年还会带动非华人青年间接了解、接触中国文化，并形成

对这种"集体记忆"的新理解。例如，在马来西亚举办的新春庙会上既有花灯展示、民俗表演等传统习俗，又有茶艺、汉服展等青年群体喜闻乐见的新式活动。这种将创新性活动融入传统活动的方式，不仅可以让非华人青年感受中国文化的魅力，在他们的心中留下"直接的"深刻记忆；同时也将东盟青年与中国文化联系起来，将他们的参与纳入新的集体文化活动中去。这类文化活动也通过Facebook、小红书等新媒体平台广泛扩散，吸引更多青年的关注。

（二）在地化与大众化：中国文化活动落地东盟的策略和实效

中国文化活动虽然给东盟青年留下了深刻的印象，却难以融入其日常生活。它既无法带来"中国制造"般的商业价值，又难以像影视作品那样提供"便捷的"娱乐。这是因为中国文化活动的举办往往与政策规划、节日庆祝等因素相关。正如受访者周宇宣提到，老一代华人每年都会组织隆重的新春庙会，将中国传统文化元素融入其中，但这并没有真正下沉到更广泛的东盟青年群体，而只是局限在华人群体当中。同时，部分中国文化活动的参与门槛较高，如猜灯谜等活动，需要较高的语言能力。

要通过中国文化活动带动中国文化"焕发生机"，"在地化"与"大众化"是两个有效的传播策略。第一，适应地方文化的"在地化"文化活动可以有效促进东盟青年与中国文化之间的有机关联。可以重点关注东盟国家文化与中国文化之间联系较为紧密的节日，如泼水节、中秋节等，将中国的节日习俗与当地的文化传统相结合，整合到某一特定的活动当中。例如，在马来西亚的中秋节，只有华人有"吃月饼"的习俗，但当地华人通过开发有马来西亚文化特色的"大马月饼"，让更多非华人群体可以参与"吃月饼"的活动，从而促进中华文化与当地文化的融合。第二，"大众化"策略指的是通过新的文化活动形式，吸引更多非华人青年参与。例如，增加活动开展的频次、采用"小而精"的举办模式。在活动内容上，可以增加入门类活动，例如，中国美食节、读书交流会、漫画活动节等，再通过各种媒介手段进行宣传造势，不仅可以扩大参与的受众群体，也可以提高活动参与的质量。

四、结语

在文化全球化的时代，东盟青年群体对中国文化的整体期待和接受程度已经提高。东盟青年作为跨文化传播的主力军和生力军，具有不容忽视的社会传播扩散能力。争取东盟青年的文化认同，需要通过"对话"的方式，增强中国文化的国际吸引力。在媒介技术方面，根据东盟青年的媒介使用习惯，扩大介绍中国文化的内容传播频道，生产更多中国特色的文化作品，并重点关注国际社交媒体与中国社交媒体跨界联动的节点内容。在传播内容方面，要考察东盟青年的内容偏好，了解当地文化特点，找出中国文化与当地文化的联结点。在中国制造方面，除了强调产品质量，也要注重将中国文化元素或价值理念植入品牌产品，尝试开发文化衍生品，让东盟青年更好地通过中国制造来了解中国文化。在文化活动方面，从活动设计到话题内容，再到价值观的传递，需要提高文化传播活动的质量，在活动开展和传播过程中植入中国传统文化符号，彰显中国传统文化魅力，从而吸引更多的非华人青年参与其中。

（作者单位：广西广播电视台）

提升新时代区域性国际传播影响力的思考与建议

——以广西广播电视国际传播实践为例

李 红

习近平总书记在党的二十大报告中明确要求，增强中华文明传播力、影响力，坚持中华文化立场，讲好中国故事，传播好中国声音，展现可信、可爱、可敬的中国形象，推动中华文化更好走向世界。当前，全球正经历"百年未有之大变局"，新冠肺炎疫情、俄乌冲突、美国亚太战略，如此多变的国际局势和各种地缘矛盾，我们正面对着非常复杂的国际传播环境，新形势、新任务需要我们对国际传播能力建设作出新思考和新对策，为我国改革发展稳定营造有利的外部环境。

区域性国际传播是大外宣格局中的重要组成部分，面向东盟的周边区域性国际传播更是重中之重的探索与实践。十年来，广西认真学习贯彻习近平总书记关于加强和改进国际传播的重要要求，积极参与和创新中国与东盟的视听传播实践，在中国与东盟双方传播交流发展取得"非凡十年"成果的工作中做出了自己的努力。据最新发布的《中国- 东盟视听国际传播十年发展报告》称，2012 年以来，中国东盟在视听领域开展了广泛深入的交流合作，建立了多层次机制，搭建了多元化平台，形成以广西为枢纽，以中国东盟视听周和"澜湄电视周"为支点，10+1 多国共同推动，中国东盟视听传播机构广泛参与，数千部作品双向传播的交流合作新格局。

本文在新时代新要求的背景下，通过广西广播电视机构的做法，提出几点思考建议。

一、统一认识，形成合力

中华文化走出去是民族伟大复兴的历史使命。要完成好新时期国际传播能力建设的重要任务，就要统一全社会的认识，以习近平总书记关于加强和改进国际传播工作的重要论述为引领，提升对外传播地位，做好顶层设计，把国际传播作为国家对外开放总体战略的重要一环。特别是要以党的二十大精神为指导方针，统一认识，统一行动，明确新使命，用新思想、新理论指导新实践。面对波谲云诡的国际形势，变幻莫测的全球疫情和艰巨繁重的改革发展稳定任务，把展现好中国形象放在十分重要的位置，胸怀国内，放眼全球，高举人类命运共同体的大旗，传播工作要依托我国发展的生动实践和中国人民生活的生动故事，在真实、立体、全面上下功夫，在可信、可爱、可敬上做努力。国际传播能力建设是一项全社会的系统工程，从宏观策略到总体布局，从体制机制到创新实践，从媒体发力到社会参与，从文化领域到其他层面，从影视作品到社会舆论都需要统一思想，制定政策，全面动员，广泛融合，集中资源，形成合力。

东盟是中国的近邻，地缘相近，人文相通，中国与东盟是好邻居、好朋友、好伙伴，从建立对话关系到建成自由贸易。2021年习近平主席宣布建立中国东盟全面战略合作伙伴关系，2022年区域全面经济伙伴关系（RECP）正式生效。广西毗邻东南亚，北部湾"一湾相挽十国"，习近平总书记赋予广西构建面向东盟国际大通道的新使命。广西广播影视部门围绕重大主题开展区域性国际传播，主动服务于国家周边外交战略，高度重视与东盟各国的视听领域交流合作，借助每年在南宁举办的中国东盟博览会平台，视听文化传播日益深入广泛，促进双方民众相知、相亲、相融，为推动建立中国东盟更加紧密的命运共同体发挥区域国际传播的积极作用。广西广播电视台坚持每年都走进东盟国家开展推介交流活动，从"广西电视周"到"中国电视周"再到"感知中国"等。生动的中国和广西视听影像进入东盟十国的主流和网络媒体。电视周活动到过每一个东盟国家，在有些国家还多次举办。十年的共识与不懈努力，合作交流呈现多层次、多渠道、多元化的特色，合作机制和平台建设日益融合发展，围绕中国与东盟重大活动、重要时间、重点领域，配合开展常态化、机制化、多样化的传播交流。每年在南宁主办，东盟十国视听媒体和国内多家影视机构广泛参与的"中国东盟电视周"（2022年正式更名为"中国东盟视听周"），由国家广电总局和广西壮族自治区政府共同组织，已成功举办了四届，现已成为集中力量、联合各方、融合资源的中国东盟国际区域性影视传播重要平台，被中宣部、商务部等国家五部门联合认定为国家文化出口重点项目。

提高共识还要形成合力，并落实在对外传播的体系建设上，从机构布局到技术布局、叙事布局到渠道布局，全方位各层面强化国际传播的力量布局。习近平总书记指出，要通过各种途径推动各种形式的人文交流，创新体制机制，把我们的制度优势、组织优势、人力优势转化为传播优势，利用重要国际会议论坛、外国主流媒体的平台和渠道发声，各地区各部门发挥各自特色和优势开展工作。长期以来，国内一直存在重内宣轻外宣的传统认识，国际传播主要由涉外部门和专业的外宣媒体承担，力量显得单薄和不足。以影视作品为突破的文化"走出去"工程带动了部分文化部门和区域性传播，参与到文化传播的交流合作当中，但也只是机构中一小部分参与，工作任务也较单一，在国际传播工作的大局中仍然十分薄弱。加强和改进国际传播工作，不但需要统一全社会各部门的共识，深刻认识其重要性和必要性，还要调整好"大外宣"的资源和布局，充分认识当今国际传播全球化和个人化的发展趋势，建设好战略性、全局性、外向型、可持续的对外传播体系。政府和相关部门做好方向设计和政策支持，广泛组织社会组织和社会成员直接或间接参与到对外传播工作当中，甚至发动民间力量投入其中，在官方、企业、社会组织和个人之间的协调、协商、竞争、合作中形成合力，形成庞大的国际传播的社会力量。媒体作为国际传播的主力军也应该更新观念，重组新架构，提升新能力，把国际传播纳入工作全局，全媒体参与对外传播。既保证传播主体的多元多样，又能够均衡兼容发力。广西广播电视台在与东盟的交流合作中逐步构建主流媒体区域国际传播多层次、差异性、全覆盖的新格局。设立了广西电视国际频道、北部湾之声广播频率、北部湾在线东盟多语种网站，负责视听节目的译配制作的交易播出。组建对外传播中心，开拓新的对东盟传播领域，培植技术、培训、产业新业务，负责国内外机构沟通交流等，形成了较为完备的区域外宣架构，也大大提升了面向东盟的国际传播效能。

二、提升本领，讲好故事

要传播中国声音，塑造中国形象，首先需要讲好中国故事。优质的内容是有效传播的基础，认同的方式是双向传播的关键，顺畅的渠道是便捷传播的途径。把好听、可读、爱看的视听产品通过公共平台快捷进入国际市场和海外用户中，并在受众中产生互动、分享和体验，实现情感共鸣、文化认可和心灵相通。要达到这个目的，就必须做好自己，提高本领，练就内功，扬帆出海。

首先，讲好故事，内容为王，而且是具有中国特色的国际表达，反映中国人精神风貌，海外受众能接受、信服的内容。需要我们精心选取和挖掘反映中国社会历史和现实有代表性的题材，聚焦中国百姓，特别是年轻人奋斗追求的故事，在运用中国优秀文化的传统表达方式的基础上，求新求变，吸收国际化的新视角、新形态，创作出更具中华文化感召力，更有中国形象亲和力的影视精品力作。这些年中国文化大繁荣、大发展的局面也带动了国际文化传播，我们的视听产品等各种文化形态不但有量的扩张，更有质的提升，推动了对外传播高质量可持续发展。优秀国产电视剧已成为中国电视节目国际传播的最主要、最有影响力的类型。据《中国联合展台》课题组最新公布的数据，十年间，中国电视剧国际传播从开始的自发出海到规模化出海用了五年时间。从头两年出口 500 多部次的 2 万多集到后三年的 1700 多部次的近 10 万集。近五年呈现产业化和精品化量与质跨越发展，出口量也达到 2700 部次的 10 多万集。现代题材的优秀作品占比大幅提升，播出平台和覆盖面不断扩大。十年累计出口 5000 多部次，22 万多集，时长超过 24 万小时。

伴随着中国与东盟经贸文化交流的不断深入，优秀的国产影视作品在东盟市场更是大受欢迎。不论什么国家、什么民族、什么样的文化传统、什么宗教信仰，都离不开日常的生活，面对平凡的人物，感受质朴的友情。反映中国人民现实生活的优秀作品真实地记录平凡的生活细节，刻画百姓不同的内心世界，描绘细腻的人物性格，反映社会生活的真实面目，展现普通人的精神面貌，对中国近邻的东盟国家广大受众，更能引发共鸣，相知相通。据《中国联合展台》课题组 2022 年对国内 34 家视听产品出口企业近十年的初步统计，出口到东盟的近千部次电视剧中，当代剧占 52%，尤其是 2020—2021 年出口东盟的 346 部次当代剧，占比接近 70%。统计数据反映了海外，尤其是东南亚广大受众的真实需求。创作生产出高质量的优秀影视作品，是做好国际传播的首要环节，也是最基础的文化出海工作。

十年来，广西广播电视台将 68 部 2700 多集的优质国产电视剧译制成柬、老、缅、越、泰、马来、印尼国家语言并在对象国播出，其中绝大部分是中国当代题材，《老马家的幸福往事》《北京青年》《琅琊榜》《创业时代》《山海情》等剧目深受海外受众的喜爱。2021 年，广西台将《山海情》译制的越南语版本和柬埔寨语版本分别在越南数字电视台和柬埔寨国家电视台播出后，两台高管给予高度评价，认为该剧为本国观众生动展现了中国扶贫攻坚的崭新成果。2024 年，广西台将反映时代楷模黄文秀年轻一生的电视剧《大山的女儿》译制成老挝语、越南语和缅甸语，在对象国《中国剧场》《中国电视剧》栏目中播出，向东盟观众展示扶贫励志、可亲可敬的中国青年形象。

其次，有了好的故事还要有效到达，在传播链的终端实现最佳效果，这也是我们在新形势下需要努力提升的传播本领。

1. 做到平台的多样化。以往政府主导官方媒体单向的你赠我播的传统方式已不能适应当今平台多样、受众多样、艺术种类多样、文化形态多样的发展变化，传统观念和老旧模式需要改变。当今社会，网络已经从传播新平台成为传播主阵地，网络视听创新、多样、互动、时实、便捷、无界化、个性化、广泛性等特征代表并引领现代多变的传播形态。综合性和专业化的单一平台已不是国际传播的唯一主体，需要面向多样化的新兴媒体，瞄准海外的互联网平台，提高到达率和占比。政府部门、媒体机构、公司企业甚至个人都在国际传播的各种平台上，制作音视频、译配节目、交易版权、联合摄制、线下交流、线上互动等，更多的力量通过多样化的形态，在电视终端＋网络的多种平台上传播，使精彩的中国故事在四通八达的渠道上通过各式各样的平台顺畅而有效地到达国际社会的各个角落。广西广播电视台除了主动与东盟各国的主流媒体合作，拓展与当地新媒体平台的交流，还加大海外新媒体平台的建设力度，吸引东盟年轻受众对中国影视剧的关注和兴趣。2020年，广西台在柬埔寨、老挝、缅甸、越南开设了《中国剧场》《中国电视剧》Facebook账号。2022年，在YouTube、Tiktok开设了"Meeting Guangxi"账号，通过多个平台搭建运营带动国际传播的转型升级。

2.提高传播的精准性。什么样的故事讲给什么人听，到什么山头唱什么歌，投其所好，寻找共情处和共鸣处，有的放矢，准确到位。需要根据不同的内容要求，选择不同的节目类型，采用不同的表达方式，适应不同的传播对象，满足不同的接受习惯，达到不同的传播目的。这种精准传播的要求，缘于现代国际传播差异化的现实。既要求我们在内容创作生产时有针对性地对各类传播对象有深入真实的了解，也需要在流通达到中运用有效适用的传播手段和灵活多样的传播方法，把握不同的角度和力度，调整传播的内容和方式，坚持效果导向，使精准传播实现最大收效。广西广播电视台在面对东盟国家区域性传播实践中，坚持"一国一策略，一台一做法"，围绕影视剧等视听节目的译制和海外播出，选择好合作伙伴，有针对性地开展配套活动，联合对象国的机构和平台延伸传播链条，举办社交互动推介活动，拓展合作项目。比如，在对象国举办研讨会、演员见面会、有奖收视等观众参与性强的社交活动；又如，选择不同的主题，开展短视频大赛、电影电视展播周，组织年轻的互联网主播进行跨国两地研学访问、专家学者论坛、联合发布智库研究报告等。这些精准有效的手段在当地提升了影响力，聚集了人气，带动了合作。

三、完善格局，提升版本

习近平总书记提出，要初步建立起立体式的大外宣格局。这不仅在思想理论层面，更在实际工作层面提出了新要求，要落实好新时期国际传播的战略布局，应当抓好三个方面的工作：

第一，形成完备的体制机制，打破对外传播由专业外宣媒体单打独斗的旧结构，构建任务多重、主体多元、内容多样、形式多种、渠道多条的面向不同国家和地区，针对不同社会和人群的国际传播新格局。周边外宣还要把中央顶层设计和调动地方积极性结合起来，促进区域性国际传播完善政策，广泛参与，形成灵活有效的激励机制。中央做好分类指导，广西服务好国家周边外交的战略任务，明确目标，加大投入，把扩大对东南亚地区对外开放的经济硬指标与面向东盟文化传播的软实力紧密结合起来，为区域内国际传播注入新动力。通过政策制定和制度完善，有效衔接全传播链条的各个机构、层面，各个阶段，各种力量、各道工序，在全自治区，包括各地市形成了有利于国际传播的环境，无论体制内外，媒体企业，网内网外，发挥各自的特色和优势，多平台唱戏，多渠道发声。这既遵循了中央的方针原则，又从地方体制架构上考虑，鼓励综合性媒体和全媒体在机制上创新。广西十年的实践，逐步营造政府抓外宣、社会讲外宣、媒体重外宣的良好传播氛围，政府和主管部门越来越重视对外传播，视听内容创作和译制项目投入逐年增加，海外传播表彰奖励力度不断加大。政策和制度上的保障，促进了广西面向东盟国家周边文化合作。但体制机制的创新突破，政策制度的制定落地，仍需要做出努力。

第二，发挥新技术、新业态的作用，打造升级版的国际传播新模式、新格式。随着数字技术的迭代升级，信息传播日益快捷、多元、无界，互联网已成为国际传播的主阵地。国际传播工作更加迫切需要主动适应新兴传媒领域移动化、社交化、可视化的趋势，加大技术投入，拓展新兴平台，加强对数字新技术、新应用、新业态的运用，形成国际传播的全媒体新矩阵。由广西广播电视局与国家广电总局发展研究中心共同在广西南宁发布的《中国东盟视听国际传播十年发展报告》展望，将面向东盟传播的资源和力量向网络视听主阵地倾斜，顺应"未来电视"发展趋势，创新传播模式，提升技术赋能，加快艺术与技术的融合。同时，引入大数据、元宇宙概念，加快引进开发和应用网络直播、虚拟主持人、智能视频、语音识别等新的内容生产方式、传播方式和交互方式，提高效率，提升质量，用科技引领、助力国际传播业态、模式升级。

第三，加强研究，注重评估，提升国际传播的理论指导性和现实有效性。一直以来，由于只注重内宣功能作用、形式手段的研究，外宣的理论研究成了短板，许多对外传播的实践采用对内宣传的做法，国际传播效果不理想，有时还会出现偏差失误。习近平总书记要求加强国际传播理论研究，掌握国际传播规律，构建对外话语体系，提高传播艺术。做好国际传播研究，首先，牢牢把握好我国的发展观、文明观、安全观、人权观、国际秩序观、全球治理观，把握好政治方向和理论指导；其次，区分西方国家和广大发展中国家的阵营，坚定政治立场，发展好与周边国家、广大发展中国家的友好关系，坚持全球化、多极化方向，扩大朋友圈，为"一带一路"建设提供有力的舆论支撑；最后，研究不同的传播形态，深入探究各种类型、各种载体、各种内容、各种形式的国际传播规律，与国际接轨，与市场接轨。根据不同的传播特点，区分新闻传播、影视作品等艺术传播、教育培训等文化交流传播、社交媒体的互动交流传播等传播方式的异同；对不同传播对象的受众类型，如不同宗教、民族、语言、习俗等不同人群，以及海外当地华人和华侨同胞进行研究，有针对性地采用不同的传播策略。注重国际传播的效果反馈和专项评估，把专家分析、调研数据、反馈意见进行综合论证，由主管部门委托专门机构建立国家和区域性的国际传播评估体系，发布科学、客观、可量化、可操作的评估报告。根据这些研究成果和评估报告，制订和采取贴近不同区域、不同国家、不同受众群体的精准传播策略和方法，提升国际传播的实效性。

（作者单位：广西广播电视台）

广西电视外宣创新发展的几点思考

——以广西广播电视台为例

丁锦屏

中国正在建设社会主义现代化国家，全面推进中华民族伟大复兴，当今世界也正经历百年未有之大变局，对外宣传工作的形势艰巨而复杂。2023 年 6 月 2 日，习近平总书记在文化传承发展座谈会上指出，宣传思想文化工作要做好"两个结合"，把马克思主义基本原理同中国具体实际、同中华优秀传统文化相结合。总书记还强调，文化建设要守正创新，创出新思路、新话语、新机制、新形式。电视外宣有其特殊性，是通过声画结合的影像载体、依托电视信号传输覆盖来实现对外传播。它的创新发展，要从宣传的内容、宣传的形式和传播的渠道等诸多方面去深刻思考和付诸实践。

一、用好用活我们的文化资源

中华民族有一万多年文化史、五千多年文明史，波澜壮阔，博大精深。我们要坚定文化自信，向世界展示中华文明的精神标识和文化精髓，与世界不同文明交流互鉴，共同构建人类命运共同体的人文基础。中华优秀传统文化是外宣工作取之不尽的资源宝库，是有效提升中国影响力感召力的源头活水。习近平总书记为我们树立了很好的典范。总书记十分喜爱中国古诗词，多次在外交场合引用。在巴西国会演讲、在塔吉克斯坦发表署名文章、在全国政协新年茶话会的讲话中，总书记都引用了"潮平两岸阔，风正一帆悬"这一联唐诗，表达出这样一种信念：吹拂过盛唐的一派正风，也正吹拂在我们所处的这个新时代。党的十九大闭幕后在和中外记者的见面会上，总书记吟诵出"不要人夸颜色好，只留清气满乾坤"，彰显了我们的理论自信、道路自信、制度自信、文化自信。2015 年美国西雅图侨届欢迎招待会上，总书记说："悠悠天宇旷，切切故乡情。欢迎大家常回家看看。"让在场侨胞为之动容。还有那句"相知无远近，万里尚为邻"，点燃杭州亚运会开幕式"和平、团结、包容"

的时代激情。这就是我们的优秀传统文化，我们的古诗词，凝练、优美、温暖、有力量。

多元一体的中华文明厚重深邃、夺目璀璨，古诗词只是其中的一束光。广西地处祖国南疆，虽算不上自古繁华地，优秀传统文化亦是灿若星河。广西卫视创办的文化类栏目《广西故事》，在用好文化资源宣介广西方面做出了成功示范。这是一档宣传和展现广西人文历史、风光风情的电视精品工程，栏目开播至今六年多，制播节目300多期，其中大部分篇幅对广西历史文化和考古题材进行了深度挖掘，涉及稻作文化、桂剧、壮锦、铜鼓、绣球、六堡茶、坭兴陶、壮族嘹歌、广西土司、壮族三月三、靖江王城、合浦汉墓、柳江人、潇贺古道、国宝麒麟尊、灵渠、花山、骑楼、广西人下南洋等诸多选材，堪称广西文化节目的集大成者。大量解读广西历史沿革和文化渊源的故事一一呈现，让人眼前一亮。这些都是我们对外宣传的宝贵资源，是广西坚定文化自信的底气。六年多来栏目以15分钟周播形式，通过广西卫视及多个新媒体平台向外界传播广西声音，讲述广西故事、中国故事。

2017年《广西故事》迈出了发力全球外宣的第一步。当年春节、元宵和端午期间，《广西故事》先后三次登陆国家外宣战略媒体——中国新华电视向全球播映，节目信号覆盖200多个国家和地区的55亿人口。随后陆续在香港NOW TV、新西兰TV33、加拿大城市电视等平台播出。同年，《广西故事》10集精选节目的中英文版登陆新华电视，面向60多个国家和地区播出，篇目有《虎将戍雄关》《悠悠黄姚》《桂林山水甲天下》《孤胆忠魂袁崇焕》《钦州五彩海豚》《善水灵渠》《千年铜鼓 盛世和鸣》《长寿之乡》《苗族坡会》《爱在西街》，全景展现大美广西的风光风物、人文历史、生态家园，受到海外观众的好评。

2018年春节，新华电视中文台、英文台在每晚黄金时段连续播出《广西故事》百集电视系列专题片。随后第二批《广西故事》精选节目中英文版新鲜出炉，篇目更新为《客家围屋》《刘三姐》《广西的土司文化》《白头叶猴的家园》《守望姑婆山》《古镇匠心》《岭南骑楼》《临贺故城 古镇标本》《神秘的天坑群》。这些节目面向全球70个国家和地区多次播出，覆盖全球主要时区的主要播出时段，再次为广西电视外宣写下浓墨重彩的一笔。

2021年又一批《广西故事》精品被译制成英语、越南语等外宣版本在海外推出。英文版节目在美国密歇根中文广播电视台、波士顿中文电视台官网及其所属Facebook、YouTube平台、《中国剧场》老挝新媒体账号、泰国新媒体账号等多个海外平台推送。越南语译制版则推送到越南数字电视台及其所属Facebook账号以及《荷花》杂志所属新媒体平台。多年来《广西故事》致力于广西文化题材的影像记录，用好用活广西文化资源，做出文化品位。多年的实践也充分证明，文化节目有着润物细无声的国际传播影响力，受到海外收视群体的持续关注和喜爱。

而广西广播电视台国际频道，则致力构筑一个常态、稳固的广西电视外宣海外传播平台。频道自 2010 年创立至今，一直努力推动中国文化、广西文化"走出去"。主要做法是整合全台多个文化类栏目，如《广西故事》《大美广西》《纪录广西》《百寿探秘》《民族文化》《遇见好书》《行走的厨房》《一键游广西》《书记县长当导游》等，以 8 小时首播加 16 小时重播的方式，每天 24 小时源源不断向海外输送节目信号，传播中国声音、广西声音。广西国际频道依托中视国际传媒（北京）有限公司运营长城平台，节目信号已经覆盖全球除美国、加拿大、日本、新加坡和马来西亚之外的 228 个国家和地区。目前长城东南亚平台收视用户数超过 20 万，非洲地区付费用户数超 4500 户。数据还在累积，文化节目的强大生命力日益显现，它的持续推送，帮助国际频道外宣阵地不断延伸扩展。

二、找准电视外宣的发力点

外宣题材一旦找准发力点，往往能收到事半功倍的效果。怎么找是关键。从过往成功经验来看，要结合新时代强国建设和民族复兴的伟大实践，结合广西具体实际，找开放发展亮点，找国际社会关注点，找重大事件的时间节点。2016 年，中国政府推动实施了东亚减贫示范合作技术援助项目，首先在老挝、柬埔寨、缅甸三个国家各选两个村庄作为试点，开展为期三年的社区合作减贫工作。这一举动令世界瞩目。广西广播电视台作为中国—东盟开放合作前沿的省级电视台，精准发力，深度介入，联合中央广播电视总台拍摄制作了中国第一部讲述国际合作减贫的系列纪录片《明月何曾是两乡——中国国际减贫东亚行动》，历时三年，真实记录这个项目从启动到完成的全过程，见证了我国履行大国责任，与东盟国家共享减贫理念经验，实现共同发展，推动构建人类命运共同体的伟大壮举。2020 年 12 月，该片中文版在广西广播电视台多个频道播出，柬语版在柬埔寨主流网络电视台、有线电视网 Fresh News 播出；泰语版在《泰国—东盟博览》杂志（泰国）网站、TAP 杂志（泰国）YouTube、Facebook 账号推送，国内外播出反响热烈，赢得各方好评。

2017 年 8 月，重庆、广西、贵州、甘肃四方签署《关于合作共建中新互联互通项目南向通道的框架协议》，这标志着中国西部四省（市、区）将合力打造一条全新的贸易通路，深度融入"一带一路"发展。广西抢抓机遇，发挥优势，积极服务和融入新发展格局。广西广播电视台以此作为发力点，制作播出了纪录片《陆海新通道》，深度解析这条衔接"一带一路"复合型对外开放通道的源起，以及中国深化陆海双向开放如何为参与各方带来发展红利。该片的摄制，得到中国驻老挝大使馆、中国驻泰国大使馆、国家发展和改革委员会、自治区发展和改革委员会以及新加坡、越南、泰国驻中国大使馆、越南广宁省传媒中心的大力支持，外宣成效有目共睹。

2020 年 2 月 20 日，澜湄合作第五次外长会在老挝万象举行，澜湄国家外长济济一堂共谋合作发展大计。这个时间节点也是我们的外宣发力点。会议举办前夕，广西广播电视台、老挝国家电视台、泰国国家电视台三国同步播出了纪录片《同饮一江水·澜湄花正开》，这是首部以澜湄合作为主题的纪录片，展示中国与泰国、老挝等湄公河沿线国家在大坝建设、高铁建设、水利、农业、产能、教育培训、卫星、禁毒减贫等多领域合作成果。这部跨国联合制播纪录片的播出，为盛会举办营造了良好的国际舆论氛围。广西广播电视台提前布局谋划，收获了预期的传播效果。

老挝、柬埔寨、泰国作为中国周边国家，对中国脱贫攻坚政策及实施效果尤为关注。广西广播电视台把握国际关切，携手老挝、柬埔寨、泰国合拍纪录片《更好的日子》，老、柬、泰三国主持人深入中国腹地，亲身了解体验中国农村扶贫减贫的经验与成果。节目于 2021 年 4 月 25 日中老建交六十周年纪念日当天，在广西广播电视台和老挝国家电视台播出，随后柬埔寨国家台、泰国国家台也播出了该片。老、柬、泰三国电视台台长盛赞这部合拍纪录片的价值和意义，当地纸媒也发文报道，外宣叠加效益十分显著。

此外，还有瞄准中越建交七十周年的献礼片《南溪河畔》、瞄准中柬建交六十五周年的中柬合拍纪录片《患难与共中柬情》、瞄准中国—东盟建立对话关系三十周年的献礼片《三十而立》，以及瞄准共建"一带一路"倡议提出十周年的中印尼合拍纪录片《海上丝路—天涯比邻》等，多部作品都得益于精准无误的外宣发力点，以及最恰逢其时的播出时间节点，最终实现了外宣成效的最大化。

三、补短板，打造适合国际传播的节目品类

广西广播电视台拥有经验丰富、颇具实力的纪录片创作团队，历年均有不少获奖佳作。总体上看，配合国家外宣需要的作品居多，比如在中宣部、国家广电总局、中央广播电视总台等上级部门支持指导下完成的中外合拍纪录片，不仅数量可观，也通过联合制作播出的形式，实现了借船出海、借嘴发声的传播效果。关注方向较多的还有反映广西建设成就的电视节目，比如《海上新丝路》《家在青山绿水间》《壮美广西》《同饮一江水：粤桂扶贫协作纪实》《紧跟伟大复兴领航人踔厉笃行》《大藤峡》等，以及人文历史题材比如《记住乡愁》《潇贺古道》《中国影像方志》《三月的召唤》《山歌好比春江水》《苗

寨八年》《百工图》《四时六堡》《灭疟疾》《广西剿匪纪事》等，节目影响和传播效果也是有目共睹。然而反观这些年广西广播电视台纪录片专题片的品类构成，偏自然类的题材则较少，已完成的《秘境广西》《美丽西江》《花山岩画》《秘境幽兰》《岁时本草》等作品，挖掘自然生境之下的人文故事，揭示人与自然相处之道，具有时空交融、览胜万象的独特魅力。但从产出数量对比来看，此类风格的作品目前仍是广西广播电视台的短板。而恰恰这类纪录片极具跨文化国际传播的禀赋，它们承载的审美感受和全人类共同价值观，往往能超越国界和民族易于被大众接受，被誉为国际传播的"硬通货"。近年央视纪录片频道多次播放的 BBC 纪录片《地球脉动》《人类星球》《蓝色星球》《冰冻星球》等自然题材大制作，不仅长时间占据各国纪录片播映热门榜和全球各大视频网媒的高分榜，作品所呈现地球上的自然与生命之美也让全世界观影者为之赞叹。由英国 BBC 电视台与中央广播电视总台联手摄制的 6 集纪录片《美丽中国》也获得巨大成功。

以此为鉴，近几年广西广播电视台在纪录片创作上加快补短板，有意识地关注并投入自然类尤其自然环保类的选题创作，除了电视节目差异化发展的需要，还考虑到广西的区域特点和当今国际社会关切。广西是中国南大门、中国南方生态屏障，是中国生物多样性最丰富的省份之一，名列全国第三。生态保护题材是广西对外宣传的优势和亮点。再者广西毗邻东盟国家，地缘相近，山水相连，是休戚与共的生态共同体。而生态保护是当下全球关注的热门话题。讲好人与自然和谐共生的故事，宣介中国绿色发展的新理念、新成就，有助于展现中国负责任大国形象。目前广西广播电视台正在加快打造适合国际传播的特色品类——自然环保题材纪录片。已经出品和正在出品的有《暹罗追鸟》《拯救冠斑犀鸟》《方舟·布氏鲸》《方舟·东黑冠长臂猿》《小小勺嘴鹬》《鸟导》《护飞冠头岭》《北纬 22 度——探秘"望天树"》等多部作品。前三部作品的故事发生地在中国和泰国，讲述两国特定区域的地理风貌、神奇物种，以及两国科研团队开展跨境合作研究，共同推动保护珍稀鸟类和濒危海洋物种布氏鲸的故事；后四部作品的故事发生地均在中国，主题为鸟类资源探奇与保护、观鸟经济、绿色发展、原始生境物种的发现与保护等。已完成的几部作品在对外传播和节目评奖中均展现出较强实力，其中最值得一提的是，中越合拍纪录片《方舟·东黑冠长臂猿》的成功。该片深度揭秘世界极危物种东黑冠长臂猿鲜为人知的生存故事。该物种全球仅存 200 多只，中越边境线上的喀斯特森林是它们唯一生存之地。中越两国政府和研究人员开展跨境合作保护和环境治理，为长臂猿打造生命方舟。60 分钟纪录片《方舟·东黑冠长臂猿》于 2019 年第二届"一带一路"国际合作高峰论坛召开当天，在广西广播电视台、越南国家电视台联合播出，为盛会营造了良好氛围，受到各界人士赞誉。之后该片在哔哩哔哩和多个网络媒体平台持续发力，国内外观众好评如潮。截至2022年该纪录片斩获了包括中国广播电视大奖、"金熊猫"国际传播奖、联合国"世界野生动植物日"国际影赛荣誉奖、中国野生生物视频年赛"评委会大奖"等在内的十多个奖项。实践证明，自然环保类纪录片在对外传播中具备很强的流通能力。打造精品补短板，有助于进一步提升广西电视外宣的竞争力和影响力。

四、丰富外宣形式 与时俱进

电视外宣的载体和传播渠道，除了制作成常态的专题片纪录片并依托电视信号进行传输覆盖，还有其他多种形式。多年来广西广播电视台与时俱进，不断探索创新电视外宣的方式方法，拓宽传播渠道，一步一个脚印构筑起多元立体、形式丰富的对外传播格局。2004年至2010年，广西广播电视台举办了多届"聚焦广西"国际电视采访活动，邀请东盟十国主流电视媒体到广西走访拍摄，各台分别制作电视节目在本国播出，借助海外媒体渠道直接推介广西的秀美风光、人文风情和建设成就。活动的持续举办为双方业务合作打下良好基础，之后大家交流密切，形式上也较之前更为丰富多元，比如我方电视剧、动画片的东盟语种译制版在对象国播出；剧集互译互播；在对象国举办中国电视展播周、广西电视展播周；举办中国—东盟友谊歌会、中国—东盟知识竞赛；开办立足东盟、面向全球宣传广西的《风起南方》《连线东盟》《大美广西》等电视栏目；2014年广西广播电视台与越南国家电视台成功举办了"中越友谊之约"跨国直播文艺晚会，堪称两台合作形式的极大创新；2015年、2016年广西广播电视台拍摄制作了两季共20集的系列片《寻梦中国 我在广西》，以外国朋友的视角，感受今日中国的发展变化，节目通过广西国际频道向海外播出；还有采访团队走出去拍摄记录中国—东盟合作成就的《海上新丝路 东盟万里行》系列片等，不胜枚举，广西电视外宣在形式上不断推陈出新。

随着以互联网、移动媒体等为代表的新媒体快速崛起，广西广播电视台顺应时代发展和形势变化，积极转型，自我完善，与新媒体取长补短、共同发展，收获了很多成功案例。2022年是中国共青团成立100周年，广西广播电视台以"奋斗者，正青春"为主题，策划了"四海同唱"青春畅想故事会全球直播活动，向"一带一路"沿线国家的青年发出邀请。主持人沈鹏鸣和多位东盟嘉宾坐镇广西广播电视台演播厅，与来自中国、老挝、越南、尼泊尔、印尼、柬埔寨、泰国的青年们云上畅聊，向全球网友分享"一带一路"倡议、西部陆海新通道及RCEP生效为本国民生和个人发展带来的时代利好。这场线上线下互动的直播引发广泛关注，截至2022年5月，全平台观看数量超过295.7万人次，中外新媒体平台总浏览量突破 150 万次，海外观众互动超过 3 万人次。

"'四海同唱'Z 世代眼中的中国—东盟博览会"系列短视频的成功也是可圈可点。2022 年第 19 届中国—东盟博览会期间，广西台以新媒体创作思维策划东博会主题系列，拍摄多位东盟博主与中国"Z 世代"网络博主携手逛展，去发现和了解中国—东盟在经贸、文旅、跨境电商等多领域合作的丰硕成果。两两成组的中外博主观演、看展、吃美食，交流心得。还有东盟博主通过外媒账号进行云上直播，将展会盛况实时分享给本国观众。10 多条东博会短视频合集的中文、英语、泰语和越南语版本，分别在 YouTube、TikTok、Facebook、Twitter、广西视听客户端、广西网络广播电视台、北部湾在线、微博等平台以多语种推送，在海外新媒体平台收获超过 150 万观看量和 2 万多的点赞量。

相比而言，融媒体传播是集中力量办大事、增强传播力影响力十分有效的途径。"大道同行 丝路共鸣"——2023 广西媒体东盟行采访活动，就是这一外宣形式的成功范例。2023 年是构建更为紧密的中国—东盟命运共同体、共建"一带一路"倡议提出十周年，以及中国—东盟博览会和中国—东盟商务与投资峰会创办二十周年，广西壮族自治区党委宣传部组织广西日报社、广西广播电视台等媒体骨干记者奔赴东盟 10 国，深入报道"一带一路"建设为东盟民众带来的实惠便利，全景展示"新海丝"上的广西力量。活动采用跨联版纸媒报道、图片专版、广播电视节目、视频、创意海报、Vlog、图集等全媒体融合传播的方式，大大提升了宣传效果，得到中宣部领导点赞。广西广播电视台派出 34 名记者，采制了 30 集广播电视节目，在此次联合宣传矩阵中充分发挥了电视传播声画合一、生动具象的特点和优势。

2023 年 10 月，第五届中国—东盟视听周在马来西亚成功举办，双方就进一步深化合作领域和合作范围达成共识和多个合作意向。可以预见，今后中国与东盟国家间广电视听的内容创作生产将更加丰富，形式上也更加多元。专题片、纪录片、译制剧、综艺节目、电视展播、外宣活动、网络视频、跨境直播等新旧媒体传播方式，都将在广西电视外宣中发挥重要作用。只有守正创新与时俱进，才能展现新作为，更好担负起新时代赋予我们的新的文化使命。

五、结语

电视外宣的创新发展必须内外兼修，即在内容和形式上都要不断创新，古为今用、洋为中用、辩证取舍、推陈出新，方能为外宣工作可持续发展注入新动能。广西的山川风貌、文化资源、建设成就、开放发展、精彩人物，都是我们讲好中国故事、广西故事的优质内容。而要使好的内容真正发挥外宣效果，还需要我们提升宣传的"到达率"。坚守文化品位、把握国际传播动向、关注海外受众收视期待、找准外宣发力点、中外合作联制联播、构建融合新旧融通中外的多元立体传播格局等宣传手段，都有助于将"达到率"落到实处。

（作者单位：广西广播电视台）

浅谈中国影视剧在东南亚国家传播的译配策略

——以广西广播电视台海外译制剧栏目为例

黄　媛

中国与东盟各国地缘相近、山水相依，特别是广西、云南与越南、老挝接壤，在文化语言、生活习俗上存在极深渊源。近年来，中国"出海"东南亚的影视剧呈现出官方主导、国企民营相辅，行业协会间影视文化交流活动助力的多元化态势，东南亚民众通过中国影视剧能够更全面地认识中国社会、了解中国文化。基于此，广西广播电视台依托地缘优势，在将中国影视剧面向东南亚传播过程中，有针对性地把握好整体策略，联合东南亚各国主流媒体，共同开设影视译制剧栏目译制播出了众多如《红楼梦》《琅琊榜》《三国演义》《山海情》《黄文秀》等优秀中国影视剧作品走进东盟各国，增进中国与东盟民心相通。

一、中国影视译制剧现状和影响国际传播因素

根据《中国电视剧国际传播报告（2022）》显示，中国影视译制剧依旧以英语为主，绝大部分海外出品都提供了英语字幕或配音服务。[①] 相比之下，就中国影视剧译制作品全球占比来说，译配成东盟语种的影视剧很少，然而中国影视译制剧面向东南亚国家的传播却越来越重要，其不仅是民众之间的有效了解方式，更是塑造国家形象重要手段。[②] 由此可见，完善中国影视译制剧全球布局，巩固好东南亚市场迫在眉睫。

（一）作品配音字幕综合质量影响传播效果

配音是减少文化折扣，打破文化壁垒且顺应当代全球、各年龄层受众喜好的传播方式和传递影视剧文化内涵的重要手段。[③] 因不同国家的语言文字区别，

---

① 朱新梅、周菁、周述雅：《中国好剧全球传播》，《人民日报海外版》2022年11月18日。

② 谢卓华：《国产电视剧在东盟的译配传播研究——以广西电视台为例》，《新闻爱好者》2018年第9期。

③ 张海燕、王博：《中国影视剧海外传播的译配策略探讨》，《对外传播》2020年第6期。

译者以及配音演员必须具备灵活准确处理中文与外文长短区别的能力。中国影视剧译制作品的译配、制作水平高低就体现在这些细节方面。比如最常见的"你好 ni hao"一词在泰国语中就是"萨瓦迪咔 sa wa dee ka"4 个音节，如果作品配音与当地语言发音不符，将很难获得受众的理解和共鸣，甚至有可能对中国文化产生误解。针对这些因素和问题，以广西广播电视台在柬埔寨、越南和泰国译制的电视剧《山海情》为例，针对宁夏农民的配音，坚持本地化译制，本土化特色配音，适当规避使用高阶层人士或"城里人"用语用词，针对不同地区、不同受众的配音中，适当用一些俗语和土话等特色，在一定程度上保持其整体的文化调性，更能满足不同国家受众的差异化需求。

影视剧出征海外，除了配音，字幕也是很重要的一环。根据东南亚主流电视台相关规定，外来影视作品必须译配成对象国语言，通过官方审核后方可在当地电视台播出。近几年由于疫情以及政治因素的影响，广西广播电视台和缅甸国家广播电视台合作的"中国剧场"栏目不得不由配音转向字幕。但是基于很多国产剧出品方无法提供没有中文字幕的版本，极大影响了国产电视剧在国际上的宣推。

（二）整体译制作品质量有待提高

依照影视译制研究专家王魏的观点，影视译制剧的译配工作不仅是语言的转化，更是跨文化的传播，如果想要得到受众的肯定和认可必须要明确目标和定位。[①] 例如，2021 年广西广播电视台在译制 87 版《红楼梦》针对老挝语的语言习惯，联合中老双语专家将片中的诗词歌赋在老挝语配音时做了处理，极大地增强了真实感，带给观众较好的观感。现今影视译制标准中不仅是传统意义上的"信、达、雅"，更要"深入浅出"贴近生活，要让更多的观众能够在短时间内形成情感共鸣，这就需要根据不同的影视剧作品情况，实现良好的表达，应当采取"因地制宜"的方式让更多观众能够快速、准确理解。假如译者不把控台词长短，将导致产生字幕和画面不同步的问题，使受众产生认知偏差。所以在进行字幕的翻译中，很多翻译人员应当熟悉两国文化，领悟台本要义，避免错误的发生。

特别值得一提的是法律差异问题。影视译制过程中，必须寻求输出国和输入国的法律之间的平衡。比如地名、历史事件和专有名词等问题。在译制农业节目《电视中国农场》老挝语版时，"在中国政府'一带一路'倡议和老挝'变陆锁国为陆联国'战略机遇下"一句中，老挝的发展战略"变陆锁国为陆联国"一词有固定译法，不能简单译成"变成陆联国"。

基于整体的影视剧国际传播过程中，应当实现增加高质量外文理解方式，

① 韩业庭：《影视译制：让好作品更好地"走出去"》，《光明日报》2018年5月10日。

还应当根据情感的外译方式，根据受众国文化历史、习惯风俗等特性展开有效的规范性表达，从而助推拓开海外市场。

二、影视作品国际传播译配策略

（一）整合优化译配模式

在针对不同影视剧的传播过程中，不仅要提高译者和配音者的技能以及创造力。各方还应结合海外地区的整体文化以及区域环境来提供更加本土化的译制方式，其中，可以通过当地翻译以及当地配音机构等方式来搭建交流平台，重点是结合地方性语言以及发音习惯来做好翻译及配音的有效性融入。从2014年起，广西广播电视台和柬老缅越等东盟国家主流媒体电视台联合开设了《中国动漫》《中国剧场》《中国电视剧》译制剧固定栏目为中国影视剧作品走进东南亚提供了重要平台。广西广播电视台借助台内东语人才优势，聘用当地中外籍语言、文化专家对译制剧本进行译审，邀请东南亚当地国家级优秀配音演员团队共同合作，将中国的影视作品"原汁原味"地呈现给当地民众，获得了海外观众的喜爱和当地政府官员的认可。柬埔寨新闻部部长乔·干那烈在《中国剧场》研讨会上表示，柬中两国的传统友谊源远流长，一直以来，两国也都希望增强各个方面特别是文化方面的交流合作。现在中国正在倡导"一带一路"建设，《中国剧场》栏目正好符合这一框架。

（二）把握语言文化，优化选择海外发行市场

把《红楼梦》《三国演义》《西游记》《之江故事》等一些高品质电视剧和纪录片实现针对性地译制传播，同时也反推中国影视剧趋优发展。影视产品在产出的同时，就可以开始考虑根据不同的国别市场来做好目标定位，如发现其中产生的文化背景以及相应的必要节点，要做好规范性表达。针对目前全球一体化趋势，影视作品的产出更应注重选择规范性的传播内容，探究受众喜好，从而有效促进其译制作品传播质量的提升。

东南亚国家虽然与中国地缘相近，文化相通，但细分国别还是有一定区别的。如一些泰国和新加坡观众偏好中国功夫、历史文化等题材的古装剧，而同为社会主义国家的老挝，更偏好的是通过努力奋斗，获得美好生活的剧目，所以，一些表现中国老百姓生活、工作和婚姻家庭的影视作品就会受到更大的欢迎，如《团圆饭》《奔腾岁月》等。这就需要根据东南亚各国特性，受众喜好，结合线上线下数据来评估，灵活运用该国家地区的整体移动媒体和电视受众的收视习惯、爱好做好细化性分析，从而实现影视剧国际传播的强势化推进。此外，还可以通过加强与观众的有效互动与沟通，实现更加高质量的传播效果。近年来，广西广播电视台积极与东盟各国主流媒体进行全方位合作，以双方合作开设的译制剧栏目的译制研讨会、推介会、有奖收视活动和知识问答等线下活动

为推手，培育东盟观众"看中国剧，知中国事"的收视热情。

结合全球局势以及社会性热点事件来做好不同的影视剧传播群体的选择，有针对性提升文化知识的传播效果。例如，在 2020 年播出的系列动画《土波兔宝贝战"疫"》在马来西亚和新加坡等地就受到很好的反响，在当时全球抗疫的形势下分享中国经验，通过通俗易懂且有趣的方式来为抗疫进行良性导向，这正是在全球化的大背景下生动诠释"人类命运共同体"的理念。

（三）强化标准，政府支持和市场准入双赢管理

无论是借船出海还是造船出海，都离不开国家政策的支持和指导。结合目前影视译制作品国际传播中的各种问题和难点，需要通过更为规范、严格的审核流程来介入管理，如组建多领域、各语种的中外籍翻译专家把关译制质量。通过政府协调以及推进管理的方式来实现评审人员以及评审台本、字幕、配音的规范化管理，加强做好术语性的协调一致性，通过整体规范性来实现高质量发展，这样也能够为后续影视剧的国际传播打好基础。

同时，作为影视译制剧的工作者要牢记使命，做好向世界展示一个立体、真实、全面的中国的使命，我们所译制出来的作品不仅是承载着丰富的文化信息，更是国际社会了解新时代中国的窗口。[①] 应当从"源头"上来有效解决翻译中的文化差异问题，以国家级播出平台规范化的译制审核标准，联合当地具有丰富经验的团队合作，产出高质量译制作品。通过这种高标准化的规范操作，更能有针对性地推动中国影视剧国际传播。老挝国家电视台副台长文通·萍帕珍女士在看了老挝语版的《大山的女儿》后表示，"任何时候中国共产党，中国政府目标一致，下定决心，带领老百姓解决贫困问题，带领老百姓脱贫致富。所有的这一切都让我们觉得倍加感动并且表示赞赏，同样也值得我们学习借鉴。"

同时，还要强化做好一些海外 IP 的运营，与地方性文化氛围紧密联结，加强主创机构的综合性沟通交流，共同探讨行业经验，协调配合运营，展开规范性、协作性的高效机制。

三、结语

总体来说，想要实现影视剧国际传播的强势发展，必须优化传播方式，提升译配质量，把握海外受众等影响因素，探索译配技术服务新模式，从多角度细分海外市场，加强译制标准化建设和市场准入管理，促进影视剧海外传播，更好地发挥影视剧作品在构建"人类命运共同体"中的重要作用。

（作者单位：广西广播电视台）

---

① 马黎：《创新中国影视海外传播 增强中国文化国际认可》，《上海广播电视研究》2018年第2期。

三 等 奖

信息认同在国际传播能力建构中的价值研究

竺亚珍　　邵有学

当今世界正处于百年未有之大变局，全球政治、经济等领域内冲突加剧，世界格局在动荡中加速重构。与此同时，2019年暴发的新冠肺炎疫情在世界范围内肆虐，严重阻碍了全球经贸、文化、科技往来，对我国的国际传播能力提出严峻挑战。习近平总书记强调，"要深刻认识新形势下加强和改进国际传播工作的重要性和必要性，下大气力加强国际传播能力建设"[①]。在国际传播格局"西强东弱"局面仍未改变的背景下，加速我国国际传播能力建设，讲好中国故事，传播好中国声音，掌握与我国国力相匹配的国际话语权，对我国长期稳定发展具有重要意义。

长期以来，我国学界针对建设国际传播能力、讲好中国故事进行了广泛而深入的研究。在我国国际传播体系建设方面，刘佳提出应当基于国际战略理论构建国际传播能力评估体系；[②]田香凝等提出应建设媒体融合背景下的主流媒体国际传播平台；[③]曾雨荪等则建议政府、企业和高校应基于三螺旋理论建设国际传播人才培养链条。[④]在国际传播路径方面，众多学者分别提出以传统武术、中医药文化、汉语等中国特色文化符号作为国际传播载体推进文化认同，杨江借由《新民晚报》的实践提出利用在华外国友人资源进行发声的案例。[⑤]这些

---

① 《习近平在中共中央政治局第三十次集体学习时强调 加强和改进国际传播工作 展示真实立体全面的中国》，《人民日报》2021年6月2日。

② 刘佳：《国际战略视域下的中国国际传播能力建设评估体系研究》，《中共中央党校（国家行政学院）学报》2022年第4期。

③ 田香凝、曾祥敏：《媒体深度融合背景下我国主流媒体的国际传播平台建设》，《中国编辑》2022年第7期。

④ 曾雨荪、王海刚：《三螺旋理论视域下国际传播人才培养的进路》，《出版广角》2022年第14期。

⑤ 杨江：《借助"外嘴""外脑"打开国际传播新格局》，《青年记者》2022年第15期。

研究从建设传播体系、选择传播载体、明确传播目的、利用传播方式等角度较为全面地探讨了中国国际传播能力建设的路径，为我国增强文化软实力、掌握国际话语权作出了一定贡献。然而，当前学界的研究忽视了国际传播过程中受众对传播内容的认可度所产生的重要影响，相关的研究和论述较为碎片化，不成体系。因此，针对我国在跨文化国际传播中所面临的困境，本文拟提出应通过增加信息认同以提升跨文化国际传播效果，阐述信息认同对建构国际传播能力的价值和意义，并结合具象的中华文化传播案例探讨融通中外、借力发声等传播策略，以期为我国国际传播工作者提供参考。

一、信息认同是国际传播能力建设的关键要素

从传播学角度来看，信息触达、信息解码和信息认同是跨文化交流中的三个关键性传播节点。[①] 其中，从实现国际传播价值的角度来说，信息认同是实现传播价值的目的，是国际传播能力建设的关键要素。

认同（identification）是一种心理过程，其意义是指体认与模仿他人或团体之态度行为，使自己的态度与行为与模仿对象相接近，进而在心理上产生一种归属感。[②] 认可是认同的基础，认为模仿的对象是理想的目标，而认同是在认可的基础上对模仿对象报以赞同、尊重的态度。认同可分微观和宏观两个层面，个人认同、自我认同是微观层面人们对自己的看法；社会认同是宏观层面的认同，是个人拥有关于其所从属的群体以及群体身份所伴随的情感与价值观上的意义。文化认同、民族认同、国家认同都是宏观层面的社会认同。

信息认同是以自我认同为基础建立的宏观层面的认同。在传播学中，信息既包含显性的语言、文字、图片和影像符号，还包含深层次的文化和价值观。让接收者对信息产生认同是国际传播充分发挥效果的必要条件。在国际传播中的信息认同包括规则认同、观点认同、意见认同、态度认同和深层次的文化认同、价值认同。传播信息在普及知识、建构观念进而促进人们行动等方面具有巨大作用。同时，国际传播只有通过信息认同才能真正达到传播的效果。

二、跨文化国际传播面临的困境

（一）西方话语霸权遏制我国国际话语权

国际话语权是一个国家国际传播能力的集中体现，也是国家软实力的重要部分。长期以来，西方国家借助其在经济、军事、科技硬实力在国际范围内打造话语霸权，抢占国际议题设置权，压制我国话语体系。一方面，西方国家利用其在现代化上的先发优势构建了以西方价值观为中心的西方话语体

① 喻国明：《跨文化交流中的三个关键性传播节点——关于减少和消除"文化折扣"的传播学视角》，《新闻与写作》2020年第3期。

② 林崇德：《心理学大词典（上）》，上海教育出版社，2003，第1011页。

系,① 并依靠其语言强势和文化强势将该话语体系包装成"普世价值"在全世界范围内推销。对不全盘接纳西方价值观的国家和民族，西方国家则视之为"异端"，动辄抹黑污蔑甚至煽动颠覆。另一方面，西方国家将话语霸权武器化，滥用其在国际传播上的优势地位来攻击对其霸权地位构成挑战的新兴国家，无视他国发展成果，否定他国正当诉求，抹黑竞争对手的国家形象，打压"异类"的国家话语权。

在国际传播场域"西强东弱"格局尚未发生根本改变的当下，西方话语霸权对我国的遏制和攻击事实上使我国在外部舆论环境中处于相对不利的态势，造成"中国故事很精彩却讲不好""中国理论很经典却传不开"等无奈局面，导致我国国际话语的解释权和传播权被极大压制，同时又对我国的国际交往和长远发展产生负面影响。

（二）媒体民族性阻碍国际传播中的信息认同

媒体民族性指的是媒体的报道方式、风格和内容具有媒体所代表民族的风格、文化、价值观和精神。② 在以民族国家为国际传播主体的国际现实中，媒体本身的民族性不仅体现在语言上、文化上、价值观上，更体现在政治上。尽管西方新闻业在发展过程中逐渐形成了以所谓"客观公正"为准则的严肃媒体，在报道国际事务时仍无法摆脱民族国家的标签，自发地代表其所属国家的立场、利益和价值观。为了改变我们在国际上"被解读""被发声"的被动局面，中国国际电视台（CGTN）于2016年12月31日开播，同时，一大批传统媒体"出海"到国际社交媒体平台上设立账号，力争在国际舆论场上提供中国视角、发出中国声音。

然而，中国"出海"媒体的民族性在帮助我们传递中国观点的同时，也阻碍了国际传播受众对所传递信息的认同。在国际受众眼中，媒体具有鲜明的民族国家特征，代表了特定国家的立场，其客观性自然会受到审视和质疑。再加上西方媒体长期在国际主流舆论中基于意识形态偏见对中国进行抹黑污蔑和扭曲，CGTN等具有官方性质的中国媒体极易被西方民众认为是在替中国政府进行"政治宣传"，我们对外传递的信息受认可度影响进一步降低，国际传播效果因而大打折扣。

（三）文化差异性引发国际传播中的价值观冲突

在跨文化国际传播中，文化间隔阂和差异所导致的文化认同缺乏是限制国

① 黄娴、丁柏铨：《论国际传播"五力"——对加强国际传播能力建设的几点思考》，《新闻爱好者》2021年第8期。

② 沈国麟：《表达共同体：国际传播中的全球民族性》，《上海交通大学学报（哲学社会科学版）》2022年第3期。

际传播能力的重要因素。文化是不同民族和社会在语言、思维方式、道德标准和价值观等方面的集合，世界各民族的文化因其在地域、历史进程上的差异而各有其特点，且不存在普遍适用的文化模式。[①]在跨文化国际传播的过程中，文化差异所导致的语意偏差、思维差异，甚至是价值观冲突往往导致不同文化受众对传播信息的解码有不同的理解，有时甚至是大相径庭。例如，在新冠肺炎疫情暴发以来，我国民众高度支持政府采取集中隔离、佩戴口罩等有效防疫手段，这与中华文化所根植的集体主义思想有着密不可分的关系。然而，这些正向的抗疫故事在传播到强调个人绝对权利和绝对自由的西方社会时发生了水土不服，被误读歪曲成"侵犯人权""限制自由"等负面信息。

美国学者罗伯特·拉多（Robert Lado）曾指出，人们习惯于将母语文化的形式、意思及其传递的信息照搬到外国文化中去。[②]通常，人们习惯于自身所处的文化体系，会不自觉地用自己的价值观选择性地认知或排斥"他者"文化。如果我们在跨文化国际传播的过程中不能意识到外国语言背后的隐性文化，不能重视不同文化在表达模式、思维方式和价值取向上的差异，而是仅仅将我们习惯表达的内容照搬到另一个语言体系中，那么，我们在国际传播过程中就极易出现受众无法理解甚至误读我们所传递信息的情况。

三、国际传播中实现信息认同的内在需求

（一）信息认同需要求同存异

人的认知过程是将获取的信息与自身既有的认知体系结构进行分类、同化、结构化处理的过程。因此，人的既有经验、价值观和文化认同对信息的认知、认可和认同至关重要。在国际传播过程中，不同文化背景的人对同一个信息会有不同的解读，乃至得出不同的结论。譬如抗击新冠肺炎疫情居家隔离这件事，受东方儒家思想影响的东亚人普遍认为这是个人为集体作出贡献的必要方式，而受个人自由主义价值观影响的西方人则觉得这构成对个人自由的侵犯。可见，从不同的立场、不同的认知角度出发，信息往往流通却无法被恰当理解。一般而言，人们认知心理结构由浅至深可以分为具体意见、基本态度和深层价值三个层次。越是表层心理，差异越大；越是深层次心理，不同文化群体共同点越多。剖开多元文化的浅层表述，全人类其实在追求公平正义、自由民主、个人尊严等深层次的价值观和情感方面是同质相通的。因此，在跨文化国际传播中尊重具体意见上的分歧，从深层文化、价值观和基本态度三个方面寻找共同点将更有利于信息认同。

---

① 赵晨辉：《从文化多样性的视角谈跨文化交际能力的培养》，《长春理工大学学报》2012年第11期。

② 转引自毕继万：《跨文化交际与第二语言教学》，北京语言文化大学出版社，2009，第36页。

同时，中华文明向来就有追求"和谐""融合"的和合文化传统。其中蕴含的"求同存异"思想是中国智慧的结晶，也是我们在跨文化国际传播中的独特优势。当下的国际传播场域在西方意识形态偏见影响下过度强调异己，将多样性的文化根据西方价值观粗暴划分为先进文化和落后文化。相比之下，和合文化承认文化之间存在的差异，各美其美，各事其俗，各习其异，提倡文化多元，彰显了中华文化求同存异的智慧。始终坚持求同存异原则，我们在国际传播场域中将能争取更多朋友、增强信息认同，从而更好地传递中国声音。

（二）信息认同需要讲好中国故事

由于东西方文化在认知逻辑、思维方式上存在明显的差异，我们在对外传播的方式上也应当做出相应的调整。有研究表明：欧美人在认知和思维逻辑上倾向以"从个别到整体"归纳推理的方式建构概念，而中国人倾向以"从整体出发到个体"的综合观进行表达和判断。具体表现在叙事层面上，中国人在表达一件事情时，往往首先定义概念，然后再举例说明所要表达概念的内涵和外延。而西方人习惯于从具体个案的细节描述出发，对多个具体个案进行归纳，再形成判断。基于此，故事化叙事成为国际传播的最佳选择：它既有具体的形象性表达，又有内在的逻辑性总结，是东西方认知逻辑共通的方式。

讲好中国故事，本质上就是通过中国实践来提炼中国理论，利用动人的中国故事展现中国智慧。[1] 只有发现具有中国特殊性的好题材，并从中挖掘具有人类普遍性的共同价值，妥善处理特殊性和普遍性之间的关系，才能在国际传播的过程中引发国际受众的广泛共鸣，带动国际社会对中国价值、中国道路、中国智慧的普遍认同。同时，中国故事可以在很大程度上避免中国话语在国际传播过程中失真、扭曲，从而减少国际传播中的信息损耗，让传播内容更易触达受众，传播信息更可能被认同。

四、在国际传播实践中提升信息认同的路径

新冠肺炎疫情冲击了正常的线下文化交流活动，也对国际传播带来了负面影响。但危机带来的挑战往往伴随着机遇：疫情期间，线上团组活动焕发新的活力，短视频、在线互动等跨文化传播交流迎来了新的舞台。我们已经看到许多具有"现象级"传播效应的国际传播成功案例。研究这些爆款好故事的成功规律和内在逻辑，将为我国探索在国际传播中实现信息认同的路径提供有益借鉴。

（一）融通中外，搭建交流桥梁培养信息认同的主体

对国际传播而言，加强文化交流、增加民族之间的了解是实现信息认同的关键步骤。其中，"走出去"和"请进来"两者都不可或缺。在我国媒体集体"走

---

① 刘军：《加强中华文化融媒体国际传播内容构建》，《中国广播电视学刊》2019年第9期。

出去"争取国际受众关注和认同的当下，将外国友人"请进来"了解中华文化、认识当今中国同样是实现国际传播的重要方式。包括海外华侨华人和来华留学生在内的外国友人对中华文化有着浓厚的兴趣，他们既是需要着力培养的国际传播信息认同的主体，也是讲好中国故事的重要力量。

线上团组活动等形式成为疫情期间新的交流桥梁。例如，由教育部中外语言交流合作中心主办的"汉语桥"是一个传播中国文化、推动中外文明互鉴的重要平台，已成中国文化"走出去""请进来"的特色品牌。2021年，浙江传媒学院利用自身的专业优势和文化特色，面向海外学生组织了线上的"汉语桥·多彩文化"体验营，来自美国、英国、葡萄牙等24个国家的268名营员参加汉语文化类活动，畅游中华文化的宝库。体验营项目包括"普通话语音与发声""手机摄影艺术""学做主持人""国学之成语故事"等本校特色课程，课程内容立足当代传播，彰显中国特色，带领营员们领略汉语的魅力、体认中华文化的博大精深。在国际传播的众多受众中，海外华裔青少年是最具潜力的中华文化认同者，也是理想的文化传播使者。他们亲身体验中华文化带来的柔性传播效应能够与官方主流媒体的刚性宣传形成互补，构建更加立体的国际传播体系。为了争取海外华裔青少年的认同，近几年，浙江传媒学院积极协办"亲情中华·为你讲故事"网上夏（秋冬）令营活动并取得理想的效果。故事会上中国故事妙趣横生，中华传统文化魅力独特，沉浸式体验润物细无声，增强了营员对中华文化的热爱。

（二）借力发声，基于"他者"视角化解信息认同的抗拒力

针对目前国际传播场域中客观存在的对中国传统媒体所做宣传的不信任甚至是抗拒，借用在华外国人、留学生等"他者"身份对外传递中国面貌和中国故事能够有效地化解海外受众对中国国际传播信息的抵触态度，从而提高国际受众的信息认同程度。同时，由于共享着相近的文化背景和成长环境，外国人的"他者"视角具有更易被海外受众接收和理解的天然优势，对推动信息传播具有不可忽视的正面作用。

随着中国发展日新月异，越来越多的外国人自发地开始传播他们在中国社会的所见所闻，成为讲述中国故事的一员。日本导演竹内亮从外国人的视角拍摄《南京抗疫现场》《好久不见，武汉》等纪录片，客观真实地记录了中国在防控新冠肺炎疫情中取得的重大成就。美国自媒体人郭杰瑞以Vlog的形式记录自己在中国的亲身经历，并发挥自身的独特跨文化优势进行中外对比。以竹内亮、郭杰瑞等人为代表的一批在华外籍博主，以自身在华生活工作的经验为基础，向海内外受众转述一个鲜活生动的中国形象，已然成为世界观察中国的另一个重要窗口。

除了在华外国人自发地讲述中国故事，我国国际传播工作者也开始以"他者"视角为突破口开展了诸多工作。例如，上海交通大学于 2019 年举办"我眼中的中国"——首届在华留学生短视频大赛，吸引了来自清华大学、中国传媒大学等 26 所高校 41 个国家的留学生参加。该活动既引导在华留学生深入中华大地了解普通民众生活，感受当代中国城乡新变化，又鼓励留学生以第一人称的独特视角客观地表达他们"眼中的中国"，可谓一举两得。此外，中国外文局 2022 年在杭州举办第四届"第三只眼看中国"国际短视频大赛，搭建开放的全球创作者交流平台，通过"精彩亚运、韵味杭州"单元鼓励海内外机构和个人讲好杭州的文化故事和亚运故事，让世界通过杭州读懂中国。

（三）平民视角，利用微观叙事提升信息认同的亲和力

随着社交媒体的迅猛发展，各种社交平台上基于个人的微观叙事正在国际传播场域中扮演愈加重要的角色。以平民视角所展开的生活化叙事以情感为纽带，以共情共鸣为抓手，其传播效果有时胜过主流官媒的宏大叙事，更在传播效果上碾压单向投影式的宣传腔。同时，以个人为单位的微观传播基数庞大、内容丰富、极具活力和创造力，对于呈现一个更加全面、鲜活的中国形象具有独特而重要的作用。[①]

李子柒的网络走红是以平民视角实现国际传播的经典案例之一。她于 2017 年 8 月入驻优兔（YouTube），至 2021 年 9 月在 YouTube 平台上已拥有超过 1600 万订阅者，单条视频最高播放量高达 1.1 亿次，向海外展示了四川的自然风光、家常美味和文化底蕴。[②] 从李子柒短视频的广泛传播中，我们可以直观地感受到平民视角和低语境叙事对个人自媒体进行有效国际传播的重要性。

首先，李子柒的短视频中没有对中华传统文化直白的赞美或宣传，而是运用视听语言白描式地展现一个普通人的田园生活。海外受众在观看的过程中不但不会因为解说、旁白而产生"被宣传"的心态，反而因为视频中传递的中华文化是自己从亲眼所见的内容中所自我感知的而更加信服。其次，李子柒的视频中没有旁白、没有字幕，一切信息依靠直观可见的画面传递，是对我国以往对外传播模式的一次大胆而成功的创新。这也证明在国际传播过程中，更多运用视听语言来进行低语境传播，能够有效减少文化内容在语言文字解读过程中的信息损耗，有利于在国际传播中实现信息认同。

五、结语

提升国际传播信息认同度，讲好中国故事，争取国际话语权，关乎国际规则、

① 郝宇青、陆迪民：《加强国际传播能力建设的路径与方向》，《人民论坛》2022年第10期。

② 徐敬宏、刘蓓：《中国传统文化对外传播的路径探析——以李子柒短视频为例》，《电视研究》2022年第4期。

国际秩序和国际事件的定义权和解释权，关乎国家的发展空间。中华文化博大精深，是建设人类命运共同体的重要思想源泉，也是我国国际传播工作中取之不尽的智慧宝库。在移动互联网的虚拟共同体中，中华文化同样闪烁着东方智慧，绽放着东方魅力。和合文化、求同存异等中国智慧将有力地指导我们在国际传播中进一步增强信息认同，提升国际传播效能，为我国的持续和平发展创设良好的国际环境。

【作者分别为：浙江传媒学院副研究馆员；浙江传媒学院教授、浙江省留学生联合会副会长。本文系2021年中国外文局国际传播人才测评课题"'十四五'时期翻译人才队伍建设研究"（项目编号：21CATL02）和教育部中外语言交流合作中心2021年"汉语桥"浙传"多彩文化"体验营项目（语言中心财通【2021】1176号）的阶段性成果】

"讲好中国故事"外宣话语的
生成历程与演变逻辑

张晓娴

2013 年，习近平总书记在全国宣传思想工作会议上指出，要精心做好对外宣传工作，创新对外宣传方式，着力打造融通中外的新概念、新范畴、新表述，讲好中国故事，传播好中国声音。[①] "讲好中国故事"，作为中国开展对外宣传工作的理念，能为外宣报道的语言表达、陈述方式、运作范围、实践路径提供指导，可视为外宣话语。现有关于"讲好中国故事"的研究，主要包含概念阐释和策略性探讨两部分。在概念阐释方面，研究以中国道路作为实践基础和理论支持加以解读，或是将其界定为关于中国发展的战略性问题、做好跨文化传播的技术性问题。在策略性研究方面，围绕故事内容、故事方法加以论述，也有从话语策略、传播战略视角思考故事的讲述路径。既有研究从认识论、方法论层面对"讲好中国故事"加以解读和运用，从"外延"意义上提供了多元的阐释路径，对其形成演变过程则欠缺细致梳理。然而，把握概念内涵是拓展概念外延的前提。概念不是脱离语境凭空捏造出来的，只有回到概念形成背景，才能还原其初始面貌，从而对其内涵形成较为贴切的理解。

中国对外宣传话语的形成，不仅吸收了中国新闻学的改革经验、汲取了中国外交思想，而且需在国际舆论的动态演变中作出相应调试。在不同时代情境和对外宣传实践下，"讲好中国故事"话语是何种表述方式？其生成过程经历过哪些流变？若这些问题未得到较好的回答，当面对西方媒体将包含"讲好中

---

① 中共中央文献研究室编《习近平关于社会主义文化建设论述摘编》，中央文献出版社，2017，第197页。

国故事以提升文化软实力"在内的中国对外传播策略曲解为"锐实力"[①] 的恶意抹黑行为时，难以从"立论"层面作出有效回应。无论从理论意义还是现实意义来看，有必要以观念史的视角，追溯"讲好中国故事"这一外宣话语的生成历程与理念演进，对其内在理路获得较为真切的洞见。

一、"讲事实"：追求真实性的历史积淀

中国共产党的新闻思想根源于马克思、恩格斯和列宁，新闻工作遵循"事实第一性"原则展开实践。马克思将真实性视为报纸的本质，指出"报刊的本质总是真实的和纯洁的"，并将"事实"作为衡量报刊的标准。[②] 列宁在总结布尔什维克对外宣传经验时，对真实性的宣传内容所具有的传播力加以肯定，认为布尔什维克的宣传内容是真实的，所以宣传内容中含有的真理能够深入人心。[③] 毛泽东在中国革命和建设的实践基础上，对马克思、列宁等人基于事实、追求真实的报道理念加以继承和阐发，提出"我们反攻敌人的办法，并不用多辩论，只是忠实地报告我们革命工作的事实"[④]。陆定一关于"新闻的本源是事实，新闻是事实的报道，事实是第一性的"的表述，[⑤] 成为中国新闻学学科建设的理论基础。

"事实第一性"的新闻报道理念，贯穿在中国共产党百年来对外宣传工作的过程中。在延安时期，对中国共产党与外国记者的交流实践活动，毛泽东强调："对待来宾的宣传工作，一定要实事求是地宣传我们党的政策。"[⑥] 新中国成立初期，中国共产党创办对外宣传杂志《中国建设》，毛泽东肯定了该杂志的工作理念并借此指导外宣工作，认为"用事实说话，对外宣传就应该这样做"[⑦]。周恩来指出，对外宣传工作者在报道各地建设情况时，"尤其重在事实的描写"[⑧]。1955 年，《关于国内各分社采写对外广播专稿的通知》要求所有稿件要用事实说话。基于事实开展的新闻报道思想始终凝结在中国的

① 美国国家民主基金会在《锐实力：崛起中的威权主义影响》报告中指出：中国在媒体、学术、文化和智库举措上投入了大量资源，旨在塑造世界各地的公众舆论和观念，在试图通过操纵或扭曲到达他们的信息来影响目标受众。其威权影响的努力是"尖锐的"，因为它们会刺穿、渗透或穿透目标国家的信息和政治环境。（见 "Sharp Power"：Rising Authoritarian Influence in the Democratic World, NEW FORUM REPORT, National Endowment for Democracy, Published on December 5,2017,https://www.ned.org/sharp-power-rising-authoritarian-influence-forum-report/ ）

② 《马克思恩格斯全集（第1卷）》，人民出版社，1956，第188页，第191页。

③ 《列宁全集（第38卷）》，人民出版社，1959，第75～79页。

④ 《毛泽东文集（第1卷）》，人民出版社，1993，第22页。

⑤ 《中国共产党新闻工作文件汇编（1921—1949）（下）》，新华出版社，1980，第188页。

⑥ 金城：《延安交际处回忆录》，中国青年出版社，1986，第6页。

⑦ 宋庆龄基金会编《宋庆龄选集》，人民出版社，1992，第378页。

⑧ 中共中央文献研究室编《周恩来书信选集》，中央文献出版社，1988，第360页、第380页。

对外宣传经验中。

改革开放后，中国与不同国家建立外交关系，并逐步深入国际交往中，对外宣传工作发展出新的目标——让世界了解中国。了解的方式不是通过夸大、渲染，而是准确陈述事实。1991 年 6 月 13 日，国务院新闻办公室开始办公，时任国务院新闻办公室主任的朱穆之指明，它的任务是"让世界更好地了解中国，也让中国更好地了解世界"，并提出要"力求从各方面把中国的实际情况全面地、如实地介绍给世界，使人们看到中国的真正形象"①。"如实"与"真正"等概念说明了对外宣传工作应秉持的态度和努力的方向——追求真实性，这一理念在中国的对外政策和对外工作领域中不断得到重申。1999 年，江泽民提出对外宣传工作要以事实为主的方针；②"报道事实"不仅是中国共产党对外宣传的原则，而且是回应质疑的方案。1984 年，邓小平同志在谈及"一国两制"的科学构想时说："我提出这个构想时，人们都觉得这是个新语言，是前人未曾说过的。也有人怀疑这个主张是否行得通，这就要拿事实来回答。"③2003 年，胡锦涛重申外宣工作应强调事实的观点，指出"全面客观地向世界介绍我国社会主义物质文明、政治文明和精神文明不断发展的情况，及时准确地宣传我国对国际事务的主张"④。2007 年，在讨论对外政策的话题时，温家宝表示："全面、准确、及时地向外界介绍中国改革开放和现代化建设取得的成就。"⑤2014 年，习近平在中国国际友好大会暨中国人民对外友好协会成立六十周年纪念活动讲话中指出，"传播好中国声音，讲好中国故事，向世界展现一个真实的中国、立体的中国、全面的中国"⑥。由此可见，中国的对外宣传思想有着马克思主义新闻思想深厚的哲学基础——求真务实。

"讲事实"，是中国共产党对外宣传工作的实践经验，是中国共产党通过百年奋斗而形成的追求真实的历史积淀。面对国际关系的动态演变，中国的对外宣传工作理念均以事实为内核，并注重与时俱进，发展出侧重点有所不同的适

① 孙毅、顾玉清：《朱穆之等介绍国务院新闻办公室职责 向世界介绍中国 为记者提供服务》，《人民日报》1991年6月14日。

② 刘振英等：《江泽民在全国对外宣传工作会议上强调 站在更高起点上把外宣工作做得更好》，《人民日报》1999年2月27日。

③ 邓小平：《邓小平文选（第3卷）》，人民出版社，1993，第102页。

④ 刘建生：《胡锦涛在全国宣传思想工作会议上发表重要讲话强调 坚持用"三个代表"重要思想统领宣传思想工作 为全面建设小康社会提供科学理论指导和强大舆论》，《人民日报》2003年12月8日。

⑤ 温家宝：《关于社会主义初级阶段的历史任务和我国对外政策的几个问题》，《人民日报》2007年2月27日。

⑥ 中共中央文献研究室编《习近平关于社会主义文化建设论述摘编》，中央文献出版社，2017，第205页。

应国际社会语境的外宣观念，用更为多元的阐述方式对"讲事实"这一表述加以完善。

二、"讲故事"：提升传播力的思维嵌入

改革开放后，中国实施"走出去"战略，为了"让世界更好地了解中国"，扩大对外交流活动、提高对外宣传工作传播成效成为对外宣传工作的着力点。这一理念首先反映在以"对外传播"表述代替"对外宣传"的用语上。1980 年，中央对外宣传小组成立，用"宣传"这一术语开展对外交流，但宣传的概念被西方理解为控制思想的战争工具，这使得"对外宣传"话语被增加了较浓的政治色彩，影响工作成效。[①]2008 年，国务院新闻办召开"全国第一届对外传播理论研讨会"，中国以"传播"用语代替"宣传"界定对外交流工作，以提升外宣工作的影响力。

中国新闻业在市场化改革浪潮中，发掘出"故事"在新闻报道中所具有的传播力，同时，借以吸收"叙事学"的故事思维和西方新闻"故事模式"的经验，推崇并实践"讲故事"的报道理念。由于改革开放后，中国对外宣传工作更加注重传播力的提升，因此，在新闻报道中"讲故事"可以提高传播影响力的观念，便自然地融入对外宣传的报道理念中。

一方面，新闻媒体在市场化进程中开启改革进程，新闻业具有产业属性，其目标是让新闻具有吸引力以赢得市场，在此背景下，新闻具有"讲故事"的能力被挖掘。故事容易被人理解和接受，能给予受众以审美愉悦。[②]记者穆青较早提出了新闻故事化设想，早在 1963 年，他便指出，新闻是散文的一种，并认为，可以运用散文形式进行新闻报道。[③]1993 年，制片人陈虻以"讲述老百姓自己的故事"作为《生活空间》广告语，[④]该栏目获得较高社会威望，使得"讲故事"的传播理念得到了业界认可并被引入新闻业加以实践。

另一方面，在与世界各国互动的过程中，中国的新闻传播迎来新的发展机遇。通过借鉴、吸收具有优势的新闻传播发展理念，以制订更为适合全球传播语境、能够提升对外传播力的外宣策略，是中国主动加入国际社会的重要一步。

---

① 在中文中，"宣传"是一个中性词，指的是向群众传播真理，此概念迁移至西方后，被翻译为"Propaganda"。西方国家对这一词的解读含有意识形态色彩，如拉斯韦尔将该词界定为"可以控制人们的精神状态和公众舆论的战争工具"。宣传的概念被西方受众理解为"控制思想、动员受众、实现政治目的"的含义，这使得"对外宣传"话语政治色彩较浓，影响我国对外宣传工作的成效。（见段连城：《对外传播学初探》，五洲传播出版社，2004，第6页；[美]哈罗德·拉斯维尔：《世界大战中的宣传技巧》，张洁、田青译，中国人民大学出版社，2003，第22页。）

② 阎立峰：《思考中国电视：文本、机构和受众》，陕西人民教育出版社，2009，第76～77页。

③ 穆青：《新闻散论》，新华出版社，1996，第217～218页。

④ 林旭东、陈虻：《〈生活空间〉，一种纪录/媒体实践》，《读书》1999年第5期。

20 世纪 60 年代，发源于西方、注重形式与技巧的叙事学成为一种主流的学术思潮。叙事学讨论的是文本的故事性。对外开放后，历史上一段时期以来浸于政治批评的中国学界更为重视形式审美，这为叙事学在中国的发展提供了土壤。彼此，叙事学的引入为中国新闻业的革新带来了更多的可能性。2005 年，《新闻叙事学》一书出版，作者将叙事学与新闻相结合进行探讨，关于新闻叙事学的研究潮流越发兴盛，这进一步推崇了故事在新闻写作中所具有的价值。与此同时，美国新闻史学家舒德森曾使用信息模式和故事模式的说法总结西方新闻业办报风格，在他看来，故事可使新闻具有娱乐价值，使受众获得审美体验。① 在以事实为准绳的新闻中可以讲故事，那么，如何在新闻中讲述故事？在《〈华尔街日报〉是如何讲故事的》一书中，作者认为新闻从业者"既是事实的提供者，更是故事的讲述者"②，并对《华尔街日报》采取故事性的新闻报道手法进行了案例陈述和方法解析。2006 年，该书中译本出版，国内学界、业界均关注到书本在指导新闻报道方面具有的意义。在国内较早引用此书的文献中，张志安认为它能够"为国内的记者提供具体的故事讲述技巧"③。业界工作者依此思考中国的国际传播工作，建议对外报道采用华尔街日报式进行写作，以人物故事作为新闻开头。④ 在新闻中讲故事是可行的、有效的，故事在新闻报道中的价值得到了认可，这为以故事方式开展中国的对外宣传工作奠定了基础。

此外，"讲故事"具有的传播优势在中国对外宣传的实践中得以提炼。1967 年，美国记者斯特朗给外文局转发过一封读者来信，信中写道："北京的英文官方宣传是很糟的。北京的宣传资料是为中国人写的。他们应该更多地考虑他们所要影响的人的心理。"对外宣传的对象偏好的是华尔街日报体的故事性新闻，这封信能够为中国的对外宣传工作提供启发，也使得对外宣传报道引入故事的行为更加赋有现实意义。曾任中国常驻联合国代表团参赞的吴建民总结道："几次演讲下来，我从听众依旧疑惑的眼光中发现，光讲政策不行，一定要讲故事，以理服人，以情动人。"⑤ 中国的对外宣传工作在探索如何提高国际传播力的路径中，结合新闻业的改革，发掘出"故事"的潜力，生发出"讲

---

① [美]迈克尔·舒德森：《发掘新闻》，陈昌凤、常江译，北京大学出版社，2009，第79页。

② [美]威廉·E.布隆代尔：《〈华尔街日报〉是如何讲故事的》，徐扬译，华夏出版社，2006，第3页。

③ 张志安：《给我讲个故事，让它有趣一点——〈华尔街日报〉的特稿写作技巧》，《新闻记者》2006年第10期，

④ 陈新：《对外报道如何讲好"人"的故事》，《东南传播》2009年第8期。

⑤ 廖雷、张媛：《"公共外交"理念在中国日益热络 人性化成特色》，http://www.chinanews.com.cn/gn/2010/12-26/2746955.shtml。

故事"的对外宣传理念。然而，在全球化的浪潮中，面对具有垄断之势的西方媒体的话语输出，"让世界了解中国"这种稍显"被动"的方式在应对上述传播语境时，传播力度稍显不足。中国如何走向世界、以何种方式走向世界？构建国家主体性、塑造国际形象成为国际传播的一个重要命题。

三、"讲中国故事"：构建主体性的传播逻辑

随着综合国力的增强，中国在国际上的影响力日渐提升，在"走出去"指导战略与"大外宣"格局建设的背景之下，"让世界了解中国"的对外宣传思想转化为"向世界说明中国"。1991年，中华人民共和国国务院新闻办公室成立，旨在推动中国媒体"向世界说明中国"。2005年，时任中共中央对外宣传办公室主任的赵启正指出，应以"'中国的立场，国际的表达'向世界说明中国，讲中国的故事，表达要符合外国人的习惯，让他们能理解"①。相对于"了解"，"说明"体现出中国"走出去"的主动性态度，通过讲述"中国"的故事，我国对外宣传更加侧重于建立"中国"的主体性。

建立主体性是中国迈进现代化之路的必然。中国从晚清政府跨进现代国家，经历了器物之变、制度之变，更有思想之变。对国际秩序的认知，在传统"天下观"话语体系的裂解后，伴随而来的是现代民族国家观念的建立。强调国家主权独立，凝聚国民共识，抵御外敌入侵，拒绝"他者"话语框架的束缚，均是国家对主体性的体认过程。当中国加入世界贸易组织、参与不同国家主体间的对话时，意味着中国的主体性在世界舞台上获得了承认，但主体性的建立、维系与巩固的新篇章仅刚刚开启。

在寻求国家主体性的过程中，打造国家在政治、经济方面的实力是一方面，将中华文化融入世界文化，开展国家间的文化交流也是一方面。中国的对外宣传重视对中国文化底蕴的传达，以"讲中国故事"的理念开展外宣工作，彰显出"文化自觉"特征。"文化自觉"是费孝通在1997年提出的概念，对全球一体化发展及其带来的世界各地不同文化的交流问题，他认为，"我们中国人有责任用现代科学方法去完成我们'文化自觉'的使命"②。这一概念的含义是，在认识自身文化的基础上，明确自己在多元文化中的位置，在取长补短的文化调试中与其他文化和平共处。外宣工作势必面对跨文化的交流，认识、把握并构建中国文化主体性，成为中国对外宣传工作不容忽视的一环。葛兰西用"文化霸权"的思想剑指西方媒体制造价值共识的思想侵略行为，萨义德以"东方主义"术语揭露西方媒体建构"他者"以开展"文化围剿式"的后殖民行径，

---

① 赵启正：《向世界说明中国——在复旦大学新闻学院"媒介与社会"国际学术研讨会上的演讲》，《新闻记者》2005年第8期。

② 费孝通：《反思·对话·文化自觉》，《北京大学学报（哲学社会科学版）》1997年第3期。

亨廷顿提出国家间形成"文明冲突论"的论断，这些学术思潮无不催生着中国文化在国际舆论场中的自我觉醒与理论创建。20世纪90年代之前，中国学界关于"中国故事"的讨论，地理概念较为明晰，主要讨论"发生在中国"的故事，相较而言，20世纪90年代至2012年，国内对"中国故事"的探讨，关注跨文化传播语境，有较多关于国际地位中的自我和他者的论述，更加强调"文化身份"。[①]2008年，北京大学国际关系学院教授潘维指出，在观念政治竞争的时代，不仅要解构所谓"普世价值"，也要"给出关于'中国道路'或者'中国模式'的让知识界信服的阐述和理论解释"[②]；奥运期间举办"中国故事"大型文化展示活动；2011年，中国外宣办发布会发布《毛泽东思想年编》《中国特色社会主义理论体系形成与发展大事记》等书籍，《中国道路》《红星照耀中国》等文献；2012年，中国外宣办发布会发布"聚焦中国之科学发展"系列等外宣产品。这些均说明中国的外宣工作致力于向世界传达中国的声音。

在全球化时代的国际竞争中，国家形象的战略地位凸显，塑造国家形象、构建国家主体性是中国对外宣传工作在新时期以来的一个关注重点，"讲中国故事"的外宣话语亦生发于此过程。中国在国际事务中扮演着愈加重要的角色，然而，西方媒体"对中国的政治、军事、民族主权、领导人形象等方面的报道，总的说来是负面的"[③]。中国的对外宣传工作重视对国家国际形象的改善。2008年，中央外宣办、国务院新闻办开展"推进外宣科学发展，树立国家良好形象"的学习活动；2010年，前中共江苏省委副秘书长姚晓东与约瑟夫·奈教授进行私人交谈，论及如何改善中国国际形象，约瑟夫·S.奈教授指出，中国媒体所能做的是从中国的角度来讲述故事。[④]关于中国文化输出面临语言交流的困境问题，2012年，时任全国政协外事委员会主任的赵启正指出，"讲中国故事"是突破困境的方案，并提出："我们对外文化传播，应该多讲故事，多讲中国的故事。"[⑤]外宣报道的立意出发点得到确立，即围绕"中国"讲述故事、塑造中国国际形象、构建中国的主体性。然而，西方"甚嚣尘上"的全球扩张之势使得国际舆论场的博弈日益激烈，中国的对外宣传工作迎来新的挑战。

① 黄珞、李明德：《"中国故事"的生成逻辑与叙事策略》，《山东社会科学》2021年第2期。

② 潘维：《敢与西方展开政治观念竞争》，《环球时报》2008年1月28日。

③ 《他者的视角：西方媒体的态度与倾向》，http://www.scio.gov.cn/zhzc/9/5/1/2009/11/Document/1008415/1008415.htm。

④ 姚晓东：《如何向世界讲述中国故事——美国媒体国际传播的经验及启示》，《江海学刊》2010年第6期。

⑤ 赵启正：《你身边的故事就是中国的故事》，《公共外交季刊》2012年第4期。

四、"讲好中国故事"：增强话语权的宣传方案

当"文明冲突论"引发全球争议时，某种程度上预示着基于文化、文明的国际竞争格局的诞生，关于国际话语权的探讨应运而生。习近平总书记提出了增强中国国际话语权的宣传方案——"讲好中国故事"。

国际关系领域的话语权争夺现象成为焦点，绕不开美国学者约瑟夫·S.奈在20世纪80年代软实力（Soft Power）概念的提出。相较于国家间以军事、科技为主进行竞争的硬实力而言，软实力指的是文化的吸引力。① 奈提出"软实力"概念是为了维护美国的霸权地位，这便将文化推向战场甚或说让文化成了战场。中国在现代化的建设中迎来经济、军事等多方面的迅猛发展，拥有了一定程度的"硬实力"，而西方政客将中国的崛起拟造为"中国威胁"。② 西方裹挟着全球进入国际话语的斗争之中，围绕文化开展新型国际竞争。中国愈加重视国家文化软实力的建设，中国共产党的十七大报告提出了"提高国家文化软实力"的表述。习近平总书记进一步提供了实施方案，"提高国家文化软实力，要努力提高国际话语权。"③ 对话语权的理解，需从"话语"一词切入。"话语"原为"词语"的概念，经"语言学转向"和"话语转向"后，话语被附上权力的属性，强调话语具有建构社会现实的作用，而建构的目的在于发挥话语主体的影响力。据此，"话语权"讨论的是话语主体在传播中所具有的影响力，关乎"话语"资源的分配问题。

新时期以来，中国探索出了金融话语权、科技话语权、环境话语权、学术话语权、媒体话语权，其中，在信息全球化的背景下，媒体话语权被提高到一定地位。中国的外宣工作在争取主动权上迈出新步伐，注重提升国家在国际媒体上的话语影响力。国际话语权与媒体传播力紧密关联，习近平总书记提出："要加强国际传播能力建设，精心构建对外话语体系，发挥好新兴媒体作用，增强对外话语的创造力、感召力、公信力，讲好中国故事，传播好中国声音，阐释好中国特色。"④ "讲好中国故事"可视为增强话语权的外宣方案。

从"讲中国故事"到"讲好中国故事"，后者为前者赋予了"好"的概念、范畴和框架。故事的思维路径与立意要求在外宣工作中被进一步明晰，不仅要讲中国的故事，更要"讲好"中国故事、讲"好"中国故事。"讲好中国故事"中的"好"是对中国共产党"以正面宣传为主"的对外报道传统的承继和拓展，

---

① ［美］约瑟夫·S.奈：《美国注定领导世界？美国权力性质的变迁》，刘华译，中国人民大学出版社，2012，第28页。

② Roy D. The "China threat" issue: Major arguments. Asian Survey, 1996, 36(8): 758–771.

③ 习近平：《习近平谈治国理政》，外文出版社，2014，第162页。

④ 中共中央党史和文献研究编《论党的宣传思想工作》，中央文献出版社，2020，第51页。

早在 1952 年发布的《国际广播编辑部调整工作方案（草案）》中，党中央要求，在对外宣传中对敌人的造谣污蔑不作针锋相对的驳斥，而是着重正面宣传党和政府形象；1989 年 11 月 25 日，中宣部举办新闻工作研讨班，主管意识形态工作的中央领导同志李瑞环发表了题为《坚持正面宣传为主的方针》的讲话。

习近平总书记以"讲好中国故事"的理念，使得"讲中国故事"话语的内涵和外延得到延伸。内涵方面，"讲好中国故事"的话语融入中国传统文化的同时增加了中国在新时期以来的建设成果，兼具历史底蕴和时代特色，"要讲好中国特色社会主义的故事，讲好中国梦的故事，讲好中国人的故事，讲好中华优秀文化的故事，讲好中国和平发展的故事"①。外延层面，党的十九大报告中，关于"推进国际传播能力建设，讲好中国故事，展现真实、立体、全面的中国，提高国家文化软实力"的表述，让"讲好中国故事"的外宣理念与增强国际话语权、提升文化软实力的工作目标相关联。将"好"寓于中国的故事中开展对外宣传实践，能有效提炼出中国特色社会主义建设所取得的成就。

尽管"讲好中国故事"在 2013 年即已提出，但从近年来的国际传播实践来看，证明了这一话语具有前瞻性。网络技术的发展催生出推特外交（Twiplomacy）、脸书外交（Facebook diplomacy）等以数字形式为基础的外交，中国的对外宣传也纳入了"互联网思维"。"讲好中国故事"中的"好"是主动融入积极情感报道理念的体现，能够应对国际舆论环境中的"后真相"语境，即诉诸情感比陈述事实能发挥更大的影响力。

五、结语

"讲好中国故事"，传承了"用事实说话"的马克思主义新闻观，嵌入了提升传播力的"故事"思维与构建国家主体性的传播逻辑，其生成过程包含了"讲事实""讲故事""讲中国故事"的话语实践阶段。需说明的是，历史并不是简单的、分时段的前进，中国共产党百年来对外宣传的理念，均包含了上述阶段，如中国共产党通过埃德加·斯诺之口对外讲述延安故事，"讲中国故事"在党成立初期已成为对外宣传的策略，只是在不同阶段，中国共产党对外宣传的目的与侧重点有所不同，对外宣传话语的表达形式亦有所区别。

通过探询"讲好中国故事"这一外宣话语的生成过程，可以发现，中国共产党百年来对外宣传话语的演变是基于中国国情的发展和国际舆论的变动而作出的调整与创新，具有主体性、时代性特征；"讲事实"的态度始终在中国共产党的外宣工作中占据重要地位，讲求尊重事实，以理服人，以温和、开放、包

---

① 中共中央宣传部编《习近平总书记系列重要讲话读本》，学习出版社、人民出版社，2016，第211页。

容的态度开展对外宣传；中国的外宣工作，致力于促进和而不同、兼收并蓄的文明交流，并不是西方所言的"锐实力"。尽管国际传播格局在嬗变，但中国走向世界，参与构建新型国际传播体系已是大势所趋，就此层面而言，回顾"讲好中国故事"这一外宣话语的形成过程，有助于在现阶段及可预见的未来探讨中国如何进一步提高国际传播力、参与全球互动的议题。

（作者单位：厦门大学新闻传播学院）

把握定义权：国际传播话语体系建设走向自信自立的路径

李润泽

一、定义权与话语权不容旁落

百年未有的世界格局激烈碰撞、更新换代，国际环境日趋复杂严峻，与此同时，中国正向第二个百年奋斗目标迈进，稳健有力地推动中国式现代化进程。在国际传播话语体系中，我国综合国力的稳步提升与"西方缺位"带来了前所未有的新局面。传统国际大国越来越真切地向我们展示另外的面貌，维护各自的利益"锚点"。习近平总书记指出，争取国际话语权是我们必须解决好的一个重大问题。[①]

近年来，我国在媒体深度融合方面大步阔进，融合方式和融合深度可圈可点。全媒体传播体系建设、一流新型主流宣传格局卓有成效，舆论传播力、引导力、影响力、公信力逐步提高，这对加强马克思主义在意识形态领域的指导地位，强化党和人民的共同思想基础起到了巨大作用。但与之相对，我国在外部舆论环境中声量弱、被覆盖、被忽略也是不争的事实。西方媒体不断"妖魔化"中国，我们却多处于"失语""半失语"状态。"我们有本事做好中国的事情，还没本事讲好中国故事？我们应该有这个信心！"[②]面临不断变革的世界政治格局以及全球化进程中越发明显的传播场域隔离，国际传播战略需紧跟时代步伐，不断作出调整。

当前国际话语传播体系中，话语权和定义权两个概念的边界都在不断拓展，一般来说，两者互为交叉、补充，定义权是话语权的极端升高和递进。与经济

---

① 《习近平：在全国党校工作会议上的讲话》，https://www.ccps.gov.cn/xxsxk/zyls/202112/t20211210_152253.shtml?eqid=b1a2774800029a4d000000026461a1a9。

② 《向全世界讲好"中国故事"——三论学习习近平总书记中央外事工作会议重要讲话》，https://www.gov.cn/xinwen/2018-06-26/content_5301234.htm。

生活的定价体系不同，国际传播话语体系中的话语权更加隐蔽，各国间话语权的浸润和争夺是一个潜移默化的过程。掌握话语权和定义权的强者，其传播优势将会不断放大，地位更加难以被撼动。

纵观当前国际现状，大国各自有着文化族群分裂、经济发展困顿、战争等问题存在。较为严重的国际话语危机和持续不断的负面国际舆论，导致中国长期在对外传播上处于被动状态，逐步在国际交流中落于下风，国际形象任人"打扮、涂抹"，这与我国目前的国际地位很不相符。在这一现状上追根溯源，不难发现目前我国在对外文化输出中，存在着运营体制过于保守、精准性和贴近性不足、宣传味道过浓、纯粹单向说教、手段僵化陈旧、输出符号固化、发声渠道不畅、传播范围和效果一般等问题。我们要展示一个立体、生动的中国，这个过程既需要有官方渠道，又要有民间渠道的参与。

近年来，我国对外传播战略逐步从宏大叙事转变为以民间视角讲述中国故事的立体式对外传播。但应当警惕的是，我们在构建新时代话语体系过程中大量使用的是西方定义的理论，默认了西方定义权的"先占"原则，大量传播资源应用在以西方叙事逻辑讲述中国内容；同时，民众接收着来自西方的海量视听信息，这些在西方框架体系下的传播信息"涵化"作用深远且广泛。因此，以"定义权"为核心的定义叙事策略应纳入对外传播的视野中来，争夺对新事实的"命名权"，不断强化建构过程，是一种可行的路径、方式和宣传策略，可以通过更少的代价实现更有效的传播目的，通过定义叙事视角形成"定义优势"。

二、话语体系建设中"定义"的力量

在文化传播领域，大量内容因西方国家"先占"而使我国用户被动接受，进而导致我们自己的文化面临被重新"定义"的问题。如《功夫熊猫》一片，这部具有全球广泛影响力的好莱坞工业产品借鉴和使用了诸多中国文化符号，然而从结果来看，全球观众都知道这是一部美国的动画电影。我国古装片、功夫片作品对外传播优势明显，但国外观众的消费热情尚建立在以"猎奇心理""视觉奇观"为基础的表象差异之上，这种消费与文化认同并不能真正实现中国文化的有效传播。长期持续地进行这类内容的单项输出，整个传播链条中的各个角色都很容易忽视中国在维护世界和平、推动科技进步等方面并未缺席这个事实。

当国际传播话语体系中的西方概念与符号占据优势时，其所建构的"象征性"在现实中对受众认识和理解现实世界产生很大的影响。如当下在国内人人喊打的"眯眯眼"人物造型，这个特征被外国文化作品强加给我们之后，个别国内文艺创作者也对这种偏见热烈迎合。但国内受众对有辱我国文化形象内容的喊打和厌弃，正体现出民众对被强制"定义"做法的不满。这种"被定义"所带来的是一个长期的影响、一种"涵化"的过程。当我们的文化被频繁"代表"，谁又在定义我们文化的主流化过程，其间产生的"共振"是否已经显著加大了"涵化"效果，这些是非常值得深刻反思的问题。

在长期接触西方文化产品和理论的过程中，我们对现实的理解和阐释也难以摆脱这些影响。20世纪70年代提出的框架理论很早便纳入了国内传播理论研究的视野中。在受众对意义的动态建构过程中，个人通过既定的认知框架体系来对现实生活进行理解和识别，每个人都有一套属于自己的框架，以自己的认知体系对现实世界进行理解。[1]西方话语优势建立在其规模化、制度化的文化工业上，数字化时代的到来更扩大了其优势，无论是国内广播电视和网络视听语言中西方话语内容和逻辑方式的频繁出现，还是海外传播中西方话语的绝对优势，都展露出我们定义权缺失所带来的后果。文化领域的"定义权"，无孔不入地定义了衣食住行等各个领域，导致我们在服饰珠宝、饮食习惯等各个方面只能"匍匐"于掌握"定义权"国家的中下游。然而，在这种"定义权"变得根深蒂固和不可动摇之前，世界语言和文化依然复杂多样，我们还有足够的时间和空间变得自信、自立和自省，越来越多的民族、国家有了自觉的意识，并在包括视听语言建立在内的诸多领域发起行动。

框架理论所提到的三种现实转换过程指出，受众主观解释信息时，有着不同的理解层级。在文化视听领域，我们花费大量的内容生产和传播资源在低层次即修辞、风格等表现形式上面，创作了很多带有中国文化元素符号的影视作品或新闻，而对高层次（对某事实的抽象界定层面）的实践甚少。

定义的创新扩散一开始比较艰难、缓慢，但当受到影响的受众积累一定量级（临界数量）后，扩散过程会突然加快，一直延续到大部分人被影响。所以，对新概念、新观念的传播，在其最初的传播阶段就应尽量发挥大众媒体及时、迅速、广泛传播的长处。对定义权的争取也是同样，相较于内容的生产与创新，发现新的事实，对大量社会现象进行提炼总结并创造新概念的定义创新更加艰难。但如果得到足够的重视与鼓励，在中国这片承载着厚重历史文化并拥有卓越现代化实践的土壤上，文化产品领域的定义创新将会大力发展起来，这有助于在国际上构建我们独特的话语体系和叙事逻辑。

国际话语权，是对国际事务、国际事件的定义权，对各种国际标准和游戏规则的制定权以及对是非曲直的评议权、裁判权。[2]在涉及民主、人权、自由等当代人类的基本价值观的基本概念上，我国需要争夺概念定义权、使用权、

---

① [美]李特约翰：《人类传播理论》，史安斌译，清华大学出版社，2004，第178页。

② 梁凯音：《国际话语权：文化强国的必然要求》，《中国教育报》2011年12月6日。

议题设置权和讲故事的话语权。① 定义权、设置权和讲故事的话语权三者同样重要，都是增强国家软实力和建设国际传播话语权的需要。

三、定义权与话语优势的形成路径

要寻回、巩固定义权，我们首先要有宣扬本土文化的自信和自觉，既能为真正代表我国文化的优秀作品鼓与呼，又要坚守、累积成熟的文化素养和审美观，避免盲目地失掉为文化作品发言的公信力这一"定义权"的根基。

文化是一个国家、一个民族的灵魂。中国在漫长的历史演进中形成了独特的价值体系、文化内涵和精神品质，这些因素塑造了中华民族的文化自信，也是坚定道路自信、理论自信和制度自信的重要基础。如何提高我们在国际传播中中国价值观和社会思想文化的整合能力？中国文化作品如何实现对定义权的争取？我们如何从现有的国际话语传播体系中的劣势地位脱身？这种话语权、定义权长期旁落的情况能否快速得到纠正？可以从以下两种路径来思考。

首先，我们已经熟悉并且取得大量实践成果的"定义"（文化成果）要得到更多的传播机会。实体的、可以被受众直接观看到的优质内容中，可以通过拆条等方式进行再一层级的传播。无论是影视剧、综艺节目还是新闻报道等，都是丰富的内容载体。传播时不能只考虑触达率、经济收益，也需要根据受众的反馈，找出具备传播潜力、拥有更大共同经验范围（交集）的中国符号元素，对其进行二次创作和重点宣传。虚拟的概念和理论等，需加强对其故事性的包装，以更具吸引力的生动故事和鲜活事例展现给包括中国在内的不同国家的网络受众，如习近平总书记提出的"人类命运共同体""亚洲安全观"等理念，需不断保持内容解释上的持续创新和输出，受众对这些概念接受度越高，后续相关内容输出就越会事半功倍。

其次，坚定走艰巨但卓有成效的自定义路线。在定义的创新中，一方面，需以敏锐的眼光发现新事物、新现象，进行视听转化；另一方面，对已有的定义可以进行中国式的再定义，如电影并不是诞生于美国，但"电影工业"成为美国文化的代名词之一。在中国式现代化实践中，我们走的是一条独立自主探索开辟的道路，如今我们拥有坚实的硬实力基础、几千年的文化底蕴和精神力量、多年的新叙事方式尝试经验，这些要素为定义权的争取提供了坚实基础。相较于纸媒、广播电视、门户网站等传统媒介，当今受众获取信息的来源更加碎片化，包括短视频在内的新方式、新渠道更方便"短频快"地阐释新兴概念。党的二十大提出了"推进文化自信自强，铸就社会主义文化新辉煌"的更高目标，我们要思考的是如何加强国际传播能力建设，全面提升国际传播效能，形成同我国综合国力和国际地位相匹配的国际话语权。深化文明交流互鉴，

---

① 李希光、郭晓科：《主流媒体的国际传播力及提升路径》，《重庆社会科学》2012年第8期。

推动中华文化更好走向世界。[①]

提高国家文化软实力，发挥中华文化影响力，讲述好我们党治国理政，中国人民奋斗圆梦，以及我国坚持和平发展、合作共赢的故事，是对外传播工作的核心任务。新时代中国正在进行的伟大实践，赋予我们自信与底气。中国的国际形象需要由中国人去树立，讲好中国故事需要每一个中国人的努力。

四、结语

把握定义权在当下国际话语传播体系建设中，无论是对树立自身文化自信自强，还是扩大海外传播优势，都是不可或缺、至关重要的一环。中国式定义权需走自主自立的发展路径，构建我们自己的知识审美体系，建立属于中国的概念命名和解释系统，完善传播体系建设，拓宽传播渠道，创新传播形式，鼓励定义层面的创新，以全球化的眼光完善和改造现有定义体系。在此基础上，进行系统、立体化的发声，争取定义叙事的优先权，更好助力中国式现代化国际传播话语体系建设走向自信自立。

（作者系中国社会科学院大学新闻传播学专业博士研究生）

---

① 习近平：《高举中国特色社会主义伟大旗帜 为全面建设社会主义现代化国家而团结奋斗——在中国共产党第二十次全国代表大会上的报告》，https://www.gov.cn/xinwen/2022-10/25/content_5721685.htm。

广电视听国际交流合作在拓展深化中走向繁荣

周述雅

广电视听对外交流合作是国际传播的重要方面。党的十八大以来，国家广电总局围绕元首外交、主场外交、政府外交，借助中外人文交流机制和国际组织等双多边平台，搭建多层次交流合作机制平台，务实开展广电视听国际交流合作，积极对外宣介习近平新时代中国特色社会主义思想和习近平外交思想，推动广电视听国际交流合作在拓展深化中走向繁荣。

一、广电视听国际合作交流从布局拓展阶段走向创新繁荣阶段

（一）布局拓展阶段（2015年以前）

这一时期，积极贯彻落实中央"丝绸之路经济带""21世纪海上丝绸之路"战略构想，集中力量实施"丝绸之路影视桥工程"，发挥相关地方、边境省区特色优势，扎实推进重点项目，取得良好开局。配合中非合作论坛，2012年、2014年，国家广电总局先后在北京举行首届、第二届中非媒体合作论坛。同时，以落实"中非影视合作工程"为重点，开创中非影视交流合作新局面。配合中阿论坛，2013年、2015年，先后举办第二、三届中国—阿拉伯国家广播电视合作论坛，成为中阿双方共同谋划未来交流合作的重要平台。

（二）深化推进阶段（2016—2018）

这一时期，配合"一带一路"国际合作高峰论坛等重要外交活动，举办配套活动，进一步扩大国际交流合作的国家和地区，有效发挥广播电视公共外交的特殊作用。把握2016年是中国—东盟建立对话关系25周年、中国与老挝建交55周年和中国—东盟教育交流年这一关键时间节点，举办以"凝聚'一带一路'共识，促进媒体深度合作"为主题的中国—东盟广播影视合作圆桌会议。2017年，积极配合"一带一路"国际合作高峰论坛，与土耳其和沙特阿拉伯两国分别签署广电内容领域合作谅解备忘录。成功举办2016—2017中俄媒体交流年、2018—2019中俄地方合作交流年，为提升中俄广播电视合作

水平，深化中俄战略协作伙伴关系作出积极贡献。

（三）创新繁荣阶段（2019—2022）

这一时期，以"视听中国"为龙头，围绕重要时间节点和国家外交活动，深入落实习近平总书记关于提升国际传播建设的重要讲话精神，举办一系列广电视听国际交流活动。2019年，为庆祝新中国成立70周年，举办"壮丽七十年 荧屏庆华诞"活动。2021年，围绕庆祝中国共产党成立100周年，策划实施"百年风华 视听共享"全球播映活动。广电视听国际交流活动成果斐然。2019年中国—东盟媒体交流年开幕式、2019年第四届中国—阿拉伯国家广播电视合作论坛、2022年第五届中非媒体合作论坛，先后获得习近平总书记写信祝贺。

二、广电视听国际合作交流展现新作为新气象

（一）提高政治站位，主动服务新时代中国外交

1.服务新时代中国外交，为推动构建人类命运共同体贡献广电力量

配合国家元首外交与政府外交，开展丰富的交流合作活动。配合习近平总书记出访，2012年与土耳其等国家，2014年与新西兰等国家，2015年与巴基斯坦等国家，2016年与埃及等国家，2017年与俄罗斯等国家，2018年与南非等国家，2019年与希腊等国家，2020年与缅甸等国家，分别签订广播电视合作协议。2019年5月，配合亚洲文明对话大会，举办"亚洲文明全球影响力"平行分论坛；2019年6月，配合上合组织峰会，推动上海合作组织成员国签署《上海合作组织成员国政府间媒体合作协议》；2021年12月至2022年2月，配合北京冬奥会开幕，组织开展冰雪主题纪录片全球展映活动，推动我国冰雪运动、冰雪文化"走出去"。

积极发展全球伙伴关系，推进广电视听交流合作。在巩固传统友好基本盘方面，广电总局每年与俄罗斯数字发展与通讯传媒部围绕"中俄青年友好交流年"、中俄地方媒体交流合作等主题，举办中俄人文合作委员会媒体合作分委会会议，举办"中俄网络短视频大赛""中俄动画产业合作线上对话会"等活动，双方媒体合作成果得到中俄人文合作委员会充分肯定。

在打造"一带一路"黄金线方面，加强与"一带一路"沿线国家合作交流。2021年，以"风雨同舟七十载 合作共赢创新篇"为主题，会同巴基斯坦新闻部联合举办庆祝中巴建交70周年媒体在线研讨会、制作播出名人访谈节目、中巴优秀视听作品展播等系列活动，不断深化中巴合作交流。

为配合中国—中东欧国家合作机制，促进与中东欧国家人文交流和民心相通，举办中国纪录片在中东欧国家展播活动，将《小康路上》《你所不知道的中国》等一批国产纪录片进行本土化译配，并推动实现在希腊国家电视台、匈牙利亚视电视台、克罗地亚卡纳瑞电视台、斯洛伐克斯维卡电视台等中东欧

国家多个主流电视台播出，取得良好播出效果。

在拓展西方国家朋友圈方面，举办中美影视合作高峰云论坛，介绍中国视听产业发展和中外合拍政策，推荐优秀视听作品参评中美电视节，在美国电视节设立"中国联合展台"等，推动两国影视界深入交流，加强务实合作和共同发展。

2.围绕重要时间节点，发挥行业优势服务外交外宣大局

围绕重要时间节点，精心组织做好习近平总书记重要思想的对外宣传，积极宣介习近平总书记提出的人类命运共同体理念，积极传播中国主张、中国智慧、中国方案。讲好中国故事和中国共产党的故事，展示真实立体全面、可信可爱可敬的中国形象，为我国改革发展营造有利的外部环境。

2021年，围绕庆祝中国共产党成立100周年，策划实施"百年风华 视听共享"全球播映活动。聚焦百年奋斗、全面小康、"一带一路"、联合抗疫、人类命运共同体等五大主题，精选《山海情》《在一起》《大禹治水》《创新中国》等50部多语种多类型优秀译配节目，在德国、巴西、尼日利亚、马来西亚、印度尼西亚、新西兰等五大洲100多个国家的电视台及新媒体平台开展为期6个月的展播活动，全年共推动270余部次多语种视听节目在100多个国家和地区播出，为庆祝建党百年营造了良好的国际舆论氛围。

2019年，为隆重庆祝新中国成立70周年，组织实施以"壮丽七十年 荧屏庆华诞"为主题的"视听中国 全球播映"活动。推动在全球50多个国家60多家主流媒体播出70余部中国优秀电视节目，在近20个与新中国建交70周年的国家或"一带一路"沿线重点国家举办具有广电特色的配套活动，有效烘托了庆祝新中国七十华诞的氛围，展现了新中国取得的伟大成就，展现了习近平总书记的大国领袖风范，展现了党的十八大以来在以习近平同志为核心的党中央坚强领导下我国取得的历史性成就、历史性变革。

此外，2021年，围绕纪念中华人民共和国恢复联合国合法席位50周年等重要时间节点，组织配套活动，弘扬共同价值，收到良好效果。

3.深化与专业国际组织的交流合作，积极参与国际奖项评选

国家广电总局不断推进与亚洲—太平洋广播联盟、欧洲广播联盟、阿拉伯国家广播联盟、非洲广播联盟以及国际电信联盟等专业国际组织的交流合作。其中，不断深化与亚洲—太平洋广播联盟的合作，积极组织推荐中方节目、评委参与相关奖项评选工作，积极参加新成立的数字媒体工作组，并推荐中国业界代表担任副主席。广电总局推荐参评的《在一起》获得亚洲—太平洋广播联盟电视剧大奖，《锦绣南歌》获国际艾美奖"最佳电视连续剧"大奖，《以家人之名》获首尔国际电视节"长篇电视剧优秀作品"奖。

（二）加强顶层设计，建立多层次交流合作机制平台

1. 统筹广电视听资源，融入中外人文交流机制

这十年，人文交流与战略互信、经贸合作一道，已成为中国对外关系发展的三大支柱。国家广电总局作为人文交流机制的成员单位，负责中俄媒体合作委员会的协调工作，积极统筹广电系统资源，围绕中美、中俄、中欧盟、中南非等4个中外高级别人文交流机制，中英、中德、中法、中印、中印尼等5个部级人文交流机制，开展丰富多彩的交流合作项目。在人文交流机制框架下，2016年签署《中英电视合拍协议》、2017年与南非新闻部签署《广播电视合拍协议》、举办"2019年中俄电视周"等，有效推动了中外广播电视交流合作的机制化、长效化和规模化。

2. 发挥总台和地方广电优势，打造各具特色对外活动平台

积极引导鼓励中央和地方媒体、国有与民营影视机构在节目互播、内容合作、渠道建设、人员交流等方面开展丰富多彩的交流合作项目，有效调动了广电视听媒体、影视制作机构、文化出口企业参与国际传播的积极性。总台中国国际电视总公司打造中国影视节目专区品牌"China Zone"，已入驻7家海外平台，开办11个多语种频道，多语种节目超过6000小时，面向全球200余个国家和地区播出。打造"北京优秀影视剧海外展播季""福建时间""美丽浙江""湖北传媒周""壮美广西""岗日杂塘""丝路春晚""陕西时间""新疆走出去"等地方品牌，形成统分结合、层次分明的国际传播矩阵。

3. 健全人才培训交流机制，为国际传播涵蓄人才

十年来，国家广电总局开展的国际媒体人员交流培训活动，从线下走向云平台。后疫情时代，广电视听国际传媒研修云平台建设取得重要成果。建立和完善以多彩中国专区、特色活动专区、国际媒体人作品发布区、国际传播讯息播报区、国际研修专区为主体的线上交流平台。精心安排"云参访""云访谈""云交流"和中国优秀视听节目线上展播推介，丰富国际研修内涵，助力民心相通。2018年，国家广电总局还与教育部联合设立"中国政府广播电视高层次人才奖学金项目"，培养跨文化传播、影视创作、数字技术与新媒体研究等专业留学生，打造与"一带一路"沿线国家交流合作的新抓手。

（三）坚持守正创新，推动广电视听国际传播高质量发展

十年来，国家广电总局贯彻落实"一带一路"倡议，实现对"一带一路"沿线国家广泛覆盖，并积极拓展全球伙伴关系。打造系列品牌活动，顺应互联网发展趋势，深化合作领域。

1. 拓展国际交流合作朋友圈，合作领域走深走实

这十年，广电视听国际交流合作朋友圈不断拓展，已覆盖五大洲100多个

国家和地区，既包括塞尔维亚、埃及、秘鲁、哈萨克斯坦等发展中国家，也包括美国、英国、日本、加拿大等西方发达国家。

广电视听合作领域逐渐丰富，从内容领域向技术领域、新媒体、数字化、产业融合等全产业链、全媒体、全方位延伸。十年来，中俄的广电视听交流合作向政策交流、相互报道、大型活动、合作制作、互译互播、媒体产业、新兴媒体、教育培训、少儿媒体延伸。中非的广电视听交流合作向媒体政策、媒体话语权建设、媒体数字化延伸，中国优秀电视剧"走出去工程"、北京优秀电视剧非洲展播季、"万村通"项目、内容联采联播等进一步促进了中非的文化交流与沟通。十年来，特别是 2019 年中国—东盟媒体交流年以来，中国与东盟各国在新闻传播、内容制作、技术交流、人员培训等方面开展了深入务实合作。

2. 打造系列品牌活动，实现常态化发展

推动"视听中国"播映工程全面升级，增进各国文化交流互鉴。完善顶层设计，以"视听中国"播映活动纳入国家"十四五"规划为契机，制定《"视听中国"播映工程实施方案》，推动工程全面升级、全新启航，重点聚焦"一带一路"、百年奋斗、全面小康、联合抗疫、人类命运共同体等五大主题，译制一批优秀电视剧、动画片、纪录片、长短视频等，通过"电视中国剧场""中国联合展台"，联合相关国家主流电视和网络视听媒体，全方位开展线上线下节目播映和推介。截至 2021 年年底，"丝绸之路视听工程"已储备 1000 余部次 26000 多集 40 个语种的中国优秀视听节目，在国内外成立近 20 个本土化语言译制站或译配中心；截至 2022 年 9 月底，视听产品走出去品牌项目"电视中国剧场"全球范围内落地 62 个，为讲好中国故事，传播好中国声音提供有力支撑。

围绕双多边媒体合作平台机制，着力打造国际性区域性文化交流品牌。截至 2022 年 9 月底，共举办 15 届中俄人文合作委员会媒体合作分委会、5 届中国—阿拉伯国家广播电视合作论坛、5 届中非媒体合作论坛、4 届中国—东盟视听周、2 届澜湄电视周等重大国际交流合作活动，不断提升合作力度、深化产业交流、推动共同发展。

3. 顺应视听发展新趋势，国际交流合作呈现新气象

随着网络技术的更新迭代和视听内容的要素升级，国际交流合作也逐步从广播电视向网络视听拓展。2019 年，"影像中国"升级为"视听中国"；2020 年，创办首届中国（北京）国际视听大会；2021 年，推出首届"视听北京"精品纪录片全球展播季活动；2022 年，第四届中国—东盟视听周将原有的"电视周"升级为"视听周"。

短视频已成为中国视听国际交流合作的重要载体和渠道。截至 2022 年 9 月，

举办了首届中阿短视频大赛、中俄网络短视频大赛、国际短视频大赛和三届中国—东盟网络短视频大赛等赛事，更鲜活地展现了各方人民之间务实合作交流、携手共进的活力。

为贯彻落实习近平总书记关于做好国际青年交流合作和传播工作的重要指示精神，将"Z世代"作为重点传播对象，致力于推动国际"Z世代"形成客观理性的中国观。五洲传播中心推出《阿璞剧场》，以海外青少年受众为主要传播对象、聚焦全球"Z世代"关切话题；云南台推出系列短视频《"Z世代"眼中的七彩云南》等节目，通过鲜活生动的青春故事，让海外青少年读懂中国、了解中国；芒果TV发布的《闪耀的平凡》等轻量化产品，实现传播移动化和社交化，满足海外年轻人多样化和多场景的传播需求。

三、新征程广电视听国际合作交流的思考

十年来，国家广电总局不断深耕细作，拓展国际合作领域，提高现有项目的质量和实效。面向新时代新征程，广电视听国际交流面临的形势更复杂、挑战更严峻，更需要以习近平外交思想为指导，积极发展全球伙伴关系，推动构建人类命运共同体，形成与百年变局相适应的对外交流合作新格局。

一要胸怀"国之大者"，服务新时代中国外交。坚持全球视野，聚焦"一带一路"建设，加强系统研究、整体规划，开展精准传播，推动重点项目提质增效。

二要加强协同联动，在渠道平台建设、内容建设、技术合作、人员培训、产业合作等方面深化细化措施、形成工作合力。

三要坚持效果导向，加强国际传播效果评估，提升整体效能，将"视听中国"品牌打造成为加强国际传播能力建设的重要抓手和公共外交活动的品牌。

四要加强优质内容供给，坚持内容为王，加强内容合作，提高节目质量，扎实做好合作制作、作品译制工作。

五要针对不同区域和国家的特点，策划组织和精准实施新项目，创新合作形式，提升国际传播能力。

（作者单位：国家广播电视总局发展研究中心）

传媒促进"一带一路"民心相通再思考

——以广西广播电视台《中国—东盟青年主播创造营短视频系列》节目为例

蒋佳健

2013年9月和10月，中国国家主席习近平在出访哈萨克斯坦和印度尼西亚时，先后提出共建"丝绸之路经济带"和"21世纪海上丝绸之路"的重大倡议。此后，习近平主席对这一倡议倾注大量心血。在各国的共同努力下，共建"一带一路"已经从倡议转化为全球广受欢迎的产品，它通过经贸往来的商路，连接沿线各国人民的心路。

"一带一路"沿线国家的历史文化、宗教信仰、政治体制各有不同，地缘政治更是错综复杂，广播电视和网络视听媒体势必要在这复杂的文化环境下，更加精准地服务"一带一路"倡议，进行更有效的经济、文化交流，助力"一带一路"倡议获得沿线国家人民的认同，促进沿线国家民心相通，这对媒体人提出了新的挑战。那么，作为新时代的广播电视和网络视听媒体，我们要怎么做才能为促进"一带一路"民心相通作出一些积极贡献呢？中国—东盟青年主播创造营活动是中国—东盟视听周系列活动之一，由广西壮族自治区广播电视局和广西广播电视台共同策划举办，至今已成功举办两季。《中国—东盟青年主播创造营活动》系列节目不仅荣获第32届中国新闻奖，还受到了国内外媒体的广泛关注，成为"一带一路"沿线国家青年间友好交往、媒体间交流合作的生动范例。下面笔者就以此为例进行论证。

一、媒体应以聚焦城市交流合作为载体 促进民心相通

（一）为什么要聚焦城市交流合作

"一带一路"建设的三大支柱是互联互通、产能合作和人文交流，"一带一路"倡议所提出的"五通"，即政治沟通、设施联通、贸易畅通、资金融通、民心相通，这"五通"的实质其实就是建立一种合作关系，合作机制和体系。它并不是一个联盟，而是一个经过平等协商一致认同后，各国自愿签署协

议的一个体系，各国通过这个体系的协议来共同治理、互利合作，从而共享共赢。

自古以来，"一带一路"就有着深厚的历史沉淀。以福建泉州为例，南朝时，泉州就有了海外友好往来记录，到晚唐的时候，已经发展成为影响力很大的外贸港。南宋宝庆元年（1225），已知的通商贸易的国家和地区就有50多个，朝廷规定附加沿海的商船必须领取"官卷"才能出海。泉州城镇南门附近形成番商聚居的"番人港"。"南宋也只是让外国人做买卖，政府从中收税，而不是中国主动到国外去做贸易"[①]，葛剑雄教授说。这些数不尽说不完的交流案例记载，都是以城市为重要的据点的，在一次次商品交易中，传递了文化的信息，在一桩桩的贸易往来中，文化的互通正在成为现实。据此，古丝绸之路和海上丝绸之路就形成了一定的文化认同，民心相通正是构建在这样的基础之上，才使得跨国跨文化的关联存续至今。所以说，从古代开始，城市的交流合作就已经可以作为民心相通的载体了。

在当代社会，在全球资源重组的历史进程中，城市的地位进一步增强。诸如纽约、东京等全球性都市，聚集了大量的国际组织、全球性媒体、跨国公司等机构总部，几乎引领着当地所有社会生活领域和潮流，对其他国家的经济和文化会产生直接的影响。目前，世界各国城市都日益强调推动跨国协调和国际合作，以提升自身竞争力和解决城市自身治理难题。比如，在应对全球气候变化的问题上，曾经的伦敦市长利文斯通就提出倡议，最后成立了C40城市气候领导联盟，发挥达成在全球气候治理中的关键领导作用。又比如，创立于2009年的丝绸之路国际汽车拉力赛，是当今世界上唯一的洲际越野拉力赛。起点和终点为各国的主要城市。

不难看出，如果没有城市的高度发展，城市间的互联互通和国际化便无从谈起，"一带一路"倡议也缺乏了物质前提基础。所以说，城市化发展是推动"一带一路"建设的必要条件，为达到民心相通提供的物质基础保障。

（二）媒体如何聚焦城市交流合作

"一带一路"倡议所提出的"五通"，涉及外交、基建、金融、经贸、人文、环境等多个方面，重要城市之间互相结为友好城市之后，肯定会有计划地开展务实合作，会形成多个良好的合作案例。为此，我国各相关部门会在"请进来"和"走出去"中培育品牌文化传播与交流合作产品，开展富有内涵、形式多样的文化论坛、展览、演出、贸易等活动。

比如，2017年，我国柳州五菱汽车公司在印度尼西亚建立了工厂并开始生产汽车。2022年，《中国—东盟青年主播创造营活动》系列节目邀请"一带

---

① 葛剑雄：《从世界视角看丝绸之路》，《解放日报》2017年5月5日。

一路"沿线国家的青年主播来参观游玩,当印度尼西亚的青年主播来到广西柳州,看到第一辆柳州五菱汽车,她兴奋地拍照,并发到网络媒体,获得了家乡朋友的无数点赞,大家都说羡慕她能去中国玩。咱们国内的主播也热烈欢迎各国友人能够多来中国玩,来亲身感受在中国正在发生的事。这不就是民心相通的具体表现吗?

所以,媒体人应该主动出击,与国内相关的牵头部门和组织单位提前沟通,提前了解城市合作活动的布局和具体安排,主要负责人和采访人员要了解当地的法律条文和人文风俗,形成有侧重点的大型综合报道和各种深入当地的采访,释放合作城市的对外交往活力,展示城市之间的比较优势和区位优势,搭建一个可视化的互联互通走廊的对外开放窗口,以点带面、由线到片,体现区域大合作格局,让城市的老百姓看到,城市之间是可以优势互补的、是可以双赢的、是对今后的城市发展和群众生活品质提升有帮助的。

综上所述,城市未来将在国际舞台上扮演越来越重要的角色,媒体聚焦城市之间的交流合作,必然能把人们的情感聚拢在一起,形成某种共识,产生某些共鸣,老百姓的心更近,情更深,这才是真的做到民心相通。

二、媒体报道展现文化交流合作是促进民心相通的操作方法

为什么提"一带一路"民心相通就要提及文化交流合作?"一带一路"倡议是消除隔阂加强合作的全球性倡议,求同存异是它的基本原则,和谐包容是它的理念。文化差异是"一带一路"沿线国家最大的差异,因此,需要通过文化融合和人文交流,以文化为纽带,以人文为桥梁,在沿线各国之间,各领域、各阶层、各宗教信仰、各文化习俗的交流合作将更加顺畅,保护多元文化和多样性文化,构建人类共同的精神文明家园。但是,"一带一路"倡议既面临全方位开放的机遇,又面临地缘风险、安全风险和经济法律风险。价值观念的差异性是民族之间差异性的基础,亨廷顿将世界文明划分为八个主要文明,他认为,在冷战后的世界中,人民之间最重要的区别不是意识形态的、政治的或经济的区别,而是文化的区别。这就不只是需要文化软实力,还需要在文化传播中坚持求同存异、百花齐放的原则,使文化交流合作成为各领域交流与合作的"润滑剂",从而促进各领域的合作共赢。

以广西广播电视台《中国—东盟青年主播创造营短视频系列》节目为例,《中国—东盟青年主播创造营》活动以"同心共影 筑梦远航"为主题。在为期20天的中国—东盟青年主播创造营研学活动中,来自"一带一路"沿线国家:越南、老挝、柬埔寨、泰国、马来西亚、印度尼西亚6个东盟国家、法国和中国的20名青年主播,沿着习近平总书记视察广西路线,以青年人视角贴近观察中国的蓬勃发展,以青年人的方式通过新兴媒体进行传播。共计超

过 130 多家国内媒体报道了研学活动的盛况，相关新闻阅读量超 500 万。研学活动在东南亚直播平台 BIGO LIVE 上的直播，实时在线观看人数位居同时段第一。在《中国剧场》Facebook、TikTok 官方账号上推出的视频，短期内播放量达 20 万次，研学活动的系列视频在视听周展播平台上仅 10 天，播放量就达到了近 600 万次，在国内国际产生了强大的影响力。用短视频创作、网络直播等新媒体方式，以青年视角走访见证中国和东盟携手走过的非凡十年，记录 RCEP 合作框架下，中国与东盟的新合作、新机遇，生动展现中国和东盟各国友好交往的精彩故事，共制作了 20 条短视频在海内外各大媒体平台推出，发布研学动态信息合计近 1000 条，已有 69 家媒体平台发布青年主播研学短视频，视频总阅读量、播放量超 500 万次。

这些数据的背后，难道不是各国人民在一步一步走近文化认同的具体表现吗？这就是媒体要深入报道和展现文化交流合作的根本原因。那么，媒体要如何在文化交流领域选择报道方向呢？笔者认为以下几个方向值得关注。

（一）文化价值观的交流

纵观世界历史，由于价值观念差异而导致的民族之间、国家之间和文明之间的冲突的确存在。在"一带一路"倡议的推进过程中，由于沿线国家之间的文化和价值观差异很大，大概率会对各国之间的合作产生消极影响，所以，价值观层面的交流势必成为"一带一路"文化交流中的重要一环。其实宗教在里面也发挥着重要且独特的作用，通过价值观念的交流，可以促进各国的相互理解，寻求共同价值观念的契合。在媒体报道中提取不同文化之间相似的价值观，融入百姓生活中的一些细节，有助于沿线国家的人民互相理解。

（二）文化产业的交流合作

近年来，我国对外文化贸易额不断增长，为提升文化软实力，我国提出中华文化"走出去"战略。"一带一路"倡议为各国搭建起一个文化产业的合作平台，比如传统文艺演出、影视书刊、电玩游戏、文化旅游等，无论是哪种文化产品与形式，都可以借助此平台获得快速推动。这是与各国群众的日常生活距离最近、文化交流最直观的方向，必然是媒体的必争之地。但是沿线各国文化产业发展重点不同，也实行了各具特点的扶持政策，这就要求我们在开展媒体报道选题会的时候，不能对所有的国家一概而论。比如新加坡的文化产业状况，新加坡在过去的十六年内，分三个阶段实行了"文艺复兴城市"战略，最终成功推动了文化创意领域的改革和飞速发展，并成为国际文化中心城市之一，它的发展历程对其他国家有着重要的借鉴意义。但是，如果报道对象是其他国家的话，就要在报道内容和方向上有所区别对待。比如马来西亚，相对政府干预较多的新加坡，马来西亚的政府对文化产业的支持很少，社会偏向重商轻文。它们的硬件设施比较匮乏，正规的画廊和艺术空间不多，许多展览活动更多依赖于私人画廊、当地会馆、报社或者外国文化中心来举办。但是，近年来马来西亚的艺术博览会迅速成长，带动了拍卖行业的发展，国内外的艺术界人士也因此增强了信心。如果要报道的是"一带一路"东盟沿线国家，这又要怎么处理呢？比如《中国—东盟青年主播创造营》系列节目——柳州研学活动节目中，邀请了泰国、印度尼西亚和法国的3名青年主播，与广西的3名主播一起，品尝柳州螺蛳粉，并参观了相关米粉产业的制作过程，参与网上主播带货。通过东盟青年主播在各国的影响力，让中国元素在"一带一路"东盟沿线国家的人民心中留下好的印象。笔者认为，不管是柳州螺蛳粉、桂林米粉、南宁老友粉还是玉林的牛巴粉，这些都是用小米粉撬动大产业、文化旅游带动产业发展的一个生动案例。

总的来说，我们报道的目的是促进沿线各国民心相通，坚持求同存异、百花齐放的原则，使文化交流合作成为各领域交流与合作的"润滑剂"，或者"催化剂"，从而促进各领域的合作共赢。

（三）教育学术的交流合作

教育与学术是大文化的其中一种具体表现形式，文化交流合作在很多时候是无形的，因此必须找到一个平台展示各国的差异性，同时寻求这些不同背后中的共同点，教育与学术交流正是这样一个平台。通过此平台，不仅能促进"一带一路"沿线各国的文化沟通，同时也能推动我国学术提升、人才流动、思想碰撞和教育开放。比如大放异彩的职业教育——"鲁班工坊"。"鲁班工坊"是在我国教育部指导下，由天津市原创并推进的一个职业教育国际项目。随着"一带一路"建设的推进，一批重大工程和国际产能合作项目相继在沿线国际开展，迫切需要中国职业教育"走出去"，支撑"一带一路"建设的人才需求。截至2019年5月10日，"鲁班工坊"涉及自动化、新能源、机械等9类共23个专业，累计为相关国家和地区培养学生4000余人次，培训教师600余人次，得到了合作国家的广泛好评。其中，泰国"鲁班工坊"已经完成了三期建设，形成了"一坊两中心"的建设格局，在当地和整个东南亚产生了强大的带动效应。还有尼泊尔与中国的教育交流与合作、中国援助黎巴嫩国家高等音乐学院项目等。中国与沿线国家的教育合作正在不断深化，切实走向民心相通。因此，媒体通过关注这个方向的内容和故事，能让"一带一路"倡议更加深入人心，切实助力民心相通。

（四）科学技术的交流合作

改革开放以来，我国的科技创新整体实力实现了质的飞跃，不管是从研发支出，还是从科研人员在全球总量中的比重，又或者从国际科技论文占比来说，我国的排名都是数一数二的。[①] 通过"一带一路"倡议实施，我国积累了大量客源成果，既可以支援"一带一路"相关工程，又可以解决一部分我国产能过剩的问题。同时，国际科技交流合作作为"一带一路"重要组成部分，不仅能帮助合作国突破低端锁定，实现产业升级，还能优化要素配置。依托此合作平台，沿线国家的人才、科研水平都能得到显著提高，在科研成果转化方面当然也会起到不可估量的作用。从"互联网＋"战略、高铁出国，到中广核参与于英国核电项目，近年来我国的科技进步收到极大关注。因此，媒体聚焦科学技术交流合作，有利于建立和强化"一带一路"沿线国家的合作意愿和信心，从而使"一带一路"倡议更容易促进民心相通。

（五）旅游和体育的交流合作

国家发展改革委员会、外交部、商务部于 2015 年 3 月 28 日联合发布的《推动共建丝绸之路经济带和 21 世纪海上丝绸之路的愿景和行动》就已经设想"加强旅游合作，扩大旅游规模"。"一带一路"沿线国家之间的旅游合作，必然可以促进国际旅游业可持续发展，提高地方社区福利，这是地方老百姓最喜闻乐见的事情。同时，刺激投资，保护沿线旅游文化资源和自然遗产。尤其是中亚地区，这些国家有着丰富的旅游资源，开发价值巨大。

从大文化的角度来说，体育具有超越语言、种族、文明的中性色彩，不仅容易被老百姓所接纳，还可以为国家之间相互交往和理解创造条件。2019 年在哈萨克斯坦首都阿斯塔纳举行的国际马拉松比赛，就是"一带一路"带来的国际体育合作项目。2018 年 12 月 21 日，BREC"一带一路"国际电子竞技大赛全球总决赛在山东胶州房源体育中心正式开幕，邀请了沿线国家 136 名国际知名电竞选手参赛，吸引了各国众多年轻人的目光。随着电竞产业的发展，它或许将成为"一带一路"沿线国家体育产业弯道超车的重要支点。

根据分析，"一带一路"国家的体育产业发展仍处于早期阶段，已经具有巨大的经济效益，但是还未能形成高附加值的体育产业，作为新兴的体育赛事，受众年轻化的特点，或可成为"一带一路"国家的体育产业新窗口。所以，媒体聚焦旅游和体育，不仅可以吸引沿线国家年轻人的关注，创造机会让年轻人对其他国家的文化有更加立体的了解，还可以附带许多有经济价值的媒体广告合作项目。

三、媒体报道应体现人类命运共同体理想，这是达到民心相通的方法和必由之路

构建人类命运共同体，是"一带一路"建设的奋斗目标和理想追求，是体

---

① 我国研发支出占全球比重的20%，居全球第二位；科研人员占全球比重19.1%，居全球第一位；国际科技论文占全球比重的20.2%，居全球第二位。

现中国参与全球治理的历史担当。命运共同体的前提是责任共同体和利益共同体，只有让参与方看到潜在的合作利益，他们才会产生合作的动力，这种利益必须是双方的、多方的，只有这样他们才会相信合作的可靠性，如果只有一方获利，那么不是一方掠夺就是一方施舍，这样的关系肯定不能长久的。

了解了"一带一路"建设的奋斗目标和理想追求，我们要如何把它转变为普适共识和普适追求呢？这就需要我们从文化传播上下苦功夫，在民心相通上花大力气。无论进行哪一方面的报道，媒体都应该秉持职业精神，坚守媒体职责，顺应技术变革，倡导多边主义，聚焦共同价值，在促进民心相通方面发挥桥梁作用，更好地讲好沿线国家和人民共同发展的故事，助力"一带一路"建设。

四、结语

共建"一带一路"倡议的提出是为了共同打造政治互信、经济融合、文化包容的命运共同体，要达到民心相通并非一日之功，对外传播要掌握主动权。针对已经取得的国外认可的经济贡献，我们要继续加强传播，以美好前景吸引更多国家加入合作；针对不同国家和地区进行专门化和差异化传播，获得更广泛的政治互信和互惠合作。

（作者单位：广西广播电视台）

国际传播视域下如何讲好
中国共产党百年奋斗故事

——以"中国说：四个老外的一堂'党课'"为例

陈建锋

面对百年未有之大变局，和平崛起的"红色中国"被西方视为拥有强大影响力的竞争对手，但它们"因循守旧"的理论无力解释中国共产党何以成功带领人民稳步发展的历史事实。因此，讲好中国故事，传播好中国声音，展示真实、立体、全面的中国成为国际传播重中之重。新传媒时代中的网络视听早已成为对外传播的重要载体，必然担负起"主动讲好中国共产党治国理政的故事、中国人民奋斗圆梦的故事、中国坚持和平发展合作共赢的故事，让世界更好地了解中国"①的国际传播任务。2021年3月，由新华社对外部、新华社上海分社联合制作，新华社国际传播融合平台出品中英双语短视频《中国说：四个老外的一堂"党课"》在海内外网络社交媒体引发广泛关注。该节目邀请法国大厨广坦、加拿大人铃兰、澳大利亚建筑师马克、英国姑娘萨拉四人与主持人一起，以他们在中国生活、工作多年的真切感受为经，以录制这堂党课而进行实地访谈为纬，打造出既有时间长度，又有内容厚度，更有情感浓度的经纬交织的一堂时长十六分钟的微党课，在海内外各媒体平台引发广泛关注，成为国际传播中讲好中国共产党百年奋斗故事的精品力作。"一堂党课"赢得了越来越多的外国民众对中国共产党百年奋斗的情感共鸣与价值认同。

一、讲好中国共产党百年奋斗故事的时代意义

落后意味挨打，贫穷意味挨饿，失语就会挨骂。中国人民站起来了解决的

---

① 习近平：《举旗帜 聚民心 育新人 兴文化 展形象 更好完成新形势下宣传思想工作使命任务》，《光明日报》2018年8月23日。

是挨打问题、中国人民富起来了解决的是挨饿问题，新时代必须在党的坚强领导下实现向强起来的伟大飞跃，从而彻底解决失语就会挨骂的问题。

（一）讲好百年奋斗故事是塑造中国共产党国际形象的重要形式

中国共产党是追求真理、执政为民、胸怀天下的大国政党，中国共产党人牢记初心使命和理想信念。随着我国综合国力不断提升，中国共产党治国理政的国际形象持续向好。

中国共产党领导人民历经二十八年浴血奋战，庄严宣告中国人民从此站起来了，一改近代屈辱挨打局面。在中国共产党坚强领导下，我国社会主义建设和改革开放取得举世瞩目成就，中国人民开始富起来，一改贫穷落后挨饿局面。进入新时代，中国特色社会主义更彰显出强大生机活力，正迎来向强起来的伟大飞跃。但西方部分舆论仍然对中国共产党治国理政存在误解，甚至刻意扭曲事实进行负面报道，故意抹黑中国共产党的国际形象。因此，以故事情节、沉浸式体验、价值感召等多路径讲好党的百年奋斗故事，对塑造中国共产党良好的国际形象就极具时代价值。

这堂特别的党课邀请了四位外国朋友，他们在中国生活多年，以其亲身体验与真实感受为国际社会打开了观察中国共产党的又一独特窗口，让全球观众认识到中国共产党的能、中国特色社会主义的好归根结底是源自马克思主义行。无论建党之初还是革命岁月，抑或社会主义建设与改革开放时期，中国共产党人始终把马克思列宁主义作为指导思想，把实现共产主义作为自己的最终目标，坚持人民至上、服务人民是党的事业不断发展壮大的精神密码。中国共产党在致力于中华民族伟大复兴的千秋伟业的同时，还用中国智慧不断推进人类命运共同体的构建。这堂特别党课微视频不仅有利于增进中外交流，更能进一步澄清部分别有用心的国际舆论长期对中国共产党偏颇与误判的解读，在国际社会上塑造一个追求真理、执政为民、胸怀天下的大国政党形象具有重要意义。

（二）讲好百年奋斗故事是增强人类价值认同的重要方式

价值认同是人们对某类价值的内在认可与情感共识，进而形成社会实践中的价值趋向，用以影响个体的信念与行为。中国共产党本着"为人类谋进步、为世界谋大同"理念出发，"成功走出中国式现代化道路，创造了人类文明新形态"，不断"推动构建人类命运共同体，为解决人类重大问题，建设持久和平、普遍安全、共同繁荣、开放包容、清洁美丽的世界贡献了中国智慧、中国方案、中国力量"①。中国共产党百年奋斗故事为全世界提供了区别西方

---

① 《中共中央关于党的百年奋斗重大成就和历史经验的决议》，《人民日报》2021年11月17日。

话语体系的价值理念，是中国特色社会社会主义主流意识形态与核心价值的具象表达，深刻诠释了共产党领导中国人民奋斗圆梦、为构建人类命运共同体的伟大实践。

这堂特别的党课以大众喜闻乐见的短视频方式，按照特定的叙事风格，在四位外国朋友亲身体验的镜头中感受中国共产党的发展历程与伟大成就，主动将"中国历史和人民为何选择了中国共产党、中国共产党为什么行"的奋斗过程向国际社会客观宣介。当这种感同身受的现身说法与真切体验呈现在眼前时，世界人民会更好地加深对中国共产党及其核心价值观的理解与认同。

二、"一堂党课"讲好中国共产党百年奋斗故事的话语逻辑

"讲好中国共产党百年奋斗故事"的话语逻辑既关系到故事何以叙事的表达，更关系到故事何以价值化的实践。这堂微党课从"知、情、意、行"四阶梯呈现百年奋斗故事的话语逻辑，凸显对建党伟业的历史认知，进一步加强了人民至上的情感体验，传播了胸怀天下命运与共的价值意识，从而更加自觉致力于中华民族复兴的伟大实践。

（一）历史认知：中国共产党百年奋斗的出场语境

自1840年始，国家蒙辱、人民蒙难、文明蒙尘。中华民族已到最危险时候，不同社会力量进行国家出路的探索，中国人民进行不屈不挠英勇斗争。"辛亥革命前觉得只要把帝制推翻便可以天下太平，革命以后经过多少挫折，自己所追求的民主还是那样的遥远，于是慢慢地从痛苦经验中，发现了此路不通，终于走上了共产主义的道路，这不仅是一个人的经验，在革命队伍里是不缺少这样的人的。"[1]随着马克思主义传播与工人阶级成长壮大，中国先进分子逐步意识到要自觉转变到共产主义革命道路上去。十月革命给中国送来马克思列宁主义，五四运动让马克思主义在中国得以更广泛传播，以上海为中心的工人阶级开始走上历史舞台。但是，中国"无一个真能表现民众势力的团体"，1921年3月李大钊撰文呼吁要"成立一个强固精密度组织，并注意促进其分子之团体的训练。"[2]中国共产党在此背景下应运而生，开启百年奋斗的伟大奇迹之旅。

这堂微党课是从参观"一大会址"、介绍中国共产党诞生背景及其经过开始的。四位外国朋友之前对中共一大几乎一无所知，但参观之后都感慨万千。法国大厨广坦认为会议是了不起的丰功伟绩，特别感慨"最开始的会议被打断，

[1] 林伯渠：《荏苒三十年》，《解放日报》1941年10月10日。
[2] 《李大钊全集（第3卷）》，人民出版社，2013，第21页。

然后在一条船上继续完成了会议",中共一大代表们"为一个理想而激情澎湃,然后星星之火逐渐燎原"的革命信仰构成伟大建党精神之源。

（二）情感融合：中国共产党百年奋斗故事的亲历体验

中国共产党胸怀天下,始终从世界眼光和人类发展大势出发,围绕和平与发展时代主题做出战略判断,不断推进改革开放,在多层次交流互鉴中逐渐形成你中有我、我中有你的全球化态势,为构建人类命运共同体提供中国方案。

与党课中四位外国朋友一样,越来越多的国际友人来到中国生活、工作。他们对中国改革开放与现代化建设带来的巨大变化体会很深。法国人广坦,在中国已经生活十五年,在上海从事法国餐饮工作;中加混血的铃兰,是一名在上海工作的商业分析师;来自澳大利亚的建筑师马克,十四年来最感激的是中国人民给予他的友善和机会;英国姑娘萨拉来中国生活八年之久,目前在上海从事对外信息服务热线工作。微党课视频中广坦从上海街头一名司机党员那里开始做专题访谈,进一步了解身边普通党员的工作生活情况。铃兰则走进上海一家医院,调研这些医生党员们秉持医者仁心加强疫情防控与治病救人的艰辛付出。萨拉在一位工人党员带领下参观一汽车零部件生产车间,了解中国制造业的发展壮大。马克去到上海一大型社区,与一名从事社区管理的年轻党员相识,并愉快参加社区百岁老人的生日派对,还与社区老人打乒乓球,玩游戏。

从"他者"视角可见,无论是出租车服务还是汽车零部件加工,都折射出中国的工业制造与第三产业的高速发展。社区服务与抗击疫情,无不书写了中国共产党为人民谋幸福的拳拳初心。党的百年奋斗从根本上使人民过上了美好生活,创造了经济的快速发展和社会都长期稳定两大奇迹。这堂党课以他们在中国最真实的生活、学习、工作经历与感受为素材,给世界人民讲述了中国共产党百年奋斗的客观形象。

（三）价值意识：中国共产党百年奋斗故事的人民情怀

当外国友人深入了解平凡岗位上的普通党员们的工作生活状态后,他们心中的一大堆疑惑也得到了解答。一是为什么越来越多的人要加入中国共产党?"成为一名中共党员对你来说有什么好处？"当这刁钻难题问到出租车司机党员的时候,他语出惊人但又真挚坦诚以"荣耀"一词回答,当自己把加入中国共产党的消息告诉他的父亲时,老人"笑得很甜,笑得很开心"。汽车零部件车间的女工人入党是受家庭影响,"我的祖父和外祖父,他们都是中共党员"。党员们简单朴实的回答和踏实工作的干劲让外国朋友明白了入党是一种无比光荣的选择,是党的信仰的传承。党员就意味要在岗位上发挥模范带头作用,建立起广泛而深厚的人民基础，"民心是最大的政治，正义是最强的力量。党的最大政治优势是密切联系群众"①。

（四）勠力践行：中国共产党百年奋斗故事的现实呈现

过去的一百年，中国共产党交出来一份优异的答卷，在勠力同心赶赴第二个百年新目标征程中，"需要一代代中国共产党人接续奋斗，必须抓好后继有人这个根本大计""党成立时只有五十多名党员，今天已成为拥有九千五百多万名党员、领导着十四亿多人口大国、具有重大全球影响力的世界第一大执政党"②的根本原因在中国共产党致力于民族复兴的伟大实践中淬炼出大量信仰坚定的后继者。

在党的领导下，中国人民当家做主，知情权、参与权、表达权、监督权得到充分保障，党员干部与人民群众积极参与基层社会治理。在党的领导下，全体人民摆脱缺吃少穿的困顿生活，过上幸福安康的美好生活。党课微视频中展示了普通党员劳动者与人民群众坚守劳动一线的众多场景，他们在各自岗位上勠力践行民族复兴伟业，绘就壮阔奋进新画卷，让世界人民更直接、更真实地认识到中国共产党历经百年奋斗后的中华民族更加自信、自立、自强。

三、国际传播中讲好中国共产党百年奋斗故事的路径

在新的国际竞争态势下，国家与政党的国际形象直接影响着世界舆论的人心导向。网络视听平台及其节目已是国际传播的重要路径，也是国家文化软实力的组成部分，我们必须以新思路来加强对中国共产党国际形象的有效传播。

秉持人类文明交流互鉴原则，坚持"走出去、请进来"，做好国际传播能力的建设，向世界讲好中国故事、讲好中国共产党故事，不断提升国家文化软实力与中华文化影响力。以这堂特别的党课为例，四位老外通过在中国的生活、工作体会去着力探讨中国共产党为什么"能"的密码，并呼吁那些对中国误解甚至刻意抹黑的部分西方人士多走进中国，了解中国在共产党领导下的民主政治、经济发展、文化建设、社会治理、生态环境等诸多方面所取得的伟大成就。

在网络视听节目中构建中外融通的话语体系，寻求受众在情感、利益、思维方式上的共鸣，向世界展示中国共产党百年峥嵘的精彩故事，彰显中国自信。比如"云南大象迁徙"视频激发了中外观众的情感共鸣，加深了他们对中国自然生态与环境保护理念的理解。"中国故事库"汇聚了很多外国朋友身临中国的见闻，其中不乏以"他者"视角讲述中国共产党百年奋斗的音视频作品，这

① 《中共中央关于党的百年奋斗重大成就和历史经验的决议》，《人民日报》2021年11月17日。

② 《中共中央关于党的百年奋斗重大成就和历史经验的决议》，《人民日报》2021年11月17日。

些故事更容易得到世界受众的共情与认同，从而增强国际传播的影响力、感召力。此外，针对不同文化背景的各国人民，需要"私人定制"传播的内容，用他们的思维方式与喜闻乐见的形式进行本土化的讲述，将中国共产党百年奋斗的精彩故事更好地传播至海外。

（作者系四川农业大学马克思主义学院副教授。本文系四川农业大学2019社科研究专项"五四精神融入大学生日常思想政治教育研究"的阶段性成果，项目编号：2019SZZD01）

展现魅力 传递价值 强化交流

——体育传播塑造国家形象的路径探究

柳 帆 徐士媛

2021年5月，习近平总书记在中共中央政治局第三十次集体学习时强调，要加强和改进国际传播工作，展示真实立体全面的中国。[①]近些年来，讲好中国故事，在国际上树立良好的国家形象是我国重要的发展战略。国家形象是国内外公众对一个国家在世界体系中的总体认知与态度，[②]简单来说，就是认知主体对某个国家的整体认知和评价。伴随着2022年北京冬奥会和冬残奥会的成功举办，中国的国家形象再次得到提升。面对日益强大的中国，国际社会上既有友善和平的力量愿意同中国友好合作，良性竞争，但也存在不和谐的声音不断抹黑歪曲中国的国家形象。中国正处于百年未有之大变局，为实现中华民族伟大复兴，我国不仅要拥有强大的内生动力，冲破一切困难阻碍，还要为国家的发展营造良好的国际舆论环境。在国际社会自塑我国正面积极的国际形象，反击西方社会对我国的妖魔化他塑尤为重要。

体育实力是国家文化软实力的重要组成部分，体现着一个国家的综合国力，同时体育语言具有国际性特征，因此做好对外体育传播工作是我国媒体讲好中国故事，树立正面国家形象的重要实践。在形塑正面国家形象的过程中，可以考虑借助体育传播的力量。每四年一次的奥林匹克运动会可以说是全人类的一次狂欢盛宴，即使是非运动爱好者也可在奥林匹克运动会中感受到乐趣。体育传播所给予公众的情感刺激是共通的，相比政治、经济等内容的传播，体育传播的趣味性更强，更能引发受众的兴趣。体育传播在进行对外传播时存在的传播隔阂更弱。更为重要的是，体育文化同样是我国文化的重要组成部分，我国

---

① 《习近平在中共中央政治局第三十次集体学习时强调 加强和改进国际传播工作 展示真实立体全面的中国》，http://www.xinhuanet.com/2021-06/01/c_1127517461.htm。

② 孟建、于嵩昕：《国家形象：历史、建构与比较》，江苏人民出版社，2019，第3页。

体育运动员的顽强拼搏是对中华民族百折不挠精神的弘扬壮大。从对外传播层面讲，传播体育内容的核心目的是传播我国的体育文化精神，深化国际社会对我国的了解，塑造理想的国家形象。

一、挖掘传统魅力：以传统运动传递中国体育精神

中华民族源远流长，拥有璀璨丰富的中华传统文化，中华传统文化是我国讲好中国故事，树立正面国家形象的宝贵资源。中国作为拥有悠久历史的东方文明古国，其文明极具东方魅力，与传统的西方文明十分不同，外国民众对中华传统文明带有强烈的好奇心，同时伴随着中国综合国力的提高以及国际话语权的增强，越来越多的外国民众开始对中华文化产生兴趣。例如，中国功夫已经成为中国在国际社会上的一张宣传名片。一篇针对世界最大视频网站——YouTube上的中国体育故事的研究发现，"中国传统体育故事数量不多，但是关注度要远高于其他类型的中国体育故事"[1]，这为中华传统文化进行对外传播提供了有利条件。

在中国长期发展的历史过程中形成了多样的传统体育项目，如太极、咏春拳、蹴鞠、舞剑等。这些传统体育项目包含着中华传统的精神价值内涵，都存在待挖掘、待传播的价值。

（一）打破刻板印象：传承与科普传统体育项目

刻板印象，也称刻板成见，指的是人们对特定事物所持的固定化、简单化的概念和印象，[2]是认知主体对认知客体笼统的看法，常常以个体特征涵盖整体，以偏概全。为了避免刻板印象的出现，认知客体需要通过主动宣传等方式改变认知主体对其的看法。长期以来，外国民众对中华传统体育文化的认知带有一定的刻板印象，例如，中国传统武术文化在成为中国对外名片的同时也不免使国外民众产生"中国人都会功夫"的错误印象，为中华传统体育文化蒙上神秘色彩。

中国传统体育运动带有强烈的中国特色和中国风格，中外文化因子不同，外国民众不一定能够理解中国传统运动，遑论感受传统运动中的中华文化的魅力。利用中国传统体育运动进行对外传播，塑造中国形象时不免存在一定的文化障碍。因此，在进行传统体育项目、民族体育项目的对外传播的第一步需要对传统体育运动进行现代化的传承科普，追溯传统体育项目的发展，展示传统体育项目的内容，表现传统体育项目的独特性。就我国的传统体育运动看，太极拳和气功对强身健体、颐神养性具有较高功效；风筝作为民间娱乐游戏，也

---

① 卢兴、郭晴、荆俊昌：《中国体育故事国际传播的显性要素与隐序路径——基于国际视频网站YouTube的叙事认同研究》，《上海体育学院学报》2021年第5期。

② 郭庆光：《传播学教程（第二版）》，中国人民大学出版社，2011，第248页。

是人们茶余饭后休闲的选择；中国象棋则是开发脑力、提升关注度的智力运动。总而言之，应利用简洁通俗的语言帮助国外民众正确认识这些体育项目是什么，完成国外受众对我国传统体育的第一层认知。

（二）结合现代元素：传播我国体育文化价值

我国传统体育项目当中凝聚着中国传统的哲学思想、人文精神及价值理念，体育项目背后更深层次的精神文化内容才是我国以体育传播为路径塑造正面国家形象的核心武器。因此，对我国传统体育项目进行科普式传播只是传播传统体育文化的最浅层，不能仅停留在体育项目的内容展示层面，更需要深入挖掘体育运动背后的精神价值，将精神层面的内容向世界展示。刚柔并济的太极拳可以向世界塑造一个爱好和平、中正平和的中国形象，讲求谋略的棋类运动可以向世界展示一个足智多谋、进退得当的国家形象。传统体育项目中蕴含着中国人的人生观和价值观。

在传递传统体育运动中的精神价值时要注重将传统体育文化同现当代元素相结合。中外文化本就不同，古今文化更是大有差异，中国古代文化虽体现中国人为人处世的原则，但对国外民众来说依旧十分陌生，国外民众难免对此产生距离感。追溯历史可知，在我国古代的体育项目中，很多体育运动与当前的体育项目一脉相承，并能够体现当时的文化特色。"蹴鞠"本是军中练舞之道，也是中国古代的"足球"；"冰嬉"是满族人在冰上起舞，则类似今天的"花样滑冰""捶丸"则以球杖击球入穴，酷似今天的"高尔夫"。当前，上述运动在我国古代电视剧中偶有看到。但为了增进国外民众的理解，提高传播内容的接受度，需要使用现代的媒介表现形式作为我国传统体育文化的承载手段，或是在不破坏传统体育文化精神内核的基础上加入现当代流行元素。近些年我国越来越多的国漫走出国门，优秀的国漫多是以中国传统文化为核心再加以现代化元素，进行传统体育文化的对外传播时可考虑运用动漫这一媒介，以某一传统体育项目为核心制作国风动漫电影。动画片《蹴鞠小子》作为一部足球题材三维动画片，既表现了中国古代"足球"的特色，又有效呈现了临淄地区的齐鲁文化。

二、打造舆论领袖：以明星运动员强化国际形象

打造新型的意见领袖，推动明星运动员走向国际是打造中国名片的又一手段。自从1959年容国团在第25届世界乒乓球锦标赛上获得男子单打冠军也是中国体育运动史上第一个世界冠军以来，中国体育不断蓬勃发展，取得了令世界瞩目的成就。尤其进入21世纪，以刘翔、姚明、丁俊晖、李娜、朱婷、张雨霏等为代表的优秀运动员，不但在世界赛场上取得了优异成绩，也让世界各国更好地认识中国体育的发展。明星运动员在参赛之余也在积极开展体

育外交，强化国际社会对我国参赛运动员的认同感和崇拜感，提升国际社会对我国的好感度。同时，体育明星相较于政界官员、商业人士、媒体记者等更具亲切感，他们从个体出发讲述中国故事，传递中国体育文化能够削弱我国对外传播的"说教"色彩，以润物细无声的方式塑造正面的国家形象。

（一）拉近受众距离：塑造强大又可亲的运动员形象

想要让运动员成为新型的舆论领袖，首先需要向国际公众展示运动员的魅力，增强国际公众对我国运动员的崇拜和认同，由此吸引国际社会的公众成为我国运动员的粉丝，才有可能通过人们的爱屋及乌之情助力国家形象的塑造。

一方面，公众对运动员的慕强心理要求我国媒体在报道运动员，塑造运动员形象时要突出运动员的体育成就，展现运动员高超的运动水平。但由于各个国家的文化背景不同，不同的体育项目在不同国家的受欢迎程度也不相同，因此在对外传播运动员形象时要做好前馈工作，根据不同国家对不同体育项目的青睐程度来选择要传播的明星运动员的形象。例如，在欧美国家，健身文化盛行，欧美民众喜欢具有爆发力的运动项目，崇拜绝对力量。针对于此，我国奥运举重冠军吕小军可作为理想的对外传播形象。吕小军在欧美知名度极高，其在 YouTube 上的训练视频有超过 400 万次的播放量，外网对吕小军的评论也多为正面的赞叹和崇拜。再如，乒乓球运动除了深受我国国人喜爱，还受到日本民众的喜爱。日本媒体曾称赞我国的乒乓球运动员马龙为"六边形战士"，亦可针对日本加大乒乓球运动员的报道宣传力度。

另一方面，塑造立体的人物形象，做接地气的人物报道，展示运动员的多面性能够拉近受众与运动员之间的距离。运动员的人格魅力不仅存在于赛场上，还存在于日常的生活之中。东京奥运会期间，乒乓球运动员许昕多次登上微博热搜，其不仅以卓越的乒乓球水平令公众折服，更是以有趣的性格收获公众的喜爱。因此在打造明星运动员时要多方面地体现运动员的人格魅力，打造既强大又可亲的运动员形象。

（二）社交平台互动：借助运动员视角认知中国形象

以媒体力量传播强大又可亲的运动员形象，使得运动员获得国际公众的喜爱后就需要发挥运动员自身的传播力和影响力，让运动员成为内容的生产者、中国故事的讲述者、中国体育精神的传播者，以自身生产的内容向国际民众传递中国体育文化和展现中国国家形象，让明星运动员成为国际公众认知中国的重要窗口。

对明星运动员来说，社交媒体提供了可供其发布信息的"新闻发布会"平台，可将社交媒体作为明星运动员与国际粉丝交流，进行对外传播的工具。在东京奥运会期间，许多国家的运动员通过 Instagram、Twitter、TikTok 等平台发布有关东京奥运会的幕后内容，收获大批粉丝。我国的部分运动员也通过微博等平台以 Vlog 的形式发布训练内容和赛场内外的场景，开通直播功能积极与粉丝互动。明星运动员可从个体视角出发，展现中国的各项文化，不仅局限于体育文化领域，中国的饮食文化、服饰文化、建筑文化等都可以成为运动员内容生产的主题。北京冬奥会冠军谷爱凌夺冠后接受采访时不忘宣传中国的美食，这些以个体视角进行叙述的中国文化更加通俗易懂，能够减少海外受众对其他民族文化的抵触感，同时再辅以运动员自身的影响力，能够在无形之中增强国外民众对我国文化的理解，从而提升我国的国际好感度。

（三）开展体育外交：在合作中传播中国体育精神

体育外交强调用体育开展交流合作，促使国家间友好关系的建立，是当前国际外交发展的重要力量之一。新发展阶段的体育外交将进一步在促进和维护世界各地区的和平与繁荣稳定方面发挥作用，弘扬奥林匹克综合价值。[①]2021年 7 月，国际奥委会第 138 次全会正式将"更团结"列入奥林匹克格言，"更高、更快、更强、更团结"的奥林匹克新格言凸显了体育外交的作用。

从我国体育外交的历史看，1971 年中国邀请美国乒乓球队访华的"乒乓外交"打开了两国友好交流的大门。近年来，我国多次举办羽毛球、网球、斯诺克等职业赛事，邀请各国知名运动员前来参赛，打造体育主场外交。而从舆论领袖的塑造看，我们的体育外交要坚持"走出去"和"引进来"相结合。在"走出去"层面，以朱婷、武磊为代表的中国运动员被引入国外知名俱乐部，并在个人社交媒体上与外国运动员和粉丝交流切磋，传播中国体育文化。在"引进来"层面，我国引入了国际知名教练指导体育项目发展，引入了马布里、艾克森等顶级运动员加入中国体育大家庭，几位运动员在赛场上发光发热，积极融入我国的体育赛事，吸引了大量粉丝的关注，向世界传递了中国声音。

三、谋求价值共通：以体育精神联结中外共识

做好国际传播，要推进中国故事和中国声音的全球化表达、区域化表达、分众化表达，增强国际传播的亲和力和实效性。[②]因此，在进行对外传播中，中国媒体不能以单一的"宣传"为诉求，而是要以谋求共通，塑造共识为目标。

---

① 张建会：《新发展阶段我国体育外交发展的战略思路与实现路径》，《上海体育学院学报》2022年第1期。

② 《习近平在中共中央政治局第三十次集体学习时强调 加强和改进国际传播工作 展示真实立体全面的中国》，http://www.xinhuanet.com/2021-06/01/c_1127517461.htm。

要摆脱绝对化"以我为主"的传播姿态，贴近不同受众的文化背景与接受习惯，寻找双方文化意义的共通空间。

（一）弱化意识形态：发挥体育传播的重要优势

寻找价值共通点进行对外传播一方面是基于公众的认知心理，减少因文化不同而导致受众认知不平衡，避免出现受众解码错误的情况。另一方面也是为了要减少报道的意识形态色彩，弱化报道的宣传性和说教性，避免传播效果大打折扣。

体育传播在弱化意识形态色彩方面有自身的独特优势。传播活动必然带有意识形态色彩，是一定阶级在一定立场上进行的，在精神文化层面的交流活动。体育传播并非不带有意识形态色彩，但是体育传播的意识形态色彩较弱，其能够将意识形态内容隐藏在表层传播内容之下。作为一种特殊的社会文化，体育是世界各地都能看懂的"肢体语言"[①]，体育语言天然地具有国际性和跨文化性，一项运动发源于某个国家或者地区，却可以风靡全球，一场体育赛事可以吸引来自全球不同国家民众共同观看。体育运动本身打破了世界、空间、种族等种种差异，人们在体育传播当中可以共享情感，共通意义。在 2021 年美国休斯敦世界乒乓球锦标赛上，中国乒乓球队派出世界冠军林高远和王曼昱分别与美国运动员张安、卡纳克进行混合双打的跨国配对，其中林高远/张安获得第三名，也是美国乒乓球队自 1959 年以来第一次登上世乒赛领奖台，这一"双赢"举措得到了国际乒联和运动员们的认可，塑造了中国乒乓球的开放、友好、包容正面形象。

（二）寻找价值共通点：发挥体育精神的价值

以体育传播谋求传受双方意义价值的共通应当借助体育精神的力量。体育语言和体育精神具有国际性，要借助体育精神的正面价值形塑理想的国家形象。

体育精神是在追求"更高、更快、更强、更团结"，我们也要以体育传播塑造一个"更高、更快、更强、更团结"的中国形象，有力反击西方国家对中国"东亚病夫"形象的偏见和侮辱。第一，要坚持"体育强国"的建设事业，只有我国真正地由"体育大国"向"体育强国"转变，我国媒体才会有更多的内容生产，能够向世界展示强大的国家形象。党的十八大以来，以习近平总书记为核心的党中央高度重视我国体育事业的发展，推动体育事业改革。值得肯定的是，近些年，我国体育运动员的比赛成绩屡屡创造历史，可以窥见我国正稳步向体育强国迈进，因此媒体要着力塑造中国的体育强国形象。

---

① 钟秉枢、张建会、刘兰：《新时代中国体育外交面临的问题与对策》，《北京体育大学学报》2018年第4期。

第二，在展示"更高、更快、更强、更团结"的中国体育强国形象时，不仅要突出展示我国运动健儿的风采，同时要将报道对象下沉到人民群众之中，在"全民健身"的风潮下展现我国普通民众的运动风采。当前，全民健身已经上升为国家战略，"发展体育运动 增强人民体质"仍是我国体育事业的根本任务。自2017年第十三届全国运动会以来，我国已经取消金牌榜和奖牌榜，增设群众体育赛事，媒体的报道也更多关注赛场上运动员的拼搏精神和普通大众积极参加全运会的态度。

第三，体育精神也包含着公平公正、拼搏向上、团结互助等其他美好的精神品质。这些美好的精神品质是全人类共同的精神价值追求，在中国谋求建设"一带一路"，构建人类命运共同体的时代背景下，更应该体现中国一贯具有这些美好的精神品质，将这些体育精神融入体育报道当中，从而传递给国际公众。在近几届奥运会报道中，我们的报道既关注开幕式上各国文化的百花齐放，也关注各国运动员顽强拼搏的奋斗精神，让"更团结"的奥林匹克精神得到了弘扬。

四、实现立体传播：线上线下结合强化传播力量

（一）构建线上传播矩阵：全媒体融合报道创造精品内容

在互联网技术、新媒体技术迅猛发展的当下，媒体的行业生态格局遭受巨变，单纯的"内容为王"或是单纯的"渠道为王"都存在片面性，不符合现代的传播规律。理想的传播状态是要将打造精品内容与拓宽传播渠道相结合，增强传播声势。同时，互联网的发展确实带来了线上传播的便利，但线下的交流与合作同样不可偏废，线上与线下相辅相成，共同构建我国进行对外体育传播的渠道。

要利用好新媒体平台的技术优势，通过新媒体技术连接全球受众，向世界发出中国声音。无论是我国的主流媒体、专业媒体人士，还是知名运动员、民间体育爱好者都可以利用新媒体技术向国际进行体育传播。如利用5G将打破现实和虚拟之间的边界，[①] 利用VR、AR等技术加强对我国传统体育项目的沉浸式体验。而国外的网络视频平台与社交媒体平台，如YouTube、Instagram、Twitter、Facebook等都可以成为我们"借船出海"进行体育传播的平台工具。除了"借船出海"外，我们同样需要考虑"造船出海"，打造我国自己的对外传播平台。我国短视频应用"抖音"的成功出海为我国的"造船出海"提供借鉴范本，我国可先利用"抖音"海外版——TikTok作为对外体育传播的重要阵地。

---

① 喻国明等：《5G时代"视频+"的重要应用场景研究》，《中国编辑》2020年第11期。

（二）出版多元文化产品：扩大中国体育影响力

移动互联网当下已经深度嵌入民众生活，各类媒体平台入驻多元传播主体，给官方出版和个人出版提供了可能。在文化产品的输出上，要利用不同平台增加文化产品的丰富性。2022年北京冬奥会会徽、吉祥物、火炬无不体现着中国体育与传统文化的交融，也会成为奥运会历史上独特的文化遗产。冬奥会文创产品也陆续登陆国内外市场，成为体育文创的代表。随着腾讯天美工作室推出的英雄竞技手游《王者荣耀》在北美的正式登陆，电子竞技也成为对外传播的重点，在游戏中新增传统体育文化的元素也不失为一种可供考虑的传播手段。但需要承认，相比于日本体育动漫、美国知名体育赛事的风靡，我国仍需在打造体育文化产品上不断努力。

同时，在打造和出版多元文化产品的同时要创新内容的表达方式。文字、图片、短视频、影视剧、纪录片、手游、文创产品等各种媒介表达形式都需要加以利用，丰富内容的生产。同时在文化产品的叙事结构上也要避免过于宏观的叙事逻辑。在讲述中国的体育故事，展现中国的体育精神时可从细微之处入手，呈现个体故事，讲求以情动人。

（三）加强线下合作交流：提升国际话语权

前文中提到，体育外交在我国对外形象塑造、提升国际话语权方面发挥独特价值，体育外交的价值和理念也有待深化和挖掘。2018年11月，习近平总书记出访巴布新几内亚，随行出访的乒乓球奥运会冠军张怡宁亲自指导巴布亚新几内亚运动员训练，成为联结两国友谊的纽带和桥梁。

加强线下合作交流要在国家层面形成战略规划，特别是在"一带一路"建设背景下，可率先开展与"一带一路"沿线国家的体育外交，加强同这些国家的赛事交流，共同打造精品国际体育赛事。同时要促进同世界体育大国与体育强国的交流与协作，互通有无，共同进步，建立多边对话协作机制。2020年和2021年，陕西开展了如"西安马拉松赛"等十几项"一带一路"精品赛事，在与沿线国家的交流合作中为第十四届全国运动会的举办打下了基础。

五、结 语

中国北京是世界上首座同时举办夏季奥运会和冬季奥运会的"双奥城市"，足以证明我国的体育实力在不断增强，距离"体育强国"目标的建成越来越近。体育实力作为国家软实力的重要组成部分，在塑造国家形象方面，有着可深度挖掘利用的价值，我国理应重视我国丰富的体育资源，以体育传播为路径呈现我国的综合大国形象。通过传播传统体育文化，发挥明星运动员的传播力和影响力，塑造具有体育精神国家形象以谋求意义共通和价值认同，线上线下共同传播重塑渠道优势等创新途径推动我国体育文化的国际传播，形塑正面国家形象。

（作者分别为：中国传媒大学新闻学院讲师；中国传媒大学新闻学院硕士研究生。本文系北京市优秀人才培养资助项目"面向北京2022年北京冬奥会的体育传播创新研究"的阶段性成果，项目编号：2018000020124G149）

从北京冬奥会探析中国国家形象的传播策略

陈丽芳　　何永记

新冠疫情暴发后，一些西方媒体对中国进行污名化报道，把新型冠状病毒称为"中国病毒""武汉病毒"，抹黑中国的国际形象，临近北京冬奥会举办之际又抛出"人权"问题和人造雪等议题，试图在冬奥会前夕将我国置于国际舆论场的不利位置。北京冬奥会不仅是运动员展现自我水平，检验自我的平台，也是世界人民了解中国的窗口。通过冬奥会平台，中国力求打破西方媒体笔下民众对中国的刻板印象，向世界输出中国文化的软实力，展示中国和平发展的现代化成果，展示大国形象，提升国际话语权。冬奥会从申办到正式举办，四年期间中国做了充足的准备，克服了场馆建设的艰难环境，积极筹备，展现了中国对此次冬奥会的重视，全方位构建和传播可信、可敬、可爱的中国国家形象，表达了中国人民向往和平、热情、团结，以实际行动推动构建人类命运共同体。

一、北京冬奥会与中国国家形象传播

国家形象是受众对一个国家形成的总体印象与判断，也是一个国家综合国力的体现，良好的国家形象可以营造对本国有利的内外部环境。[①] 在国家形象的构成要素中，文化处于重要位置，代表着一个国家的深厚文明底蕴。[②] 世界性活动的举办是展示国家体育实力、文化底蕴、文明程度、国民素质、开放程度的良好机会。2022 年 2 月，各国运动员和媒体会聚在北京，共赴冬奥盛会。从开幕式、各场赛事、冬奥会吉祥物、运动员精神风貌等诸多方面都展现出了一个民族踔厉奋发、笃行不息的昂扬气概，让世界人民看到了一个温和谦逊的中国形象。

[①] 胡建秋，雷晓艳：《日本国家形象战略传播对2022年北京冬奥会的经验与启示》，《山东体育学院学报》2020年第3期。

[②] 孙愉：《俄罗斯国家形象传播研究——以索契冬奥会为例》，哈尔滨师范大学硕士学位论文，2016。

（一）冬奥会开幕式

在奥运会举办过程中，开幕式是各媒介乃至世界人民关注的焦点，北京作为首个"双奥之城"，开幕式更是引人关注，当举世目光再次聚焦"鸟巢"时，两届奥运会开幕式带给人们截然不同的体验：从盛大变得简约，从热闹欢腾变得科技感满满，从明星满堂到普通人成为主角，此次冬奥会开幕式从细节中展现变化——中国正在用温和谦逊的口吻讲述奥林匹克的使命。

整场开幕式以一片雪花为线索贯穿全场。开幕式先导片中，一片雪花从新疆阿勒泰（人类滑雪起源地）破冰而出，汇聚全世界不同的雪花在北京，成为一朵人类共同的雪花，小雪花汇聚成大雪花的过程，也是90余个参赛国家和地区融入世界共同体的过程。开幕式的热场环节，从5岁的小朋友、各年龄段学生到70多岁的老年模特队齐跳广场舞，表达了普通人对冬奥会和来自世界各地朋友的热情，让世界感受到祥和的中国年味和激情邀约。由来自河北省阜平县的孩子们合唱的奥林匹克颂，让泥土的芬芳登上大雅之堂，表现中国脱贫致富后国家的一个变化，也用质朴的声音诠释了"更高、更快、更强、更团结"的奥运理念。

开幕迎客松，表现对远道而来客人的欢迎；在倒计时环节使用二十四节气，不仅展示了中华文化的底蕴，寓意在立春之日，各国朋友共同迎接一个新的春天，而且契合了北京冬奥会是历史上第二十四届冬奥会；体育馆内水墨滴落，瞬间幻化成一幅气势磅礴的中国画，画中"黄河之水天上来"滚滚波涛中，孕育着对冰雪的期盼，对未来的希望；拔地而起的冰立方回顾了历届冬季奥林匹克运动会，随后冰雪消融，冰雕奥运五环"破冰"而出，破冰寓意打破隔阂、大家融为一体。奥林匹克标志破冰，浓缩出中国精神、中国情怀和文化底蕴。

（二）运动员形象

在影响国家形象的诸多要素中，体育形象的塑造对树立正面的国家形象具有重要意义，而运动员是展现一个国家体育实力的主力军。运动员在比赛中取得的成绩，对国家体育实力的反映是最为直观的。在北京冬奥会的赛场上，中国奥运健儿们努力拼搏，顽强奋斗，发挥主场优势，获得了自1980年中国体育代表团参加冬奥会以来获得的最好成绩——9金、4银、2铜，不管是金牌数量还是奖牌总数都是中国冬奥会历史的里程碑，运动员以优异的表现重新定义了中国的体育实力。

北京冬奥会期间，中国代表队的运动健儿们敢打敢拼，很多项目的成绩都实现了历史性突破。由武大靖、任子威、范可新、曲春雨、张雨婷组成的中国短道速滑混合团体接力队，斩获混合团体接力在冬奥会历史上的首枚金牌。在北京冬奥会女子空中技巧决赛中，徐梦桃夺得冠军，这也是中国女子选手首次获得该项目奥运冠军。闫文港摘铜为中国代表团获得国家奥运史上钢架雪车首枚奖牌。中国雪橇队实现在冬奥会上首次亮相，范铎耀虽没有进入决赛，但他站到了冬奥会赛场，本身就已使得中国冰雪运动在世界冰雪运动中留下了浓墨重彩的一笔。在比赛过程中，运动员们尽自己最大的努力奋勇拼搏为国家争取荣誉，以自己独特的方式向世界传播着中国形象。[①]

（三）冬奥会吉祥物——冰墩墩

奥运会吉祥物是历史语境、当下语境、外在语境和内在语境共同作用下的结果。从历史语境来看，熊猫作为外国人认知程度最高的中国符号，可以作为国际沟通的符码，跨越了国界和语言障碍的冰墩墩，向世界展示着可爱可亲、生机勃勃的中国形象；在当下语境中，冰墩墩设计的重点部分是体现科技感。冰墩墩头部装饰的发光彩色"冰丝带"，来源于北京冬奥会的国家速滑馆建筑体冰丝带，整体明亮流动的彩色线条象征着冰雪赛道和5G高科技，将具有高识别度的全球公共符号五环融入其中，成就了冰墩墩的独特性；[②]从外在语境来看，冰墩墩作为视觉象征符号，其设计必然也要符合国际受众的大众化审美。冰墩墩以其自身具有可爱、亲和力和拟人的特征，契合了"萌经济"潮流，风靡全球成为顶流，毛绒玩具、造型手办、钥匙扣、盲盒、徽章等一系列周边纪念品应有尽有，冰墩墩作为一张文化IP名片，也带动了冰雪文化产业的发展；从内在语境来看，冰墩墩的设计也有许多隐喻，比如冰墩墩手中的爱心，象征着友好与和平。官方发布的"动起来"吉祥物形象专属表情包，从"打招呼""一起舞""溜了"等常用表情之中，可以感受到冰墩墩敦厚、活泼的形象特点，也展现出了一个和善、开放、可爱的中国形象。[③]

二、北京冬奥会期间中国国家形象的传播路径

（一）中华传统文化的多元阐释

北京冬奥会开闭幕式融入了许多中国传统元素。开幕式迎客松，开幕式使用二十四节气作为倒计时，二十四节气凝聚着中国人观察自然的古老智慧，被誉为中国的第五大发明，是中华优秀传统文化的重要组成部分，立春不仅象征着万物复苏，也寓意着中国将像春天的小草一样茁壮成长，快速发展。闭幕式折柳寄情，配以送别伴奏，此夜曲中闻折柳，何人不起故园情。当人们手捧绿

① 孙愉：《俄罗斯国家形象传播研究——以索契冬奥会为例》，哈尔滨师范大学硕士学位论文，2016。

② 筱文：《一样的冰雪，不一样的冬奥》，《百科知识》2022年第2期。

③ 万千个、林存真：《多重语境下的符号构建——冬奥会吉祥物冰墩墩设计实践研究》，《艺术设计研究》2021年第6期。

柳缓缓走向场地中央，观者的惜别怀远之情涌上心头。在中国古代，送别亲人与友人时，送行者总要折一枝柳条赠给远行者，柳同"留"，有惜别和盼归之意。

运动员服装在细节处体现着中华传统文化。中国冰舞组合王诗玥和柳鑫宇的服装及作品创意都取材于中国山水画，绘上中国古典纹样，取青山绿水的意向，一袭青绿、一身水蓝，翩翩起舞宛如徜徉山水之间。此外谷爱凌的"龙纹战袍"、武大靖的"孙大圣头盔"、中国冰球队守门员的"龙腾虎跃明墙盾"等，将中国文化通过冰雪运动带向了全世界。

赛道设计和场馆规划建设方面也融入了一些中国元素，如"冰丝带""雪飞天""雪游龙""雪如意""雪飞燕"等场馆昵称和造型，从敦煌壁画、如意、玉佩、飘带等中国传统文化形象元素中萃取而来，寓意悠远。颁奖物品也体现出了美美与共的中国美学，北京冬奥会奖牌名为"同心"，设计灵感来源于中国古代同心圆玉璧，寓意着"天地和·人心同"的中华文化内涵。冬奥会的颁奖花束绒线花，由非遗海派绒线编结技艺钩编而成，体现了"绿色奥运"的理念，也为冰雪赛场增添了融融暖意。

（二）数字技术的协同互动

在北京冬奥会举办过程中，大到场馆建设、赛事直播和疫情防控，小到衣食住行和后勤保障都出现了科技的身影，可以说北京冬奥会是一场被科技创新成果"武装"的盛会。一是全程 4K 直播。本届冬奥会是数字媒体平台观看人数最多的一届，转播内容总生产量达 6000 小时。中央广播电视总台对赛事进行了全程 4K 直播，转播首次全方位采用 5G 信息技术和 8K 数字转播技术，另外还使用了像"高自由视角观赛特效"一样的 360 度 VR 技术，真正实现了竞赛现场与线上转播两端"零距离"的云观赛，以此着力推动冬奥会转播技术的创新。二是场馆建设黑科技的运用。冰雪场馆建设充满着科技元素，许多场馆用的都是可再生能源。国家速滑馆"冰丝带"采用馆内全冰面设计，是全球首个采用二氧化碳直冷制冰的冬奥速滑冰场馆，这种制冷技术制冷系统碳排放量接近于零，可将冰面温差控制在 0.5 摄氏度内，温差越小冰面越平整，硬度越均匀，越有利于滑行，有利于运动员创造出好成绩。[①] 三是高科技的交通设施。为了让运动员和媒体方便、安全、顺利地在三个赛区之间往返，我国为冬奥会定制了无人驾驶技术高铁列车，为了在隧道中保持良好通信信号，列车中含有 5G 技术。还有超过 100 辆无人驾驶汽车投入使用，中国北斗系统＋5G 可以实现室外无人驾驶精准定位，为避免各种突发状况还推出了场外协助 5G 云代驾技术使安全员协助，协助车辆。此外，数百台机器人和可穿戴式体温计也为此次疫情防控作出了重大贡献；冬奥村食堂的智能设备有序运转，

[①] 晓新、刘海：《揭秘北京冬奥会上的"黑科技"》，《中国设备工程》2022年第3期。

一体化完成各式餐品；运动员便捷携带的智能翻译等设备在冬奥会中发挥着重要作用。北京冬奥会中的"黑科技"在向全世界展现中国风采和中国力量的同时，也展望了"一起向未来"，用强大的科技实力成就美好未来。

（三）奥运精神的时代传承

2021年3月，在国际奥委会第137次全会上，国际奥委会主席巴赫提议奥林匹克格言增加一个词"together"（更团结），他表示："我们更加需要团结一致，这不仅是为了应对新冠肺炎疫情，更是为了应对我们面临的巨大挑战……为了实现更快、更高、更强，我们需要在一起共同应对，我们需要更团结。"①"更快、更高、更强——更团结"的新奥林匹克格言，深刻阐释了奥林匹克精神的时代特征，表达了全世界人民在后疫情时代需要携手应对巨大挑战的决心和信心。

北京冬奥会中国运动员共获得了15块奖牌，打破了中国冬奥会奖牌获得数量的历史纪录，我国运动员在比赛中以优异的成绩展现了中国体育实力的进步。树立良好体育形象，提高本国运动员水平和在重大国际比赛中的表现，是塑造、传播国家良好的实力之一。在赛场上，运动员们奋勇拼搏、超越自我、跨越国界、彼此鼓励，谷爱凌在大跳台赛场完成个人突破，成功挑战1620空中转体；徐梦桃在自由式滑雪女子空中技巧决赛中夺冠，两次重伤，四次手术，最终迎得终极大满贯；在短道速滑男子1000米决赛中，体力不支的武大靖帮任子威卡住位置，任子威获得金牌后与武大靖拥抱时热泪盈眶；在自由式滑雪女子大跳台决赛中，谷爱凌获得冠军，银牌获得者泰丝·勒德在赛后抱憾痛哭，谷爱凌和铜牌得主格雷莫德一同上前，友好地拥抱并安慰泰丝·勒德。北京冬奥会不仅是传递激情和梦想、展示勇气和力量的赛场，更是抒写奋斗和团结的舞台。

（四）大国形象的立体展现

在新冠肺炎疫情肆虐的情况下，中国仍履行承诺承办高水平的冬奥会，树立了可信的大国形象。中国以实际行动向世界表明，中国是一个有信必诺，有诺必践，有践必行的大国。面对重重挑战，中国依托已有的战疫成果，以高标准、高要求来筹备冬奥会，确保赛事正常进行，体现了中国的责任与担当。对冬奥会进行闭环管理，严格做好疫情防控，国际奥委会主席巴赫在闭幕式上四次感谢中国，认为中国的闭环管理非常成功。美国单板滑雪名将肖恩·怀特在接受中国媒体采访时称感谢中国，在如此艰难的时刻还能成功举办冬奥会。

随着全球化的深入发展，公共外交的最终目的是赢得人心。美国《纽约时报》认为"中国不再像以前那样，需要证明自身的崛起"。中国努力建立与

① 管筱璞、柴雅欣：《更快、更高、更强——更团结》，《中国纪检监察报》2021年7月21日。

受众关系，展现了可爱的大国形象。北京冬奥会吉祥物冰墩墩作为视觉符号，以憨态可掬的形象承载着联结国外公众、国内民众与中国关系的重要责任，日本《产经新闻》报道称，"冰墩墩"成为"可爱中国"的缩影。另外还有开闭幕式体现出的中国式浪漫，迎客松迎接远道而来的朋友，折柳寄情送别友人；志愿者们热情招手，贴心服务，欢迎外国友人，都展现了中国可爱的一面。美国单板滑雪运动员特莎·莫德称回忆起开幕式上中国志愿者热情欢呼"欢迎来到中国"时，忍不住热泪盈眶。

三、北京冬奥会塑造中国国家形象的传播策略

（一）符号传播策略——宣传片与会徽设计

2018年平昌冬奥会落幕，北京市长陈吉宁从国际奥委会主席巴赫手中接过奥林匹克会旗，随后进行了主题为"一起向未来"的8分钟表演。两只木偶熊猫（灵感来源于川北的木偶戏）带领22名轮滑少年和24面冰屏机器人率先出场，冰雪运动的线条图案在舞台上徐徐展现，立体演绎了冰球、冰壶等冬季体育项目。伴随着《歌唱祖国》的响起，表演队员先后绘制出中国结、龙凤等图案，屏幕上出现长城、新四大发明——高铁、支付宝、共享单车和网购，反映出中国社会发生的巨大变化，向世界展示了中国的未来。此外还有天眼，太空站，悟空暗物质探测卫星，实时演算系统，智能机器人调度等，展现出一个年轻的现代化中国。表演尾声，大屏幕上依次闪过历届冬奥会的精彩瞬间，最后汇聚成巨大的奥运五环。短短8分钟时间，集中展示了中国的文化自信、科技含量、五千年的文化以及如今中国的新面貌，表达了中国人民欢迎全世界朋友相聚北京的美好愿望。

北京冬奥会会徽名为冬梦，运用了中国书法行书的艺术形态，冬字抽象地表达出了冰上和雪上运动员的形态，上半部分展现滑冰运动员的造型，下半部分表现滑雪运动员的英姿，中间舞动的线条流畅且充满韵律，代表举办地起伏的山峦、赛场、冰雪滑道和节日飘舞的丝带，为会徽增添了节日欢庆的视觉感受，将厚重的东方文化底蕴与国际化的现代风格融为一体，呈现出新时代的中国形象。[1] 会徽冬梦传递出了新时代中国为办好北京冬奥会，圆冬奥之梦，推动世界冰雪运动发展作出新贡献的不懈努力和美好追求。

（二）巧实力传播策略

中国站上国际舞台"走出去"展现国家形象，不仅是经济实力的较量和展示，也是文化即"软实力"的较量和显示，软硬实力相互作用，形成巧实力，构建了科技强国和团结温和的低调中国形象。一是科技创新实力。此次冬奥会在闭开幕式、场馆建设、冬奥会餐厅以及交通出行等方面都展现了中国科技实

---

① 林存真：《冬奥形象景观系统中的"道法自然"》，《艺术与设计》2022年第2期。

力和经济实力，4K+5G全程高清直播赛事，二氧化碳制冰、张家口风力发电厂、运动赛场冬奥铁路的运行和中国运动医学等科技元素以及赛场基础设施赢得了国内外的广泛称赞，高科技场馆建设使得参赛运动员屡破纪录，展现了中国的创新力量。二是精准防疫实力。北京冬奥会的疫情防控措施非常精准科学，冬奥会防疫手册明确了六项防疫总体原则，各国运动员和记者抵达奥运村后实行全封闭式的管理，截至冬奥会闭幕，闭环内也未发生聚集性疫情，闭环内人员的生命安全得到了保障。国际奥委会主席巴赫表示，闭环内是世界最安全的地方之一。三是优秀文化实力。在整个冬奥会期间，中国优秀传统文化在潜移默化地影响着受众。开幕式中的"一鸽都不能少"体现出了中国希望世界各族人民团结一心的美好愿景。获奖运动员的专属定制冰墩墩围上了一圈素有"岁寒三友"之称的松竹梅，寓意着坚韧、顽强和旺盛的生命力，表达对获奖运动员的称颂、敬意和美好祝福。

（三）全媒体传播策略

习近平提出，中国的传统媒体与新兴媒体要"深度融合"，国家形象的提升要适应"互联网思维"。新媒体分割了传统媒介的国际话语权，使信息的生产格局更加扁平化，中国国家形象的国际传播呈全民参与状态，具有官方性质的主流媒体和具有民间性质的自媒体协同构建中国形象。

在北京冬奥会开幕式举办之前，多家主流媒体就已经开始在网络平台设置相关话题，如 # 北京冬奥会金牌赛事指南 #、# 和北京冬奥一起向未来 # 等来吸引受众的热切关注，提高对冬奥会讨论的热度。冬奥会期间，中央广播电视总台发挥全媒体平台的优势，大小屏融合联动，央视频、央视新闻、央视体育等新媒体平台和央视总台14个电视频道及17套广播频率，全景、立体展开冬奥转播报道；升级体育客户端，与受众进行互动，提高了受众的观赛体验；推出了一大批创意新、网感强的融媒体产品，如《冬奥一点通》《北京日记》《C位看奥运》等，吸引年轻受众关注北京冬奥会。官方主流媒体在叙事话语表达上牢牢掌握主动权、主导权，加大舆论引导力度，准确把握舆论导向，通过典型人物报道塑造正能量形象，弘扬爱国精神与文化认同感，传播奥运精神。

海外主流媒体也广泛报道北京冬奥会，展现一场精彩、非凡、卓越的冬奥盛会，塑造了一个实力敦厚，温和厚重的中国形象。如巴西环球传媒集团在各大名牌栏目中频繁使用冬奥新闻报道和专题节目素材，制作播出多条介绍北京城市风光、冬奥筹备以及防御举措的报道；德国电视二台（ZDF）对北京冬奥会开幕式进行全程直播，评论员在转播过程中多次感叹现场魅力无穷；加拿大广播公司CBC对开幕式进行了详细报道，对二十四节气、雪花造型等中国元素进行了详细介绍，传播中华传统文化；伊朗《体育报》通过社交媒体报道开幕式盛况，称赞北京冬奥会是最辉煌的一届盛会。

专业性的自媒体、运动员个人账号以及普通网民都以自己的方式展现着多彩中国。各国运动员抵达奥运村后，被零重力智能床、美食、服务机器人以及热情的志愿者等所吸引，纷纷在社交媒体上发布相关内容，形成了一个又一个热搜。在抖音上，体育博主、动漫博主、美食博主等将冰墩墩进行二次加工，赋予情绪化、个性化表达，萌系形象的冰墩墩体现了可爱中国的一面。很多国外运动员将冬奥村生活片段发布在社交平台，如荷兰速滑选手尤塔·莱尔丹在社交平台发布的《冬奥村之旅》Vlog，获得了 20 多万的点赞量；美国运动员阿伦·布隆克在社交平台上为中国发声："之前看到一些不负责任的报道都是假的，从每一声问候、每一次协助中，人们看到了最真实、最友善的中国。"

四、结语

北京冬奥会的成功举办向世界人们展现了一个鲜活的中国国家形象，打破了西方媒体打造的对中国的刻板印象，从冰雪设施、赛事管理、综合服务到运动水平方方面面都展示出了自信、强大的中国。从政府的负责、运动员的努力拼搏到志愿者的真诚友善、普通民众热情亲切，每个传播主体都从不同方面展现出了可敬、可信、可爱的中国形象；主流媒体与自媒体协同发力，打造多媒体传播矩阵，构建大国形象；在经济上、科技上、文化上，软硬实力相结合，构成巧实力，彰显出了厚重强劲与温和谦逊的大国风范。通过冬奥会的举办，中国用绿色低碳诠释了大国责任，用科技创新彰显了大国实力，用中华文化传递出了大国自信。

（作者单位：华北科技学院）

融合传统与现代 构建国际社会文化认同

——以杭州亚运会开幕式为例

方 圆 关 玲

在文化人类学看来，仪式是一种社会观念得到体现的媒介。[①] 在仪式表演过程中，人们可以心照不宣地获得其背后传递的信息。远古的先民们就曾借助集体性的典礼、庆祝、舞蹈等仪式活动，从而获得对自我身份的确认和群体认同。[②] 如今，借助先进的传播技术，通过广播、电视等形式，人们可以身临其境参与直播仪式，由此诞生了媒介仪式。媒介仪式将大众媒介进行的传播活动视为仪式，整场仪式不仅是为了传递信息，更是试图形成以媒介活动为中心的文化共同体，使大众融入其中。

2023 年 9 月 23 日晚，第十九届亚运会在杭州开幕，开幕式表演《潮起亚细亚》将传统文化风韵与现代摩登潮流、数字尖端科技与生态文明理念相融合，书写了天堂杭州在国际文化传播中浓墨重彩的一笔，在媒介仪式中试图建构中国人民与亚洲他国人民，乃至同世界大众的文化认同。

一、体现文化差异性——建构凸显中国符号

文化认同，是指人们之间或个人同群体之间的共同文化的确认。[③] 如果文化之间没有差别，那么认同也就失去了意义。文化需要把"我们"和"他们"进行区分。民众对中华文化的印象更多的是一种想象的图景，而非完全意义上的认知，大多只能在集体记忆、史料和文献中艰难猜测并还原，而电视直播为"重现"中华文化想象共同体提供了技术手段。借力于此，杭州亚运会开幕式做到了突显文化差异性，展现独特中华文化，并将原本抽象复杂的民族文化具象化，转化为清晰易懂极具中国特色的视觉符号，赋予杭州亚运会浓厚的人文底色。

---

① 贺庆玲：《解析媒介仪式中的象征符号传播》，辽宁大学硕士学位论文，2011。

② 邵培仁、范红霞：《传播仪式与中国文化认同的重塑》，《当代传播》2010 年第 3 期。

③ 崔新建：《文化认同及其根源》，《北京师范大学学报（社会科学版）》2004 年第 4 期。

（一）以"传统文化"为原型

大脑携带着人类从远古社会以来的全部历史，即一种集体性的"种族记忆"和情感经验，它被积淀、浓缩在大脑结构之中，就形成了各种"原型"[①]。李泽厚在《美学四讲》中提出，在优秀的艺术作品面前，人们不需要靠个人的经验，就会本能地通过联想这个手段将人们头脑中隐藏着的、强有力的原型唤醒。

开幕式所采用的中国符号以中华优秀传统文化为原型，是原型的具象化。开幕仪式所展示的表演有舞剑、插花、围棋对弈、绘制国画、品茶等；所采用的中国乐器有箫、古筝、琵琶等；所运用的道具有汉服、灯笼、油纸伞，还有名画《千里江山图》《富春山居图》，古建筑长城、断桥等。代表性成就落实了人们对中华民族的想象，迅速唤醒集体意识，达成受众对中国文化的认同。当张九龄的名句"相知无远近，万里尚为邻"响彻体育馆，开放包容、人民亲如友邻的理念也跃然而出。

（二）以"地方文化"为特色

在以传统文化为原型的前提下，开幕式突出了杭州的地域特色。杭州曾挖掘出新石器时代的良渚文明，也谱写过"积晴汗粟塞万米，商旅来往恐不违"的大宋篇章。开幕式以良渚文化和宋韵文化为主要切入点，展现杭州悠久的文化历史、繁荣的商业经济、迷人的水乡风情。迎宾表演《水润秋辉》以良渚文化为参考，采用以玉琮为灵感的水鼓和以玉鸟为原型的飞鸟，象征着对杭州的文化溯源。第一篇章《国风雅韵》融入琴、棋、书、画、诗、酒、茶等文化符号，彰显"风雅处处是平常"的江南生活美学。

开幕式还紧紧围绕浙江的三大世界文化遗产——西湖、良渚、大运河展开表演。吉祥物"江南忆"组合破水而出，其中琮琮因玉琮而得名，头部印刻着饕餮纹，代表良渚古城遗址；莲莲因莲花而得名，以三潭印月为头顶装饰，代表西湖；宸宸因京杭大运河杭州段的标志性建筑拱宸桥而得名，发型酷似朵朵浪花，代表京杭大运河。节日《烟雨染江南》通过 3D 立体拱宸桥联结古今，打通了古临安和今杭州；借用数字京杭大运河展现"流动的文化"，融汇了一场跨越时空的旅程。西湖作为背景投屏在巨型屏幕上，展现了中国景观的美学理想。开幕式的中国表达充分体现出：越是中国的，就越是国际的；越是地方的，就越是世界的；越是传统的，就越是现代的。

（三）以"文化交流"为要义

中国是西方世界眼中的"他者"。把中华文化与国际受众熟悉的认知领域相结合，促使他们从本国文化体系出发理解中华文化，能有效塑造我国的文化

---

① ［美］荣格：《心理学与文学》，冯川、苏克译，生活·读书·新知三联书店，1987，第5~6页。

形象。例如，在具体节目形式上将宋韵与芭蕾融合，越剧《忆江南》与流行音乐相融合。融合对比中，既体现中西文化差异，同时也展现"和而不同"的中华传统文化观，以文明交流超越文明隔阂，形成国际人士对中国的文化认同。

习近平总书记亚运期间在浙江考察时说："运用杭州亚运会亚残运会、世界互联网大会等窗口加强文化交流传播，不断提升中国文化感染力和中华文明影响力。"① 在国际传播方面，开幕式以中国符号为媒介，传递了"心心相融，爱达未来"的友谊理念。运动员入场仪式上，展示国家名称的背景板和地屏上出现了梅、兰、竹、菊的图案，象征以君子之风喜迎八方来客。亚运会组委会还组织外国媒体以及运动员观潮、做月饼、做非遗加油鸭，让他们体验中国非遗、感受中国文化。桑给巴尔广播电视台主持人阿布巴卡尔（Abubakar Harithi Bakar）表示如果他们国家未来要举办典礼，将会以杭州亚运会开幕式为范例。菲律宾人民电视台记者约翰（John Mark Fetalco）说："杭州亚运会开幕式的视觉元素太壮观了……这是我一辈子的珍贵回忆。"

二、寻找情感共同点——聚焦空间束缚型文化

文化认同是有关自我身份的问题，需要把自我的身份扩大，让"我"的身份变成"我们"的身份，形成人与群体之间共同文化的确认，因此需要寻找文化间的共同点。亚洲国家之间的文化属于空间束缚型文化——一种以空间利益为导向的文化。这种空间并不指具体的位置，而是可移动的、通过适当符号、形式和利益进行远距离联系的社区。詹姆斯·凯瑞（James W. Carey）指出：当远距离的传播加强的时候，人类的关系将转化为一种横向的水平——大量物理空间上分离的人却通过地方外的文化、政治、权力中心的联系而联结在一起。② 作为拥有着五千多年历史文明的古国，中国对日本、韩国、朝鲜等国家都产生了深远影响，由此联结成"东亚文化圈"，有着许多共同的文化意象。"水"和"潮"在亚洲文化中有着深远意义，杭州亚运会开幕式在体现杭州特点的前提下，找到了文明的联结点，并以其为切入角度，贯穿全程。

（一）以"水"为线索

亚洲文明的起源离不开水，几乎每个亚洲民族都有关于水的神话和崇拜。中华文明起源于黄河和长江；印度文明起源于恒河，印度神话曾提到恒河是由天上的银河幻化而成的，可以洗清人的罪孽；泰国文化起源于湄南河，其泼水节希望用水清除不幸，以纯净之身开始新的一年，水灯节则旨在答谢水神庇护，祈求风调雨顺、农业丰收。

---

① 《始终干在实处走在前列勇立潮头 奋力谱写中国式现代化浙江新篇》，https://baijiahao.baidu.com/s?id=1778050510954973987&wfr=spider&for=pc。

② [美]詹姆斯·W.凯瑞：《作为文化的传播》，丁末译，中华出版社，2005，第127页。

杭州也是一个傍水而生、因水而兴的城市。开幕式以"水"为线索，既突出了江南水乡的温婉，也展现了钱江潮水的壮美。杭州奥体中心体育馆造型酷似莲花，体态源自钱塘江水的动感，整个建筑宛若莲花绽放在钱塘江边。迎宾表演《水润秋辉》的"水"是丰收的水，通过蕴含水滋养万物寓意的表演展现了收获的喜悦。第一篇章的"水"是《水墨入诗画》中的水墨，是《烟雨染江南》中的细雨，是江南的水乡文化，既展现了水墨画中留白的艺术特征，还记录了钱江美景和宋代的精神文明世界。第二篇章的"水"是浇灌参天大树的生命之水，展现了生机蓬勃景象。第三篇章的"水"是绿水青山间的生态文明，鼓励人与自然的和谐共生，同时也寓意着中国与亚洲其他国家山水相依、携手同心。

（二）以"潮"为意象

观潮是中国人民自古以来的盛大活动，钱塘江"潮文化"可以追溯到庄子对钱塘江"吞天沃日"的描述和司马迁对其"水波恶"的记载。唐宋时期，潮水作为重要意象进入许多传世诗词中，从刘禹锡的"山围故国周遭在，潮打空城寂寞回"、张若虚的"春江潮水连海平，海上明月共潮生"到韦应物的"春潮带雨晚来急，野渡无人舟自横"。人们不局限于对潮水本身的描绘，而是在其中夹杂回潮的落寞、涨潮的壮美，将潮水和人的情感联系在一起，使其拥有社会性。在亚洲其他国家，"潮"也有着深远意义。印度史诗《摩诃婆罗多》中多次提及潮水，用潮水的起伏和涨落来暗喻生命的起伏、变化和宇宙的循环。科威特《阿拉伯人报》体育部主任穆巴拉克·多赛利在点评杭州亚运会时说，潮水对斯威克人有着特别的意味，斯威克自古就有航海经商的传统，他们的国旗上也有帆船和大海。① "潮"这一意象唤起了五洲各国的共鸣。

杭州亚运会开幕式以"潮"为意象，寓意着新时代的中国与亚洲、世界互相交融，像浪潮一样向前奔涌。亚运会主火炬装置由19根形态各异的立柱排列组合，看起来像是翻卷的潮水。火炬本身由镜面不锈钢波纹板制成，在白天闪烁波光，犹如阳光下的湖面。《潮起亚细亚》上篇体现了古老文明的"国风之潮"，中篇展现了奔涌不停的"钱塘江潮"和拼搏不息的"体育之潮"，下篇彰显了绿色理念的"人文之潮"，纵观整个表演的呈现方式则凸显出"科技之潮"。第二篇章《钱江潮涌》的开篇，地屏上"交叉潮""一线潮""回头潮"等钱塘潮水形态变换，半空中舞蹈的两位特技演员与地屏、网幕中各种形态的钱塘潮水互动，展现了浪潮的"力"和"美"。

（三）以"弄潮儿"为精神

随着"潮文化"的发展，产生了"弄潮儿"一词。"弄潮儿"原指以水

---

① 《传承亚运精神 凝聚亚洲力量》，https://baijiahao.baidu.com/s?id=17779701722482610508&wfr=spider&for=pc。

为生的水手或在潮中戏水的人们，预示着人在与自然的博弈中取得胜利。从潘阆《酒泉子·长忆观潮》中的"弄潮儿向涛头立，手把红旗旗不湿"到陆游《一落索》中的"此身恰似弄潮儿，曾过了、千重浪"，诗词中展现出人定胜天、阅尽千帆的雄迈气势。此类隐喻，在其他国家的作品中也有所展现。如日本名画《神奈川·冲浪里》通过强烈的动静对比，以一种不平衡美展现了船工们与海潮搏斗的场景，表达了人们乘风破浪、勇往直前的无畏精神。俄罗斯画家伊凡·康斯坦丁诺维奇·艾瓦佐夫斯基（Ivan Konstantinovich Aivazovsky）的油画《第九个浪头》（The Ninth Wave）灵感来源于俄罗斯古老民间传说，传说中航海中遇到第九个浪头是最危险的，因此这也是俄语中"危险"的同义词。该油画中的潮水铺天盖地席卷而来，像一次审判。作为前景的人类只占据画面的一小部分，但是他们有的在勘测浪头、有的在戒备、有的在互相搀扶，人类的意志在无声中征服大海，而背景里露出的金色霞光也在暗示着希望和胜利终将到来。

现代语义下，"弄潮儿"一词的精神意义被扩大，与潮水的斗争演化为与命运浪潮的斗争，它用来指代站在时代前列、敢于冒险、有进取精神的人们。杭州亚运会突出强调了"弄潮儿"精神，会徽名为"潮涌"，其主要颜色是红色和蓝色，色彩灵感源自白居易的古诗"日出江花红胜火，春来江水绿如蓝"；钱塘江和钱江潮头是会徽的形象核心，旨在表达中华儿女勇立潮头的精神；数字火炬人被命名为"弄潮儿"，形象刻画了一个在钱塘江上与潮水搏斗的青年形象。在节目《弄潮涛头立》中，22 名表演者在地屏上乘着帆船、逐浪而行，不仅代表杭州这座城市所拥有的与时俱进、创新创业精神，也寓意着新时代的年轻人需要奋勇争先、勇攀高峰。

三、突出科技创新点——实现"数实"完美融合

现代文明在科学发展中受益匪浅，亚运会开幕式达成的文化认同离不开先进科学技术打造的舞台。科技进步赋予艺术家新的灵感并影响创作，数学为绘画中的线性透视法奠定基础，量子力学和相对论的发现为艺术在空间和时间方面的实验性创新铺垫基石，航天技术的进步为卫星摄影提供了先决条件。随着中国式现代化浙江新篇章的谱写，杭州亚运会开幕式采用更为先进的影像表达技术传递艺术理念，呈现了更好的现场视听效果，达成了技术和艺术的双向奔赴，描绘出一幅幅极具中国特色的新时代山水画卷。

（一）以"数字科技"为统领

亚运会开幕式通过全景交互的方式为观众带来一场视听嘉年华，VR、AR制作的孔明灯遨游天际，裸眼 3D 以及 AR+AI 技术制作的足球、排球、篮球等虚拟影像在体育馆中呈现，采用 AR 互动先进技术，通过支付宝扫描主舞台，

就可以放飞电子许愿灯、寄送数字明信片、观看吉祥物"忆江南"的表演。技术组在奥体中心累计采集超过 40 万帧的影像数据，图片数据交由 AI 算法训练，确保暗光环境下观众也可以参与互动，最新研发的 Web3D 互动引擎 Galacean 让 AR 互动更加清晰流畅，这不仅实现了全民参与亚运的理念，也体现了杭州作为智能城市的数字化发展。

导演组创造性地采用"人屏互动"的表演模式——首次在大型空间中使用 3D 双威亚技术，让两个特技演员在三维空间随意飞行，表演中演员的最高飞行速度达到每秒 4 米。两套索道系统通过编程进行定位，按照音乐的节奏辅助演员完成演出。

开幕式最后，主题歌曲《同爱同在》响彻奥体中心，演奏同时，6000 平方米地屏和宽 185 米、高 20 米的世界最大网幕上播放着亚洲各个地区的代表性建筑和不同肤色、面孔的亚洲人照片，不仅引发各国观众的认同与共鸣，也体现了中国与亚洲各国携手同行、"构建人类命运共同体"的美好愿景。

（二）以"数字人"为亮点

区块链技术助力"万众参与、数字互联"的表现形式，让世界 130 多个国家和地区的 1 亿人成为数字火炬手，拥有自己的数字身份。开幕式点火仪式中，上亿名"数字火炬手"化身光点汇聚成的巨大"数字人"横跨钱塘江来到"大莲花"上空，与火炬手汪顺共同点燃主火炬。"全民参与、全民点火"的创意理念让体育回归最初的本质——大众运动。闭幕式中"数字人"再次来到现场，熄灭圣火后恋恋不舍地离去，在天空中化为无数光点撒向亚洲，这也象征着人们心中的美好记忆永存。

点火仪式背后是"阿里巴巴工程师"团队的科技创新，通过一行行代码和一次次测试，工程师们保障了使用八年前老旧手机的用户都可以成为数字火炬手，线上火炬传递及点火仪式做到了人人可参与。另外，工程师还开发了 58 个捏脸控制器，提供了 2 万亿种数字形象。人们可对脸型、头发、鼻子等部位进行调整，满足"一人一面"的定制需求。

（三）以"绿色低碳"为理念

杭州亚运会开幕式秉持"人与自然和谐共生"的绿色环保理念。采用三维动画技术燃放的电子烟花，不仅能 360 度从各个视角拍摄表演盛况，还减少了真实烟花燃放带来的环境污染。为了更好地呈现效果，AR 技术团队对整个杭州奥体中心体育场，乃至整个钱塘江周边的建筑都进行了实时扫描和实时建模，最后在特效引擎里进行数字烟花模拟。① 杭州亚运会主火炬采用由浙江吉利控

---

① 《一个"数字化"的杭州亚运，从开幕式开始》，https://baijiahao.baidu.com/s?id=17779785043 61959604&wfr=spider&for=pc。

股集团生产研制的绿色零碳甲醇燃料。零碳甲醇由氢气与从工业尾气中排放的二氧化碳合成，实现了二氧化碳资源化利用，助力碳中和。亚运会所有场馆均采用绿色能源供电、运行雨水收集系统，其中游泳馆使用可循环水清洁系统，以减少水资源浪费。

四、结语

从 1990 年的北京亚运会到 2010 年的广州亚运会，再到 2023 年的杭州亚运会，三十三年间，中国取得了飞速的发展。杭州亚运会融合传统文化与现代文明，以其中国符号的建构、共同文化意象的找寻、数字化的科技创新书写了新时代中国篇章，构建国际社会文化认同。

（作者单位：中国传媒大学）

论电视剧《琉璃》的海外传播

窦新光

　　《琉璃》是近年来中国仙侠剧中令人惊喜的现象级作品。2020年8月,《琉璃》在优酷视频、芒果TV首播,迅速登上猫眼全网热度榜、微博剧集热播榜、豆瓣热门电视剧榜第一, 持续引发观剧热潮, 播放量高达65亿次, 以超高人气摘得第四届网影盛典"年度最受欢迎剧集"奖。2021年2月,《琉璃》在江苏卫视上星播出, 再次掀起收视风暴, 连续多日霸榜, 收视率全国第一, 登上微博热搜榜TOP 1、抖音热点榜TOP 10。在高热度和高口碑的加持下,《琉璃》成功"出圈", 成为近年大众讨论度最高的剧集之一。其实,《琉璃》还成功"出海", 在海外刮起"汉风"和"仙侠热", 其海外观众的热情甚至不亚于国内观众, 而国内对其出海详情知之甚少, 未能对相关经验作出必要总结。本文考察《琉璃》的国际传播状况, 解析《琉璃》对中国传统文化与人类共同价值的卓越呈现,思考《琉璃》在海外取得良好反响的深层原因, 以期为中国影视的跨文化传播提供有益参考。

一、出海：全面开花的传播之旅

　　《琉璃》在国内首播刚结束, 就有韩国网友在中华TV官网留言, 请求立即引进这部"中国最火电视剧"。中华TV是韩国专门报道中国资讯的电视台, 由比重占韩国有线电视市场30%的CJ集团运营, 近年来热播多部中国电视剧, 影响力不断扩大。2020年10月29日,《琉璃》在中华TV以"中文原声＋韩文字幕"方式开播, 每周一至周五22:00更新1集。同时, Wavve、Tving、Watcha、Seezn、Naver TV等韩国本土各大流媒体平台与中华TV同步播出《琉璃》, 提供更便捷的在线点播服务, 使《琉璃》实现了韩国观众全覆盖。上线第二周,《琉璃》便在韩国热播亚洲电视剧收视率排行榜登顶榜首, 并霸榜近半年之久, 创造了连续周排名第一的最长纪录, 在同时期韩国播出的众多亚洲电视剧中一骑绝尘。该榜由Wavve公司每周更新, 有较高的知名度,韩国媒体很快注意到《琉璃》的亮眼表现，Acrofan 网站报道称"真切感受到《琉璃》的爆炸性人气"①。原著小说《琉璃美人煞》也被译为韩文，在教保文库、Yes24、Aladin、Interpark、Ridi、Naver Series 等韩国各大网络书店出售，其中 Yes24 读者评分高达 9.6。韩国购物网站上线了《琉璃》周边产品（如主人公海报、日历、写真集、笔记本、抱枕），韩国汉语培训机构还推出了以《琉璃》台词为教材的汉语网络课程。

与在韩国的旋风式走红不同，《琉璃》在日本的传播是"好饭不怕晚"。2021 年 8 月 6 日，日本电视台 LaLaTV 以"中文原声＋日文字幕"形式播出《琉璃》，每周一至周五 14:30 更新 1 集，可谓姗姗来迟。作为日本四大综艺频道之一，LaLaTV 拥有 620 万签约付费的忠实家庭用户，覆盖日本 1500 万人口。由于播出后反响热烈，LaLaTV 迅速给《琉璃》打出了"絶賛放送中"（好评播放中）、"超大ヒート作"（超级流行作）等宣传语。反复的重播是观众喜爱度和剧作生命力的最好证明：2022 年 4 月 23 日，LaLaTV 重播《琉璃》，每周六 12:00 更新 6 集；同年 8 月 12 日，LaLaTV 再次重播《琉璃》，每周一至周五 7:00 更新 1 集。进入日本一年，《琉璃》已在 LaLaTV 播出三遍。日本流媒体平台也竞相争夺《琉璃》播放权，U-NEXT 成为最后赢家。2022 年 5 月 11 日，日本本土最大流媒体平台 U-NEXT 以"独占配信"（独家点播）方式高调上线《琉璃》，进一步扩大了受众范围，观众评分 4.5 星（满分 5 星）。《琉璃》日文字幕版 DVD 也在日本公开发售，由于日本人仍有租购影碟观影的习惯，鉴于《琉璃》的人气，通过 DVD 观看《琉璃》者亦应不在少数。在"日本、韩国传统影视业发达，中国影视所占市场份额极为有限"②的情况下，《琉璃》在日韩受到如此欢迎实属不易。

东南亚是国剧出口的第一大市场（占比约 25%），《琉璃》先后传播到东南亚多个国家：2020 年 10 月 24 日在流媒体平台 WeTV 越南站上线，10 月 30 日在 WeTV 泰国站上线；2021 年 2 月 11 日在新加坡流媒体平台 meWATCH 上线，3 月 11 日在新加坡电视台新传媒 8 频道播出，9 月 28 日在马来西亚电视台八度空间播出；2022 年 8 月 31 日在越南电视台综艺频道 VTV-3 播出。主打东南亚市场的腾讯视频海外版 WeTV 起到了先导作用，率先上线《琉璃》越语和泰语版，播放量逾 2000 万次，观众评分高达 8.2，是中国电视剧从"借船出海"向"造船出海"转型的有益尝试。在东南亚，中国古装剧已有较好的受众基础，《琉璃》热播并不意外。

---

①　류재용：《주간웨이브 아시아 드라마 '유리미인살' 공개 2주만에 1위 등극》，https://mkr.acrofan.com/article_sub3.php?number=209397。

②　耿良凤、周秦超：《中国影视作品在海外的翻译与传播》，《中国社会科学报》2020年1月20日。

海外引进《琉璃》时间最早、动作最快的，其实是远在太平洋彼岸的北美。2020年9月29日，国内首播结束仅半月，英文字幕版《琉璃》就在美国第二大流媒体平台Prime Video(市场占有率19%)上线。与亚洲国家普遍的"持续日更"模式不同，Prime Video是一次性上线全部剧集，方便观众集中时间追剧，免去每日等待之苦。不过，却出现了另一种"苦恼"：一些美国观众留言表示观看《琉璃》太过上头，总是熬夜追剧。2020年12月30日，美国第一大（也是全球最大）流媒体平台Netflix也上线《琉璃》，成为《琉璃》出海的一个里程碑。流媒体平台在美国渐成主流，有四成家庭是流媒体付费用户，流媒体电视播放时长已经超过有线电视频道。Prime Video和Netflix都是国际流媒体巨头，覆盖国家和地区众多，《琉璃》借两大平台将受众范围辐射至全球英语观众。《琉璃》在英语世界收获了高分评价：Prime Video评分4.3星（68%观众给出满分5星）；国际互联网影视资料库IMDb评分8.4；国际电视剧信息网站MDL评分8.8（44%用户给出10分），排名高居MDL全网第46位，剧集讨论区留言达7000多条，"最爱的华剧""最好的仙侠剧""彻底爱上了这部剧"等成为高频评语。

2020年11月9日，《琉璃》登上国际著名多语种影视网站Viki，是其出海的又一大进展。该网站"最大的特色便是所有视频的字幕翻译都由其社区的粉丝完成"[①]：网站获得正规版权后发布影视作品，招募组织世界各地的志愿者翻译字幕，为全球观众提供多语种字幕的视频资源，每个观众都能作为译者参与字幕的制作和修改，其运营模式在流媒体业界独树一帜，旨在为国际影视文化交流消除语言壁垒，深受全球影视迷和翻译爱好者的喜爱。目前，Viki用户观看《琉璃》已有10个语种的字幕可以选择，分别是英语、法语、西班牙语、葡萄牙语、意大利语、捷克语、波兰语、匈牙利语、罗马尼亚语、印度尼西亚语，包含了多个国际通用语种，使《琉璃》触达欧洲、南美、非洲、东南亚等更多地区的更多观众。在Viki上，《琉璃》评分高达9.6，由3.5万名观众投出，多语种的剧集讨论区高达900多页，不少用户呼吁增加自己语种的字幕（如德语），因此《琉璃》字幕语种有望进一步多样化。

二、存异：传统文化与东方审美

"越是民族的，越是世界的。"仙侠剧是中国独有的影视类型，是扎根中国文化沃土的花朵，是展示中国文化魅力的窗口。与其他古装剧类型相比，仙侠剧故事不受特定历史朝代和地域的限制，可以更加自由地提炼整合各种优秀的传统文化元素。《琉璃》导演尹涛认为仙侠古装剧的使命是"将中华上下五千

---

① 金海娜：《粉丝翻译与中国影视的跨境传播——以Viki视频网站为例》，《电视研究》2017年第10期。

年的传统文化呈现出来",光明网评价《琉璃》"从中华文化宝库中凝练题材、获取灵感、汲取养分,做到了文化性和艺术性的完美融合"①。由于文化背景不同,海外观众观看仙侠剧时会首先注意和感受到异文化的元素。对中国传统文化与东方美学意境的出色呈现,成为《琉璃》强烈吸引海外观众的首要原因。

《琉璃》的时空架构,脱胎于中国神话传说的世界观。整个世界分为人界、仙界、魔界三界,生活着人、仙、妖、魔四大族群,人界有少阳派、点睛谷、轩辕派、浮玉岛、离泽宫五大门派。凡间是人类生存、神仙渡劫、妖魔穿行的混居杂处之地。盘古开天辟地后化作的不周山、天帝下界的行宫昆仑山等秘境,成为众人的冒险历难之所。各种生命形态在三界之间流动转换,妖可以增长法力修为人形,人可以苦行修炼得道成仙,仙也可以投胎做人甚至堕落成魔。这些对宇宙时空的想象和对生命形态的理解富有中国文化的特色,与人神界限分明的希腊神话、希伯来神话有较大差异,给予海外观众巨大的新鲜感。

《琉璃》的角色塑造,从中国古代典籍中获得了大量灵感。男主角禹司凤的真身金翅鸟,《华严经》言"此鸟食龙,所扇之风,若入人眼,人眼失明"。女主角褚璇玑的灵兽腾蛇,郭璞曰"龙类也,能兴云雾而游其中",曹操诗云"腾蛇乘雾,终为土灰"。无支祁的原型是阻挠大禹治水的水怪,《山海经》记"其形若猿猴,金目雪牙",也是孙悟空形象的前身。还有九尾紫狐、鲛人亭奴、萌宠当康、上古烛龙、食人蛊雕、红眼傲因、九头开明兽,皆是出自《山海经》的奇珍异兽,因此《琉璃》被称为"行走的《山海经》",剧中人经常查阅的神秘古书《万妖手册》其实正是《山海经》的翻版。《琉璃》通过先进逼真、点赞如潮的特效,将中国典籍中的上古异兽搬上荧屏,给予海外观众强烈的视觉震撼,尤其是十二羽金翅鸟现出真身的高潮时刻令海外观众印象深刻。

《琉璃》的动作设计,彰显着中国武术文化的非凡魅力。人仙妖魔的打斗是仙侠剧必不可少的画面。但以往的仙侠剧,角色过招多是法术较量,演员只需摆摆招式,严重依赖后期特效,致使打戏部分常常成为仙侠剧的鸡肋。而《琉璃》聘请了业界顶尖的武术指导,对演员体力提出极高要求,精心设计、反复打磨动作镜头,拍摄出行云流水、酣畅淋漓的高燃打戏,使仙侠剧在动作场面上实现了突破。禹司凤开场大战狼妖、簪花大会比武、炼狱塔冰雪对决等经典打戏片段在各大视频网站风靡一时,引起围观与轰动。与西方影视剧凶狠写实的打斗风格不同,《琉璃》的武打动作极具中国武术文化的神韵,外柔内刚,灵动写意,富有美感。海外观众对中国武术怀有浓厚兴趣,津津乐道《琉璃》

---

① 《大IP更需血脉滋养 〈琉璃〉以传统文化内核引发观众共鸣》,https://m.gmw.cn/baijia/2021-03/17/1302171302.html。

精彩的武打戏，称赞《琉璃》"奉献了电视剧中最好看的打斗场面"①。

《琉璃》的服化道设计，将追求意境的东方美学推向极致。导演尹涛强调，《琉璃》的视觉效果"一直在追求东方文化审美"②，为此参考借鉴了大量传统国画，精心设计服装配饰、发式妆容、道具法器、亭台楼阁、山水园林，打造出一个浪漫飘逸、古色古香、美轮美奂的中国仙侠世界。以服饰为例，《琉璃》古装集合了唐制汉服的潇洒华丽、宋制汉服的清新素雅、明制汉服的典雅端庄，设计考究，刺绣精美，令人赏心悦目，不仅"引领审美时尚"，而且"带火了汉服产业"。③《琉璃》以追求极致东方美学的服化道细节，营造出翩翩"仙气"、阵阵"汉风"，使海外观众全程处于视觉上的审美愉悦之中。

《琉璃》的冲突解决方式，蕴含着中国传统哲学的深刻思想。《琉璃》以争夺统治权的仙魔大战为开端，人类与妖族亦卷入其中，矛盾重重，争斗不止。面对魔族反叛、三界混乱、众生相残，柏麟帝君殚精竭虑，主动出击，却让局面越来越无法收拾。真正至高无上、法力无边的天帝，一直隐遁于昆仑秘境，置身事外，几无存在感。在三界濒临毁灭的最后关头，天帝才认为时机已到，登场救世。他的方式并非以暴制暴，而是尊重所有当事人的意志选择，以极为克制的有限干预，以四两拨千斤的巧妙引导，终结了延续千年的仇恨，使三界重新归于和平。《琉璃》中谦卑沉着、温和睿智的天帝形象是作为"道"的化身出现的，其对三界冲突的处理蕴含着中国道家"无为而治"的深刻哲理。道家哲学认为，天地万物都由"道"化生，而"道法自然"，宇宙间万事万物均遵循客观规律运行。如果人为过度干涉事物的发展进程，结果往往是自取其败，所以主张明智者应当"无为而治"。但"无为"并不意味着无所作为，而是不妄作为，在不违背客观规律和自然天性的前提下合理作为。可以说，《琉璃》令海外观众领略了来自两千多年前中国思想家创造的古老智慧。

三、求同：现代文明与共同价值

"同一个世界，同一个梦想。"世界因文化多元而美丽，因共同价值而和谐。《琉璃》在传统与现代、民族与世界之间探索最佳结合点，创造出国内外观众都能欣赏的现代仙侠神话，让我们看到传统文化与现代文明齐飞，东方审美与共同价值和鸣。在充分展现中国文化独特魅力的基础上，《琉璃》着力表达积极向上的现代文明精神，传递人类美善的共同价值观念，这是其引发海外观众

① A Thousand Years Of Devotion: 5 Reasons To Watch C-Drama "Love And Redemption",https://www.soompi.com/article/1442232wpp/a-thousand-years-of-devotion-5-reasons-to-watch-c-drama-love-and-redemption。

② 周杰：《〈琉璃〉特效获赞"突破国产剧天花板"》，《青岛日报》2021年3月2日。

③ 《大IP更需血脉滋养 〈琉璃〉以传统文化内核引发观众共鸣》，https://m.gmw.cn/baijia/2021-03/17/1302171302.html。

深度共鸣的秘诀。具体而言,《琉璃》以下四大主题受到海外观众广泛赞同。

其一,爱的美好,爱的力量。爱是人类最有价值的共通情感,其利他本质意味着人类对利己本能的超越,让人类逐渐摆脱野蛮,趋近文明。在诸种爱的情感中,爱情又有奇妙和特别之处,它超越血缘和等级,萌生于人的自由意志之上,发展于独立平等的人格之间,落定于人们内心最柔软之处,在人类历史较为晚近的时期才得以正名,现代人普遍对真爱怀有强烈的渴望和憧憬。《琉璃》向海外推广时,官方英文名改为"*Love and Redemption*",意为"爱与救赎",导演尹涛坦言这正是《琉璃》最终的核心价值观[1],海外各大播放平台也纷纷把"爱"作为该剧的宣传重点。主人公经典台词"我喜欢你,比所有人,所有事情,都要喜欢",也被醒目地印在官方海报的顶端。《琉璃》全力描绘爱情最美好的模样:甜如蜜,美如画,为爱勇敢,为爱执着,至真至纯,无怨无悔。被正邪各种势力剧烈拉扯的主人公,面对复杂凶险的环境,始终将爱奉为至高价值,用生命守护心爱之人,经历十生十世的重重考验,赤诚之心依然坚韧如初。璇玑身上毁天灭地的可怕戾气,因司凤的爱终得消散;司凤身上致命无解的情人魔咒,也因璇玑的爱终得破除。唯有爱可以救赎心魔,也唯有爱能够化解仇恨。对"纯爱"的演绎,《琉璃》堪称达到了极致,观看《琉璃》相当于接受一场"爱的洗礼",海外知名综艺新闻网站 Soompi 撰文称司凤和璇玑"爱的时刻会让你在座位上融化"[2]。没有人能够抗拒纯真爱情的美好与力量,所以讴歌伟大爱情的作品(如《罗密欧与朱丽叶》《泰坦尼克号》)总是能够穿越国界,震撼人心,《琉璃》亦可作如是观。

其二,尊重女性,两性平等。在前现代社会,制度性的男女不平等是东西方历史上的普遍现象。进入现代社会以后,女性获得解放,在社会分工中发挥越来越重要的作用,实现自我价值的意志和能力越来越强。形成于传统男权社会并延续至现代社会的性别成见正在缓慢改变,往往文明程度越高的社会越能自然接纳女性的"崛起"。《琉璃》走在了这一潮流的前列,表达出在平等基础上充分尊重女性意志、欣赏女性能力的进步性别观念,具有相当的前沿性甚至颠覆性,推动着现代性别观念的深刻转型。在以往的影视作品中,拯救世界的英雄往往是男性,而女性常被设定为需要被保护的弱者形象,成为男性英雄的附庸和衬托。而在《琉璃》中,所向披靡的天界"战神"是女性,女主角褚璇玑屡次在危急关头爆发能量,强力拯救男友和亲人,后来被人们一致推举为联

① 牛角尖:《拿下优酷十日剧集播放量榜首、专访〈琉璃〉导演尹涛:古装剧需要"新审美"》,https://www.sohu.com/na/415224122_549401。

② A Thousand Years Of Devotion: 5 Reasons To Watch C-Drama "*Love And Redemption*",https://www.soompi.com/article/1442232wpp/a-thousand-years-of-devotion-5-reasons-to-watch-c-drama-love-and-redemption。

军统帅，英姿飒爽，大放异彩。男主角禹司凤也不再是霸道总裁、冷面公子、钢铁猛男，既无权力财富光环加身，也无大男子主义倾向，而是以平等的陪伴者姿态出现，始终守护在璇玑的身边，对心爱之人完全尊重，温柔至极，不强迫，不占有，专情付出，勇敢担当，被惊呼为"荧屏上最完美的男性形象"，许多海外粉丝甚至把头像改成了司凤。《琉璃》示范着一种以平等和尊重为前提的理想的两性关系和爱人之道，深受海外观众的赞赏，尤其受到广大女性观众的欢迎。

其三，返回内心，认识自我。"我是谁"是人类永恒的哲学命题，古希腊阿波罗神庙上刻着"认识你自己"的箴言，中国谚语云"人贵有自知之明"，老子指出"知人者智，自知者明"，尼采认为"离每个人最远的就是他自己"。认识自我是如此重要，却又如此艰难，因为人总是疲于应对外部世界，而忘记与内心的自我相处。导演尹涛称，《琉璃》是主人公的一场"寻心"之旅。璇玑从小六识不全，看不见颜色，嗅不到气味，尝不出味道，流不出眼泪，感知不到疼痛，更无法区分爱情、亲情和友情，不明白自己为何与众不同，过着懵懵懂懂、浑浑噩噩的生活，被称作"无心之人"。司凤是璇玑自我意识觉醒的启蒙者，遇见司凤成为她的人生转折点。在司凤的鼓励和陪伴下，璇玑踏上寻找自我的冒险旅程，艰辛搜集万劫八荒镜，一点点恢复六识，最后认清自我，看清世界，解开身世之谜，理解爱的真谛。璇玑从"无心"到"有心"、完成自我认知的漫长过程，构成了《琉璃》全剧的主线，整个故事都围绕这条主线展开。为什么要认识自我，怎么样认识自我，也是主人公内心自始至终的灵魂之问。认识自我是人的发展的起点，是健全人格的前提，是一个高举现代人文精神的主题，因此很容易激起人们尤其是处在成长阶段的年轻人的共鸣，MDL网站数据显示，《琉璃》英语观众中有 80% 是 13 ~ 34 岁的青年群体。

其四，何为正义，何以正义。正义是人类的共同信仰，"侠"字蕴含着中国人对正义的追求。随着社会的发展和成熟，摆脱非黑即白、二元对立的传统思维定式日益成为人们的共识，《琉璃》对此作了颇有深度的探讨。故事在正邪不两立的氛围下展开，仙族自封为正义的化身，人族以降妖除魔为己任，两者都视所有魔族和妖族成员为可以格杀勿论的邪恶势力。但随着剧情的推进，观众发现这并非二元对立的简单世界：近乎完美的男主角司凤，真身竟是金翅鸟妖；善良柔弱的鲛人亭奴，只会治病救人，却因妖族身份受尽迫害；人界的名门正派，可以随意对有嫌疑的同类严刑拷打；魔煞星罗睺计都，曾被挚友算计，遭受抽筋剥皮蚀骨挖心之痛；天界柏麟帝君，保护三界的初心不可谓不真诚，却步入了不择手段的歧途，变得亦正亦邪，善恶难辨。这个故事意在引导观众反思：出身是否可以作为善恶正邪的评判标准？辨识正义和行使正义孰轻孰重？目的之正义能否为手段之邪恶提供合法性？如果无视这些问题，每个人都有可能误入恶的行列。《琉璃》深度触达正义问题的复杂性，表现出更富人性的审慎正义观，发人深省。

四、结语

纵观《琉璃》全面开花的国际传播之旅，海外观众对中国仙侠剧似乎有着比国内观众更高的悦纳度和宽容度。在海外影视网站上，《琉璃》评分普遍显著高于其国内豆瓣评分，热闹的留言讨论区也罕见差评。而仙侠剧在国内的发展则始终伴随着争议之声，其崛起之快、爆款之热、流量之巨令人称奇，同时也被贴上了"空洞肤浅""娱乐至上""青年亚文化"等负面标签，即使是《琉璃》这样的优秀之作也概莫能外。仙侠剧固然存在不足，但我们看待仙侠剧的眼光是否过于苛刻？我们的评价是否足够公允？我们对自己的优秀作品可否多一些信心？近年来，仙侠剧已成为国剧出海的先锋队和中坚力量，让中国传统文化的魅力被庞大的海外受众看见和喜爱，其发挥的正面文化力量不容小觑。以《琉璃》为代表的中国优秀仙侠剧，更以对现代文明与共同价值的卓越表达，引发海外观众广泛共鸣，展现了当代中国蓬勃向上的精神气象。《琉璃》成功出海的宝贵经验，为中国影视作品进一步走向世界提供了有益的启示：文化存异、文明求同，如此方能各美其美、美美与共。

（作者系重庆文理学院文化与传媒学院副教授、西南大学文学院博士后）

中外合拍自然生态纪录片
讲述美丽中国故事的路径及启示

王庆福　张　杰

自党的十八大提出"美丽中国"概念以来，中国在生态文明建设方面取得了显著成就，中国的自然美、生态美、人与自然的和谐美引起了世界各国政府和民众的广泛关注。在此背景下涌现的《未至之境》《天行情歌》《米尔斯探秘生态中国》《国家公园：野生动物王国》《雪豹的冰封王国》《金丝猴王国：勇敢者的世界》《中国秦岭：一只金丝猴的回忆》等一系列优秀的中外合拍自然生态纪录片的出现，呈现出新时代纪录片面向国际塑造中国形象、讲述中国故事的新面貌。在此基础上，总结中外合拍生态纪录片的创作经验，探讨其讲述美丽中国故事的路径及启示就显得尤为必要。

一、叙事主题：聚焦塑造可信、可敬、可爱的美丽中国形象

叙事主题涉及的是讲述内容。2021 年 5 月 31 日，中共中央政治局就加强我国国际传播能力建设进行第三十次集体学习。中共中央总书记习近平在主持学习时提出要"努力塑造可信、可爱、可敬的中国形象"[①]。这一论述为纪录片建构何种中国形象，以及如何建构中国形象，讲述中国故事提供了理论指引。纪录片的叙事主题奠定了作品的整体基调，确立了中心思想，中外合拍自然生态纪录片讲述美丽中国故事的主题主要表现为"可信的美丽中国""可爱的美丽中国""可敬的美丽中国"。

（一）可信的美丽中国

可信，有可以信任、值得信任之意，在传播语境下它既是传播者信誉度、公信力的体现，又是传受双方互信关系的体现。小到人内传播、人际传播，大到国际传播、跨文化传播，信任都是传受双方达到平等沟通交往状态的重要因

---

① 《加强和改进国际传播工作，展示真实立体全面的中国》，http://cpc.people.com.cn/n1/2021/0602/c64093-32120102.html。

素。① 若要建立信任就必须让事实说话。纪录片《国家公园：野生动物王国》多次通过数据直观地展现中国生态文明建设成果。如介绍普达措国家公园时，先是指出它是青藏高原上三个国家公园中面积最小的一个，但是庇护着约30个濒危物种，接着再指出公园里现在生存着约3000只曾经数十年难觅踪迹的滇金丝猴。随着环境的恢复与人们环保意识的提高，前往普达措过冬的黑颈鹤由20世纪90年代的200只增加到如今的1400多只。翔实具体的数据带来的权威性和客观性，为讲述美丽中国故事提供了底气与自信。从事实出发是建立信任的前提，而实事求是则是建立信任的保证，哈贝马斯认为理想交往的基本条件是真实和真诚。② 实事求是思想路线是中国共产党的生命线，也是构建可信形象的基础。③ 纪录片在呈现中国生态文明建设成就时，实事求是地指出目前美丽中国建设中遇到的困境和难题，开诚布公地说出存在的问题同样是建立信任关系的重要一环。在纪录片《国家公园：野生动物王国》中，三江源国家公园的羚羊虽然得到了保护，但在迁徙时需要穿越横贯高原的干道和青藏铁路，公园内的牧民超过7.2万人，如何在保护生态系统、弘扬传统文化、确保经济收入三者间取得平衡成为新的难题，祁连山国家公园的冰川在过去几十年里融化超过35%，科学家预测青藏高原上的部分冰川可能在未来三十年内完全消失。

（二）可爱的美丽中国

可爱的美丽中国故事偏向于运用感性逻辑讲述以提高对外传播效能。这里的"可爱"既指"萌"，像经久不衰的可爱大熊猫，2021年引起世界广泛关注的云南野生象，北京冬奥会、冬残奥会期间火爆的吉祥物冰墩墩、雪容融等，它们身上的萌元素带有强大的穿透力和影响力；又指"值得喜爱"，像保家卫国的军人，救死扶伤的医生，以及每一个平凡但具备优良品质和道德的普通人，都能够被称为"可爱的人"。中外合拍自然生态纪录片主要通过可爱的动植物、可爱的人、可爱的解说词来讲述可爱的美丽中国故事。

作为萌元素重要载体的动植物是自然生态纪录片的主角，在对外讲述美丽中国故事时能够为受众带来轻松、愉悦、温暖等感受，更易营造良好的视觉氛围和舆论氛围。④《未至之境》每集用较长的篇幅介绍一种主人公动物，以较短的篇幅介绍其他动植物及其栖息环境。第一集《大熊猫帝国》讲述了大熊猫从出生到逐渐长大的故事，熊猫宝宝依偎在母亲怀中吃奶、蹒跚学步的样子憨态

---

① 董小玉：《纪录片"真实性"的再解读》，《现代传播（中国传媒大学学报）》2008年第6期。

② 郭慧云、丛杭青、朱葆伟：《信任纲领》，《哲学研究》2012年第6期。

③ 赵新利：《信任理论视野下可信中国形象塑造的路径》，《现代传播（中国传媒大学学报）》2008年第5期。

④ 王茹月、刘星：《"可爱中国"对外传播形象构建的修辞学观念与实践路径》，《新闻爱好者》2022年第5期。

可掬。第二集《古原求生》将国内外短视频平台上的"一线流量动物明星"——藏狐作为主角，通过藏狐爸爸捕猎后休憩的画面，藏狐宝宝嬉戏打闹的画面将萌态展现得淋漓尽致。《米尔斯探秘生态中国》在介绍可爱动物的同时，也介绍了一群可爱的保护动物的中国人。奋斗在北京动物保护事业前线的北京猛禽保护中心的医生，亚洲象种源繁育及救助中心的大象保护专家，相古寺里用剩菜剩饭喂养当地棕熊的僧侣……他们身上流露出的人与自然和谐相处，人与动物是朋友的朴素价值观，建构起一个个可爱的中国人形象。他们的可爱与善良让中国故事更具亲和力、吸引力，让可爱的美丽中国故事具象化。如《中国秦岭：一只金丝猴的回忆》在介绍金丝猴用各种各样的睡姿午睡时，解说词说"尽管它们每晚要睡将近 13 个小时，但它们总还想再多睡一会"。《未至之境》中棕熊因吃太多蜂蜜被卡在树上后，解说词说"在它找到蜂蜜并饱餐之后，往下爬可比往上爬难得多"，并配以轻快活泼的音乐让人忍俊不禁。纪录片里可爱的动物、可爱的人、可爱的解说词让美丽中国故事生动风趣，从而引发国际受众的情感共鸣，使他们在潜移默化中感知到中国的可爱。

（三）可敬的美丽中国

用"可敬"来修饰人物与事物时，其所指的人物往往作出卓越历史贡献，有卓越历史功绩，或有高尚的道德品质；所修饰的事物则往往有先进性、引领性和模范性等特点。[①]这种可敬在中外合拍自然生态纪录片中体现在以下三个方面：一是为美丽中国建设做出实实在在努力的中国人可敬；二是中国环境保护措施和生态文明建设成就可敬；三是中国的生态文明理念可敬。

《天行情歌》揭示了许多未被观察到的天行长臂猿的行为并讲述了人们保护这一物种的故事。片中，范朋飞教授十多年如一日研究天行长臂猿，希望可以通过严谨的数据记录和分析来反映这一濒危物种的生存状况。长臂猿声音计划的实践者李星宇、费汉榄教授通过记录长臂猿的声音为它们"做媒"。这些中国人为保护物种多样性做出的努力是向世界讲好可敬的美丽中国故事的珍贵素材。《国家公园：野生动物王国》《蓬勃的乐土》一集中，为保护生态系统，神农架国家公园周边山民沈昌波不再在园区内采摘植物，参与政府开展的大型生态系统修复计划，享受退耕还林补贴；《雪豹的冰封王国》在结尾处通过字幕介绍"中国在三江源地区实现了世界上最大数量的雪豹识别，世界自然保护联盟已将雪豹从濒危物种类别中移除"。中国生态文明建设过程中实行的政策与措施以及取得的成就为世界解决生态危机贡献了探索性方案，强化了美丽中国故事的感召力。美丽中国建设中的中国人民、中国方案、中国成就是可敬的，其背后的生态文明理念更是可敬的，并且与可信中国、可爱中国相辅相成。《国

---

① 赵新利：《"敬"论视野下可敬中国形象的塑造》，《青年记者》2022年第17期。

家公园：野生动物王国》生动地体现了中国古代与当代的生态文明理念。《野性的乐土》中陈光惠和她的家人连续三十多年投喂前来过冬的黑颈鹤，将它们视为朋友和家人，牧民兰萨说"只要我还活着，就不会停止保护藏羚羊和其他野生动物"，这是中国传统"天人合一"思想，"万物平等""仁者爱物"观念在中国普通人身上的朴素体现。《蓬勃的乐土》中沈昌波对"让青山更绿，让子孙后代来受益、来享受"的认同，《珍贵的家园》中政府鼓励当地居民种植可持续发展作物以保护森林和物种多样性，充分体现了中国当下"人与自然是生命共同体""绿色发展观"等生态文明思想。

可以看出，中外合拍纪录片在内容选择上聚焦于人与自然主题，通过动物的故事、人的故事以及人与动物相处的故事，描绘了大美中国的绿色版图，并以独居感召力的情感表达打动国际受众，进而增强国际受众对中国形象的认同。

二、叙事的视角：自我与他者的对话、宏观视角和微观视角结合

视角是观察事物的角度，纪录片的视角由制作者的身份和作品所采用的观察角度决定，中外合拍自然生态纪录片采取的是"自我与他者对话""宏观与微观融通"的结合的视角。

（一）自我与他者的对话

米德的主客我理论认为主我是个人的主体意识，客我是借助于他者和社会完成对"我"的认知。"自我"的确立，是主我和客我的相互作用过程中形成的对"自我"的认知、想象和期待。[①] 由此，中外合拍自然生态纪录片要全方位讲好美丽中国故事，需要让自我讲述和他者讲述形成对比与映照，这里的自我与他者不仅是中外双方，还包括人类与自然。

中外合拍自然生态纪录片里的中国故事是中外双方共同讲述的，在一定程度上能够避免"我"的"过度美化"和"他"的"恶意丑化"。《米尔斯探秘生态中国》中藏族牧民虽然敬畏自然，与自然和谐相处，也因野兽捕食牦牛家畜而烦恼；米尔斯虽然对中国未来的生态文明建设有所担忧，但又充分肯定中国人当下的努力与智慧。中外视角的融合让纪录片讲述的中国故事超越了单纯从一方立场出发的单向度，在自我与他者间找到了中间地带，从而更具说服力。《未至之境》《雪豹的冰封王国》等作品经常将中国的地点、生态文明建设成就、思想与外国和世界形成联系，弥合不同文化圈的缝隙。海外受众熟悉的话语方式的加入提升了纪录片的跨文化传播能力。

中外合拍生态纪录片的中国故事也是人与自然共同讲述的故事。在生态批评的视野里，整个大自然是一个生机勃勃的生命主体，动植物是具有与人类交

---

① 王鑫：《从自我陈述到他者叙事：中国题材纪录片国际传播的困境与契机》，《现代传播（中国传媒大学学报）》2018年第8期。

流和对话能力的独立主体。① 美丽中国故事涉及中国的自然生态，因此不该只让人类讲述，自然界的各类生灵都可以成为讲述者。自然美学中的肯定美学认为自然全美，万物在美上无高下之分，因而过去被人类赋予负面审美价值的生物也拥有讲述美丽中国故事的机会。《国家公园：野生动物王国》《未至之境》等作品中出现的蝙蝠、蛇类、昆虫等生物呈现出的遵循自然规律的美；《中国秦岭：一只金丝猴的回忆》通过一只金丝猴对自己一生的回忆讲述以中国秦岭金丝猴"和平友爱互助"的群体生活及其繁衍生息为主题的中国故事，展现了中国生态文明建设成果及人与自然和谐共生的中国智慧。这些纪录片中的动物的遭遇以及情感曲折令观众为之动容，同时拟人修辞的运用让其成为具有思想情感的主体，它们与人类共通的友情、爱情、亲情激起了观众的共鸣。

（二）宏观与微观的融通

纪录片作为影视文化产品，承载着维护意识形态、建构价值观念的使命，既要具备气韵生动的美学追求，又要具备立意深远的价值蕴含。② 中外合拍自然生态纪录片就是将美丽中国建设过程中宏观的思想融入微观的人和动植物里，集自然之美与和谐之美于一体，进而实现美学价值和思想价值的平衡。

本真意义上的生态自然美可以分为两种——作为整体自然美的天地之"大美"和作为个体自然美的万物之"众美"。③ 众美融于大美之中，大美通过众美显现。《未至之境》每集以一种动物为主角，中间穿插讲述其他许许多多动植物的故事。《国家公园：野生动物王国》用板块式的结构讲述中国国家公园里动物、植物、人类与自然的故事。《雪豹的冰封王国》《金丝猴王国：勇敢者的世界》《中国秦岭：一只金丝猴的回忆》以个体或家庭为单位讲述它们与其他自然物的故事，以小见大。这些纪录片让观众看见每一个个体自然物独有的个性与姿态，这些个体美并非孤立的，它们共生共存于一个万物自由生长的生态源泉中，形成各美其美、美美与共的妙境。也正是在这样一个万物各放异彩的整体自然中，万物一体，天然和谐的大美得以展现。

生态文明视域下的美丽中国要实现人与自然的和谐相处，在中外合拍自然生态纪录片中这一价值诉求通过具体的案例得到充分的体现。《国家公园：野生动物王国》《野性的天堂》这一集中解说词说"在中国西部大地，人与自然之间灵犀相通，当地人相信人与万物生灵休戚相关，爱护大自然是本应承担的责

---

① 谭俐莎：《从他者到主体：当代动物纪录片生态内涵探析》，《当代文坛》2008年第2期。

② 张国涛、汪怡慧：《"为时代中国存像"：央视纪录频道的十年探索与实践》，《现代传播（中国传媒大学学报）》2021年第4期。

③ 刘恒健：《生态自然美及其有无之境——兼论生态美学视野中的自然美》，《陕西师范大学学报》(哲学社会科学版)2003年第3期。

任，这种信念为人类和野生动物和谐相处提供了一个思路。千百年来，这种信念融入它们的文化"。紧接着出现的画面是象征着当地人对自然敬畏之心的经幡、在寺庙里自由飞舞的鸟以及朗嘎喇嘛为棕熊留晚餐。解说词直观地讲述了中国的生态文明思想，视觉呈现又使之具象化。《珍贵的家园》一集里为以松塔谋生的农民为野生动物留食物，钱塘源国家公园沿江村民在桌上吃饭，燕子在梁上筑巢也同样是人与自然互利互惠，和谐共生的体现。通过日常的生活方式图景的展示，中国天人合一，人与自然是生命共同体的生态文明思想被融入影像修辞中，形成盎然的艺术意境。

三、叙事手段：阐释性与体验性、故事化与艺术化的结合

叙事手段是讲述故事的手段，叙事手段的运用决定着讲述故事的成败，在叙事手段上，中外合拍自然生态纪录片是阐释性与体验性、故事化与艺术化的结合。

（一）阐释与体验的结合

格里尔逊将纪录片中的解说词的声音称为"上帝之声"，强调的是纪录片的阐释功能，但这种强势的介入，往往给人以灌输之感，于是，在现代纪录片中参与功能被提出，即强调拍摄者的在场，通过与拍摄对象的现场互动的弥补阐释功能的局限。美国学者比尔·尼克尔斯将纪录片表达模式分为六种：诗意型、阐释型、观察型、参与型、反射型、表述行为型，其中参与型、反射型、表述行为型均服务于参与功能。如在纪录片《米尔斯探秘生态中国》中，解说词主要介绍中国的地理地貌，物种多样性，中国人与自然的和谐相处。在自然生态类纪录片中解说词的使用能够传递出观众不知道的重要信息和中国人的生态理念。但解说词可能会使观众把注意力转向一个物质现象在其中并不占什么地位的意识形态领域，[①] 产生宣教意味，导致观众质疑其真实性。此时创作团队的在场化讲述就增强了叙事内容的丰富性与真实性，也拉近了和观众的距离。《米尔斯探秘生态中国》里英国生物学家雷·米尔斯来到中国各地探索野生动植物，并与当地居民、保护区工作人员进行互动，了解中国在近些年来为保护生态多样性所采取的行动。此时，他成了美丽中国的亲历者、讲述者和评价者。米尔斯在雨林、溶洞的探访，与当地人及保护人员的交谈，其中流露出的赞美与钦佩给海外观众带来了真实感与代入感。在北京，他看见路边种的树时会夸赞中国人的环保建设，但也会提出在发达城市里人与野生动物的关系十分紧张，找到平衡之道需要长时间的探索和努力。描述与评价的共存，增添了纪录片的客观性与说服力。当他得知余建华为保护生态环境放弃狩猎后，调用自己的文化背景说出这样一句话"在英国我们有这样一种说法，狩猎者变成了猎物保护

---

① 朱文婷：《关于解说词在纪录片中角色地位的解读》，《中国电视》2012年第8期。

人"。用海外观众熟悉的话语方式讲述不同文化圈同样的生态文明理念，减少了文化折扣，让美丽中国故事更加通俗易懂。

（二）故事化与艺术化的结合

纪录片要保持其纪实本质的前提下吸引观众，故事化是必要的手段，即在保证事件真实的前提下，强调情节因素。一部故事讲得好的纪录片，往往是有好的选题、精细的情节、感人的细节、张弛有度的节奏，以及跌宕起伏的悬念。[①] 在这方面，《未至之境》《天行情歌》《中国秦岭：一只金丝猴的回忆》颇具代表性。如纪录片《天行情歌》就通过富有悬念性的情节设计，极好地调动了观众的情感参与。影片从开始时讲述天行长臂猿的生存困境，到通过录音技术带来的希望与希望的破灭，长臂猿的突然死亡，再到最后两只长臂猿的相遇，婴猿的出生，随着情节的跌宕起伏，观众的担忧、紧张、激动、高兴等情绪被唤起。除去情节外，细节野生自然生态纪录片讲述故事的重要手法，中外合拍自然生态纪录片中细节的刻画令动物有了人的温情，从而牵动观众的神经。无论是熊猫宝宝舔食母亲唾液时的温馨可爱（《未知之境》），还是雪豹母亲教会孩子捕猎的认真（《雪豹：冰封世界的王国》），抑或是金丝猴妈妈失去孩子时的悲伤落寞（《中国秦岭：一只金丝猴的记忆》），观众的心都与它们紧紧贴在一起。

故事化的手段让纪录片更具吸引力，而艺术化则使纪录片更具可视性，中外合拍自然生态纪录片的艺术化手段主要体现为画面语言全景与特写两极镜头的使用，声音语言中解说词、配乐、同期声提供的丰富信息。

全景能够展示深远的背景和宏大的景观，具有渲染气氛，表现意境的功能。在中外合拍生态纪录片里，中国的山脉高原、雨林竹海、苍茫雪原、落日长虹、飞溪悬崖都以美轮美奂的高清画面加以呈现，充分地体现出中国自然景观的多样与磅礴。而特写的使用又让我们从另一个角度看到了中国的美。《未至之境》介绍竹林时，从全局切换到特写，让观众细致地看见了竹子的生长过程，展现了中国植物的生命力。此外，对各类动物、昆虫局部如眼睛、花纹的特写，让影片极富视觉张力，给观众提供了近距离观察中国自然万物"萌"与"美"的机会。

中外合拍自然生态纪录片中的声音主要有三种：解说词、配乐、同期声。解说词丰富了影片的信息量，配乐和同期声增添了影片的感染力和纪实感。《未至之境》展现大熊猫生活时音乐温馨，刚出生的藏原羚努力站立时音乐充满希望。《金丝猴王国：勇敢者的世界》里对两只幼猴不同的遭遇分别使用了轻快和低沉的配乐，激起观众的情绪参与，小猴子遇到毒蛇时音乐塑造了紧张悬疑

---

① 付春苗、李超：《浅析电视纪录片叙事艺术的"故事化"理念》，《新闻界》2010年第1期。

感。极具感染力的音乐将不同的情感分别串联起来，从而打动观众，感染观众。而入围美国杰克逊自然电影节最佳原创配乐奖的《天行情歌》则将同期声使用得淋漓尽致。天行长臂猿的鸣叫、鸟的叫声、风吹树叶发出的响声等与大自然相关的发声体产生强烈的空间感，让观众仿佛置身于森林中，与自然万物共在。

通过阐释性与体验性、故事化与艺术化的结合，中外合拍自然生态纪录片讲述的美丽中国故事更具有共情力。

四、启示

中外双方团队的共同参与使得中外合拍自然生态纪录片讲述美丽中国故事的角度更加多元且具备国际视野，专业化的团队与技术保证了纪录片的质量与吸引力，中国的生态文明理念为纪录片的创作提供了内涵支撑。这些成功之处对自然生态纪录片讲述美丽中国故事具有借鉴意义。

（一）融合多元视角讲述中国故事

想要增强美丽中国故事的信服力、亲和力、感召力，不能从单一的角度切入，而是要寻找更加多元的视角。自然生态纪录片在讲述美丽中国故事时，首先，可以邀请国际受众熟悉的、信任的演员、网红、专家等来到中国亲身感受，通过亲历感和在场感提高故事的可信度。其次，可以通过接地气的平民化视角呈现中国生态文明建设，像有着朴素生态文明观的农民、牧民，尊重生命与自然的动物保护专家等，他们的参与让中国故事更具亲和力。最后，讲述中国故事，既要肯定取得的成就，也要说出存在的问题及今后的应对措施。在生态危机成为全球性问题的当下，在纪录片中呈现中国生态建设取得的成就和今后的应对措施，有利于提升中国生态话语的阐释力、感召力。

（二）打破文化壁垒，填补文化鸿沟

讲述中国自然生态故事的纪录片在异质文化圈中的传播或多或少会给受众带来一定的陌生感，进而产生文化折扣。为了避免陷入自说自话的尴尬处境，可以采取多种叙事手法打破文化壁垒，填补文化鸿沟。不同国家地区的文化有着不同的特征，同时也存在相似性，若能发掘出二者之间的契合点，再通过对照等方式进行说明，纪录片在全球范围内的传播效果将有效增强。如生态理念，不同的国家对人与自然和谐相处有着不同的表述方式，但其本质是相同的，在纪录片中对其进行说明，能够让中国的生态理念获得他国观众理解与认可。再者，普适性的情感主体能够引发国际受众的共鸣，自然生态类纪录片可以通过拟人的手法讲述关于动物的亲情、友情、爱情、成长的故事，让纪录片打动人心，提升亲和力与跨文化传播力。

（三）前沿技术与中国理念共同赋能

自然生态纪录片中 4K 与 8K 超高清摄影技术、微距摄影、航拍、水下摄

影的使用，为观众带来了极具感染力的视听体验，视觉奇观增强了自然生态类纪录片的吸引力。伴随着生态美学的兴起，自然生态纪录片呈现出人文转向的趋势，开始对自然世界中的生命意义、人类社会与自然环境的关系进行思考与体悟。[①]与英、美、法国等发达国家相比，中国自然生态纪录片的制作规模和制作水平都相对落后，BBC、美国国家地理频道、探索频道等都有着较为专业的自然生态类纪录片拍摄团队，我国在此方面稍显逊色。与之相对，中国有着丰富的生态文明理念，如传统的"天人合一""道法自然"，当代的"人与自然是生命共同体""绿水青山就是金山银山"等。因此，自然生态纪录片在讲述美丽中国故事时，既要合理运用前沿技术带来视听盛宴，又要坚守中国生态文明理念，打造具有中国特色的优质作品。

（作者分别为：上海外国语大学新闻传播学院副教授；上海外国语大学新闻传播学院2022级硕士研究生。本文系课题"新世纪以来中外合拍中国题材纪录片的叙事范式与跨文化传播研究"阶段成果）

---

① 刘忠波、金鑫：《中国自然纪录片生态意识的生成、美学特质与传播功能》，《中国电视》2020年第1期。

讲好中国脱贫攻坚故事的国际话语叙事策略

——基于纪录片《无穷之路》的研究

王玉琦　　曾　军

一、中国脱贫故事的国际传播价值

贫困问题一直以来都是备受关注的全球问题，不同国家和地区都在经历贫困问题的困扰。减贫议题不仅是联合国可持续发展目标的重要一环，同时也是世界各国人民的共同心愿。中华民族五千多年的发展历史，某种程度上也可以看作中国人民摆脱贫困的奋斗历程，追求小康是千百年来人们的朴素愿望。从新中国成立之初就确立社会主义基本制度，建立以制度为基础的国家减贫模式；改革开放后，农村率先进行经济制度改革以解决农民的温饱问题；党的十八大以来，中国开启了精准扶贫的新时代征程。中国在 2021 年 2 月宣布消除绝对贫困，这对中国而言不仅是具有里程碑意义的标志性事件，同时也为全球减贫事业发展和人类发展进步作出了重大贡献。中国的脱贫攻坚实践揭示了贫困并非不可战胜，既为其他国家战胜贫困注入了一剂"强心剂"，也为世界各国破解治理难题送上了中国方案和中国经验的"及时雨"。

习近平总书记强调脱贫攻坚不仅要做得好，而且要讲得好。这意味着要准确把握当前发展形势，深刻理解讲好中国脱贫攻坚故事的重要意义。讲好中国脱贫攻坚故事不仅要对国内讲好，而且也要对国外讲好，不仅要讲好脱贫攻坚的经验、办法、制度和理论，更要通过有代表性的可感可知的扶贫故事向世界说清楚中国为什么扶贫，为谁脱贫以及怎么脱贫。只有这样才能让中国故事里的人和世界同频对话，让世界对中国扶贫模式和经验产生兴趣，从而更加全面、系统、深刻地理解中国社会转型与发展状况。

中国的脱贫攻坚涉及人口之多、范围之广、情况之复杂等都是史无前例的，伴随着脱贫攻坚的实践也产生了众多的脱贫故事。但整体来看，这些脱贫攻坚的中国故事在对外传播中大多出现了水土不服的问题，比如仍存在沿用内宣模式的传播惯性，使用国内受众习惯的话语向国外受众表达等问题。① 西方长期以来的话语霸权和媒介偏见，再加上扶贫议题的复杂性，使得中国脱贫攻坚故事在全球并没有产生与之国际地位相匹配的传播效果，出现了"有理说不出""说了传不开""传开叫不响"的尴尬局面。步入新时代，习近平总书记指出要加快构建中国话语和中国叙事体系，用中国理论阐释中国实践，用中国实践升华中国理论。② 这就要求我们加强中国话语和叙事体系建设，讲好中国故事，向世界展现一个真实、立体、全面的中国。《无穷之路》作为香港首部在国家脱贫成功之后拍的脱贫攻坚主题纪录片，自开播以来热度持续走高。除了在内地产生广泛影响，该纪录片在香港取得了理想的收视成绩，海外观众亦好评如潮。在国家广播电视总局办公厅公布的 2021 年度优秀海外传播作品评审结果中，《无穷之路》从 285 部优秀候选作品中脱颖而出，被评选为 2021 年度优秀海外传播作品。《无穷之路》作为 2021 年度优秀海外传播作品，正好能够为中国优秀视听作品在海外落地传播和构建中国叙事与话语体系提供借鉴和参考。

二、纪录片《无穷之路》的叙事策略分析

作为一部"脱贫攻坚"主题的纪录片，来自 TVB 的五人团队历时三个月，横跨中国 6 个省份，深入大凉山悬崖村、《山海情》原型闽宁镇、天空之城理塘、广西刘三姐镇等 10 个极具代表性的深度贫困地区进行拍摄，并借助当地电视台之前的资料片段形成今昔对比，让观众可以直观地感受到脱贫攻坚历程带来的变化，真实地记录了中国的脱贫奇迹。

提到脱贫攻坚题材的纪录片，大多数人首先映入脑海的概念都是贫穷和陌生。早期的扶贫题材纪录片借助影像的奇观化与风格陌生化吸引观众的注意力。③《无穷之路》最先吸引观众目光的是内地自然风光的多样和惊险，该纪录片向广大海内外观众揭示了中国神秘与陌生的一面：地域的广袤性与发展的不平衡性。四川大凉山的悬崖村、云南汹涌澎湃的怒江、天空之城理塘……这些无不让观众产生好奇与憧憬，但是真正打动观众的是片中展现的故事和情感。在纪录片中展现的脱贫攻坚故事折射出了传统中国与现代中国的形象碰撞，发展的不平衡与不充分在这里都得到了体现。一方面，在改革开放取得伟大成就的同时，发展不平衡的问题日益突出，主要表现为区域结构发展的不平衡，即

① 朱鸿军、蒲晓：《新中国成立70年对外传播媒介与传播观念之变迁回顾》，《对外传播》2019年第6期。

② 田鹏颖：《加快构建中国话语和中国叙事体系》，《光明日报》2021年6月7日。

③ 魏佳：《平民视角·国家叙事·国际表达——从〈山海情〉谈中国扶贫题材电视剧的话语框架建构》，《传媒观察》2021年第6期。

东中西部地区之间发展的不平衡。另一方面，发展成果的普惠性、共享性还不充分。不同群体在收入分配方面存在较大差距，依然有一部分群体处于贫困的境地，发展还不具备最大限度的包容性。而《无穷之路》通过实地探访，在节目里呈现出这些地区在精准扶贫政策下成功脱贫的效果，既是对中国脱贫攻坚历程的真实记录，也是对共同富裕的时代命题的主动回应。

（一）叙事主体：脱贫攻坚主体的多元群像

无论是影视作品还是脱贫攻坚主题纪录片，人都是其中的重要一环，作为脱贫攻坚的叙事主体，在宏大主题落地过程和环节中承担着重要职责和使命。在叙事中，故事、行动与人物之间彼此构成、相互推动。[①]叙事使得行动者通过行动彰显的主体性获得认同。因此，它在行动者主体构建自身的过程中至为关键。换而言之，如果一个故事没有得到充分叙述，那么人物认同就不会产生，人物的形象塑造也只有通过叙事故事的统一性才能实现。每个普通个体在脱贫攻坚的行动中与其他人产生互动和联系，建构起自身的主体性认同，从而使得人物形象在脱贫攻坚的行动叙事中完成塑造并得到升华。

以往的脱贫攻坚主题纪录片多将镜头和高光对准扶贫干部，凸显扶贫干部身上的闪光点和重要性，而忽略了扶贫攻坚历程中其他群体的存在，进而在长期的叙事中形成了扶贫干部的脸谱化和平面化的刻板印象。在纪录片《无穷之路》里面，脱贫攻坚不再局限于扶贫干部，而是成了当代中国人共同的实践主题。在纪录片中，除了观众熟悉的扶贫干部，还有返乡创业的大学生韦小东四人，坚守乡村的溜索医生邓前堆，海南第一个带头种植有机茶的符小芳，靠种植咖啡豆改变女性地位的叶萍，留在广西参加扶贫的卢森堡，退休警察尼克……这些人呈现出脱贫攻坚主体多元化的时代群像。他们在各自的领域和岗位默默坚守，无私奉献。扶贫不再是某一部分人的任务，扶贫干部、扶贫志愿者和勤劳朴素的贫困群众等群体，共同构成了这片土地摆脱贫困的力量。

除了扶贫干部，扶贫志愿者也是脱贫攻坚队伍的主力军。这批有着新思维、新技术、新理念的时代新青年，为新时代的脱贫攻坚行动奠定了大胆创新、勇于改革的青春基调。不同于带着任务和使命的扶贫干部，这些扶贫志愿者来自不同地区，身份不同，性格各异，或为了求发展或由于机缘巧合留在了这片土地，却都在脱贫攻坚的行动中达成了统一性，汇聚成新时代脱贫攻坚与乡村振兴事业中一股不可忽视的力量。这种新的时代力量既是乡土社会变革的基础，也是乡土社会再造的前提。[②]在脱贫攻坚的具体情境下，扶贫志愿者不仅要与当地贫困群众打交道，还得面对不同的思想价值观念和当地的村规民

---

① 陈高华：《行动、叙事与认同：从阿伦特到利科》，《哲学分析》2021年第12期。

② 薛晋文、张自清：《当下扶贫剧创作和传播得失管窥》，《中国文艺评论》2021年第1期。

约等制度规范，不可避免地要直面各种矛盾冲突。脱贫攻坚叙事主体的深刻变化，凸显了我国扶贫政策的变迁。不同于以往"输血式""漫灌式"的扶贫实践，新时代的精准扶贫是在精准识贫的基础上对症下药，精确配置人才、技术、知识和产业等要素来激活贫困地区的内生性，使其能够自我造血重生。而脱贫攻坚这一行动主题不再只是扶贫干部的责任使命，而是和每个普通人息息相关的时代主题，是当代中国人共同的行动。

（二）叙事视角：微观叙事凸显扶贫价值

视角是一部作品或者一个文本看待世界的特殊眼光和角度。[①] 微观叙事最突出的特征在于"以小见大"，通过一个个细节拼贴出社会的全景。纪录片《无穷之路》从微观入手，以一个香港媒体人的视角来看内地的扶贫工作，在微观切入与宏观把握之间达到有机统一。

微观叙事主要从与公众生活的细微之处着眼，通过选取普通人物的典型事件讲好百姓故事。相较于宏大叙事，微观叙事更能引发公众的同情心和同理心。不同于以往的扶贫题材的纪录片，《无穷之路》没有进行宏大的政策解读，而是跟随主持人陈贝儿的第一视角，带领观众切身感受贫困地区脱贫前后的对比变化。比如在节目的第一站四川大凉山"悬崖村"，主持人陈贝儿在当地向导的带领下爬"天梯"。因为整个村庄建在海拔一千五百多米高，几乎垂直九十度的悬崖上，当地村民出行的方法就是靠用藤绳织成的简陋天梯。节目使用了大量的主观镜头呈现陈贝儿爬天梯的过程，让观众产生身临其境的感觉。而主持人陈贝儿的亲和力和观察力能让观众毫无障碍地代入进去，从而形成普通人身上最朴素的情感共鸣。

《无穷之路》将镜头对准普通人，把关注的重心放在那些因为脱贫受益的普通人身上，而对扶贫政策的诠释则被小心翼翼地藏在每一个个体故事的背后。在纪录片的视角下，观众对贫困的概念有了更具体的认知和理解。悬崖村村民的收入来源主要是种农作物，但是交通成了最大的阻碍，辛苦背下山的农作物甚至还会被压价，当地小孩想去上学也必须花四个小时往返这条悬崖山路，稍有不慎就会跌落丧命，贫困的印记深刻地烙印在他们的身上。当地政府通过易地搬迁的方式建立安置社区，并完善配套的医疗、学校、道路网络和现代农业产业园，帮助村民从根本上摆脱贫困。《无穷之路》没有侧重去展现那些亮眼的脱贫数据，而是专注于讲述普通个体的故事。主持人用朴素的语言去采访当事人对扶贫的感受，呈现出真实的扶贫成果。正如陈贝儿在接受采访时所说："我们拍到的很多村民生活都改善了，他们的笑容是没有办法装出来的。每

---

① 方毅华、赵斌艺：《〈舌尖上的中国〉叙事策略变化刍议》，《中国广播电视学刊》2014年第9期。

个人对生活的满足感和对未来的信心都呈现在脸上，这是最真实的。"①纪录片通过这些小人物的故事来切中脱贫攻坚过程中复杂的现实问题，对扶贫干部的采访更多的是为了帮助观众理解党和政府的扶贫政策和脱贫工作是如何切实帮助到贫困群众，并在这个基础上展现不同的扶贫方式，聚焦相关问题的社会性、价值性与独特性，将普通人的故事连贯成整个社会的缩影，促进微观叙事与宏大意义的联结。

（三）叙事主题：中国故事升华为全球故事

从叙事主题上来看，讲好脱贫攻坚故事不仅要展现中国特色，还要具备全球意识，这样才能使得脱贫攻坚叙事"既有全球故事气息，又见中国文化印记"。通过讲述好一个个真切细腻的有代表性的生动案例，让中国故事转变成为国际舆论场中备受关注的全球故事。联合国把消除贫困确立为首要目标，中国的脱贫攻坚与联合国可持续发展议程中的减贫议题具有共通的对话空间和合作契机。中国在消除贫困的同时也在积极推动国际减贫事业的发展，在对外传播中国治理方案和减贫模式时，主动将中国脱贫攻坚议题与国际减贫议题进行勾连和同构，②扩大共同的意义空间，在相似或相近的共识认同和意义理解中将中国故事升华成为全球故事，让世界主动接触中国故事，进而探寻中国模式，从而达到更好的传播效果。

讲故事是国际传播的最佳方式，全球化为对外讲好中国故事提供了平台。但在全球舆论格局发展极不平衡的大背景下，中国面临信息倒灌和意识形态渗透等方面的潜在威胁。③再加上国际传播和脱贫攻坚议题的复杂性，尤其是中国参与全球化互动的程度进一步加深，使得中国脱贫攻坚故事的国际环境背景不断变迁。一方面，讲好中国故事需要强调中国的主体性问题，通过传播真实的、能够引发国际受众共情和共鸣的故事来寻求建立共同的意义空间。另一方面，也要主动适应国际传播新态势，将中国故事置于全球化的语境下，强化其互通性和共享性，并弥合差异性，在共同意义空间的基础上进一步达成共同利益。这样不仅可以避免直接套用以往意识形态色彩浓重的宣传话语模式，缩减与其他国家在叙事逻辑、话语体系和文化传统上的差异，还能全面地展现中国脱贫攻坚故事的全球性和互通性等特征，使脱贫攻坚叙事更容易被国际传播场域接受。

中国的脱贫攻坚议题涉及生态、教育、妇女儿童、科技文化、产业发展等多个领域，电商扶贫、旅游扶贫、生态扶贫、教育扶贫等多个主题，都可作为

① 赵觉珵、冀昱樵：《望港人到内地走自己的"无穷之路"》，《环球时报》2021年11月30日。
② 栾轶玫：《新时代中国国家叙事脱贫攻坚的对外传播》，《编辑之友》2020年第9期。
③ 李宇：《中国国际传播研究的理论创新与突破》，《中国广播电视学刊》2020年第7期。

减贫议题，并且从中挖掘有传播价值的减贫故事进行对外传播。纪录片《无穷之路》将中国脱贫攻坚议题与国际减贫议题进行同构，从而将中国的脱贫攻坚叙事巧妙地融入全球减贫叙事的国际话语传播体系。该纪录片从全球视野出发，将脱贫攻坚与可持续发展、生态环境保护、妇女儿童权利保障等国际议题进行关联同构，尝试构建利益和命运共同体。比如在大凉山当地生态脆弱，一方水土难以养育起一方人，当地政府通过易地搬迁的方式尝试换一方水土富一方人，从而实现人与自然的和谐共处。海南白沙的符小芳通过种植有机茶，云南孟连的叶萍通过种植咖啡豆带领当地居民脱贫，并且实现了女性地位的提升和女性力量的崛起，真正做到了女性能顶半边天。通过将发生在中国的扶贫故事和国际视野中的生态环境保护与妇女儿童权利保障等重要议题进行关联重构，选择契合国际传播目标对象的叙事方式和话语体系来讲故事，为其理解传播内容和意义提供一个具有共通和共享意义的语境空间，从而弥合不同文化和价值观层面的差异，达成最大限度的共识。

三、结语

故事是核心，讲故事是关键。随着中国现代化进程和参与全球化互动程度的不断深入，讲好中国故事的国际话语叙事在不同的阶段呈现出不同的特征。脱贫攻坚叙事作为新时代发展成就叙事的重要内容，对于展现中国的治理现实和治理效能，提升国际话语权和营造稳定的国际发展环境具有深远的历史意义和迫切的现实需求。

作为香港地区首部在国家脱贫成功之后拍摄的脱贫攻坚主题纪录片，《无穷之路》从香港媒体人的视角来看中国的脱贫攻坚工作，以主持人的第一视角真实记录了中国脱贫攻坚的发展奇迹。从叙事主体来看，纪录片呈现出扶贫主体的多元化，脱贫攻坚不再局限于扶贫干部，而是成了当代中国人共同的行动叙事。从叙事视角来看，纪录片借助微观叙事"以小见大"，将镜头对准那些因脱贫受益的普通人，通过小人物的故事展现精准扶贫政策的意义和价值，以个体命运反映时代变迁，在微观切入与宏观把握之间达到有机统一，促进微观叙事与宏大意义的联结。从叙事主题来看，新时代扶贫纪录片讲好中国故事既要强调中国的主体性，又要将中国故事置于全球化的语境下，强化其互通性和共享性，将中国故事升华为全球故事，使脱贫攻坚叙事既有全球气息，又见中国印记。

正如纪录片的片名一样，无穷之路既可以理解为摆脱贫困的发展道路，也寓意着谋求国家富强、民族复兴和人民幸福的道路没有尽头。对外讲好中国扶贫故事也不例外，需要从中国的实践出发，选择那些真切的、细腻的、观众可知可感的普通人的故事进行挖掘。讲好中国扶贫故事传播的内容是本国的治理事实，而背后的是国家治理的制度体系和价值理念，通过用中国的脱贫攻坚实践来升华中国的国家治理理论，让世界对中国智慧、中国经验和中国模式感兴趣并主动探寻，从而在润物细无声中提升国际话语权和国际传播场域的引导力。

（作者分别为：江西财经大学人文学院教授；江西财经大学硕士研究生）

国产大型动画的全球化创作视野
与海外传播策略

李　琳　　武文岩

尽管中国有着巨大的电视动画播放市场与稳定的观影人群，但在全球经济整体中只顾及本土市场、拍摄本土观众喜爱的动画，始终无法让中国动画走向全球市场。如果国产大型动画不能在西方世界形成足够的文化影响力，我们就不能成为动画强国。在不同国家动画观众文化接受差异较大，西方动画又有传统优势的背景下，中国动画应该积极以不同渠道与方式向海外传播，这一动画业界的共识观念，应该成为接下来一段时间国产动画的重要创作与运营命题。

一、全球传播环境下国产动画的创作视野与内容准备

（一）重视影响全球化传播的文化语境因素

文化语境是影响中国动画海外传播的关键因素之一。文化全球化传播的先决条件是平等互信基础上的相互理解，作为一个文化相对独立的国家，我国的大型动画在与欧美、日本等主要世界动画市场进行交流时，遇到的一大障碍是中国动画文本需要相关文化语境支持，否则就无法被海外观众所理解。英国文化研究者斯图亚特·霍尔提出了文化的"高语境"和"低语境"概念，认为任何事物均可被赋予高、中、低语境的特征。高语境事物具有预先编排信息的特色，仅有微小部分存于传递的信息中，而中国是在文化与信息交流中对这种要求最高的国家。在国产动画的传播中，动画角色或动画作品本身作为说话者的言语或行为意义来源或内化于其所属的语境，这一"高语境文化"所表达的东西比语言本身的表达要丰富得多。因此，中国动画以"高语境文化"传播的信息对"低语境文化"的外国观众而言很容易存在理解的障碍，从而遭遇文化鸿沟。

因此，中国动画想要切实为全球范围不同文化语境中的受众所理解，必须

认识到中国文化的高语境特征对传播与接受过程产生的影响。在进行国产动画的创作时，在内容上要寻找适合被中国动画表达和使用、同时具有共同价值与现代价值的文化符号；在表达上则要为相应的文化符号利用影像语言打造相应的直观表达方式。国产大型动画篇幅巨大，其中对一些集体群像的全景镜头往往涉及以礼法为基础的人际关系，其中不同角色的命名、造型、位置、调度都在文化的"高语境"中涉及中国传统文化的核心，这时就需要在角色与镜头的设计中将暗藏的等级和伦理秩序图形化。例如，为地位尊崇者涉及相应的高山、殿宇、台阶等文化符号并将其置于画面中心、亮部或透视线的汇聚点上，使这些信息在不依靠对话的前提下可以跨越语境外因素传递造成的困难，在跨文化语境中按照创作者的思路被解读。中国大型动画想要真正走向世界文化交流的平台，就必须聚焦于寻找不同语境下的共同价值，努力找到在各个语境下都能被充分理解的最小语境文本，从而实现高语境文化的低频讲述，使得国产动画的内容能够实现有效沟通。其中，一些国人熟视无睹的独特符号往往成为其中的关键。

（二）国产动画中独特符号的梳理与表达

新中国成立以来，具有京剧艺术特点的《大闹天宫》与别具一格的水墨画风作品《小蝌蚪找妈妈》等动画作品在世界动画节及电影节上屡获大奖，动画制作者亦因发现东方的价值观和文化并不必然受到西方观众的天然排斥和反对，与一些独特文化符号的结合反而受到欢迎，而得到了关键性的鼓励。当今，我国大型动画创作在数十年的积累与沉淀中进入新的历史时期，如何再次借助独特的符号进行跨文化叙事和表达成为关键。以在国内外屡获赞誉、被称为"国漫之光"的《秦时明月》为例，其中既有剑侠、儒生、道义等从中国文学作品中提炼出来的文化符号，也有工匠、中医、舞蹈、音乐等传统生活符号，这些来自古典文学作品与传统文化生活中的独特符号，经过数百年乃至千年的流传，已经逐渐脱离了原始的文化载体，以动画这一现代的艺术形式印证于中国人的文化基因之中。影片中的剑侠盖聂怀抱"侠之大者，为国为民"的侠义精神放弃刺秦，作为中国侠义文化中的重要载体成为《秦时明月》前两部《百步飞剑》与《夜尽天明》中的核心价值人物；而《秦时明月》的后续几部作品《诸子百家》《万里长城》《君临天下》则跟随盖聂的视角进入墨家机关城、儒家庄园、巨艇"蜃楼"等具有丰富传统审美特性与文化内涵的场景中，创作者在对美轮美奂的古典场景、诸子百家的不同风范、气象万千的壮丽山河等传统文化资源的选择和利用中，显示出敏锐的判断力和惊人的创造力，使原本的历史文化与自然人文资源在动画中生发出新的意味。《秦时明月》总导演沈乐平不仅通过优美的动作设计、恢宏雅致的传统乐器配乐、秀丽自然的风光消解了武侠动画中可能存在的野蛮与暴力，并将隐藏于生活场景中的各种细节作为独特的文化符号穿越不同文化中的障碍，得到了外国观众的理解与认可。

二、国产动画海外传播的基本渠道与效果反馈

（一）国产动画"走出去"的基本渠道变革

自动画制作与国际接轨以来，随着国产动画的种类越来越多，品质越来越高，其传播手段和传播技术也得到日新月异的发展。在文化软实力越发强劲的背景下，国产动画在创意、生产、传播等方面都推陈出新，海外推广发行等"走出去"的渠道也由于外交、艺术、商业、网络等多种方式的配合而越发多元丰富和深入。新中国成立后，中国动画海外推广的目的是向社会主义阵营国家介绍新中国的文化，在这一阶段，外交渠道成为中国动画海外推广的核心渠道。改革开放后，中国动画作品开始将商业价值和艺术价值放置在同等地位，以带有传统中华文化色彩、以传统题材动画为代表的一批动画受到海外观众的欢迎和喜爱，国产动画在海外传播的首要方式大致分为在外国电视频道播映、授权国外公司播映以及海外代理发行三种。在此之外，参加以知识产权交易为核心的授权展、引入海外创意制作人才和国际项目也是国产动画走出去的重要渠道。尽管实际收益还未能与国内市场完全同步，但在近几年文化政策与政府的扶持下，中国大型动画的海外市场已有相当程度的发展。随着《成龙历险记》《中华小子》等成功的国际合拍项目的逐步深入，中国动画海外播映权、发行权与商品开发并购收购案例倍增，也为中国动画海外传播的渠道扩展创造了更多机会与条件。

（二）国产大型动画在全球市场中的接受情况

根据国内 ACG 产业媒体三文娱的数据与整理资料，国内大型动画在全球市场中的接受情况人体可分为三种。首先是在文化产业尚不发达的非洲、东南亚等第三世界国家和地区，中国大型动画以低幼年龄向的产品输出为主，如，讲述两只拟人化的棕熊与猎人光头强斗智斗勇的情景短剧《熊出没》，以及同样以羊群与狼的对抗为基本主题展开的《喜羊羊与灰太狼》等。前者流行于人口低龄化的国外市场，后者通过迪士尼亚太区频道，在亚洲和太平洋地区的几十个国家和地区播放，包括泰国、菲律宾、越南等发展中国家，在印度甚至以不同邦的方言播出。这些在中国市场上饱经考验的大型动画在经济与文化尚不发达的第三世界国家广受欢迎，基本不存在贸易门槛或文化主权上的交流鸿沟，但这些国家和地区的购买力往往也达不到中国动画公司的预期，甚至难以收回制作成本。于是，中国动画公司也会将目光投向高回报率、低准入率的欧洲、北美动画市场。

在对欧洲与北美市场的"攻坚"中,中国大型动画在没有世界级IP的前提下仍然选择以低龄向动画切入欧美市场,其原因在于这类动画对受众的文化认知门槛相对较低,相比之下更容易打通差异性的文化语境和地域特征间存在的种种隔阂。然而,由于这些国家和地区往往具有相当严苛的内容限制和保护体系,因此中国动画公司仍然要以极大的时间及人力成本与海外市场沟通和对接,并在其中添加明显的中国文化元素以符合西方国家对儿童观看动画的限定标准与观看预期。其中,绚素文化出品的《山海宝贝》非常具有借鉴意义:《山海宝贝》借鉴了《数码宝贝》《宝可梦》中"少年加宠物伴侣"的冒险模式,并融入了不周山、龙子狻猊、四大神兽等东方文化符码,讲述不周镇几位性格各异的少年与《山海经》中的奇珍异兽达成结印协议,同样具有少年心性、渴望世界和平的少年与神兽踏上冒险与战斗的故事。《山海宝贝》不仅在内容题材、叙事手法方面契合欧美市场对低龄儿童动画的准入规则,也在轻松可爱的神兽形象中潜移默化地进行了富有战略意味的传统文化表达。

最后,日本动画市场始终作为与中国动画同享东方价值观与文化语境,且存在文化话语与商业份额争夺的重要领域。在低龄向作品进军亚非与欧美的同时,市场成熟且准入规则宽泛的日本市场成为《狐妖小红娘》《从前有座灵剑山》《雏蜂》《银之守墓人》《时间支配者》等青少年或全年龄向动画的首选出口地。自20世纪60年代以来,日本观众就形成了通过电视观看动画的习惯。尽管近年网络播放的方式对电视动画的收视率形成了一定的冲击,但短时间内在东京都会电视台、东京电视台、富士电视台这几家老牌频道上观看动画的习惯仍然难以被撼动。因此,中国大型动画往往会以在日本电视台播出为目标,先在日本各家视频网站试水投放,其中优秀者不仅可以获得老牌电视台的黄金时段播放权,还可以获得后续的品牌授权、周边开发利好。然而,日本动漫产业发达,每季度都有50~60部新作动画上档,而著名的动画电视台十分有限,因此电视台时段的竞争非常激烈。以成功登陆东京都会电视台黄金播放时段的《狐妖小红娘》为例,这部动画的作画质量与演出效果不仅饱经国内市场检验,更在二次配译时请到了田中爱美、阿澄佳奈、米泽圆、桐井大介等知名日本声优进行适应日本本土观众的配音,营销上提前一年前就预约了每周六晚9点的播放时段,最终取得了良好的传播效果。

三、推动新时代国产精品动画国际化的策略研究

(一)借鉴其他文化产品的海外传播经验,树立文化自信

中国动画的海外传播应当借鉴中国电影、电视剧、话剧等其他艺术形式在海外传播的经验,减弱动画作品中宣传性、说教型的意识形态观感,在创作中

充分建立文化自觉和文化自信，制作故事集中、类型清晰、轻松活泼、传达具有人类普适情感伦理与价值观的商业动画作品。《宝狄与好友》在角色设计中就为不同角色融入了节约、环保、关爱、和谐、礼节等"教育部八大德育主题"；而在宝狄、玲玲、飞少等角色通过了能量区神兽的测试之后，几个小伙伴又分别拥有了光、火、沙等自然属性，成为原能保护区的原能勇士，从而引出了保护自然资源、节约能源等环保主题。从近期出口海外的中国动画来看，从传统古典武侠到衍生出的仙侠玄幻，以及日常系轻小说风格的生活喜剧等，大部分作品以浓郁的中国特色对商业性与同质化严重的国外市场形成了有力冲击。在文艺作品中传达太多的浓厚价值并不意味着相应的作品就具有了代表中国文化气质和风范的能力；相反，只有树立了文化自觉与文化自信，才能更加自如地将国家文化、现代价值观、中国美学等因素转化为可以用动画视听语言来表达的能力和素养，实现成功的跨文化传播的目标。

（二）与中国优秀动画电影协同发展的全系列企划策略

在许多发达国家的动画创作体系中，高成本的大型动画产业链条基本呈现全新的媒介融合趋势，动画制作公司不再是单独的个体，而是与生产链条上的其他产品制造者形成联动；大型动画的商业产出也不仅来源于电视放映带来的收视率收入，以知识产权为核心的后续开发也成为价值生产的关键。这种处于媒介融合状态下的动画产业新业态，可称为全系列企划体系。在这样的新型工业体系下，动画产业往往与其他媒体产业融为一体，从而产生一种协同效应；同时由于集团公司具有跨国业务拓展的先天优势及产品的文化价值，意识形态价值也会被连带地放大。随着近年国产动画行业形势向好，中国动画经历的全球市场化与美国、日本等国家，中国香港、中国台湾地区的广泛交流互动也在各种项目的合作中呈现出生机勃勃的发展态势。越来越多的动画公司在试水高成本、高风险的大型动画创作时，从项目早期就以全系列企划为入手点降低市场风险，提高商业竞争力。在海外市场的回报率尚不明显时，与国产优秀动画电影联动协同发展就成了国产电视动画走向海外的首选。以轻喜剧《十万个冷笑话》为例，这部改编自同名漫画的大型动画剧集在获得稳定受众后同步推出了院线大电影与日语配音剧集，并很快展开了院线大电影的日语配译工作。与叙事篇幅长，不在电视上看完全部就难以收回成本的剧集相比，只有一百多分钟的剧场版成为外国观众了解这一 IP 的首选。

四、结语

尽管中国动画在国际上与世界一流作品相比还存在整体质量与竞争力上的差距，但只要从业者以开拓全球市场为目标树立文化自信，不断打磨国产精品，并持续了解海外市场的运作方式、对不同年龄与等级内容的市场准入标准等规则，国产动画终有一日可以凭借丰富多元深厚的传统文化底蕴更好更多地走向世界，为全球观众带来不同文化视角下多元价值观念的滋养。

（作者分别为：河北师范大学文学院博士研究生、河北师范大学新闻传播学院副教授；河北师范大学新闻传播学院 2020 级硕士研究生。本文系河北师范大学 2020 年度人文社会科学校内科研重点基金项目"唐娜·哈拉维后人文主义思想研究"的成果，项目编号：S20Z005）

载道与融通：破除西方话语霸权的可行策略

——基于云南野生象群迁移和 COP15 第一阶段会议报道的分析

张　斌　李　昌

在国际舆论场上，中国主流媒体有责任和义务不断提升中国话语的权威性和影响力，以破除西方媒体长期以来戴着"有色眼镜"实施咄咄逼人的"话语霸权"，创建客观、公允、健康的全球舆论生态。以国际话语建构为核心的国际传播能力建设，是当前中国媒体，尤其是主流媒体应当主动担当的国际传播责任和义务。

一、我国国际传播话语实践的现状与可能

习近平总书记多次强调推进国际传播能力建设，2021 年 5 月 31 日，在中共中央政治局第三十次集体学习时再次系统论述国际传播能力建设和对外话语体系构建。党和国家高度重视当前国际传播能力建设及国际传播话语实践，这也是当前国际传播研究的重中之重。随着我国综合国力和国际地位的提升，与之相匹配的国际话语权是推动构建人类命运共同体，为我国改革发展稳定营造有利外部舆论环境的需要。

为了响应国际传播能力建设及国际传播话语实践的现实需要，业界和学界都进行了一系列的研究和探索。从国际传播实务来看，从"大外宣"格局，到"1+6+N"的复合型梯队，再到"三台合一"的全媒体阵容，以中央主流媒体为主要力量的"国家队"在国际传播实践领域不断寻求新的突破。[①] 学术研究方面，研究者从国际传播能力的内涵、意义研究，国际传播的指导思想研究，国际传播能力的构成及提升策略研究，国际传播的话语建构研究等方面进行了多样化的探索。[②]

---

① 李昌：《新时代背景下"内外有别"传播原则的继承与发展》，《昆明理工大学学报（社会科学版）》2020 年第 8 期。

② 李昌：《我国国际传播能力建设研究述评》，《昆明理工大学学报（社会科学版）》2019 年第 2 期。

　　然而，在现实的国际传播实践中，虽然硬件建设突飞猛进，但"传播软实力"依然没有实现根本的突破，我国对外传播中"有理说不出""说了传不开"的窘境依然存在；同时，有研究也指出，我国当前进行国际传播所面临的困难和挑战亦非常严峻，其中"西方国家的话语攻讦"是最大的外部挑战，对我国国家形象建构或重塑来讲，很大程度上取决于中西方的话语博弈。[①] 如果说"西方国家的话语攻讦"是国际传播能力建设最大的外部挑战，国际传播话语实践就是国际传播能力建设的核心和关键。作为提升国际传播能力的重要途径，研究者往往站在提升我国对外传播效果的角度探讨国际传播中的对外话语建构。比如"融通中外是创新对外话语的关键"，因此，对外传播要充分考虑目标对象特殊的文化背景和信息接受习惯，从海外受众的风俗习惯、宗教背景、生活方式等方面寻找传、受双方的利益、情感、话语共同点，在此基础上，充分运用跨文化传播的技巧，用海外受众的"方言"讲述中国故事，创造传、受双方更多的"共通的意义空间"，从而"构建起既有中国特色、又有国际气派的话语体系"[②]。党的十八大以来，"中国故事""中国梦""中国精神""中国道路"等逐步成为对外话语建构的重点。提升国际传播能力，必须"融通中外"，并着眼于当前中国的国情和社会现实，总结和提炼能够涵盖改革发展成功经验的鲜活话语，做到"准确把握新一届中央领导集体治国理政的新理念，总结形成准确阐述中国道路、中国精神的对外表达方式"[③]。

　　从实际情况看，学理层面的国际传播能力建设或国际传播话语建构的研究往往是形而上的思辨，是从现象到理论的阐释，或者是基于从"实然"到"应然"的规范研究。研究往往从国际传播能力建设或国际传播话语建构的"应然"标准出发，对照当前国际传播能力建设或国际传播话语实践过程中的问题和不足，提出自己的对策性建议。虽然这种规范研究本身也是国际传播能力建设应有的研究内容，但理论研究如果脱离国际传播的具体实践或现实，以形而上的逻辑推理来建构理论，就失去了国际传播能力建设或国际传播话语建构的现实意义，理论本身自然会出现无法在实践中检验的尴尬。在全球媒体格局快速调整、激烈演变的背景下，我国主流媒体有望也必然能全力提升引领力、传播力、影响力，创建国际一流新型主流媒体。一方面要注重理论与实践的结合，总结出具有可操作性的理论架构；另一方面在国际传播话语实践和理论建构的

①　段鹏：《当前我国国际传播面临的挑战、问题与对策》，《现代传播》2021年第8期。

②　蔡名照：《加强国际传播能力建设讲好中国故事传递中国声音——学习贯彻习近平总书记关于做好对外宣传工作的重要论述》，《理论导报》2015年第12期。

③　王晓晖：《加强国际传播能力建设，精心构建对外话语体系》，《马克思主义与现实》2014年第4期。

有效互动中寻求西方"话语霸权"的破解之道。讲好中国故事，传播好中国声音，展示真实、立体、全面的中国，是加强我国国际传播能力建设的重要任务。建构国际传播话语体系，要把"以文载道、融通中外"当作当前主流媒体国际传播能力建设和国际传播话语建构的可行性策略。

从 2021 年 4 月开始的云南大象迁徙报道中，中央广播电视总台（简称"总台"）报道团队抢抓报道时机，巧设热点议题，创新呈现方式，注重融合传播，充分展现了可信、可爱、可敬的新时代中国形象。《一路"象"北》等系列融媒体产品网上热搜不断，"云南亚洲象的奇妙之旅""大象为啥对酒感兴趣"等话题连连置顶传播。总台持续长达 5 个月的报道，形成了"现象级"传播，引发了国际社会的普遍关注，得到中央领导同志的充分肯定和社会各界的广泛好评。①2021 年 10 月 11 日至 15 日，《生物多样性公约》第十五次缔约方大会（简称"COP15"）第一阶段会议在云南昆明举行。10 月 8 日到 15 日，央视《新闻联播》播出相关报道 15 条、《焦点访谈》播出五期专题、新闻频道播出七期特别节目《共赴春城之约》、央广中国之声《全国新闻联播》和《新闻和报纸摘要》等重点节目均播出多期重点报道。大会相关报道在总台平台的跨媒体总触达人次为 25.91 亿，其中，会议直接相关报道跨媒体总触达人次达 6.61 亿，10 个话题登上热搜。总台国际视频通讯社有效国际合作渠道和自主发布平台，向全球媒体用户进行广泛推送，其中 116 条新闻素材被 BBC、CNN、德国电视一台、法国 24 台、日本 NHK、意大利广播电视公司等 77 个国家和地区的 478 个电视台以及网络新媒体平台采用。

从"追象"到"COP15"系列报道，作为建设国际新型主流媒体的先行者，总台在提升引领力、传播力、影响力的过程中，以文载道、融通中外，在充分践行了习近平总书记"5·31"讲话精神的同时，对新时代国际传播话语实践不断进行有益的尝试，对提升我国主流媒体国际传播能力、破除西方媒体"话语霸权"具有重要的现实意义。

二、文以载道：以"中国体验"构建中国话语讲好中国故事

从对外宣传到国际传播，是我国对外传播理念的根本性变革。作为特定时代的产物，"外宣模式"曾经发挥过积极的作用，在完成特定时期的宣传任务方面是值得肯定的。由于国内、国际传播环境的变化，国际传播尤其是加强国际传播能力建设理念顺势而出并被反复强调。然而，固有的"外宣模式"的影响依然在很多时候"潜移默化"地影响着对外传播工作。这种影响最突出的表现就是当前对外传播中"信息模式"和"故事模式"的选择。

①　《中央广播电视总台通报表扬云南大象迁徙报道团队》，http://tv.cctv.com/2021/10/10/VIDElSXrkHO2IBZ fbf9RBDYw211010.shtml。

　　美国学者迈克尔·舒德森（Michael Schudson）曾经以"信息模式"和"故事模式"来说明两种信息传播方式。信息模式，突出信息的"真实性"，以"不证自明"的方式传递某种确定的信息。和文学艺术的审美历程一样，米德认为新闻的首要任务也要给受众带来令人满意的审美体验，帮助他们诠释人生，使其融入所属的国家、城镇或阶层。因此，以"欣赏性"或"消费价值"见长的故事模式，可以通过筛选、修饰事实来更好地引导大众生活。① 无论是以往的对外宣传还是当前的国际传播，其根本目的都是通过信息的传递和分享，让国内外受众正确地建构和认知中国国家形象。如果说通过报纸、广播、电视及当下各种新媒体传播出去的各种信息是"文"的话，负载在这些文本信息之中的，对中国国家形象的积极认知和体验，则是对外传播之"道"，文以载道或以文载道，是不同时期对外传播的共同追求，这种"道"可以理解为是传播内容和传播理念的结合，集中表现为当前我国国际传播的话语实践或对外传播话语体系。

　　而基于这一共同追求下的信息模式和故事模式的区别就在于其载道形式不同。"中国经验"和"中国体验"，是表现改革开放以来我国重大社会变化的两个概念。虽然"中国体验具有独特性，但并非就不具备某种程度上的普适意义"②。很显然，在日益强调传播体验的今天，故事模式中的"中国体验"因其普适意义更符合"以文载道"的内在逻辑。生态环境问题是世界各国关注的焦点，人与自然高度和谐是普遍的媒介共识。近年来虽然中国在环境保护、生态修复方面的成就有目共睹，但仍然有西方媒介借口生态问题无端指责中国，这种舆论劣势如何扭转，这种话语霸权如何破除？如果以信息传递的方式简单地输出环境保护的"中国经验"，未必能获得国际舆论的普遍认可，国外受众面对单向灌输的模式甚至有"被宣传"的抵触心理。那么对外传播中如何讲好中国环境保护故事、生态保护故事？中央广播电视总台通过连续的"追象"报道，以"中国体验"的方式，生动讲述了人与自然和谐共生的中国故事。基于"央视新闻"微博账号，我们搜索到对云南大象的报道持续时间为2021年5月29日至10月12日。央视新闻共计发布20条有关"云南大象"北迁的新闻报道，均以文字加视频（包括直播）的形式进行报道。从报道的角度来说包含大象相关科普知识、追踪大象行迹、人与象的和谐相处、与COP15相联系。从报道的语言上来看多用"诙谐""娱乐化"叙述方式。与此同时，我们

---

　　① [美]迈克尔·舒德森：《发掘新闻：美国报业的社会史》，陈昌凤等译，北京大学出版社，2009，第79页。

　　② 周晓虹：《中国经验与中国体验：理解社会变迁的双重视角》，《天津社会科学》2011年第6期。

共爬取相关微博评论4266条，导入ROST中进行分析，国内舆情文本的语义网络图如下。从图中间的原点舆情关键词出发，延伸出关联词，圆圈代表该词没有延伸出其他关联词，三角形代表有3个关联词，正方形代表有4个关联词，颜色越深关联程度越高。图中显示，网民对该事件的讨论主要集中在以下话题：①大象破坏庄稼，政府给予赔偿。②认为大象很可爱、调皮。③人类保护动物，人与自然和谐相处。④希望大象早日找到栖息地。

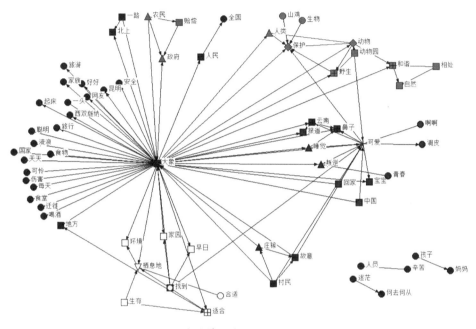

国内舆情文本的语义网络图

针对早期的大量传言，报道突出解释此次象群的迁徙根本原因是亚洲象数量增多，将一次意外事件当作向世界展示中国生物多样性保护成果的机会。第一时间发布沿途各级政府采取的预警、布防、引导等措施，邀请权威专家围绕象群迁移原因、应对方案等进行解读；在一路抓拍的画面中，大象时而被调侃为"离家出走"北上"告状"的小可爱、时而化身独自玩泥巴糊泥脸的小调皮、时而变成"超萌睡姿"的大网红……尽管一路"闯祸"，却一路"受宠"。对应人与自然和谐相处的宏大命题，既把镜头对准被亚洲象踩踏的农田，也对准象群嬉戏玩耍的泥塘；既描述遭遇损失的村民，也描述多方合作与理解态度；既揭示象群北上过程，也揭示为象群开辟出通畅道路的幕后……象群无忧无虑、平安顺遂之行，向世界默默展示的是中国人的善良与爱心，正如外国网民称赞的那样："大象知道，中国是个好国家。"但是，新冠肺炎疫情背景下，国际上各种荒谬的舆论裹挟在一起，"加剧了疫情的政治化取向，对我国国际传播话语应对体系的启动与升级提出了新的要求"①。"追象"实践,则从国内外公众的共同兴趣出发,通过多媒体多平台的共同发声,在人与自然和谐共处的审美体验中重构对中国的想象,这种中国体验式的中国故事的讲述形式,也是国际传播话语最有效的表达。

三、融通中外:在"共在性"中寻找国际传播话语"最大公约数"

从对外宣传到对外传播再到国际传播,不仅是传播理念和传播形式的变革,从深层次上讲,也是对外传播话语建构的变革,是对外话语言说方式的变革,对外传播强调协商、对话,试图在对话中发现和积累共识。

我们正经历着百年未有之大变局。新冠肺炎疫情的影响及持续,必然加剧世界格局和国际体系的调整。"中国威胁论"的流毒尚未清除,以疫情为借口"中国问责论"又甚嚣尘上。这种"修昔底德陷阱""金德尔伯格陷阱"思维下的错误思潮不仅对中国整体崛起带给全球协作抗疫和世界和平的重要意义视而不见,也会因为"傲慢与偏见"的潜意识损害中西方的"对话"机制。从这个意义上说,对外传播理念下的"对话—协商"机制,已经很难适应当前国际传播的现实背景和传播机制。

应对百年未有之大变局背景下"对话—协商"机制的困境,新世界主义视野下的"共在性"理念无疑是一个新的突破点。新世界主义提出的背景是中国综合国力日益上升,中国主张、中国理念、中国话语走向世界并寻求中国话语世界化的一种全新理念。以人类命运共同体为基础,新世界主义主张共商共建、共赢共享、共生共荣。从这个意义上讲"共在"可以理解为不同文化背景政治主体之间的共同关注、共同关切。国际话语建构的"主体共在性"旨在将以往外宣机制、对外传播机制下的"我说—你听""你我对话",以主体性的身份通过共在话语进行转化,使"我们"与"他者"达成共同在场。要切实把握国家身份建构的逻辑起点;强调以"人类命运共同体"理念为指导的"命运共在性",明确国家身份建构的实施路径;"行动共在性"则以不同传播主体之间就某个"共在性"话题或共同关注的社会议题为行动指南,建构国家的"协作者""参与者"身份,目的是实现多边主义原则下的全球合作,是国家身份建构的最终目标。

由此,"共在性"为当前国际传播环境下的国际传播话语建构找到了理想的突破口,回应共同关切,协商共建是不同话语体系下的共同关注,人类命运共同体为这种共同关注找到了理想的合作平台。在具体的国际传播话语实践中,要寻找不同传播主体之间对话的共鸣点、最大公约数,求同存异、求同化异,

---

① 段鹏、张倩:《后疫情时代我国国际传播话语体系建设的价值维度与路径重构》,《新闻界》2021年第3期。

实现中国特色国际表达，达到民族性与国际化的高度统一。正如习近平总书记所强调的，"打造融通中外的新概念、新范畴、新表述"①。

总台团队历时110多天、奔波1300多公里的"追象"报道，以中西方媒介的共同兴趣"和谐生态"这一"共在性"选题为切入点，从国家主流媒体的高度建构"主体共在性"，而生态保护、人与自然和谐相处又是不同国家，不同国际传播主体之间的"地球生命共同体"和人文价值的"最大公约数"，由此，在不同国际传播主体之间有效实现了"命运共在性"话语建构；同时，"追象"报道充分利用总台全媒体传播平台，创新报道形式，大小屏融合穿插，手段丰富多样，以激发共同兴趣的话题加上最新的融媒体传播技术，使海内外受众都能找到符合自己需要的信息形式。境内外3000多家媒体广泛深入报道，覆盖190多个国家和地区，全网累计阅读量超过110亿次。跟随央视的镜头，中国"野象旅行团"吸引了美国有线电视新闻网、英国广播公司、美联社、《泰晤士报》、《华盛顿邮报》、《卫报》、《纽约时报》、天空新闻网、路透社等西方主流媒体的关注。日本朝日电视台、富士电视台、日本东京放送电视台等媒体派出在华记者团队迅速奔赴云南，跟踪报道备受瞩目的"云南北上象群"；Facebook、Twitter转载相关报道的跟帖称，"中国人了不起，大象随意走到哪儿，都是象进人退""是人类的田园、家园在给大象让路"。②这种由"追象"引起的世界媒体的"团宠"以及由此引发的对"生态环保""人与自然和谐相处"的讨论无疑又是一场"行动共在性"。

在收获"追象"报道的巨大成功之后，总台在"共在性"选题中进一步发挥引领作用，打造"融通中外"的升级版：首先，主题报道生动展示我国生态文明建设成就。10月3日，《新闻联播》头条推出重点报道"保护多样性 共建地球生命共同体"。节目重点展现了党的十八大以来，以习近平同志为核心的党中央，把生态文明建设作为统筹推进"五位一体"总体布局和协调推进"四个全面"战略布局的重要内容，为推进生物多样性保护工作指明了方向。其次，特别节目《重返侏罗纪——云南禄丰恐龙化石科考发掘》打造科考视听盛宴。10月1日至7日，新闻频道连续七天播出，直击中科院联合云南禄丰恐龙化石保护中心启动的禄丰恐龙化石科学考察，精彩呈现"考古里的中国"。直播中穿插播出"如果恐龙会说话""探秘恐龙实验室""恐龙那些事儿"等系列短片，用音效、动画、沙画等形式解读科考中的知识点，对现场直播内容进行补充。

---

① 《习近平在中共中央政治局第三十次集体学习时强调 加强和改进国际传播工作 展示真实立体全面的中国》，《人民日报》2021年6月2日。

② 《西方主流媒体集体围观"大象去哪儿" 这波报道和评论都相当"稳"》，《广州日报·新花城》2021年6月8日。

最后，打造总台原创品牌，献礼生物多样性大会。节目播出后，各界反响热烈。央视新闻客户端、央视新闻微博也同步推送，在"十一"期间形成强大舆论场。#云南禄丰发现新恐龙化石#的微博话题阅读量在短短两天内达到1000万次，相关微博评论数接近万条。环球网、财经网、凤凰网、《中国新闻周刊》、《新京报》、《每日经济新闻》等媒体纷纷转载。此外，"重返侏罗纪"作为总台原创科考IP，与联合国《生物多样性公约》第十五次缔约方大会主办方积极互动，将1∶13D打印出的"禄丰龙"引入大会现场，成为生物多样性展区内最亮眼的风景。10月8日开始，新闻频道《朝闻天下》每天推出系列报道，"云南天坑生物多样性科考""'神奇生物'在中国"等多组视音频系列报道，通过鲜活画面、同期和生动解说聚焦珍稀动物、极危植物保护举措，生动展现我国生物多样性发展成就。

由此可见，总台报道以"共在性"选题融通中外，引领了全球媒体对"生态环保""人与自然和谐相处"的讨论，使得"中国故事""中国声音"自然在这场"客观公正、积极健康"的全球舆论中得到彰显。

四、结语

当前，在百年之未有大变局背景下，深入推进"一带一路"和"人类命运共同体"建设、我国国家形象重塑等历史任务都为新时代的国际传播及国际传播话语实践提出了更新、更高的要求，这就需要加快构建国际传播话语和中国叙事体系，打造融通中外的新概念、新范畴、新表述，展现中国故事、中国形象及其背后的思想力量和精神力量。

在当前国际传播中，我们依然面临着"西强我弱"的不利形势，但如果我们能不断创新国际传播理念、方法、手段，以"共在性"为指引，以人类命运共同体视野下的"最大公约数"主动设置议题，善于发掘共鸣点，既"敢讲"，更"能讲""会讲"，就一定能在遵循国际传播规律的基础上，不断提升传播效果，多层次、全方位向国际社会讲好中国故事，传播好中国声音，进而推动形成客观公正、积极健康的全球舆论生态，最终实现破除西方媒体的"话语霸权"的目的。

【作者分别为：中央广播电视总台江苏总站副召集人；昆明理工大学艺术与传媒学院教授。本文系国家社会科学基金项目"新时代中国对湄公河国家国际传播能力建设研究"（项目编号：18BXW067）和云南省校教育合作共建重点项目"云南主流媒体国际传播能力建设研究"的阶段性成果】

发挥地方媒体作用 加强国际传播建设

谢博文

习近平总书记殷切期待我国的主流媒体用情用力讲好中国故事，向世界展现可信、可爱、可敬的中国形象。真实立体全面的中国形象，由各具特色的地方形象组成。在各大央媒担当主力军，筑牢国际传播主阵地的同时，各地方媒体不断加强国际传播建设，借助国家外宣平台，主动融入国家外宣工作大局。湖南以打造内陆地区改革开放高地为契机，依托湖南自贸区、中非经贸博览会等开放平台，以南亚、东南亚、非洲为重点，发挥湖南历史人文和媒体传播优势，积极探索国际传播新路径、新模式、新方法，为讲好中国故事、塑造中国形象贡献了湖南力量。

一、一次成功的尝试：湖南与老挝的媒体合作样本

2022 年 8 月 30 日，在 2022 中国新媒体大会的国际传播论坛上，湖南广电旗下芒果 TV、老挝国家电视台、云南无线共同签署战略合作协议，在平台建设、内容授权与译制、融合传播等领域开展合作，共建东南亚区域国际传播中心。这次签约合作，只是湖南与老挝多年来开展国际传播合作的一个缩影。

湖南是共建"一带一路"的重要省份。2019 年 9 月，习近平总书记对湖南提出了"三高四新"的战略定位，其中一条就是打造内陆地区改革开放高地。在"一带一路"沿线，东盟是湖南最大的贸易伙伴。东盟国家中，湖南与老挝交流最为密切，"十万湘商"在老挝形成了资源汇集并具有广泛影响力，老挝因此被称为湖南人的"第二故乡"。近年来，以湖南广电为代表的湖南媒体与老挝开展了一系列深度合作：2018 年 12 月，湖南广播电视台和老挝国家电视台联合制作的纪录片《湘商闯老挝》在老挝首都万象完成版权交接，在老挝播出后反响强烈；2022 年 1 月，以十八洞村脱贫故事为原型的电影《大地颂歌》老挝首映式以视频连线方式在老挝万象和湖南长沙举行；2022 年 9 月 7 日，壬寅年湖南省公祭舜帝大典举行，首次在老挝设立分会场，湖南广播电视台承

担祭典全部直播工作，老挝媒体同步直播；2022 年 9 月 23 日公示的第 32 届中国新闻奖评选结果中，湖南广播电视台新闻大片《坐上火车去老挝》获新闻编排类一等奖。近年来，湖南媒体与老挝的深度合作，无疑是地方媒体开展国际传播工作的成功尝试。

一是聚焦总书记思想，传播"人类命运共同体"价值理念。习近平新时代中国特色社会主义思想是指导我们做强做优国际传播的指南针。在总书记思想指引下，中国取得了举世瞩目的发展成就，创造了人类历史上的伟大奇迹，也为推进国际传播提供了丰富的题材，从脱贫攻坚圆中华民族千年梦想，到"一带一路"倡议带动沿线国家共同发展，再到"中国式现代化道路"引领大国航程。湖南与老挝的媒体合作紧紧围绕总书记思想，加强"人类命运共同体""全人类共同价值"等核心观点理念的通俗化、大众化、国际化阐释。比如，"脱贫攻坚"是中、老两国都要啃下的"硬骨头"，走在前面的中国积攒了丰富、有效的经验。2018 年，时任老挝人民革命党中央总书记、国家主席的本扬·沃拉吉专程到湖南省十八洞村考察，实地探寻"精准扶贫"的中国经验。2019 年 4 月，他在给十八洞村村民的回信中表示，十八洞村的考察收获已在老挝落地实践。湖南主动策划制作电影《大地颂歌》并赠予老挝，为老挝实现脱贫、摆脱欠发达国家行列送去宝贵经验，也让中国故事、中国智慧在老挝广为流传。《坐上火车去老挝》生动展现中国人民为建设中老铁路作出的贡献以及铁路沿线的发展变化，在展示中国大国形象的同时，让中国主张、中国方案在老挝深入人心。

二是讲好奋斗者故事，展现可信、可爱、可敬的中国形象。新时代的中国形象，是由一个个生动、鲜活、昂扬的奋斗者形象组成的。改革开放四十周年之际，湖南广电推出系列报道《湘商闯老挝》，关注个体命运，从老挝观众的视角出发，生动讲述湘商与老挝人民共同奋斗、共创美好生活的动人故事。帮助修建中老铁路的陈斌，投资旅游开发助推当地扶贫的周垚，推动"金三角"地区农民改种橡胶的刘小民及数名改良老挝稻米提高产量的湖南农科院专家等湖南人物群像生动鲜活。从传统的商贸流通，到铁路建设、旅游开发、农业合作、文化交流等，新一代湘商传承着老一辈奋斗者的精神，为建设牢不可破的"中老命运共同体"贡献湖南力量。

《湘商闯老挝》得到了老挝新闻文化旅游部副部长沙万坤·拉沙蒙的高度赞赏。湘商陈赛琅表示，《湘商闯老挝》把我们所有的经历都拍出来了，看得流泪。"湖南人非常勇敢""他们对老挝人像自己家人，非常友好"成了老挝人民对湖南人民的普遍评价。

三是联结文化圈层，推动传媒、文创、艺术多领域交流互鉴。湖南媒体行业发展迅速，成为老挝传媒业主动学习的典范。湖南广电通过举办"2018老挝媒体宣传和传媒新技术的使用培训班"扶持帮助老挝国家电视台，湖南知名电视人开讲授课，影响老挝媒体"把关人""意见领袖"，推动中国精神、中国价值在老挝深入人心。演艺事业发达的湖南，通过多种文艺形式走进老挝寻常百姓家。2018年12月，湖湘文化进老挝文艺演出在老挝首都万象举行，湖南省、长沙市歌舞剧院、长沙交响乐团等"湘字号"艺术团体与老挝公安文工团联合演出，老挝国家电视台全程直播，中国舞、花鼓戏等中国传统艺术在老挝赢得满堂彩，获得文化共鸣与价值认同。中国—东盟中心秘书长陈德海表示："湖南是东盟各国外交官员和媒体记者的向往之地。"

四是放大"窗口"效应，辐射东盟及"一带一路"沿线国家。作为中部省份，湖南不靠海、不沿边，对外宣传工作不具备先天优势，但从2021年"亚洲品牌500强"排名看，湖南广电已名列第92位，在全国省级广电中处于国际传播阵营的第一方阵。乘构建"中国—东盟命运共同体"之东风，品牌优势突出的湖南借助与老挝的合作，正在将传播效应进一步拓展到东盟各国及"一带一路"沿线国家。

2022年，湖南广电和马来西亚首要媒体签订战略合作协议，共同制作音乐节目《茜拉音乐汇》，并在首要媒体开设每天一小时的中文节目时段，播放中国电视剧、纪录片及综艺节目。湖南国际频道通过加纳黄金数字电视台，落地西非15国。芒果TV与新加坡电信运营商就套餐捆绑合作推广签署合同，与三星电子达成"一云多屏"合作，并于2022年4月上线芒果TV三星版，与非洲传音集团就视频SDK签订合作意向书。近五年，湖南出版集团共向全球93个国家和地区译介1400余种优质湘版图书，覆盖40种语言，997种图书进入37个周边及"一带一路"沿线国家市场，版权输出数量在全国出版集团中位居前列。

湖南与老挝的媒体合作是地方媒体加强国际传播建设的成功尝试。通过多年深耕、务实合作，湖南与老挝"传播上有突破、合作上有双赢、文化上有影响、产业上有精进"的新型传媒合作模式得以开创，进一步增进中老两国人民相互理解，促进两国文化交流走深、走实，助力两国文化产业创新共进，让中老命运共同体的人文内涵愈加丰富。

二、一个全面的提升：地方媒体的国际传播实践

近年来，湖南媒体坚持用好平台优势、历史积淀、独特资源，不断提升国际传播本领，在坚定中华文化自信、对冲日流韩流和欧风美雨方面走在前列，探索了充满活力的地方媒体国际传播路径。

一是扬新思想之主调，创新传播习近平新时代中国特色社会主义思想。坚持以习近平新时代中国特色社会主义思想为指导，将其贯穿、结合、融入外宣工作的全过程各方面。大力实施头条工程、置顶工程，在《湖南日报》、湖南卫视、红网等媒体开设习近平总书记重要讲话、重要会议、重要活动等专栏专题。芒果TV国际App集纳推送习近平总书记重点报道英文版，并开设"喜迎党的二十大"视频专区，以繁体中文、英文推送党的二十大报道内容；国际频道通过长城平台实时上传湖南卫视联播等主要新闻节目，信号覆盖六大洲。同时，主动设置议题，制作推出贯彻落实总书记思想的纪录片《与丝路打交道的人》、新闻大片《我的青春在丝路》《为和平而来》等国际传播精品内容，持续深化"好感传播"，以电视大片宣传总书记人格魅力、领袖风范和思想伟力，让总书记思想和形象在国际上更加深入人心。

二是合大开放之全局，在承担国家外交使命任务中敢于担当、奋力作为。配合国家外交大局，借助国家外宣平台，发挥湖南传媒、文创、艺术等优势，承担好国家外宣的使命任务。积极参与"感知中国""文化中国"等品牌活动，推动湖南文化走进联合国、泰国、芬兰、法国、德国，以及中国台湾、中国香港等12个国家和地区，让湖湘文化漂洋过海、大放异彩。长沙凭借丰富的文化遗产和创新创意，2017年被联合国教科文组织授予"世界媒体艺术之都"称号，连续举办3届"一带一路"青年创意与遗产论坛，加强与"一带一路"沿线国家的交流联系，擦亮"媒体艺术之都"这一金字招牌。湖南广播电视台连续举办8届"四海同春·全球华侨华人春晚"，成为传播中华文化的重要品牌活动。湖南出版集团顺利完成我国第一个综合性文化援外项目——"援南苏丹教育技术项目"，成功中标"援柬埔寨教育技术援助项目"并已启动执行。湖南演艺集团以杂技和歌舞为重点，打造"纯粹中国"国际巡演品牌，在海外30多个国家100多个城市演出961场，观众累计100余万人次，其中杂技剧《梦之旅》已在国际演出600多场。

三是发中国故事之正声，以精品力作弘扬、宣传中国精神、中国价值、中国文化。站稳中国立场、传播中国价值是讲好中国故事、塑造中国形象的重要基础。贴近不同国家、不同地区、不同群体的思维方式和文化习俗，创新话语表达和传播方式，精心打造一批有思想、有温度、有品质的精品力作，讲好中国故事，传播好中华文化。新闻大片《我的青春在丝路》，真实记录奋斗在"一带一路"沿线国家中国青年的追梦故事，荣获中国新闻奖一等奖；纪录片《中国》挖掘对今日中国影响深远的人与事，回溯中华文化渊源，展现千年古国的精神图腾；新闻专题片《为和平而来》全景展现中国军队和平之师、正义之师的光辉形象。这些电视大片展示了新时代中国人民的风采，在当地产生了热烈反响。

湖南媒体还致力于讲好百年来中华民族艰苦卓绝的抗争史，讲好新时代中国人的奋斗史。建党百年主题系列短剧《理想照耀中国》英文版在 YouTube 播出，累计观看时长 3.8 万小时；脱贫攻坚电视剧《江山如此多娇》，海外累计播放量 5.3 亿次；歌舞剧《大地颂歌》北京公演时，吸引 30 多个国家驻华使节观看；红网制作"精准扶贫的伟力——扶贫交流基地"系列宣传片，采用英文语音和中英双语字幕，把中国减贫经验和智慧带给全世界；芒果 TV 真人秀节目《功夫学徒》，邀请外国青年体验中国高速发展成果。还有 2020 年年初，芒果 TV 国际 App 多番报道中国抗疫进展，湖南国际频道制作特别节目《万里湘情共抗疫》。

与此同时，湖南媒体也大胆亮剑，旗帜鲜明与美西方错误思想开展舆论斗争。芒果 TV 国际 App 刊发《美国有何资格召开"民主"峰会？》《汪文斌三问"美国算什么谦卑"》《爱国者治港是历史的必然选择》等网评文章，有力回应美西方涉华错误行径。湖南红网新媒体集团派出 10 余名记者赴港采访，用镜头记录乱港分子的暴行，全面、客观呈现香港局势，与反中乱港分子争夺国际舆论引导权。

四是结情感互动之纽带，以贴近性和感染力破解国际传播的沟通交流密码。艺术是全人类共通的语言，流行文化往往具有其他文化所不具有的大众性和传播力。在对外传播中，充分运用好流行艺术形式，创新视听语言，增强贴近性和感染力，就能掌握人类共同的交流密码，跨越种族、语言、制度等障碍，打破藩篱，消除偏见，实现人与人心灵和情感的相融相通。

湖南卫视音乐节目《歌手》先后邀请近 20 个国家和地区的知名歌手参加，哈萨克斯坦、英国等驻华使节亲临节目现场鼓劲加油；湖南广播电视台联合香港 TVB 倾力打造《声生不息·港乐季》，用音乐抒发家国情怀，彰显同根同源的血脉深情，为庆祝香港回归 25 周年营造了浓厚氛围。综艺节目《中餐厅》走进泰国、法国、意大利等国；湖南卫视连续承办"汉语桥"世界人学生中文比赛 12 年。

二十多年来，湖南卫视、芒果 TV 一直是海外较关注的平台，湖南部分综艺节目、电视剧的影响力突破了华侨华人群体，得到非中文母语的海外观众的期待和追捧。这些节目充分展示了中国青年一代的活力，塑造了中国开放包容的形象。

三、一个有力的格局：推动构建地方媒体大外宣格局

近年来，我们坚持全省外宣"一盘棋"，多措并举，综合施策，积极调动各方力量，优化资源布局，初步构建起多主体、全媒体、立体式的国际传播格局。

一是多个平台发声，形成外宣"大声量"。着力做强自有平台、借助国家平台、拓展海外平台，提升国际传播能力。湖南卫视全球覆盖规模达 12.88 亿，

湖南国际频道覆盖 230 个国家和地区。芒果 TV 国际 App 海外用户超 1.1 亿，覆盖 195 个国家和地区，支持 18 种语言字幕切换。湖南广电还在 YouTube、Facebook、Twitter 等国际社交网络平台开设官方账号，进军海外主流社区。其中芒果 TV YouTube 订阅用户已达 1590 万，成为该平台第一华语视频官方频道。《湖南日报》积极推动媒体深度融合发展，形成"报、网、端、微"的现代立体传播旗舰，开设新湖南双语频道、英文微信公众号、推特官方账号，拓展成为全媒体新闻平台。红网较早构建全国独一无二的省市县三级 136 家分站体系，共拥有新媒体用户数 6000 多万，综合影响力位居省级地方重点新闻网站前列。湖南卫视国际频道加强与央媒、港澳媒体合作，推出"今日湖南"外宣专版 100 多期。湖南省政府新闻办、外事办和《中国日报》湖南记者站共同举办"外国媒体湖南行"等 10 多批次集中采访活动，邀请亚洲、东盟、欧美等主流媒体走进湖南，感受日新月异的发展变化，以湖南实践、湖南故事、湖南作为，生动阐释中国道路、中国制度、中国价值。

二是多种载体宣介，构筑外宣"大通道"。综合运用新闻发布、文化交流、重大活动、产业园区、友好城市等载体，积极开展外宣，着力打造制造强省、文化强省、开放强省的新湖南形象。围绕庆祝建党百年、中国这十年等重大主题，召开新闻发布会，面向世界展示湖南经济社会发展巨大成就。2019 年，联合外交部举办湖南全球推介活动，以"创新引领 融入世界"为主题，向 100 多个国家驻华使节及国际组织、外国媒体展示湖南风采，在全网创造了 93 亿的"大流量"，被外交部誉为"现象级"的融合传播样板。以举办中非经贸博览会、世界计算大会、长沙国际工程机械展、港洽周、湖南乡村国际旅游节等国际性活动为契机，擦亮工程机械、杂交水稻、媒体艺术等湖南名片。扎实推进长沙马栏山视频文创园建设，坚持"文化+科技"深度融合，努力将视频文创产业做到"规模最大、种类最全、质量最高、成本最低、速度最快"，打造成"具有全球影响力的数字视频产业链基地和媒体融合新地标"。

三是多方主体参与，奏响外宣"大合唱"。成立全省对外宣传联席会议机制，在发挥媒体外宣主力军作用的同时，推动涉外部门、高校智库、友好城市、驻外企业、华人华侨等不同主体发挥各自优势，积极开展外宣，形成"各展所长、同频共振"的良好局面。比如，发挥外事资源渠道作用，邀请外国政要、驻华使节参访湘西十八洞村，组织开展"云交流""云研讨"，将十八洞村打造成精准扶贫国际传播交流基地。又如，1700 多家湖南企业走进 109 个国家和地区，中联重科、三一重工、中车株机、隆平高科等一批跨国企业，有力带动了湖南产业、湖南产品走出去；加强与在湘外国人、留学生的联系，积极开展多种形式的参观体验活动，感受湖南秀山丽水、风土人情，深度领略湖湘文化魅力。

广泛联系海外华侨华人，组织来湘考察交流，举办"四海同春·全球华侨华人春晚"、海外侨领国情研修班和"寻根之旅"海外华裔青少年夏令营等系列活动，以侨为桥推动跨文化传播。

心怀山海，行远自迩。在推动构建大外宣格局过程中，必须找准切入点和着力点。立足地方实际，自觉把外宣工作放到党和国家工作全局中去谋划、思考和行动，找准结合点和着力点，发挥特色和优势，更好服务国家外宣大局。必须统筹用好各方资源力量，充分发挥我们的制度优势，综合调动内宣外宣、网上网下、官方民间等各种资源，推动更多主体立足自身特点和优势开展外宣，形成相对分工、团结协作、同频共振的局面。必须探索创新方式手段，不断推进中国故事和中国声音的全球化表达。加大"请进来""走出去"工作力度，加强沟通交流，拓展合作形式，团结更多知华友华人士，扩大国际朋友圈。

（作者单位：湖南广播影视集团）

做好地域文化的"共情传播"

——关于地方媒体创新提升国际传播力的思考

范梅源

共情（empathy）是一个心理学概念，也有人将其翻译为"同理心"，指的是个体准确地理解他人的情感，并在特定情景下做出准确情感反应的一种能力。文化的国际传播中如何体现共情传播，实际上就是切实提升文化传播的感染力，让接受者与我们产生情感的共鸣、文化的认同。镇江广播电视台属于区域性地方媒体，全媒体时代的传播早已打破区域壁垒，对地域文化进行国际传播积累了一些创新尝试。具体说，有三个方面的维度：一是厘清传播定位，地域文化的世界价值更明确；二是创新传播路径，地域文化的情感表达更鲜明；三是用好传播案例，地域文化的创意交流更广泛。

一、厘清传播定位：进一步明确地域文化的"世界价值"

镇江广播电视台所在的镇江，是一座三千年历史的文化古城，又是长三角经济带的重要城市，是历史文化与现代文明交相辉映的名城。如何做好地域文化的国际传播？要站在世界价值的坐标系中，来把脉镇江的位置，对城市进行深阅读、广传播。

（一）文化传播从表层向深层转移

最初的文化传播，我们似乎更在意的是知晓度，就是一座城市的名字亮出去，让人知道。我们早期的传播定位就是如此，不遗余力地制作系列电视专题片，主要是人文与自然的风光片，争取到世界各地的电视台去播放。也确实对提升镇江的知名度，具有一定的作用。但是，我们需要自问，文化传播仅仅是传播一座城市的名字吗？显然不是的。

我们逐渐发现，镇江二字，其实是由许多深刻的内在支撑起来的。表层地说，我们可以赞美镇江，赞美她三千多年的历史，赞美她绿色生态的发展，赞美她作为长三角城市的充沛活力。但深层的体验，需要揭示出美的内在、好的根本。

我们发现，镇江的美，建立在中华文化的支点上。镇江文化部门提出"透过镇江，发现中国"，即镇江之美是中华之美的一部分。把镇江作为中国的窗口，把镇江深厚的文化之根宣传出来，人们就透过镇江发现了中国。这一思路下，镇江的文旅部门组织过打捞大字之祖瘗鹤铭活动，并请中央电视台直播，从书法的角度引发了对镇江的举国关注。受此启发，更多的传播点进入了我们的视野：

比如，镇江的诗词文化独树一帜，历史上歌咏镇江的诗词有一万多首，镇江也是课本上录用诗词最多的地市级城市。再如，镇江的山水文化可谓精彩绝伦，是认识镇江的独到蹊径，这里史称天下第一江山，南宋词人陈亮称赞为"一江横陈，连岗三面，作出争雄势"，城市山林、真山真水的美誉令人称羡。此外，镇江的英雄文化不同凡响，因为镇江占据水陆要冲，为兵家必争之地，保家卫国的故事代代相传：梁红玉击鼓战金山、鸦片战争时抗英保卫战、新四军茅山抗日等。镇江毫无疑问是一个推崇英雄、争当英雄的豪迈之地。还有，镇江的大爱文化传播很广，梁山伯与祝英台、白蛇传、天仙配等爱情传说均与镇江有关。慈善文化也全国闻名，近代的水上救生会，现代的慈善业，如今是全国七星级慈善城市，志愿者之城，全国文明城市，都让"大爱镇江"名扬四方。镇江又是一个在改革开放中留下特别印记的城市，著名的"四千四万"精神就发源于镇江，镇江是新四军"铁军"精神的诞生地，全国脱贫攻坚楷模、全国最美奋斗者赵亚夫等生动的故事，都是当代镇江精神文化的国际传播点。由此，我们明确：要做好一个地域的文化传播，应当是深层地，而不是表层地走进这座城市。

（二）文化传播从静态向动态演进

文化传播的寻常姿态，大多是静态的。人们通常以课堂讲解、师徒传授的朴素方式，来传播文化。而随着新媒体时代的到来，新兴传播手段的不断丰富，文化传播开始有了更丰富多彩的样式。比如，原先一场讲座仅容几十人听课，现在一场直播影响到的人群则以几何级数上涨，9月3日晚刘德华在抖音直播平台演唱原创歌曲，词曲横跨三十多年，内容励志抒情，全平台有3亿多人次点击观看。可见，文化传播由静态向动态已经成为常规。

作为地方媒体，镇江广播电视台在对外传播方面做了"动起来"的尝试。我们采用了"走出去""引进来"的方式，让地域文化的传播动态演进。"引进来"方面，扬文化之美，大美镇江欢迎您，随着我们的国际友城越来越多，更多的中外合作交流在镇江举行；"走出去"方面，扬文化之特，透过镇江看中国，更多优秀的文化产品输往国外，推介镇江。比如，镇江到世界各地的镇江友城举办电视宣传周，广播电视台所辖艺术剧院排演精品舞台剧《赛珍珠》

赴境外演出等，镇江独特的文化元素，向世界展示了一个有文化底蕴、有精彩故事的城市。

（三）文化传播从共题向共时推进

文化传播能否形成共识，要有共同的议题设置，共同的话题是传播成功的关键。随着新媒体手段的不断更新，"共同话题"更进一步向"共同时间"延伸，共题走向了共时。现在的交流能将两个相隔万里的现场，瞬时连线，这种共时性，让一切距离消弭于无形。特别是 2020 年的疫情防控中，在线沟通的云传播，给文化的国际传播带来了极大的启发。近几年，镇江推出了若干场文化交流活动，均采用了云上交流的方式呈现，取得了较好的传播效应。

二、创新传播路径：进一步增强地域文化的"情感表达"

（一）地域文化之情，发乎于人，让世界因镇江的"人"而共情

这里的人，是古人，也是今人，还是文化交往中融合沟通的人。一座城市的文化史，就是人的历史，无数鲜活的文化符号，正是在生动的人的串联下形成了深厚的文化印记，代代传承。

镇江历史上的文化人很多，与国际交往相关的，就有不少。如赛珍珠，她是中美文化交流中的人桥，她在镇江生活二十多年，著名的诺贝尔文学奖作品《地》就取材于镇江；又如马可波罗，作为一名欧洲人，他在 13 世纪撰写的《马可波罗游记》传世七百多年，作品中对镇江有多处生动细致的记载；再如晁衡，也就是唐朝时的日本遣唐留学生阿倍仲麻吕，与鉴真大师为同时代人，与唐朝大诗人李白、王维多有诗词往来，镇江的北固山至今留有他的诗碑。这些国际友人在镇江的足迹、文字等，是镇江推动地域文化向世界传播的重要亮点。因此，基于文化名人的情感传播，资源丰富。

（二）地域文化之情，凝结于"物"，让世界因镇江的"物"而共情

镇江文脉悠长，它表现在镇江不乏皇皇巨著，筑起了深厚的文化根基，如中国历史上的四大名著都与镇江有关，中国四大爱情故事均与镇江有关，像白蛇传、梁祝等爱情传说家喻户晓，一些中国文化史上的扛鼎之作如《世说新语》《梦溪笔谈》《昭明文选》《文心雕龙》等，均出自镇江。因此，基于文化传承的情感传播，有很大空间。

（三）地域文化之情，挥洒于"场"，让世界因镇江的"现场"而共情

镇江有丰厚的历史文化遗存，很多宝贵的遗存还成了非物质文化遗产，这些留存下来的真实的遗迹，让人们为此而共情。

比如大运河、西津渡，作为重要历史遗存，都是非常好的情感传播载体。媒体是重要的整合者，可以用一台节目、一场活动、一个影视作品等多样化方式，呈现时代化、国际化、情感化的影响，从而做成一场可贵的情感传播，

让中国故事在镇江这个具体而个性的窗口，传播出去。

三、用好传播案例：进一步推广地域文化的"创意交流"

（一）"诗韵镇江　四海名扬"留学生诗词大会——因人而共情，把国际传播的点，放在了镇江籍诗人与海外留学生现场端、网络端的多层次互动

2020 年 12 月，镇江举办留学生诗词朗诵会。主办方的策划思路是，以吟诵诗词、演绎诗词的方式，让世界各地的留学生走进深邃的时光隧道，感受名城镇江的深厚诗韵，体味诗韵镇江，共度经典时光。确立的主题是，"赏中华诗词，寻文化基因，品生活之美"；设计的系列活动有，印发"因为诗词 爱上镇江"镇江诗词口袋书，举办"跟着诗歌游览美丽镇江"专题讲座，开展"走进诗词中的镇江"短视频大赛活动。

1. 从策划来看，这是一次创新的文化传播

传播主体对象是创新的，是外国留学生。需要考量语言关，情感把握，现场氛围的调动，极为不易；传播渠道是创新的，线上线下融合推进，多地多人同时连线，对技术的考验是一场挑战；传播形态是创新的，不同于往常录制一档节目到国际频道去播出，这次是现场直接面对外国留学生，参与者、传播者、接受者是互为相融的。

2. 从流程来看，这是一次生动的现场传播

活动开展后，来自世界各地的留学生踊跃报名，线上线下参与，创作出了许多优秀作品。在颁奖晚会当天，线上线下的文化体验达到了高潮。舞台的情景剧里，由演员扮演的苏东坡、辛弃疾、曾巩、米芾等曾经生活在镇江的诗词大家，先后进入情景剧，与现实中的非洲留学生相遇，就诗词与生活的话题进行面对面的交流，让留学生深情地吐露出爱上镇江的文化理由。

舞台的千人云朗诵环节里，通过现场连线，我们见证了全球留学生线上线下共吟镇江诗词的经典一刻。每个人用不同的语言向镇江人问好，说一说对镇江的印象，并朗诵几句关于镇江的优美诗词。最后，九宫格的大视频上，不同的笑脸，同样的诗句，共同说出的话是：镇江，我爱你。此时此刻，全球参与同步吟涌的留学生们，确确实实体味到了海上生明月，天涯共此时。

3. 从意义来看，这是一次地域文化的世界认同

广播电视主持人担纲主持活动时，也一次次被现场氛围感染，他们的语句充满了深情和诗意，他们说：一个伟大复兴的时代，诗韵镇江，四海名扬，如大江滔滔，浩浩荡荡。一个文明共鉴的时代，诗韵镇江，四海名扬，如春风骀荡，无际无央。文明共鉴，明确表达了文化传播的方向和意义。

同时，这次活动也极大地提升了广播电视记者的新媒体运用能力。通过直播信号的切换，将因为疫情阻隔而分散在各地的留学生联结起来，感受着中华

文化的深刻体验。与其说网络是桥梁，不如说优秀媒体人策划的活动担当了一座桥梁。

（二）大运河文化海外华人菁英青少年体验营活动——因物而共情，把国际传播的点，放到了非物质文化遗产的情感互动

大运河是文化的载体，它以一个个节点，将文化的留存物串联了起来。因此，大运河的关联主题，特别适合因物而共情的文化传播。

1.情景演绎中，我们因物而起敬

2022年7月，江苏省举办的大运河文化海外华人菁英青少年体验营活动来到镇江，由镇江举办开营式。镇江广播电视台所辖艺术剧院承担了开营式的创意设计和相关表演。活动还同步进行网络直播。在创意设计时，我们思考，大运河留下了什么，我们就要呈现什么。一座桥、一段碑、一种生活记录，这些都是大运河文化的物化体现。因此，在舞台进行情景演绎的过程中，我们用道具将大运河的历史遗存物化呈现，并让演员来演绎七百年前马可波罗从镇江的西津古渡登岸游历的故事，在观摩和参与节目时，我们因物的重现，而产生了对文化的敬意。

2.史实穿梭中，我们因物而共情

在舞台表演中，我们还注重加强了非物质文化遗产的因素。把非物质文化遗产的一些工艺表演展示在舞台上，让当年的马可波罗、今日的华裔学生，可以在舞台上相遇并交换礼物，这礼物就是非物质文化遗产纪念品。这一纪念品做了特别设计，是生活中常用得着的伴手礼。既有历史的文化感，又有现实的接地气。在令人沉醉的友谊氛围中，留学生的情感在历史与现实中穿梭，而恰当的旁白又加强了剧情的推进，最后，在一曲《归乡》中达到情感的顶点，留学生与马可波罗一起，仿佛回到故乡。

（三）米芾国际书法节——因场而共情，把国际传播的点，放到了镇江的书法场，引发国际友人因书法而起的情感互动

近年来，米芾国际书法节成为镇江文化传播的一张鲜活名片。受疫情影响，近两年对举办方式进行了创新，从原来的线下书法大赛，改成了线上与线下相结合的模式。

1.线上线下，人们共同走进书法场

我们组织本土小选手拍摄纪录片，让他们在书法公园现场挥毫，并参观焦山碑林。在录制无观众的颁奖礼时，让线上线下的元素进行融合。如播放本土选手相关视频时，用镜头牵引着国外的参赛学生一起；在观看节目时，可在一个个书法场所流转，在一处处书法作品前停留，人不在场，却犹在现场。一个个获奖作品呈现在屏幕、获奖感言发表于屏幕时，人们几乎认为这就是一次现场颁奖会，而实际上，这只是一次云录制。

2. 线上线下，人们共同体味书法情

尽管，许多留学生到不了镇江现场，但是，热爱中华书法文化、热爱镇江书法宝库的情感是真实的。线上人以线下的视角，体验现实的场景；线下人以屏幕中的对话为角度，体味线上人的书法感受。这种交流是真诚的，我们将中华书法、镇江文化突破疫情的阻隔，做了一次努力的传递。

地域文化的国际传播，不再局限于传统意义上的制作电视片，到国际频道去播放，而是随着时代的发展，有了更鲜活、更深刻的情感元素渗透，催生共情传播。无论是因人而传播、因物而传播、因场而传播，本质上都是媒体人做好桥梁、做强国际传播的积极尝试，媒体人以努力的策划，担当了穿针引线者的作用，与文化交流相关的单位如文化旅游、外事、教育等部门，则提供了契机。从长远来说，讲好中国故事，需要方方面面的共同行动，媒体人力行于此，也是职责所在，更是进一步提升媒体影响力、公信力、传播力的长远之举。今后，广播电视台要进一步增强媒体融合的力度，创新用好地域文化，讲好中国故事。

（作者单位：镇江广播电视台）

我国视频媒体国际化市场开拓的本位思考

——以湖南广电"走出去"工程为例

李清溪　　吴让平　　盛伯骥

　　"推动对外宣传创新，全面提升国际传播效能"[①]是中央领导同志近期对全国媒体提出的重要工作方向，而"讲好中国故事、传播好中国声音，进一步提升国际传播能力"[②]则是我国广电系统落实中央精神的具体意见。

　　视频媒体，指电视、电影以及互联网视频为展示平台的媒体形态。它的媒体优势是传播效率快捷，传播效果生动，传播效应广阔，是最有生命力、冲击力和影响力的新时代传媒形态。

　　具有传播优势的视频媒体，在提升我国国际化形象及市场方面作用重大。因此，加大海外宣传和拓展海外市场力度，不仅成为各级政府的重要职能，而且也是各级媒体的职责所在，视频媒体更无例外。

　　仅以湖南广电为例，近年来在媒体市场竞争激烈，媒体资源紧迫的背景下，仍在媒体的国际化拓展、国际化延伸方面进行不懈的努力。如，湖南卫视在多年的品牌创新坚守下，在全国外宣领域影响甚广，《汉语桥》《"四海同春"华人春晚》《中餐厅》等一批外宣节目已成为国际化精品之作，其中《"四海同春"华人春晚》被中宣部、中央统战部评为全国"春节文化走出去"优秀项目。又如，金鹰卡通频道充分利用资源优势，近三年来有多部幼少节目与动画片发行至马来西亚、新加坡、英国、越南等国家，在国家广播电视总局2021年度优秀海外传播作品征集评选中，该频道制作的《23号牛乃唐第一季》等节目，获得"2021年度优秀海外传播作品"荣誉。

---

　　① 《全国宣传部长会议在京召开　王沪宁出席并讲话》，http://www.news.cn/politics/leaders/2022−01/05/c_1128235843.htm。

　　② 《2022年全国广播电视工作会议在京召开》，http://www.gov.cn/xinwen/2022−01/09/content_5667255.htm。

作为湖南广电新生力量的芒果TV，近年来借助新媒体优势，通过平台和渠道推动了湖南广电"走出去"工程进度。以"芒果TV国际App"为核心的海外新媒体平台已覆盖全球195个国家和地区，并且入选中国—东盟优秀传播案例；由芒果TV自制的台网剧《我在他乡挺好的》荣获广电总局"2021年度优秀海外传播作品"荣誉，《功夫学徒》荣获中宣部"对外传播十大优秀案例"。

湖南广电国际频道，数年来在国家广电总局统一调配及运营下，目前已成功落地亚洲、美洲、欧洲、大洋洲、非洲大部分国家及中国台湾、中国澳门等地区的付费电视和IPTV，实现全球230个国家及地区落地。湖南广电还有不少部门和单位各自从实际出发，致力国际节目的创新与推广，也取得显著效果。如纪录片《袁隆平》、动画片《功夫山猫传丝路》等4个项目入选"2021丝绸之路视听工程"重点项目库，这些都为湖南广电"走出去"工程锦上添花。

综上所述，作为我国一个多功能、多平台、多渠道的省级视频传播与生产的现代化传媒集团，湖南广电在国际化影响及市场开拓方面是有所作为的，但要应对国家的要求，以及国内同类媒体的比较，其国际化拓展仍是湖南广电的短板，究其原因，主要有以下两点。

其一，湖南广电是国内市场化程度极高的电视媒体。

众所周知，由于湖南广电多年来在节目创新上的发力，不但在国内拥有广阔的受众市场，而且也有丰厚的市场收获。相比之下，国际节目市场的经济回报较弱，成本极高，且发行难度较大，故从上至下各级部门对"走出去"工程，还存在着只"喜"不"爱"现象，这也是我国省级电视媒体的"通病"。从上层决策机构到各级生产单位，除喜欢参与国际节目的"参优"和"评选"活动外，很少关心频道或节目落地后的收视效果和品牌或形象宣传后的海外效果。此外，不少生产机构喜欢参与有政府预算拨款的各类国际活动，而对国际节目市场的推广和发行缺乏专项预算和重大投入。据悉，湖南广电集团也与全国各省级电视媒体相似，先后撤除了原有的对外宣传部，目前还没有专设职能部门，统一负责调度和督导国际节目的宣传发行。而产生这种局面的原因也非常明晰：首先，各级电视媒体在日益激烈的媒体竞争中，自收自支的生存环境日益艰难，养家糊口是先导，对外扩张仍是其次；其次，我国大多数视频媒体对国际化市场不了解，营销渠道不畅通，产品不与国际接轨，相比国内市场，价格固然一落千丈。因此，许多视频媒体仅以完成外宣任务为止，对外拓展仅是应付而以。

其二，湖南广电是国内类型化程度极高的电视媒体。

湖南广电多年来在节目创新上的发力，主打的是综艺娱乐类节目的研发与生产，在国内无论是受众市场还是广告市场，都是名列前茅。但从目前中国电视节目海外输出情况来看，对国际受众有一定吸引力的节目类型主要是电视剧（特别是古装剧）和纪录片（生活及自然类）。而湖南广电版权节目在类型上，不但"偏综艺"（综艺娱乐），而且"偏人史"（近代历史人物）。这些节目类型在国内，无论对社会或受众，认同感都非常强。但对国际观众而言，特别是西方观众，认同感就没有那么热烈了。因此，不少节目即使推到了海外平台，也很难收到预期的效果。同时，这种节目生产的类型化格局，还影响了整个集团在人才选定、营销策略、投资方向的走势，使集团渐入一种模式化、类型化、单一化惯性。

结合湖南广电国际化传播和推广的现状，以及目前全国视频媒体的共性，本着既要扩大海外影响，又要扩大海外市场的需求，下列几点建言可供参考。

第一，建立国际节目策划、营销项目奖励机制。

以奖代补。我国各级媒体可考虑将海外宣传或拓展的资金投入以奖励形式给予成功项目，这应是促进视频优质节目走向海外的有效方式。

目前我国影视节目海外输出有几种类型，即对外宣传片、成品节目输出、国际合作与协作项目等。由于各级部门对"走出去"的项目或多或少都有一些补贴或投入，而这些资金在事前发放难免造成制作单位一些惰性，常常是钱投了，效果不佳，特别是一些对外宣传片，大都是全额拨款，不少单位把这类任务视为创收渠道，其结果可想而知。因此，建议各级媒体机构搭建一个常规性国际项目评估体系，对项目从策划开始跟踪，实行分段奖励、分项奖励、分级奖励，做到奖励分层化、步骤化、精准化，最大限度地促进各节目生产单位的创作激情和工作热情，更好地提升国际节目海外影响力和市场竞争力。

第二，建立国际节目推广、营销人才培训机制。

人才的缺位和缺失，是目前各级广电媒体在国际节目推广和营销上的主要瓶颈之一。由于不少媒体没有专设国际宣传推广、节目营销、生产协作部门，相关人才也就得不到培训和任用。对国际节目营销人才而言，不但要通晓海外节目发行渠道，了解海外受众收视特征、我国即时外宣动态、媒体各部门生产能力，还要精准了解影视节目出口报审流程等。如果没有一个比较完善的培训环境或机制，很难推动"走出去"工程的顺利进行。因此，建议各媒体集团采用多人、多批、多样的方式，培训一批有能力、有激情的外宣及外销专业人才，以更好地为本机构走向海外服务。

第三，建立国际节目协作、通联信息服务机制。

现代社会最显著的特征就是信息沟通敏捷，通联方式快捷，对一个需要国际拓展的广电媒体来讲，倚仗环境优势尤为重要。无论是海外形象宣传，还是海外节目市场的拓展，只有掌握了即时的发行信息、渠道动态、受众变异，才有可能找到最合适的推广渠道和最有力的推广机遇。目前我国众多广电集团参与"走出去",如果不统一整合信息资源,发挥信息潜能,不但会增加推广成本,还会贻误良机。因此,建议以省级广电机构为龙头,建立一个高质量的对外节目宣传营销信息体系,服务于全域节目生产单位,带动全域外宣工作的开展。

第四,拓宽节目输出方式,长短视频各显所长。

长视频节目一直在我国海外宣传和国际营销中占有重要地位。但近年来由于新媒体的科技推力,短视频节目已成为人们生活中一个不可缺少的媒资,仅我国就有近八亿人以上的短视频消费人群。

所谓短视频,即指在各种新媒体平台上播放的、适合在移动状态和短时休闲状态下观看的、高频推送的视频内容,其时长从几秒到几分钟不等。近年来我国外宣机构逐步认识到短视频的社会功效,对短视频的国际推送不断升级。如,中国外文局主办的"第三只眼看中国"国际短视频大赛,不但设有"全球各国,携手抗疫""摆脱贫困,幸福小康"两个特别单元,还设有"行至世界,发现中国""身在中国,乐享发展""我最爱的中国城市""我的中国朋友""老外在中国"等五个主题单元,这使我国国际宣传有质的突破,更有量的发展。又如,国家广播电视总局作为指导单位,阿联酋中阿卫视、中青丝路(北京)传媒有限公司、阿联酋富查伊拉(酋长国)政府媒体办公室、沙特东方电视台等机构将共同主办的"中阿国际短视频大赛",以"友谊和希望"为主题,聚焦文化、生活、旅游、科技、经贸五大领域,面向中阿各国青年征集原创短视频作品,旨在深化中阿青年视听交流,共同讲好中阿友好故事。同时,大赛还依托中阿卫视的卫星电视网络,邀请多家阿拉伯国家本地媒体跟进报道,触达社交媒体平台海量网红达人,持续扩大活动的传播影响力,有效传播中国好故事。随着这些短视频外宣的国际表现,为我国视频节目国际化表达、我国海外形象宣传提供了更多的渠道,展现了更多的景象。

总而言之,在目前我国视频机构的国际宣传和国际营销中,尚存在着强大的任务需求和稀少市场回报的矛盾。因此,要在国际宣传与国际营销上取得更大成绩,不但要有强烈的责任意识和使命意识,还要有强烈的危机意识和市场意识。特别是对国际营销,我国各级媒体都会有个学习与渐入的阶段,不但要学习国际营销中的文化策略,而且要逐步渐入国际营销中的战略组合。前者要在国际营销中进行跨文化训练,解决国际营销中发生的文化冲突,加强影视产品对国际文化环境的反应能力和适应能力,促进不同文化背景的沟通与理解效果;后者则是要将产品创新、企业形象、信息沟通和资源整合进行有效归纳,让这些元素的功能优势各自在国际营销中发挥相应作用,以让我国视频节目在国际视频平台上有更多的表现,更多的受众,更多的回报。

拓展媒体思路，拓宽国际渠道，拓建节目资源，是我国各级广电机构未来进步的重要议题。国际市场营销与国内营销一样，也需要文化整合、市场调研、市场分析、市场细分以及市场营销组合、目标营销等系列营销过程的战略确定和战术实施。在确定正确的市场定位后，制定适当的营销组合方案，以满足国际市场的需要，从而实现市场利润，是关系到能否让我国众多视频生产机构对国际营销更有真实的热情、长远的规划以及市场期盼的关键。

当然，国际节目营销既要立足国内生产环境，又要适应国际受众环境，而且国际节目市场营销与国内节目市场营销相比，具有更大、更多的差异性、复杂性和风险性。我国视频行业管理者和生产者对此不仅要有本位思考，更要有前瞻思考，这无论对媒体还是国家，都有着重要的意义。

（作者分别为：金色光芒文化有限公司副总经理；湖南广播电视台宣管部三级文编；中国视协艺术评论专业委员会常务副主任）

新疆广播电视台助力"一带一路"倡议探微

——基于增进区域信息交流与民心相通的周边传播策略

张　霆

　　自 2013 年中国国家主席习近平提出"一带一路"倡议以来，中国坚持共商共建共享原则，推动"一带一路"建设取得了一系列实打实的成就，构建了广泛的朋友圈，实现了与共建国家在多个领域的互利共赢。在此过程中，为有效助力"一带一路"建设，国内的广西、云南、内蒙古、西藏、新疆等地区的广播电视媒体积极开展周边传播，推动对外交流合作，进而在安边、富民、睦邻以及助力中国与周边邻国共同发展等方面，取得了一定成效。

　　新疆虽然地处中国西北边陲，却处于欧亚大陆交汇、东西方文明的交集地带、多民族文化的交融之所。作为"一带一路"陆路通道上的重要节点，新疆与中亚多国存在接壤关系和经济、文化关联，能够与中亚众多国家直接互联互通，在中国与中亚国家的对外传播中，拥有突出的重要性。"一带一路"倡议提出以来，新疆广播电视媒体持续发力，在及时有效传播中央的大政方针、深入反映新疆经济社会发展成就、服务新疆社会治理，为新疆地区的和谐、稳定、发展创造良好舆论氛围的同时，也主动依托自身的优势，积极开展对周边中亚国家的对外传播，助力中国与沿线国家的合作、交流，为打造政治互信、经济融合、文化包容的利益共同体、命运共同体，做出了不容忽视的贡献。不过，也应当看到，信息覆盖面有限、内容吸引力、引导力和影响力不高，传播效果尚须提升，仍然是当前新疆广播电视媒体开展周边传播、助力"一带一路"建设所必须突破的瓶颈。"中国媒体独特的价值模式是：作为执政资源和治理手段的政治价值，凝聚共识弥合分歧的社会价值，记录时代传承文明的文化价值，联结用户服务市场的商业价值。"① 因此，新疆广播电视台在今后的周边传播中有必要以增进区域信息交流与民心相通为着眼点，顺应媒体融合发展潮

---

　　① 陈昌凤：《媒体融合策略与案例》，中国社会科学出版社，2019，第57页。

流，构建立体化、全覆盖的传播通道，加强内容建设，提升吸引力、引导力、影响力，开展跨域合作，重视传受互动，不断提升传播效果，从而更有效地助力"一带一路"倡议的稳步落地、务实推进。

一、顺应媒体融合潮流，构建立体化、全覆盖的传播通道

新疆是我国最大的民族自治地区，享有高度的民族自治权利。然而，长时间以来，由于境外反华势力的肆意抹黑、"疆独"分子伺机挑起破坏活动，经常为舆论所关注，成为维护国家统一的敏感地区，也由此成为中国对外传播的主要阵地。做好新疆地区的周边传播，增进新疆人民与中亚周边人民的信息交流、民心相通，有利于塑造中国在中亚地区的良好国际形象，助力"一带一路"倡议务实推进。"新疆处于'丝绸之路经济带'重要区域，充分发挥其区位优势，对塑造国家形象、提高我国对外传播影响力具有重要作用。"① 对此，新疆的主流媒体责无旁贷。

众所周知，广播电视具有信息传播迅速、及时，时效性强，覆盖范围广以及受众接受门槛低等优势。据相关统计，截至 2018 年年底，全疆的广播综合人口覆盖率97.83%，电视人口综合覆盖率98.07%。对新疆地区的广大民众而言，由于经济条件、文化教育水平的限制，他们中有很大一部分人是通过听广播、看电视了解外界信息。而在与新疆周边接壤的几个中亚国家中，由于经济发展水平、文化传统、生活习惯方面的影响，广播电视也是当地民众获取外界信息的重要媒介。因此，新疆广播电视台的对内对外传播，都应当立足于建设好自身广播频率、电视频道：一方面紧密配合国家深入推进的广电"村村通"工程、"西新工程"，继续助力中央及自治区的政策、政令在本地居民中的有效传播，讲好新疆故事，传播好新疆声音；另一方面则要加大对周边国家的辐射力度，根据周边国家的具体国情和受众需求，采取"一国一策"方式，持续推动广播电视节目在更多周边国家落地，让更多新疆的声音、新疆的故事，走出新疆，走出中国，在域外周边广泛传播开来。

同时，要看到，随着传播技术的不断发展和智能手机的逐渐普及，互联网、新媒体正在成为新疆地区和周边一些中亚邻国中越来越多的普通民众获取外界信息、与他人互通音讯、交流交往的重要媒介手段。在新疆本地，自不待言，互联网与新媒体的使用率，已经显著提升。在新疆周边的中亚国家，同样也已经有越来越多的人在使用互联网、社交媒体。尤其是 Twitter、Facebook、YouTube 和 Instagram 等国际知名社交媒体在当地年轻人中的使用比较流行。中国国内的微信、QQ 等社交媒体在中亚国家，也有一些固定受众，尽管使用

---

① 金玉萍、史丽媛：《"一带一路"背景下新疆媒体如何传播好中国声音》，《中国广播》2018年第1期。

范围目前还多局限于留学生、华人华侨、边贸商人和孔子学院的当地学生等人群。为此，新疆广播电视媒体有必要顺应媒体融合潮流，加强对互联网和新媒体传播方式的运用，大力拓展网络视听服务，利用互联网、微博、微信、短视频平台以及开展相应的 App，以构建立体化、全覆盖的传播通道，形成广电媒体主打、新媒体传播加持、移动传播优先的新格局，做大、做强自己的信息传播平台与舆论引导通道。

近年来，为适应互联网时代的来临，新疆广播电视台除办精、办专多套广播频率、电视频道，还开办有"新疆新闻在线网""虎鱼网"两个新闻网站，建有丝路云听 FM App 和丝路视听 App 两个手机移动客户端；有"直播新疆""彩虹映开山""虎鱼网"三个官方微博账号以及"直播新疆""彩虹映开山""虎鱼网""丝路视频""新疆 949 交通广播"等数十个微信公众号，全台微信矩阵粉丝量超过 300 万，且囊括了维吾尔语、哈萨克语、柯尔克孜语等多个少数民族语种。微信互动已经成为少数民族语言节目互动的主要形式。

目前，集新疆广播电视台／丝路视听／新疆新闻在线三重身位的融媒体平台已经上线运行，可以供用户在线浏览新闻报道、信息资讯，实时收听／收看新疆广播电视台所属各频率／频道的直播节目，点播、回看已经播过的节目；"丝路视听"客户端，可以通过扫描二维码进行下载、安装，满足用户在手机等移动终端看电视、听广播、刷视频、追直播的需要。此外，新疆广播电视台各频率、频道的相关栏目在今日头条、抖音、快手等平台也开设有相应账号，方便将部分节目内容以碎片化的方式在社交媒体上传播、推送，供用户随时随地观看、分享。

二、加强内容建设，提升吸引力、引导力、影响力

习近平指出："对新闻媒体来说，内容创新、形式创新、手段创新都重要，但内容创新是根本的。"[1] 毋庸置疑，由于特殊的地理位置、民族关系和文化关联，新疆地区的周边传播工作上联国家安全、稳定大局，下结普通百姓的生活安宁、民生福祉。近年来，新疆广播电视台在周边传播方面虽然取得了一些成果，但仍然面临不少亟须解决的问题。这其中，最为突出的就是传播内容的建设方面，需要切实加强，以提升吸引力、引导力、影响力。为此，需要革新传播理念，在传播内容上，弱化宣传味，强化"沟通"和"对话"，积极调用多种手段讲好中国故事、新疆故事，在为新疆社会稳定和长治久安营造良好舆论环境的同时，积极推动中华优秀传统文化、新疆民族文化走进周边、走近中亚各国、走向世界。

首先，充分彰显中国政府坚持和平与发展、新疆各族人民共同进步的主流

---

[1] 新华通讯社课题组：《习近平新闻舆论思想要论》，新华出版社，2017，第128页。

舆论。新疆的社会稳定、经济发展和民生建设都离不开一个和谐、安定、健康、有序的周边关系。然而，由于历史原因，新疆周边的中亚诸国，普遍受西方媒体影响较深。苏联解体后，西方媒体乘虚而入占领了这些地区的舆论阵地。"自由亚洲电台"维语部、"沙特吉达电台"、"塔什干国际广播电台"等境外电台，用少数民族语言针对新疆地区进行各种分裂主义与极端主义宣传，歪曲报道各类"涉疆"事件、妖魔化中国的国家形象。"西方有些媒体在对中国的议程设置中多表现为不客观、不公正等特征，报道中漠视中国发展，损害我国的国际形象。"① 久而久之，导致周边国家对新疆的情况曲解、误读颇深。政治制度的不同，意识形态的差异以及天然的文化隔阂，也使得周边国家或多或少对华抱有一定的防范心理，对中国媒体传播的内容接受度较低。因而，中国的正面形象在该区域常常得不到有效传播。这也成为影响新疆广电媒体对外传播的一大制约因素。这种状况要求作为主流媒体的新疆广播电视台，应具备较强的信息传播力和舆论引导力，不仅要在宣传和促进本地经济社会发展和民族文化传播方面，充分担负时代责任，而且要在反对境外敌对势力借新疆问题制造民族分裂、抹黑中国形象、煽动反华舆论的对外传播中承担重要历史使命。为此，新疆广播电视台应时刻掌握新闻报道、舆论引导的主动权，打好主动仗，有效应对各类突发事件舆情，始终不折不扣地保障新疆各族人民对涉及本区域的重要事务、重大公共事件的知情权。特别是要使广大少数民族群众迅速及时地听到党和政府的声音，使他们能够关心祖国和民族的命运，从而增强中华民族内部的凝聚力，促进边防巩固、民族和谐。在这方面，新疆广播电视台《新疆新闻联播》《今日聚焦》等节目，都发挥了较好的作用。当然，新闻报道一定要注重时效性，特别在重大事件、敏感问题上，要能够主动出击，第一时间发布消息，抢占舆论制高点，切实有效地引导国际国内舆论，避免将本应该主动对外发布的事实信息，搞成"对外澄清"的被动局面。"就舆论生态治理而言，内容价值是核心，表达形式是基础，话语策略是引擎，传播方式是保障，彼此之间相互影响。"② 所以，对时事新闻、重要公共事务除了要及时报道，主动发声外，还需要有针对性地采用贴近普通民众的表达形式、话语方式及多元化的媒介手段进行传播。这样，就可以实现"用户（受众）在哪里，我们的信息覆盖就到哪里"，有效占领舆论阵地，充分彰显中国政府坚持和平与发展、新疆各族人民共同进步的主流舆论。

其次，多维度讲述中国与沿线国家是休戚与共的命运共同体的故事，筑牢区域安全、稳定、发展基石。"一带一路"倡议提出以来，新疆作为丝绸之路经

---

① 王淑兰：《中国边疆少数民族地区广电发展与区域性传播研究》，《现代传播》2009年第2期。

② 刘涛等：《融合新闻学》，高等教育出版社，2021，第69页。

济带的核心区域，在推进与亚欧各国的互联互通、互利合作方面，成效显著。新疆广播电视台作为当地公信力较高的主流媒体，理应在开展周边传播、助力"一带一路"倡议的落地生根、扎实推进中发挥重要作用。新疆与周边八个国家在宗教信仰、民族风情、文化传统方面，各有差异。而新疆也是多民族聚居地区，其中有些少数民族与周边邻国居民存在相同的宗教信仰，有的还使用同一种语言。由于历史原因，一些民族跨境而居。客观地看，观众在选择收听收看广播电视节目时，往往会对本民族语言的节目产生天然的亲切感，也更容易认同其间所传播的文化与所负载的信息。为此，新疆广播电视台有必要从消除周边邻国民众的戒备心、增强传播内容的贴近性入手，有针对性地制作一些与传播对象对应的民族语言节目，多维度讲述中国与沿线国家是休戚与共的命运共同体的故事，多层面报道新疆与周边近邻互通友好与合作共赢的鲜活时事，营造互信合作、开放包容的舆论氛围，推动扩大周边区域的民间交流，增进民心相通。

再次，加大研发力度，打造一批精品化的核心节目，建构文化品牌，有效满足周边民众的精神文化需求，构建更多"共通的意义空间"，不断增进与周边民众的文化认同。当前，新疆广播电视台在周边国家的国际传播能力不强。其中，一定程度上在于缺乏具有文化品牌意义的核心节目、不能有效满足周边民众的精神文化需求、令传受双方享有更多"共通的意义空间"。为此，有必要加大研发力度，立足于中华优秀传统文化、新疆特色民族文化以及新疆日新月异、多姿多彩的现实风貌，打造一批精品化的核心节目，建构具有新疆标识、新疆特色的文化品牌，从而对周边邻国民众产生良好的吸引力、引导力、影响力。这样，既可以丰富新疆广播电视台对外传播的内容，也有助于让周边国家多侧面、多维度地了解新疆的历史、现实及民族文化，进而增进对新疆民族文化、中华文化的亲近感、认同感。

此外，嫁接社交媒体，有针对性地开办一些公共服务栏目，更好地服务当地民生，助力安边、富民、睦邻，也十分具有现实意义。中国有句老话叫"仓廪实而知礼节"。不管是在何种社会制度和政治、文化环境下，普通老百姓都希望过上好日子，都希望自己的生活能够越来越好。作为大众传媒，新疆广播电视台不仅可以广泛传播各类信息，也能依托自身获取信息的便利，有针对性地开办诸如语言学习、留学园地、交通旅行、境外购物等公共服务栏目，通过关联社交媒体，有效充当本地和外界开展交流、合作的中介，帮助本地企业、消费者与域外的企业、消费者进行联系、沟通，以此活跃新疆本地与周边区域的人流、物流、信息流，助推新疆与周边中亚各国的经贸联系与人员往来。

三、开展跨域合作，重视传受互动，不断提升传播效果

随着传播技术的不断发展，人们所能选择接触的媒介越来越多样，获取信息的渠道越来越多元。在此情况下，如何保障传播对象能够而且愿意接触本媒体及其传播内容，十分关键。为此，新疆广播电视台可以考虑主动"走出去"，通过开展跨域合作，加强与受众的联系，逐步改变周边国家的民众对中国媒体的怀疑、戒备心理及陌生感，消除历史成见，弥合文化隔阂，进而不断提升在周边地区的传播效果。

一方面，积极开展与周边中亚邻国广播电视机构的跨域合作。进行跨域合作，可以借助合作媒体在当地的名气和影响力，实现"借船出海"，更好地传播新疆声音、展现新疆形象。"一带一路"倡议实施以来，新疆广播电视台加强了与周边各国媒体的合作。2013 年 5 月，新疆电视台和塔吉克斯坦政府广播电视委员会签署合作协议，在纪录片拍摄、影视作品交换等方面开展合作。2014 年以来，通过扎实推进《中国影视剧对象国本土化语言译配》等项目的实施，先后译配完成 5 种语言 36 部 825 集影视剧、纪录片和动画片，并通过合作开设《中国剧场》栏目等方式，在哈萨克斯坦、吉尔吉斯斯坦、乌兹别克斯坦、塔吉克斯坦等国的主流电视媒体播出。2020 年 8 月，新疆广播电视台《中国之声》维吾尔语节目经全新改版后在土耳其恢复播出；《今日中国》节目也在土耳其进行本土化译配播出。这些节目，在反映新疆经济社会和民众生活现状，特别是新疆在推动社会稳定、经济发展、民生改善、民族团结、宗教政策落实、多元文化保护及生态文明建设等方面取得的成就，向世界展示真实、立体、全面的新疆，树立新疆良好形象方面，产生了十分积极的影响。

另一方面，重视与受众的互动。由于新疆战略地位的特殊性，国际敌对势力一直妄图以民族、宗教、人权等问题为幌子对新疆地区进行"西化""分化"，以此来达到分裂中国、扼制中国的图谋。为了实现这一目标，他们不惜财力、物力，动用广播、电视、互联网等各类媒体，使用多种语言，对新疆进行无孔不入地宣传渗透。对此，中国的各级各类媒体必须始终保持清醒的头脑，要下定决心通过持续不断的努力逐步改变"西强我弱"的传播状况来有效应对此种宣传渗透。对新疆广播电视台而言，现阶段比较现实的做法，就是重视传受互动，加强与受众的联系，在潜移默化中逐渐增进自身在受众中的熟知度、感召力、影响力，进而提升传播效果。

粗略地看，新疆广播电视台所面对的周边受众，主要有这样几类人群：有意愿了解中国特别是新疆的邻国居民；希望借助媒介信息寻找市场和商机的周边国家商人；与新疆当地居民存在亲友关系的邻国友朋；旅居在周边邻国的华

裔；其他随机性的受众。新疆广播电视台应根据以上几类人群的特点，用生活化的叙事、讲故事的方式，以他们能听得懂、看得明的传播符号，有针对性为他们提供所需要的内容。"新闻传播本身就是跨文化的，社会越开放，越是现代化，人们就越是能通过新闻传播建立起互动的社会化生活。"① 近年来，新疆广播电视台开办的《新广行风热线》《教育在线》《开心路路通》《好大一个家》《致富田园》等服务性专栏，强化了与本地受众的交流、互动，以其贴近生活的实用性信息服务，有效提升了对广大听众、观众的吸引力、感召力，产生了良好的传播效果。在对周边中亚国家的传播中，不妨借鉴此类做法。

与此同时，可以考虑让本媒体的记者、编导、主持人等借助社交媒体加强与受众的联系、互动，培养粉丝群体，以增进本媒体在受众中的亲和力、吸引力。比如，让懂得对应语种的记者、主持人以个人的形式出面在一些为周边国家民众所常用的社交媒体上开设账号，不时对外发布视频博客，推送节目、资讯、时事信息等，以配合本媒体的节目传播，吸引受众的关注；同时，也可以通过一些有效方式鼓励受众在相关社交平台上自主上传、分享各类真实反映新疆社会发展状况、民族文化风貌，或客观表达自己对新疆的观感和印象的文字、图片、短视频等，以此引导和激励受众关注新疆台节目、关心新疆社会发展，拉近他们与新疆媒体、新疆人民的心理距离，培养他们知新疆、亲新疆的意愿和情愫。

四、结语

作为"一带一路"沿线的重要枢纽，新疆的特殊地理位置决定了新疆广播电视台需要积极担负自身作为主流媒体的时代使命，从维护国家西部战略屏障、抵御境内外分裂势力干扰破坏、助力"一带一路"建设顺利推进的战略高度，主动作为，全力做好对外传播工作，让新疆的声音传得更开、传得更广、传得更好，为安边、富民、睦邻创造良好的周边舆论环境。这也是贯彻习近平总书记重要讲话精神、落实新时代党的治疆方略，特别是社会稳定和长治久安总目标的应有之义。为此，新疆广播电视台需要在大力拓展传播通道、深耕内容、丰富手段、细分受众、增强互动上下功夫，有针对性地生产既具有中国特色又与国际接轨的多语种、本土化融媒体产品，以更多品牌化的精品节目，多层次、多维度地讲好中国新疆故事，令周边受众感受到更多"共通的意义空间"，进而产生共鸣与共情，切实提升对外传播效果。

当然，要实现上述愿景，离不开一批高素质的专业人才。因此，做好关键岗位尤其是精通外语、熟悉对外传播和新媒体业务的优秀人才的引进和培养，

---

① 单波：《跨文化传播的问题与可能性》，武汉大学出版社，2010，第203页。

打造一支适应新时代新形势新要求、思想过硬、业务过硬、作风过硬的对外传播专业人才队伍，十分重要。

【作者单位：重庆交通大学旅游与传媒学院。本文系 2021 年重庆市教育委员会人文社会科学研究规划项目"基于讲好中国故事的主旋律电影范式创新与品质提升研究"（项目编号：21SKGH091），重庆市教育科学"十四五"规划 2022 年度立项课题"红色影视融入高校课程思政建设的方略研究"（课题批准号：K22YG207155）和重庆交通大学 2022 年度教育教学改革研究项目"红色影视融入高校'课程思政'教学可行路径研究"（项目编号：2203037）的阶段性成果】

面向东盟的新媒体传播问题与策略

——以广西广播电视台构建新媒体国际传播为例

周 霖

2021 年是中国—东盟对话关系三十周年，三十年来中国与东盟各国在战略互信、经贸往来、互联互通、可持续发展、人文交流等多个方面迈出新步伐。尤其当前，新型互联网媒体蓬勃发展，网络已经成为中国与东盟文化交流的重要载体，在此大背景下，越来越多的机构和媒体重视面向东盟国家的国际传播工作，在新媒体上持续发力，在更广阔的传播平台讲好"中国故事"。与此同时，传播渠道、话语体系、新技术应用等方面的变化也需要我们及时调整传播策略，以达到更好的效果。

一、新媒体环境下面向东盟的国际传播面临新挑战

一直以来，我们面向东盟的国际传播以广播电视等传统媒体为主，大多属于单向传播，停留在我说你听的阶段，虽然近年来新媒体的发展带来了更多的传播手段和渠道，但仍面临着不少的挑战与困难。

一是内容不够多元化，传播缺乏生动性。目前我国在东盟国家进行对外传播的主力军仍是传统主流媒体及所属的网络新媒体，较为注重新闻宣传，在对外传播中固然有政治正确、发布权威、话语严谨等方面的优势，但过于单一的形式容易导致国外受众，特别是年轻人对中国的对外传播产生一定的刻板印象。这些媒体往往会有固定的话语模式，虽然一些媒体采用短视频、图片、漫画等方式，但个性化和亲和力依旧不足。媒体在国际传播中还忽视了影视、动漫、娱乐等其他较"软"的传播手段，缺乏生动性，国外受众的接纳度不高。

二是对受众分析不足，传播缺乏针对性。我国在面向东盟国家开展国际传播中，还存在对受众定位缺乏细分、针对性不强等问题。当前，东盟各国的年轻人是社交媒体平台的主要用户，传统媒体一些具有浓厚政治色彩的语言风格难以拉近与他们的距离。各媒体也未能充分了解东盟各国在文化传统、生活方式、阅读习惯等方面的差异，因此传播效果不佳。国际传播是一种需要跨种族、跨语言、跨文化、跨意识形态的传播方式，其中既有人类共通的情感和认知，如对真善美的追求，对美好生活的向往等，也有因为民族、社会阶层、文化传统等方面的不同存在的差异。媒体需认真深入地了解对象国的真实国情和民众的话语体系，有针对性地对不同层次、地域的受众进行分类传播，真正利用好新媒体达到传播目的。

三是平台技术存在差异，传播仍有藩篱。与国内使用的社交媒体不同，目前东盟各国绝大部分中青年通过 Facebook、YouTube、TikTok 等网络途径获取信息，这些 App 的云计算、大数据等推送机制、审查系统适应的是东盟各个国家和地区的法规，而且在这些社交媒体上，民间舆论场更具有吸引力、更易获得受众喜爱、传播更高效。国内媒体要通过这些平台在东盟国家实施精准传播，还需要深入研究平台算法，通过数据挖掘技术了解当前外国民众最关注的话题，勾勒出更准确的用户画像，根据不同国家的国情和文化倾向制订出专属的传播策略，做到立体、全面、潜移默化地讲好中国故事。

二、新媒体环境下面向东盟的国际传播方式优化策略

当下，新媒体技术给媒体在东盟国家的对外传播提供了更为广阔的渠道和更多的合作可能，可通过内容形式、频道、传播技术的完善来促进传播效果。如广西广播电视台利用自身的区位优势和既有的合作基础，在传播的方式、途径上依托传统媒体，融合网站、移动新媒体等新兴传播平台，建设立体多元的国际传播体系。

一是对东盟国家新媒体受众进行分众研究，提升传播效果。东盟各个国家的受众具有不同的文化特征和媒体使用特点，媒体应加强对传播对象国研究，因地制宜实施"一国一策"传播策略。如越南的意识形态与我国相似，老挝受众较为"佛系"悠闲，泰国的年轻人较为活跃且富有好奇心等。在开展国际传播中，必须从粗放型的"一对多"升级为精准的"一对一"，针对不同国家和不同的社会群体选择内容不同的影视剧、纪录片、卡通片、综艺节目等，更好地让国外受众理解中国、了解我们的价值观。如广西广播电视台和越南国家电视台联合制作的跨国纪录片《南溪河畔》，通过镜头回顾了中越两党、两国、两军的战斗友谊，在新时代继续巩固好中越传统友谊；通过外宣网站"北部湾在线"整合广播与电视资源，制作以民俗、娱乐、旅游等内容为主的越南语小视频栏目《一词一世界》、泰语小视频栏目《泰精彩》《萨瓦迪卡》跨平台推送，用国际化的表述方式开展对外传播，受到了对象国民众的喜爱。

近年来，我国在东盟国家推送的网络视听节目在传播内容、题材、渠道方面日趋多元化，视听新媒体成为文化交流合作日益重要的角色，受众在社交媒

体平台更加乐意接受老百姓生活中平凡小事的温情讲述，反映新时代中国故事的现实题材影视剧、纪录片、动画片、短视频在东盟国家市场具有广阔空间和巨大潜力。如广西广播电视台在柬埔寨、老挝、缅甸、越南、泰国等国家的媒体开设《中国剧场》《中国电视剧》栏目，先后译制播出《三国演义》《红楼梦》《山海情》《什刹海》等展现中国传统文化、新时代中国社会风貌的电视剧。针对老挝、柬埔寨、缅甸、越南不同国情开设《中国剧场》Facebook 和 TikTok 等海外社交媒体账号，推送的中国影视剧短视频总浏览量超百万次。柬埔寨、越南的《中国剧场》Facebook 账号为配合《山海情》的播出自制的剧透短视频海外浏览量超 "10 万 +"，在东盟地区营造了浓厚的 "看中国剧，知中国事" 的知华友华氛围。

二是寻找 "文化共性"，在媒体融合背景下讲好中国故事。在融合的背景下，全球民众交流信息时，在语境语态方式途径上都有了很大的改变，必须寻找到符合东盟各个国家不同的新媒体传播语言体系。中国特色社会主义进入新时代，有建党百年、全面小康、联合抗疫、人类命运共同体等主题突出、特色鲜明的题材可供挖掘和讲述，关键在于如何用通俗易懂、润物无声的方式，把中国故事讲好、讲生动，以展现其背后的思想力量和精神力量。2021 年，广西广播电视台抓住建党百年契机，策划制作英语系列短视频《往事悠悠》，以故事化的手段加上短视频的形式，选取 "毛泽东，邕江里的特殊冬泳者" "列宁岩" 等人、事、物，讲好中国共产党和中国共产党党员的故事，系列视频在北部湾在线网站多语种网页、微博、英文 Facebook 等平台持续推送，各平台阅读量总计达 185 万次。

广西与东盟地缘相近、人文相通，东盟国家的民众对发生在广西的重大时政事件也有很高的关注度，媒体可以灵活切换官方语言和民间语言，使用接地气、清新的话语，减小传播内容的理解难度，增强可读性。广西广播电视台围绕习近平总书记视察广西、习近平总书记给黄婉秋同志回信等重大议题开展国际传播，展现大党大国的领袖形象，向东盟国家介绍中国共产党的执政成就。如沿着总书记视察广西的足迹，在英、缅、泰、越南 4 个语种 Facebook 账号发布介绍广西民族文化、桂林山水、柳州工业等图文、短视频作品，在自有的老挝、柬埔寨、缅甸、越南 TikTok 账号组织推送相关短视频，海外浏览量 11 万次。

三是用好当地的新媒体平台，"借嘴说话" 增进受众信任度。借助当地新媒体平台来讲 "中国故事" 是一个较好的传播手段，用外媒宣传国内的大型活动，可以从对象国的角度出发，让当地的民众真正体会到两国友好交流的真实成就。广西广播电视台多年来与东盟各国通过举办多种活动并在新媒体平台进行传播推广，如与柬埔寨、老挝、缅甸、泰国、越南等国家主流媒体共同举办"同一个月亮 共一片爱心"，与越南主流媒体举办"同唱友谊歌"，与泰国主流媒体联合在两国轮流举办"中泰歌会"；在防疫背景下通过"云"上开展对外文化交流活动，如与老挝国家电视台共同举行云端"中老建交60周年知识竞赛"。有趣的文化背景、民族风情、生活习俗，都是各个国家民众乐于接受的交流内容，两国间的文化交流可以呈现在两国新闻媒体的报道和各类社交媒体的推文当中，让更多的人了解中国人民的真实生活。这种通过主动设置议题，引发外国网友热议并及时回复的方式互动性强，使受众感受到"表达鼓励"进而增加了参与的欲望，在沟通交流中达到了相知相融的目的。

在国际传播中，软性内容的输出更易得到对象国受众的接受。广西广播电视台在柬埔寨、越南、马来西亚、印尼等国的新媒体平台开设《相约广西》专区，上线《广西故事》《长寿广西》等栏目；壮族"三月三"期间，将《"壮族三月三 八桂嘉年华"全媒体大直播》同步移植到YouTube NewTV华语纪录片频道上，以慢直播的形式向该频道近10万订阅用户推送广西独特的民俗风情。通过在海外新媒体平台推送展示广西各地风土人情、民众日常生活的视听节目，因为贴近生活而与各国民众容易产生共鸣，成为推进中国—东盟文化交流合作和促进民心相通的重要支点。

三、运用新技术打造新媒体国际传播体系

新媒体环境下的国际传播体系建设，内容生产、资源整合、传播渠道都离不开技术平台的支撑，只有利用好云计算、大数据、人工智能、5G、AR/VR和区块链等技术，打造基于新一代信息技术的国际化融合传播平台，才能更好地拓展国际传播的能力和手段。

一是采用人工智能辅助国际传播体系建设。可以充分利用人工智能技术进行对象国用户的语言习惯的准确分析，从而打破国际传播中因语言不同而产生的交流隔阂，提升用户对传播内容的理解度。广西广播电视台的"中国—东盟多语种全媒体生产聚合及传播体系建设项目"，打造了多语种全媒体内容聚合分发平台，外宣广播北部湾之声频率通过该项目进行英语AI译播，在此基础上，向柬埔寨、越南语等东盟语种进行扩展，以标准化、流程化应用提升广播媒体在东盟国家的影响力。

二是探索"平台出海"的新路径。国际传播渠道平台建设是加强国际传播力建设的重要方面，当前，一些东盟国家的新闻媒体在互联网、云计算和大数据等新技术运用方面发展缓慢，国内的媒体可通过自有平台打造探索中国视听节目面向东盟走出去的新路径。如广西广播电视台近年来建设"中国—东盟多语种融媒体国际通用云平台——东盟云"项目，根据东盟国家媒体发展现状，

可为对象国构建轻量化、可定制的媒体融合生产模式，参与到当地媒体融合发展当中。依托这个平台，还将在东盟国家建立移动端内容快速推送模式，通过自主的海外新媒体平台实现自有内容更好的"出海东盟"。

三是充分利用国际传播网络提升在东盟国家的传播影响力。新媒体的发展已经逐步打破了国与国之间信息流通的空间限制，在海外已有的国际传播平台加大内容推送力度，也是沉淀积累国际用户、提高国际传播力影响力的重要举措。广西人民广播电台利用"中国—东盟多语种融媒体国际通用云平台——东盟云"项目实现多语种内容生产和聚合，开设英语、越南语、泰语、缅语、柬语、老语等多个语种的境外社交工具账号，面向东盟开展国际传播，打破了传播边界，提升国际传播影响力。

总之，我国面向东盟的国际传播体系建设必须不断完善国际传播的话语体系、传播手段、渠道平台，以丰富多彩、生动活泼的内容呈现中国形象，增强外国受众对中国当代真实情况的认知，才能实现习近平总书记在中央政治局第三十次集体学习时强调的，要深刻认识新形势下加强和改进国际传播工作的重要性和必要性，下大气力加强国际传播能力建设，形成同我国综合国力和国际地位相匹配的国际话语权，为我国改革发展稳定营造有利外部舆论环境，为推动构建人类命运共同体作出积极贡献。

（作者单位：广西广播电视台）

广西广播电视台面向东盟国家
译制国产电视节目的实践和启示

兰新之

2021 年 7 月 1 日，习近平总书记在中国共产党成立 100 周年大会上强调："坚持走和平发展道路，推动建设新型国际关系，推动构建人类命运共同体，推动共建'一带一路'高质量发展，以中国的新发展为世界提供新机遇。"

中国始终坚持与东盟各国开展平等友好的交流合作，保持开放、包容、创新的战略伙伴关系，并提出一系列具体合作措施。广西广播电视台（以下简称"广西台"）多年来致力于促进中国与东盟国家观众开展跨文化交流，不断加强与东盟国家电视媒体的交流合作，在面向东盟译制国产电视节目方面取得了显著成效，走出了一条中国地方性广播电视台对外译制本土化电视节目的特色道路。

一、广西台充分发挥周边传播优势，不断丰富译制电视节目内容

从《红楼梦》《三国演义》等蕴含中国传统文化的历史剧，到《老马家的幸福往事》《北京青年》等反映中国人民真实生活的现代剧，到《故宫》《舌尖上的中国》等展现中国形象的纪录片，再到《小鲤鱼历险记》《小虎还乡》等满足青少年成长需要的动画片，广西台充分发挥周边传播的合作优势，从人民群众对精神文化的根本需求出发，不断深化译制电视节目内容，在译制电视节目的实践中将视野放大到国际范围，充分调动了中国人民和东盟观众在精神层面的温暖互动。

（一）历史剧展现中国历史魅力

早在 20 世纪，广西台就开启了面向东盟传播电视剧的进程。越南的电视台早在三十多年前就开始播放中文版《红楼梦》（1987 版）。几十年来，1987年版的《红楼梦》不仅成为深埋在一代代中国电视观众心中的独家记忆，也在

越南观众心中深深扎根。基于《红楼梦》在越南的热播，2014年开始，广西台先后为越南、缅甸、老挝等国译制该国语言的中国历史剧，掀起了东盟国家电视台的收视高潮，得到了东盟国家观众的一致好评。

2014年，越南国家电视台率先与中国广西电视台合作，主动引进了根据中国四大名著改编的电视剧——《西游记》（1986版）的越语版。2019年8月12日，缅甸国家广播电视台主频道开始在黄金时段播放缅甸语版的《红楼梦》。不久，《西游记》（1986版）在缅甸仰光举行开播仪式，许多缅甸的《西游记》粉丝因此兴奋不已："孙悟空这次终于可以说缅甸话了！"此外，反映历史英雄人物的电视剧《冯子材》，以及中国观众家喻户晓的古装剧《甄嬛传》《花千骨》《步步惊心》也相继被翻译制作，并呈现在东盟国家的电视荧屏上。辉煌的历史赋予了中国电视剧独特的魅力，这些作品不仅深深影响着中国观众，也激发了东盟国家观众的观看热情。

（二）现代剧反映中国当代生活

中国电视剧不仅承载着中国优秀的传统文化，也反映了中国人民充满烟火气息的平凡生活。在中国经典历史电视剧登上东盟国家人民的电视荧屏的同时，许多以当代为时代背景的电视剧也在东盟国家播出，并收获了良好的反响和效果。中国与东盟国家在地理位置上较为接近，人们的生活方式存在很多相似性，中国的国产现代电视剧对东盟国家观众来说具有接近性和亲切感，更容易在东盟国家观众间引起广泛关注和共鸣。经过深思熟虑和精心选材，2014年，广西台选择《老马家的幸福往事》作为在东盟国家译制播出的第一部现代电视剧。该剧全景式地记录了上海一户普通人家从20世纪70年代到21世纪初三十多年里发生的变化，真实反映了当代中国老百姓的生活故事。剧中中国人接地气的生活方式与越南社会有很多相似之处。该剧在越南国家电视台作为2015年跨年大戏播出。在观看过程中，越南观众普遍表现出欣赏和喜爱之情，很多观众在剧中找到了自己感动和难忘的时代记忆。由于收视反响热烈，缅甸国家电视台也播出了广西台译制的缅甸语版《老马家的幸福往事》。缅甸国家电视台台长吴敏推表示："选择现代题材的中国电视剧在缅甸国家电视台进行展播，就是希望通过优秀影视作品让缅甸民众了解中国的社会和中国的发展。"广西台译制的中国现代电视剧也在不断续写着新的时光印记。现在，东盟各国电视台在每天晚上的黄金时段都会持续播出中国各类现代剧。2022年10月，广西台成功将反映"时代楷模"黄文秀先进事迹的电视剧《大山的女儿》译制成缅甸语版、老挝语版、越南语版，在相应的东盟国家电视台进行播放，让东盟国家人民感受到中国的动人故事和中国共产党党员的奉献情怀。

（三）纪录片传播中国文化

电视剧通过艺术手法将真实或虚构的故事进行视觉化呈现，而纪录片则通过真实的影像记录对客观事实进行反映并引发人们思考。相较于跌宕起伏的电视剧剧情，纪录片更能反映社会发展的真实状况，也更能引起人们的深刻思考。2016 年 5 月起，由广西台译制的《故宫》《舌尖上的中国》《超级工程》等一系列纪录片陆续在柬埔寨国家电视台播出，在当地引起热烈反响，并迅速成为收视热点。为了准确展现纪录片《故宫》中的文化符号和内涵，广西台邀请了国内专业翻译、文化专家和了解中国文化的柬埔寨人参与到该作品的翻译工作中。

（四）动漫展示中国正能量

大部分电视剧和纪录片旨在满足成年人的观看需求。广西台从人文关怀的角度出发，考虑到少年儿童观看电视节目的需求，对中国本土的动漫节目也开展了译制工作。《小鲤鱼历险记》《小虎还乡》《猫眼小子包达达》等动画片是我国原创动画片的代表，其所承载的文化信息对广大青少年产生了巨大的影响。在动画中融入积极正面的价值观，能够潜移默化地影响青少年。在译制以上动画片的过程中，广西台充分发挥自身优势，从儿童心理需求出发，用心用情译制，以期使动画片中一些积极正面、幽默风趣、积极乐观的价值观渗透到孩子们的日常生活中，并引导他们养成正确对待困难和挫折、与小伙伴们共同努力解决困难、团结互助等优秀品质，在潜移默化中引导他们健康成长。这种寓教于乐的做法对培养和谐的儿童关系起到了积极作用，为我国动画片创作奠定了坚实基础，这些译制动画片更为东盟国家少年儿童提供了优良教育资源。《小鲤鱼历险记》等动画片搭建起中国和东盟国家少年儿童健康成长的桥梁，也在中国和东盟国家的少年儿童心中培育了和谐交流的根基和沃土。广西台近年来坚持以人文关怀为核心，坚持以人为本，译制优秀的动画片作品，"润物细无声"地浸润东盟国家少年儿童的心灵，教育引导他们要以乐观、积极向上的精神风貌面对生活、迎接挑战，传播正能量、树立新形象。

二、广西台向东盟国家译制电视节目的实践启示

（一）提高专业译配技能，打造译配专业团队

自 20 世纪我国引进国外影视剧以来，本土化的翻译与配音形成了译制片独特的配音风格，与本土日常生活格格不入的表达方式令"译制腔"成为人们口中的"怪腔怪调"，译制片也难以传达其真正魅力。如今，中国已经成为世界文化大国，优质电视节目如雨后春笋般不断涌出。要向外输出我国优质电视节目，如何译制成为摆在制作团队面前的关键问题。影视剧的重点在于"剧"，

画面与字幕所传达的"影"与"视"终究是服务于"剧"所表现的情景，是为了让观众更好地融入情景之中。因此，在译制影视剧时，需要借助更加贴近日常生活、更加适配作品剧情的翻译方式与制作形式。这对制作团队来说是一个较高的要求，需要制作方引进高素质的专业译配人才，打造有过硬专业素质的制作团队。早在2014年，广西台就开始进行打造专业译制团队的有益探索，通过对观众调研，与多方电视台沟通协商，对译配人员进行严格选拔与专业培训，努力打造高水平的译制团队，以求制作出高质量的译配作品。

除邀请来自原中国国际广播电台的专家和广西民族大学的专家，广西台还从对象国聘请专业配音演员，或是选拔该国的留学生，经过培训后使其担任配音演员。这些举措使语言间的壁垒得到一定程度的消弭，使对象国观众在观看我国译制节目时不再有强烈的怪异感和不适感，打破了他们对"译制剧"的刻板印象，提升了内容的接受度，更利于我国展现优质作品的魅力。2015年11月3日，由广西台译制的《北京青年》首次在越南播出，超过50名越南籍人士参与了越语版《北京青年》的翻译与配音工作。不同职业、不同身份的越南人士参与其中，既包括专业的配音演员，也有普通的越南民众，他们运用原汁原味的越南语，亲切自然地讲述了来自中国的故事。

（二）选取优质内容，以小见大展示主题

中国与部分东盟国家陆海相连、习俗相似、文化相通，自古以来沟通交流密切，人员流动频繁，建立起了亲密的联系。虽然在历史发展过程中，各国不同的社会实践导致各国文化拥有着自己独特的民族性，但多样性的另一面是同一性，中国与东盟国家有共通的部分，为建立广泛的文化认同与稳固的信任机制打造了良好的基础。宏大的叙事与激昂的陈词往往不利于普通观众理解，脱离了群众日常生活这一最基本且无比重要的土壤，再好的电视节目也难以获得观众的喜爱，有时不仅不会取得想要的宣传效果，反而会因为用力过猛而引起观众的排斥。这就要求制作团队立足生活，以小见大展示主题，以日常的生活映射中国的发展。每一部电视作品都是一定时期社会发展的体现，都贴有特定的时代标签。不同类型的电视节目不仅让东盟各国观众看见了中国社会发展的各个方面，感受到了中国的民族精神及价值观念，还让东盟各国观众在中国人民的生活中窥见自己生活的影子，找到两国人民情感中共通的部分。例如，印尼语版中国都市商业剧《鸡毛飞上天》在印尼国家电视台一经播出便广受好评，中国义乌改革发展曲折又辉煌的历程被搬上了印尼的电视荧屏，为印尼人民打开了解中国故事的一扇窗。此外，电视剧《渴望》所引起的对家庭的思考，《致我们单纯的小美好》所展现的甜蜜爱情，《欢乐颂》所表达的珍贵友谊与女性成长话题，都引发了东盟各国人民的情感共鸣。中国与东盟国家文化和而不同，人民间共通的情感与价值导向促使彼此勾画出最大的同心圆，让人民在情感精神上同频共振，这有利于增进中国与东盟各国的友谊。

（三）创新传播渠道，实现精准高效传播

随着科学技术的不断发展和全媒体时代的到来，媒体融合式的发展为新环境下的国际传播提供了新的发展道路。中国与东盟各国的经济文化发展水平不同，中国电视剧的融媒体生态不能适用于东盟各国的电视剧生态，东盟各国间的经济文化发展水平也不尽相同。对不同的国家，中国不能做到使用同一办法就能"放之四海而皆准"，也需要针对对象国的实际国情选择合适的传播交流方式。但可以看到，电视仍是东盟各国的主流媒体，是译制剧播出的主要平台。广西台精准选择对象国的主流电视媒体，实现精准传播并创新传播渠道，同时也令接触群体更加多元。与此同时，随着传播介质的丰富与迭代，中国电视剧在"出海"过程中也逐渐搭建起立体的传播渠道。2015年以来，广西台多次夺得"丝绸之路影视桥工程——中国影视剧对象国本土化语言项目"的译配项目竞标，获得国家专项支持。同时，广西台利用科技手段，加强电视信号的跨境覆盖，旗下的卫视频道、国际频道通过有线网成功在柬埔寨和老挝落地，为当地人民创造了更多接触中国故事的机会，也扩大了中国的文化影响力。在缅甸，《奋斗》《欢乐颂》《北京青年》《山海情》等作品不仅在缅甸的官方电视台频道和网络视频平台播放，还通过移动公交、新媒体等移动平台，以及户外广告牌等方式进行推广。

单一的模式不利于文化的传播，因此，广西台在实践中探索出了多种译制剧的传播模式。广西台采用赠播的形式，使越南语版《老马家的幸福往事》得以在越南播出。该剧在当地产生了良好的反响，使得当地群众对更多优秀译制剧产生期待。文化传播初期，对象国受众并未有充足的耐心和渠道去接受外来文化产品，这无疑不利于中国优质译制剧发挥其该有的传播效果。赠播的形式虽不符合市场化运作规律，但为中国电视剧奠定了良好的观众基础，这在中国译制剧还未得到对象国观众普遍认可与接受的时期发挥了重要作用。除了赠播，资源互换也是实现译制剧高效传播的重要模式。中国译制剧的交流并不是单向地对外输出，而是既要"走出去"，也需要"引进来"，一些优质的泰剧也在被引进中国。2016年4月24日，一系列泰剧在广西电视台影视频道播出。资源互换体现了中国与东盟各国间平等交流的立场，有利于各国在文化交流中增进理解，彼此之间取长补短、共同进步，实现友谊的增进与文化的发展。

（四）国内外双方联动，深化合作共赢

中国译制剧走向东盟各国，需要中国和东盟各国的共同参与。一方面，双方共同发力，不仅有利于为更多优质译制剧的制作与推广提供更加充足的资金，也有利于双方共同制定长期的合作发展规划，减少日后的合作阻力。另一方面，合作让双方在交流中更好地实现情感的交融。2017年6月，中国广西电视台与缅甸国家广播电视台举行《中国电视剧》栏目合办签约仪式。该栏目为缅甸了解中国提供了窗口，使中国电视剧能够以适应缅甸本土的方式走入寻常百姓家，且通过合作制片的方式实现了两国情感的联动，取得了良好的传播效果。中国优秀电视剧实现"走出去"，并不是要求中国制作的电视剧打入东盟各国影视市场，而是需要向更多人展示电视剧背后所蕴含的中国故事，让中国的民族精神和民族价值观被更多的人了解，让中国的智慧和文化精华在全世界得到更加广泛的认可。影视只是一种形式，一具躯壳，真正重要的是其中所蕴含的中国文化。中国广西电视台译制的电视剧《红楼梦》在越南电视媒体播放，纪录片《故宫》在柬埔寨国家电视台播出……东盟各国的观众正在从跃动的电视画面里感知一个文化博大精深并不断焕发活力光彩的中国。这就意味着中国电视节目在走进他国土地的同时仍要立足本国土壤，努力挖掘民族文化资源，不断传播中华文化中的智慧，展现中华丰富多彩、意蕴深厚的民族文化，让中华文化走向东盟、走向世界。

三、结语

2023年是"一带一路"倡议提出十周年。广西作为"一带一路"建设的连接点和重要门户，承担着讲好中国故事、传播中国文化的光荣使命。广西台在探索中不断创新，在实践中不断总结经验，通过面向东盟国家译制国产电视节目，让中国大地上的声音越过祖国南疆，传至东南亚各国。广西台通过历史剧、现代剧、纪录片、动画片等一系列的影视译制作品，逐渐在实践中探索出一条面向东盟周边国家传播的特色道路，为中国电视节目对外传播作出了良好示范，提供了宝贵经验。未来，广西台要提高专业化水平，依托专业人才，打造更加优质的译制作品；要着眼于中国与东盟各国文化"和而不同"的特性，尊重差异性，抓住共同的情感认同，实现情感的同频共振与互动交融；要拓宽传播渠道，通过分析各国市场，实施"一国一策"策略，实现译制节目在东盟各国的高效传播。

（作者单位：广西广播电视台）

跨文化传播视域下主持人的业务能力探析

——以"中国—东盟电视周开幕式"为例

沈鹏鸣

一、传播背景

中国和东盟国家山海相连，血脉相亲，文化相通，是睦邻友好、携手发展的好邻居、好伙伴，双方在政治、经济、文化等方面有着深厚的交流基础和良好的合作前景。

中国国家主席习近平在 2019 年中国—东盟媒体交流年的贺信中提出"希望双方媒体做友好交往的传播者、务实合作的推动者、和谐共处的守望者，讲好共促和平、共谋发展的故事，为共建更为紧密的中国—东盟命运共同体作出更大贡献"。2019 年，首届中国—东盟电视周成功举办，也成为中国—东盟媒体交流年唯一保留下来的常设性重大国际活动。

由国家广播电视总局和广西壮族自治区人民政府联合主办的"中国—东盟电视周"是中国与东盟国家在媒体领域进行互联互通、互学互鉴的重要平台。2021 年，"中国—东盟电视周"被评为 2021—2022 年度国家文化出口重点项目，未来，广西也将积极打造"中国—东盟电视周"国际交流合作品牌，一是构建媒体合作"命运共同体"，二是打造媒体交流"青年智库"，三是创新媒体发展"融合体系"。

中国—东盟电视周开幕式晚会是中国—东盟电视周的系列重要内容之一，作为国际交流领域的一项高规格国际性文化活动，每年在中国广西举办，通过不同的主题来呈现中国和东盟国家在媒体合作交往方面所取得的成果，包括文艺演出、成果展示、人物访谈、主题互动等多个内容。参与开幕式晚会的领导嘉宾和演员来自中国和东盟各国，文化交流和艺术呈现的多元化十分凸显。截至 2022 年，该项活动的主持人均为中方主持人，不仅需要对开幕式的展演内容进行基础性的串联，还需要对中国以及东盟各国的民族文化有一定的认识和积累，特别是访谈和互动的内容，对主持人的综合素养提出了更高的要求。因此，作为开幕式晚会的主持人必须深谙跨文化传播要义，才能更好地完成国际交流活动中的主持工作。本文将结合"中国—东盟电视周开幕式"来探析跨文化传播视域下主持人所应具备的业务能力。

二、主持人的跨文化传播能力

主持人是文化传播序列中特殊的传播符号，其自身属于传播本体，既有人际传播的特质，也拥有组织传播和社会传播的功能。除此之外，对外界的信息输入，还需要进行一次符合逻辑与二度创作的内里传播，通过消化与整理之后再进行信息输出，形成了完整的传播过程。

（一）综合业务素养

1. 坚定的政治立场

在国际交流活动中，主持人不仅代表个人形象，更影响着国家形象的树立，鲜明的国家和民族符号要求主持人必须拥有坚定的政治立场。美国政治学家威尔特·罗森堡姆在 1976 年出版的《政治文化》一书中提出："政治认同指一个人它属于什么单位、地理区域或团体，在某些重要的主观意识上，是他自己的社会认同的一部分，特别是这些认同包括那些他感觉要强烈效忠、尽义务和责任的单位和团体。"[①] 政治认同是社会成员的政治归属感，也是社会成员对国家、政府、政党、制度、思想、政策的赞同和认可。

作为传播者，特别是代表国家形象参与国际事务进行文化外交，在政治立场层面，对本国的政治体系和外交原则要有清晰的认知和坚定的态度。"中国—东盟电视周开幕式"是中国与东盟国家在文化外交层面的一项重大国际合作成果展示活动，主持人作为中方代表参与其中，只有明确坚定的政治站位，才能有效把握传播路径。因此，拥有坚定的政治立场，是主持人在国际舞台上进行跨文化传播必须具备的能力之一。

2. 良好的语言能力

中文主持人，作为一名合格的汉语言工作者，首先，要具备标准的汉语表达能力，在汉语传播范畴内拥有一定的流畅度和艺术性。在重大国际性活动当中，主持人往往代表的是中国形象，传递的是中国声音，汉语内容的传播必须准确、清晰。跨文化传播，特别是在国际媒体交流活动中，主持人的语言能力尤为重要，拥有一门或一门以上的外语使用能力，是主持人进行跨文化传播的基本条件。其次，主持人应拥有自觉的语言规范能力。在跨文化传播语境中，主持人常常处于"一对众"的情境当中，来自不同地域的受众本身拥有文化差异。尤其是中国文化属于"高语境文化"，在日常表达中较为含

---

① [美]威尔特·罗森堡姆《政治文化》，陈鸿瑜译，台北桂冠图书有限公司，1984，第6页。

蓄委婉。在国际交流活动中主持人若不具备较强的语言转化能力、自觉的语言规范能力，则容易将文化折扣直接演变成文化疏离。因此作为大型国际交流活动的主持人，既有呈现节目本体的义务，又肩负着文化交融的责任。作为职业化较高的专业人员，需使用流畅的语言、恰当的言辞、明晰的表达以更好地引导受众产生文化适应。

以"中国—东盟电视周开幕式"为例，参与该项国际活动的国家主要是中国和东南亚国家，各个国家的官方语言都极具本国特点，对主持人来说，拥有良好的英语沟通能力是进行跨文化传播最快速、最有效的方式。英语是全球使用最广泛的语言，也是世界上使用人口最多的语言之一，同时还是联合国的工作语言之一，在全球许多地区和专业领域都占有主导地位，在类似中国—东盟电视周这样的国际活动中是不可或缺的交流工具。随着中国和东盟国家文化交流日益密切，在国际交流活动中，除了东盟国家的朋友积极学习汉语，中国的东盟小语种主持人队伍也在快速成长，以泰语、越南语、马来语等语言为主的跨文化传播内容和传播方式不断增多，拥有多种语言传播能力的主持人将具备更强的跨文化传播竞争力。

3. 稳定的心理素养

主持人作为传播链条的终端环节，其传播能力在一定程度上决定了最终的传播效果，在国际交流活动中，主持人的心理素养是传播过程中十分重要的影响因素。

稳定的心理素养可以理解为两个层面的内容：一方面是拥有健全的人格，这对主持人的人生观、世界观、价值观都有相对应的考量，跨文化传播的复杂性决定了主持人在处理各项交流事务时需要具备强大的耐力和辨别能力，在文化外交的范畴内，还需要主持人具备开阔的包容度以及自我道德约束力。另一方面是拥有健康的心态和强大的心理素质，主持人是一个传播者，在场域内的引领作用是十分凸显的，健康的心态决定了主持人的传播品位和传播高度，也保证了传播内容的安全性；在国际交流活动中，任何传播环节都存在不确定性，面对随机性、临时性的突发状况，主持人必须具备一定的临场应变能力和处突能力，拥有强大的心理素质才能有效保障和完成传播任务，这也是主持人参与跨文化传播的基本能力。

（二）文化积淀

1. 跨文化传播范式的掌握

作为传播学领域的一项重要内容，跨文化传播在传播的大框架内形成了特有的人文关怀。20世纪50年代，美国文化人类学家爱德华·T.霍尔首次提出跨文化传播的概念，1959年，他在发表的《无声的语言》中提出："跨文化传播指的是不同文化人们之间的交流。"①

国际交流的多样性赋予了跨文化传播在文化交流领域衍生了多元化的传播路径和传播范式，"中国—东盟电视周开幕式"是中国与东南亚国家进行跨文化传播活动的文化集合，跨文化传播的概念尤为凸显，作为该项活动的主持人，对跨文化传播的相关内容和传播理论理应拥有一定的了解和认知。韩国心理学者金（Kim）对跨文化传播的适应性（Cross-Cultural Adaptation Theory）进行了广泛研究，从动态的角度，对个体在陌生文化环境的行为表现进行分析，强调文化适应的重要性。美国加利福尼亚大学的霍华德·吉利斯教授提出的"传播适应理论"（Communication Accommodation Theory），着眼于研究不同传播环境中人们彼此交流、彼此改变间的互动现象，进而探索人们在合作中互相影响的方式。这些理论和相关内容都可以有效地运用到中国—东盟的跨文化传播活动当中，不同国家不同民族不同文化背景，必然存在着沟通和交流的差异。在国际交流中，提升和丰富跨文化传播的相关知识，并将理论结合实践，可以有效地赋能主持人的跨文化传播能力。

2. 人文历史知识的储备

无论是年轻主持人还是资历较深的主持人，拥有一定的社会阅历必然能够增强和丰富其对传播场域的把控能力与引导能力，阅历是一个较为抽象的概念，在大众传播的范围内，阅历的体现更多表现为职场情商和职场智商。职场情商是待人接物与个人素养的体现，而职场智商则分为先天智慧与涵养储备，涵养储备的范围十分广泛，文章分析的是人文历史知识的积累。

中华文明博大精深，上下五千年的历史沉淀赋予了中华大地上丰富多彩的民族风情和文化血脉，传播者的社会功能之一是传递价值，这其中非常重要的内容就是文化传递。在"中国—东盟电视周开幕式"这样的跨文化传播场域内，国际性的传播符号十分显著，这就对传播者提出了更为基础性的知识储备要求，作为一名合格的中国文化传播者，务必对中国的人文历史文化拥有一定的知识积累。电视周开幕式活动既是一场友谊的盛会，也是一次文化交流的盛宴，在文艺节目展现中华文明并向世界各国的朋友传递中国人民友好情谊的同时，也将通过对话和访谈的形式来进行内容的阐释与互动，充分的人文历史知识储备和积极的工作状态，将决定着这一部分的传播效果以及传播价值。

中国多数持证上岗的主持人都经过专业的主持训练，具备基本的表达能力和传播能力。在跨文化传播视域下，特别是"中国—东盟电视周开幕式"此类国际文化交流活动，需要主持人对世界人文历史特别是东盟国家的人文历史拥有一定的知识积累。世界人文历史为我们人类梳理了社会发展的规律以及文化

---

① Edward. T. Hall. The Silent Language. CT：Fawcett，1959：10.

内容的多样性，在这样的框架之下，主持人拥有了国际交流的基础概念。文化是友谊的桥梁，在进行面向东盟国家的跨文化传播时，文化，这座友谊桥梁的底基，同样需要主持人主动成为其中的一部分。"国之交在于民相亲，民相亲在于心相通"，中国与东盟十国的友好交往源远流长，主持人参与中国和东盟各国的文化交流，只有对东盟各国家的人文历史拥有一定的了解和知识储备，才能在传播过程中完成良性的互动和有效的内容输出，通过主持人在跨文化传播领域的知识储备积极地促进各国家之间的文化交流和合作。

（三）国际视野

1. 明晰跨文化传播要义

文化交流是世界各国进行友好往来的文明方式，不仅有效地传递了情谊，也加深了彼此在其他领域开展合作的互敬互信。中国积极参与国际事务，展现大国担当，履行大国义务，在国际舞台上加深加强与世界各国的友好合作与政治互信。全球化的发展现状日渐清晰，人类命运共同体的共建意识也逐步深刻，在跨文化传播视域下，拥有宽广的国际视野，是传播者必须具备的能力之一，这就要求传播者在充分了解跨文化传播内容和国际交往原则的基础之上，摆正态度，展示风度，怀有气度，传递热度。

"中国—东盟电视周开幕式"作为一项国际性媒体盛会，与会的领导嘉宾来自中国和东盟国家，规模和规格都达到了国际水准。中国是开幕式晚会的主办国，中方主持人必然会成为开幕式晚会的重要符号，具备跨文化传播的交往能力尤为关键，主持人在电视周开幕式晚会中所担任的角色既是艺术展示的串联者，也是国际交往的礼仪使者，这两个角色的重要性决定了主持人需要合理安排自身的语言表达以及言行举止。国际交流遵循的原则是平等与尊重，国无大小之分，民族无优劣之别。东盟各国在综合国力方面虽有差异，在民族风俗方面虽有区别，但是与中国的友好往来决定了对待每一位东盟国家的朋友都要一视同仁，在进行国际文化交流的同时，必须将尊重摆在第一位。主持人的语言、姿态、表情以及展现国际礼仪的细节，在国际交流的舞台上都会上升为国与国之间的评价高度，正确的传播态度不仅代表了个人的道德修养，更代表了国家的友好形象。

2. 把握国际脉搏，顺应时代潮流

在"一带一路"倡议的指引下，中国与东盟国家的发展合作日益密切，特别是文化交流的深度和广度都有了极大的提升。中国与东盟国家地理位置相近，背靠大西南、面向东南亚的广西是中国与东盟进行友好交往的核心区域。广西拥有"一湾相挽十一国，良性互动东中西"的区位优势，在国际交流领域，特别是中国面向东盟国家的跨文化传播层面肩负着重大的使命与责任。每年在中

国广西举办的中国—东盟电视周就是广西积极参与跨文化传播的优秀案例，电视周是各国媒体的国际交流活动，更是各国民众的文化盛宴，互动合作与融合创新促进了媒体发展水平的提升，也让中国和东盟国家在文化架桥的基础上增进了友谊、增强了互信。

"中国—东盟电视周开幕式"从 2019 年起步，至今已经成功举办了三届，从影视金曲盛典、优秀传播案例发布到中国—东盟青年主播创造营，每一届的晚会主题都在更新变化，这也对晚会主持人提出了更高的业务要求，必须充分认识和了解中国—东盟的国际关系发展现状，知晓中国广西在面向东盟国家进行国际传播的特殊位置，特别是清晰地掌握中国—东盟媒体合作的新亮点、新方向，只有密切关注并且积极融入，才能在该项国际交流活动中具备主持人应有的传播优势，这也是主持人在进行跨文化传播过程当中提升个人传播能力、增强传播效果的重要课题。

三、结语

随着国家定位的战略转型，中国正从"本土型"国家向"国际型"国家发展，21 世纪的中国，正在积极参与国际交流与合作，更加需要优秀的国际传播人才来讲好中国故事，传播好中国声音，让可信、可爱、可敬的中国形象走向世界，深入人心。

在 2021 年中国—东盟建立对话关系三十周年纪念峰会上，中国国家主席习近平发表了《命运与共 共建家园——在中国—东盟建立对话关系三十周年纪念峰会上的讲话》，习近平主席强调"共建友好家园。要倡导和平、发展、公平、正义、民主、自由的全人类共同价值，深化文明交流互鉴，用好地区多元文化特色和优势。要积极考虑疫后有序恢复人员往来，继续推进文化、旅游、智库、媒体、妇女等领域交流，使双方民众更加相知、相亲、相融"。中国与东盟国家在文化交往方面具有先天的地缘优势，相亲相近的文化传播基础将促进各国在未来开展更加紧密的国际文化交流与合作。

在跨文化传播视域下，新时代的传播方向和传播路径都有了极大的丰富和拓展，同频共振、共创未来的国际交流也打开了各国之间进行友好往来的大门，中国与世界各国的文化交往不断走深走实，主持人在国际交流的舞台上将担负着更为多元的角色。作为新时代的传播者，主持人应当努力提升个人的业务水平，不断加强国际传播的能力，拓宽视野和眼界，积极参与国际交流活动，成长为优秀的跨文化传播人才。

（作者系广西广播电视台主持人、马来西亚博特拉大学博士研究生）

地方媒体"借嘴说话"的叙事研究

——以中山广播电视台利用短视频对外传播实践为例

刘小榕

党的十八大以来，习近平总书记多次强调要加强国际传播能力建设。2021年5月，习近平在中共中央政治局第三十次集体学习时强调，要讲好中国故事，传播好中国声音，展示真实、立体、全面的中国。[①]

与此同时，媒体融合发展进入深水区，短视频已成为媒体竞争的新赛道。2021年12月，我国网络视频（含短视频）用户规模达9.75亿。[②] 短视频的快速发展带来了传统新闻生产和传播方式的颠覆性变化，也提供了另一种对外传播的可行性路径。目前，短视频的持续发展正在重塑全球媒体格局和舆论生态。因此，对媒体机构来说，利用短视频开展对外传播不仅仅是与其他媒体竞争的新赛道，更是刻不容缓的重要责任。本文结合中山广播电视台利用短视频和"借嘴说话"开展对外传播的生动实践，从叙事者、叙事视角、叙事框架、叙事体验四个层面进行分析，以期对业内进一步提升国际传播能力提供参考。

一、叙事者：客体转为主体 让受众容易接受

长期以来，讲述中国故事分为"他塑"和"自塑"两种范式。在"他塑"方面，由于西方媒体长期对中国形象的歪曲建构，国外受众对中国的真实情况不了解，还存在一些根深蒂固的偏见。而在"自塑"方面，又存在"有理说不出、说了传不开、传开了叫不响"的困境。对中国媒体的自我称述，常被西方媒体指责是一种"宣传广告"，甚至被歪曲被质疑，难以达到预期的传播效果。所以近年来，强调"借用外国受众之口讲述中国故事，使其由传播客体转变为传播主体"[③]。

---

① 《习近平主持中共中央政治局第三十次集体学习并讲话》，http://www.gov.cn/xinwen/2021-06/01/content_5614684.htm。

② 《数字中国发展报告（2021年）》，http://www.cac.gov.cn/2022-08/02/c_1661066515613920.htm?spm=C73544894212.P59511941341.0.0。

③ 胡邦胜：《从认识论看国际传播的主要特征》，《理论视野》2017年第10期。

中山地处粤港澳大湾区几何中心，区位优势明显。长期以来，有不少外国人在中山工作、生活。中山广播电视台积极探索邀请国外人士作为中国故事的讲述者，用国外受众容易接受认可的叙事方式来讲述中国故事。

中山广播电视台精细制作的短视频《老外眼里的中国造——深中通道》以Vlog的形式，真实记录了英籍老师西蒙和学生们看到正在建设中的深中通道时，被宏伟壮观工程震撼有感而发的真实反应。短视频由西蒙和学生们一起探访的深中通道的所见所感，借助技术人员讲解海底隧道的构造和原理，向世界展示"基建狂魔"中国所创造的辉煌成就。短视频迎合了海内外期待了解当今中国的刚性需求，以英籍老师西蒙和他的学生们亲身感受来讲述真实的中国，以情动人，用事实说服人。这些非官方背景的讲述者，更容易被外国受众所理解和接受，进而产生认同。该短视频在海外视频网站，以及多家媒体的脸书、推特获得了广泛关注，并荣获2021年度广东新闻奖广播电视国际传播类一等奖。

另外，借外国小朋友之口来讲述中国故事的作用也不容小觑。例如，2021年中山市被文化和旅游部正式命名为"国家公共文化服务体系示范区"。中山广播电视台推出短视频《小蓝眼在中山》。视频中，法国小朋友查尔斯、艾利克斯深入中山纪念图书馆、粤剧体验馆、孔虫博物馆、稻田玻璃书屋，体验、感受中山公共文化服务的变化与更新。小朋友天真烂漫的语言，展现了中山公共文化服务项目的生动细节，向世界展示中山市公共文化服务的"幸福图"。

对外国受众来说，无论男女老少，但凡由外国人来讲述中国故事，一方面熟悉的面孔和相通的语言更符合国外受众的观看习惯，也具有天然的亲近感；另一方面，由外国人来讲述中国故事符合外国受众的逻辑思维习惯，也更容易被接受，从而达到事半功倍的传播效果。

二、视角叙事：单一转向复合 传播美好中国

叙事视角是指叙述者叙述故事的角度。法国结构主义批评家热奈特将叙述视角分为了零聚焦叙事、内聚焦叙事和外聚焦叙事三种类型。过去，中国主流媒体在讲述中国故事时，常常采用零聚焦叙事这一单一视角。毋庸置疑，这种叙事视角有利于对中国故事、中国形象进行宏大的全景展示，而复合叙事视角更有利于将宏观和微观有机融合，实现更好的传播效果，从而更全面地展示中国整体形象。

荣获2021年第三届"第三只眼看中国"国际短视频大赛二等奖的《骑迹——骑行中国 见证奇迹》由中山广播电视台摄制。该视频讲述了一个外国人骑行的故事：在英国出生的澳大利亚人杰瑞为了给中山的残疾人士筹集善款，2014年从中山骑行到乌鲁木齐，2019年又从乌鲁木齐骑行到中山。2014年至2019年，这个时间跨度刚好跟中国脱贫攻坚战重合。该视频一改脱贫攻坚类

作品的宏大叙事，采用复合叙事视角，从普通外国人在中国两次骑行的所见所闻着手，展示了骑行沿途地区所发生的翻天覆地的变化，让外国受众更客观地了解脱贫攻坚战、了解中国。

2020年以来，新冠肺炎疫情成为各国网友关注的热点。特别是疫情之后，城市恢复状况如何？人民的工作、生活受到了多少影响？外国受众都希望有所了解。2021年春天，中山广播电视台制作的视频《疫去春来》以来自英国、美国、韩国、瑞士、比利时等外国普通人作为主角。通过他们过的"小"日子、他们个人的"小"视角，分享对中国疫情防控的认知以及在中山的所见所闻，不着痕迹地向世界展示了中山这座城市的韧性和活力，也实现了对中国有效应对重大疫情的中国智慧的阐释与升华。

以上视频见人见事、可观可感，都取得了不错的传播效果。可见复合视角叙事有利于展示更立体、更全面的中国形象，让中国故事更富感染力和可信度，让国外受众更乐于接受、易于理解，更自然地向世界传递了美好中国的真实样貌。

三、叙事框架：见证阐释转向反驳亮剑 提升舆论影响力

背靠中国互联网快速发展的时代背景，短视频的传播特性为冲破西方媒体的话语封锁创造了可能。在华外国人在社交媒体平台以"在场者"、"中国通"和"评论员"三种角色，形成见证、阐释与反驳三种叙事框架。目前，在主流媒体"借嘴说话"的短视频中，叙事者也多为"在场者"体验当地的风土人情，或是作为"中国通"介绍当地的美食美景，作为"评论员"的情况并不多见。敢于发声亮剑，打好"舆论阻击战"，这是地方主流媒体在对外传播方面应该肩负起的使命。地方主流媒体要在舆论场上善于通过"借嘴说话"针锋相对地开展斗争，"让受众多了一个维度和坐标，多了一种比较和思考"[①]，引导海外受众客观地认识当代中国的真实模样。

中山是粤港澳大湾区几何中心，是全国著名的侨乡，也是孙中山先生的故乡。中山主流媒体的职责也包括传播港澳台同胞、海外侨胞关心的中国故事、中国态度。2020年7月，第四届海峡两岸中山论坛在中山开幕期间。中山广播电视台制作了短视频《共谋民族复兴！两岸必须也必然走向统一》，通过中共中央台办、国务院台办主任刘结一，中国国民党前主席洪秀柱等重量级嘉宾的评论，旗帜鲜明地指出"两岸必须也必然走向统一"。短视频传播效果突出，在海峡两岸引起了广泛关注，也因此荣获了2020年度广东新闻奖新媒体新闻短视频类二等奖。

2022年，中山广播电视台推出《我与大湾区共成长》系列短视频，把镜头对准在中山进行创新创业实践的香港青年。借由这些来自不同领域的香港青

---

①　陶德言：《〈参考消息〉：探索"借嘴说话"创新舆论引导》，《中国记者》2018年第6期。

年之口，从不同层面讲述他们选择在中山"圆梦"的理由，以及对祖国深深的热爱和祝福，用润物细无声的方式撬动舆论的天平。

面对我国对外传播的严峻复杂形势，地方主流媒体在"借嘴说话"讲好中国故事的同时，非常有必要结合自身地域特色，进一步提升主动积极回应国际舆论关切能力。地方媒体通过提升国际舆论斗争的影响力，一方面有效补足中央主要媒体对地方外宣需求难以全面、深入兼顾的短板，[①]另一方面，也能绘制出中国与世界舆论互动中的地方性脉络。[②]

四、叙事体验：单向传播转向双向互动 增强对话意识

长期以来，国内媒体在对外传播实践中存在"我说你听，自说自话"单向传播的现象。随着全球短视频社交平台火速发展，媒体与受众的双向互动变得更为现实，这为在对外传播中优化叙事体验、提升对话意识带来了宝贵机遇。

2022年，中山广播电视台推出了《二十四节气国风创意短视频》。其中，短视频尝试借 AI 主持人之嘴，来介绍中国的二十四节气、介绍中国博大精深的传统文化。另外，短视频将中国传统水墨画与中国传统文化中的二十四节气相结合，以扇面画、立轴画的形式呈现；用动画的制作手法让海外受众更直观地感悟中华智慧，降低了海外受众的释码难度。从海内外各媒体网站、各社交平台得到的网友评论、点赞来看，该短视频实现了不错的传播效果。

媒介技术的进步正不断优化短视频叙事体验，成为短视频发展的强大推动力。地方媒体要抓住全球短视频发展的契机，进一步增强对话意识、融合思维，积极开拓媒介技术在对外传播领域的应用。将互动环节、融合创新融入对外传播中，吸引更多的海外受众参与交流、寻求共识，创造有利于我国发展的国际舆论环境，这也是地方媒体必须思考并且投入实践的事情。

五、结语

随着我国日益走近世界舞台中央，向世界讲好中国故事的必要性更加凸显。对此，中山广播电视台承担起分内职责，在短视频发展领域突出"借嘴说话"，与时俱进探索对外传播的新路径，为引导国际舆论发挥了积极的作用。

实践证明，对地方主流媒体，需要立足地方特色、发挥地方优势，在守正创新中实现传播效果的最大化、提升新时代我国国际话语权，才能切实担负起向世界传播新时代中国的历史使命。

（作者单位：广东中山广播电视台）

---

① 邹静、曹曦晴、赵欢：《地方主流媒体开展国际传播的策略分析》，《当代电视》2022年第5期。

② 王璐等：《第二十九届中国新闻奖解析 国际传播圆桌研讨》，《中国记者》2019年第12期。

讲好中国哈尼族群众的故事

——哈尼语广播对外传播的实践与探索

杨 佳

哈尼语广播的对外传播最早可追溯到 20 世纪 80 年代。1981 年 10 月，云南省西双版纳州哈尼语广播正式开播。哈尼族是云南省的跨境民族之一，生活在西双版纳的哈尼族有近 20 万人，与西双版纳接壤的缅甸、老挝以及毗邻的泰国北部生活着大约 40 万的哈尼族，他们语言相通，民族习俗相同。因此哈尼语广播的开播不仅覆盖了我国西双版纳的哈尼族听众，同时位于缅甸、老挝，甚至是泰国北部的清迈等边境一带的境外哈尼族也可以收听到我国的哈尼语广播。

一、讲好中国故事，就要讲好少数民族的故事

习近平总书记多次强调要向世界讲好中国故事，传播好中国声音。而位于边境线上的少数民族语言媒介，责无旁贷地要向国内外受众讲好中国故事，讲好中国少数民族的故事，让世界看到中国少数民族的优秀文化、美好生活、团结平等，也就看到一个平等、开放、多元、灿烂的中国。哈尼语广播是一个讲好中国故事，讲好哈尼族故事的重要舞台，开播 40 余年来，陆续开办了哈尼语《西双版纳新闻》《新闻联播》《哈尼天地》《哈尼文艺》《滇航唱》等深受境内外哈尼族听众喜爱的节目。

（一）讲好哈尼族文化的故事，传播"中国好声音"

在 1981 年国内哈尼语广播创办之前，当地的哈尼族有广播"不听国内听国外"，收听泰国清迈哈尼/阿卡语广播的现象。究其原因：一是当时国内有许多哈尼族听不懂汉语广播，二是境内外哈尼族语言相通。哈尼族有许多支系，不同支系之间语言差异较大，但只要是同一支系即使不在同一地区，语言也能相通。生活在西双版纳州的哈尼族自称"阿卡"，与缅甸东北掸邦、老挝北部和泰国北部的阿卡人属于哈尼族的同一支系，因此民族语言相通，民族文化习

俗相似。1981年10月，西双版纳州哈尼语广播开播后开始播送哈尼语新闻和哈尼语文艺节目，不久本地哈尼族"广播不听国内听国外"的现象消失了，并且凭借天然的语言优势和深厚的民族文化底蕴，哈尼语广播通过优秀的节目内容，对缅甸、老挝、泰国等国的哈尼族聚集地区成功实现了对外传播。

哈尼语广播的许多节目特别是文艺节目在境外深受欢迎。为了给听众呈现精彩的内容，广播工作人员深入哈尼村寨采集传统民歌，邀请民间艺人到电台录制原生态的哈尼族歌曲和民间故事，收录了许多哈尼族歌手的专辑，广播工作人员自己还用哈尼语演唱许多中国的流行歌曲。繁荣的哈尼族文艺为哈尼语广播带来了大量忠实听众，这些歌手和歌曲在境外哈尼族阿卡支系中都有较高的知名度和传唱度，颇受青睐。2011年哈尼语广播又开办了文艺直播节目《滇航唱》，因为形式互动，吸引了大量的境外听众参与，每期节目的热线电话几乎有一半是来自境外听众打进导播间要求点歌以及和导播交流、表达对节目的喜爱之情。

除了哈尼族歌曲，还有不少国内歌曲也被翻译成哈尼语演唱，如哈尼语版的《我和我的祖国》，成了对外传播中名副其实的"中国好声音"。

（二）讲好中国共产党领导下哈尼族脱贫致富、乡村振兴的故事

让哈尼族群众过上好日子是党和政府关心的大事。哈尼语广播从开播时起就开始译播《西双版纳新闻》，2010年起开始译播《新闻联播》，将党和国家的声音送到边疆，解决了边疆许多哈尼族群众了解党和国家大事的语言障碍，宣传党和政府的路线、方针、政策，宣传普及科学知识，让哈尼族群众听懂党的好政策，掌握新技术，走上致富路。

20世纪80年代改革开放后，为配合国家鼓励橡胶种植发展民营经济，哈尼语广播曾经多次播出种植民营橡胶治穷致富的内容，号召哈尼族群众利用身边的山林种植橡胶改善生计。90年代，配合政府积极推广杂交稻旱育稀植技术，为哈尼族原本粗放的耕作方式传播了新观念和新技术，得到广大哈尼族群众的积极响应。几十年后的今天许多哈尼族已经通过种植杂交水稻解决温饱，种植橡胶发家致富，经济收入和生活水平整体得到很大提高。

随着中央精准扶贫政策的实施，让原本尚未脱贫的哈尼族贫困群众的生产生活条件明显改善，收入水平明显提高，获得感明显增强，哈尼村寨在经济产业、乡村文化、乡村环境等方面发生了巨大变化。广播用哈尼语将脱贫攻坚的好政策传遍哈尼村寨，把政策讲得明白、讲得家喻户晓。用哈尼语讲好脱贫攻坚的故事，创作出了系列广播剧，将党带领哈尼族脱贫致富的故事通过广播传播中外，以此歌颂党的惠民政策，赞扬哈尼人民的勤劳质朴，展现哈尼族的幸福生活，同时也通过广播剧进行禁毒防艾、防诈骗知识的教育警示，倡导健康向上文明有序的社会主义核心价值观。

例如，广播剧《不忘初心》结合我国在不同时期出台的各项改革政策，讲述了主人公江查不忘初心，带领村民共同走上致富路，勾勒出了哈尼山寨改革开放四十年来的发展变化。广播剧《春来花盛开》以精准扶贫为背景，讲述扶贫干部挂钩帮扶哈尼族村寨带领村民积极发展生产、创造新生活的故事。广播剧《情满哈尼山》则讲述了哈尼族村寨里老年人与年轻人之间新旧观念的冲突矛盾，歌颂老年协会在文体娱乐之余，带领老年人调和家庭关系、帮扶困难群众，甚至在禁毒防艾方面积极发挥他们的余热。类似的广播剧还有不少，广播剧选材以小见大，既贴时政又接地气，聚焦乡村发展中的热点难点，贴近群众的生产生活，并且融入了剧情设计和情节冲突，成为哈尼族听众喜闻乐见的节目形式，收听反响热烈。

中国的脱贫攻坚照亮了世界减贫之路，中国经验、中国模式也成为助力友好邻邦减贫脱贫的经验模式。哈尼语广播将国内的好政策、百姓的好生活传播到边境内外，提升了边境一带哈尼族对中国脱贫攻坚行动的理解，对中国脱贫攻坚成效的认知，为中国脱贫攻坚赢得了外界掌声和赞誉，也为中国经验和模式在友好邻邦的开展提供了样本和示范。

（三）讲好哈尼族与其他民族携手抗疫的故事

自新冠肺炎疫情暴发以来，为更好做好疫情防控，广播通过哈尼语《新闻联播》《哈尼语新闻》《新闻赶摆场》等新闻节目将我国疫情防控的政策、措施、防控知识、疫苗接种信息及时传播和普及，此外，还有抗击新冠肺炎题材的哈尼语广播剧《传染病》，哈尼语公益广告《关爱动物 拒绝野味》等多种形式的宣传方式。让哈尼族群众了解了疫情相关信息，配合了政府疫情防控措施，坚定了战疫必胜的信念，为筑牢各民族抗"疫"战线，夺取疫情防控阻击战的胜利提供了有力的舆论支持。同时也让境外的哈尼族听众看到了果断有力负责的中国政府，稳定有序的社会，有信心的中国人民。比如与西双版纳接壤的缅甸掸邦东部第四特区，在疫情防控方面积极向中国学习，也取得了较好的防控效果。

（四）讲好生态文明建设的故事

2021年一群亚洲象的迁徙牵动了世界人民的目光，它们一路从西双版纳北上最终又回到家园，向世界展现了我国的生物多样性和生态文明建设，而在其身后是多年来中国政府和当地各族群众携手爱象护象的成果。媒体积极宣传普及保护野生动植物知识，营造了保护野生动植物良好氛围和舆论支持。2020年哈尼语广播制作的广播剧《人象之争》，以人与野生亚洲象之间的长期冲突为背景，讲述一名驯象师救治受伤的亚洲象，慢慢改变了村民们的观念，村民们都成了"护象使者"，并且还建立了"大象食堂"，从人象冲突到人象和谐相处的故事。广播剧《守住青山绿水》根据现实发生的毁林种茶的真实故事改编而成。西双版纳是普洱茶主产区之一，随着普洱茶市场价格逐年攀升，哈尼族群众也因种茶而脱贫致富，但也因为过分追逐经济利益，部分地区出现了毁林种茶的乱象，严重破坏了生态环境。针对这样的现象，哈尼语广播不回避不护短，制作了广播剧《守住青山绿水》讲述了老百姓从毁林种茶到爱林护林的转变。

"绿水青山就是金山银山"，哈尼语广播积极参与生态文明理念的传播，以多种多样的宣传方式告诉人们不以牺牲生态环境为代价换取经济的一时发展，守住绿水青山必定变成金山银山，增进了境外对中国生态文明理念的理解和认同。

（五）促进中外人文交流

文化交流在国际交往中发挥着重要作用，是促进各国民心相通的桥梁。我国的哈尼语广播开播后，节目收获了不少的境外忠实听众，广播里的哈尼语歌曲在境外也广为流行，他们不仅爱听，还会跟着广播学，很多中国的歌曲他们都会唱。并且我国哈尼语广播的主持人和广播里推出的哈尼族歌手还曾多次被邀请到泰国、老挝、缅甸等国的哈尼族群体中演出，享有较高的知名度。

笔者曾在哈尼语广播的导播间亲身感受到境外听众对我国哈尼语广播的喜爱与强烈的参与度。直播节目《滇航唱》在一个小时内打进电话点歌的20名听众中，缅甸听众就占了一半，并且境外听众给中国的朋友点歌，中国听众给境外的朋友点歌；哈尼族听众给其他民族朋友点歌，其他民族听众给哈尼族朋友点歌的情况也很常见。

山之高，水之长，小小的电波搭起了中国听众与境外听众之间友谊的桥梁，跨越地埋、超越国别，让友情得以传递，让民心得到相通。

二、讲好中国故事，就要做到区域化表达、分众化表达

2021年5月31日，习近平总书记就加强我国国际传播能力建设发表重要讲话，他指出："采用贴近不同区域、不同国家、不同群体受众的精准传播方式，推进中国故事和中国声音的全球化表达、区域化表达、分众化表达，增强国际传播的亲和力和实效性。"[①] 当前，我国一些平民化视角的短视频成果出海，取得了区别于以往的良好传播效果，塑造了中国良好的国际形象，充分印证了国际传播需要分层传播，方能取得目标效果。"分层传播具有丰富的内涵，它主要是指对依据包括传播主体、传播受众、传播内容、传播渠道、传播产品在内

---

① 《学习强国.加强我国国际传播能力建设 习近平再作部署》，https://www.xuexi.cn/lgpage/detail/index.html?id=13304555964703466057&item_id=13304555964703466057。

的所有传播要素的不同特点，分类实施有目的有针对性的传播，以此提高传播的有效性和实效性。"①

习近平总书记考察云南时指出，云南要建成我国面向南亚东南亚辐射中心。位于云南省最南端的西双版纳，是我国面向南亚东南亚辐射中心的最前沿，也是我国对南亚东南亚国家传播的最前沿。如果把国际传播工作比作一个庞大的神经系统，那哈尼语广播就是这个神经系统上的"神经末梢"，虽然形态微小，但它作为面向东南亚国家哈尼族传播最前沿的国家媒介，也是打通传播系统上的"最后一公里"的媒介。哈尼语广播的传播受众十分明确，他们同属于一个民族，使得在对外传播时有天然的亲和力。哈尼族语言的共通，通俗易懂的表达，能让边境一带的境外哈尼族听众听得到、听得懂。哈尼族文化的共通，提供符合境外听众精神文化诉求的内容，能够吸引境外哈尼族听众，在其心中形成正面的中国形象。

三、国际传播任重而道远

哈尼语广播的对外传播已有四十余年，随着中老铁路的开通，我国与老挝乃至东南亚各国的交流将更加频繁。哈尼语广播要延续优良传统，并更进一步发挥自身的优势，服务好境内外听众，做好中国与东南亚各国文化交流和民心相通的桥梁和载体。

（一）构建区域性对外传播平台

云南省"十四五"规划已经明确云南将立足"三个定位"："努力成为民族团结进步示范区、生态文明建设排头兵、面向南亚东南亚辐射中心。"②西双版纳具有966公里的边境线约占云南省边境线的四分之一，拥有4个国家一类开放口岸，东南部、南部和西南部分别与老挝、缅甸山水相连，与泰国的直线距离仅200余公里。作为西双版纳的主流媒体应结合所处的区位和地缘关系，明确定位，打造与辐射中心最前沿相适应的媒体，构建区域性的对外传播平台。首先，需要从观念上进行定位，对外传播不只是哈尼语广播传播过程的衍生品，而是一个非常重要的功能，随着"一带一路"的深入推进和国际传播工作的需要，它已经具有国际传播媒介的属性，从偏于一隅到传播前沿，从代表一个民族到代表一个国家，必须打造区域性对外传播平台以提升国际传播效能。其次，建设区域性对外传播平台，这个过程和这个体量绝非哈尼语广播一己之力可以承担，必须按照习近平总书记关于"融媒体"和"全媒体"的重要指示，将当

---

① 向志强、张淇鑫：《分层传播：中国对外传播的理念创新与实践突破》，《传媒观察》2018年第3期。

② 《云南省国民经济和社会发展第十四个五年规划和二〇三五年远景目标纲要》，http://www.yn.gov.cn/ztgg/kjssw/gyqw/material/ebook2/mobile/index.html。

地的汉语和民语广播电视，手机客户端，以及利用多种新媒体技术和新媒体平台进行优势资源整合，以媒体矩阵服务提升国际传播的吸引力、亲和力、影响力和实效性。

（二）创新广播内容，以高质量的作品推进跨境文化交流

哈尼语广播的栏目在近些年少有更新，随着受众的审美疲劳和日益增长的对优秀媒介内容的需求，再加上受众媒介接触习惯的改变，哈尼语广播的境外听众也面临着不断流失的问题。因此哈尼语广播需要有创新意识，推新品、推精品。我们国家拥有包括哈尼族文化在内的许多优秀且丰富的中华文化资源，这些都有待去充分利用、整合、挖掘和传播。特别是当前由于全球疫情影响的原因，我国民众与周边国家民众的交往交流也受到不同程度的影响，媒体就成了周边民众了解中国发展变化的一个极其重要的窗口，哈尼语广播更需要全面传播信息，全方位展示中国的新面貌。

要以哈尼语媒体为载体，加强与缅、老、泰等周边国家的文化交流。哈尼语广播引进的泰国禁毒题材广播剧《罗古卡》经改编为《流泪的山风》播出，在国内哈尼族听众中引起强烈反响，长播不衰。继续引进周边国家优秀的文化成果，使我国民众加深对这些国家的了解认识；更要坚持"文化自信"，近年来我国涌现出许多优秀的原创影视作品、经典的文化类作品，对这些作品进行哈尼语译制，积极将中华文化传播给境外受众，让周边国家的民众对中国有更深入和更全面的认识，为满足周边国家民众的精神需求而服务。

习近平总书记指出："通过多种途径推动我国同各国的人文交流和民心相通。"[①]要加强文化交流活动品牌化的打造。中国的哈尼语歌曲、哈尼族歌手和哈尼语主持人在境外拥有一定的知名度，也走出国门进行了一些文化交流，但知名度和影响力仍有很大可提升的空间，在交流形式和内容上也有待深化创新。

（三）加快培养国际传播人才

习近平总书记在 2021 年 5 月 31 日就加强我国国际传播能力建设发表讲话时还提到："要全面提升国际传播效能，建强适应新时代国际传播需要的专门人才队伍。"[②]

从民语传播到国际传播的转变，对传播人才提出了极高的要求。不仅需要具备流利的民族语言，掌握新闻传播从业技能，还要具有坚定的国家意识和爱国精神，开阔的国际视野，掌握现代化国际传播手段。培养少数民语传播人才

---

① 《学习强国.加强我国国际传播能力建设 习近平再作部署》，https://www.xuexi.cn/lgpage/detail/index.html?id=13304555964703466057&item_id=13304555964703466057。

② 《学习强国.加强我国国际传播能力建设 习近平再作部署》，https://www.xuexi.cn/lgpage/detail/index.html?id=13304555964703466057&item_id=13304555964703466057。

本就不易，面对国际传播的需求，如何培养这种面向南亚东南亚的复合型国际传播人才更是增大了培养难度，亟须国家层面的指导。同时也成为我国新闻院校回答好培养什么样的人、如何培养人的重要问题。目前，针对南亚东南亚国际传播人才的培养，已有部分新闻院校如云南大学新闻学院（南亚东南亚）国际传播学院开始了探索，形成了较有特色的国际传播人才培养体系，"还需要我们进一步传承党媒红色基因、厘清思路、凝练方向、创新举措。特别是如何更好地明确国际传播人才的定位，把马克思主义新闻观贯穿于国际传播人才培养的全过程，整合资源提高人才培养质量，仍然需要新闻传播院系去进一步实践和探索"[1]。

（作者单位：红河学院）

---

[1] 左小麟、廖圣清：《传承党媒红色基因 推进国际传播人才培养——培养面向南亚东南亚国际传播人才的探索与思考》，《传媒》2022年第3期。